언어와 권력

Language and Power 2nd Revised

거시언어학 3

담화·텍스트·화용 연구

언어와 권력

노먼 페어클럽(Norman Fairclough) 지음

김지홍 뒤침

Language and Power

도서출판 경진

개정판 서문

『언어와 권력』에서는 현대사회에서 권력관계를 유지하고 변경시키는 데에 언어가 어떻게 기능하는지를 다룹니다. 즉, 이러한 과정을 드러낼 수 있는 언어 분석방법을 다루고, 사람들이 그러한 언어를 어떻게 의식하게 되고, 그런 언어에 좀 더 저항하고 변경할 수 있는지를 다룹니다. 이 책은 이런 분야를 미리 접해 보지 못한 독자에게도 다가갈 수 있도록 기획되었습니다. 이곳 개정판의 서문에서는 특히 이런 분야에 더 익숙한 독자들에게 저자가 왜 개정판을 출간하는지에 대하여, 이 개정판이 초판과 어떻게 다른지에 대하여, 그리고 뒤이어 나온 출간물[1])과 『언어와 권력』의 관련성에 대하여 설명

※ 이 책에는 따로 주석이 들어 있지 않으며, 독자의 이해를 돕기 위해 '역주'라는 이름으로 붙여 놓았다. 그리고 이 책에 있는 외국 인명·지명 표기는 '한글 맞춤법'을 따르지 않는다. 맞춤법에서는 대체로 중국어와 일본어는 '표면 음성형'으로 적고, 로마자 표기는 '기저 음소형'으로 적도록 규정하였지만, 번역자는 일관되게 모두 '표면 음성형'으로 적는 것이 옳다고 본다. 로마자 인명은 주로 다음 발음사전을 참고로 하였다. 그러나 모든 이름이 이들 사전에 다 들어 있지 않은데, 그럴 경우에는 런던 토박이의 RP(용인된 발음)를 듣고 표기해 둔다.

① Abate(1999), 『*The Oxford Desk Dictionary of People and Places*』, Oxford University Press

② Wells(2000), 『*Longman Pronunciation Dictionary*』, Longman Publishers

③ Upton et al.(2001), 『*Oxford Dictionary of Pronunciation*』, Oxford University Press

④ Roach et al.(2006), 『*Cambridge English Pronouncing Dictionary*』, Cambridge University Press

※※ 이 책에서 1인칭 대명사 'I(나)'의 사용은 저자가 의도적으로 쓰는 것이다. 이전의 학술적 전통에 따른다면, 서술의 객관성을 높이기 위하여 비인칭(impersonal) 대명사를 쓴다거나, '저자(the writer)'와 같이 제3 자를 가리키는 표현을 썼을 것이다. 그런데 제1장의 마지막 부분(또한 그곳의 역주 37도 보기 바람)에서, 주관적 서술을 떠맡는 1인칭 대명사를 우정 쓰겠다고 적어 놓았다. 이 책에서 1인칭 대명사 '나'의 사용이, 주관적 느낌의

하는 것이 적합할 듯합니다.[2)]

『언어와 권력』의 개정판은 1989년에 초판이 나온 지 거의 10년이 지나서 출간됩니다. 참고문헌을 갱신하고, 여러 군데의 사소한 변화를 접어둔다면, 처음 9개의 장은 실질적으로 동일합니다. 그렇지만 새로운 장으로서 제10장을 추가할 필요를 느꼈습니다. 언어와 권력에 대한 물음이 1989년에도 그러하였듯이 현재도 중요하고 시급하지만, 다소 불공평한 권력관계의 본질을 바꿔놓은 지난 10년 동안에 사회생활에서 실질적인 변화가 있었습니다. 따라서 언어의 비판적 연구에서도 '논제'의 변화가 있었습니다. 특히 국제적이며 '지구' 전체의 차원에서 권력관계가, 국가적으로 그리고 지역적으로 일어나는 바를 놓고, 10년 전에 했던 것보다도 훨씬 더 큰 범위로 틀과 모습을 짓습니다. 제10장에서는 이들 변화에 초점을 모으며, 그 변화를 놓고서 언어와 권력에 대한 물음이 지니는 함의에 초점을 모읍니다. 이들 변화가 초판에서의 관심사항을 부정하거나 그 관심사항들

수필처럼 느껴지는 것은 아니다. 오히려 저자의 시각이나 입장을 전달해 주는 듯하다. 영어로 된 언어학 논문에서도 최근 이런 흐름이 확산되고 있다. 그렇지만 아직 우리에게는 '필자, 저자, 연구자' 등이 학술 저작물에서 더 친숙한 용어로 느껴진다. 저자의 의도에도 불구하고, 여기서는 'I'를 주로 '저자'로 번역해 두기로 한다.

1) (역주) 이 책이 나온 뒤에 1992, 『담화와 사회 변동(*Discourse and Social Change*)』; 1995a, 『비판적 담화분석(*Critical Discourse Analysis*)』; 1995b(이원표 뒤침, 2004), 『대중매체 담화 분석』(한신문화사); 2000, 『새 노동당, 새 언어?(*New Labour, New Language?*)』; 2003, 『담화분석 방법(*Analysing Discourse*)』 등이 출간되었다.

2) (역주) 이병혁 엮음(1986), 『언어 사회학 서설: 이데올로기와 언어』(까치) 제8장 고들리에(M. Godelier, 1978) 「권력과 언어: 지배관계의 '정당성'의 범형 및 역설에 관한 성찰」을 읽어보면, 지배 또는 억압 관계의 형성과 유지는 언어사용 또는 공공 의례를 통하여 얻어내는 동의(동의의 제조) 및 폭력에 바탕을 둔다고 지적하였다. 언어와 권력의 관계는 계속 사회학에서 친숙히 다뤄져 오고 있는 개념이다. 대중매체에서 어떻게 이념 왜곡을 조장하는지에 대한 분석은, 같은 책의 제12장 '대중정보의 왜곡과 이데올로기'를 읽어보기 바란다.

최근에 인지언어학을 이끌어온 언어학자 레이코프(George Lakoff)가 어떻게 언어로 대중들의 인식을 바꾸거나 고정시켜 놓는지에 대해서 일련의 저서들을 출간하였는데, 우리말로 네 권이 번역되어 있다. ① 레이코프(2006; 나익주 뒤침, 2007), 『프레임 전쟁: 보수에 맞서는 진보의 성공전략』(창비), ② 레이코프(2002; 손대오 뒤침2004), 『도덕, 정치를 말하다』(김영사), ③ 레이코프(2004; 유나영 뒤침, 2006), 『코끼리(≒미국 공화당)는 생각하지 마』(삼인), ④ 레이코프(2006; 나익주 뒤침, 2010), 『자유는 누구의 것인가?』(웅진지식하우스).

을 낡은 것으로 만들어 버리는 것은 아닙니다. 국가적 환경이나 지역적 환경에서 권력에 대한 언어의 관련성을 조사할 경우에, 그런 변화는 오히려 반드시 이들 환경이 국제적 차원에서 과정들 및 관계들로 스며들고, 잠재적으로 그런 환경을 모습 짓는 데 기여해야 함을 일러 줍니다.

언어와 권력의 물음에 관련하여, 지난 10년에 걸쳐서 일어난 다른 다양한 변화들이 있습니다. 상당한 주목을 받았던 한 가지 변화를 언급한다면, 인터넷의 발전입니다.[3)] 인터넷은 의사소통의 새로운 형식으로 태어난 새로운 주요한 매체입니다. 인터넷은 권력 불평등에 대하여 낙관주의로 이끌어 갑니다. 왜냐하면,

① (비록 국가 내부에서 그리고 국가들 간에 모두 기술적으로 '가진 자'와 '못 가진 자' 사이의 분리가 그 자체로 주된 문제가 되지만) 필요한 기술을 가진 이들에게 자유롭게 접속될 수 있고,

② 비교적 의사소통에 대한 평등주의[egalitarian] 형태이고,

③ 사회적이며 정치적인 상승이동을 위해 새로운 가능성을 약속하는 등의 전자통신 그물짜임[networking]의 형태를 허용해 주기 때문입니다.

인터넷 상으로 의사소통이 궁극적으로 저자가 제2장에서 사회구조 차원[societal][4)]의 '담론질서[order of discourse]'로[5)] 부른 바에서 중요한 변화를

---

3) (역주) 2011년 현재 스티브 잡스의 혁신 덕택에 휴대전화를 통해서도 인터넷에 접속하고 있다(갤럭시, 아이폰, 아이패드, 스마트폰 따위). 물론 과학기술은 가치 중립적이므로, 언제나 이용하는 사람의 의도에 따라 긍정적 가치를 가질 수도 있고, 부정적 가치를 가질 수도 있다. 추석이나 설 때에 현재 교통 흐름을 실시간으로 전해 주거나, 아랍 세계에서 일어나고 있는 민중 혁명들이 대표적으로 인터넷이 만들어 낸 긍정적 측면이다. 시간이 더 흐르면 아마 인터넷 문명이 우리 인류 사회에 어떤 기여를 하고, 어떤 해악을 끼쳤는지에 대하여 문화사적으로 객관화시켜 평가할 수 있을 것이다.

4) (역주) social(사회적, 사교적, 개인들 간에 관련된)은 사람과 사람의 관계, 즉 개개인들이 맺는 관계를 말한다. 이 말의 라틴어 어원 socius는 partner(짝)나 companion(벗)을 가리킨다. 반면에, 'societal'(사회구조 차원의)은 개개인으로 이뤄진 사회 그 자체를 대상으로 하는 '사회적 구조 차원의' 것이다. 비유적으로 말하면, 냉동칸에서 얼음을 만들 때에 얼음 조각을 만들어 내는 그릇은 societal(상위 차원)이 되고, 그릇 칸에 채워져 만들어진

일으킬 수 있는 듯합니다. 비록 그런 변화들을 어림잡아 추정하기 위해 따로 고립시켜서 살펴보는 것이 아니라, 반드시 담론질서에 대한 전반적인 '경제' 속에서 인터넷의 위상을 살펴보아야 하겠지만 말입니다.

1989년 『언어와 권력』의 초판 출간은 제1장에서 '비판적 언어연구'로 불렀던 발전과정에 있는 어느 단계에 부합하였습니다. 즉, '비판적 담화분석Critical Discourse Analysis'(이하 CDA로 줄임)의 출현입니다.[6]

얼음 조각들의 관계는 social(하위 차원)이 된다. 쇠를 녹여 물건을 만들 때에 주물(틀) 속에 쇳물을 붓는다. 이때 여러 모형의 주물들은 유형(type)으로 불리는데, 이것이 societal(상위의 사회구조 차원)에 해당된다. 다양한 주물로부터 만들어진 여러 철기들은 구현물(token)로 불리는데, 이것이 social(하위 개인들 차원)에 해당된다(§.2-3의 역주 13을 보기 바람). 다시 말하여, social은 원소들 간에 만들어진 관계로서, 오직 하나의 집합만을 이루게 된다. 그러나 societal은 처음에서부터 집합들 간의 관계를 다루는 상위-집합인 셈이다. social을 주로 대인 상호관계만을 다루는 미시사회학으로 부르고, societal을 사회관계와 사회구조를 낳는 거시사회학으로 부를 수도 있다.

5) (역주) '담론질서(담화질서)'란 용어는 꼴라쥬 드 프랑스 취임 강연인 푸코(1971; 이정우 뒤침, 1993) 『담론의 질서(*L'ordre du discours*)』(새길)에도 나온다. 여기서는 페어클럽이 푸코의 용어를 받아들여 쓰고 있다(§.2-3을 보기 바람). 푸코 책의 번역자 해설(제2부 푸코 사상의 여정, 107쪽, 139쪽)에 보면, 한 시대나 문화의 경험이 언어로 표현되어 인식될 때에 규칙성의 그물을 통과하며, 언어적 질서와 비언어적(사회·제도) 질서가 복잡하게 얽혀 만들어 낸다고 보았다. 푸코는 이를 객관적인 인식 가능성 조건으로 불렀고, 그 실체를 담론질서에서 찾았다고 한다. 더 쉽게 표현하면, 기호라는 원시 기본질료가 있고, 이 질료 위에서 중간매개 형상으로서 '언표'가 있으며, 이를 바탕으로 하여 개별체들이 생겨나는 것이다. 이를 다음처럼 보일 수 있다.

"물질구성 기본원소(분자 중합체) ⇨ 나무(목재) ⇨ 가구"

의 차원들이 각각

"기호 ⇨ 언표(énoncé) ⇨ 명제"

의 차원과 비교될 수 있다. 여기서 중간매개의 형상인 '언표 터전'(언표 마당)이 '담론질서' 또는 '담화질서'가 된다. 이 차원이 field(마당, 터전), matrix(모태, 바탕, 근거), order(질서), référentiel(좌표계) 등의 용어로 언급된다.

그런데 푸코는 이 차원이 무의식적으로 채택되어 쓰이는 것이므로, 언어사용 주체가 결코 변경하거나 창조할 수 없는 유일한 것이며(따라서 정관사 the가 붙음), 역사적으로 그리고 문화적으로 우연히 주어지며, 거시적인 전개 단위로만 변동되는 것으로 보았다. 푸코의 이런 착상은 수평적인 소쉬르의 생각을 수직적으로 배열하여 새로운 용어를 붙인 것에 지나지 않는 것으로 판단된다. 즉, 소쉬르는 기호라는 상위범주를, 동일체인 랑그(중심요소)와 변이체인 파롤(주변요소)로 수평적으로 상정하였다. 그런데 이를 푸코는 기호라는 기본 얼개에서 먼저 언어공동체에 공통적인 랑그를 추출하여 바탕(하부구조)을 만들고, 그런 다음 그 위에서 상부구조로 개인별 사용 변이체인 파롤을 다루는 것이다.

6) (역주) discourse는 페어클럽의 책을 이원표 교수가 번역하면서 다음처럼 제안하였다(이

비판적 담화분석은 지난 10년 동안 연구자들에게 매력을 끌어, 크게 숫적으로 연구가 늘어났습니다. 이 책이 출간되기 이전에 (두드러지게 '비판적 언어학'에서와 프랑스 담화분석에서) 이미 중요한 작업이 진행되어 있었고, 그 이래로 이 분야가 지속적으로 발전해 왔습니다. 저자 자신의 후속작업에서는, 담화에 대한 조사연구를 더 넓은 사회변화의 과정으로(특히 제7장과 제8장에서 언급됨), 그리고 보다 약한 정도로 '비판적 언어자각'으로(제9장을 보기 바람) 확장하여 놓았습니다. 최근 들어 저자는 특히 대중매체 담화 및 '새로운 노동당'으로 바뀐 영국정부의 정치담론에 대한 연구를 출간하였습니다.[7)]

『언어와 권력』의 한 가지 주제를 드러낸다면, 담화의 이론화 및 사회생활의 다른 요소들에 대한 관련성이 제대로 발전되지 못하고, 어떤 의미에서 불만스러웠다는 점입니다. 저자가 또한 이 점을 치유하려는 데에 관심을 쏟아왔습니다. 『언어와 권력』을 드러내는 또 다른 주제는, 비판적 담화분석이 응당 '소집단 관찰 해석지'(ethnography)[8)]

원표 뒤침, 2004, 『대중매체 담화 분석』, 28쪽 및 61쪽). 특정한 전개방식이 고정되어 있지 않은 경우에는 담화(譚話)로, 어떤 고정된 형식이 주어져 있는 경우에는 담론(譚論)으로 번역한다. 따라서 담화의 갈래들을 언급할 때에는 '의학담론, 경영담론, 노동담론, 정치담론, 교육담론, 종교담론, 학업담론, …' 등으로 부르게 될 것이다.

허신(1세기)의 『설문해자』를 보면, '론(論)'은 '질서와 차례가 깃든 말(議也, 從言侖聲)'을 가리키고, '화(話)'는 '함께 모여서 좋은 말을 하다(會合善言也)'는 뜻이다. 따라서 말 자체에 줄가리가 선 것이 '론(論)'이므로, 담론이 이미 사회적으로 고정된 이야기 질서를 가리킬 수 있다.

discourse의 어원은 'away+to run'이다. 추론 또는 논증 과정에서 줄가리를 세워 놓기 위하여 바삐 여기저기 앞뒤로 뛰어다니는 일(a running back and forth)을 뜻하였다(클락, 1996; 김지홍 뒤침, 2009, 『언어사용 밑바닥에 깔린 원리』, 도서출판 경진, 50쪽 이하를 보기 바람).

7) (역주) 앞의 책은 이원표 뒤침(2004), 『대중매체 담화 분석』(한국문화사)으로 번역되었다. 뒤의 책은 2000, 『새 노동당, 새 언어?(*New Labour, New Language?*)』(Routledge)를 가리킨다.

8) (역주) 미시사회학 또는 작은사회학에 여러 갈래들이 있다. 뤼저(Ritzer, 2003; 김왕배 외 14인 뒤침, 2006), 『사회학 이론』(한울출판사, 제11장 '민속방법론'); 터너(Turner, 1997; 정태환 외 4인 뒤침, 2001), 『현대 사회학 이론』(나남출판, 제31장 '민속방법론의 도전'); 뤼저(Ritzer, 2003; 한국 이론사회학회 뒤침, 2006), 『현대 사회학 이론과 그 고전적 뿌리』(박영사, 232쪽 이하 '민속방법론과 대화분석')를 읽어보기 바란다.

'소집단 관찰 해석지'(줄여서 '소집단 관찰지')는 §.1-1-5의 역주 35)에 있는 'ethnomethodology'(하위문화 연구방법론)와도 많이 겹친다. 앞서 소개한 사회학 번역서들에서와 같이 다른 방법들과 결합하여 이용되어야 합니다. 다수의 연구자들에 의해서 이런 시도가 이뤄져 왔습니다. 많은 학자들이 비판적 담화분석의 발전과 응용에 참여해 왔으며, 현재는 언어연구의 아주 중요한 분야가 되었습니다. 저자는 이 책이 이런 분야에 대해 비교적 쉽게 읽힐 수 있는 개론서로 계속 기여하기를 희망합니다. 이 개정판의 서문 끝에 붙여 놓은 참고문헌을 보기 바랍니다.

'비판적 담화분석CDA'은 언어학 및 언어 외부분야에서 상당한 흥미를 끌어왔습니다. 저자는 이미 비판적 언어자각에[9] 있는 작업을 언급하였습니다. 이는 학교에 있는 교사들에 의해서, 그리고 다른 차원에 있는 교육기관들에 의해서 널리 받아들여졌습니다. 또한 연구하는 목적과 가르치는 목적을 위하여, 비판적 담화분석은 다양한 사회과학 및 인문학에서도 이용되어 왔습니다. 사회학·문화연구·대중매체 연구·여성학 연구·정치학·역사 등입니다. 한 가지 사례를 언급한다면, 글래스고 대학교University of Glasgow에 있는 도시연구 학부Department of Urban Studies에서는 1998년과 1999년에 '담화와 도시변화'를 주제로, 그리고 '담화와 정치변화'라는 주제뿐만 아니라 또한 담화분석에 대한 다른 접근법을 주제로, 성공적인 학술대회를 두 차례나 개최하였습니다. 비판적 담화분석이 사회과학자들로 하여금 자신의 작업에서 언어에 대한 분석을 포함하도록 장려하는 어떤 효과를 지

일본 번역용어 '민속지, 민족지' 따위를 그대로 쓰고 있지만, 말뜻이 엉뚱하게 다르기 때문에 따르지 않는다. 결코, 민간 풍속(민속)에 대한 논의도 아니고, 민족에 대한 논의도 아니다. 대신 여기서는, 소집단이나 하위문화를 관찰하고 기술하여 그것을 해석해 낸다는 측면을 살려, '소집단 관찰 해석지'(줄여서 '소집단 관찰지'으로 부를 수 있는데, '志'라는 말이 곧 '기록'을 뜻함) 또는 '하위문화 관찰 해석지'(줄여서 '하위문화 관찰지')로 번역하기로 한다.

9) (역주) 이 용어는 호킨즈(Hawkins, 1984, 개정판 1987) 『언어 자각: 개론(*Awareness of Language: An Introduction*)』(Cambridge University Press)에서 처음 쓰였고, 카터(Carter 1990) 엮음 『언어에 대한 지식, 그리고 교육과정(*Knowledge about Language and the Curriculum*)』(Hodder & Stoughton)에서 더욱 확장되었다. 제9장을 보기 바란다. 이 책의 참고문헌에 빠져 있지만, 제임스·게륏(James and Garrett, 1992) 엮음 『교실수업에서 언어 자각(*Language Awareness in the Classroom*)』(Longman)과 붼리어(van Lier, 1995) 『언어 자각 도입하기(*Introducing Language Awareness*)』(Penguin)도 같이 참고될 수 있다.

니고 있는 듯합니다.

그러나 이 책에서는 비판적 담화분석을 공평성equality과 정의justice를 위한 사회적·정치적 투쟁 속에 들어있는 자원으로 바라보고 있습니다. 그런 방향으로 효과를 추정하기가 더욱 어렵겠지만, 저자가 보기에는 언어와 권력에[10] 대한 물음이 10년 또는 20년 전보다도 현재 정치 및 공론마당public sphere(공공영역)에서[11] 더욱 자주 채택되는 듯합니다. 소략하고 전반적으로 인상에 토대를 둔 측정값은, 대부분 제가 구독하는 신문 『수호자Guardian』에[12] 실린 정치사설의 수치數値인데, 언어에 대한 물음을 비판적으로 다룹니다. 이런 추정이 어느 범위까지 『언어와 권력』에 말미암을 듯한지에 대해서는 저자 스스로 말할 바가 아닌 듯합니다.

---

10) (역주) power(힘, 권력)는 우리말에서 두 가지 뜻으로 쓰인다. 하나는 '힘'이고, 다른 하나는 '권력'이다. 이 중에서 더 기본적인 의미는 '힘'이다. 힘은 스스로 삶을 살아나가는 내적 동인을 가리킨다. 그렇지만 이 힘이 특히 다른 사람을 지배하고자 행사되는 경우가 있다. 이를 힘이라고 부르기보다, '권력'이라고 일컫는다. '권력'에서 '저울대/저울질하다'라는 권(權)의 축자적인 뜻은, '제멋대로 저울질할 수 있는 힘'으로 의미가 확대된 것이다. 이 책에서 power(권력)는 주로 다른 사람을 지배하는 힘이며, 그 힘이 사회에서 말미암는 것으로 본다. 따라서 power를 일관되게 '권력'으로 번역하는 것이 옳을 것이다.

그런데 권력은 개인 사이에서 작동하는 것이 아니라, 더 심층적으로 제도나 기관을 통해 행사되는 것이므로, 제도적 권력(국가 권력 등)으로 불러야 마땅하다. 한 걸음 더 나아가, 한 공동체 사회 속에서 불평등이나 계층을 전제하고서, 그러한 구분과 배타성을 고착시키기 위하여 언어가 중요한 도구로 이용되는 것이다. 이런 점을 이 책에서 명시적으로 밝혀내려는 것이다.

요약하면, 권력이란 소박하게 한 사람이 다른 사람을 지배하는 힘을 말한다. 그렇지만 권력이 나오는 원천은 개개인이 아니다. 더 큰 공동체 사회에서 비롯되는 것이다. 이를 고착시키기 위하여 언어가 이용되는 것이다. 또한 이런 의미의 권력은 한 사회 속에서 찾아지는 차별 및 차등의 심층 실체인 것이다. 그렇다면 '비판적 담화분석'에서는 언어가 지닌 그런 수단을 폭로함으로써, 우리들을 자유롭게 하고, 더 이상 지배 질서나 권력 속에 속박되지 않도록 하려는 것이다.

11) (역주) 독일 철학자 위르겐 하버마스가 주장한 민주사회에서 이뤄지는 공론의 마당이다. 하버마스(Habermas, 1981; 장춘익 뒤침, 2006) 『의사소통 행위 이론』 1, 2권(나남출판)에서는 '공론장'으로 번역하였다.

12) (역주) 영국에는 중산층 신문으로 'Guardian, Daily Mail, Daily Telegraph'가 있고, 노동계층 신문으로 'Sun, Daily Mirror' 등이 있다. 이런 독자층의 구분은 신문 사설의 의도를 찾아 읽는 데 중요한 기능을 한다. 이원표 뒤침(2004), 『대중매체 담화 분석』(한국문화사)을 보기 바란다.

참고문헌

슐리아롸끼·페어클럽(Chouliaraki and Fairclough, 1999)에서는 사회생활에서 담화의 이론적 측면 및 비판적 담화분석을 위한 현행 '논제(agenda)'를 다룬다. 저자의 최근 작업이 또한 페어클럽(1992a, 1995a, 1995b, 2000a, 2000b)에 들어 있다. 비판적 언어자각에 대해서는 페어클럽(1992b)과 클락·아이봐닉(Clark and Ivanic, 1999)을 보기 바란다. 페어클럽·워덕(Fairclough and Wodak, 1997)에서는 비판적 담화분석에서 최근 업적들에 대하여 개관을 하였다. 비판적 담화분석을 소집단 관찰 해석지(ethnography, 민족지)와 결합하려는 시도는 슐리아롸끼(Chouliaraki, 1995)와 푸졸러(Pujolar, 1997)와 워덕(Wodak, 1996)을 보기 바란다. 셔니(Cherny, 1999)는 인터넷에서 쓰이는 언어에 대한 연구이다. 앞에서 언급된 글래스고 대학의 첫 번째 학술대회에서는 '담화와 도시변화'라는 주제를 놓고서 학술지 『도시 연구(Urban Studies)』의 특집호로 출간되었다. 『담화와 사회(Discourse and Society)』는 비판적 담화분석의 주요한 국제학술지이다. 이 분야의 주도적 학자들이 쓴 책은 다음과 같다. 뵌대익(van Dijk, 1993), 플라워(Flower, 1991), 크뤼스(Kress, 1985), 크뤼스·뵌리우원(Kress and van Leeuwen, 1996), 렘크(Lemke, 1995), 씨볼트(Thibault, 1991), 워덕 외(Wodak et al., 1990).

감사의 글

다음 저작권 자료의 복제 이용을 허락해 주신 저작권 소유자들께 감사드립니다(©는 저작권 소유자).

Text 3.4 from The Paras' new leader in the *Daily Mail*, 1 June 1982, © Atlantic Syndication Partners;

Text 8.1 Advertisement of the Miele Washing Machine, © Miele Company Ltd, N.B. Advertisement produced 1988 (no longer current);

Texts 8.2, 8.3, 8.4 from Department of Health and Social Security, Crown copyright is reproduced with the permission of the Controller of Her Majesty's Stationery Office;

Atlantic Syndication Partners for Headline and text from *Daily Mail* 3 May 1982;

the Editor – ***Blue Jeans*** for extracts from ***Blue Jeans*** No. 488, 24 May 1986;

The author, Michael Bretherton for an extract from 'Employment Counselling' in ***Options*** originally broadcast by BBC Radio 4. 7 December 1986;

Constable/Houghton Mifflin Company for an extract from ***On Becoming a Person*** by Carl Rogers. US COPYright © 1961 Houghton Mifflin & Co;

Deakin University for information drawn from G. Kress 'Linguistic Process in sociocultural practice' pubd. Deakin University Press Victoria,

Australia;

Granada TV for an extract from '*The Boys from Horseferry Road*', Granada TV 1980;

the author, Ted J. Kaptchuck for an extract from *The Healing Arts*, BBC 2, 8 August 1986;

R.W. Heap (publishing) Company Ltd for an extract from their sales booklet *Good English*, The Language of Success, © R & W Heap Publishing Co Ltd 1986;

Lancaster and Morecambe Newspapers Ltd for headlines and. short articles from *Lancaster Guardian* 12 September and 7 October, 1986;

New York Times Syndicate for an extract from an interview in N*ew York Times* 1973: 512;

The author, Shiela Shah and Outwrite for headline and article text 'Misogynist hysteria unleashed over Molesworth rapes' in *Outwrite* No. 52, Novermber 1986;

The Rt. Hon. The Baroness Thatcher and the BBC for an extract from interview between Michael Charlton and Margaret Thatcher, *BBC Radio* 3, 17 December 1985;

Thorson's Publishing for list 'Just 23 vital steps to success' from *Twenty Three Steps to Success and Achievement*, Lumsden R, 1984;

Times Newspapers Ltd for headline and an extract from the article 'The still small voice of truth' in *The Times* 20 May 1982. © Times Newspapers Ltd 20.5.82

비록 저작권의 소유자들을 추적하려고 많은 노력을 쏟았지만, 일부의 경우에는 불가능하였습니다. 이 기회를 빌어서 고의가 없이 침해하였을지도 모를 저작권 소유자들에게 정중히 사과드립니다.

목 차

제1장 서론
: 비판적 언어연구

> 전통이 우리에게 얹어 놓은 족쇄를 우리는 어떻게 인식하는 것일까? 왜냐하면 그 족쇄들을 인식할 수 있다면, 우리가 그걸 깨뜨릴 수도 있기 때문이다.
>
> ▶▶▷프란츠 보우애즈(Franz Boas, 1858~1942)[1)]

이 책에서는 언어와 권력의 관계를 다룬다. 좀 더 정확하게 말하여, 현대 영국사회에서 언어사용 및 불공평한 권력관계 사이에 있는 관련 모습을 다루게 된다. 저자는 두 가지 주요한 목적을 위하여 이 책을 집필하였다. 첫 번째 목적은 다소 이론적이다. 권력에 대한 사

---

1) (역주) 프란츠 보우애즈(Franz Boas, 1858~1942)는 미국 인류학의 아버지로 불린다. 독일에서 태어나 물리학을 전공했지만, 1887년 미국에 귀화하여 컬럼비아 대학 등에서 인류학을 가르치며, E. 써피어, R. 베네딕트 등의 걸출한 인류학자를 길러냈다. 역사적 특수주의(historical particularism)를 옹호하면서 그는 스스로 주민 속에 동화되어 그 내면까지 파고들었고, 원주민의 물질문화·형질·언어·사회·종교·신화·심리 등에 대하여 방대하게 기록을 하여, 실증주의 및 종합인류학과 문화이론을 뒷받침했다.

회적 관계를 산출하고, 유지하며, 변화시키는 데에 두루 퍼져 있는 '언어의 중요성'을 제대로 추정하지 못하는 점을 바로잡는 데 도움을 주고자 한다. 두 번째 목적은 다소 실천적이다. 어떤 사람들이 다른 사람들을 지배하도록 언어가 어떻게 기여하는지를 놓고서, 자각을 일깨우고 늘여주는 것이다. 이는 자각이 해방을 향한 첫 걸음이기 때문이다.

다소 이론적인 목표는 '언어학'이라는 저자 자신의 학문적 배경에 뿌리를 두고 있다. 언어학자들과 특히 종종 '사회적 맥락 속의 언어'를 다룬다고 언급되는 사회언어학에 종사하는 연구자들은, 언어 및 권력에 대하여 할 말이 아주 많다. 그렇지만 저자의 생각으로는 언어 및 권력에 대한 풍부하고 복잡한 상호관련성을 놓고서 아직까지 제대로 작업해 오지 않았다. 예를 들어, 표준·비표준 사회방언에 대한 연구들이 많이 있고, 그런 사회방언에 덧얹혀진 우월성(가령, 표준어는 품위 있고 사투리는 비속함 따위)의 양이, 얼마나 해당 언어 사용자들의 권력에 달려 있는지에 대한 연구도 많이 있다.[2] 비록 아마 놀

---

2) (역주) 대표적으로 영국에서는 번스따인(Bernstein, 1959)이 노동계층과 중산층 사이에서 관찰되는 언어적 편견과 차별성을 다뤘다. 이병혁 엮음(1993) 『언어사회학 서설』(까치, 214~236쪽)에 번스따인 글 「계급과 언어와 통제(Class, Codes, and Control)」(장상수 뒤침)가 있다. 또한 런드(Lund, 2003; 이재호·김소영 뒤침, 2007) 『언어와 사고』(학지사) 70~85쪽, 그리고 앤더슨·브롸운·쉴콕·율(Anderson, Brown, Shillcock, and Yule, 1984, 『말하기 교육: 산출과 평가를 위한 전략(*Teaching Talk: Strategies for production and assessment*)』, Cambridge University Press)의 제2장 2절도 참고하기 바란다.

번스따인은 노동자 계층에서는 제한된 언어(restricted code, 부족한 어휘 구사력)를 쓰지만, 중산층에서는 세련된 언어(elaborated code, 풍부한 어휘 구사력)를 쓴다고 주장하고, 이것이 아동들에게도 대물림된다고 보았다. 이런 번스따인의 주장을 반박하면서, 특히 러보웁(Labov, 1972a) 『(빈민가인) 도심 내부에서 쓰이는 언어: 흑인 영어 연구(*Language in the Inner City: Studies in the Black English Vernacular*)』와 러보웁(1972b) 『사회언어학적 유형(*Sociolinguistic Patterns*)』(두 권 모두 University of Pennsylvania Press) 등에서는 미국 흑인영어를 대상으로 하여 규칙성과 언어사용의 합리성을 옹호하는 연구가 이뤄졌다.

한편 기념비적 연구로서, 히쓰(Heath, 1983) 『낱말 사용 방식: 공동체와 교실에서의 언어·삶·일(*Ways with Words: Language, life, and work in communities and classrooms*)』(Cambridge University Press)에서는 10년이 넘게 미국 캐뤌라이너 주 로우드뷜(Roadville)에 사는 백인 노동자 계층 및 트뢕뜬(Trackton)에 사는 흑인 노동자 계층 사이에서 아동들이 언어를 습득하는 환경을 조사하여, 그들 사이에 차이가 있음을 밝혀내었다. 이런 연구를 요약한다면, 한 언어 속에서도 하위문화에 따라 차이가 나는 사회방언을 지닐

랍게도 소수이겠지만, 또한 대화에서 그리고 사람들 간의 다른 이야기 형태에서, 권력이 행사되는 방식에 대한 연구도 있다. 이들 연구에서는 일반적으로 얼마나 불공평하게 권력이 배분되는지에 비추어, 지배적인 사회언어학 관례들을 기술하는 일에 착수하였다. 그렇지만 이들 관례를 권력관계의 산물 및 권력을 위한 투쟁으로 설명하는 논의에는 아직 손을 대어 보지도 못하였다.

핵심 논점은, 사회언어학 관례들이 권력에 대하여 '이중의 관련성[a] dual relation'을 지닌다는 점이다. 한편으로는 관례들이 권력의 차별성과 맞물려 있고, 다른 한편으로는 관례들이 특정한 권력관계로부터 생겨나며, 또한 생겨나도록 만드는 것이다.

이 책에서 저자의 주된 초점은, 이들 중에서 두 번째 논점에 놓이게 될 것이다. 즉, 현존하는 관례들을 권력관계 및 권력투쟁의 산물로 설명하려고 노력하는 일이다. 저자의 접근법은 관례들에 묵시적으로 들어가 있는 '상식적' 가정에 특별히 강조점을 두게 될 것이다. 이런 가정에 따라서, 사람들이 언어로 상호작용을 하지만, 일반적으로 이런 가정을 웬만해서 의식하거나 깨닫지 못한다. 한 가지 예를 들어 보면, 의사와 환자 사이에 있는 전통적인 진료상담 유형에 대한 관례가, '상식적' 가정을 어떻게 구현하는지가 될 듯하다. 그런 관례에서는 권위authority와 계층hierarchy을 자연스런 것으로 취급해 버린다.[3] 가령,

① 의사는 의학 전문지식에 대하여 잘 알고 있지만, 환자는 그렇지 못하다.

수 있는데, 이런 사회방언 사이에는 우열이 있는 것이 아니며, 자라나는 환경이 그런 사회방언을 받아들여 쓰도록 한다.

3) (역주) 보통 진찰실에 들어간 환자에게 의사가 어떤 질문을 하든지, 또는 어떤 요구를 하든지, 환자들은 거의 의심 없이 그대로 따르는 경향이 있다. 모든 것을 진단과 치료에 관련된 것으로 믿고 의심하지 않기 때문이다. 최근에 우리나라에서 아주 젊은 전문직 종사자들이 노인들에게 반말을 하는 경우도 관찰된다. 지금이 신분이 구획되던 조선시대도 아닌데, 그런 주종 관계의 언어사용으로 인간 불평등을 고착해 놓으려고 하는 것은 잘못이다. 의사와 환자 사이의 담화에 대한 논의는 §.3-2-2에서 다뤄진다.

② 의사는 건강문제가 어떻게 처방되어야 할지를 결정할 위치에 있지만, 환자는 그렇지 못하다.

③ 의사가 결정을 내리고 진료상담과 치료과정을 통제하는 것이 당연하고 '자연스럽다.' 환자는 응당 의사의 말에 따라야 하고, 협력해야 한다 등등.

앞으로 살펴보겠지만, 중요한 논점은 이용된 언어형식에 깃들어 있는 이런 종류의 가정들을 찾아내는 일이 가능하다는 점이다.

그런 가정들은 이념ideologies이다.4) 이념은 권력과 밀접히 연관되어 있다. 왜냐하면 특정한 관례 속에 깃들어 있는 이념적 가정들의 본성 및 그런 관례 자체의 본성은, 해당 관례들의 밑바닥에 깔려 있는 권력관계에 의존해 있기 때문이다. 그리고 간단히 이들 관계와 권력 차별성을 당연한 것으로 간주해 버리는 행위 범절에 대한 일반적이고 친숙한 방식의 되풀이를 통하여, 그런 행위 범절들이 현존하는 불평등한 사회적 관계 및 권력의 차별성을 합법화해 놓는 수단이 되기 때문이다.

이념은 언어와 긴밀히 관련되어 있다. 왜냐하면 언어사용이 가장 흔한 사회행위의 형식이기 때문이고, 우리는 대부분 '상식적' 가정을 그런 사회행위의 형식에 의존하기 때문이다. 그러나 언어에 대한 그런 중요성에도 불구하고, 언어학 속에서 언어 및 권력에 대한 토론거리로서 '이념'이란 개념은 제대로 다뤄지지 않았다. 이 사실은 그 자체로 언어학(형식 언어학)의 한계에 대한 전조가 된다.

비교적 무시되어 온 이념 차원에 저자가 초점을 모으기로 선택한 것은, 비단 이것이 무시되었기 때문만은 아니다. 저자가 이런 선택을

4) (역주) 레이코프(2006; 나익주 뒤침, 2007) 『프레임 전쟁』(창비)에서는 이념을 '심층에 깔려 있는 틀(deep frame)'이라고 부른다. 이는 결국 한 개인이 지니는 가치관이나 세계관과 동일한 것이고, 이는 많든 적든 그 개인이 속한 공동체의 가치체계에 의해 상호작용을 하면서 영향을 받을 수밖에 없다. 개정판 서문의 역주 2)를 보기 바란다.

한 주요한 이유는, 현대사회에서 권력의 행사가 점차 이념을 통하여, 좀 더 구체적으로 말하면 언어의 이념적 작업을 통하여 성취된다는 점 때문이다. 삐에르 부르디외[5]·미셸 푸코[6]·위르겐 하버마스[7]와 같

---

5) (역주) 삐에르 부르디외(Pierre Bourdieu, 1930~2002)는 프랑스의 사회학자 겸 인류학자로서, 파리 에콜 노르말에서 철학공부를 한 뒤에 5년 동안 알제리에서 머물면서 알제리 사회를 면밀하게 관찰하고 통계를 이용하여 1958년『알제리 사회학』을 출판했다. 이 후 파리대학과 사회과학 고등연구원을 거쳐 1982년에 꼴레주 드 프랑스 교수가 되었다. 개괄적으로 현택수·정선기·이상호·홍성민(1998)『문화와 권력: 부르디외 사회학의 이해』(나남출판)를 읽어보기 바란다. 부르디외 저서가 십수 권 넘게 번역되어 있다. 번역본 간행 연도 순서로 보면 다음과 같다.

① 최종철 뒤침(1997),『구별짓기』(상·하, 새물결)
② 현택수 뒤침(1998),『강의에 대한 강의』(동문선)
③ 현택수 뒤침(1998),『텔레비전에 대하여』(동문선)
④ 하태환 뒤침(1999),『예술의 규칙』(동문선)
⑤ 김웅권 뒤침(2001),『파스칼적 명상』(동문선)
⑥ 최종철 뒤침(2002),『자본주의의 아비투스』(동문선)
⑦ 김주경 뒤침(2002),『세계의 비참』(동문선)
⑧ 조홍식 뒤침(2002),『과학의 사회적 사용: 과학장의 임상사회학을 위하여』(창작과 비평사)
⑨ 유석춘·장미혜·정병은·배영 엮고 뒤침(2003),『사회 자본: 이론과 쟁점』(그린)
⑩ 김용숙 뒤침(2003),『남성 지배』(동문선)
⑪ 현택수·김교신 뒤침(2003, 2004),『맞불』(동문선)
⑫ 주형일 뒤침(2004),『중간예술』(현실문화연구)
⑬ 신미경 뒤침(2004),『사회학의 문제들』(동문선)
⑭ 김정곤·임기대 뒤침(2005),『호모 아카데미쿠스』(동문선)
⑮ 김웅권 뒤침(2005),『실천이성』(동문선)

6) (역주) 미셸 푸코(Michel Foucault, 1926~1984)는 사르트르 이후 프랑스 최고의 철학자로 꼽힌다. 일반적이고 추상적이며 보편적인 것을 추구하기보다는, 반대로 한 시대의 개별적인 사건에 주목하여, 수많은 실증적인 자료를 발굴하고 분석함으로써, 시대나 사건을 '해명'할 수 있는 이론을 정립해 나갔다. 푸코의 책은 우리나라에서 아주 대중적 인기를 누리고 있는 듯하다. 인터넷 검색을 해 보면 관련 책자가 30종이 넘게 나온다. 푸코의 책 중에서 번역된 것으로(원문의 간행 연도에 따름)

1961년(이규현 뒤침, 1999),『광기의 역사』(나남출판)
1963년(홍성민 뒤침, 2006),『임상의학의 탄생』(이매진)
1966년(이광래 뒤침, 1987),『말과 사물』(민음사)
1969년(이정우 뒤침, 2001),『지식의 고고학』(민음사)
1971년(이정우 뒤침, 1998),『담론의 질서』(새길)
1975년(오생근 뒤침, 1994),『감시와 처벌: 감옥의 역사』(나남출판)
1976~1984년(이규현 외 뒤침, 1990),『성의 역사, 전 3권』(나남출판)

등이 있다. 특히,『담론의 질서』의 '제2부 푸코 사상의 여정'에서는, 이정우 교수가 푸코의 사상을 전반적으로 해설해 주고 있어서 도움이 크다. 번역자는 소쉬르가 랑그와 파롤을 중심과 변방이라는 수평 개념으로 제시한 것(중심 ↔ 변방)을, 푸코는 하부구조와 상부구조로서 수직적으로 전환하였다고 본다(상부 ↕ 하부). 수평적 질서에서는 어느 하나

이 주요한 현대 사회이론가들이, 그들 자신의 이론에서 언어에 부여해 놓은 점증적 중요성을 인식하였듯이, 우리는 '언어시대language epoch'에 살고 있다. 최근 들어 비록 탈-근대주의postmodernism8)의 집필

만 택해질 수 있지만, 수직적 질서에서는 둘 모두 긴밀하게 다뤄져야 하는 것이다.

7) (역주) 위르겐 하버마스(Jürgen Habermas, 1929~) 사상의 개관서로 김재현 외(1996) 『하버마스의 사상: 주요 주제와 쟁점들』(나남출판)을 보기 바란다. 하버마스 책(원문 간행 연도)들이 다음처럼 다수 번역되어 있다.

1973년(임재진 뒤침, 1983), 『후기 자본주의의 정당성 문제』(종로출판사)
1981년(장춘익 뒤침, 2006), 『의사소통 행위 이론』 1, 2권(나남출판)
1983년(황태연 뒤침, 1997), 『도덕의식과 소통적 행위』(나남출판)
1984년(한승완 뒤침, 2002), 『공론장의 구조변동: 브르주아 사회의 한 범주에 관한 연구』(나남출판)
1985년(이진우·박미애 뒤침, 1995), 『새로운 불투명성』(문예출판사)
1985년(이진우 뒤침, 1994), 『현대성의 철학적 담론』(문예출판사)
1992년(한승진·박영도 뒤침, 2000), 『사실성과 타당성』(나남출판)
1996년(황태연 뒤침, 2000), 『이질성의 포용: 정치이론 연구』(나남출판)
2001년(장은주 뒤침, 2003), 『인간이라는 자연의 미래: 자유주의적 우생학 비판』(나남출판)
1997년(홍윤기 뒤침, 2004), 『의사소통의 철학: 현대 독일 철학의 정신 8인과의 대화』(민음사)

8) (역주) postmodernism은 '탈-이성주의, 탈-근대성, 후기-현대성' 정도로 번역된다. 그렇지만 먼저 modernism(근대주의/현대주의)나 modernity(근대 속성/현대 속성)가 무엇인지를 결정해 놓고 나서, 근대성을 부정하는 반대 흐름을 탈-근대성, 탈-이성주의, 또는 후기-근대주의라고 불러야 할 것이다. 번역자는 뷧건슈타인·콜링우드의 제자인 툴민(Toulmin, 1972) 『인간의 이해 역량: 개념의 집단 사용과 진화(*Human Understanding: The Collective Use and Evolution of Concepts*)』(Princeton University Press)와 툴민(1990; 이종흡 뒤침, 1997) 『코스모폴리스(늑우주 및 사회의 질서): 근대의 숨은 이야깃거리들』(경남대출판부)을 읽으면서, '근대성'이 중세성과 대립됨을 알았다.

중세의 세계관은 신에 의해서 지배되며, 종교탄압을 통해 개인을 말살하는 쪽으로 진행되었다. 이에 반발하면서 나온 15세기 문예부흥이 근대성의 불을 지피고, 신흥 상인세력이 발흥하면서, 인쇄술이 보편화된 17세기에 와서는 과학에서와 철학에서 모두 일반성·추상성·보편성·합리성·영원성(무시간성)·과학성을 목표로 하는 근대적 노력들이 본격화되었다(갈릴레오, 뉴튼 등). 이는 산업화를 통해 근대국가의 모습을 갖추고 나서 식민지배 확장을 전념하다가, 급기야 세계대전을 두 차례 치르게 되었다.

만일 우리가 근대성이나 현대성을 벗어나서 탈-근대성이나 후기-현대주의를 추구하려면, 개별성·구체성·특수성·역사성·맥락성·순간성 등을 깊이 성찰해 나가야 한다. 왜냐하면 인간과 인간의 삶은 쳇바퀴 돌거나 판에 박혀 있는 듯이 기계적으로 이뤄지는 것이 아니라, 인간의 자유의지에 의해서 삶 속에 참여하여 실제 경험을 해 나감으로써 비로소 생겨나는 것이기 때문이다. 곧, 이는 자연세계에 적용되는 합리성이나 과학성으로는 자유롭고 역동적인 인간 정신을 키우거나 도와주지 못한다는 인식을 옹호하는 일이다.

불행하게도, 우리는 조선사회에서 쇄국정책을 써서 스스로 사상이나 생활양식의 변화를 일으키지 못하고, 일제에 의해 점령당하고 다시 광복을 맞은 뒤에라야, 비로소 근대성이라는 흐름을 타게 되었다. 우리는 다른 나라와 구별되는 역사적·문화적인 차이가 있다.

자들은 시각적 심상이 언어를 내쫓아 버리고 있다고 주장하였고,9) 탈-근대 문화를 '탈-언어적post-linguistic' 이라고 언급하였지만, 정반대로 일부 사람들은 사회이론에서 '언어적 전환turn to language'을 강조하여 언급한다.10)

이런 점 때문에 '탈-근대성', 탈-이성주의, '후기-근대/현대주의'가 과연 필요하고 올바른 흐름인지에 대해서는 세계 곳곳에서 사람들마다 제각각 다른 의견을 지니고 있다.

번역자는 개인적으로 다음과 같은 기준을 세우고 있다. 먼저 근대성으로 포괄되는 흐름이 과연 21세기를 살고 있는 우리들에게 몰개성화 또는 비-인간화로 귀결되었는지 반성해 봐야 한다. 아리스토텔레스는 인간의 일과 관련되어 선을 추구하는 작업이 '특정 사례의 구체적인 상황'을 존중해야 한다고 보았다(앞의 이종흡 뒤침, 59쪽). 이렇게 자연과 인간을 구분해 놓는 전통은 칸트를 거쳐서, 쇼펜하우어에 이르러 확연히 '표상으로서의 세계'(자연세계)와 '의지로서의 세계'(인간세계)로 구획되기에 이르렀다. 그렇지만, 17세기를 중심으로 두루 퍼진 근대성이나 합리성의 흐름 속에 매몰되고 말았다.

만일 21세기를 살아가는 우리의 삶이 뜻밖에 근대화가 몰고 온 몰개성화와 비-인간화에 의해서 고통을 받고 있다면, 우리는 마치 중세의 질곡을 벗어나기 위하여 문예부흥을 일으켰던 시대의 사람들을 다시 잘 살펴봐야 할 것이다. 만일 그렇지 않다면, 아마 더욱 철저하게 근대성 또는 현대성의 흐름을 실천해 나가는 것이 올바른 선택일 것으로 생각한다. 적어도 우리 문화 전통을 조감할 때에, 번역자는 개인적으로 후자 쪽에 서 있는 편이다.

강수택(1998)의 『일상생활의 패러다임: 현대 사회학의 이해』(민음사)에 따르면, 인류 지성의 흐름 속에서 보편성과 일반성을 벗어나서 개별성과 일상성에 대한 관심과 토대가 후썰(Husserl)에서부터 마련되었고, 비로소 한 개인의 경험이 연구의 초점으로 부각된다. 현대의 흐름에서 일상언어 철학에로의 전환이나 담화를 중심으로 한 심리학과 사회학 연구들도 거시적으로 모두 이런 흐름 아래 포괄될 수 있을 것이다.

9) (역주) 아마 사진과 영화가 등장한 이래, 인터넷 시대로 접어들면서 시청각 매체 자료들이 봇물처럼 쏟아지고 있기 때문에 이런 주장이 나온 듯하다. 그렇지만, 인간 정신은 감각 자료(5관 감각[five senses] + 내부장기 감각 [visceral feelings])뿐만 아니라, 추상적 자료(언어 또는 명제)도 동시에 함께 이용되어야 한다. 특히 후자는 한 대상이나 그 대상이 관련된 사건에 대한 내적 정보를 붙잡는 데에 중요한 도구가 된다. 따라서 어느 하나만이 우세하다고 말할 수 없다. 인간의 장기기억 속에서는 두 자료를 모두 함께 통합 보존하고, 필요할 경우에 인출하는 것으로 알려져 있다. 자세한 내용은 갤러버더·코쓸린·크뤼슨(Galaburda, Kosslyn, and Christen, 2002) 엮음 『두뇌 작동 언어(*The Language of the Brain*)』(Harvard University Press)를 읽어보기 바란다.

10) (역주) 흔히 사회라는 범위를, 인간들 사이의 관계에 맞출지, 아니면 전체 사회에 맞출지에 따라 사회이론이 달라진다. 전자를 흔히 미시-사회학이라고 부르고, 후자를 거시-사회학이라고 부른다. 미시-사회학에서는 질적(또는 해석적) 연구 방법론을 통하여 접근한다. 이 과정에서 언어 및 언어사용에 대하여 분석하고 해석하는 일이 중요한 몫을 떠맡는다. 이른바 소집단 관찰 해석지(ethnography, ethnology)라고 부르는 방법이다. 일본인들은 이를 민속지나 민족지라고 잘못 번역하였지만, 우리쪽 일부에서도 그런 용어를 무비판적으로 맹종하는 듯하다. 소집단 관찰 해석지의 연구에서는 언어를 1차적 분석대상으로 삼고, 그 사회적 기능들을 찾아나가게 된다. 이런 일을 페어클럽(2003) 『담화분석 방법』(도서출판 경진 출간예정)에서는 '담화분석'이라고 불렀다.

비록 충분히 주목할 만한 현상이긴 하지만, 아마 오직 언어만이 사회적 통제 및 권력에 대한 주요한 매체가 되었다는 것은 아닐 것이다. 기여할 필요가 있는 사용 내용에 비춰서, 언어 다양성의 범위에 비춰서, 그리고 현대 시민들에게서 기대되는 언어능력의 복잡성에 비춰서, 언어는 극적으로 성장해 왔다. 곧 논의가 이어지겠지만, 만일 언어의 도처에 이념이 퍼져 드러나 있다면, 그 사실은 언어가 지닌 이념적 본성이 응당 현대 사회과학11)의 주요한 주제의 하나로

11) (역주) 인간들의 관계와 인간의 모임인 사회를 다루는 분야는 '사회학' 또는 '사회과학'으로 불린다. 또는 사람들 사이의 상호작용을 연구하는 분야를 '미시사회학'이라고 부르고, 전체적인 사회구조를 연구하는 분야를 '거시사회학'이라고도 한다.

먼저 사회학과 사회과학의 구별을 보기로 한다. 일찍이 희랍 시대에서부터 인식되었듯이, 사람을 제외한 우주 만물의 질서는 인과법칙 또는 필연적 자연법칙을 따른다. 그렇지만 사람은 예외적으로 '자유의지'에 따라 행동한다. 자유의지를 다루려면 먼저 인간의 특정한 공통 속성들을 고려하면서 일련의 행위 규범들을 상정할 필요가 있고, 그런 규범들을 벗어난 행위들을 일으키는 다른 의도들을 추구해 나가야 한다. 자유의지가 완벽히 설명되는 어떤 규범이 있다면, 이는 더 이상 자유의지가 될 수 없다(아마 '구속된 의지'로 불릴 것임). 번역자의 이런 지적에 동의한다면, '인문학'은 결코 인문 과학이 될 수 없다. 인문 과학이 수립되는 한, 이는 자연과학의 하위영역이 될 뿐이지, 더 이상 인문학은 존재하지 않을 것이다. 인문학은 자유의지의 궤적을 다룰 뿐만 아니라, 우리의 선택을 지배하는 가치를 다루는데, 가치는 우리가 죽음을 인식함으로써 생겨나는 것이다. 극단적으로 표현하여, 일회성과 개별성 쪽으로 기울어지는 운명이 인문학의 씨앗인 셈이다. 현재 인간을 자연과학 방식으로 다루는 것은, 오직 세포 덩어리들에 대한 인간 육체 측면일 뿐이다.

그렇지만 사회학은 아마 두 갈래로 나뉠 듯하다. 인간이 아무리 자유의지를 지니고 있다고 하더라도, 사회를 이루고 산다면, 반드시 사회화 과정을 거쳐서 구성원들 사이에 서로 협동을 해야 한다. 이는 불가피하게 두 사람 사이에서도 서로에게 맞춰 조율하는 특성으로 서술된다. 클락(1996; 김지홍 뒤침, 2009, 『언어사용 밑바닥에 깔린 원리』, 도서출판 경진)의 제3장에서는 이를 '쉘링 게임(Schelling games)'으로 부른다. 그렇다면, 개인들 사이의 상호작용 관계를 다루는 미시사회학(상호작용 사회학)이 있을 것이고, 또한 더 큰 집단과 사회 전체의 거시구조를 다루는 거시사회학도 있을 것이다. 앞의 영역은 하위집단 관찰해석 방법(소위 질적 방법, 정성적 방법)으로 연구가 이뤄지고, 뒤의 영역은 모집단 통계처리 방법(소위 양적 방법, 정량적 방법)으로 연구가 이뤄지기 일쑤이다. 후자일수록 개인의 의지와 관계없이 물질적 대상으로서 인간들의 행위와 반응이 있다고 가정한다. 다시 말하여, 미시사회학은 인문학적 발상이 요구되고, 거시사회학은 자연과학적 발상으로 다룰 수 있는 것이다. 전자일수록 인문학의 발상과 맞닿아 있고, 후자일수록 자연과학(특히 모수 통계학)과 관련되며, 따라서 과학의 반열에 참여하게 된다. 19세기에는 인간의 심리를 다루는 심리학이나 사회학 자체가 엄격한 과학으로 취급받지 못하고, 사이비 과학처럼 여겨지기도 하였지만, 20세기에 들어서면서 물질세계를 다루는 엄밀한 과학(hard science 탄탄 과학)과 생명계를 다루는 soft science(물컹 과학)로 달리 부르기도 하였다. 사회과학은 엄밀한 과학보다는 물컹한 과학에 속하게 된다.

그렇지만, 개인으로서의 인간 및 집단으로서의 인간들이 왜 서로 다른 방법으로 연구

되어야 함을 의미하는 것이다.

그러므로 언어는 모든 사람(시민)들의 주의를 끌 만큼 충분히 중요한 것이다. 특히, 이 책에 있는 관심사항에 관한 한, 현대사회에 관심을 지닌 사람이라면 아무도, 그리고 현대사회에서 권력의 관련성에 관심을 둔 사람이라면 누구든지, 언어를 무시할 처지가 못된다. 이런저런 정도로 이는 모든 사람들에게 해당됨을 뜻한다.

그럼에도 불구하고, 정확히 그런 관심을 지닌 많은 사람들이, 언어를 무시해도 괜찮으리라 믿어 왔다. 이는 아마 놀라운 일이 아닐 것이다. 그간 언어에 대한 일반 수준의 주의력과 예민성은 한심스러울 만큼 부적합하였다. 특히, 학교에서 언어를 가르치는 경우, 두드러질 정도로 가장 결정적인 언어의 '사회적 기능'을 무시해 버리는 실수를 저질러 왔기 때문이다. 이는 교사들에게 비난의 화살을 돌릴 수 없다. 언어를 놓고서 전형적 모형으로 교사들에게 제시된 대부분의 학문적 업적에서도 동일한 실수가 있었기 때문이다. 오늘날 언어 위상이 요구하는 자각 수준 및 실제로 매력을 끄는 수준 사이에 있는 이러한 괴리가, 저자가 이런 초점을 선택한 또 다른 이유가 된다.

권력이 곧 바로 언어의 문제라고 제안하는 것이 아님을 꼭 강조해 두어야 하겠다. 사회적 관계나 사회적 과정에서 한 가지 측면에 초점을 모으는 일에는, 언제나 사회적 관계를 오로지 그 측면 하나만으로 축소해 버리고자 하는 위험이 도사려 있다. 특히 이 경우에, 그것이 무시된 측면이라면 더욱 그러하다. 권력은 물리적 힘의 구체적이고 명백한 모습을 포함하여, 다양한 모습으로 존재한다. 슬픈 사실이지만, 가령 최근 남아프리카에서 일어난 사건들이 상기시켜 주

되는 것일까? 이는 매우 심각하고 근본적인 질문이다. 번역자의 생각으로는, 아마도 인간들이 집단을 이루는 경우에 서로서로 영향을 주고 영향을 입는 관계가 되어(집단에서는 고립된 섬과 같은 개별 인간은 없다고 봄), 그 결과 자연과학의 법칙들로 추구될 수 있는 것이 아닌가 싶다. 즉, 개인이나 소집단이 될수록 자유의지의 실현이 최대한으로 보장되고, 큰 집단이나 전체주의로 갈수록 자유의지의 실현이 극도로 억제되는 듯하다. 뒤에 나오는 역주 17)과 27)도 함께 참고하기 바란다.

었듯이, 사람들로부터 종종 일자리와 가정과 삶을 빼앗아 버리는 일을 통해서도, 권력이 충분히 행사된다는 점은 사실이다. 아마 물리적 폭력을 포함한 다양한 종류의 강제력을 통한 권력행사 및 그것을 향한 동의의 제조manufacture of consent나 최소한 묵인acquiescence을 통한 권력행사 사이에, 큰 구획을 지어 놓는 일이 도움이 될 것이다. 권력관계는 비록 다양한 모습으로 나타나지만, 강제력 및 동의-묵인 둘 모두에 의존한다. '이념'은 동의를 제조해 내는 주요한 수단이다.

시작 단락에서 언급된 좀 더 실용적인 두 번째 목표는, 언어와 권력에 대한 자각을 늘리는 일에 도움을 주고, 그리고 특히 한 부류의 사람이 다른 사람들을 지배하도록 언어가 어떻게 기여하는지를 깨닫도록 하는 데에 도움을 주는 것이다. 이념에 대한 저자의 초점이 옳다면, 이는 사람들로 하여금 자신들의 언어가 실제로 상식적 가정에 의존하는 범위를 살펴보고, 이들 상식적 가정이 이념상으로 권력관계에 의해 모습이 갖춰질 수 있는 방식들을 살펴볼 수 있도록 도와줌을 의미한다.

비록 저자가 점점 더 지배와 억압으로 점철되어 있는 다소 우울한 느낌을 주는 언어 모습을 그려놓게 될 것이지만, 이는 인간들이 만들어 낸 제도를 변화시키는 인간 존재의 능력에 대한 저자의 신념에 의해서 상쇄되기를 희망한다. 저항과 변화는 단지 가능성만이 아니다. 또한 현재 지속적으로 일어나고 있는 것이다. 그러나 저항의 효과 및 변화의 실현은, 그런 지배를 경험하는 일에 있는 것이 아니다. 오히려 지배와 지배 양상에 대한 비판적 자각을 발전시키는 사람들의 손에 달려 있다. 그러므로 이 책자의 좀 더 실용적인 목표는, 언어에 초점을 모아 상세히 분석해 놓음으로써, 사회적 착취관계에 대하여 일반적인 자각을 일으키는 데 기여하려는 것이다.

저자의 목적은 고등교육 기관에 있는 학생 및 교사들뿐만이 아니라, 또한 다른 분야에 있는 다양한 사람들에게도 쉽게 읽힐 수 있는 책을 집필하는 것이다. 그러므로 비록 저자는 대부분의 독자들이 한 영역이나 다른 영역에서 얼마간 소양을 지닐 것이라고 생각하지만, 언어연구나 또는 사실상 사회이론에서 전문가적인 배경지식을 지녔다고 전제하지는 않았다. 저자는 특히 궁극적으로 넓은 의미에서 교육 주체로 일할 위치에 있는 사람들(예비교사)을 염두에 두었다. 즉, 특정 집단의 사람들에 대한 특정 필요성과 환경에 꼭 들어맞는 적합한 정보나 교육자료를 산출하기 위하여, 이와 같은 책자를 이용할 필요가 있는 그런 사람들이다. 거의 분명히, 이는 학생·교사·교사 훈련주체(장학관이나 사범대 교수)들을 포함할 것이다. 또한 다양한 형태의 전문가 직업연수나 (가령 보건요원이나 사회복지사 등) 전문직 양성 과정에 포함된 사람들도 포함된다. 그러나 정치 운동가와 노동조합 운동가, 평화 운동가나 여성해방 운동가, 흑인해방 운동가나 다른 사회운동의 주체들과 같이 다른 부류의 사람들도 있겠다. 이런 넓은 의미에서 보면, 그들의 맡는 일도 부분적으로 교육적이다.

될 수 있는 대로 저자는 이 책이 쉽게 읽히고 실용적으로 되도록 노력을 쏟았다. 그렇지만 이런 종류의 책자가 얼마나 실용적으로 짜일 수 있는지와 상관없이, 비판적 언어분석의 일부 형태를 아주 잘 이용할 수 있는 대부분의 사람들(이미 언급하였듯이 사실상 모든 사람을 포함함)에게까지 미치기에는, 분명히 그 자체로서 불충분하다. 이는 많은 사람들이 딱딱한 책자보다는 좀 더 쉽게 소화될 수 있다고 느끼는 안내책자·전단지·다른 유형의 자료(영화, 녹화물, 만화) 등에 의해 보충될 필요가 있을 것이다. 이 책의 독자들 중에서 이런 작업을 진척시켜 나가게 될 교육자들도 나오게 되기를 희망한다.

저자는 독자들이 이 책을 집필하고 있는 저자의 정치적 입장에 대하여 이미 어떤 인상을 형성해 놓았을 것이라고 확신한다. 사회적 현안문제에 대하여 조사하고 집필하는 사람들이, 불가피하게 그들이 그런 현안 문제를 지각하는 방식뿐만 아니라, 주제를 선택하고 그런 현안에 접근하는 방법에 의해서, 그리고 그들 자신의 사회적 경험과 가치와 정치적 결단에 의해서, 영향을 받는다는 사실은 널리 잘 이해되고 있다. 사회적 논제들에 대한 사이비 중립성에12) 영향을 미치는 것이 아니라, 오히려 이들 영향을 인정하는 것이 중요하다. 그럴 뿐만 아니라 한 사람이 서 있는 입장에 대하여, 그 집필자가 독자들에게 (집필자의 관점을 독자들이 비판할 수 있도록) 열려 있어야 한다는 점 또한 중요하다고 생각한다.

저자가 속한 사회에 대한 저자 자신의 견해는, 제2장에서 더 자세히 풀어나가게 될 것이다. 당분간 저자는 저자가 속한 사회 속에 있는 사회적 관련성에 대한 낮은 수준의 일반적 식견을 지닌 사회학자로서 집필을 해 나가며, 그런 관련성들에 의해 억압된 사람들을 해방시키는 데에 몰두한다고 말해 두기로 한다. 이런 진술이 저자가 정치 선전물을 집필하고 있다고 오해되지 않기를 희망한다. 사회적 현안문제에 대한 과학적 조사는, 온 마음을 쏟아 '제 의견만 고집하여 퍼뜨리는' 조사자와13) 완벽히 양립 가능하다. 그렇지만 정성껏 온 마음을 쏟는 상태가, 일반적인 진술에 대하여 합리적으로 논의를 진행하고 증거를 산출하는 일을 면제하여 주는 것은 아니다.

여기서 채택될 언어에 대한 접근은 '비판적 언어연구critical language study' 또는 줄여서 'CLS'로 불릴 것이다. '비판적'이란 말은 특별한 의미로서, 여러 사람들로부터 가려져 있을 만한, 이면의 연결모습들을

12) (역주) 거짓 중립성(spurious neutrality)이란 말에서 '거짓'(가짜, 사이비)이란 부정적 평가는 다음의 뜻을 담고 있는 듯하다. 대상 자체가 결코 중립적이지도 객관적이지도 않으며, 오직 인간이 지닌 인식이나 지각 방식을 통해서만 편향되어 드러나게 된다. 가령 색깔의 문제를 본다면, 색깔 자체가 대상물에 속한 것이 아니며, 오직 대상물이 반사하는 특정한 파장에 인간의 시각 기관이 반응을 하여 드러날 뿐이다. 이는 지각 과정의 문제이지만, 보다 추상적인 인식은 더욱 '자기 중심적'이다. 따라서 문제를 부각시키는 데에서부터 해결하는 과정에 이르기까지, 연구자의 선입견이나 편견이 개재되는 것은 우리로서는 불가피한 일이 된다. 바로 이렇게 한계가 지워진 인간적 조건이, 혼란스런 시기에 철학자 칸트(Kant, 1724~1804)로 하여금 모든 인간들이 공유하는 보편적 형식이 과연 있는지를 깊이 탐구하게 만들었던 것으로 보인다. §.2-2-3의 역주 15)를 보기 바란다.

13) (역주) 이런 태도는 흔히 유아론(solipcism)이나 독단론(dogmatism)으로 부르는데, 자신이 하느님인 양 착각하고, 다른 사람이 의견이나 생각은 전혀 고려하지도 않고 무시해 버린다. 흔히 민간에서 '우물안 개구리'를 묘사하는 상황이다. 이와 대립되는 태도는 겸손한 회의론(scepticism)으로 부르는데, 소크라테스에서부터 몽테뉴(1533~1592)와 데이빗 흄(1711~1776)을 거쳐, 오늘날 뷧건슈타인(1889~1951) 등에서 찾아진다.

드러내기 위한 목적으로 이용된다. 가령 앞에서 언급된

'언어·권력·이념'

사이의 연결모습이다. 비판적 언어연구CLS에서는 사회적 상호작용을 그것들의 언어요소에 초점을 모으는 방식으로 분석을 진행한다. 여기서는 사회적 관련성의 제도 속에서 일반적으로 가려져 있는 결정요인determinants, 주요변수들과 그런 제도에 얹힐 만한 가려진 효과들을 드러내어 보이는 일을 착수하려는 것이다.

§.1-1 언어연구에 대한 여러 가지 접근법

언어연구에 대한 기존의 접근법이 많이 있다. 그런데 굳이 왜 비판적 언어연구CLS가 필요한 것일까? 저자가 다음에 개관하는 접근법들이 각각 비판적 언어연구에 뭔가를 기여하였으나, 한편으로 비판적 관점에서 살펴본다면 그런 접근이 모두 주요한 한계를 지니고 있기 때문이다. 이런 언어연구의 다양한 갈래들 사이에서 성립한다고 표준적으로 가정된 관련성이, 이 절의 끝에서 저자가 발전시킬 비판적 관점에서 바라본다면, 그 자체로서 불만족스럽다. 저자가 개관하게 될 언어연구에 대한 접근법은 다음과 같다.

① 언어학
② 사회언어학
③ 화용론[14)]

---

14) (역주) pragmatics(화용론)이란 낱말은 pragmatism(실용주의)란 낱말과 어근이 같다. 예외가 있지만, 흔히 학문을 가리키는 접사에서 '-tics(-학)'는 상위학문을 가리키고, '-ology(-론)'는 하위의 분과갈래를 가리킨다. 상위학문은 고유한 대상과 고유한 방법론을 갖고

④ 인지심리학과 인공지능
⑤ 대화분석 및 담화분석

또한 최근 사회이론에서 거론되는 언어의 시각(관점)에 대해서도 뭔가를 언급하게 될 것이다. 저자의 목적은 단지 비판적 관점으로부터 이들 복잡한 연구영역에 대한 간략한 특징을 제시하려는 것뿐이다. 비록 그런 영역들이 대부분 주류mainstream와 경합하는 다른 작업을 포함하며, 때로 주류보다도 비판적 관점에 더 가깝지만, 대체로 '주류' 작업을 언급하게 될 것이다.

§.1-1-1 언어학

'언어학'이란 용어는 주류 학문 속에서 중의적으로 쓰인다. 이 낱말이 때로 언어학이라는 학문영역 안에 들어 있는 모든 갈래의 언어 연구를 가리킨다(일부는 안에 들어 있지 않음). 그렇지만 때로 가장 특권적 지위를 누리며 가끔 '순수 언어학linguistics proper' 15)이라고 언급되는 갈래를 가리키기도 한다. 이 책에서 저자는 넓은 의미로 '문법'에 대한 연구인 '순수 언어학'을 가리키고 있다. 곧, 언어의 소리체계인 '음운론', 낱말의 문법구조인 '형태론', 문장의 문법구조인 '통사론', 의미의 좀 더 형식적 측면인 '의미론'이다.16) 인간 현상들 중에서 언

있을 때 붙여진다. linguistics(언어학)에서는 하위 갈래로 phonology(음운론) morphology(형태론) 등이 있지만, 우연하게 semantics(의미학, 의미론)와 pragmatics(화용학, 화용론)만은 상위학문을 가리키는 접사를 갖고 있다. 그 까닭은, 이들 용어가 언어학자들이 아닌 다른 분야의 학자들에 의해서 인간의 모든 정신 작용과 행위를 포괄할 목적으로(상위 갈래의 분야로) 붙여졌기 때문이다. 원래의 목적으로만 보면, semantics(의미학)와 pragmatics(화용학)가 언어학보다 더 높은 층위에 있는 것이다(소쉬르나 피어스가 주장한 '기호학'과 같이). 그렇지만 언어학자들이 언어를 다루면서 언어학의 갈래 아래에 하위범주로 자리 잡으면서, 번역을 할 때에 의미론·화용론처럼 '-론'으로 통일하였다.

15) (역주) 뒤에서 꾸며 주는 proper는 원래 '진부분 집합'을 가리킨다. 여기서는 뜻을 살려 '순수 언어학'으로 써 둔다.

16) (역주) 좀 더 간단히 제시하면, 언어는 기호이므로, 형식과 내용의 결합체라고 말할 수

어의 중심성 및 인간 과학들 중에서 언어연구의 중심성으로 말미암아, 언어학은 인문학[17] 속에서 그리고 인문학을 넘어서서 광범위하게 수용되어 왔다. 다른 인문학에서 모형으로 널리 이용해 왔고, 비판적 언어연구를 포함하여 언어연구에 대한 현대 접근법이 어떤 것이든 혜택을 받을 수 있는, 언어 기술을 위한 체계적 기법의 인상적 배열을 발전시켜 놓음으로써[18] 그런 일을 실행해 왔다.

그렇지만, 언어학의 성취는 언어연구의 협소한 개념을 고안한 대가代價를 치르고 얻어낸 것이다.[19] 언어학이 비교적 실제 발화와 글쓰기에 주의를 쏟지 않았다는 것은, 역설적으로 사실이다. 언어학에서는 현실의 언어 실천모습을 기술하려고 시도하는 것이 아니다. 오

있다. 여기서 형식 쪽에는 음운과 형태와 통사가 속하게 되며, 내용 쪽에는 의미와 (여기서 언급되지 않은) 언어사용 의도가 포함된다.

17) (역주) 저자는 human sciences(인간과학, 인문과학)이라고 쓰고 있지만, 번역자는 동의하지 않는다(번역에서 '인문학'으로 적어 놓았음). 자연과학은 인과율(causality)에 지배를 받는 현상들을 다루지만, 인문학은 '자유의지(free will)'를 따르는 인간 행위들을 연구하기 때문이다. 브렌타노가 인간 정신을 지향성(intentionality)으로 규정한 이래, 인간 행위들은 지향성으로부터 촉발되어 나오는 것으로 서술되기도 한다(Searle, 1983; 심철호 뒤침, 2009, 『지향성: 심리철학 소론』, 나남출판). 인간 행위는 결코 결정론적인 인과율에 지배를 받지 않는다. 그런 만큼 과학의 범위 밖에 놓여 있다. 혹 자연과학의 엄격한 형식을 빌려올 수는 있겠으나, 그 형식은 어디까지나 자유의지의 구현내용을 포착하는 수단으로만 이용될 뿐이다.

이런 전통은 아리스토텔레스에서부터 찾을 수 있다. 그는 자연현상을 대상으로 하여서는 보편성과 잠재태를 다룰 수 있지만, 인문 현상을 대상으로 하여서는 개별성과 실천사례를 다루게 된다고 보았다. 그런데 사회현상은 사회과학과 사회학 둘로 나뉠 수 있는데(또는 거시사회학과 미시사회학으로 나뉨), 앞의 역주 11)과 뒤의 역주 27)을 보기 바란다. 전자는 자유의지를 지닌 인간을 대상으로 하지 않고, 여느 생물들이 보이는 현상(본능에 따른 행동)을 확률로 가늠한 인과율에 따라 엄격히 추적해 나간다. 거기에서는 인간이 없고 다만 생물종으로서의 개체만 있을 뿐이다. 반면에, 후자에서는 사람과 사람 사이에 맺어지는 관련성을 관찰하고 기술하면서, 그들 사이에서 예측 가능한 속성들을 찾아내게 된다. 미시사회학자 고프먼(Goffman, 1922~1982)의 '상호작용 질서'(1983, The Interaction Order)라는 표현은, 이런 측면을 가리키는 것이다. 즉, 인간 관계는 법칙이나 원리에 지배받는 것이 아니라, 질서나 경향에 따를 뿐이다.

18) (역주) 언어학을 본 궤도에 올려놓은 사람으로 소쉬르가 거론된다. 최승언 뒤침(2006, 신장판) 『일반 언어학 강의』(민음사)를 읽어보기 바란다. 가장 많이 읽히는 개론서로 특히 핑커(Pinker, 1994; 김한영·문미선·신효식 뒤침, 2004 개정판) 『언어 본능』(동녘사이언스)을 읽어보기 바란다. §.2-2-1의 역주 3)을 보기 바람.

19) (역주) 언어/문법에 대한 협소한 개념만을 고집하여 정교하게 성취를 이루었지만, 광의의 언어나 언어사용에 대한 측면을 전혀 다루지 못하였다는 뜻이다.

히려 언어를

잠재태(가능태)·체계·추상적 능력

으로 특성 지어 놓았다. 현대 언어학의 창시자인 소쉬르에 따르면, 언어학은 '실제 발화'인 파롤parole(개별적인 구현사례)보다 '추상적 언어'인 랑그langue(추상적이며 구성원들 사이에서 공통적인 머릿속 대립체계)의 연구에 관심을 둔다. 주류 언어학에서는 소쉬르로부터 랑그에 대하여 핵심적인 다음 두 가지 가정을 취한다.

① 특정 공동체의 언어는 모든 실천적 목적을 위하여 두루 그 공동체에 걸쳐서 불변의 것으로 간주될 수 있다.
② 랑그의 연구는, 응당 역사적인 것보다는 '공시적'인 연구가 되어야 한다. 시간상으로 주어진 임의의 시점에서, 이 연구는 시간 축을 통하여 역동적으로 변화하는 것으로서가 아니라, 정태적인 체계로서 연구되어야 하는 것이다.

이들 가정 및 언어 실천사례의 무시는, 언어에 대한 이상화된 견해로 귀결되었다.[20] 이는 사회적·역사적 기반으로부터 언어를 고립시켜 버렸다. 그렇지만 이런 기반을 벗어나서는 실제적으로 언어가 존재할 수 없다. 주류 언어학은 언어를 연구하는 비-사회적 방식이다.[21] '언어·권력·이념' 사이에 있는 관련성에 대해서는 말할 게 아무것도 없는 것이다.

20) (역주) 맥락이 없이 언어형식만을 다루게 되었다. 그렇지만 뷧건슈타인은 맥락의 중요성을 원초적 언어의 예를 들어 설명하였다. 뷧건슈타인(1953; 이영철 뒤침, 2006) 『철학적 탐구』(책세상)을 보기 바란다.

21) (역주) 사람들의 구체적 삶의 자취와 그 자취에서 비롯되는 내용을 다룰 수 없고, 단지 공허한 형식만 다루고 있다고 비판하고 있다.

§.1-1-2 사회언어학

사회언어학은 언어에서 사회적으로 조건 지워진 변이모습variation, 변이체을 '순수 언어학'이 무시해 버린 데 반발하여[22] 부분적으로 언어학 외부에 있는 학문(두드러지게 인류학과 사회학)들의 영향 아래 발전해 왔다. 일부 실천가들은 사회언어학을 '순수 언어학'에 대해 상보적인 것으로 간주한다. 후자에서는 불변의 언어체계를 연구하지만, 반면에 전자에서는 사회적으로 변이 가능한 언어 실천사례('사용')를 연구한다. 다른 사람들은 사회언어학을 사회적으로 비-현실적인 주류 언어학의 측면들을 비판하는 도전으로 간주한다.

사회언어학자들은 언어형식(음운·형태·통사)에 있는 변이모습과 사회적 변인들 사이에서 체계적 상관성을 보여 주었다. 화자가 속한 사회계층, 언어적 상호작용에서 참여자들 사이의 사회적 관계, 사회적 환경이나 실현사례에 있는 차이점, 주제의 차이점 등이다. 사회적으로 구성된 언어 실천에 대한 성격이 비판적 언어연구의 일반적 전제로 간주될 수 있는 것은 사회언어학 덕택이다.

그러나 사회언어학은 사회과학에 대한 '과학 실증주의' 개념 고안물에[23] 의해서 크게 영향을 입었다.[24] 한 특정 사회에서 사회언어학

---

22) (역주) 대립적으로 표현하면, 랑그는 공통된 대립체계(system)를 다루고, 파롤은 개인별 사용의 변이모습(variation, 다양한 변이체)을 다룬다. 랑그에 속한 하위갈래는 음운론·형태론·통사론이며, 파롤에 속한 하위갈래는 음성학·화용론·담화론이다. 화용론이나 담화론이 파롤에 속하게 되는 이유는, 의사소통 의도가 언어형식으로 나올 수 있는 가능성이 적어도 둘 이상이 되기 때문이다(언어표현이나 언어사용은 적어도 직접표현 이외에도 언제나 간접표현이 있고, 간접표현은 다시 우회표현과 비유표현으로 나뉨). 그렇지만 더 깊이 들어가면, 랑그와 파롤도 언어 사용자의 의도(또는 자유의지에 따른 선택)에 뿌리를 두고 있기 때문에, 대립적이기보다는 서로가 통합되거나 결합될 소지가 있다.

23) (역주) conception(복합 개념)은 기본개념을 토대로 만들어 낸 산출물이다. 여기서는 '개념 고안물'로 번역해 둔다. 엄격히 구분되는 것은 아니더라도, 흔히 학술상의 기본개념 concept라고 부르며, 사람들이 지닌 통상적이고 일상적인 개념을 notion(통념, 일반개념)이라고 부른다. 만일 conception을 '개념화'라고 번역한다면, 개념을 만들어 나가는 과정만을 가리키게 되므로, 올바른 용어가 되지 못한다. 이는 개념을 만든 결과, 거기에서 나온 산출물을 가리키는 것이다. 임의의 사건을 놓고 낱말을 만들 적에는, 크게 다음 단계들을 구분하게 된다.

변이체는, 자연과학의 방법에 유추되는 방법을 이용하여, 관찰되고 기술될 여러 묶음의 사실들로 간주되는 경향이 있다. 사회언어학은 '무엇?' 물음에는 강하다(대체 무엇이 변이체에 대한 사실들인가?). 그렇지만 '왜?'와 '어떻게?' 물음에는 취약하다(왜 그 사실들이 그렇게 존재하는가?, 권력의 사회적 관련성에 대한 발전에 비추어 기존의 사회언어학적 질서가 어떻게 도입되어 존재하게 되었는가?, 그것이 어떻게 유지되는가? 그리고 그런 질서에 의해 지배당하는 사람들의 이익에 대하여 그것이 어떻게 변경될 수 있을 것인가?).

액면가 그대로 사실을 취급하는 경향은, 사회계급에 대한 취급방식과 관련된다. '사회계급social class'이란 용어가 쓰이지만, 이는 종종 '사회층위social strata'로 언급되는 편이 더 나을 듯하다. 이는 직업이나 교육상으로 또는 다른 표준 사회학적 변인들 상으로, 서로서로 비슷한 사람들을 집단으로 모은 것이다. 고전 맑스주의Marxist의 의미로, 사회계급은 경제생산에서 서로 다른 위치를 점유하는 사회세력이다. 이는 상이한 관심거리 그리고 적대적/경쟁적 관심거리를 지니며, 그들의 투쟁은 사회역사의 경로를 결정해 놓는다. 사회계급에 대한 이런 개념 고안물에 비춰 보면, 사회언어학적 사실들은 계급투쟁의 산물로 간주될 수 있고, 계급들 사이에 있는 특정한 세력균형을 나타낸다. 사회계급에 대한 이런 개념 고안물은 '왜?' 그리고 '어떻게?'라는 물음을 가리킨다.

또한 사실에 대한 과학 실증주의 방향과 관련하여, 우리가 기술하

'① 시작 → ② 진행 과정 → ③ 결과 상태 → ④ 산출물'

우리말에서 '묻다'로 예를 들면 '② 묻기 → ③ 묻음 → ④ 무덤', '막다'로 예를 들면, '② 막기 → ③ 막음 → ④ 마개'가 된다. 영어에서는 접사가 대략 '② -ing → ③ -ed → ④ -or/er'이 붙는다. 영어의 접미사 -tion은 비록 뒤에 있는 ③ ④단계를 가리킬 수 있지만, 여기서는 최종 결과 산출물 ④를 가리키는 것으로 번역해야 옳다.

24) (역주) 터너(Turner, 2000; 박형신 외 9인 뒤침) 『현대 사회이론의 흐름』(한울 아카데미) 113쪽에 보면, 1961년 독일 사회학 대회에서 아도르노(Adorno)와 포퍼(Popper) 사이에서 실증주의 및 비판이론에 대한 논쟁이 촉발되었고, 각각의 지지자들 사이에서 계속 논쟁이 이어졌다고 한다.

고자 하는 사회언어학적 질서를 놓고서, 일반적으로 그 나름의 고유한 관련성 쪽으로는 둔감하다. 즉, 우리가 사회를 그렇게 만들어 놓은 사회조건 및 잠재적 변화를 위한 사회조건들에다 주의를 기울이지 않은 채, 단순히 사실들의 존재에만 초점을 모으는 경우에는, 사회언어학자 자신이 어쨌거나 그런 사실들에 영향을 미친다는 개념이 거의 제기되지 않는 듯하다. 그러나 저자가 묘사해 놓은 대안이 되는 대본에서는 실제로 그런 개념이 제기된다. 만일 기존 사회언어학 질서의 사실들이, 계급 세력class forces들의 현재 균형점을 나타내는 임시 형상으로서 긴장 노선들lines of tension로 간주된다면, 사회언어학 조사연구의 효과는 이들 사실을 합법화함으로써, 그 사실들의 밑바닥에 깔린 권력관계를 정당하다고 간접적으로 시인하게 되든지, 아니면 외관상 그 사실들의 견실함에도 불구하고 이들 사실의 우연성contingency, 우연한 부수사태임을 보여 줌으로써, 간접적으로 그런 사실들을 바꾸는 방법을 가리켜 줄 것 같다. 예를 들어, 사회언어학에서는 종종 주어진 사회적 상황에 대해, '적합한' 언어형식이 무엇인지에 비추어 사회언어학적 관례들을 서술해 왔다. 의도가 무엇이든지 간에, 이 용어는 '그 사실들'에 대한 적법성 및 그것들의 기저에 깔려 있는 권력관계를 덧붙여 놓을 것 같다.

§.1-1-3 화용론

『화용론 연구지Journal of Pragmatics』의 창간호에 있는 정의에 따라, 우리는 '언어사용에 대한 과학the science of language use'으로서 화용론에 대한 광범위한 유럽 대륙의 개념 고안물과, 사회언어학과 심리언어학을 포함하여 언어사용을 다루는 여러 가지 하위학문들의 하나인 화용론에 대한 훨씬 더 협소한 영미의 개념 고안물 사이를 구분해 놓을 필요가 있다.[25] 광의의 개념에서는, 화용론 속에 저자가 '비판적 언어연구CLS'로 부르고 있는 바에 상응하는 경향들이 있다. 그렇지만 저자는 협의의 영미 전통만을 논평하게 될 것이다. 왜냐하면 이것이 영어로 쓰인 문헌에서 가장 친숙한 한 가지 개념이기 때문이다.

영미 화용론은 분석철학, 특히 '화용행위speech act'에 대한 오스뜬Austin과 써얼Searle의 작업과 긴밀히 관련되어 있다.[26] 핵심이 되는 통찰은, 언어가

a form of action

행위의 한 형태

로 간주될 수 있다는 것이다. 말해지거나 씌어진 발화는, 약속·요구·단정·경고와 같은 화용행위의 수행으로 이뤄지거나, 또는 상이

---

25) (역주) 광범위한 개념 고안물은 자유의지로 구현되는 비판적 인간 정신 그 자체와 동의어가 되며(비-언어사용까지도 포함하여), 협소한 개념 고안물은 단지 언어에 국한된 용법만(오직 언어사용만을 포함함)을 다루게 된다.

26) (역주) 존 랭쇼 오스뜬(John Langshaw Austin, 1911~1960)은 예전처럼 언어가 진리를 나타낸다기보다 오히려 행위를 나타내고, 더욱이 그 행위는 세 겹

언표 행위 ⇨ 속뜻으로 깔린 행위 ⇨ 실천 행위

으로 되어 있으며, 자연언어 그 자체가 풍부한 논리를 담고 있으므로 일상언어 철학자들은 자연언어 속에 깃든 논리를 드러내어야 한다고 주장하였다. 세 권의 유저가 있는데, 1955년 하버드 대학의 윌리엄 제임스 기념강연 '낱말 사용 방법(How to Do Things with Words)'이 언어학자와 철학자에 의해 우리말로 번역되었다. 서로의 장단점을 보완해 주므로 반드시 같이 읽어보기 바란다.

장석진(1987), 『오스틴: 화행론』(서울대출판부)

김영진(1992), 『말과 행위: 오스틴의 언어철학·의미론·화용론』(서광사).

아마 현대 영미철학자들 중에서 존 롸줘 써얼(John Rogers Searle, 1932~)이 우리나라에서 단연 독자를 제일 많이 거느리고 있는 듯한데(버금이 김재권 교수인 듯함), 이미 6권이나 번역되어 있다. 미국인으로 영국 옥스퍼드 대학으로 가서 오스뜬에게서 배웠다. 초기에 화행 이론에서부터 시작하여, 사회철학과 인지과학과 심리철학에 이르기까지, 많은 철학주제들을 소화하여 다루는 걸출한 학자이다. 따라서 그의 저작들을 훑는 일은 서양사상을 개관하는 셈이 된다. 다음을 읽어보기 바란다.

써얼(1969; 이건원 뒤침, 1987), 『언화 행위』(한신문화사)

써얼(1983; 심철호 뒤침, 2009), 『지향성: 심리철학 소론』(나남출판)

써얼(1986; 김용관 뒤침, 1987), 『심리철학과 과학: 정신, 두뇌 그리고 철학』(남명문화사)

써얼(1998; 심철호 뒤침, 2000), 『정신·언어·사회』(해냄)

써얼(2001; 강연 초고, 김기현 외 4인 뒤침, 2001), 『합리성의 새로운 지평』(철학과현실사)

써얼(2004; 정승현, 2007), 『마인드』(까치)

한 차원에서, 사람이나 물건을 가리키는 일, 사람이나 물건의 존재를 전제하거나 명제의 진리치를 전제하는 일, 공공연히 표현되지 않은 의미를 함의하는 일로 이뤄진다. 행위로서 발화를 한다는 착상은 중요한 것이다. 또한 제2장에서 제시된

> discourse is social practice
> 담화는 사회적 실천관행이다

라는 주장의 형태로, 비판적 언어연구CLS에서 중심이 되는 내용이다.

비판적 시각에서 바라본 화용론의 주요한 약점은 개별주의individualism이다.[27] '행위'는 전적으로 개인으로부터 원자론적으로 퍼져 나오는 것으로 간주되고, 종종 자신의 '목표'나 '의도'를 성취하기 위하여 개별 화자에 의해 채택된 '전략'들에[28] 비춰서 개념화된다. 이는 사람

---

27) 사회학에서는 사회 전체의 구조가 개인보다 먼저 주어져 있고, 사회구조가 개인에게 영향을 준다고 본다. 이런 접근을 '거시사회학'이라고 부른다. 그렇지만 사회라는 것이 추상적인 개념으로서 원초적으로 개인과 개인이 서로 결속되어 나오는 것으로 본다면, 개인들끼리의 결속 방식을 확대하여 사회 전반의 구조까지 확대할 수 있을 것으로 기대할 수 있다. 이런 반대 방향의 접근을 '미시사회학' 또는 '상호작용 사회학'이라고 부른다. 본문에서 언급하는 화용론은 개인의 언어사용 방식(또는 책략)을 주로 다루기 때문에(따라서 사회 전반의 구조는 논의대상으로 삼지 않기 때문에), 개별주의를 한계로 지적하고 있다. 앞의 역주 11)과 역주 17)도 참고하기 바란다.

이 두 가지 접근법을 서로 갈등하는 것으로 여기느냐, 아니면 서로 보완적인 것으로 여기느냐에 따라서도 여러 학파가 나뉠 수 있다. 개인적으로 번역자는, 한 개인이 상대방과 상호조율하려는 마음가짐이, 미시-사회학으로부터 거시-사회학을 뒷받침해 줄 수 있는 개념이라고 본다. 상호조율 방식이 엄격히 사회제도(특히 처벌이나 금칙을 함께 동반하여)로 주어지거나, 아니면 이상적 사회에 대한 그림에서 구성원 모두가 마음 착한 흥부의 품성을 지닌다고 상정할 수도 있다.

28) (역주) strategies(전략, 책략, 방책, 방략)이란 말은, 상위목표를 달성하기 위해서 여러 단계로 된 하위목표들을 현실에서 적용시켜 나갈 때, 현실에서 구현되기 어려운 하위목표들이 발견된다면 제때에 알맞은 다른 목표로 바꿔주는 일을 말한다. 교육 관련분야에서는 더러 '전략' 만능주의로 빠지는 경우가 있지만, 전략은 철저히 상위목표의 하인(수단)일 뿐이다. 군사학에서는 야전 사령부에서 장군이 짜는 공격 계획을 strategy(전략)이라고 부르고, 최전선에서 소대장이 짜는 공격 계획을 tactic(전술)로 불러 서로 구분을 하는 경우도 있다. 전쟁과 관련된 말을 꺼릴 경우에는, '책략' 또는 '방책'이란 말을 쓸 수 있다. 최근에는 숫제 strategy(전략, 책략)이란 말을 피해, '상위 인지능력(meta-cognition)'이란 말을 쓰기도 한다.

들이 사회적 관례들로부터 그들의 개별적 정체성을 재단받고 제약받고 도출하는 범위를 사실상 미약하게 말하는 것이며, 또한 화자가 자신의 특정한 목표를 위하여 알맞은 전략들을 생성함으로써, 말을 하거나 글을 쓰는 관례적 방식들이

이용될 때마다 매번 '재창출된다reinvent'

는 믿기 어려운 인상을 주는 것이다. 그리고 이에 상응하여, 전략적 목적을 위하여 사람들이 언어를 잘 다뤄나가는 범위를 과도하게 진술한다. 물론, 사람들이 실제로 어떤 환경에서는 전략적으로 행동한다. 단순히 관례들을 맹목적으로 따르는 것이 아니라, 오히려 관례들을 선용(활용)하는 것이다. 그러나 다른 환경에서는 단순히 관례들만을 따른다. 우리에게 필요한 것은 실천관행을 하나 또는 다른 것으로 환원하지 않은 채, 관례들의 효과를 결정하는 일, 그리고 개별 화자들의 전략적 창의성을 결정하는 일, 이들 둘 모두를 설명해 주는 사회적 행위의 이론이다. 즉, '사회적 실천관행'에 대한 이론인 것이다.

더욱이나 화용론에서 가정되는 개인들은, 일반적으로 참여자들이 그 밑바닥 규칙을 동등하게 통제하고, 동등하게 기여할 수 있는 협력적 상호작용에 포함되어 있다고 가정된다. 동등한 참여자들 사이에서의 협력적 상호작용은, 발생이 제약되고 사회적으로 억제된 상호작용의 형태로 간주되는 것이 아니다. 그보다는 일반적으로 사회적 상호작용을 위한 원형 속으로 상승하여 들어간다. 그 결과가, 사회적 갈등 속에 자리 잡고 권력의 불평등으로 갈갈이 찢긴 사회언어학 질서에 대한 비판적 언어연구CLS에서 제시된 그림과는 완전히 대조가 되는, 언어적 상호작용에 대한 관념화된 이상향의 그림이다. 종종 화용론은 있는 그대로의 담화가 아니라, 오히려 더 바람직한 세계(≒홍부들만 있는 세상)에서나 있을 법한 담화를 서술하는 것으로

보인다.

화용론은 또한 실제로 확장된 담화가 아니라 그보다는 주로 만들어진 단일 발화를 참고하면서 발전되었다는 점에서 한계가 있다. 또한 '화용행위'와 같은 중심개념도 실제 담화를 분석하려고 그 개념들을 이용하려는 경우에 문제가 되는 것으로 밝혀졌다. 마지막으로 협의의 영미 화용론은 '순수 언어학'과 관련하여 발전해 왔다는 점에서, 해당 노선의 생채기를 견뎌왔다.[29] 화용론이 개시되기 이전에는 가능하지 않았던 언어 및 사회적 맥락의 상호의존성을 탐구하기 위한 공간을 화용론이 제공해 주는 동안에, 언어연구는 엄격히 제약된 공간이었다. 왜냐하면 화용론이 문법 및 의미론이라는 좀 더 '핵심' 층위들에 의해 남겨진 공백을 채워 놓는, 언어연구의 추가적인 '층위'로만 간주되는 경향이 있었기 때문이다. 사회적 맥락이 인정되지만, 그대로 그 장소(≒사회학 영역)에만 머물러 있다. 이는 공정치 못한 처사이다.

§.1-1-4 인지심리학과 인공지능

화용론의 한 가지 관심거리는 말해진 것 및 뜻해진 것 사이에 표준적으로 존재하는 불일치discrepancies와, 사람들이 말해진 것으로부터 뜻해진 것을 어떻게 알아차리는지에 대한 것이었다. 그러나 관여된 이해과정에 대한 자세한 조사뿐만 아니라 또한 산출의 과정까지도 인지심리학자들에 의해서, 그리고 산출과 이해의 컴퓨터 모의에 관심을 지닌 인공지능 종사자들에 의해서 착수되어 왔다.[30] 비판적 언

29) (역주) 순수 언어학은 주로 언어형식에 관한 연구이며, 그 형식의 수학적 구조를 탐구해 왔다. 따라서 실제 언어사용에 들어 있는 다양한 변이체들은 고려의 대상으로 취급되지도 않았다. 이는 언어학을 출발시킨 소쉬르(Saussure)가 랑그(langue)에 관심을 두고, 파롤(parole)은 차후의 연구거리로 여겼던 일과 무관하지 않다. 따라서 해당 노선의 생채기(the scars of the way)란 표현은, 변이체나 다양한 변이모습을 다루는 일이 종종 폄하되었거나 무시되었던 사실들을 가리키는 비유이다.

어연구CLS의 시각으로부터, 이해 작업의 가장 중요한 결과는 이해의 능동적 본성에 대한 강조점이다.[31] 단순히 발화를 '해독'하는 것이 아니다. 장기기억 속에 저장해 놓은 표상의 다양한 수준에서 그 발화의 부합 특징들에 대한 능동적 처리를 통해서 어떤 해석에 도달하는 것이다. 이들 표상은 대상들의 아주 다양한 집합collection에 대한 원형들이다. 낱말의 모습, 문장의 문법형태, 서사이야기의 전형적 구조, 대상과 사람의 유형들에 대한 속성, 특정한 상황유형 속에서 사건들의 기대된 연결체 등이다. 이들 중 일부는 언어적이며, 일부는 그렇지 않다. 더 뒤에 나올 논의를 예상하면서, 우리는 이들 원형을 집합적으로 '구성원들의 기억자원members' resources' 또는 줄여서 MR기억자원이라고 언급하기로 한다.[32] 주된 요점은 이해가 해석되고 있는

---

30) (역주) 언어 이해과정에 대한 기본서는 킨취(Kintsch, 1998; 김지홍·문선모 뒤침) 『인지: 이해 패러다임』 I~II(나남출판, 한국연구재단 명저번역 213~214)이며, 언어 산출과정에 대한 기본책자는 르펠트(Levelt, 1989; 김지홍 뒤침) 『말하기: 그 의도에서 조음까지』 I~II(나남출판, 한국연구재단 명저번역 292~293)이다. 또한 김지홍(2010) 『언어의 심층과 언어교육』(도서출판 경진)과 김지홍(2011) 「르펠트의 언어 산출 모형에서 몇 가지 문제」, 한국언어학회 『언어』 36-4(pp. 887~901)를 읽어보기 바란다.

31) (역주) 기억연구의 아버지로 일컬어지는 영국 심리학자 바아틀릿(Bartlett, 1932) 『기억해내기: 실험 및 사회 심리학 연구(*Remembering: A Study in Experimental and Social Psychology*)』 (Cambridge University Press, 1995 재간행)에서는 우리의 기억 그 자체가 '재구성 과정(reconstructing)'임을 천명하였다. 그렇다면, 어떤 것이든지 이해 주체가 능동적으로 주어진 자극을 재해석하여 구성해 나가야 하는 것이다. 책 제목을 memory(기억)로 쓴다면, 정태적이고 기억 내용이 머릿속 어딘가에 존재한다는 착각을 불러일으킨다. 바아틀릿은 이를 피해서 일부러 remembering(기억해 내는 일)이라고 불렀던 것이다.

32) (역주) 'members' resources'는 사회구성원들이 공통되게 장기기억 속에 담아두고 있는 기억자원을 가리킨다. 클락(Clark, 1996; 김지홍 뒤침, 2009) 『언어사용 밑바닥에 깔린 원리』 (도서출판 경진)에서는 이런 부류를 '공통기반(common ground)'으로 불렀다. 인공지능 연구자들은 각각 각본(script)·틀(frame)·개인별 개념틀(schema)·기억꾸러미(memory package) 등으로 불렀다. 이정모 엮음(1996) 『인지심리학의 제문제 I: 인지과학적 연관』(성원사)과 이정모·이재호 엮음(1998) 『인지심리학의 제문제 II:언어와 인지』(학지사)를 보기 바란다.

우리가 의식적인 정신활동을 진행해 나가기 위해서는, 작업기억(working memory)과 장기기억(long-term memory) 사이에서 정보의 인출과 저장 과정이 신속히 그리고 꾸준히 일어나야 한다. 이를 돕기 위해서 유능한 언어사용 주체는 장기기억 속에 다양한 인출구조(retrieval structures)들을 미리 만들어 둔다. 그렇지만 본문에서 언급하는 구성원들의 기억자원(MR)이란, 낱말·문법형태·서사이야기 구조·대상 유형에 대한 속성·사건들의 연결체 등을 가리키므로, 이는 정태적인 재료들에 해당된다. 응당 능동적이고 유동적인 실체의 모습으로 바뀌어야 할 것이다. 에릭슨·킨취(Ericsson ane Kintsch, 1995) "장기 작업기억(Long-tern working memory)", 『심리학 비평(*Psychological Review*)』 102호(pp.

발화 및 '구성원들의 기억자원MR' 사이에서 상호작용의 결과라는 사실이다.

놀랄 것도 없이, 인지심리학과 인공지능에서는 '구성원들의 기억자원MR'의 사회적 기원이나 중요성에 대하여 거의 주의를 기울이지 않았다. 더 뒤에서 저자는 산출 및 이해의 과정에 대한 관심이, 언어의 상호관련성 및 언어와 이념을 이해하는 데에 필수적이며, 비록 장기기억 요소들로 된 자원에 대한 '상식' 및 자동적 성격이 전형적으로 그런 사실을 가려버린다 하더라도, 이것은 '구성원들의 기억자원MR'이 사회적으로 결정되고 이념상으로 모습을 갖추기 때문에 그러함을 논의하게 될 것이다. 일반적인 담화작업 과정에서 구성원들의 기억자원MR에 대한 상투적이며 비-자각적인[33] 의존이, 궁극적으로 그 밑바닥에 깔려 있는 권력관계를 유지해 주는 강력한 기제임을 저자는 제안하게 될 것이다.

§.1-1-5 대화분석과 담화분석

담화분석은 최근에 새로운 '통합학문cross-discipline'으로[34] 서술되고 있다. 여기에 특히 언어학·사회학·인류학·인지심리학 등 기존의 많

211~245)에서는 이를 장기 작업기억 속에 들어 있는 '인출구조'라고 불렀다.

33) (역주) '비-자각적(unselfconscious)'이란 말은 스스로 깨닫거나 의식하지 못한다는 뜻인데, 학자에 따라 다른 용어들을 쓴다. 절차적(procedural), 묵시적(tacit, implicit), 자동적(automatic), 무의식적(unconsious), 방법-지식적(how-knowledge), 하위-의식적(lower consciousness)이란 용어와 서로 통용되는 것이다.

34) (역주) 요즘 용어로는 통섭 학문 또는 융복합 학문이다. consilience(통섭)이란 개념은 영국 빅토리아 시대에 윌리엄 휴얼(W. Whewell, 1794~1866)이 썼던 용어로, 새로운 가설을 만들어 냄으로써 이전에 별개로 파악되었던 현상들을 하나로 설명할 수 있다는 뜻이다. 경상대학교 철학과 정병훈 교수는 이를 융합적(비환원적) 통합이라고 부른다. 그런데 최근에 진화생물학자 에드워드 윌슨(E. Willson, 1929~)이 생명현상을 모두 진화의 개념으로 환원하여 설명하려고 하면서, 똑같은 용어를 썼다. 이를 최재천 교수가 '통섭'으로 번역하였는데, 이는 환원적 통합이다. 즉, 모든 것을 진화생물학으로 바꿔 설명하려는 것이다. 그렇지만 이 책의 저자가 의도하는 '통합학문'은 궁극적으로 융합적(비환원적) 통합을 지향하며, 그 이전 단계에서 여러 분야들이 나란히 특정 사회현상을 공동으로 설명해 낼 수 있음을 전제로 한다.

은 학문영역들이 기여해 오고 있다. 이런 확장된 의미로 된 담화분석 속에서, 저자가 '비판적 언어연구CLS'로 부르고 있는 바와 가까운 흐름이 있다. 저자는 대화분석에 집중할 것이다. 이는 '하위문화 연구방법론자ethno-methodologists'35)로 알려진 일군의 사회학자들에 의해 발전된 담화분석 중 한 가지 두드러진 접근법이다.

하위문화 연구방법론자들은 사회적 행동주체들의 능숙한 실행으로서 일상행위에 대한 산출과 해석을 조사하고, 능숙한 사회적 행위에 대한 특히 널리 퍼진 한 가지 사례로서 '대화'에 관심을 갖고 있다. 대화분석의 한 가지 장점은 실제 대화의 확장된 표본을 놓고서 작업한다는 점이다. 여기서는 대화가 체계적으로 구조화되어 있고, 참여자들이 대화상으로 그들 자신의 발언기회를 마련하고, 다른 사람의 대화에 반응하는 방식으로, 이들 구조를 지향해 나간다는 여러 증거를 예증해 왔다. 이들 구조는 사회적 구조이다. 즉, 주된 관심거리의 한 가지는 사회구조가 일상행위에서 나타나 있고 산출된다는 점이다. 추상적인 사회구조 차원의 거시구조에 대한 속성만이 아니다.

그러나 대화분석은 그런 대화의 '미시구조' 및 사회적 제도와 여러 사회의 '거시구조' 사이를 서로 연관 짓는 일에 저항해 왔다. 결과적으로, 이는 능숙한 사회적 실천관행으로서 대화가 사회적 진공 속에서 존재한다는 불가능한 심상(저자가 화용론에 귀속시킨 심상과 비슷함)을 제시하며, 마치 일반적으로 이야기가 그 나름의 동기(≒자족적 속성)에 관여되어 있는 것처럼 보이게 한다. 이런 심상은 대등한 주

35) (역주) 이는 ethnography(소집단 관찰 해석지, 하위문화 관찰 해석지, 민족지, 민속지)와도 많이 겹친다. 부족·민족·사람을 뜻하는 ethno는 '작은 집단의 문화'를 가리킨다. 일본 사람들이 만든 '민속지'나 '민족지'란 말에서 민간 풍속이나 민족은 결코 작은 집단(소집단)이나 하위 문화집단을 가리킬 수 없다. 또 민족지가 히틀러의 아리안 민족 우생학과도 혼동되며, 선뜻 와 닿지도 않는다. 지(志)는 '지리지'에서 나온 말로 '기록'을 뜻하며, '誌'로도 쓴다. 다소 길더라도, 우리말에서 뜻이 통하도록 '하위문화 연구방법론' 또는 '하위문화 연구방법론자'라고 부르기로 한다. 이는 원시 부족사회나 한 사회 속의 작은 하위문화를 대상으로 하여, 그 구성원들이 하는 일과 행위들을 관찰하고 기록하여, 그 사회 구성원이 스스로를 설명해 주는 내재적 방법을 고려하면서 해석하던 흐름과 맞닿아 있다.

체들 사이에서의 우연한 대화, 특히 전화 통화를 놓고 부여된 특권적 지위에 의해서 보강된다. 비록 사실이라 하더라도 여기서는 제도적·사회적 구조의 결정적 효과는 아마 가장 불분명해질 것이다. 이는 또한 대화를 산출하는 사회적 행위주체들의 실행으로서 대화에 대한 초점 및 행위주체의 관점에 대한 분석에서 상응하는 강조점에 의해 보강된다. 더 광범위한 사회구조들에 의해 정해지는 결정요소가 되는 것이 아니라, 오히려 전형적으로 일상행위의 관례들을 상식적으로 '현장 거기에서there' 경험하게 된다. 대화분석은 사회언어학에서 방금 앞에서 언급된 비판에 열려 있다. 대화분석이 '무엇인가?what?'라는 물음에만 대답하고, '어떻게?how?'와 '왜?why?'라는 물음에는 대답하지 않기 때문이다.

§.1-1-6 일부 최근의 사회이론

마지막으로 권력의 행사·유지·변화에서 언어의 역할을 탐구해 온 사회이론의 최근 기여내용을 간략히 언급하기로 한다. 저자는 그런 세 가지 기여내용을 언급하게 될 것이다. 첫 번째 기여는 이념ideology의 이론에 대한 업적이다. 한편으로, 이는 현대사회에서 권력기제로서 그리고 억제수단을 통한 권력행사에 반대하여, 늘어가고 있는 이념의 상대적 중요성을 지적해 왔다. 다른 한편으로, 이는 언어를 이념이 자리 잡는 하나의 (또는 사실상 유일한) 주요 장소이며, 따라서 권력과 관련하여 제1차적 중요성으로 간주해 왔다. 두 번째 기여는 영향력 있는 미셸 푸코 업적이다(앞의 역주 6을 보기 바람). 그는 담화의 중심 역할을 특히 권력의 현대적 형태들에 대한 발전으로 귀속시켜 왔다. 그리고 세 번째 기여는 똑같이 영향력 있는 위르겐 하버마스의 업적으로(앞의 역주 7을 보기 바람), 그의 '의사소통 행위의 이론'에서는 현재 우리의 비틀린 의사소통이 그럼에도 불구하고 그런 제약들이 없이 이뤄지는 의사소통을 미리 살짝 비춰 주는 방식을 강조한다. 비판적 언어연구CLS의 관점에서 보면, 이들 기여내용의 주요한 한계는 이것들이 이론적으로만 머물러 있다는 것이다. 다시 말하여, 이것들이 특정한 담화 사례들에 대한 분석으로 가동되지 못하는 것이다.

§.1-1-7 이 세 가지 접근법과 비판적 언어연구의 관련성

아마 궁극적으로 비판적 언어연구CLS는, 기존 접근법들이 무시한 경향이 있는 논제들을 강조해 줌으로써, 저자가 언급해 온 것들을 보충해 주는 언어연구에 대한 또 다른 접근법으로서가 아니라, 접근법이나 갈래들 속으로, 그런 접근법들 간의 상이한 관련성 속으로, 언어연구의 상이한 경계를 함의하는 대안이 되는 언어연구의 지향방식으로, 그리고 그런 각각의 접근법 속에 있는 상이한 지향방식으로, 이해가 가장 잘 이뤄진다. 이런 주장을 충분히 가다듬기 위해서는 또 다른 책자가 필요할 듯하다. 저자는 염두에 두고 있는 바를 신속히 예시해 놓는 데에만 스스로 제한하게 될 것이다.

권력의 한 가지 측면은 어떤 영역이나 다른 영역에 대한 특정한 구조화 질서를 부여하고 유지하는 능력이다. 즉, 그 영역을 여러 부분으로 나눠 놓고, 서로 간에 그 부분들의 경계를 유지하도록 해 주며, 지배와 종속의 계층관계에 비춰 그런 부분들을 일정하게 순서짓는 특정한 방식이다. 주류 언어학에서도 그런 구조화 질서를 언어연구에 부과해 왔다. 저자가 언급해 오고 있는 접근법들은 그것이 차별화해 주는 그 '부분들'의 일부이다. '순수 언어학'은 언어연구에 대한 이런 구조화 질서 속에서 특권적이다. 나머지 다른 접근법들은 모두 하위영역으로 간주되는 경향이 있다. 이는 다양하게 특정한 방향들로 '순수 언어학'의 결과들을 확장해 나간다. 비록 때로 그 하위영역들이 그런 지배에 대하여 반발한다고 하더라도 그러하다. 비판적 견지에서 보면, 이는 불만스러운데, 두 가지 이유 때문이다. 첫째,

서로 함께 긴밀히 소속된 언어연구의 갈래들이 분리되는 경향이 있기 때문이다. 가령, 이는 사회언어학과 화용론에 대한 경우이고, 산출과 이해에 대한 사회언어학과 심리학적 작업에 대한 경우이다. 둘째, 이것이 언어의 사회적 본질을 하위영역들로 내쫓아 버리기 때문이다. 비판적 언어연구CLS에서는 언어의 사회적 연구에 대한 광범위한 개념 고안물을 언어연구의 핵심에 배치해 놓을 듯하다. 또한 다양한 연구 갈래들 속에서 어떤 강조점들을 선호할 듯하다. 가령, 문법연구에서는 (촴스끼Noam Chomsky와 그의 계승자들의 연구 같은) '형식주의' 접근법들보다, 오히려 (특히 핼러데이Michael Halliday와 연합된 체계언어학의 연구 같은) '기능주의' 접근법들을 더 도움이 되는 것으로 깨달을 듯하다.

그렇지만 현 책자의 범위 속에서 주류 언어학에 대하여 완전히 발전된 대안을 제시하려는 것은 아니다. 그런 대안 접근법들에 관심이 있는 독자는, 그런 방향으로 어느 정도 옮겨가고 비판적 언어연구CLS와 어느 정도 조화를 이루는 다양한 기존 제안들을 살펴보고 싶어할 것 같다. 즉, 체계언어학systemic linguistics, 대륙 계통의 화용론, 또는 담화분석에서 통합학문의 흐름이다. 현재의 책자에 관한 한, 초점은 담화표본에 대한 비판적 분석을 실행하는 데 놓여 있다. 이는 저자가 언급한 모든 접근법들을 일부 이용하게 될 것이다. 그렇지만 비판적 분석을 실행하기 위하여, 필요한 이론적 개념 및 분석적 얼개들에 대한 종합화를 제공하는 데에서는, 그런 접근법을 넘어서는 시도를 하게 될 것이다.

§.1-2 이 책을 이용하는 방법

이 책은 비격식적 집단토론을 위해서, 또는 개별 독자들에 의해서 교재로 이용될 수 있다. 저자는 모든 경우에서 독자들이 단지 읽는 데에만 그치지 않고, 오히려 능동적으로 비판적 언어분석CLS을 실행하는 데 참여하고자 할 것임을 가정하고 있다. 분석을 실행하려는 이런 지향점은, 이 책에서 두 가지 주요한 방식으로 확립되어 있다. 첫째, 이하 대부분의 장들에서는 독자들에게 텍스트에 대하여 논평을 하거나 또는 다양하게 다른 짤막한 실습을 실천해 보도록 장려한다. 일부의 경우에는 독자가 풀어보는 질문에 저자 자신의 답변을 제시하였지만, 다른 경우에는 그러하지 않았다. 이들 답변이 '정답'으로 간주되어서는 안 된다. 특히 이 책이 수업 맥락이나 집단 맥락 밖에서 이용될 경우에는, 단지 독자 자신의 대답과 서로 견줘 보는 기준을 제시해 주기 위해서 거기 들어가 있는 것이다. 독자의 답변이 저자의 답변과 다를 것 같다. 이것이 독자들을 대경실색하게 만드는 근거로 여겨지기보다는, 오히려 그 자체로서 탐구할 가치가 있는 것으로 간주되어야 한다. 예를 들어, 이는 텍스트를 해석하는 과제에 도입된 '구성원들의 기억자원MR'에 있는 차이들에 기인할 수 있다. 이런 차이점들은 텍스트가 어떻게 텍스트 그 자체 속에 들어있는 바로서 해석되는지를 결정하는 데에 중요한 것이다. 분석에 대한 방향의 두 번째 측면은, 제5장과 제6장에서 제시된 분석을 위한 절차들이다.

다음에 각 장에 대한 요약이 제시되어 있다.

- 제2장에서부터 제4장까지는 이론상으로 이 책의 나머지 내용에 대해 닻을 내려 고정시킨다. 이 장들에서는 권력 및 이념에 대하여 강조하면서, 언어와 사회의 상호관련성에 대한 시각을 마련한다. 저자가 취한 입장의 골자는, 언어가 이념의 주요한 영역이 됨으로써 사회와 관련되고, 권력을 위한 투쟁의 자리일 뿐만 아니라 또한 이해관계에 관여하는 존재가 됨으로써 사회와 관련된다는 것이다. 제2장에서는 사회에서 언어의 위치에 대한 일반적인 그림을 제시한다. 제3장과 제4장에서는 각각 권력 및 이념에 초점을 모은다.

- 제5장과 제6장에서는 비판적 분석을 위한 절차를 체계적으로 제시해 준다. 제5장에서는 텍스트의 서술을 다루고, 제6장에서는 텍스트를 산출하고 해석하는 과정에 초점을 모으며, 텍스트들의 사회적 결정요소와 효과에 대한 분석에 초점을 모은다. 이들 구분에 대해서는 제2장을 보기 바란다.
- 제7장과 제8장에서는 사회에서의 변화와 관련하여 담화에서의 변화를 탐구한다. 제7장에서는 강조점이 개인별 창의성 및 그 사회적 조건에 놓여 있다. 전 영국수상 대처의 '대처주의Thatcherism'[36]의 정치담론에 대한 사례연구를 다루는데, 이는 제5장과 제6장의 절차들에 대한 확대 적용을 위해 이용된다. 제8장에서는 최근 일부 사회이론(특히 위르겐 하버마스와 미셸 푸코)에 의지하면서, 초점이 오늘날 자본주의 사회에서 변화의 주요 방향과 관련하여 현대 담화에 있는 대규모 경향들로 바뀐다.
- 제9장에서는 이 책에서 줄곧 제시해 온 논제를 초점으로 부각한다. 비판적 언어연구CLS가 사회해방을 위한 투쟁에 어떻게 기여할 수 있을지에 대한 것이다. 제9장에서는 또한 독자들이 비판적 언어연구에서 자신의 관심거리를 어떻게 발전시킬 수 있을지에 대해서도 제안한다.
- 제10장에서는 언어 및 권력에 대한 물음을 위하여 '세계화'와 '신자유주의'의 함의를 다룬다.

마지막으로 문체에 대한 주석이다. 저자는 개인적 시각 및 해석을, 학술저작물에서 좀 더 전통적으로 쓰는 '비인칭impersonal' 문체로 가려

---

36) (역주) 번역자는 1979년부터 시작하여 12년 동안 대처 정부의 정책을 매우 긍정적으로 평가하고 서술한 책을 읽으면서, 소위 영국병으로 일컬어지는 높은 인플레이션·실업자 증가·물가상승·생산성 저하·노조 파업 등의 위기를, 과감히 고용법 개정·사회보장 축소·국영기업 민영화·조세단계 간소화·세율인하·교육개혁 등의 정책으로 개선해 나갔음을 배울 수 있었다. 대처 정부는 신보수주의 노선에서 대중 참가 자본주의(popular capitalism)를 추구하였다. 고승제(1994) 『마거릿 대처』(등지출판사, 2003년 아침나라에서 개정판 간행)를 보기 바란다. 그렇지만 이 책의 저자는 제7장에서 대처주의를 매우 부정적으로 비판하고 있다. 또한 제10장 6절에서는 토니 블레어의 노동당 정부(1997년~2007년) 정책에 대해서도 부정적으로 비판한다.

버리지 않는다. 오히려 1인칭 시점의 '나'로 집필한다.[37] 그리고 독자의 모습을 저자는 대상들에 대해 말해 주고 있는 누군가일 뿐만 아니라(비록 가끔 저자 자신이기도 함!), 또한 협동적 모험을 하는 동반자로 여기면서 집필하였다. 이것이 가끔 독자와 저자 자신을 가리키기 위하여 포괄적으로 복수대명사 'we우리'를[38] 쓴 이유가 된다. 그러나 제5장에서 시사하였듯이, 'we우리'의 이런 용법이 교묘히 조작될 수 있다. 예를 들어, 어느 정치인이 사람들에게 자신이 '그들 중 한 사람'임을 확신시키기 위하여 we우리를 쓰는 경우에, 'we우리'는 피상적인 유대감을 단언해 줄 수 있는 것이다. 저자는 독자들이 비슷하게 동맹관계 속으로 압박 받는 느낌을 갖지 않기를 희망한다. 분명히 일부 독자들은 비판적 담화분석에서 스스로 동반자라고 여기지 않겠지만, 이 책의 실용적 목표의 견지에서 저자는 독자들을 동반자로 여긴 것처럼 간주하여 집필하는 것이 더 쉬움을 깨달았다. 이는 비판적 언어연구CLS에 대한 집필자들에 의해 가동되는 일반적 위험과 연결되어 있다. 거의 확실히 어떤 성공과 더불어 그들의 비판적 기제가 걸핏 그들 자신의 집필내용에 적용되기 쉽다. 왜냐하면 언어에 대한 권력 및 이념에 대한 각인impress이 자명하지 않고, 일반적으로 그것을 자각하는 덕택에 특정한 사례들에서 여러분이 도망쳐 벗어날 수 있는 그런 것은 아니기 때문이다.

---

37) (역주) 이 번역에서는 '나'라고 번역하지 않고, 우리나라 풍토에 따라 모두 3인칭 '저자'로 번역해 둔다. 비인칭 표현은 주관적 시점을 드러내는 대명사를 쓰지 않고, 마치 사실만이 객관적으로 저절로 존재하는 것처럼 서술하는 방식이다. 그렇지만 오스튼(Austin)의 화행이론을 받아들이면, 비인칭 표현이라고 하더라도, 서술자나 지각하는 주체가 그 표현 속에 깃들어 있는 것이다. 즉 '[…이다]라는 사실을 내가 판단한다/주장한다/감각한다' 등으로 복원할 수 있는 것이다.

38) (역주) 대화에서 1인칭 복수대명사는 어느 언어에서나 두 가지 기능을 지닌다. 하나는 청자가 배제된 '우리'(화자가 속한 집단만을 가리킴)이며, 다른 하나는 청자가 포함된 '우리'이다. 이를 각각 1인칭 복수대명사의 배제적 용법 및 포괄적 용법으로 부른다. 전자의 사례는 가령 우리말에서 '우리 아버지, 우리 자식, 우리 마누라, 우리 집, …'이라고 말하는데, 이들은 배제적 용법의 '우리'로서 청자가 포함되지 않는다. 결코 너와 내가 공유한 자식 또는 마누라라는 말이 아니다.

참고문헌

이념(ideology)에 대해서는 먹렐런(McLellan, 1986)과[39] 이글튼(Eagleton, 1991)을 보기 바란다. 이념·권력·언어 사이의 관련성은 톰슨(J. B. Thompson, 1984)을 보기 바란다. 저자와는 다른 관점으로부터, 크뢰머뢰이 외(Kramarae et al., 1984) 『언어와 권력』에서는 언어 및 권력에 대하여 이미 집필된 논문들을 모아 둔 것이다. 다음 언급된 업적은 언어연구에 대한 다양한 접근법들을 대표한다. 언어학에서는 뢰드포드·앳킨슨·브뤼뜬·클래슨·스뺀써(Radford, Atkinson, Britain, Clahsen and Spencer, 1999), 사회언어학에서는 쿠프런드·조어스끼(Coupland and Jaworski, 1997), 화용론에서는 붜슈어른(Verschueren, 1999),[40] 인지심리학에서는 뵌대익·킨취(van Dijk and Kintsch, 1983), 담화분석에서는 쉬프륀(Shiffren, 1994), 대화분석에서는 앳킨슨·헤뤼티쥐(Atkinson and Heritage, 1984)를 참고하기 바란다. 새로운 '통합학문'으로서 담화분석에 대한 서술은 뵌대익(van Dijk, 1985)의 제1권에 있는 편집자 서문을 보기 바란다. 메이(Mey, 1985)는[41] 대륙쪽 화용론을 대표한다. 핼러데이(Halliday, 1978, 1994)는 체계언어학에 대한 설명이다. 최근 사회이론에서 언어에 대한 시각들을 보려면, 톰슨(J. B. Thompson, 1984)과 슐리아롸끼·페어클럽(Chouliaraki and Fairclough, 1999)을 참고하기 바란다. 탈-근대주의(postmodern)에 대해서는 줴임슨(Jameson, 1984)과 하뷔(Harvey, 1990)를[42] 보기 바란다.

---

39) (역주) 구승회 뒤침(2002) 『이데올로기』(이후)로 나와 있음.

40) (역주) 김영순·지인영·이정화 뒤침(2003) 『화용론 이해』(동인)로 출간됨.

41) (역주) 다른 책이지만, Mey(재판이 2001년에 나왔고, 이성범 뒤침, 1996) 『화용론』(한신문화사)로 출간됨.

42) (역주) 구동회·박영민 뒤침(1994) 『포스트 모더니티의 조건』(한울)로 출간됨.

제2장 사회적 실천관행으로서의 담화

제2장에서는 사회에서 언어가 차지하는 위치에 대하여 일반적인 그림을 제시한다. 더 뒤에 있는 장들에서는 좀 더 특정한 용어들로 발전된다. 제2장은 제3장과 제4장에 아주 긴밀히 연결되어 있다. 뒤에 나오는 장에서는 각각 이런 일반적인 그림을 언어와 권력 사이의 관련성 및 언어와 이념 사이의 관련성에 비춰서 가다듬게 된다. 모두 합쳐 이들 세 개의 장에서는, 사회 속에서 언어가 차지하는 위치를 놓고서 저자가 택하고 있는 입장의 주된 요소들을 제시해 준다. 즉, 언어는 권력 및 권력을 위한 투쟁의 중심에 포함되어 있는데, 그 이념적 속성들을 통해서 그렇게 포함되어 있다.

제2장의 주제를 주요한 절 제목을 쓰고 그 아래에다 요약해 놓기로 한다.

§.2-2 언어와 담화

비판적 언어연구를 위해 필요한 언어의 개념 고안물이 '담화'이다. 즉,

사회구조들에 의해서 결정된 사회적 실천관행으로서의 언어인 것이다.

§.2-3 담화와 담론질서
실제 담화는 사회적으로 구성된 '담론질서', 사회제도와 연합된 여러 묶음의 관례들에 의해서 결정된다.

§.2-4 자본주의 사회에서의 계층과 권력
담론질서는 이념상으로 사회제도 속에 있는 그리고 전체적으로 사회구조 속에 있는 권력관계에 의해 모습이 갖춰진다.

§.2-5 구조와 실천관행의 변증법
담화는 사회구조에 영향을 미칠 뿐만 아니라 또한 사회구조들에 의해서도 결정된다. 따라서 사회유지 및 사회변화에 기여하게 된다.

§.2-1 사례

앞에서 말하였듯이, 제2장은 비교적 일반적인 용어로 언어와 사회를 논의하게 될 것이며, 더 뒤에 있는 장들에서 좀 더 구체화될 것이다. 제3장과 제4장에서 실행하는 만큼, 논점들에 대한 텍스트 예시에는 진력하지 않을 것이다. 그러므로 아마 일부 주제들을 예비적으로 예시해 주기 위해서 이용될 수 있는 구체적인 사례를 다루는 것이 도움이 될 것이며, 더 뒤에 나올 장에서 다시 이를 언급할 수 있다.

다음 텍스트(≒덩잇말, 뒤의 역주 8과 10을 보기 바람)는 경찰서에서 일어난 수사면담의 일부이다. 무장 강도를 본 목격자(w 여성)와 경찰(p 남성)이 있으며, 기본정보의 수사탐문이 진행되고 있다. 그 강도짓에 의해 벌벌 떨고 있는 목격자 w에게, 당시 무슨 일이 벌어졌는지를 물어보고 있다. 경찰 p는 탐문한 정보를 글로 적어 넣고 있다.

①p: Did you get a look at the one in the car?

②w: I saw his face, yeah.

③p: What sort of age was he?

④w: About 45. He was wearing a …

⑤p: And how tall?

⑥w: Six foot one.

⑦p: Six foot one. Hair?

⑧w: Dark and curly. Is this going to take long? I've got to collect the kids from school.

⑨p: Not much long, no. What about his clothes?

⑩w: He was a bit scruffy-looking, blue trousers, black …

⑪p: Jeans?

⑫w: Yeah.

① 경찰관: 그 차 속에 있는 사람을 직접 보았습니까?

② 목격자: 그의 얼굴을 봤어요, 예.

③ 경찰관: 몇 살쯤이었습니까?

④ 목격자: 대략 45. 그가 뭘 입고 있었냐면요 …

⑤ 경찰관: 허고 키가 얼마였지요?

⑥ 목격자: 180정도죠(수량 단위 feet을, foot으로 말하고 있음).

⑦ 경찰관: 180정도. 머리 색깔은요?

⑧ 목격자: 검고 곱슬머리였어요. 이게 오래 걸리나요? 난 학교에 가서 애들을 데려와야 하는데.

⑨ 경찰관: 아뇨, 아주 오래 걸리지 않습니다. 그 사람의 옷은 어떠했습니까?

⑩ 목격자: 약간 지저분해 보이고, 파랑 바지에, 검정 …

⑪ 경찰관: 청바지인가요?

⑫ 목격자: 예.

Think 생각해 보기 바랍니다(이하에서 동일하게 이 부분은 모두 일관되게 '습니다'체로 번역해 둔다)

이 사례에서 여러분은 경찰 수사관 p와 강도 목격자 w 사이의 관계를 어떻게 규정하겠습니까? 그리고 이 면담은 말해진 내용 속에서 어떤 방식으로 표현되어 있습니까?

이 관계는 불평등한 관계입니다. 경찰 수사관이 확고하게 수사면담이 전개되는 방식과 수사면담에 대한 목격자 w의 기여를 통제하고 있습니다. 수사관이 여성 목격자에게 요구하는 내용을 누그러뜨려 아주 부드럽게 만들더라도 아무런 문제가 없습니다. 그렇지만 막 살벌한 범죄를 목격한 누군가에게 아주 고통스러울 만한 질문들이, 결코 완화되지도 부드러워지지도 않습니다.

예를 들어, 발언기회 ①에 있는 질문은, 실제로 행해진 무뚝뚝한 모습보다는 다음과 같이 부드러운 형식으로 될 수 있었을 것입니다.

did you by any chance manage to get a good look at the one in the
(부인께서 우연히 차 안에 있는 사람을 제대로 알아볼 수 있던가요?)

동일한 경우로서, 질문이 낱말이나 최소구절로 줄어들어 있습니다. 각각 발언기회 ⑤에서와 발언기회 ⑦에서

'how tall'
(키가 얼마였습니까?)
'hair'
(머리 색깔은요?)

입니다. 그런 축약된 질문은 경찰 수사관 p가 여기에 면담 대상자와 함께 있으므로, 한 사람이 다른 사람을 '위하여' 특정한 서식을 채우는 경우에 전형적입니다. 흥미로운 바는, 그 상황의 민감한 속성(≒범죄 수사)이 서

식 채우기 규범을 벗어나지 않는다는 점입니다.

또한 목격자 w가 제공하는 정보에 대하여 전혀 고마움의 인사도 없으며, 그리 고마워하지도 않는다는 점 또한 주목할 만합니다. 또 다른 특징은 발언기회 ⑦에서 수사관이 목격자 w가 말한 바를 점검하는 방식입니다.

마지막으로, 목격자 w의 기여부분들을 놓고서 어떻게 통제가 이뤄지는지에 주목하기 바랍니다. 발언기회 ⑤와 ⑪에서 수사관 p는 목격자 w의 발언을 중간에 끼어들어 방해합니다. 발언기회 ⑨에서는 수사관 p가 그 면담이 얼마나 오래 걸릴 것인지 묻는 목격자 w의 질문에 대해서, 오직 최소한의 답변만 합니다. 또 여성 목격자의 문제를 인정하지도 않고, 즉시 또 다른 질문을 던짐으로써 목격자 w의 설명 요구를 차단해 버립니다.

이런 속성들을 '자의적'이라고 말한다면, 정당화될 수 있을 것인가? 어떤 의미에서는 이것들이 자의적이다. 사람에 따라서 달라질 수 있기 때문이다. 그렇지만 또 다른 의미에서 이것들은 자의적인 것이 아니다. 사회적 조건에 의해서 결정되는 것이다. 좀 더 구체적으로 말하여, 경찰 및 우리 사회의 '대중(민중)' 구성원 사이에 있는 관계속성에 의해서 결정된다. 사실상 이것들은 그런 관계의 '일부'이다. 만일 그런 관계가 극적 변화가 더해질 예정이었더라면, 만일 지역공동체의 구성원들이 3년 기간의 재임용 토대 위에서 경찰관 임무를 맡도록 공동체에 의해 선출되었더라면, 우리는 아주 확신을 갖고서 '경찰 대 대중'의 담화도 또한 (친절한 모습으로) 바뀌었을 것이라고 말할 수 있었을 것이다. 이는 제2장의 한 가지 주요한 논지를 예시해 준다.

또 다른 것은 텍스트(덩잇글/덩잇말)를 산출하고 해석하는 과정에 응당 우리가 관심을 가져야 하고, 이들 인지과정이 사회적으로 모습을 갖추고서 텍스트 그 자체만이 아니라 사회적 관례들과 어떻게 관련을 갖는지에 관심을 기울여야 한다는 점이다. 예를 들어, 목격자 w는 자신이 제공하는 정보에 대하여 경찰 수사관이 어떤 시인도 해주지 않는 일을 어떻게 해석하는지 살펴보기로 한다. 만일 친한 사이의 대화에서 비슷한 일이 일어났다면, 대화 참여자들에 의해서 실제로 고마움을 표시해 주지 않아서[1] 문제 삼거나, 아마 불신 또는 당황스러움의 표시로 받아들여졌을 것이다. 우리는 해당 텍스트의 형식적 특징('당황스런 침묵'이나 주저거림의 신호와 같은 것임)으로 반영된 그런 문제의 성격을 찾아낼 것으로 기대한다. 저자는 경찰의 수사면담에서 고맙다는 인사 표시가 일반적으로 기대되지 않을 것이라고 생각한다. 따라서 사의를 표시하지 않는 일이, 그런 수사면담을 위한 대화에서 문제로 삼지는 않을 듯하다. 이는 사실상 목격자 w의 경우에도 그런 것으로 보인다. 이 사례는 텍스트의 특징을 해석하는 방식이 사람들이 옳다고 가정하고 있는 사회적 관례들, 좀 더 구체적으로 담화관례들[2]에 달려 있음을 예시해 준다.

마지막으로 제2장에서 저자는 언어사용의 사회적 결정방식뿐만 아니라, 또한 거꾸로 사회에 대한 언어적 결정방식도 강조하게 될 것이다. 따라서 가령 치안을 유지하는 담화질서에서 '대중(민중)' 구성원들을 위해 마련된 입장이 담화질서에 의해서 어느 범위까지 수동적으로 점유되는지 알고 싶어 할 것이다. 앞 사례에서는 목격자 w가 실제로 잔뜩 불만이 가득차 있는 듯하다. 그런 입장이 불만스러움을 동반하여 채워진다면, 그것들을 결정하는 사회적 관계가 언어사용에 의해 유지된다. 거꾸로 지배적인 관례들이 저항을 받거나 이의가 제기되어 논쟁거리로 되는 한, 언어사용은 사회적 관계를 변화시키는 일에 기여할 수 있다.

---

1) (역주) 원문 absence(부재)는 고맙다는 표현이 전혀 없는 것을 말한다. 좀 더 뒤에서는 lack of acknowledgements(사의 표현의 결여)라는 말로 어휘사슬을 만들고 있다.

2) (역주) 일반 사전에서는 찾을 수 없지만, 담화(discourse)의 형용사는 여기에 쓰인 것처럼 discoursal(담화의, 담화상의)도 있고, 더러 달리 discursive도 쓰인다. 이들은 단지 변화를 주기 위한 문체상의 차이에 지나지 않는다. 원문은 형용사(≒우리 문법에서는 관형어)와 명사가 결합된 구 형식이지만, 우리말 번역에서는 명사와 명사의 결합인 '담화관례'로 새겨두고, 붙여 써 둔다.

Think 생각해 보기 바랍니다

> 가령, 고맙다는 인사 표명이 없음에 대한 목격자 w의 해석사례와 같이, 담화 특징이 어떤 사회적 관례들을 작동시키고 있는지에 따라 상이한 방식으로 해석될 수 있는 경우를 생각해 보십시오. 일련의 특정 관례들에 대하여 해당 특징들을 또 다른 관례에 따라 해석하는 일을 고집함으로써 저항할 수 있겠습니까? 특히, 정보를 제공해 주었어도 전혀 고맙다는 인사조차 하지 않은 것을 놓고서, 수사주체가 작동시키는 관례에 저항하는 입장에 서서, 목격자 w의 덩잇말을 다시 써 보기 바랍니다. (마치 범죄자처럼 취급당하는 것은 부당하며, 이런 점들을 시정해야 함: 번역자)

§.2-2 언어와 담화

이 절에서는 비판적 언어분석CLS을 위하여 필요한 언어적 개념 고안물이 '담화'로 불리는 개념이라는 논지를 발전시킨다. 즉, 사회적 실천관례에 대한 형식으로서 언어이다. '언어'라는 용어는 제1장에서 언급되었듯이 언어학자들이 표준적으로 공통속성인 랑그langue와 개인별 변이체인 파롤parole로 구분해 온 두 가지를 포함하여, 여러 가지 다른 의미로 써 왔다. 이것들이 어느 것도 담화와 동등하지 않다. 그렇지만 이것들에 대한 논의가 일부 언어에 대한 다양한 개념 고안물을 분명히 해 주고, 담화가 다른 것들과 어떻게 다른지를 명백히 해 주는 데 도움을 줄 수 있다.

§.2-2-1 랑그langue와 파롤parole

랑그와 파롤의 구분은 스위스 언어학자 페르디낭 드 소쉬르[3]의

3) (역주) 소쉬르(Ferdinand de Saussure, 1857~1913)의 저작은 우리말로 몇 번 번역이 이뤄졌다. 특히 최승언 뒤침(2006 신장판) 『일반언어학 강의』(민음사)와 김현권·목정수 뒤침(1992) 『소쉬르의 일반언어학 강의』(한불문화출판)와 김현권 뒤침(2009) 『일반 언어학 강의』(지만지, 발췌본임)와 김현권·최용호 뒤침(2007) 『일반언어학 노트』(인간사랑)를 읽어보기 바란다. 랑그(langue)는 한 언어사회 구성원들이 공유하는 공통속성을 가리키고,

업적으로 유명해졌다. 저자가 언급할 바는 일반적으로 소쉬르가 해석되어 온 방식이다. 그의 착상은 이 개념이 제시할 만한 것보다 불분명하며, 간단치 않다. 부분적으로 그 이유는 그의 업적의 출간내용이 사후에 다른 사람들에 의해 모아졌기 때문이다.

소쉬르는 랑그(공통속성)를 실제 언어사용(파롤)보다 더 앞서 주어지는 체계 또는 부호로 간주하였다. 이는 언어공동체의 모든 구성원들에게 동일하고, 언어의 사회적 측면으로서, 개인별 실현의 변이체인 파롤과 대립된다. 소쉬르에게서 실제로 말해지거나 씌어진 파롤은, 순수히 개인별 선택에 의해 결정되고, 전혀 사회적으로 결정되는 것이 아니다. 소쉬르에 따르면 언어학에서는 파롤(개인별 사용 변이체)이 아니라 랑그(구성원의 공통속성)에 1차적으로 관심을 가진다.

소쉬르가 자각하였듯이 언어사용(파롤)은 광범위한 언어적 변이에 의해 성격이 지워진다. 소쉬르 식의 파롤 개념을 가장 많이 허물어 놓기 위하여 실행된 바는, 현대 사회언어학자들에 의해 주어진 이런 변이체에 대한 설명이다. 사회언어학자들은 이런 변이체가 소쉬르가 생각하였던 대로 개인별 선택의 산물이 아니라, 사회적 차별화의 산물임을 보여 주었다. 언어는 상호작용을 하는 사람들의

사회적 정체성·사회적으로 정의된 그들의 목적·사회적 환경

등에 따라 변동한다. 따라서 파롤에 대한 소쉬르의 개인지향 개념은 불만족스럽다.[4] '담화'라는 용어를 선호하면서 저자는 우선

파롤(parole)은 그 언어에 대한 개인별 사용 변이체를 가리킨다.

4) (역주) 언어사용에 대한 개인지향 개념은 영국 옥스퍼드 대학의 일상언어 철학자들을 중심으로 전개되었다. 오스뜬(Austin), 그롸이스(Grice), 써얼(Searle) 등이다. 스텐포드 대학의 심리학자 클락(Clark)도 그러하다. 이와는 달리, 언어사용에 대한 사회지향 또는 집단지향 개념은 특히 맑스주의 언어학에 의해서 주도되었는데, 사회 분할 및 불평등 지배관계를 고착시키는 쪽에 초점이 모아져 있다.

language use is socially determined
(언어사용이 사회적으로 결정된다)

는 견해에 스스로 마음을 쏟고 있다.

그러나 랑그(구성원의 공통속성)는 어떠한가? 소쉬르는 랑그를 어떤 사회전체를 통하여 단일한 등질의 것으로 이해하였다. 그러나 이런 단일한 등질의 의미로 '하나의 언어' 같은 것이 존재하는 것일까? 아주 많은 사람들이 마치 단일한 등질의 것이 있는 양 분명히 말하고 행동하는 것이 실제 경우이다. 우리는 모두 '잉글랜드 언어' 또는 '영어'에 익숙하고, '영어'를 가르치고, '영어'에 대하여 강의를 하며, '영어'에 대한 문법서와 사전을 집필하는 전문가 집단이 있다. '독어', '불어', '러시아어' 등에 대해서도 비슷하다.

농담 삼아, 하나의 언어는 '육군과 해군을 지닌 방언'으로 정의되어 왔다. 그렇지만 이는 심각하게 부정적인 느낌을 지닌 농담이다. 현대 육군과 해군은 '국가'의 특징이다. 따라서 또한 크게 보아 정치적으로 규정된 국토에 대하여, '영어'나 '독어'라는 말을 유의미하게 만들어 주는 언어적 통일성이나 '표준어 보급'도 그러하다. 가령, 영국에서 사람들이 '영어'에 대하여 말하는 경우에, 일반적으로 영국 '표준' 영어,[5] 즉 영국 영어의 표준화된 변이체를 염두에 두고 있다. 이 변이체를 모든 중요한 공공영역 속으로 보급하는 일과 대부분의 인구들 사이에서 이 변이체의 높은 지위는, 현대 영국의 경제적·정치적·문화적 통일성의 일부로서 표준화 정책에 대한 위업이다(제3장을 보기 바람). 이런 관점에서 '영어'와 다른 '언어'들이, 역사의 특정 시기에 독특한 사회적 조건들이 빚어낸 산물인 것으로 보인다.

그러나 '랑그'(구성원의 공통속성) 개념에 대해서는 역사적 특정성이

5) (역주) 흔히 용인된 발음(RP, received pronunciation)로 불린다. 이와 1차적으로 대립되는 (런던에 사는) 노동자 계층의 사회방언(또는 계층의 특징을 나타내는 방언)은 카크니(cockney 원뜻은 '어리석은 놈')로 불린다. §.3-2-1의 역주 25)를 보기 바란다.

전혀 없다. 소쉬르는 모든 언어 공동체들이 사회적 조건이 어떠하든지 상관없이, 그 공동체의 랑그를 지닌 것처럼 쓰고 있다. 소쉬르에게는 랑그의 소유가 언어를 소유하기 위한 조건인 것이다. 더욱이 소쉬르는 언어공동체에 있는 모든 사람들이 동등하게 랑그에 접속하며, 랑그에 대한 능력을 지닌 것으로 가정한다. 그렇지만 현실세계에서 표준어에 대한 접속 및 능력은 동등하지 않다.[6]

랑그에 대한 소쉬르 식 개념에 대해서뿐만 아니라, 또한 영어권 언어학자들에 의해 사용되는 언어의 유추적 사용에 대해서 놀라운 것은, 표준화에 대하여 일부 수사학과 유사한 속성이다. 전체인구를 통하여 그리고 두루 여러 사용영역들에 걸쳐서 표준 변이체(≒서울말)의 실제 보급이 표준화의 한 가지 측면이고, 표준 변이체를 대표하여 이뤄진 수사학적 주장이 또 다른 측면이다. 즉, 표준어가 전체 국민의 언어이고, 모두가 표준어를 사용하며, 모든 사람이 높은 평판으로 표준어를 지닌다, 등등. 이들 주장이 뜻하는 바는 표준어를 신화적인 '국가언어national language, 국어'[7]로 변성하는 일에 다름 아니다. 국가를 만들고 유지하기 위한 정치적 요구사항은, 응당 그러한 통일 제도가 전체국민들 사이에서 합법성을 지니고, 승리를 거둔 합법성

6) (역주) 어느 나라에서이든지 표준어와 방언 사이에 부지불식간에 가치대립이 깃들게 될 것으로 판단된다. 표준어가 고상하고 품위 있는 느낌을 준다면, 상대적으로 방언은 반대 방향으로 낙인이 찍힌 듯 부정적으로 느끼게 되는 것이다. 더러 문학에서 방언의 어감을 살려 문학적 가치를 높이는 경우도 있겠지만, 사회·문화적으로 그리고 정치·경제적인 이유로 표준어를 정하는 순간, 변이체들 사이에 우월의 지위가 부여되고 있는 것이다. 영국에서는 특히 발음의 차이들이 그런 지위를 높이거나 낮추는 일에 간여된 듯하다.

7) (역주) 우리나라는 일제 강점기의 영향 아래 '국어'를 우리 민족의 언어로 쓰고 있다. '국어'라는 말을 쓰는 일본과 우리나라를 제외하면, 거의 모두가 민족의 이름을 이용하여 그 나라의 언어 이름으로 부른다('중국어'는 자기네가 세계 중심[中國]이라는 중세시기의 유물이며, 응당 한족의 언어인 '한어'로 불러야 함). 우리나라에서는 '한국어'라고 하면 외국인들을 가르치기 위한 것으로 간주하고 있다(Korean as a second language). 일찍이 려증동 선생과 김수업 선생은 국어라는 일반명사가 고유명사가 될 수 없다는 점을 간파하고서, 배달겨레가 쓰는 말이라는 뜻에서 '배달말'이라고 써 오고 있다(한편 역사학자 신채호는 '배달'의 의미를 만주를 중심으로 하여 살던 여러 민족들을 포괄하는 용어로 썼다고 함). 때로 '한글'을 우리말처럼 확대해서 쓰지만, 이는 글자[한 겨레 글자]라는 좁은 의미를 벗어나 말[한 겨레 말]을 가리키기가 어렵다. §.3-2의 역주 21)를 보기 바란다.

이 종종 그러한 화술을 요구한다는 점이다. 소쉬르와 다른 언어학자들이 자신의 언어이론에서 정치적으로 동기가 깃든 신화를 고의로 재생하는 일에 착수했음을 시사하려는 것은 아니다. 그러나 랑그라는 개념의 출현이 '국가언어, 국어'의 신화가 정점에 이른 시기인 20세기 전환기 동안에 일어난 것이 우연이었을까?(§.3-2의 역주 21을 보기 바람)

이제 이를 담화에 초점을 모으기 위한 저자의 결정과 관련을 지어 보기로 한다. 저자는 언어사용과 대립되는 순수 언어에 대한 소쉬르식 개념을 받아들이지 않을 것이다. 다른 한편으로, 저자는 파롤(개인별 사용 변이체)에 포함되어 있는 개인 지향의 언어사용 개념도 받아들이지 않을 것이다. 강조점이 응당 (다른 학자들의 주장처럼) 언어사용에 놓여야 하지만, 이런 언어사용은 저자가 담화로 부르는 것으로서, 사회적으로 결정된다고 파악되어야 한다. 그러나 일부 소쉬르의 '랑그 : 파롤' 구분은 밑바닥에 깔려 있는 사회적 관례 및 실제 사용 사이에 있는 일반적인 것이다. 비록 다른 용어를 이용하지만(다음 절을 보기 바람) 이는 저자가 그대로 유지하려는 구분이 된다. 그렇지만 저자는 (랑그가 그런 것처럼) 관례들이 단일한 등질의 것이라고 가정하지는 않는다. 반대로, 관례들은 이질성에 의해서 그리고 권력갈등에 의해서 성격이 지워진다. 표준화의 경우에서 어느 정도까지 그러하듯이, 등질성이 성취되는 한, 이는 권력을 지닌 사람들에 의해서 부과된다. 이런 견해에 대한 더 자세한 진술을 보려면 제3장을 살펴보기 바란다.

§.2-2-2 사회적 실천관행으로서의 담화

언어를 담화로 보려는 견해를 저자는 '사회적 실천관행 형태로서의 언어'라고 불렀다. 정확히 이것이 무엇을 함의하는 것일까? 첫째, 언어가 사회의 일부이며, 어쨌든 사회의 밖에 있는 것은 아니라는 점이다. 둘째, 언어가 사회적 과정이라는 점이다. 셋째, 언어가 사회적으로 조건화된 과정, 사회의 다른 (비언어적) 부분들에 의해서 조건이 마련된 과정이라는 점이다. 저자는 이것들을 차례로 논의하게 될 것이다.

언어를 다루는 교재가 언어 및 사회 '사이에 있는between' 관계에 대한 장을 담고 있고, 마치 가끔씩 이것들이 접촉하는 일이 생겨나는 두 개의 독립된 개체인 것처럼 다루는 것은 이례적인 것이 아니다. 저자의 시각으로는, 언어 및 사회 '사이에서' 외재적 관계가 있는 것이 아니라, 내재적이며 변증법적 관계가 있다고 본다. 언어는 사회의 일부이다. 언어 현상은 특별한 종류의 사회적 현상이며, 사회적 현상은 부분적으로 언어 현상이다.

사람들이 무엇을 말하거나 듣거나 쓰거나 읽든지에 상관없이, 언어 현상은 사회적으로 결정된 방식으로 사회적 효과를 지닌 방식으로 사람들이 그렇게 실행한다는 점에서 사회적이다. 심지어 사람들이 가령 '가족의 단란한 분위기 속에서' 그들 자신의 개별성을 가장 많이 의식하고, 스스로 사회적 영향력으로부터 차단되는 가장 큰 절단점이라고 생각하는 경우에라도, 여전히 사회적 관례에 좌우되는 방식으로 언어를 사용한다. 사람들이 가장 친밀하고 사적인 만남에서 언어를 사용하는 방식이, 가족의 사회적 관계에 의해서 사회적으로 결정될 뿐만 아니라, 또한 그런 관계를 유지하거나 (사실상 그런 관계를 바꾸는 데) 도움을 주는 의미에서 사회적 효과를 지닌다.

모든 언어활동이 그러하듯이, 다른 한편으로, 사회적 맥락 속에서 진행되는 언어활동이 사회적 과정과 실천관행의 반영이나 표현일 뿐만 아니라, 또한 그런 과정이나 실천관행이 일부라는 의미에서 사회적 현상은 언어적이다. 예를 들어, 정치적 표현의 의미에 대한 논쟁은 정치학의 변함없고 친숙한 측면이다. 사람들은 때로

democracy, nationalization, imperialism, socialism, liberation, terrorism

민주주의, 국유화, 제국주의, 사회주의, 여성/동성애자 등 해방운동, 테러 행위

과 같이 명백히 낱말의 의미에 대하여 논한다. 더욱 흔하게 사람들은 대체로 현저히 상이하고 모순되는 방식으로 이런 낱말들을 쓴다. 그런 예들은 정당의 지도자들 사이에 주고받는 말에서, 또는 가령(옛) 소련과 미국 사이에서 주고받는 말에서 쉽게 찾아진다. 그런 논쟁은 때로 단지 정치의 실제 과정과 실천관행에 대한 서막이거나, 그런 것으로부터 나온 부산물로 간주된다. 저자가 제안하고 있는 바는 그것들이 그렇지 않다는 것이다. 즉 그것들이 정치학이다. 정치학은 부분적으로 언어로 일어나며, 언어를 놓고서 일어나는 논쟁과 갈등으로 구성된다.

그러나 이것이 단일한 전체의 동등한 양상으로서 언어 및 사회 '사이에 있는' 대칭적 관계의 문제는 아니다. 전체는 사회이며, 언어는 사회적 모습의 한 가닥이다. 모든 언어적 현상이 사회적인 반면에, 모든 사회현상이 언어적인 것은 아니다. 가령, 경제생산과 같이 비록 심지어 언어적이지 않은 현상이라 하더라도, 전형적으로 실질적이며 종종 경시되는 언어요소를 지니고 있다.

이제 언어를 사회적 실천관행으로 간주하는 두 번째 함의인 '언어는 사회적 과정이다'를 다루기로 하겠다. 담화를 텍스트로부터 차별화해 주는 것이 무엇인지를 살펴봄으로써 이 함의에 접근하기로 한다. 저자는 텍스트text라는 용어를 크게 확대하여 쓰게 될 것이다. 이 용어를 언어학자 마이클 핼리데이Michael Halliday(§.4-2-1 역주 10 참고)가 쓰듯이 글말 텍스트와 '입말 텍스트'에 대해서 모두 다 함께 쓰게 될 것이다.[8] 입말 텍스트는 단순히 입말 담화의 도막으로 말해진 바이

8) (역주) 제7차 개정 국어과 교육과정에서 담화를 입말로 보고, 텍스트를 글말로 본다. 이는 너무 협소하며 왜곡된 접근법이다. 왜냐하면 입말과 글말이 언어사용의 궁극적인 모습이 아니라, 반드시 언어투식(register)로 환원되어야 하는 도출 개념이기 때문이다

(Biber, 1988, 『입말과 글말에 걸친 변이(*Variation across Speech and Writing*)』, Cambridge University Press를 보기 바람). 가령, 9시 뉴스는 입말인가, 글말인가? 격식성을 극대화하기 위하여 비록 입말을 이용하지만, 그 내용은 글말의 질서를 따르고 있으므로, 글말도 입말도 아닌 둘 모두의 혼합체인 것이다. 입말과 글말로 담화와 텍스트를 나눈 국어과 교육과정의 태도는 이와 같은 예외를 너무나 많이 만나게 될 것이며, 결코 바람직스럽지 않다(빨리 고쳐지기를 희망한다). 대신, 언어 산출과정을 담화로 규정하고, 산출물을 텍스트로 규정하여 텍스트의 이해과정을 다루는 일이 더욱 입체적인 우리 언어생활에 들어맞는다. §.2-3에서도 담화를 산출 차원(말하기·글쓰기)으로 규정한다. 그러나 저자가 2003년 『담화분석 방법』에서는 담화를 사회분석 차원에서 쓰고, 텍스트를 입말·글말을 싸안은 언어분석 차원에서 쓴다. 뒤의 역주 10)도 함께 읽어보기 바란다.

'옷감을 짜다(to weave)'라는 어원으로 된 텍스트라는 용어는, 일찍이 독일철학 전통에서 표현되어 있듯 두루 언어적 대상·비언어적 대상들을 놓고서 해석해 나가는 과정에서 쓰인 바 있다(딜타이 이해학, 후설 현상학 등). 이는 칸트나 헤겔의 추상적이고 관념적인 사유에 대한 반대쪽의 대척점으로 나온 것이다. 이런 전통을 바탕으로 하여 1970년대를 전후하여 텍스트 언어학이 독일 쪽에서 시작된 바 있다.

spoken language(입말, 구어, 구두어, 음성언어)와 written language(글말, 문어, 문자어, 문자언어)는 각각 '입말, 글말'로 써 나가기로 하겠다(처음 김수업 선생이 쓰셨음). '음성언어, 문자언어'는 중학교 국어교과서에서 쓰인 용어이고, '구어, 문어'라는 용어도 줄곧 쓰여 왔지만, 개인적으로 번역자는 제일 쉽게 와 닿을 수 있는 우리말 '입말, 글말'에 훨씬 못 미친다고 느낀다.

언어심리학에서 언어의 산출·이해·사용에 대한 기본문헌은 르펠트(Levelt, 1989; 김지홍 뒤침, 2008) 『말하기: 그 의도에서 조음까지』(2권, 나남출판), 킨취(Kintsch, 1998; 김지홍·문선모 뒤침, 2010) 『이해: 인지 패러다임』(2권, 나남출판), 클락(Clark, 1996; 김지홍 뒤침, 2009) 『언어사용 밑바닥에 깔린 원리』(도서출판 경진)이다. 한편, 담화와 텍스트를 상보적으로 보는 이런 시각과는 다르게, 텍스트 언어학에 대한 개관서인 한국텍스트언어학회(2004)『텍스트 언어학의 이해』(박이정)에서는 의사소통에 관여하는 '텍스트의 구조'에 초점을 모은다고 설명한다. 이는 구조주의 언어학에서 거시언어학(macro-linguistics)로 본 내용과 크게 다르지 않은 듯하다. 담화에 대한 안내서는 아주 많이 나와 있다. 우선 쿡(Cook, 1989; 김지홍 뒤침, 2003) 『담화, 옥스퍼드 언어교육 지침서』(범문사)를 보기 바란다. 언어학을 전공한 사람들을 위해 다음 책들이 나와 있으며, 이를 바탕으로 하여 일후 전산언어학과 담화심리학의 연구들로 진행해 나갈 수 있다.

① 건스바커·기본(Gernsbacher and Givón eds., 1995) 엮음 『자발적 텍스트에 들어 있는 의미연결성(*Coherence in Spontaneous Text*)』(John Benjamins)
② 그뢰이써·건스바커·골드먼(Graesser, Gernsbacher, and Goldman eds., 2003) 엮음 『담화 처리과정 소백과(*Handbook of Discourse Process*)』(Lawrence Erlbaum)
③ 쉬프륀·테는·해밀튼(Schiffrin, Tannen, and Hamilton eds., 2001) 엮음 『담화분석 소백과(*The Handbook of Discourse Analysis*)』(Blackwell) 등을 보기 바란다.

이런 이론을 현실의 문제에 적용한 업적으로서 정치 담화를 분석한 레이코프(Lakoff) 교수의 책들이 있는데, 앞의 개정판 서문에 있는 역주 2)를 보기 바란다. 또한 남녀 간의 담화 차이를 분석한 데보라 테는(Deborah Tannen) 교수의 책들도 일곱 권이 번역되어 있다.

이용대 뒤침(1992), 『내 말은 그게 아니야』(사계절)
신우인 뒤침(1993), 『말 잘하는 남자? 말 통하는 여자!』(풀빛)
정명진 뒤침(2002), 『남자를 토라지게 하는 말 여자를 화나게 하는 말』(한언)
이은희 뒤침(2003), 『일터에서의 남 대 여 대화의 법칙』(예문출판사)

지만, 저자는 일반적으로 말해진 바에 대한 글말 녹취기록(전사)[9]을 위하여 이 용어를 쓰게 될 것이다.

텍스트[text]는 산출과정이라기보다는 산출 결과물로서, 텍스트 산출의 과정에 대한 결과물인 것이다. 그러나 텍스트가 그 일부가 되는 사회적 상호작용의 전체과정을 가리키기 위해서는 담화[discourse]라는 용어를 쓰게 될 것이다.[10] 이런 과정은 텍스트뿐만 아니라 이 이외에도 산출의 과정을 포함하며, 그 과정에서 산출된 결과물이 텍스트이고, 또한 해석의 과정을 포함하는데, 해석과정에서 텍스트는 자원이 된다. 텍스트 분석은 따라서 담화분석의 일부일 뿐이고, 또한 산출과정 및 해석과정에 대한 분석을 포함한다. 텍스트의 형식적 속성들은 한편으로 담화분석의 관점에서 보면 산출과정에 대한 흔적[traces]

남재일 뒤침(2003), 『사랑한다면 그렇게 말하지 마: 뻔뻔한 여자 대 냉정한 남자』(생각의나무)
남재일 뒤침(2006), 『널 사랑해서 하는 말이야』(생각의나무)
문은실 뒤침(2006), 『가슴으로 말하는 엄마 머리로 듣는 딸』(부글북스)

9) (역주) transcription(전사, 녹취 기록)은, 말하는 내용을 그대로 눈으로 볼 수 있도록 받아 적어 놓는 일을 말한다. 그 과정에서 속기를 이용할 수도 있고, 녹음을 하거나 녹화를 하여 다시 들으면서 글자나 기호로 적을 수도 있다. 옛날에는 이를 전사(轉寫, 글자로 옮겨 놓음)라고 불렀으나, 최근에는 '녹취 기록'(녹음한 내용을 글자로 기록해 놓음)이란 말을 자주 듣게 된다. 번역자에게는 이전의 '전사'라는 용어가 익숙하지만, 간간이 녹취 기록이란 말도 쓰기로 한다. 아무리 말소리를 글자로 적어 놓는다고 해도, 명확한 한계가 있는데, 시지각정보와 상황에 대한 정보가 포함되지 않는다는 것이다. 따라서 녹취기록(전사)에는 언어에 수반된 비-언어 정보를 반드시 부가하여 적어 놓도록 유의해야 한다. 비-언어 정보들이 텍스트 해석에 중요한 단서들이 될 수 있기 때문이다.

10) (역주) 여기서 저자는 텍스트를 담화의 일부로 보고 있으므로, 담화가 '상의어'가 된다. 텍스트(text)와 담화(discourse)란 용어를 서로 구분하지 않고 섞어 쓰기도, 서로 구분해서 쓰는 경우도 있다. text는 원래 독일 쪽에서 주로 해석과 관련하여 써 오던 용어로서, 언어적이든 비-언어적(초-언어적)이든 상관없이 전반적으로 모든 해석 대상을 가리킨다. 이런 해석과정 자체를 대상으로 하여 연구를 하면 상위-텍스트(meta-text)라고 부르게 된다. 언어교육 쪽에서는 일반적으로 텍스트를 해석의 대상으로, 담화를 산출의 대상으로 간주한다. 그렇지만 국어과 교육과정에서는 왜곡되게 텍스트를 글말로, 담화를 입말로 간주하였는데, 입말과 글말은 궁극적인 개념이 아니라 오직 언어투식의 구현된 결과일 뿐이다. 바이버(Biber, 1995) 『언어투식 변이 차원: 범언어적 비교(*Dimensions of Register Variation: A Cross-linguistic Comparison*)』(Cambridge University Press)를 보기 바란다. 담화를 산출 차원 및 상의어로 보는 입장에서 벗어나서, 페어클럽(2003) 『담화분석 방법』(도서출판 경진, 출간 예정) 제1장 2절에서는 담화는 사회분석 차원의 용어이고, 텍스트는 입말과 글말을 싸잡아 사용 중인 말을 모두 가리키며, 언어는 담화분석과 텍스트 분석에서 거론되는 개별요소들을 가리키는 용어로 규정하였다. 앞의 역주 8)을 보기 바란다.

들로 간주될 수 있고, 다른 한편으로 해석과정에 있는 단서cues들로 간주될 수 있다. 이것들이 텍스트의 속성들 및 현저한 범위의 기억자원MR 사이에 상호작용을 담고 있다는 것은 산출과정과 해석과정의 중요한 속성이 된다. 기억자원이란 사람들이 머릿속에 담아두었다가 텍스트를 산출하거나 해석할 경우에 인출해 내는 것으로서 저자가 제1장에서 '구성원들의 기억자원MR'으로 불렀다. 구성원들의 언어지식, 구성원들이 살고 있는 자연세계와 사회세계에 대한 표상, 가치·신념·가정 등을 포함한다.

그렇지만, 사회적으로 결정되는 방식을 무시해 버리는 산출과정 및 해석과정에 대한 설명은 완벽히 이뤄질 수 없다. 이는 언어를 사회적 실천관행으로 간주하는 제3의 함의로 데려간다. 언어가 비-언어적인 사회의 다른 부분들에 의해서 조건이 지워지는 것이다. 텍스트를 산출하고 해석하기 위하여, 사람들이 이끌어내는 기억자원MR은 사람들의 머릿속에 들어 있다는 의미에서 인지적이지만, 사회적 기원을 지닌다는 의미에서는 기억자원이 사회적이다. 즉, 사회적으로 생성되고, 그 본성이 사회적 관계 및 갈등에 달려 있는데, 이것들로부터 기억자원들이 만들어진 것이다. 그럴 뿐만 아니라 또한 사회적으로 전파되고 우리 사회에서 불공평하게 배분된다. 사람들은 사회적으로 산출되고 자신에게 이용 가능하게 된 것을 내재화한다. 그리고 자신들의 사회적 실천에 관여하기 위하여 담화를 비롯한 이런 내재화된 기억자원MR을 이용한다. 뒤에서 살펴볼 것이지만, 비록 이런 토대의 효력이 일반적으로 명백하지 않은 채 사회에 의존하지만, 이는 개별 정신psyche 속에서(≒개인의 의식 속에서) 사회를 결정적으로 중요한 발판이 되도록 만들어 주는 동력을 제공해 준다. 더욱이 사회적으로 결정되는 것은 이들 인지자원의 본성뿐만이 아니라, 또한 그것들의 이용에 대한 조건이다. 가령, 누군가 한편으로 시를 읽을 경우에, 다른 한편으로 잡지광고를 볼 경우에, 관례적으로 서로 다른 인지 전략들이 기대된다. 비판적 관점으로부터 담화를 분석할 때에는 그런 차이점들에 대한 설명을 해 주는 것이 중요하다.

그렇다면 담화는 사회적 조건들을 포함하는데, 이는 산출에 대한 사회적 조건들 및 해석에 대한 사회적 조건들로 명시될 수 있다. 더욱이 이들 사회적 조건들이 사회 조직화에 대한 다음 세 가지 상이한 '층위levels'와 관련된다.

① 사회상황의 층위, 또는 담화가 발생하는 즉각적인 사회환경
② 담화를 위하여 더 광범위한 기반을 구성하는 사회제도 층위
③ 하나의 전체로서 그 사회구조의 층위

저자가 주장하고 있는 바를 요약하면, 이들 사회적 조건이 산출 및 해석에 사람들이 들여오는 기억자원MR을 형성해 주며, 차례로 이는 텍스트가 산출되고 해석되는 방식을 형성하게 된다는 것이다. 〈그림 2-1〉을 보기 바란다.

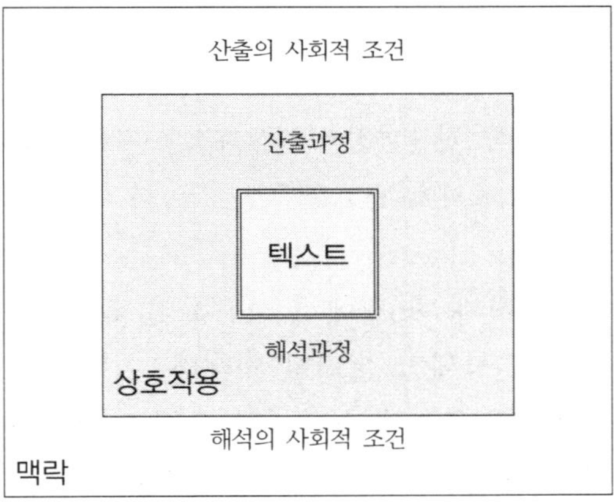

〈그림 2-1〉 텍스트로서 담화, 상호작용, 맥락

따라서 언어를 담화로 그리고 사회적 실천관행으로 보는 시각에서는, 스스로 텍스트를 분석하는 일이나 또는 산출 및 해석의 과정을

분석하는 일에 전념할 뿐만 아니라, 또한 텍스트·과정·사회적 조건들 사이에 있는 관련성을 분석하는 일에 골몰하는 것이다. 즉, 상황맥락의 즉각적인 조건들 및 제도적-사회적 구조에 대한 더 간접적인 조건들 양자 모두에 해당한다. 또는 〈그림 2-1〉에서 굵은 고딕체를 이용하여 표현한다면, 텍스트texts와 상호작용interactions과 맥락contexts 사이에 있는 관계인 것이다.

이들 담화의 세 가지 차원에 대응되도록, 저자는 비판적 담화분석을 다음의 세 가지 단계 또는 차원으로 나누어 다룰 것이다.

① 기술description 단계: 이는 해당 텍스트의 형식적 속성들에 관심을 둔 단계이다.

② 해석interpretation 단계: 이는 텍스트 및 상호작용 사이에 있는 관련성에 관심을 둔다. 즉, 텍스트를 산출과정의 결과물로 간주하며, 해석과정에서의 자원으로 간주하는 것이다. 저자가 해석이란 용어를 상호작용 과정 및 분석단계 양자 모두를 위해 쓰고 있음에 유의하기 바란다. 그 이유는 제6장에서 드러나게 될 것이다.

③ 설명explanation 단계: 이는 상호작용 및 사회적 맥락 사이에 있는 관련성에 관심을 둔다. 즉, 산출과정과 해석과정에 대한 사회적 결정내용 및 그것들의 사회적 효과에 관심을 두는 것이다.

이들 세 단계는 제5장과 제6장에서 비판적 담화분석을 실행하기 위한 절차의 일부로서 상세히 논의될 것이다.

이들 각각의 단계에서 진행되는 바를 우리는 '분석'이라고 언급할 수 있지만, 단계가 바뀜에 따라 '분석'의 본질이 변화된다는 점에 유의해야만 한다. 특히 기술 단계에 있는 분석이 해석 및 설명 단계에 있는 분석과는 차이가 난다. 기술 단계의 경우에는, 일반적으로 분석이 기술 얼개의 범주에 비춰 임의의 텍스트에 대한 형식적 특징들을 찾아내고 '명칭을 부여하는' 일로 간주된다. 종종 기술의 '대상'이

되는 해당 텍스트는 아무런 문제가 없이 주어져 있다고 간주된다. 그러나 입말 담화에서 특히 잘 보여 주듯이 이런 생각은 잘못이다. 우리는 발화를 전사함으로써transcribing, 녹취 기록함으로써 텍스트를 만들어낸다. 그렇지만 임의 도막의 발화를 전사할 수 있는 다양하게 온갖 종류의 방식이 있고, 해당 텍스트를 해석하는 방식은 그 발화를 어떻게 전사하는지에 영향을 주기 마련이다.

해석 및 설명 단계로 방향을 전환한다면, 분석이 '대상'에 대하여 임의의 절차를 적용하는 일로 간주될 수 없는데, 비록 해당 '대상'에 대한 단서를 갖고 있더라도 그러하다. 우리가 분석하고 있는 바가 훨씬 덜 확정적인 것이다. 해석 단계의 경우에는, 분석이 참여자들의 인식과정이 되고, 설명 단계의 경우에는 분석이 일시적인 사회적 만남(상호작용) 및 좀 더 지속적인 사회구조 사이에 있는 관련성이 되는데, 사회구조가 사회적 만남을 형성하고 또 사회적 만남들에 의해 사회구조가 형성된다. 양자 모두의 경우에, 분석주체는 (광의로) 복잡하고 비가시적인 관련성들에 대한 해석을 제공해 줘야 할 입장에 있다.

편의상 앞에서 언급한 노선에 따라 비록 기술description이란 개념을 쓰게 될 것이지만, 기술의 내용이 궁극적으로 분석주체의 '해석'에 달려 있다는 사실이 언급되어야 하겠는데, 지금까지 저자는 광의로 '발화에 대한 전사'(녹취기록)로 써 왔다. 텍스트에서 '찾아내는' 바, 기술할 만한 가치가 있는 것으로 여기는 바, 기술에서 강조하려고 선택한 바 등은 모두 우리가 텍스트를 해석하는 방식에 달려 있다. §.1-1-2에서 언어 텍스트를 '대상'으로 간주하려는 과학 실증주의positivist 경향이 있음을 지적하였으며, 그런 입장에서는 그 형식적 특성이 해석이 이뤄지지 않은 채로 기계적으로 기술될 수 있다. 그러나 시도해 나감에 따라 분석주체들은 스스로 인간의 산출물을 인간적이며 따라서 해석적인 방식으로 관여하는 일을 방해할 수 없다.

§.2-2-3 입말 언어와 시지각 언어

이 책에서 초점이 비록 주로 입말 텍스트를 포함한 담화에 모아지게 될 것이지만, 담화를 전적으로 입말 관점으로만 파악하는 일은 아주 인위적이 될 듯하다. 심지어 텍스트가 본질적으로 입말일 경우에라도(특히 여기서 저자는 입말 텍스트를 염두에 두고 있음), 말하는 일은 몸짓·얼굴 표정·몸 움직임·자세와 뒤엉켜 있으며, 이들 '별도의 것extras'들을 고려하지 않고서는 적절히 말이 이해될 수 없을 정도로 그러하다. 이것들이 모두 해석주체에 의해 시각적으로 지각된다는 점에 근거하여, 포괄적으로 이것들을 '시지각 내용visuals'이라고 부르기로 한다. 시지각 내용은 말하는 일에 수반물이 될 수 있으며 의미를 결정하는 데 도움을 준다. 가령 순진하게 보이는 질문이 고약한 조롱으로 뒤바뀌면서 나오는 비웃음을 생각해 보기 바란다. 또는 완벽히 수용될 수 있는 대안으로서 시지각 내용이 말하기를 대체해 줄 수 있다. 가령, '예yes'라는 뜻으로 고개 끄덕거림과 '아니오no, 난 모르겠어I don't know'라는 뜻으로 두 어깨를 움츠리면서 두 팔을 구부린 채 벌림은 분명히 그런 사례들이다.

글로 씌어 있거나 인쇄되거나 영상으로 찍히거나 텔레비전으로 방송된 자료들을 생각하는 경우에, 시지각 내용의 중요성은 훨씬 더 분명해진다. 사실상, 입말 및 '글말written' 사이에 있던 전통적인 대립 시각은 급속히 바뀌었고, 현대사회에서 훨씬 더 도움이 되는 용어는 '시각visual' 언어에 대립되는 '입말spoken'이 될 듯하다. 예를 들면, 종종 신문에서 기사의 '전달내용message'을 파악하는 데에 언어적 보도만큼이나 사진이 중요하며, 아주 흔히 시지각 내용과 '언어적' 내용이 따로 떼어내기 어렵게 만들어 버리고 서로 보강해 주는 방식으로 작동함은 잘 알려져 있다. 더욱이, 시각적 심상에 대하여 상대적인 사회적 중요성이 극적으로 증가하고 있다. 가장 흔하고 지배적인 현대 담화유형의 한 가지인 광고가 시지각 내용을 통해 이뤄지는 정도를 생각해 보기 바란다. 이런 모든 이유들로 말미암아, 저자는 담화 및 텍스트에 대하여 광범위하고 비제약적인 일반개념notions[11]을 가정하게 될 것이다. 이미 언급하였듯이 비록 저자의 초점이 언어요소에 훨씬 더 많이 모아져 있지만, 뒤에 나오는 장들에서 시지각 내용이 다양한 측면으로 특징을 이루게 될 것이다.

§.2-3 담화와 담론질서

이 절에서는 담화의 사회적 조건들에 대하여 한 가지 측면과 사회구조에 의한 담화의 결정내용determination을 살펴본다. 즉, 기저에 있는 담론관례에 의해서 실제 담화가 결정되는 방식이다. 저자는 이런 관례들을 묶음이나 또는 그물짜임으로 군집화된 것으로 간주하는데, 미셸 푸코가 썼던 용어를 받아들여 이를 '담론질서orders of discourse'라고 부르겠다.[12] 더욱이 이들 관례 및 담론질서는 특정한 이념을 구체화해 준다.

담화discourse(담화 및 담론) 및 실천practice(실천의 관행 및 사례)이라는 용어는 '적절한 중의성'이라고 부를 법한 내용을 지닌다.[13] 두 용어가

11) (역주) 흔히 notion(일반개념)은 흔히 민간에서 쓰는 개념을 가리키므로 통념(通念, 통상적인 개념)이라고 말할 수도 있다. 그렇지만 전문적으로 또는 학술적으로 엄격히 접근하는 경우에는 종종 concept(기본개념)이란 말을 쓰고, 이를 바탕으로 새로 구성된 복합개념을 conception(복합개념)이라고 부른다. con<u>cept</u>(개념)은 per<u>cept</u>(지각내용)과 형태상 짝을 이룰 수 있다는 점에서, qualia(감각자료, 감각질)라는 용어보다 더 선호되기도 한다. 학자들에 따라서 concept(개념)을 ideas(관념)이나 thought(사고)라는 말과 통용하기도 하며, 이에 대립되는 용어로 images(감각인상)이나 impressions(감각인상)을 쓰기도 한다.

12) (역주) 동일한 이름으로 푸코(1971; 이정우 뒤침, 1993)『담론의 질서』(새길)로 번역되어 있다. 사회학에서 쓰는 질서(order)란 용어는, 자연과학의 법칙이나 원리, 인문학의 규칙 등에 상응하는 개념이다. 다만 법칙이나 원리가 강한 적용력을 지니지만, 반면에 질서는 해석지침 정도의 약한 적용력을 지닌다.

13) (역주) discourse(담화, 담론)와 practice(실천관행, 실천사례)를 두 가지 뜻으로 쓰고 있다. discourse가 개별사례를 가리킬 때에는 '담화'나 '담화각편'으로 번역하고, 관례화된 유형을 가리킬 때에는 '담론' 또는 '담론유형'으로 번역할 것이다. practice(실천사례, 실천관행)에서도 이러한 층위 구분은 동일하게 유지된다. 개별적인 실천 사례를 가리킬 경우에

모두 특정한 경우에 사람들이 실행하고 있는 바(≒실천사례)를 가리키거나 또는 모종의 경우가 주어지면 습관적으로 사람들이 실행하는 바(≒실천관행)를 가리킨다. 다시 말하여, 두 용어가 모두 행위action를 가리킬 수도 있고, 관례convention를 가리킬 수도 있는 것이다.14) 여기서 중의성은 개별사례가 언제나 사회적 관례를 함의함을 시사해 줌으로써 담화 및 실천관행의 사회적 본성을 강조하는 데 도움을 주기 때문에 바람직하다. 즉, 임의의 담화 또는 실천관행이 담화 또는 실천에 대한 관례적 유형들을 함의해 주는 것이다. 이 중의성은 또한 개별 개인들 쪽에다 행위를 위한 사회적 전제조건들을 시사해 준다. 개인은 오직 행위를 할 사회적 관례들이 있는 경우에 한하여 그 관례 속에서 행위를 할 수 있는 것이다. 사회적 실천관행의 일반개념 속에 깃들어 있는 바의 일부는, 사람들이 제약된 상태를 통해서 행위가 가능해진다는 것이다. 즉, 사람들이 실천관행 또는 담화유형의 제약 속에서 행위한다는 조건에 따라서 행동할 수 있는 것이다. 그

는 실천사례라고 부르고, 관례화된 유형을 가리킬 경우에는 실천관행이라고 번역할 것이다. 두 층위를 구분하여 저자는 각각 행위(action)와 관례(convention)라고 부르고 있다. 이는 저자 페어클럽만의 고유한 생각이 아니다. 어느 분야에서나 다음처럼 독자적인 용어를 써서 두 층위를 서로 구분을 해 주는 것이다.

학문 분야별 대표 학자	하위 층위	상위 층위
저자 페어클럽(Fairclough)	action(행위)	convention(관례)
수학자 칸토어(Cantor)	element(원소)	set(집합)
철학자 뤄쓸(Russell)	token(구현사례 차원)	type(유형 차원)
논리학자 콰인(Quine)	object(대상 차원)	meta(상위 차원)
심리학자 털빙(Tulving)	episodic memory(구체사례 기억)	semantic memory(의미 기억)

14) (역주) 영어 낱말 act와 action은 일반적으로 다음처럼 구분된다. act(단일한 행위)는 가장 단순한 하나의 행위를 가리키고, 이런 행위가 지속되는 경우에 action(지속행위)라고 부른다. 임의의 행위는 관찰자의 의도에 따라 단일한 낱개행위(act)로 서술될 수도 있고, 또한 복합행위로도 기술되어 지속행위(action)라고도 서술될 수 있다. 결코 기계적으로 단일한 낱개행위와 지속적인 복합행위를 구분할 수 있는 것은 아니다. 오직 우리가 어떻게 인식하고 서술하느냐에 따라 결정될 뿐이다. 본문의 번역에서는 이런 구분을 하지 않은 채 모두 '행위'라고 번역해 둔다. action(행위)과 관련된 유의어들의 구분은 휴윗(Hewitt, 2000; 윤인진 외 뒤침, 2001) 『자아와 사회: 상징적 상호작용주의 사회심리학』(학지사) 75쪽 이하의 역주와 뤼저(Ritzer, 2004, 제5판; 김왕배 외 뒤침, 2006) 『사회학 이론』(한올출판사) 482쪽 이하를 보기 바란다. 또한 클락(Clark, 1996; 김지홍 뒤침, 2009) 『언어사용 밑바닥에 깔린 원리』(도서출판 경진) 36쪽 이하의 각주도 참고하기 바란다.

렇지만, 이는 사회적 실천관행을 실제 있는 모습보다 더욱 엄격하게 들리도록 만들어 버린다. §.2-5에서 저자는 사회적으로 제약되는 상태가 창조적으로 되는 상태를 막아버리는 것이 아님을 논의하게 될 것이다.

저자는 담화로 된 행위인 실제 말하기 또는 글쓰기를 가리키기 위해 '담화'라는 용어를 쓰게 될 것이다(역주 8에서 언급했듯이, 이런 규정이 언어교육의 관례이지만, 저자는 1989년 초판 출간 당시의 입장에서 벗어나서 2003년 저서에서는 '담화'를 사회분석 차원으로만 규정한다). '실천'이란 용어도 동일한 방식으로 쓰일 것이다. 일반적으로 담화로 된 행위를 가리키거나 또는 특정한 사례(한 건의 담화, 그리고 비슷하게 한 건의 실천)를 가리키기 위하여 쓰일 것이다. 중의성이 빚어질 위험이 없다면 또한 하나의 관례, 즉 한 가지 담화유형(가령 경찰 심문의 담화)을 가리키기 위해서도 '담화'란 말을 쓰게 될 것이다. 그러나 의미가 불분명해질 경우에는 대신 저자는 명시적으로 '담화유형' 또는 '담화관례'라고 부를 것이다.

Think 생각해 보기 바랍니다

> 저자는 더 앞에서 심지어 가족 속에서 일어나는 친밀하고 사적인 상호작용조차 사회적으로 결정된다고 시사하였습니다. 여러분 자신의 그리고 여러분과 친한 사람들의 가장 사적이고 개인적인 담화를 생각해 보기 바랍니다. 이런 경우에도 담화가 언제나 담화관례를 함의한다는 주장에 여러분은 동의하십니까?

담화 및 실천은 다양하고 독립적인 담화 및 실천관행 유형들에 의해 제약되는 것이 아니라, 담화질서 및 사회질서처럼 '질서order'라고 부를 수 있는 상호의존적인 그물짜임들에 의해 제약된다. 두 질서 중에서 사회적 질서가 더 일반적이다. 우리는 언제나 사회 및 다양한 사회제도들을 경험하며, 그런 제도 속에서 나뉘고 구획된 채 움직여 나가는데, 상이한 행위영역과 상이한 유형의 상황 속으로 구조화되어 있고, 각각 고유하게 연합된 유형의 실천관행을 지닌다. 저자는 특정한 사회적 '공간'을 다양한 유형의 실천과 연합된 다양한 영역으로 그렇게 구조화해 놓은 것을 가리키기 위하여 '사회질서'라는 용어를 쓸 것이다. 저자가 담론질서라고 부르게 될 바는, 실제로 특히 담화 시각에서 바라본 사회질서, 다시 말하여 사회적 공간이 구조화된 그런 유형의 실천으로 바라본 사회질서가 되는데, 우연히 담화유형으로 되는 것이다. 이 점이 〈그림 2-2〉로 요약되어 있다.15)

행위의 차원	언어의 차원	수준 또는 규모
사회질서(Social order)	담론질서(Oder of discourse)	인류
실천유형(Types of practice)	담화유형(Types of discourse)	문화 공동체
실제 실천사례(Actual practice)	실제 담화각편(Actual discourse)	개인

〈그림 2-2〉 사회질서 및 담론질서

위에서 저자는 사회질서를 구조화된structured 것으로 언급하였다. 사회질서는 어떤 유형의 실천관행을 포함할지에서 차이가 날 뿐만이 아

15) (역주) 이 그림에서는 세 가지 층위가 상하로 설정되어 있다. 이는 마치 칸트(Kant, 1724~1804)의 인간정신 구현 계층을 연상시킨다. 칸트는 비록 우리가 외부세계의 본질은 알 수 없지만, 외부 자극을 받아들여 인식하는 인간정신은 유전인자에 의해 모든 사람들에게 공통적인 요소가 있다고 보아, 이를 인식범주(category)라고 불렀다. 그렇지만 이 위에 다시 문화마다 또는 공동체마다 공통된 고유한 가치가 있다. 이를 공통규범(maxim, '격률'은 잘못된 일본 용어임)이라고 불렀다. 마지막으로 개인의 체험에 따라 정해지는 부분이 있다. 이를 개인별 개념틀(schema, 쉐마/스끼마)이라고 불렀다. schema를 일본에서는 도식(그림 圖 + 공식 式)으로 부르지만, 그림도 아니고 공식도 아니며, 잘못된 용어선택일 뿐이다. 〈그림 2-2〉에서 사회질서(order)와 담론질서는 행위범주(실천이성)와 인식범주(순수이성)의 차원에 상응하며, 인간이라면 모두 이런 질서를 따르지 않을 수 없다. 이 위에 실천유형(type)과 담화유형이 있다. 이는 임의의 사회공동체에서 공유하는 가치관이다. 마지막으로 실제 사례(actual instance)가 있다. 이는 개인마다 성향에 따라 달라질 수 있는 개별적인 실천사례와 담화각편에 대응한다. 비록 이런 수준별 이름이 원문에 없더라도, 번역에서는 오른쪽에 '규모'란을 만들어 덧붙여 두었다. 인간을 진·선·미 또는 순수이성·실천이성·판단력(생각·의지·감성)의 세 영역에 대한 결합으로 간주했던 칸트와 다른 것은, 이 책의 저자가 인간을 실세계의 행위와 언어표상 차원으로 이분해 놓았다는 점이다.

니라, 또한 이 실천관행들이 서로 어떻게 관련되거나 구조화되어 있는지에 따라서도 차이가 날 것이다. 비슷하게 담화질서도 담화유형 및 담화가 구조화되는 방식 둘 모두에 따라서 차이가 날 것이다. 예를 들면, '회화conversation'를16) 다양한 사회제도들과 연합된 다양한 담화질서 중에서 하나의 담화유형으로 찾아낸다. 이것이 그 자체로 흥미롭다. 그러나 담화질서가 회화 및 다른 담화유형 사이에 있는 관련성(상보적이거나, 대립적이거나, 상호배타적이거나, 또는 어떤 관련성이든지)에 비춰서 담화질서가 어떻게 차이가 나는지를 알아보는 일은 더욱 더 흥미롭다. 예를 들면, 회화는 적법한 진행절차로서 공식적으로 무대 위에 올려지는on-stage 몫을 지니지 않겠지만, 가령 검사 및 변호사 사이에서 이뤄지는 비공식적인 거래계약에서와 같이 중요하게 무대 뒤에서 이뤄지는off-stage 몫을 지닐 수 있다. 반면에 교육현장에서 이뤄지는 회화는 교실수업이 공식적으로 교사에 의해 시작되기 이전 및 이후뿐만 아니라, 또한 해당 수업 동안 담화 속에 들어 있는 활동의 형태로서 허락된 몫을 지닐 수 있다.

특정한 방식으로 구성체 담화constituent discourses를 구조화하는 사회제도의 담론질서 이외에도, 하나의 전체로서 해당 사회의 담론질서를 언급할 수 있는데, 이는 다양한 사회제도들의 담론질서를 특정한 방식으로 구조화해 놓는다. 주어진 담론질서에서 담화들이 어떻게 구조화되는지, 그리고 시간이 지남에 따라 구조화 내용들이 얼마나 변화되는지는 해당 사회 또는 사회제도의 차원에서 권력관계가 변화됨에 따라 결정된다. 이들 차원에 있는 권력은 담론질서를 통제하는 능력을 포함한다. 그런 통제력의 한 가지 측면은 이념적인데, 담론질서들이 이념상 내적으로 조화되거나 또는 다른 사회구조적 차원

16) (역주) conversation(회화)은 'with+to turn'이라는 라틴어 어원이 'keep company with'(~와 친한 사이가 되다)는 뜻을 지녔다. converse란 동사는 자연과 혼연일체가 된 상태를 가리키는 데에도 쓰일 수 있다(converse with nature). 여기서 conversation(회화)을 '회화'로 번역하는 이유는 dialogue(두 사람 사이의 대화, 대면담)와 구분해 놓기 위해서이다. 회화(會話)라는 한자어의 뜻은 사람들이 한데 모여서 말을 주고받는다는 뜻이다.

에서 서로 간에 조화됨을 보장해 준다. 더 자세한 논의는 제3장을 보기 바란다.

이 점을 더 앞에서 소개된 경찰의 목격자 면담과 관련시켜 보기로 한다. 이는 목격자 면담의 단일한 담화유형을 이끌어내는 담화(더 정확히 말하면 임의 담화의 일부)이다. 또는 더 특정하게 말한다면, 정보수집 단계 또는 그런 담화유형의 구체적 사례episode[17] 한 가지이다. 이런 경우에 실천관례 및 실천사례, 담론유형 및 담화각편 사이에 있는 관련성은 아주 간단한 듯하며, 아주 관습적이다. 더 앞에서 저자가 주목하였던 특징들은 이런 유형에 대하여 예측 가능한 것이라는 인상을 준다. 담화유형은 하나의 사회제도로서 경찰업무와 연합되어 있는 담론질서 속의 한 원소이다. 이는 다른 업무들과 대조되는데, 가령 체포하는 담화, 용의자를 기소하는 담화이다. 이런 개별사례는 또한 목격자 면담 담화에서 다른 것들과 대조된다. 가령, 어떤 이야기의 진위를 밝히려는 심문 또는 취조이다. 비록 주어진 상황에서 어떤 담화유형이 '적합할지'를 결정하여 이용하는 일이 권력을 더 많이 가진 참여자의 특권이며, 이 경우에 경찰 면담관이지만, 그런 선택이 경찰업무의 사회질서 및 담론질서에 있는 최종적으로 확정된 위상에다 모든 참여자들을 자리 잡게 해 준다. 또한 그런 사건을 처리하는 여러 가지 절차들의 한 가지에 비춰서 참여자들을 자리매김해 주는데, 일련의 담화유형에 의해서 확정된 질서로 구성되는 것이다. 가령, 첩보(정보수집)는 심문으로 이어질 것 같고, 이는 수사 중인 안건의 기소로 귀결될 수 있는 것이다. 따라서 이와 같이 작은 담화 도막이라 하더라도 특정 담화유형뿐만 아니라 담화질서도 함의해 주는 것이다.

---

17) (역주) episode(구체적 사건의 한 가지 사례)를 일본용어를 받아들여 일화(逸話) 또는 삽화(揷話)로 번역하기도 한다. 일화는 '빼어버려도 무방한 시시한 이야기'를 뜻하고, 삽화는 '큰 이야기 속에 삽입된 작은 이야기 도막'을 가리킨다. 따라서 한자어의 뜻을 본다면 더 이상 적합한 용어가 아님을 알 수 있다. episode는 구체적인 사건의 사례 한 가지를 가리킨다. '구체사례'로 줄여 부를 수 있다.

저자는 개별 담화가 담화유형을 '이용하고[draw upon]',[18] 실천사례가 실천유형을 이용한다고 말함으로써, 양자 사이에 기계적 관련성이 있음(≒고정적임)을 시사하지 않고 피하려고 의도하고 있다. 담화에 참여할 수 있으려면 비록 우리가 반드시 관례들을 지니고 있어야 하겠지만, 담화각편이 단순히 담화유형의 실현이나 구현인 것은 아니다. 사실상 특정한 담화각편이 두 가지 또는 그 이상의 담화유형을 이용할 수도 있으며, 원론상 유형들이 결합될 수 있는 가능한 방법은 무수하다. 기계적 구현보다는, 담화는 응당 기존 자원들에 대한 창조적인 결합을 통한 확대 재생산으로 간주되어야 한다. 표준규범보다는 극단적 사례로 간주되는 경찰 목격자 면담에서처럼, 어떤 단일한 담화유형을 이용하면서도 담화각편에 대한 관례적 사례들을 지니게 된다. §.2-5 '구조 및 실천사례의 변증법'과, 제7장을 보기 바란다.

Think 생각해 보기 바랍니다

> 사회질서 및 담화질서로서 사회적 실천관행에 비춰 보아, 현재 또는 이전에 있던 여러분 자신의 업무 현장이나 학업 현장을 생각해 보십시오. 그런 실천관행들의 주요한 유형들을 목록으로 몇 가지 작성하고, 그것들이 서로 어떻게 경계가 지워질지 작업해 보십시오. 아마 상황의 종류와 참여자 종류에 따라서 그것들이 연합되어 있을 것입니다. 어느 범위까지 그것들이 담화적이며,[19] 그리고 어느 범위까지 비-담화적입니까?

---

18) (역주) 『옥스퍼드 고급 학습자 사전』에 'draw upon something'의 뜻을, 이용 가능한 어떤 도움물을 이용하는 일(to use a supply of something that is available to you)이라고 풀이하였다. 『코빌드 고급 학습자 사전』에서는 뭔가를 실행하기 위하여 자신의 기술이나 경험을 이용하다(draw upon something such as your skill or experience, you make use of it in order to do something)라고 풀이하였다. 『캐임브리지 고급 학습자 사전』에서는 뭔가를 하는 데 도움이 되도록 정보나 지식을 이용하는 것(to use information or your knowledge of something to help you do something)이라고 풀이하였다.

19) (역주) 여기서 '담화적, 비-담화적'이란 말을 소략하게 '언어적, 비-언어적'으로 고쳐 이해해도 무방하다. 가령, 어느 친구와 감정을 드러내면서 다툰 뒤에, 그런 감정을 서로 간에 아직 풀지 못한 상태에서 그 친구와 다시 만난 상황을 생각해 보자. 아마 말보다는 행동, 특히 서로 얼굴 마주보기를 피할 듯하다.

§.2-4 자본주의 사회의 계층과 권력

이 절에서는 사회구조 층위 및 제도적 층위에서 담화의 사회적 조건들에 대한 논의를 확대해 나가기로 하겠는데, 이들 층위에서 사회구조가 어떻게 담화를 결정해 나가는지를 시사해 줄 것이다. 담론질서가 구조화되는 방식, 그리고 그것들이 구체화된 이념들은[20] 특정한 사회제도 속에서 그리고 전체로서의 해당 사회 속에서 권력관계에 의해 결정된다. 그러므로 비판적 담화분석에서 관심을 쏟고 있는 사회 및 제도의 속성들에 대해 민감해질 필요가 있다. 이하에서는 매우 소략하지만 먼저 기본적으로 일부 영국사회의 구조적 특성과 경향들을 찾아내게 될 것이다. 비교 가능한 다른 자본주의 사회에서도 비슷한 특징들이 분명하다. 독자들은 제8장에서 이들 용어로 된 더 자세한 분석을 읽을 수 있다. 저자가 제시하는 영국사회에 대한 분석이 중립적인 것이 아님을 강조해야 하겠는데, 중립적인 분석이란 존재하지 않는다. 즉, 그 분석은 저자의 경험과 가치와 정치적 견해를 반영해 주는 것이다.

한 사회가 경제적 생산을 조직하는 방식과, 사회계층들[21] 사이에서 생산으로 확립된 관계의 본질은 다른 것들을 결정해 주는 근원적인 구조적 특징이다. 자본주의 사회에서 생산은 1차적으로 시장에 판매된 물건을 가리키는 '상품의 영리 이윤private profit of commodity'이다. 가령, 이는 상품 생산자들에 의한 즉석 소비재immediate consumption의 생산과 대립된다. 이런 생산의 형태가 의존하는 계층관계는, 생산수단을 소유하는 자본계층 및 생계를 위하여 자본가들에게 노동력을 팔

20) (역주) 우리가 일상적으로 쓰는 말은 '인생관'이나 '태도'이다. 물론 여기서 '이념'이 사회주의 및 자본주의 이념도 포함하고 있지만, 어떻게 상대방과 이야기를 풀어나가느냐는 한 개인의 인생관이나 태도를 반영해 줄 듯하다.

21) (역주) class(계층, 계급, 반, 부류)는 북쪽에서 '계급'이란 말을 쓰므로 일부러 이를 피하기 위해 '계층'으로 번역해 둔다. 또한 북쪽에서 계급투쟁으로 쓰는 class struggle도 불가피하게 '계급투쟁'으로 번역해야 할 대목이 아니라면 가급적 '계층갈등'으로 번역해 둔다.

아 임금을 받도록 되어 있는 노동계층이다.

그러나 다수의 많은 사람들이 이런 생산과정에 대하여 직접적으로 포함되기보다는, 다소 간접적인 경계면의 관계 속에 있는 것이 아닐까? 이는 '서비스' 산업(제3차 산업) 및 '여가' 산업(레저 산업)에서 일하는 사람들과 다양한 범주의 '전문직' 노동자 등의 수적 증가로 볼 때 참인 듯하다. 이런 사람들의 일부가 아마 소수 계층들을 구성하며, 일부(가령 전문직 노동자)가 보통 '중산층middle class' 또는 '소시민petit bourgeois' 계층에 해당할 것이다. 저자는 좀 더 느슨하게 중산층이라는 말을 쓸 것이지만, 오늘날 영국에서 노동계층이 내적으로 복합적임을 가정한다. 즉, '서비스', '여가', '전문직', 그리고 상품을 생산하는 '핵심' 노동자뿐만 아니라, 다른 집단의 노동자를 포함한다고 가정하게 될 것이다.

§.2-4-1 경제 권력·국가 권력·이념 권력

사회계층들 사이에 있는 관계는 경제생산으로부터 시작하지만, 사회의 모든 부분들에까지 확장된다. 자본계층의 권력은 또한 국가를[22] 통제하는 능력에 달려 있다. 중립적으로 '상위above' 계층으로 고정된 국가의 관점과는 반대로, 저자는 자본계층의 지배를 유지하고 노동계층을 통제하는 데 '국가'가 핵심요소라고 가정하게 될 것이다. 이런 정치권력은 전형적으로 자본가들에 의해서 행사될 뿐만 아니라, 또한 자본과 엮어진 이윤을 추구하는 다른 사람들, 가령 많은 전문직 노동자들과 자본가의 제휴에 의해서도 행사된다. 이런 제휴를 지배층dominant bloc, 지배 울타리, 지배권[23]으로 언급할 것이다.

---

22) (역주) state는 중앙정부나 주정부로도 번역될 수 있겠지만 우리나라의 경우를 고려하여 국가라고 번역해 둔다.

23) (역주) §.3-2-3(원문 53쪽 마지막 줄)에서는 지배층(지배 울타리, 지배권)을 '자본계층·중산층·전문직'으로 예시해 놓았다. 기득권층(power-holders)과 같은 말이다. 사회에서는 특정한 담론 또는 담화로 이런 울타리를 굳게 다지고 정당화시켜(나쁜 의미로 사람들

정부, 경찰 및 군대의 통제력, 행정기관civil service을 포함하는 국가 권력은 위기를 맞는 시기에 결정적이다. 그러나 자본주의 사회에서 좀 더 일반적인 생활조건은, 교육·법·종교·방송매체·가족과 같은 전범위에 걸친 사회제도가 집단적으로 그리고 점증적으로 자본계층의 지속적인 지배력을 유지하도록 보장해 준다. 이런 사회제도 속에서 권력을 쥔 사람들이 종종 자본계층과 직접적인 연결이 있는지를 살펴보면 아주 조금very little이다. 가령, 일선 학교에서 진행되는 대부분의 일에 책임을 진 지방교육청 당국·학교운영 이사school governor·수석교사들을 생각해 보기 바란다. 그럼에도 불구하고, 교육기관 및 다른 기관들에서 학생들에게 계층관계의 기존 제도에 맞추고 받아들이게 하는 방식에 대한 분석은 아주 설득력이 있다.

우리는 부분적으로 이 점을 자신들의 이익을 주로 자본주의와 묶여 있는 것으로 여기며, 해당 기관에서 권력을 쥔 사람들에 비추어 설명할 수 있다. 그러나 좀 더 중요한 인자(요인)는 '이념'이다. 심사숙고하지 않고 사람들이 이용하는 제도적인 실천관행들은 종종 직·간접적으로 기존의 권력관계를 합법화해 주는 가정들을 구체화해 준다. 보편적이고 상식적으로 보이는 실천관행들이 흔히 지배계층이나 지배권으로부터 나와서 당연시됨을 보여 줄 수 있다. 불평등한 권력관계를 유지하기 위하여 실천유형들 그리고 많은 경우에 담화유형들이 이런 방식으로 기능하는데, 이것들이 이념적으로 기능하고 있음을 언급하게 될 것이다.

한 사람의 실천사례를 보편적이며 '상식'으로 투영해 주는 힘인 이념적 권력은 경제·정치 권력에 중요한 보완물이며, 여기서 각별한 중요성을 띠는데, 담화로 실행되기 때문이다. 제1장에서 간략히 언

을 세뇌시켜) 나가는 것이다. 가령 조선조 사회에서는 서얼이나 여성들이 차별받고 살았지만, 그 차별을 부당하게 여기고서 그 사회를 뒤집어엎으려는 혁명 따위의 시도가 드물었다. 다만 그런 운명을 족쇄처럼 한스럽게 여기며 살아갔을 뿐이다. 그런데 그런 지배이념을 강화시켜 나가는 일이 중요하게 당시 사회의 담화 또는 담론을 통하여 이뤄졌던 것이다.

급하였듯이, 대체적으로 권력을 쥔 사람들이 권력을 행사하고 유지하는 데에는 두 가지 길이 있다. 신체적 폭력이나 사형이라는 최종 제재조치를 지니고서 강제적으로 다른 사람들을 자신들에게 동의하도록 만드는 것이다. 아니면, 자신들의 소유 및 권력 행사에 대하여 다른 사람들의 동의 또는 최소한 묵인을 얻어내는 것이다. 간단히 말하면 강제력coercion 또는 동의consent를 통해서 이뤄진다. 강제력 및 동의는 실질적으로 온갖 종류의 결합체로 나타난다. 국가는 필요시 강제적으로 시행하기 위해 이용될 수 있는 억제력repressive forces을 갖고 있지만, 가능하다면 지배계층에서는 동의에 의해서 규제하는 것이 덜 비싸고 덜 위험스러움을 깨닫는다. 이념은 '동의에 의한 지배'의 핵심 기제이며, 담화가 이념의 선호된 수단이므로, 이런 연관 속에서 담화는 현저한 사회적 중요성을 지닌다. 제4장에서 충분히 논의되겠지만, 이하의 논의도 참고하기 바란다.

Think 생각해 보기 바랍니다

> 사회적 통제를 유지하기 위한 강제력 및 동의, 권력과 이념 사이에 존재하는 균형점에 비춰 보아, 다시 한 번 여러분 자신의 직장이나 학교나 또는 잘 알고 있는 어떤 다른 기관을 생각해 보십시오. '동의에 의한 지배'에서 이념적으로 중요한 특정한 담화유형을 찾아낼 수 있겠습니까?[24)]

§.2-4-2 권력관계·계층관계·사회적 갈등

권력관계는 계층관계로 환원되지 않는다. 이미 살펴보았듯이 여러 기관들에서 사회적 집단들 사이에 권력관계가 존재하고, 남성과

24) (역주) 아마 신입사원이나 신입생들에게 자신들의 집단에서 지켜야 할 행동지침이나 규범들을 말로 가르쳐 주는 일들이 가장 손쉬운 사례가 될 듯하다. 신참들은 일련의 말들(≒여기서는 담화)로 전달된 그런 지침이나 규범을 동의하여 따르거나, 아니면 처벌이 두려워 강제적으로 준수하게 될 것이다.

여성 사이에, 소수민족 집단들 사이에, 젊은이와 노인 사이에 권력 관계가 존재하는데, 이것이 특정 기관들에만 한정되는 것은 아니다. 현대 자본주의를 분석하는 데에서 한 가지 문제는 계층관계와 이들 다른 유형의 관계 사이에 있는 연관을 살펴보는 방법에 있다. 한편으로, (맑스처럼) 오직 계층class, 계급의 간접적 표현으로만 간주함으로써 이들 다른 관계를 계층관계로 '환원하는 일'을 정당화해 줄 수 있는 단순하고 투명한 연관성은 이들 사이에 존재하지 않는다. 다른 한편으로, 계층관계는 사회의 본질을 정의해 주고, 이들 다른 관계를 포함하여 해당 사회의 모든 측면에 근원적이며 전반적인 영향력을 지니므로, 성별·인종 등을 단순히 계층과 동등한parallel, 평행한 것으로 간주하는 일은 받아들일 수 없다. 저자는 계층관계를 다른 관계보다 더 근원적인 지위를 지니며, 다른 관계들이 발전하는 데에 제약을 부과하는 광범위한 변수를 설정하는 인자(요인)로 간주하게 될 것이다. 논의되는 특정한 관계를 놓고서 자동적 결정요인들에 의해 범위가 좁혀져 나가는 많은 선택지들을 허용해 줄 만큼 충분히 광범위한 변수가 되는 것이다.

권력관계는 언제나 갈등(대립, 투쟁) 관계이다. 서로 다른 이익을 지닌 사회집단들이 서로 간에 관여하게 되는 과정을 가리키도록 전문적인 의미로 이 용어를 쓸 것이다. 사회갈등(사회투쟁)은 다양한 종류의 집단들 사이에서 일어난다. 남성과 여성, 백인과 흑인, 젊은이와 늙은이, 사회제도에서 지배집단과 피지배집단 등등. 그렇지만 계층사회에서 계층관계가 가장 근원적인 관계인 것처럼, 계층갈등(계급투쟁) 또한 갈등(투쟁, 대립) 중에서 가장 근원적인 형태가 된다. 계층갈등은 사회제도의 필수적이며 내재적인 속성인데, 한 계층의 이익 및 권력 극대화는 다른 계층의 착취 및 지배 극대화에 달려 있다. 사회갈등은 대체로 강렬할 수 있고, 대체로 외현적 모습으로 나타날 수 있겠지만, 모든 사회발전 및 임의의 권력행사는 사회갈등의 조건 아래 일어난다. 제3장에서 다뤄질 것인데, 이는 또한 언어에도 적용된다. 언어는 계층갈등의 현장이자 말뚝이 된다. 언어를 통하여 권력을 행사하는 사람들은 반드시 지속적으로 자신들의 입지를 방어(또는 상실)하기 위하여 다른 사람들과 갈등을 빚는 일에 관여되어 있다.

§.2-4-3 자본주의에서의 변화

자본주의는 19세기 이래 많은 변화를 겪어 왔다. 맑스Marx는 자신의 경제분석에서 생산의 집적과 독점을 향한 경향[25]을, 계속 몸집을 키우는 기업(≒집적현상)들의 계속 감소하는 수치(≒독점현상)로 찾아내었다. 이런 경향은 시간이 흐르면서 더욱 공언되었고, 이제 집중의 규모는 국제적이다. 비교적 소수의 거대 다국적 기업들이 지금 자본주의 세상에서 생산을 지배한다.

동시에 자본주의 경제영역이 점진적으로 늘어나서, 옛날에 생산과는 아주 별개의 것으로 간주되었던 생활의 여러 측면들 속으로 들어와 있다. 상품commodity이 손으로 만질 수 있는 '물건'으로부터 확대되어, 모든 종류의 만질 수 없는 것들까지 포함하게 되었다. 이제 교육강좌·휴가·건강보험·장례의식 등이 비누가루 꾸러미마냥 공개시장에서 '일괄 포장상품package'으로 거래되고 있다. 점차 더 커져가는 힘이 상품소비에 놓여 있는데, 소비주의consumerism로 요약되는 경향이다. 그 결과 거대하게 경제 및 상품시장이 특히 텔레비전 매체를 통해서 가정과 가족으로 이뤄진 '사적인' 생활을 포함하여 사람들의 인생을 침해하고 있다.

이와 더불어 같이 일어나고 있는 또 다른 경향은, 국민들을 대상으로 다양한 형태의 관료제를 통하여 증가하고 있는 국가 및 제도적

---

25) (역주) 맑스는 자유시장에서 벌어지는 경쟁이 '생산의 집적'을 낳고, 생산의 집적은 일정한 발전단계에서 독점을 야기한다고 보았다. concentration of production(생산의 집적, 생산에 집중 투자하는 일)이란, 자본가가 자신이 취득한 이윤 또는 잉여가치를 계속 생산에 재투입하여 생산규모를 늘이는 일이다.

통제이다. 한편으로, 거대 다국적 기업들의 원활한 운영을 위한 조건들을 만들어 주려고, 국가는 통화 규제·인플레이션 억제·임금 제약·시위 행위를 참여하는 노동조합의 자격 제약 등에 비춰 점점 더 중재 간섭권을 늘여오고 있다. 다른 한편으로, 국민이 복지국가로부터 얻은 이익의 반대 측면은, '공적 사회'의 개별 구성원들이 관료적 감시망에 종속되는 범위가 가파르게 증가한 것이다.

Think 생각해 보기 바랍니다

상품의 확장에 관한 다른 사례들을 찾아낼 수 있겠습니까? 특히, 언어상품이 다른 영역들로 확장된 사례들을 찾아보십시오. 가령, "좋은 생각을 여러분이 갖고 있는데, 남한테 그 생각을 팔 수 있겠습니까? 여러분이 어떻게 그 생각을 일괄 포장하든지에 상관없이, 그걸 사람들은 구매를 할까요?"

§.2-4-4 사회분석과 담화분석

이제 현대 자본주의 사회의 이런 특징들 및 담화질서의 특징들 사이에서 유용하게 탐구될 수 있을 만한 어떤 결정관계를 개략적인 용어로 제시해 나가기로 한다. 이하의 내용에서는 특히 저자가 오늘날의 영국을 염두에 두고 있다.

이념의 중요성을 저자는 다양한 사회제도들이 지배계층의 입장을 떠받쳐 주는 데 기여하는 방식으로 강조하였다. 현대사회의 특성은 계층지배를 유지하는 일에 사회제도들이 사뭇 높은 정도로 통합되어 있다고 규정된다. 따라서 사회구조적인 담론질서 속에서 제도적 담론질서들 간에는 높은 정도로 이념적 통합이 있을 것으로 기대할 수 있다. 그리고 저자는 아무나 이를 찾아낸다고 생각한다. 예를 들면, 대체로 기존의 사회구조적 관계를 직접적으로 적법하게 만드는 이념을 구체화해 주는 어떤 핵심 담론유형이 있고, 현대사회에서 아주 두드러지기 때문에 제도적인 많은 담론질서를 '이식해' 왔다. 이는 광고 담화·면담 담화·상담치료 담화들을 포함한다. 가령, 광고는 '소비자'에 대하여 적법하고 심지어 바람직한 역할을 할당해 줌으로써, 자본주의 상품조직 속에 확고히 일반대중을 심어 놓았다.

또한 앞에서 강제력에 대립하는 '동의consent'에 의해 이루어지는 이념 및 권력행사 사이의 각별한 관계를 시사하였다. 저자는 현대사회에서 점점 더 사회통제가 실행되고 있다고 생각한다. 단, 이것이 동의를 통해서 실행 가능해지는 것이다. 이는 흔히 국민을 스스로 그 일부(가령 소비자로서 또는 '주식 소유 민주주의'[26]에서 주식 소유자로서)라고 느끼게 되는 통제장치 속으로 통합해 놓는 일이다. 담화는 이념의 선호 수단이고, 따라서 동의에 의한 통제의 수단이므로, 응당 사회 통제력을 획득하는 일에 있는 담화의 역할에서 양적 변화를 기대해야 하는 것이 다음 순서일 것이다. 예를 들면, 사람들 대부분이 매일 듣는 '뉴스'의 지속적 투약[27]은 사회통제에 중요한 인자(요인)인데, 평균 한 사람이 일상담화에 참여하는 대수롭지 않은 비율을 설명해 준다. 그러나 점차 늘어나는 동의를 통한 통제 의존은, 또한 아마 또 다른 현대 담화에 대한 질적 특징의 근저에 놓여 있을 것 같다. 즉, 가식적 평등주의simulated egalitarianism를 향한 사회통제 담화의 흐름, 당국 및 권력에 대한 표면적 표지들의 제거이다. 우리는 이를 광고·교육·정부 관료제처럼 다양한 담론질서들 속에서 찾아낸다. 이 절에서 제기된 논점의 사례들 및 세부적인 논의는 다시 제8장에서 다뤄진다.

---

26) (역주) share-owning democracy(주식 소유 민주주의)는 영국에서 사회주의를 몰아내고 자유시장 원리를 만들어 내기 위해 대처 수상이 내놓았던 구호이다. 모든 것을 시장 논리에 맞춰 개혁함으로써 겉으로는 영국병이 고쳐지는 듯 보였지만, 급기야 2000년대에 전혀 예기치 못한 불경기 및 대량실업 사태를 불러왔다.

27) (역주) 지속적인 투약(constant doses)은 비유적으로 쓰였다. 뉴스를 통해서 사람들의 머리를 세뇌시켜 버린다는 뜻이다.

§.2-5 구조 및 실천관행의 변증법

담화 및 사회구조 사이의 관련성은 지금까지 저자가 시사해 놓은 한 방향의 관계가 아니다. 사회구조에 의해서 결정되는 속성뿐만이 아니라, 담화는 사회구조들 상으로 효력을 지니고, 사회 지속성 또는 사회변화에 대한 성취에도 기여한다. 권력관계 및 권력갈등에 비추어 담화가 그런 중요성을 지닌다고 가정하는 것은, 바로 담화 및 사회구조 사이의 관계가 이런 방식으로 변증법적이기 때문이다. 기관적·사회구조적 권력소유자(≒기득권자)들에 의한 담론질서의 통제는 자신들의 권력을 유지하는 데 있어서 한 가지 인자가 된다.

사회적 실천관행 및 현실세계의 관계를 좀 더 일반적으로 고려하면서 시작해 나가기로 한다. 사회적 실천관행은 단지 그 실천관행에 의존한 현실세계를 '반영해' 주는 것만이 아니다. 사회적 실천관행은 현실세계에 대한 능동적인 관계에 놓여 있으며, 현실세계를 변화시킨다. 인간들이 살고 있는 세계는 거대하게 인간적으로 창조된 우주이며, 사회적 실천관행의 경로 속에서 만들어진 세계이다. 이는 사회세계뿐만이 아니라, 또한 보통 '자연세계'라고 부르는 바에도 적용된다. 왜냐하면 인간 노동의 정수가 자연세계를 변형함으로써 사람들을 위하여 삶의 수단을 창조하는 것이기 때문이다. 사회세계에 관한 한, 사회구조는 사회적 실천관행을 결정해 줄 뿐만 아니라, 또한 그것들이 곧 사회적 실천관행의 산출물이다. 좀 더 구체적으로, 사회구조는 담화를 결정해 줄 뿐만이 아니라, 또한 담화의 산출물이

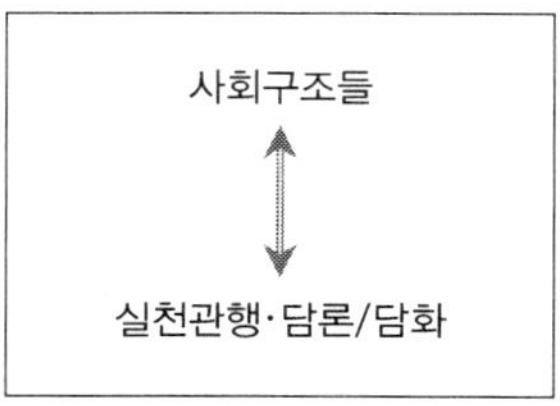

〈그림 2-3〉 사회구조 및 사회적 실천관행

된다. 이는 〈그림 2-3〉으로 표시된다.

§.2-5-1 사례: 학교에서 주체(≒관련당사자) 지위

이 주장을 사회기관의 사회구조에 대한 한 가지 사례를 언급함으로써, 좀 더 구체적으로 만들어 놓기로 한다. 학교는 사회질서 및 담론질서를 지닌다. 이는 변별적으로 '사회적 공간social space'을 담화가 생겨나는 일련의 상황(교실수업·집회·휴식시간·교사모임 등) 속으로 구조화해 주고, 관계자들이 담화에 참여하는 공식적인 일련의 '사회적 역할'(교장·교사·학생·반장 등) 속으로 구조화해 주며, 담화에 대한 일련의 공인된 목적(교수와 학습·시험 치르기·사회적 통제 유지뿐만 아니라 또한 일련의 담화유형들) 속으로 구조화해 준다. '사회적 역할'이나 또는 곧 설명되겠지만 '주체 지위subject positions, 관련당사자 지위'라고[28] 저자가 부르기를 선호하는 바에 초점을 모음으로써, 교사와 학생이 지금 하는 바what they do, 실행하는 행위가 된다고 말할 수 있는 의미가 성립된다. 교실수업의 담화유형은 교사와 학생들에 대한 주체 지위를 마련해 준다. 교사가 되고 학생이 되는 일은 오직 이들 지위에 '전념함occupying, 떠맡음'으로써 이뤄지는 것이다. 주체 지위에 전념하는 일(주체 지위를 떠맡는 일)은, 본질적으로 담화 권리 및 교사와 학생의 의무에 적합하게 특정한 일들을 실행하거나 또는 실행하지 않거나 하는 것에 관련된 사안이다. 즉, 그런 특정 담화유형 속에서 각자 무엇을 말할지 허용되고 요구되는지, 뭘 말할지 허용되지 않거나 요구되지 않는지에 대

---

28) (역주) subject라는 말은 많은 뜻을 지니고 있다(주제, 제재, 학문, 교과목, 신하, 피험자, 대상, 주체, 주어, 참여당사자, 관련당사자, 관계자 등). 저자는 특히 ① 사회적 '대상'이라는 의미와 ② 한 문장에서 행동을 하는 '주어'라는 두 가지 뜻으로 쓰고 있다. 그런데 이 두 가지 뜻을 다 담을 수 있는 우리말을 찾아내기란 어렵다. 화자와 청자 및 관련자들이 모두 포함되어야 하므로, 번역자의 생각으로는 아마 '참여당사자'나 '관련당사자'가 가장 근접한 말일 것으로 판단되지만, 좀 길다는 점이 흠이다. 일단 여기서는 '주체'라는 말로 번역해 둔다. 앞뒤 맥락에서 혹 달리 번역해야 할 경우에는 영어 낱말을 괄호 속에 나란히 표기해 둘 것이다.

한 것이다. 따라서 이는 사회구조가 담화관례의 특정한 형식으로 담화를 결정하는 경우가 된다. 그러나 또한 특정한 주체(관련당사자) 지위에 전념하면서 교사와 학생이 그 담화를 재생산하는 경우도 된다. 이들 지위가 계속 사회구조의 일부가 되는 것은, 오직 전념하게 되는 일을 통해서만 이뤄진다. 따라서 담화가 교대로 사회구조를 결정하고 재생산하는 것이다.

§.2-5-2 '주체'(the 'subject' 관련당사자)

그렇지만 저자가 막 서술해 놓은 내용은 닫힌 순환이다. 담화유형이 담화 실천사례를 결정하는데, 이것이 다시 담화유형을 재생산하는 것이다. 재생산이란 개념은 그것보다 더 복잡하며, 사회적으로 더 흥미롭고 중요하다. 그 이유를 알아보기 위하여, '사회적 역할social role'이란 말 대신에, 저자가 선택한 '주체 지위subject position, 참여당사자 또는 관련당사자의 지위'란 용어를 살펴나가기로 한다. 이미 '실천관행/실천사례practice' 및 '담화유형/담화각편discourse'이라는 중의적 용법29)을 살펴보았듯이, 주체subject, 대상, 주어, 관련당사자란 말도 비록 다른 층위에서이지만 여전히 그런 또 다른 '바람직한 중의성'을 지닌다. subject대상의 한 가

---

29) (역주) 자연언어 그 자체가 언제나 중의적이다. 실사 형태뿐만 아니라, 허사 형태도 그러하다. 이는 수학자 프레게(Frege, 1892) 「뜻과 지시체에 대하여(On Sense and Reference)」에서 처음 지적된 바 있고, 제자 카아냅(Carnap)에 의해서 각각 intension(내포의미)과 extension(외연의미)이라는 용어로 확립되었다. 또한 어린이가 언어를 습득할 때에도 동일한 절차를 밟는 것으로 밝혀졌다. 가령, 어떤 동물을 보면서 "저것은 돼지이다."라고 말하면, '돼지'는 지시체(지시대상) 또는 외연의미를 나타낸다. 그렇지만 "철수는 돼지이다."라고 말한다면, 돼지의 두드러진 속성을 이용하면서 비유적으로 쓴 것이며, 이를 내포의미라고 부른다.

그런데 본문에서 중의성이라고 부르는 것은 종류가 좀 다르다. practice와 discourse는 앞에서 보았던 〈그림 2-2〉에서 수준(규모) 사이에 있는 중의성을 가리킨다. 즉, 맥락에 따라 개체 또는 구체적 사례를 가리키거나 아니면 상위 층위 또는 범주를 가리킬 수 있는 것이다. 그렇지만 subject의 중의성은 수준(규모) 사이의 중의성이 아니다. 객체적 대상이 되거나 아니면 주체적 행위주가 되는 것이다. 따라서 비록 중의성의 종류에서 동일한 것은 아니더라도, 본문에서는 일반적으로 언어형식이 지닌 중의성을 구현하고 있다는 점을 염두에 두고서, 동일하게 하나의 유추로서 언급하고 있다.

지 의미는, 정치권력의 지배에 놓인 누군가를 가리킨다. 따라서 피동적이며 형성되는 것(≒피동적 대상)이다. 그러나 가령 문장에서 subject 주어는 흔히 능동적 존재로서 'doer 행위주, 행위주체'이며, 행위 속에 인과적으로 깃들어 있는 존재(≒능동적 존재)가 된다.

사회적 주체social subjects, 사회적 대상[30]는 이미 언급하였듯이 담화유형으로 마련된 주체 지위subject positions, 대상 지위 속에서 움직여 나가도록 제약되어 있으며, 그런 의미에서 피동적이다. 그렇지만 사회적 행동주체social agents로서 행동할 수 있도록 만들어지는 것은, 오직 그렇게 제약된 상태를 통해서일 뿐이다. 제약된 상태being constrained는 더 앞에서 언급하였듯이 가능해지는 상태being enabled에 대한 전제조건이다. 사회적 행동주체는 능동적이며 창조적이다. 일반적으로 담화(그리고 실천사례)가 기계적으로 담화유형을 구현하기보다는 오히려 변용된 담화유형을 이용한다는 저자의 주장을 상기하고, 또한 그 주장 속에서 담화가 전형적으로 담화유형들의 결합체를 이용한다는 제안을 상기하기 바란다. 담화유형이 주체들을 위한 자원이겠지만, 늘 변하는 실제 사회상황의 요구 및 모순을 충족시켜 주는 방식으로 담화유형들을 재결합하는 활동은 창조적인 것이다. 이런 효과에 대한 자세한 논의는 제7장을 참고하기 바란다.

재생산reproduction이란 용어에 대해서 설명이 덧붙여져야 하겠다. 사람들이 담화를 산출하거나 해석하는 경우라면, 언제나 산출하거나 해석하기 위하여 반드시 담론질서 및 사회구조의 다른 측면들을 이용해야 하는데, 이는 자신들의 기억자원MR 속에 내재화되어 있다. 이용되는 일을 통해서, 일반적으로 이들 구조가 담화각편 및 실천사례

---

30) (역주) 저자가 의도하는 의미를 그대로 살리려면, 사회적 '대상'으로 번역되어야 옳다. 그렇지만 우리말에서 '대상'이 또한 객체보다는 물건을 가리킬 수 있으므로, 자유의지를 지닌 객체를 가리키기 위하여 그대로 '주체'로 번역해 둔다. 같은 문장에 있는 '대상 지위'도 마찬가지로, '주체 지위'로 번역해 둔다. 이런 복잡한 혼란을 피하기 위해서, subject를 '관련당사자'로 번역할 수도 있다. 즉, '사회적 관련당사자'와 '관련당사자 지위'로 번역하는 것이다. 이럴 경우에는 본문에서 의도한 능동적 지위의 성격과 피동적 지위의 성격을 둘 모두 속뜻으로 깔아 놓을 수 없다는 것이 흠이다.

에서 항상 새롭게 창조된다. 일반적으로 이런 의미에서, 담화각편 및 실천사례는 구조의 결과물이면서 동시에 구조를 산출하는 생산자가 된다. 저자가 '재생산'으로 언급한 것은 이용되는 일을 통해서 새롭게 산출되는(재생산되는) 상태에 대한 이런 과정인 것이다. 그러나 구조도 실질적으로 아무 변화 없이 새롭게 산출될 수 있거나, 또는 앞에서 언급된 창조적인 재결합을 통해서 수정된 형태로 새롭게 산출될 수 있다. 재생산은 기본적으로 지속성을 유지하면서 보수적일 수 있거나, 또는 변화의 효과를 일으키면서 기본적으로 변형적일 수 있다.

사회적 힘(권력)들 사이에서 획득하는 권력관계 및 이들 관계가 사회갈등의 과정에서 발전하는 방식은, 담화에서 재생산의 보수적 또는 변형적[31] 속성에 대한 핵심 결정요소가 된다. 따라서 담론질서가 이념적 가정을 구체화해 주고, 이 가정들이 권력에 대한 기존 관계들을 유지하고 합법화해 줌을 제안하고 있다. 사회갈등을 통해서 권력관계에 변화가 생긴다면, 담론질서의 변형을 기대할 수 있다. 거꾸로 비교적 권력관계가 안정되게 남아 있다면, 이는 재생산에 대한 보수적 성격을 내어줄 수 있다. 그렇지만 심지어 권력관계가 비교적 안정되게 남아 있다고 하더라고, 지속적으로 변해 나가는 세계에서 스스로 새롭게 변화할 필요가 있으며, 따라서 지배적 사회집단에서라도 자신의 지위를 보존하기 위하여 담론질서의 변형이 필요할 수도 있으므로, 이것이 반드시 실제 사례가 되는 것은 아니다.

Think 생각해 보기 바랍니다

담화유형의 창조적 재결합 사례들을 찾아보기 바랍니다. 서로 다른 많은 유형들이 상품판매를 위한 수단으로 활용된다는 점에서 광고는 좋은 자원이 됩니다.

31) (역주) 저자는 보수적(conservative)이란 말을 transformatory(변형적)이란 말과 대립시켰다. 담화의 형식들이 재생산 과정에서 변형될 수 있다는 점에 초점을 모은 것이다. 그렇지만 일반적으로 정치권에서 보수적이란 말은 진보적(progressive)이란 말과 대립되어 쓰인다.

§.2-5-3 계층 재생산: 숨겨진 논제

그렇지만 한 사회 속에서 사회계층들 사이의 관계들과 같이 사회구조에 대한 좀 더 추상적이고 광범위한 측면의 경우에는 어떠할 것인가? 한편으로는 계층관계도 또한 일반적으로 담화유형(그리고 사회적 실천관행)을 결정하지만, 다른 한편으로는 담화로 재생산된다. 그러나 계층관계 및 지위가 대부분의 실천사례에서 직접적으로 표현되고 재생산되는 것은 아니다. 계층관계 및 담론 사이의 연관성은 매개 조정된 것이다. 자세히 말하여, 한 사회 속에서 사회제도들에 대한 다양한 담화유형에 의해서 매개 조정된다. 예를 들어 재생산에 비춰 보면, 교사-학생 관계 그리고 교육적 담화유형 속에 들어 있는 교사-학생 지위가 교육담론에서 직접적으로 재생산되지만, 반면에 동일한 담화가 간접적으로 교실수업 관계를 재생산한다고 말할 수 있다. 일반적인 논지는, 다른 모든 사회제도들과 더불어 교육도 명백히 외현된 교육논제들 말고도 또한 그 나름의 '숨겨진 논제hidden agenda'로서 교실수업 관계 및 더 높은 층위의 다른 사회구조에 대한 재생산 내용을 갖고 있다는 것이다.

간접적이며 '숨겨져' 있기 때문에, 좀 더 추상적인 사회구조 층위에 의해서 다양한 제도들의 담화유형(따라서 담화각편)에 대한 사회적 결정요인도, 이들 사회구조 층위에 대한 효과도, 정상적인 일들의 경로에서(≒정상적인 일들을 해 나가는 과정에서) 주체들에게 분명해지지 않는다. 프랑스 사회학자 삐에르 부르디외Pierre Bourdieu(1930~2002, 제1장의 역주 5 참고)의 표현에 따르면,

> it is because subjects do not, strictly speaking, know what they are doing that what they do has more meaning than they know
> (엄격히 말하여, 주체들이 하는 바가 자신들이 아는 것보다 더 많은 의미를 지니는 것은, 바로 자신들이 실행하고 있는 바를 알지 못하고 있기 때문이다.)

담화(그리고 일반적으로 실천)의 불투명성opacity은, 담화가 외견상으로 중요한 듯이 보이는 것보다 훨씬 그렇게 더 많은 사회적 중요성을 지니게 되는 이유를 나타내 준다. 사람들이 그렇게 하고 있음을 의식하지도 못한 채 담화로 특정한 권력관계를 합법화해 나가거나 또는 불법화해 나갈 수 있기 때문이다. 이는 또한 담화 및 실천의 본질에서 비판적 분석을 위한 근거를 나타내 준다. 즉, 사람들이 자각하지 못한 채 실행하고 있는 일들이 있는 것이다. 그리고 사람들의 자의식을 일깨워 주는 수단으로서, 비판적 분석에 대한 잠재적인 사회적 영향력을 위한 근거를 드러내 준다.

이런 주제의 견지에서, 경찰 면담 대목에 대해 한 마디만 하기로 한다. 경찰관이 되는 일 또는 경찰에서 증언하기 위하여 목격자가 되는 일은, 발췌 도막에서 이용된 경찰 첩보(정보수집) 면담의 담화에서와 같이 담화로 마련된 주체 지위에 전념하는(≒관련당사자 지위를 떠맡는) 사안이다. 그리고 경찰관 및 목격자에 대한 관습적 가면personae이 하나의 제도로서 사회구조의 일부로 재생산되는 것은, 오직 사람들이 전형적으로 이들 지위에 전념하고 있는 경우에 한해서일 뿐이다. 그러나 발췌에서 보았던 평범한 관례적인 실천사례는 또한 우리 사회의 불평등한 사회관계의 재생산에 간접적으로 기여한다. 즉, 계층을 자연스럽게 만드는 일을 통해서, 효율성에 대한 관료적 목표의 이해관계에 비춰 사람들에 대한 상투적이며 무감각한 조작manipulation을 통해서, 국가기관의 권력으로서보다는 오히려 우리 모두에 대한 도우미 및 보호자로서 경찰의 이미지를 통해서 이루어지는 것이다. 경찰관을 포함하여 그런 경찰 면담에 참여하는 사람들이 일반적으로 이렇게 재생산된 효과를 의식하지는 못할 것 같다.

Think 생각해 보기 바랍니다

> 이 절에서 저자가 말한 바의 시각에 따라서, 여러분 자신 속에서 가동시키는 사회제도(social institutions 사회기관)를 하나 생각해 보십시오. 담화로 사람들이 전념하게 되는 주요한 주체 지위(subject positions 관련된 당사자)는 어떤 것들입니까? 그런 한 가지 주체 지위에 초점을 모으십시오. 아마 흔히 여러분이 스스로 전념하게 되는 그런 지위일 것입니다. 해당 주체 지위를 구별해 주는 담화에서, 여러분이 의무적으로 실행하거나 실행하도록 허용되는 것은 무엇이며, 그렇게 허용되지 않는 것은 무엇입니까? 마지막으로, 이런 제도의 실천사례가 '숨겨진 논제'의 일부로서 계층관계와 같은 더 높은 층위의 사회구조를 어떻게 재생산할 수 있는지 생각해 보십시오.

§.2-6 요약 및 결론

제2장에서는 비판적 언어연구CLS가 응당 언어를 사회적 실천관행의 형태, 저자가 담화discourse라고 부르는 바로 개념화해 주어야 함을 제안하였고, 따라서 사회구조에 의한 담화의 결정요소 및 사회구조의 재생산을 통한 사회에 대한 담화의 효과를 둘 모두 강조해 주어야 한다고 제안하였다. 담화의 결정 및 그 효과는 둘 모두 담화의 사회적 상황에 있는 요소들뿐만이 아니라, 또한 사회구조적 층위와 사회제도적 층위에서 사회질서에 대한 담화적 측면이 되는 담론질서도 포함한다. 사람들은 일반적으로 이들 층위에서 결정내용 및 효과를 깨닫지 못하며, 따라서 비판적 언어연구CLS란 그들 자신의 담화에 대하여 불투명한 원인 및 결과를 의식하도록 도움을 주는 일이 된다.

제2장에서는 뒤에 이어지는 장들이 세워질 수 있는 토대를 깔아 놓았다. 담화를 사회적 실천관행의 특정한 형식으로 바라보는 일의 결과는, 언어연구가 마땅히 사회 조사연구의 흐름에 맞추어 더욱 긴밀해져야 한다는 점일 것이다. 제7장과 제8장에서는 담화가 사회변화의 개시·발전·강화에서 어느 부분을 맡는지 결정하려는 시각을

지니고서, 사회변화의 언어적 차원들을 탐구하게 된다. 그러나 좀 더 즉각적으로 담화·권력·이념 사이에 있는 관련성을 놓고서 살을 더 많이 붙여 놓을 필요가 있다. 저자는 이것들이 담화의 사회적 실천관행에 대한 중심에 놓여 있음을 제안하였다. 제3장과 제4장의 목표는 담화와 관련하여 각각 권력 및 이념에 초점을 모은다.

참고문헌

'담화'에 대한 몇 가지 견해들을 보려면 뵌대익(van Dijk, 1997a, 1997b), 페어클럽·워덕(Fairclough and Wodak, 1997), 브롸운·율(Brown and Yule, 1983)을 보기 바란다. '실천관행(practice), 재생산(reproduction), 주체(subject)'에 대한 개념을 보려면, 앨쑤써(Althusser, 1971)를 참고하기 바란다. 젱킨즈(Jenkins, 1996)는 '주체'와 사회적 정체성(social identity)에 대한 유용한 개론서이다. 랑그-파롤 구분은 소쉬르(Saussure 1966)에서 다뤄졌다. 소쉬르를 다룬 씨볼트(Thibault, 1997)를 보기 바란다. '기술(description), 해석(interpretation), 설명(explanation)'에 대한 구분은 페어클럽(1985)과 캔들린(Candlin 1986)을 보기 바란다. 크뤼스·뵌리우원(Kress and van Leeuwen, 1996)도 시지각 심상(visual images)에 대한 좋은 해설을 담고 있다. 오늘날 영국에서 계층 및 권력에 대한 해석은 주로 맑스주의(Marxist) 책자들을 이용하였는데, 1991년 출간이 중단된 『오늘날 맑스주의(Marxism Today)』, 맑스·엥겔스(1968), 그람씨(Gramsci, 1971)를 보기 바란다. 푸코(Foucault)는 푸코(1971)에서 '담론질서'라는 용어를 썼고, 부르디외의 인용은 부르디외(Bourdieu, 1977; 김웅권 뒤침, 2005, 『실천이성』, 동문선)에서 가져온 것이다.

제3장 담화와 권력

제3장의 목적은 권력 및 언어에 대한 관계를 놓고서 다양한 차원을 탐구하려는 것이다. 저자는 권력-언어 관계의 두 가지 주요한 측면에 초점을 모으는데, 곧

> 담화<u>로 된</u> 권력(power *<u>in</u>* discourse) 및 담화 <u>이면에 있는</u> 권력(power *<u>behind</u>* discourse)

이다. 이는 제1장의 시작 페이지에서 이뤄진 구별을 다시 끄집어낸다.

제1절 '담화로 된 권력'에서는 권력관계가 실제로 실행되고 성립되는 장소로서의 담화에 관심을 둔다. '얼굴을 마주보는' 입말 담화로 된 권력, 참여자들이 상이한 민족집단에 속하는 '이질적 문화 cross-cultural' 담화에서의 권력, 대중매체의 담론에서 '숨겨진 권력'을 다룬다.

제2절 '담론 이면에 있는 권력'에서는 초점을 옮겨, 사회제도나 사

회를 만들어 주는 사회질서의 차원에서 권력관계에 의해서 담론질서가 스스로 어떻게 형성되고 구성되는지에 대해 다루는데, 제2장에서 이미 언급된 과정이다. 이 절에서는 권력의 효과로 다음 사항들을 논의한다. 방언들을 '표준어' 및 '비-표준어'로 차별화하는 일, 특정한 담화유형과 연합된 관례, 산부인과 검진의 담론, 담론질서 속에서 담화들의 접속에 대한 제약들.

이 장의 마지막 제3절에서는 담화에 앞서 무엇이 선행하는지에 대해 아주 중요한 조건을 덧붙인다. 즉, 권력이 담화로 되어 있든지, 담화 이면에 깔려 있든지 간에, 권력은 결코 확정적으로 임의의 한 사람이나 사회집단에 의해 소유되지는 않는다. 왜냐하면 권력이 오직 사회적 갈등(사회투쟁) 속에서 그리고 갈등(투쟁)을 통해서만 성취되고 실행될 수 있으며, 또한 그런 권력이 상실될 수도 있기 때문이다.

§.3-1 담화로 된 권력

담화로 된 권력에 대한 논의를 '얼굴을 마주보는' 담화의 한 유형에서 권력의 실행에 대한 사례로 시작하기로 하겠는데, 참여자들의 지위가 불평등하며, 이를 '불평등한 만남'으로 부를 수 있다. 텍스트 §.3-1은 실습생 훈련과정의 일부로서 의사(D)와 한 집단의 실습생(S)들이 조산아premature, 미숙아 보호실을 방문한 사례로부터 가져온 인용이다. 마침표는 짧은 휴지를 나타내고, 줄표는 더 긴 휴지를 표시한다. 꺾쇠 표시는 겹쳐진 발화를 가리키고, 소괄호는 알아들을 수 없어서 받아적지 못한 부분을 가리킨다.

[텍스트 3-1] 출처: 그뤄나더Granada TV '호스페리 가로부터[1] 온 소년들' 1980년

(1) D: and let's gather round . the first of the infants – now what I want you to do is to make a basic . neo-natal examination just as Dr Mathews has to do as soon as a baby arrives in the ward . all right so you are actually going to get your hands on the infant . and look at the key points and demonstrate them to the group as you're doing it will you do that for me please . off you go

(2) S: well first of all I'm going to ┌( )

(3) D: └first. before you do that is do you wash your hands isn't it I . cos you've just been examining another baby (long silence) are you still in a are you in a position to start examining yet ( )

(4) S: just going to remove this .

(5) D: very good . it's putting it back that's the problem isn't it eh –

(6) S: come back Mum –

(7) D: that's right . OK now just get a little more room by shifting baby . er up the . thing a bit more that's very good . well now . off you go and describe what's going on

(8) S: well here's a young baby boy . who we've decided is . thirty . thirty seven weeks old now . was born . two weeks ago . um is fairly active . his er eyes are open . he's got hair on . his head ┌. his eyes are ┌open

(9) D: └yes └yes you've told me that

(10) S: um he's crying or ┌making

(11) D: └yeah we we we we've heard that now what

---

1) (역주) Horseferry street(호스페리 가)는 중부 런던 웨스터민스터 시에 있는 거리이다. '페리'는 켄터베리 대주교가 웨스터민스터 궁으로부터 렘베쓰 궁으로 건너가기 위해 테임즈 강에 세워 두었던, 자신이 소유한 페리 선박으로부터 나왔다고 한다.

other examination are you going to make I mean –

(12) S: erm we'll see if he'll respond to

(13) D: now look . did we not look at a baby with a head problem yesterday .

(14) S: right

(15) D: and might you not make one examination of the head almost at square one . before you begin .

(16) S: feel for the (   )

(17) D: now what ┌. the next most important thing .

(18) S: └er gross mogross motor ┌function

(19) D: └well now you come down to the mouth don't we .

(20) S: yes

(21) D: now what about the mouth

(1) 의사: 한데들 모여 보세요 . 첫 번째 영아 – 지금 내가 여러분들에게 실행해 보고 싶은 것은 기본적인 . 신생아 검사인데요 병동에 아기가 도착하자마자 바로 매쓔 박사가 실행해야 하는 거거든 . 좋아요 따라서 여러분이 실제로 영아 위에 손을 놓고서 . 핵심 요점들을 보면서 여러분이 실행하고 있는 것을 모둠원들이 볼 수 있도록 시범적으로 해 봐요 학생이 한 번 해 볼래요?[2] . 가서 해 봐요

(2) 학생: 그럼 먼저 제가 하려는 건 ┌(   )

(3) 의사: └먼저 . 학생이 그걸 하기 전에 할 게 손을 잘 씻었는지 확인하는 건데요 안 그래요? 나는 . 학생이 다른

---

2) (역주) 원문에는 물음표가 없지만, 번역에서는 쉽게 뜻을 알아차릴 수 있도록 물음표 '?'를 표시해 둔다. 또한 의사와 실습생들 사이이지만, 의사가 실습생들에게 '요'체로 대우하고 있는 듯이 번역해 놓았다. 인용문 번역에 경상대학교 영어교육과 M. J. 기오토(Guilloteaux) 교수의 도움을 받았다.

아기를 막 검사하였기 때문에 (긴 침묵이 흐름) 학생이 여태 어 학생이 여태 검사를 시작하려는 단계인 건가요? (   )

(4) 학생: 막 이걸 치우려고 하거든요 .

(5) 의사: 아주 좋아요 . 그걸 도로 복원해야 하는 건데 그게 문제죠 안 그래요? 에 -

(6) 학생: 아기 엄마 돌아와서 보세요 -

(7) 의사: 옳아요 . 좋습니다 이제 아기 자세를 조금 바꾸어서 공간을 만들어 봐요 . 에 위로다 올려서 그 . 조금 더 그게 좋군요 . 그럼 이제 . 학생이 가서 뭐가 진행되고 있는지 서술해 봐요

(8) 학생: 그럼 여기 어린 남자 아기가 있습니다. 우리가 결정한 게 뭐냐면 . 삼십 . 뱃속에서 삼십칠 주 지금 . 두 주 전에 . 태어났습니다 . 엄 아주 활달한데요 . 그의 어 눈이 떠져 있고 . 머리칼도 . 머리에 . 돋아 있거든요 ┌. 아기 눈이 ┌ 떠져 있고

(9) 의사: └그래요 └그래요 내게 그걸 말해 주었군요

(10) 학생: 엄 아기가 울거나 또는 ┌짓고

(11) 의사: └그래요 우리 우리 우리가 지금 그걸 들었는데 다른 어떤 검사를 학생이 실행할 건가요? 내 말뜻은 -

(12) 학생: 엄 아기가 반응을 할 것인지를 볼 건데요

(13) 의사: 지금 살펴봐요 . 어제 우리가 머리에 문제가 있는 아기를 살펴보지 않았던가요?

(14) 학생: 그렇습니다

(15) 의사: 그러고 거의 처음서부터 머리 검사를 실시하지 않겠어요? . 검사를 시작하기 전에 .

(16) 학생: 느끼기를 그 (   )

(17) 의사: 이제 뭐? ┌. 다음으로 중요한 것은 .

(18) 학생: └어 전반적-운(gross mo) 전반적 운동 ┌기능

(19) 의사: └그래요 지금 학생이 아기 입 쪽으로 내려가야죠 안 그래요? .

(20) 학생: 그렇습니다

(21) 의사: 지금 입은 어떤가요?

즉각 두드러진 한 가지 특징은 의사가 학생을 중간에서 간섭하는 횟수인데, (3, 9, 11, 13, 19)에서 꺾쇠로 표시되어 있다. (13)에는 꺾쇠 표시가 없는데, 실질적으로 발언이 서로 겹치지 않았기 때문이다. 저자가 받은 인상으로는, 때로 사람들이 그러하듯이, 의사가 단순히 그 이야기를 주도적으로 모두 하고 싶어 하기 때문에 학생들 이야기에 끼어들어 간섭하는 것은 아니다. 학생들이 기여하는 바를 통제하기 위하여 간섭하는 것으로 보인다. 해당 학생이 기대된 핵심 정보를 확실히 내어주도록 하기 위하여, 손을 씻기 전에 학생이 해당 검사를 시작하지 못하도록 멈추었고, 정보를 반복하거나 명확히 무관한 정보를 제시하지 못하도록 멈추었다.

생각해 보기 바랍니다

> 학생들의 기여내용을 놓고서 어떤 다른 방식으로 의사가 통제를 실행해 나가고 있습니까?

통제는 다음처럼 이뤄집니다. 첫째, 시작 발언기회를 보면 이 상호작용에서 학생 자신의 기여내용(≒대답)에 대한 본질을 포함하여, 무엇이 진행되어 나갈 것인지에 대한 본질이 학생들에게 알려지는 방식으로 이뤄집니다. 둘째, 발언기회 (1)과 다시 발언기회 (7)에서 부드럽게 ‘가서 해 봐요off you go’라고[3] 말하는 대목에서, 말하는 일과 검사하는 일을 언제 시작해야 하는지에 대하여 학생들이 명확히 듣게 되는 방식으로 이뤄집니다.

3) (역주) 영어에서 ‘go(가!)’라고 말하는 것은 주종관계의 명령조로 아주 강한 느낌을 주며, 청자에게 선택권이 전혀 없는 듯이 느껴진다. 그렇지만 ‘가 볼래요(off you go)’라고 말하는 것은 상대적으로 부드럽게 들리는데, 청자에게 갈지 여부를 결정할 수 있는 권한이 주어지는 느낌이 있다. 여기서는 맥락에 맞춰 ‘가서 해 봐요’로 번역하였다.

셋째, (3)에서처럼 학생들에게 자신의 행동이 어떻게 진행되어야 하는지에 대해 똑같이 명시적인 지시사항으로 이뤄집니다. 넷째, (5)에서 '아주 좋아요very good', 그리고 (7)에서 '옳아요that's right'라는 대꾸처럼, 학생의 기여내용들이 평가되는 방식으로 이뤄집니다. 이런 방식들이 긍정적으로 격려를 해 주고 있지만, 이것들은 여전히 통제 기법입니다. 만일 동등한 지위의 사람이나 권력을 더 많이 지닌 사람에게 이런 방식으로 언급되었더라면, 이는 주제넘거나 건방진 것으로 간주되었을 것입니다.

마지막 다섯 번째 방식은, 발언기회 (13, 15, 17, 19)에 있는 일련의 질문으로, 학생들이 '당황스럽게' 되는 것입니다. 전략적으로 질문이 순서를 지닌 연결체(≒질문과 대답의 인접쌍)를 구성합니다. 이는 숙달해 두지 못한 평상업무 속으로 학생을 이끌어 갑니다. 또한 각 경우마다 학생이 의무적으로 대답해야 할 바가 마침표 '.'로 표시된 휴지에 의해서 강조되는데, 짧은 순간의 휴지입니다. 휴지가 지속되는 동안에 모든 눈이 그 학생에게 쏟아지는데, 그의 책임은 질문에 대답하여 끝마쳐야 하는 것입니다!

또한 이들 질문에 이용된 문법형태들에도 주목하기 바랍니다. 발언기회 (13, 15)에서

'살펴보지 <u>않았던가요</u>?did we not'
'실시하지 <u>않겠어요</u>?might we not'

라는 부정의문(≒설의법)이 쓰였습니다. 부정의문을 쓰는 일은 때로 억양 및 다른 요인들에 따라 다음처럼 말하는 것과 같습니다.

I assume that X is the case, but you seem to be suggesting it isn't; surely it is?
(난 X가 실제경우라고 보지만, 당신은 그렇잖다고 시사하는 듯하군요. 확실히 그렇지 않은가요?)

이 경우에, 학생은 응당 X가 실제사례임을 알아야 한다. 따라서 이런 정교한 종류의 질문을 학생에게 던지는 것은, 그 학생을 우둔하게 보이도록[4] 하려는 방식입니다. 권력관계는 (17)에서 더 대담하게 축소된 표현으로 나옵니다.

now what do we do? what is the next most important thing?
(이제 우리가 뭘 해야죠? 다음으로 중요한 것이 무엇입니까?)

로부터 줄어든 모습입니다. 저자에게는 이렇게 축소된 질문형식이[5] 퉁명스럽고 쌀쌀맞게 들립니다. 마지막으로 (19)에서 담당의사는 의문문보다 '안 그래요?don't we'라는 부가의문 형식을 띤 서술문을 쓰고 있습니다. 그 효과는 자못 부정의문(≒설의법)과 동일한 것입니다.

이런 종류의 사례를 근거로 하여, 담화로 된 권력이 권력을 지닌 참여자들과 관련되며, 권력이 없는 참여자들의 기여내용을 통제하며 제약한다고 말할 수 있다. 대체적으로 세 가지 유형의 제약들을 구별해 주는 것이 유용하다.

① 내용contents 제약: 무엇이 말해지는지, 무엇이 실행되는지에 대한 제약
② 관계relations 제약: 담화로 사람들이 맺게 되는 사회적 관계에 대한 제약
③ 주체subjects, 관련당사자 제약: 사람들이 차지하여 전념할 수 있는(떠맡을 수

4) (역주) 가령, "이 멍청아, 그것도 모르니?" 정도의 속뜻을 지닌다. 번역자는 이런 강한 측면을 부정하지는 않는다. 그렇지만 다른 한편으로, 이런 측면보다 훨씬 약한 모습으로, 청자에게 확인하도록 요청하는 기능도 있을 듯하다. 우리말에서 '~지?' 또는 '~지, 안 그래?'라고 말하는 경우에, 화자가 지닌 간접적인 증거를 청자가 다시 확증해 주도록 요청하는 기능을 담을 수 있기 때문이다.

5) (역주) 일반적으로 공손한 표현일수록 언어표현이 길어진다. 수식하는 형태들이 더 많이 들어가기 때문이다. 여기서는 상대방을 존중하고 있다면 줄이지 않고 온전한 표현을 썼을 것으로 저자가 판단하고 있다. 이는 일정 부분 사실이다. 그렇다고 하여 짧을수록 언제나 모두 불손한 것은 아니다. 때로 짧은 표현일수록 둘 사이의 심리적 거리(psychological distance)가 더 짧게 느껴지는 경우도 있기 때문이다.

있는) '주체 지위'에 대한 제약

실천과정에서 '관계' 및 '주체'는 아주 긴밀히 연관되어 있으며, 세 가지 제약이 모두 겹치고 함께 동시에 발생한다. 그러나 세 가지를 구별할 수 있으면 크게 도움이 된다. 앞의 사례는 세 가지 유형의 제약을 모두 예시해 준다. 내용 제약으로 보면, 학생이 학습된 내용에 따라 신생아 검사를 실시하도록 요구받고 있다. 자신의 동료 실습생에게 전문직 관계로 그리고 해당 의사에게 종속적 관계로 일을 하면서(관계 제약임), 큰 뜻을 품은 실습생 의사로서만이 아니라 또한 학생으로서의 주체 지위를 차지하여 전념하고 있다(주체 제약임). 이들 제약은 특정한 언어형식을 함의한다.

그러나 실습생에 대한 이러한 제약들 중 일부는, 의사에 의해 실행되는 직접적인 통제를 어떤 것도 포함하지 않은 듯하다. 앞의 사례에서 가령, 명령 및 물음으로 된 지시적 화행directive speech act[6])이 모두 그 의사로부터 나온다는 점을 주목하기 바란다. 의사는 명령을 내리고 질문을 던질 권리를 지닌다. 반면에 의사와 실습생이라는 주종관계에 따라, 학생들은 오직 명령을 따르고 질문에 대답할 의무만 지니는 것으로 보인다. 그럼에도 불구하고 담당의사가 이런 측면에서 학생을 직접 통제하고 있지는 않다. 오히려 그 제약들은 현재 이용되고 있는 담화유형의 제약들로부터 도출되어 나온다. 그렇지만 간접적인 의미에서, 그 의사는 통제권을 행사하고 있다. 왜냐하면 어떤 담화유형이 적법하게 이용될지를 결정하는 일이 권력을 쥔 참여자의 특권이기 때문이다. 따라서 기여내용을 직접 제약하는 일 말고도, 권력을 쥔 참여자는 담화유형을 선택함으로써 간접적으로 관련내용을

6) (역주) 오스뜬(Austin), 그롸이스(Grice), 스뜨로슨(Strawson), 써얼(Searle)로 대표되는 옥스퍼드 일상언어 철학에서는 우리가 주고받는 화행을 크게 다섯 가지로 나누어 놓는다. ① 단정 주장 행위, ② 지시 명령 행위, ③ 언약 약속 행위, ④ 감정 표출 행위, ⑤ 선언 행위(선고 효력 행위 및 결정 행위). 자세한 것은 클락(김지홍 뒤침, 2009) 『언어사용 밑바닥에 깔린 원리』(도서출판 경진) 제5장을 보기 바란다.

제약할 수 있다. 후자 유형의 제약이 또한 자기제약self-constraint 형태임을 주목하기 바란다. 일단 임의의 담화유형이 마련된다면, 그 관례들이 권력을 쥔 이들을 포함하여 모든 참여자들에게 적용된다. 그렇지만 이는 단순화시켜 버린 것인데, 왜냐하면 권력을 더 많이 지닌 참여자들이 관례들을 더 건방진 방식으로 다룰 수 있음은 물론, 또한 다양한 정도의 범위를 권력이 없는 참여자들에게 허용하거나 아니면 허용하지 않을 수 있기 때문이다.

생각해 보기 바랍니다

> 참여자들 사이의 불평등한 권력관계에 비춰서 앞의 사례에 있는 텍스트 및 제2장에서 논의한 경찰 면담 텍스트 사이에는 분명히 유사점이 있습니다. 두 텍스트를 비교하면서, 경찰 면담관이 목격자를 '다루는' 방식과 의사가 의대 실습생들을 '다루는' 방식 사이에 있는 유사점 및 차이점을 놓고서 어떤 결론을 내릴 수 있는지 살펴보기 바랍니다.

§.3-1-1 상이한 문화적 만남에서의 권력

우리가 살펴봤던 사례에서, 그 의사에 의해 부과된 적법한 담화유형에 대한 제약들 속에서 실습생들이 일을 해 나갈 수 있다고 가정하는 것이 안전하다고 본다. 그러나 권력이 없는 사람들이 권력을 지닌 사람들과는 다른 문화적·언어적 배경을 지닌 경우에 일어나는 불평등한 만남에 대해서는 어떠할 것인가? 가령 이는 '관문에서 걸러내는gatekeeping' 만남에서 일반적이다. 구직 면접시험[7]과 같은 만남인데, 일반적으로 사회에서 지배적 문화집단에 속한 '관문에서 걸러내는 주체gatekeeper'는 아무개가 직업을 얻을지 또는 어떤 다른 가치

---

7) (역주) interview(면담)는 우리말에서 맥락에 따라 다른 말로 쓸 수 있다. 취업이나 구직을 하는 경우에는 흔히 '면접시험'이란 말을 쓴다. 제7장에서 다뤄진 대처 수상과 방송인 촬튼 사이의 interview(면담)는 우리 쪽에서 흔히 '방송 대담'이란 말을 쓰므로, '대담'으로 번역해 둔다.

있는 목표에 접속할지 여부를 결정하는 만남을 통제한다. 가령, 오늘날 영국에서 다양하게 아시아·서인도·아프리카 등지에서 온 문화적 소수민족 구성원들을 대상으로 하여, '관문에서 걸러내는' 만남에서 걸러내는 주체로서 행동하는 사람은 주로 백인 중산층이다.

담화유형과 담화질서는 문화에 따라 다양하다. 그러나 그런 '관문에서 걸러내는' 만남에서 걸러내는 주체인 백인 중산층은, 지배적 문화집단의 담화 가운데 이용될 수 있는 담화유형을 제약할 것 같다. 문화차이에 대한 민감성은 일부 사례에서는 느리지만 점차 증대되고 있다. 가령, 면접 주체(면접관)는 면접시험 응시자들이 면접을 실행해 나가는 지배적인 방식에 익숙해져 있다고 보는 경향이 있다. 따라서 면접시험 응시자들이 대답하는 내용은, 면접에서 요구되는 것을 제대로 잘 해 낼 수 있고, 이들 지배적인 관례에 따라 요구된 것을 잘 대답할 수 있을 것이라는 가정 위에서 해석된다. 따라서 만일 면접시험 응시자가 임의의 질문에 대해 빈약하거나 초라하거나 또는 무관한 답변이라고 느껴지는 바를 제시한다면, 이는 필요한 지식이나 경험을 배우지 못하여 실패한 것으로 보거나, 아니면 비협조적으로 보거나, 기타 등등으로 간주될 것 같다. 담화관례에 있는 차이점들로 말미암아 의사소통이 실패할 가능성이 거의 마음속에 떠올라 의식되는 것은 아니다. 따라서 문화적 둔감성 및 문화적 우세에 바탕을 둔 잘못된 개념화 내용으로 말미암아, 구직 자리나 가치 있는 다른 사회적 '재화goods'(≒정신노동 등의 서비스까지 포함됨)로부터 거부당할 소지가 있다.

의사소통의 실패가능성은 도처에서 풍부히 찾아진다. 예를 들어, 다음 대화 도막은 미국의 문화적 소수민족(C2) 구성원을 대상으로 하여 도서관 사서를 구하는 모의 면접시험으로부터 가져온 것이다.

[텍스트 3-2] 출처: 아키나쏘·아지로투투(Akinasso and Ajirotutu, 1982: 124)

INTERVIEWER: What about the library interests you most?

C2: What about the library in terms of the books? or the

whole building?

INTERVIEWER: Any point that you'd like to …

C2: Oh, the children's books, because I have a child, and the children … you know there's so many you know books for them to read you know, and little things that would interest them would interest me too.

면접관: 도서관에서 지원자의 흥미를 가장 많이 끄는 것이 있다면 어떤 것입니까?

지원자: 책들에 관해 살펴본 도서관은 어떨까요? 아니면 전체 건물이라든지요?

면접관: 어떤 논점이든지 지원자가 말하고픈 …

지원자: 아, 아이들 책요, 왜냐하면 제가 애가 하나인데, 그리고 애들이 … 잘 아시듯이 아주 많이 잘 아시듯이 애들이 읽을 책들이 있거든요 잘 아시듯이, 그리고 애들의 흥미를 끌 만한 작은 것들이 또 내게도 흥미를 끌 것 같거든요.

문법 및 어휘에 비춰 보면 지원자 C2의 영어가 거의 토박이 수준임에 주목하기 바란다. 이는 그 자체로 문화에 근거하여 '의사소통 실패'(≒면접시험 낙방)에 대한 생각이 비록 면접관의 마음속에 일어났다손 치더라도, (영어가 부실하여 떨어뜨린다는) 그런 생각을 어떤 것이든 물리쳐 버리는 쪽으로 이끌어 갈 것 같다. 이것이 실제로 가능한 상황이다. 지원자 C2는 면접관의 질문을 '분명한 방식the obvious way'으로 해석하는 데 실패하였다.8) 면접관은 지원자가 도서관에 있는 전문

8) (역주) 흔히 우리나라 이민자를 비롯하여 동남아 이민자들에게 공통된 지적사항이다. 이들은 면접시험을 볼 때에 임의의 질문에 대하여 단지 '예, 아니오' 정도의 답변만 한다고 알려져 있다. 즉, 면접시험에서도 축자적으로만 질문을 해석하여 대답을 하는 것이다. 이 점은 또한 번역자가 대학 입학시험 면접에서도 자주 경험하는 것인데, 응시자들이 거의 임의 질문에 축자적인 해석을 하여 그칠 뿐이며, 더 말하고 싶은 경우에는 반드시 면접관에게 허락을 받는 것이 우리의 문화적 관례인 듯하다. 면접시험의 대답은 핵심만을 간단 명료하게 말해 주어야 하며, 만약 길게 말하면 핵심을 파악하지 못하는 것으로 여길 것이다. 또한 축자적이고 직접적인 표현을 더 선호할 것이다.

그렇지만 적어도 영어권에서는 면접시험에서 질문을 던지면, 그 질문과 관련된 총체적인 배경지식을 다 말해야 할 것으로 기대한다. 따라서 도서관 사서직을 구하는 이 면접시험에서도 바람직한 답변은 사서의 임무에 대한 일반적인 배경지식을 모두 대답하기

직 업무로 해당 사서직에 임용된다면 자신이 할 수 있는 바를 모두 다 말해 주도록 요구받고 있는 것이다. 그렇지만 '분명한 방식'은 '취업 면접시험'의 특정한 문화(≒미국문화) 속에 있는 방식인 것이다. 이런 종류의 질문에 대한 답변으로, 사람들이 자신의 직업적 관심을 어떻게 자신의 가족 및 다른 관심사에 연관 짓는지를 보여 주지 말아야 한다는 내재적인 이유는 없다.

일부 문화적 차이로 말미암아 사람들이 직업 또는 다른 '재화goods'에서 거부당하는 개별 면접내용의 결과가 '의사소통 실패'로 해석되는 일이 정당화될 수도 있다. 그러나 그런 결말은, 그것이 함의함직한 것보다 더욱 정규적이고 더욱 체계적이며, 담화에서 문화적 차이뿐만 아니라 또한 피부색과 생활모습에서 비롯되는 더욱 외현적인 차이에 근거하여 있는 듯하다. 이런 관점에서 상이한 문화집단의 구성원들 사이에서 담화로 된 권력은, 특히 다수의 백인에 의한 흑인 및 아시아 소수민족 지배에서, 그리고 제도화된 인종 차별주의 지배에서, 한 가지 요인이 된다.

§.3-1-2 숨겨진 권력

지금까지 살펴본 사례는 얼굴을 마주보는 담화였다. 그렇지만 현대사회에서 담화의 적잖은 부분이 실질적으로 시공간 상 서로 떨어져 있는 참여자들을 포함한다. 일반적으로 이는 글말에서 참되게 성립한다. 그러나 이런 종류의 담화(담론) 쪽으로 급성장하는 분야가 대중매체가 되어 왔는데, 텔레비전·라디오·영화·신문 등이다.[9] 대

를 기대하고 있지만, C2는 그런 문화적 차이점을 이해하지 못한 채, 간단히 자기 경험에 대한 언급만 하고 있다. 본문에서는 이를 면접시험에서의 낙방이라는 뜻으로 '의사소통 실패(mis-communication)'라고 말하고 있다.

9) (역주) 특히 더욱 두드러진 것은 2011년부터 가능해진 '제4세대' 이동통신 매체이다. 이는 서로 얼굴을 보면서 말을 주고받을 수 있을 뿐만 아니라, 인터넷 접속도 자유로우며, 방송 또한 두 방향 소통이 가능하여 자신이 원하는 방송을 골라 볼 수 있다. 이동통신과

중매체의 담론(담화)은[10] 흥미로운데, 종종 대중매체로 이뤄진 권력관계의 본질이 분명치 않기 때문이다. 즉, 숨겨진 권력관계를 포함한다고 간주할 만한 이유가 있는 것이다.

얼굴을 마주보는 담화 및 대중매체 담론 사이에 있는 가장 분명한 차이는 대중매체 담론의 '일방성one-sidedness'이다. 얼굴을 마주보는 상호작용에서는, 참여자들이 텍스트에 대한 산출자로서의 존재 및 해석자로서의 존재 사이에서 자주 뒤바뀔 수 있다. 그러나 대중매체 담론뿐만 아니라 일반적으로 글말 담화에서는, 산출자 및 해석자 사이에 또렷한 구분이 있다. 대중매체 '산출물'이 어떤 상품성의 본질을 띠고 있으므로, 생산자 및 '소비자' 사이에 또렷한 구분이 있다.

또 다른 중요한 차이점이 있다. 얼굴을 마주보는 담화에서는 산출자가 상호작용을 하는 특정한 참여자를 위하여 자신이 기여할 내용을 마련한다. 참여자들의 수준에 맞춰서 산출자 자신이 쓰는 언어를 각색하며, 그 만남이 이뤄지는 동안에 함께 참여한 사람들로부터 얻은 다양한 종류의 '되점검 사항'들에 비춰 줄곧 가다듬어 나가게 된다. 그렇지만 대중매체 담론(담화)은 대중들을 위하여 기획되어 있다. 산출주체는 다양한 영역들에 맞춰 각색하는 일이 불가능함은 말할 것도 없고, 또한 청중 속에 누가 있는지조차 알 길이 없다. 모든 담화 산출자가 한 무리의 해석자를 염두에 두면서 산출해야 하므로, 대중매체 산출자가[11] 하는 바는 시청자이든 청취자이든 독자이든 '이상

융합된 이런 기술은 짧은 기간에 크게 도약하고 있다.

10) (역주) 담화는 자유롭고 개별적인 각편을 가리키고, 담론은 이미 확립되어 전형화된 담화유형을 가리키기로 약속했으므로(개정판 서문의 역주 6), 이하의 번역에서 대중매체와 관련하여서는 '담론'이란 용어를 써 나가기로 한다.

11) (역주) 방송에서는 producer(산출자)가 방송 프로그램을 제작하고 있으므로 '제작자'로 불린다. 신문이나 잡지의 경우는 신문이나 잡지의 편집인 또는 발행인으로 부를 수 있을 듯하다. 그리고 이미 §.2-5-1의 역주 28)에서 언급했듯이, subject는 주체도 가리킬 수 있고, 대상도 가리킬 수 있다. (양자를 포괄할 수 있는 낱말이 '관련당사자' 등이겠지만 너무 길어서 흠이다.) 그런데 여기서는 수신자 또는 청중을 언급하므로 '이상적 대상'으로 번역하는 것이 좋다. 그렇지만 앞뒤 맥락으로 '주체'를 청중 또는 수신자로 해석할 수 있으므로, 일관되게 subject를 '주체'로 번역해 둔다.

적 주체ideal subject, 이상적 청중'에게 전달하게 된다. 대중매체 담론에서는 이상적 청중을 위한 주체 지위subject position를 확립해 놓았다. 실제 시청자·청취자·독자는 이상적인 청중과의 관계를 처리하고 결정해야 한다.

그렇지만 대중매체 담론에서 권력관계의 본질은 무엇일까? 산출자가 매체제작 권한을 온전히 갖고 있다. 따라서 무엇을 포함시키고 배제할지, 사건들을 어떻게 제시할지를 결정하게 된다. 앞에서 살펴보았듯이 심지어 청중들의 주체 지위까지도 결정할 수 있다는 점에서, 소비자에 대하여 권력을 행사하고 있다고 말할 수 있다. 그렇지만 정확히 이들 '산출자'는 누구인가? 이 질문에 답하기 위하여, 특정 사례를 다루기로 한다. [텍스트 3-3]은 저자가 구독하는 신문에서 가져온 기사이다.

[텍스트 3-3] 출처: 『랭커스터 수호자Lancaster Guardian』, 1986년 9월 12일자

Quarry load-shedding problem

UNSHEETED lorries from Middlebarrow Quarry were still causing problems by shedding stones on their journey through Warton village, members of the parish council heard at their September meeting.

The council's observations have been sent to the quarry management and members are hoping to see an improvement.

채석장 짐 흘리는 문제

미들버로우 채석장에서 나오는 덮개 안 씌운 트럭들이 와튼 마을을 통과하는 동안에 여전히 돌 조각들을 길바닥에 흘리는 문제를 일으키고 있음을 지역의회 의원들이 9월 개최된 회의에서 전해 들었다.

의회 소견서가 채석장 관리자에게 발송되었다. 의원들은 개선이 이뤄질 것으로 희망하고 있다.

짤막한 이 기사 인용에서 실제로 누가 권력을 행사하고 있는가? 아마 이 기사를 쓴 신문기자일 수 있다. 그렇지만 신문기자가 편집인의 통제 아래 작업한다는 사실은 잘 알려져 있다. 따라서 아마 편집 발행인이거나, 차라리 더 막연히 일종의 집합적인 기관으로서 신문

사 그 자체일 수도 있다. 그런데 지역의회 모임의 건의사항은 단지 신문사의 건의사항인가? 그렇지 않다면, 신문사에서 아마 다른 누군가의 건의사항을 전달해 주고 있는 것은 아닐까? 만일 그러하다면, '다른 누군가'에게 일정량의 권력을 내어주고 있는 게 아닐까?

특히 뉴스 보도임을 유의하면서, 이 사례를 일반화해 가기로 한다. 대중매체의 뉴스 보도에서 '출처'로 이용되는 사람과 조직체가, 전체 인구에서 동등하게 모든 사회집단을 나타내는 것이 아님은 자못 분명하다. 정부 각 부처의 장관들은 일반 실업자들보다 더욱 두드러지고, 기업가나 노동조합 간부도 작업현장의 노동자들보다 더 비중 있다. 가령, 면담 대상으로 누가 선택될지를 생각해 보면, 사회집단의 불평등한 영향력이 비교적 분명해질 수 있다. 반면에, 보도에서 누구의 관점이 채택될지를 생각해 보면, 덜 분명하겠지만 그럼에도 불구하고 통계상으로 아주 유의미하다.[12] 가령, 만일 산업분쟁이 일관되게 '분규'나 '혼란'으로 언급된다면, 이는 경제소식 보도에서 경영자의 관점을 조직적으로 확립해 주는 것이다.

영국의 대중매체에서 '출처·관점·이념'에 대한 균형은 압도적으로 기득권층의[13] 마음에 들도록 맞춰져 있다. 이것이 실제사례가 되는 경우에는—때로 이것이 실제사례가 아닐 수도 있음—대중매체의 권력관계를 기득권층 및 대중들 사이에서 매개 조정된(media-ted[14])에 유

---

12) (역주) significant(중요하다, 유의미하다), highly significant(높은 정도로 유의미하다)는 통계학에서 쓰는 용어로서, 통계치가 현실세계의 어떤 경향을 뚜렷이 반영해 줄 경우를 가리킨다.

13) (역주) 원문은 existing power-holders(기존의 권력자, 기존의 권력 소유자 계층)는 개별적으로 한 사람 한 사람을 가리킬 때에 '기존의 권력자'라고 번역하고, 집단적으로 언급될 때에는 '기득권층'으로 번역할 것이다. 뒤의 역주 15)를 보기 바란다.

14) (역주) mediate(중간에 매개하다)의 라틴어 어원은 middle(중간)으로서 '중간에 놓인(placed in the middle)'이란 뜻을 지녔다. 이 말이 과거분사 형태로 꾸밈말로 되면 mediated(중간에서 매개된)가 된다. 저자는 우스개로 이 낱말을 media(대중매체)+ted로 재분석해 놓았는데, 매개 조정이 media(대중매체) 소유주의 구미에 의해서 조작될 수 있음을 경고해 놓기 위한 것이다. 본문에서 '매개 조정된다'는 말은 기득권층이 직접 표면으로 드러나지 않고 숨어 있는 채 다른 사람이나 기관을 통하여, 또는 그런 것들을 전면에 내세워서, 자신들의 이익을 획득해 나간다는 뜻이다. 본문의 맥락에서는 특정 사업주가 기득권층

의하기 바람!) 종류의 관계로 볼 수 있다. 이러한 매개 조정된 권력관계는 가장 근원적인 관계를 포함하는데, 계층관계the class relation이다. 결국은, 대중매체가 다시 지배계급 및 지배층15)이 지닌 권력을 표현하고 재생산하는 수단으로 전락하여 작동한다. 매개 조정된 기득권층의 권력은 또한 숨겨진 권력hidden power이다. 왜냐하면 분명한 상태로 그런 권력이 드러나는 것이 아니라, 알게 모르게 대중매체의 실천관행 속에 스며들어가 있기 때문이다.

이 경우를 앞에서 본 사례를 보면서 더욱 구체적으로 만들어 나가기로 한다. 저자가 초점을 모으려고 하는 바는 원인 속성causality이다.

> who is represented as causing what to happen
> (무엇을 일으키는 원인 제공자로서 누가 표현되어 있는가?)
> who is represented as doing what to whom
> (누구한테 무엇인가를 실행하는 자로서 누가 표현되어 있는가?)

신문기사의 제목이 던져주는 문법형식은 명사화16) 구문이다(§.5-5-4를 보기 바람). 하나의 진행과정이 마치 하나의 개체/대상물인 듯이 명사로 표현되어 있는 것이다. 이런 문법형식의 효과 한 가지는, 그 과정의 중요한 측면이 명시되지 않은 채 남겨져 있다는 점이다. 특히, 원인(≒행위주체)이 명시되지 않았다. 누가/무엇이 트럭의 짐(≒암석)

이고, 신문이나 지방의회가 매개 조정된 대리자가 된다.

15) (역주) §.3-2-3에서는 지배층(dominant bloc, 지배 울타리, 지배권)을 '자본계층·중산층·전문직'으로 예시해 놓았는데, 기득권층(power-holders)과 같은 말이다.

16) (역주) 원문을 직역하면 '채석장 짐 흘리는 문제(Quarry load-shedding problem)'이다. 그렇지만 한눈에 뜻을 알 수 있도록 '채석장의 암석 운송 때 길바닥에 돌조각들을 흘리는 문제'라는 뜻으로 풀이하여 놓았다. 어떤 언어에서도 하나의 사건은 문장으로 표현될 수도 있고, 명사 형태(명사절, 명사구, 단일 명사)로도 표현될 수 있다. 문장으로 표현된 것은 우리가 직접 체험할 수 있는 구체적인 현장의 사건을 가리키고, 우리 머릿속의 장기기억에서 구체사례(episodic) 기억과 관련되어 있다. 그렇지만 명사 형태로 표현된 것은 추상화되고 일반화되어 있는 사건을 가리키며, 장기기억 속에서 일반의미(semantic) 기억과 관련되어 있다. 김지홍(2010) 『국어 통사·의미론의 몇 측면: 논항구조 접근』(도서출판 경진)을 보기 바란다.

을 흩려놓는지, 누가/무엇이 트럭의 짐(≒암석)을 길바닥에 흩려진 상태가 되도록 하는지에 대해서 알 길이 없는 것이다.

이 보도의 첫 단락이 사태를 좀 분명하게 해 주지만, 자세한 것은 아니다. 원인이 미들버로우 채석장Middlebarrow Quarry으로부터 나온 짐칸 덮개를 안 씌운 트럭에다 돌려진다. 이는 그 자체로 또한 명시되지 않는 원인을 담고 있다. 왜냐하면 '덮개 안 씌운'이란 말은 곧 일어날 과정에 대한 실패를 함의한다. 응당 덮개를 씌워 놓았어야 했음에도 불구하고, '누군가'는 트럭의 짐칸 위에 덮개를 씌우지 않았던 것이다. 축자적으로, 무생물인 트럭이 그 문제의 원인이라고 하는 것은 받아들이기 어렵다. 달리 표현하면, 원인이 분명히 그 '누군가' 일 수 있다. 아마 채석장 관리자나 그 밑에서 일하는 사람일 것이다. 비록 이런 표현으로 언급되어 나온다 하더라도, 그럼에도 불구하고 오직 두 번째 단락에서 채석장 관리자는 의회 소견서를 받는 수취인으로서만 등장한다. 이는 다시 문책을 피하는 용어이다. (의회 소견서가 문책하고 처벌하기보다 '불만사항'만 적은 것일 개연성도 있음.)

아주 다른 관점에서 보면, 이 기사는 (그리고 비록 확신할 수는 없으나 신문기사에서 언급하는 지방의회 모임도) 원인이나 책임을 언급하지 않은 채, 결과만 제시하는 방식으로 표현되어 있다. 즉, 채석장 소유주 쪽에서 저지른 비양심적인 부실작업의 반사회적 결과로, 무엇이 사람들의 관심을 끄는지 표현하는 일에만 맞춰 조정되어 있는 듯하다. 여기서 행사되고 있는 권력은, 권력을 감추려는 권력이다. 즉, 문책되지 않은 채 반사회적으로 행동하고 있는 채석장 소유주와 그 동료들의 권력을 은폐하려는 것이다. 이것이 바로 내용을 제약하는 권력 형태이다. 사건에 대하여 특정한 해석 및 '표현법'을 선호하여 채택하였지만, 반면에 문책과 처벌을 밝혀 제시한 대안이 되는 (올바른) 표현법처럼 다른 가능성을 숫제 배제해 버리는 것이다. 이것이 숨겨진 권력의 형태이다. 왜냐하면 비록 해당 신문의 사실보도 기사처럼 표현되더라도, 선호된 해석 및 표현법은 우리 사회에서 기득권자를 위한 것이기 때문이다.

사뭇 다른 사례를 보기로 한다. [텍스트 3-4]에 있는 인용은 1982년 아르헨티나와 영국이 포클랜드 여러 섬을 놓고 싸운 '포클랜드 전쟁' 동안에 어느 신문의 1면 기사 시작부분으로부터 가져온 것이다.

[텍스트 3-4] 출처: 『데일리 매일Daily Mail』, 1982년 6월 1일자

The Paras' new leader

He'll do his job well says major's wife

THE wife of the new CO of the 2nd Parachute Battalion spoke last night of her fears for her husband's safety.

As she played in the sunshine with her four children, Jenny Keeble said she hoped her husband would not have to go into battle again.

She said: "I pray he and his men have done enough. But if they do go on I know that he is a man who will do his job to the best of his ability and I am certain he and the 2nd Parachute Battalion will succeed.

Major Christopher Keeble, a 40-year-old devout Roman Catholic, is to succeed Colonel Herbert Jones who died leading his men against an Argentine machine-gun post in the battle for Goose Green.

Yesterday Jenny Keeble's family and friends gathered around in the garden of her old vicarage home—a rambling Tudor building at Maddington on Salisbury Plain—for a picnic afternoon as she tried to maintain an air of normality for the children's sake.

Major Keeble ··· will lead the paras into battle

공수 전투단의 새 지도자

"그이는 임무를 잘 완수해 낼 거예요" 소령부인이 말한다

제2 공수 전투단 신임 대장의 부인이 어젯밤 남편의 안위에 대한 걱정을 말했다.

맑은 햇살 아래 4살 난 아이와 함께 놀면서, 제니 키이블(Jenny Keeble)은 자기 남편이 다시 전쟁터에 나가지 않았으면 좋겠다고 말했다.

이어 "저는 그이와 병사들이 임무를 잘 완수하기를 기도합니다. 하지만 부대원들이 꼭 전투에 나가야만 한다면, 그이는 자기 능력의 최대치를 발휘하며 임무를 완수해 낼 것으로 압니다. 그이와 제2 공수 전투단이 승리할 것을 확신하거든요."라고 말했다.

40세의 독실한 천주교 신자인 크뤼스토퍼 키이블(Christopher Keeble) 소령은, 1982년 5월 동 포클랜드 구스그린을 탈환하는 전투에서 부대원들을 이끌고 진격하다가 적군이 쏜 자동소총을 맞고 순직한 허어벗 조은즈(Herbert Jones) 대령의 직위를 이어받을 예정이다.

어제 오후에 아이들을 위하여 평상시 분위기를 유지하려고 애쓰면서, 제니 키이블의 가족과 친구들은 그녀의 옛 고향으로 소풍을 나섰는데, 남 잉글랜드 쏠즈베리 평원의 매딩튼(Maddington)에 있는 튜더 왕조의 쇠락한 건물로 된 사제관의 정원으로 모두들 다 모였다.

키이블 소령은 … 공수 전투단을 이끌고 전쟁터로 나갈 것이다

생각해 보기 바랍니다

제니 키이블(Jenny Keeble)은 이 기사에서 어떻게 나타납니까? 이 기사문 인용으로부터 여러분은 군장교의 부인들에 대해서 머릿속에 어떤 그림이 떠오릅니까? 기사에 실린 사진으로부터 키이블 소령에 대하여 여러분은 어떤 인상을 얻습니까? 신문 편집인에 의해 산출된 텍스트 속에 심어진 이상적 '주체 지위'를 여러분 자신이 스스로 처리 결정하고 있음을 깨닫습니까? 그런 지위는 어떤 것입니까?

제니 키이블Jenny Keeble에 대한 표현에서 논점이 되는 것은, 내용을 제약하는 또 다른 형식입니다. 그런 표현들이 점차적으로 '군인 아내', 좀 더 일반화하여 바람직한 공적 표상으로서 '군인 아내'를 전형적으로 만들어 놓으며, 따라서 사람들이 부여해 놓는 의미를 제약해 주고 있습니다. 그 과정은 깊숙이 성차별적입니다.[17] 이는 제니 키이블에게 이미 관례적으로 '좋은 아내'에 대한 정의내용으로 되는 속성을 붙여줌으로써 작동합니다. 여기서든 이 기사의 나머지 부분에서든, 제니 키이블이 '좋은 아내'이라거나 존경할 만한 사람이라고 분명하게 언급되는 대목은 전혀 없음에 주목하기 바랍니다. 그 과정은 전적으로 다음처럼 여러 속성의 목록으로부터 그 점을 추론할 수 있는 '이상적 독자'의 능력에 달려 있습니다. 즉, 그녀는 남편의 전문적 능력에 대해 확신하고, 남편의 안위에 대해 걱정을 하며, 남편이 임무를 '아주 잘' 완수하기를 '기도하고', '아이들을 위하여 평상시 분위기를 유지하려고' 애쓰고 있습니다. 그렇지만 이는 제약되고 있는 바가 본문내용뿐만이 아니라 또한 주체(≒독자) 지위이기도 함을 가리켜 줍니다. 이 과정은 사실상 앞의 목록으로부터 '올바른' 추론을 실행할 이상적인 독자를 전제로 하고 있습니다. '좋은 아내'가 어떤 사람인지에 대하여 '올바른' 관념을 지닌 독자입니다. 따라서 이와 같은 텍스트는 일반적으로 이상적 독자라는 주체 지위에 독자들이 반발하는 것이 아니라, 그대로 이끌려 들어간다면, 성차별주의를 부지불식간에 재생산합니다.

모든 사진이 똑같은 것은 아닙니다. 어떤 사진이든지 있을 수 있는 많은 영상들로부터 나온 한 장면이나 한 인물에 대한 심상을 제시해 줍니다. 이 선택은 매우 중요합니다. 왜냐하면 서로 다른 심상들이 서로 다른

---

17) (역주) 원문 sexist(성별을 차별하는 주의)를 '성차별주의'로 번역하였는데, 이는 부정적인 속뜻을 담고 있다. 우리말에서는 '차별'과 '구별'을 제대로 가려 주어야 한다. 영어로는 각각 discrimination(차별)과 difference(차이)를 쓸 수 있다. 전자는 차별이 잘못되었음을 속뜻으로 지닌다. 그렇지만 후자는 중립적이며, 성별에 따라 해야 할 일들이 나뉘어져 있음을 드러낸다. 아기를 낳는 일을 남성이 할 수 있을까? 오직 여성이라야만 가능하다. 이와 같이 본유의 차이를 인정하는 경우에 '성구별주의'라고 말할 수 있다.

의미를 전달해 주기 때문입니다. 가령, 이 사례에서 저자는 특히 소령의 눈매에 이끌려 주목하게 됨을 깨닫습니다. 그는 곧장 앞을 보고 있습니다. 다시 말하여, 자못 심각한 표정으로 평가를 하듯 독자의 얼굴을 바라보고 있는데, 입가에 약간 미소를 지으면서(아마 냉소일 듯함) 심각성이 감쇄되고 있습니다. 마지막 줄에 있는 사진 설명의 중의성에도 주목하기 바랍니다. 그 표현이 사진에서 '말하는' 바를 우리에게 나타내어 줍니까? 아니면 사진을 그런 방식으로 '해석하도록' 이끌어 갑니까? 어느 쪽이 되든지 간에, 저자가 보기에 사진 설명은 우리가 정예 전투부대 지도자에게 기대할 수 있는 모든 것을 키이블 소령이 모두 다 갖췄음을 알려 줍니다.

Think 생각해 보기 바랍니다

심상 및 낱말이 신문·텔레비전·광고게시판 등에서 상호작용하는 방식에 대하여 추가적인 어떤 사례를 살펴보기 바랍니다. 사람들에게 특정한 인상을 심어 주려는 특정 기법들을 지적해 낼 수 있겠습니까?

이런 권력을 행사하는 대중매체 담론의 숨겨진 권력, 그리고 자본계층과 기득권층의 능력은, 뉴스 보도와 다른 매체의 활동에 있는 조직적인 경향에 의존한다. 단일한 텍스트가 독자적으로는 힘이 아주 미미하다. 대중매체 권력의 효과는 점증적인데, 원인 및 행위주체 속성을 처리해 나가는 특정 방식을 반복함으로써, 특정 방식으로 독자를 자리매김해 놓음으로써, 또는 다른 여러 가지 방법으로써 작동해 나간다. 따라서 가령 독자를 자리매김하는 방법을 통하여, 바로 현대 대중매체의 엄청난 규모로 말미암아 전체인구를 비교적 등질의 산출물에 극히 높은 정도로 노출시켜 놓는 덕택에, 사회적 재생산에서 대중매체 담론은 전반적이고 강력한 영향력을 발휘할 수 있다. 그러나 주의할 필요가 있다. 사람들은 실제로 이상적 주체와의 관계를 처리하고 결정한다. 이는 이상적 주체를 가까운 관계로 삼는 일을 피하게 되거나, 심지어 이상적 주체와 철저히 투쟁하는 일에 관여함을 의미할 수 있다. 대중매체의 권력이 존재한다고 하여, 단지 그 존재로부터 기계적으로 모든 것이 뒤따라 나오는 것은 아니다.

대중매체의 숨겨진 권력은 조종될 수 있을 것인가? 이 질문에 대해 딱 잘라 명확한 답변을 해 주기는 어렵다. 때로 어떤 경우에는 그렇기도 하다. 때로 다른 경우에는 그렇지 않기도 하다. 아마 이 문제에는 대중매체 담론의 권력이 정확히 '누구로부터' 숨겨져 있는지를 물음으로써 접근할 수 있다. 그 누구가 청중들인가? 아니면, 최소한 어느 정도까지 또한 대중매체 노동자들은[18] 아닌가? 물론 대중매체 산출물이 자본계층의 이익에 따라 의식적으로 조종되는 경우들이 있다. 종종 언급되는 경우가 1926년 영국 총동맹 파업British General Strike 동안 영국 국영방송BBC[19] 라디오의 사례이다. 방송사 사장 뤼쓰Lord Rieth 경에게 계층문제가 분명해진 맥락에서 영국 국영방송BBC이 공개적으로 정부를 두둔하였다. 그렇지만 기득권층에 의하여 대중매체 권력의 행사를 촉진하는 것으로 해석될 수 있는 산출관행이, 많은 대중매체 노동자(≒신문방송인)들에게는 대중이 무엇을 원하는지에 대한 대중매체의 기술적 제약과 다른 요인들에 비춰서, 우월성에 관한 그 나름의 내적기준 및 자체적인 합리성과 더불어 전문직 실천관행으로 받아들여졌다. 실제로 대중들로부터 숨겨진 대중매체 담론의 권력을 유지하는 일에 대중매체 노동자들의 전문직 신념 및 가정은 중요하다.

권력은 또한 때때로 얼굴을 마주보는 담화에서도 숨겨진다. 가령, 종종 누군가에게 뭔가를 실행하도록 요청하는 권리가 권력 소유로

---

18) (역주) 우리나라에서는 언론노동자라는 말보다 오히려 '신문방송인'으로 부른다. 비록 넥타이 맨 노동자(white colour, 정신노동자)라는 말도 있지만, 아마 노동자라는 말이 지닌 느낌이 전문직업인과 대립된다고 여기기 때문일 듯하다.

19) (역주) BBC는 영국 방송협회(British Broadcasting Corporation)의 약자이다. 1922년 창립된 영국 방송 유한회사가, 1927년 국영 기업이자 독립 회사로 되면서 출범하였다. 현재 2만 6천 명의 직원이 일하고 있는 세계 굴지의 방송사이다.

부터 딸려 나온다는 점에서, 분명히 요청 및 권력 사이에는 긴밀한 연관성이 있다. 그렇지만 요청을 하기 위하여 이용될 수 있는 서로 문법적으로 다른 형식들이 많이 있다. 어떤 것은 직접적이고 명시적으로 권력관계를 표시해 준다. 반면에 다른 것은 간접적이며 대체로 권력관계를 암시적인 채 남겨 놓는다. 직접적인 요청은 전형적으로 문법상 명령문으로 표현된다. 가령,

① "5시까지 이 편지를 타자로 쳐 놓아요!"
(Type this letter for me by 5 o'clock!)

간접적인 요청은 대체로 간접적이며, 전형적으로 문법상 다양한 정도로 가다듬어진 물음 형태를 띠며, 상응하는 간접성으로 표현된다. 가령,

② "5시까지 이 편지를 타자로 쳐 줄 수 있겠습니까?"
(Can you type this letter for me by 5 o'clock?)
③ "5시까지 이 편지를 타자로 쳐 줄 수 있을 것으로 생각하십니까?"
(Do you think you could type this letter for me by 5 o'clock?)
④ "아마 5시까지 이 편지를 타자로 쳐 줄 수 있을지 여부를 제가 물어봐도 괜찮겠습니까?"
(Could I possibly ask you to type this letter for me by 5 o'clock?)

물론 간접적으로 요청하는 다른 방식들도 있다. 가령, 다음처럼 암시를 통해서 요청하는 것이다.

⑤ "내가 이 편지를 5시 우편물로 부칠 수 있으면 참 좋겠는데…"
(I would like to have the letter in 5 o'clock post)

기업체 사장이 자신의 여비서에게 편지를 타자로 쳐 주도록 요청하

면서, 왜 간접표현 형식을 선택해야 하는 것일까? 특히 암시 또는 더욱 공손하게 가다듬어진 의문형식이 이용된다면, 거절을 못하게 하면서 자기 뜻대로 잘 다루려는 이유 때문에 그럴 것이다. 설사 그 사장이 온종일 여비서를 압박하여 힘들게 만들었더라도, 그러한 간접적인 공손한 요청은 분노 또는 심지어 거절까지 가로막아 순순히 따르게 만들 가능성이 있다. 그러나 저자가 서술해 놓은 종류의 상황에서 덜 가다듬어진 요청(can you/will you/could you type …) 형식[20]

20) (역주) 공손한 표현은 크게 두 가지 속성에 달려 있다(클락, 1996; 김지홍 뒤침, 2009, 『언어사용 밑바닥에 깔린 원리』, 도서출판 경진, 제10장을 보기 바람). 상대방의 자율성과 자존심을 높여 주는 것이다. 자율성은 상대방에게 결정권을 넘겨주어서 그 결정 여부에 내가 따르는 것을 의미한다. 비록 이 책의 저자는 본문의 표현들을 막연히 잘 가다듬어진 표현 및 덜 가다듬어진 표현이라고 하였지만, 공손성의 원리에 따라 이들을 구별하여 다음과 같이 말할 수 있다.

본문에서의 표현 ①은 청자인 상대방에게 결정권이 주어져 있지 않다. 오직 화자인 나의 결정에만 상대방이 따라야 한다. 그러므로 자율성이 전혀 없다. 표현 ②는 상대방의 능력/가능성을 묻고 있다는 점에서, 상대방이 결정할 소지가 조금 들어 있다(여기서는 엄격히 능력보다는 가능성을 묻고 있다). 표현 ③은 상대방의 능력뿐만 아니라 고유한 판단까지 존중하여 묻고 있다는 점에서 상대방의 자율성을 크게 높여 주고 있는 것이다. 표현 ④에서는 화자인 내가 상대방에게 허락을 받는 형식을 쓰고 있다는 점에서, 나의 결정권은 없다. 즉, 상대방의 자율적 결정에 내가 따르겠다는 표현이다. 따라서 표현 ①과 정반대 쪽에 놓여 있는 셈이다. 여기까지의 표현 방식은 청자와 화자가 직무상으로 관련되어 있다는 점이 속뜻으로 깔려 있다.

직무상의 관련성은 또한 자존심을 낮추거나 높이는 힘으로도 작용한다. 표현 ①은 주종관계를 함의하므로 상대방의 자존심을 전혀 백안시하고 있다. 표현 ②는 표면적으로 가능성을 묻고 있으므로, 자존심이 낮게 고려되고 있다. 표현 ③은 가능성에 대한 상대방의 판단을 묻고 있으므로, 상대방의 자존심이 상당히 고려되고 있다. 표현 ④는 상대방에게 묻는 일조차 허락을 받고자 하므로, 상대방의 자존심이 아주 높은 정도로 고려되고 있다.

이 표현들과는 달리, 간접표현 ⑤는 편지를 타자로 쳐 주는 일에 상대방 청자가 전혀 간여하지 않더라도 아무 상관이 없으므로(직무상 아무 관련이 없으므로), 설령 상대방이 모른 척하여 응답해 주지 않더라도 비난할 수 없다. 오직 상대방이 화자인 나를 불쌍히 여겨 착한 일을 베풀어 주기를 희망할 뿐이다. 이런 점에서 상대방의 자율성과 자존심이 최고 높은 정도로 고려되고 있는 것이다.

물론 어떤 표현에든지 유표적으로 please(제발 좀 해 주세요)가 들어가면, 상대방이 내게 착한 일을 베풀어 주도록 간청하는 형식이므로(⑤와 비교됨) 위의 설명이 달라져야 한다. 즉, 영어에서 “Could/would you please…?”는 공손성 정도가 아주 높은 표현이다. ④나 ⑤와 견주어 공손성이 결코 뒤지지 않는다. 전문적으로 이를 ‘유표적 어휘’에 의한 공손표현이라고 부른다. 우리말에서도 가령, ‘진지(밥), 춘추(남의 나이), 자당/훤당(남의 어머니)’이라는 말을 쓰면, 어떤 낱말보다도 상대방을 대접하고 아주 높이는 표현으로 되는 이치와 동일하다.

이 관례적으로 자주 이용되므로, 기업체 사장 및 다른 권력자들이 체계적으로 자신의 권력에 대하여 외현적인 표시를 너무 많이 하지 않고 피하는 이유가 된다. 이는 숨겨진 권력과 사회적 갈등에 대한 관계로 우리를 안내하는데, 이는 마지막 §.3-3에서 다뤄진다.

이 절에서 저자가 제시한 사례들은 담화 속에서 발휘되고 있는 숨겨진 권력에 대한 것이었다. 그렇지만 일반적으로 권력관계에 의해서 담론질서를 형성하는 일이 사람들에게 분명치 않다는 점에서, 저자가 '담론 이면에 있는 권력'으로 부르는 바가 또한 숨겨진 권력이다. 그렇다면 이제 다음 절에서 담론의 이면으로 옮아가서 다루기에 알맞은 시점이다.

§.3-2 담론 이면에 있는 권력

'권력 이면에 있는 담화'란 생각은, 전반적인 담론의 사회질서가 권력의 숨겨진 효과로서 함께 놓여 있고 한데 묶여 있다는 것이다. 이곳에서 저자는 이것의 한 가지 차원으로부터 시작하겠다. 이미 제2장에서 언급하였던 표준화standardization로서, 표준화에 의해 특정한 사회방언이 종종 표준어 또는 심지어 '국어'21)라고까지 불리는 것으로 승격되기에 이른다. 저자는 표준영어에 초점을 모을 것이다.

---

21) (역주) 'national' language는 '국가 차원의' 또는 '국가를 배경으로 하는' 언어이다. 우리는 일제강점 때부터 '국어'라는 말을 써 왔는데, 강점 당시의 국어는 일본어를 가리켰다. 그래서 우리말을 가리키기 위해서 때로 민족어라는 말도 쓰고, 배달민족의 말이란 뜻으로 '배달말'이라 하거나, 한(韓)민족의 말이란 뜻으로 '한말'이라고도 부른다. 현재 '국어'라는 말을 자기 민족의 언어를 가리키는 고유명사로 쓰고 있는 나라는 유독 우리나라와 일본뿐이라고 알려져 있다. 대부분의 나라에서는 민족이름을 붙여서 쓴다. 중국어(한어)·영어·독일어·희랍어·이탤리 어 등이다. 한편, 식민 제국주의 이념의 정립 및 확장, 그리고 '국어'라는 개념이 어떻게 다른 민족을 지배하는 폭력성까지 지니게 되었는지를 심층적으로 다룬 이연숙(1996; 고영진·임경화 뒤침, 2006) 『국어라는 사상: 근대 일본의 언어의식』(소명출판)을 읽어보기 바란다. 또한 이연숙 외 뒤침(2005) 『언어 제국주의란 무엇인가』(돌베개)와 정선태 뒤침(2003) 『일본어의 근대』(소명출판)도 참고하기 바란다. §.2-2-1의 역주 7)도 참고 바람.

§.3-2-1 표준어

제2장에서 저자는 표준화를 마땅히 경제적·정치적·문화적 통일성에 대한 훨씬 더 넓은 과정의 일부로 간주해야 한다고 제안하였다. 영국에서 이는 봉건사회로부터 자본주의의 출현과 묶여 있었다. 자본주의 및 통일성 사이의 이런 연결점에는 경제적 토대가 깔려 있다. 상품생산이 온전히 확립되기 위해서 통일된 내수시장이 필요했던 것이다. 차례로 이는 정치적·문화적 통일성을 요구한다. 의사소통을 증진시켜 주는 일에서 표준화는 직접적인 경제적 중요성으로부터 나온다. 경제활동에 관여된 대부분의 사람들이 심지어 언제나 표준어를 쓰는 것이 아니라고 하더라도, 최소한 표준어를 이해하게 된다. 표준어는 또한 독립국가nationhood의 확립에서 큰 정치적·문화적 중요성을 지니며, 민족국가nation-state는 자본주의의 선호된 형태이다.

표준영어로 발전된 사회방언은 중세 말기에 런던에서 상인계층과 관련된 동쪽 중부지방East Middleland 방언이었다. 이는 자본주의와의 연결을 예고해 주는데, 왜냐하면 이들 봉건영지 상인들이 처음 자본주의자들로 되었고, 표준영어의 부상이 늘어나는 이 상인들의 권력과 관련되기 때문이다. 표준영어의 시작은 현재 우월한 독점적 지위와 비교해 보면 아주 얌전한 것이었다. 신흥 표준형식이 아주 소수의 장소에서 아주 소수의 사람들에 의해서 아주 소수의 목적만을 위해 이용되었다. 애초부터 표준화 작업은 글말에 영향을 끼쳤고, 오직 점진적으로 문법과 어휘 그리고 심지어 발음에 이르기까지 입말speech의 여러 측면들로 확장되기에 이르렀다.

우리는 표준어의 성장을 식민지화의(≒식민지로 확산하는) 긴 과정으로 생각할 수 있다. 이 과정에 의해서 점차적으로 주요한 사회적 제도를 '점유'하게 되었다. 라틴 어와 불어를 완전히 내몰았고, 표준어가 이용되는 목적들이 크게 넓혀지면서 결과적으로 격식 갖춘 자원으로 되었으며, 점점 더 많이 사람들에게 (언제나 광범위하게 쓰인 것은 아니더라도) 수용되기에 이르렀다. 가장 현저하고 강력한 제도인 문학·정부·행정·법·종교·교육 등과 연합됨에 따라, 표준영어는 정치적·문화적 권력의 언어로 부각되고, 정치적으로 문화적으로 강력한 언어로 떠오르기 시작하였다. 이들 제도의 성공적 식민지화(≒확산) 과정은, 봉건주의에서 자본주의로 전환되는 시기에 있었던 근대화 작업과 분리되거나 이들 제도 속에서 증가되는 신생 '중산층'인 부르주아지bourgeoisie, 부유한 시민계급의 권력과 분리될 수 없다.

표준영어는 단지 라틴 어 및 불어뿐만 아니라, 또한 다른 '비-표준' 방언들(그리고 브리튼의 다른 언어인 웰쉬 어·게일 어[22] 및 특히 제2차 세계대전 이후에는 다수의 아시아 언어들을 포함함)도 희생시켜서 발전하였다. 표준영어는 '올바른' 영어로 간주되었고, 다른 사회방언들은 정확성에서뿐만 아니라 또한 간접적으로 자본주의 사회의 신생 노동계층인 다른 화자들의 생활모습·도덕성 등에 반영된 것에 비춰 부정적으로 낙인이 찍혔다. 그들의 언어는

> 저속하고vulgar, 단정치 못하며slovenly, 미천하고low, 야만스럽다barbarous

는 등의 낙인이 찍혔던 것이다. 표준영어의 지배력 확립 및 다른 사회방언들의 예속은, 자본계층의 지배력 확립 및 노동계층의 예속에 대한 본질적인 부분이었다.

표준standard에 대한 성문화 작업codification, 법 제정[23])은 이 과정의 중요

---

22) (역주) Welsh(웰쉬 어)는 웨일즈 지방에서 말해지던 켈트 어의 하나이고, Gaelic(게일 어)도 또한 고대 아일랜드에서 말해지던 켈트 어의 하나이다.

23) (역주) 우리나라에서도 일찍이 1933년 조선어학회에서 '한글 맞춤법 통일안'을 마련하였고, 이를 토대로 정부에서 1988년 1월 19일 '한글 맞춤법'을 고시하여(문교부 고시 제88-1호) 비로소 1989년 3월 1일부터 법적으로 강제력을 지니게 되었다. 그 속에는 맞춤법뿐만 아니라 표준어 및 외래어에 대한 규정도 들어 있다. 이희승·안병희·한재영(2010) 『증보 한글 맞춤법 강의』(신구문화사)를 보기 바란다. codification(성문화 작업, 법으로 제정하기)이란 용어는 제10장에서도 나오는데, 그곳에서는 새로운 부호(≒담화질서)를 부가하는 일로 쓰인다.

한 부분이며, 규범화 작업prescription과 함께 긴밀하게 진행되었다. 이는 표준형식을 유일하게 '올바른' 것들로 지정해 놓는 일이다. 성문화 작업의 목적은 형식에서 최소한의 변이만 허용하는 일을 성취하려고 하는 것인데, 문법·사전·발음사전·철자 등에서 글말형식으로 규범화된 언어기호를 고정해 놓는 일을 통해 이뤄진다. 영국에서 성문화 작업의 정점은 18세기 후반이었다. 산업혁명 초기에 만들어진 많은 숫자의 문법책 및 사전들에 대한 대부분의 독자층은 산업자본가 및 그 가족들로부터 나왔다.

표준영어가 영국사회의 모든 계층 및 부서들에 속하는 국가차원의 언어가 되기를 (그리고 분명히 그렇게 그려지기를) 열망함에도 불구하고, 여전히 많은 측면에서 계층방언으로 남아 있다는 의미에서, 표준영어에 대하여 자가당착의[24] 요소가 있다. 영어를 쓰는 이들이 제한되어 있는데, 심지어 그들에 대해서까지도 국가 차원의 언어로서 표준영어를 주장하는 권력은, 영어를 제대로 말하지 못한다고 말하거나 '적합한' 영어를 말하지 못하는 광범위한 노동계층 사람들의 자기-비하에서 명백해진다. 반면에, 표준영어는 계층방언이다. 지배력이 앞에서 소략하게 그려 놓은 방식으로 자본계층의 이익과 연결되어 있다는 점에서뿐만 아니라, 또한 표준영어를 가장 많이 쓰도록 하며, 피에르 부르디외Bourdieu(§.2-5-3 참고)가 설파한 대로, 그것으로부터 자산asset으로서 많은 걸 얻어내는 것이 지배층(기득권층)이기 때문이기도 한다. 여기서 자산이란 말은 경제적 의미에서 자본에 유추되는 '문화적 자본cultural capital'의 한 형태로서 일컫는 것이다.

표준영어는 하나의 자산asset인데, 표준어 사용이 전국과 지역공동체에서 영향력과 권력을 지닌 좋은 직업 및 지위로 가는 통행증이기

24) (역주) 원문 schizophrenia(정신분열증)은 비유적 의미로 쓰였다. 하나의 올바른 표준영어만 고집하여 열망한다면, 전혀 변이체인 지역방언이나 사회 계층방언은 일소되었어야 한다. 그렇지만 그런 열망에도 아랑곳하지 않고, 여전히 많은 변이체들이 도처에 존재한다. 이를 정신분열증이라고 말한 것이다. 번역에서는 뜻이 자연스럽게 되도록 '자가당착'이란 말로 써 두었다.

때문이다. 이는 자연스럽게 글말 형식으로 표준영어에도 충분히 적용되지만, 또한 '용인된 발음(RP)' 형태의 사용[25]을 포함하는 입말 표준영어에도 적용된다. 대부분의 정치인·텔레비전과 라디오 기자·대학교수·고위 경영자·고급 공무원 등이 쓰는 발음유형이며, 이 점이 정확히 저자가 강조하는 논점이다!

앞에서 이미 한두 가지 논점으로 시사하였듯이, 사람들이 일반적으로 표준어의 지배력을 인정하여 받아들이겠지만, 이는 사람들이 언제나 표준어를 씀을 의미하거나 또는 사실상 '용인된 발음'이라는 용어의 온전한 뜻으로 수용함을 의미하지는 않는다. 실제로 다른 사회방언의 화자들뿐만 아니라 또한 현대 다중언어 사회인 영국에서 다른 언어 화자들로부터 꼿꼿한 저항을 받게 된다. §.3-3을 보기 바란다. 이는 그 자체로 저자가 이미 언급한 '자가당착'이 사람들에 의해 감지됨을 나타낸다. 반대상황(≒유일한 표준화)에 대한 주장에도 아랑곳하지 않고, 사람들은 표준어가 다른 누군가의 언어일 뿐, 자신들의 언어가 아님을 알고 있는 것이다. 그렇지만 사람들이 표준화 작업에 대한 권력의 토대를 자각하고 있음을 의미하는 것은 아니다. 어떤 의미에서 사람들은 표준어가 지배층에[26] 속함을 알 수 있겠지만, 언어 및 사회방언[27] 사이에 관계와 서열을 표현하고 정의해 주

---

25) (역주) 영국에서는 Received Pronunciation(용인된 발음)이란 개념이 표준어를 가리킨다. 영국사람들은 지역방언들뿐만 아니라 사회 계층방언에도 매우 민감하게 의식하고 반응한다. 가령 카크니(cockney)로 불리는 노동계층의 말씨는 먼저 발음과 어조로 쉽게 구분된다. 아마 이런 이유 때문에 '발음'을 대표적으로 드러내어 용어를 만든 것으로 보인다. 작은 식품가게의 딸로 태어나서 여성으로서 첫 영국 수상까지 된 대처도 자신의 발음과 어조를 고치기 위하여 따로 선생을 고용했다고 전해진다.

26) (역주) §.3-2-3에서 지배층(dominant bloc, 지배 울타리, 지배권)을 '자본계층·중산층·전문직'으로 예시해 놓았는데, 기득권층(power-holders)과 같은 말이다.

27) (역주) social dialect(사회방언)는 한 사회 내부에서 서로 다른 계층들이 서로 구별되는 언어표현을 쓸 수 있는데, 이러한 계층들 사이의 변이체를 가리키는 말이다. 흔히 이를 계층방언이라고 부른다. 가령, 미국 사회에서는 한 사회 내부에서도 노동계층과 중산층이 쓰는 말투가 다르고, 백인과 흑인과 남미이주민들이 쓰는 말투가 서로 다르다. 옛날 우리나라 사회에서도 계층 간에 서로 말투가 달랐었지만, 오늘날에는 거의 의식되지 않는다. 대신 오직 지역방언만이 두드러지게 나타날 뿐이다.

기 위한 지배층의 책임은 일반적으로 숨겨져 있다.

생각해 보기 바랍니다

요즈음 라디오나 텔레비전에서 비표준어인 사회 계층방언을 아주 자주 듣게 되지만, 저자가 받은 인상은 어떤 핵심적인 방송 역할은 여전히 표준어 입말 형식에만 국한되어 있습니다. '용인된 발음'(줄여서 RP)이 아닌 다른 악센트에 귀를 기울여 보십시오. 가령 신문독자·면접관·방송인·면접응시생·예능인 등에서와 같이, 비표준어 화자들이 주로 어떤 '능력'을 지닌 인물로 나타납니까?[28] 가령 뉴스·코미디 쇼·문답·실화 등에서와 같이, 비표준어 화자들이 특정한 종류의 프로그램에 국한되어 나타나는 경향이 있습니까? 비표준어 화자를 특징 짓지 않는 모종의 능력과 프로그램 유형이 있습니까? 텔레비전 광고에서는 어떠합니까? 광고들에서는 비표준어 화자들에게 열려 있는 특정한 역할이 있습니까?

§.3-2-2 담화 이면의 권력: 담화유형

여전히 '담화 이면에 있는 권력'을 언급하면서도, 이제 초점을 조금 바꾸어서 특정한 권력관계를 구체화해 놓는 관례들을 지닌 '권력효과'로서 특정한 담화유형을 살펴보기로 한다. 저자가 뽑은 사례는 의료검진 담화이며, 더 구체적으로 산부인과 검진 담화이다. 특히 의료진 및 환자가 담화유형의 관례를 이용하여 서로간의 관계로서 지위가 어떻게 정해지는지에 초점을 맞추고, 이런 지위설정이 관례에 관해서, 따라서 의료진뿐만 아니라 또한 환자에 관해서, 어떻게 의료기관을 지배하는 사람들의 권력효과로 간주될 수 있는지에 초점을 맞춘다.

산부인과 진료의 설명에 따르면, 참여자들은 모순되는 압력을 받

28) (역주) 우리나라 예를 보면, 텔레비전의 예능인 중에서 경상도 출신인 이경규·강호동 등이 있는데, 방송 도중에 스스로 사투리인지 아닌지 여부를 공공연히 의식하면서 상대방의 발언까지 고쳐 주려는 경우를 볼 수 있다. 또한 1980년대까지만 하더라도, 방송극 중에서 조연으로 나오는 사람(식모나 불량자 따위)은 특정 사투리를 쓰는 것으로 정형화되어 있었다.

게 된다. 여성환자의 몸에 관심을 갖는 것이 의료적인 것이며 성적인 것이 아님을 확실히 해 주기 위하여, 의료진은 환자를 의료검진의 대상물로서 무심히 초연한 방식으로 다뤄야 함을 느낀다. 그럼에도 동시에 또한 여성환자를 의료검진의 대상물로 취급하는 무례함을 없애버리고, 친분 없는 다른 사람에게 자신의 성기를 보여주는 난처한 금기 때문에 느낄 수 있는 부끄러움을 극복할 수 있도록 하기 위해서, 반드시 여성환자를 예민하게 인격체로서 대접해야 함을 느낀다. 이런 모순스런 압력이 담화유형에 대한 관례에서 분명해진다.

예를 들어, 산부인과 검진현장에 대한 제약은 그 만남이 실제로 의료적인 것이며, 가령 성적인 것이 아님을 보증하는 데에 주된 중요성을 띤다. 그런 검진이 적법하게 병원이나 진찰실 같이 오직 '의료 공간'에서만 시행될 수 있다. 이는 그 만남을 적법하게 하는 데 도움을 주는 전체범위의 의료설비가 있는 현장임을 함의한다. 또한 참여할 수 있는 주체subjects, 관련당사자들에 대한 제약도 있다. 의사·간호원·환자와 같이 제한적인 일련의 적법한 주체 지위가 있고, 누가 그런 지위를 맡을 수 있는지에 대한 엄격한 제약이 있다. 그 만남이 의료적으로 정의되도록 하는 데에 관련현장의 속성을 강화해 주는 복장의 모습 및 '처신demeanour'에 대한 필요조건이 있다. 주제에 대한 제약도 있다. 신체기능과 성교경험에 대하여 의료진으로부터 나온 질문들은 반드시 엄격히 현안이 되는 의료상의 문제에 관련되어야만 한다. 다른 곳에서 한 개인의 성생활에 대한 일반적 논의로 옮겨갈 수 있도록 허용될 만한 종류의 주제로 발전되는 일은 결코 용납되지 않는 것이다.

산부인과 검진을 구성하는 활동연결체는 표준절차를 따르면서 고도로 정형화되어 있다. 이런 정형적 속성은 또한 의료진이 여성환자와 관련되는 방식들에 대한 언어적 및 비언어적 측면들에까지 확장된다. 의료진은 환자를 응시하는 성격에서 초연함을 보여 준다. 여성환자의 몸을 예술적 심미안으로 평가하는 방식이 아니라, 전문직 업무로 살펴보는 의료진단의 방식이다. 이는 또한 의사에 의해 여성환자의 몸을 신속히 효율적으로 처리하는 일로 이뤄지고, 여성환자에 대한 질문 및 요구로도 이뤄진다. 가령, 구체적으로 '당신의 질your vagina'이라고 언급하지 않고, 일반화하여 그냥 '질the vagina'이라고 언급함으로써, 여성환자의 성기를 개인의 것으로 표현하지 않는다.

그러나 앞에서 언급된 압력에 따라, 초연함을 예민함과 더불어 균형을 맞추기 위한 의료진의 노력은 또한 그들의 담화 속에서도 명백해진다. 종종 여성환자를 부끄럽게 할 만한 용어를 피하여 쓰지 않도록 한다. 가령,

> Did you wash between your legs?
> (다리 사이(≒성기)를 씻어 주었습니까?)

처럼 완곡어법을 쓰거나, 다음처럼 상황중심의 지시표현deictic을 택하게 된다.

> When did you first notice difficulty down below?
> (언제 처음 더 아래쪽(≒성기)에 불편함을 느끼셨습니까?)

의사는 부드럽고 감미로운 목소리로

> Now relax as much as you can
> (이제 될 수 있는 대로 편안하게 생각하십시오!)
> I'll be as gentle as I can
> (제가 될 수 있는 대로 아프지 않게 할 게요!)

와 같이 말하는 경우에, 여성환자가 편안하게 마음을 놓도록 북돋는다. 이는 그 검진을 인간으로 대접하여 '인격화'해 주는 것이다. 일부

환자가 사실상 개인별 처치를 받고 있다는 인상을 지니지만, 그럼에도 불구하고 앞 단락에서 언급한 것만큼 이것들이 훨씬 정형화된 기제임을 강조하는 것이 중요하다.

지금까지 주로 의료진이 지위를 부여받는 방식을 언급해 왔지만, 다음의 요약에서 나타내 주듯이 환자들에 대해서도 똑같은 내용이 성립한다. 이는 의료진의 생각에, 산부인과 검진에서 여성환자들이 어떻게 행동해야 하는지를 보여 준다(Emerson, 1970).

> "환자의 목소리는 온화하게 호감 있고 자신 있으며 비개인적(≒공적)으로 통제되어야 한다. 환자의 얼굴표정은 마치 진료실에서 완전한 복장을 갖추고 의자에 좌정해 있는 의사에게 말을 건네는 듯이, 온화하게 호감 있고 상냥한 쪽으로 이끌어 가면서, 응당 주의 깊고 중립적이어야 한다. 환자는 주의를 기울이면서 진료실에 있는 천장이나 다른 사람을 향해 위쪽으로 응시해야 하고, 꿈꾸거나 딴 데 눈길을 돌리지 않고 눈을 떠야 하겠지만, 특정한 말을 주고받기 위하여 순식간에 의사의 얼굴을 도로 쳐다보는 데 준비가 되어 있어야 한다. 그렇지만 그런 말 주고받기를 제외한다면, 환자는 실제로 검진이 이뤄지는 동안에 의사의 눈을 빤히 쳐다보는 일을 피하도록 요구된다. 왜냐하면 이번 경우에 둘 사이에 직접적인 눈 마주침은 도발적인 성적 자극으로 해석되기 때문이다. 환자의 역할은 수동적이며 먼저 나서지 않도록 요구된다. 기꺼이 통제권을 포기하고 의사에게 넘김을 보여 주어야 한다. 환자는 응당 길게 말을 하지 않도록 하고, 의사에게 긴 답변을 요구할 만한 질문을 해서도 안 된다."

Think 생각해 보기 바랍니다

> 여러분은 산부인과 검진과 비슷하게 행동하도록 기대된 처지를 한 번이라도 경험해 본 일이 있습니까? 그런 기대들이 여러분에게 어떤 방식으로 전달되었습니까? 어찌했든지 간에, 남성 독자들이 한 번이라도 이런 방식처럼 스스로 '자아를 버리도록' 요구받았다고 느껴본 적이 있습니까? 이들 기대가 전적으로 그 사례의 본질에 의해서 동기가 마련되었습니까, 아니면 환자의 성별(≒여성)과 관련되어 동기가 마련되었습니까?

이제 가시적인 모습으로 권력을 갖고 와서 다루기로 한다. 의료진들은, 특히 의사들은, 관례대로 이런 담화유형에 근거한 만남 속에서 환자를 상대로 하여 (의사들의 경우에는 다른 의료진들을 상대로 하여) 권력을 행사한다. 이는 그 만남을 통제하는 권한을 의료진, 특히 의사에게 돌려놓는다. 환자들에게 부과되고 따라서 특정하게 제약된 방식으로 행동하는 주체 지위를 떠맡도록 다양한 방식으로 압력을 가한다는 의미에서, 환자들에게 의료진은 그러한 권력의 일부로서 해당 담화유형을 부과할 것 같다. 이것이 담화로 된 권력의 측면이지만, 여기서 저자가 관심을 갖는 것은 담화 이면에 깔려 있는 권력이다. 즉, 분명히 의료제도나 의료체계 그 자체에 의해서 이런 속성을 지닌 담화유형이 의료진뿐만 아니라 환자들에게 이르기까지 관계된 모든 사람들에게 부과되기에 이르는 권력효과the power effect인 것이다.

그러나 담화유형의 관례 이면에 깔려 있는 권력은, 제도 그 자체(제도가 무엇을 의미하든지 상관없이)에 주어지는 것이 아니라, 그 제도 속에 있는 권력자에게 주어진다. 이에 대한 한 가지 증거가, 관례를 어긴 이에게 어떤 제재가 취해질지를 보여 주는 부정적 의미에서, 그리고 관례를 준수한 이에게 어떤 칭찬이 있을지에 대한 긍정적 의미에서, 참여자들이 강제적으로 따라야 하는 방식인 관례에 대한 유지방식policing이다. 관례 유지방식은 다양한 수준에서 제도적으로 권력자의 손안에 있다. 따라서 의료검진의 경우에 환자와 접촉하게 되는 사람은 주로 의료진 및 의료진에 관련된 권력자들이며, 관례들로

써 환자들에게 협력하여 따를 것을 요구한다. 반면에 의료진 스스로는 제도상으로 가령, 사람을 훈련시키는 절차를 통하거나, 직업상의 의료과실을 처리하는 절차를 통하거나, 승진 등을 통해서 더 높은 계층에 있는 사람들에 의해서 복종을 요구받는다.

담화 이면의 권력을 지닌 사람들에 의해 관례들이 형성되는 방식을 고려하는 일은, 그런 것이 이념을 통해서 이뤄지기 때문에 우리를 제4장의 관심거리로 데려간다. 앞의 사례에서 서로간의 관계로 의료진 및 환자를 지위를 정해 주는 관례들은, 사회제도로서 의술에 대한 지배적 이념, 다시 말하여 의술을 통제하는 사람들의 이념을 구체화해 주는 일로 간주될 수 있다. 의사가 어떤 사람이고, 간호원이 어떤 사람이며, 환자가 어떤 사람이고, 환자에 대한 '전문적' 행위를 구성하는 것이 무엇인지 등은, 분명히 모두 논란거리로서 열려 있는 사안이다. 산부인과 검진에서 의료진 및 환자 지위를 정해 놓는 관례들은 지배적인 이념이 이들 질문에 대답하는 방식 속에 전제로 깔려 있다. 이것이 어떻게 이뤄지는지는 제4장에서 다루게 된다.

그러나 이들 관례가 담화 이면에 있는 권력효과가 된다는 의미는 거기에서만 그치는 것이 아니다. (제도적 관점보다) 사회구조적 담론질서의 관점에서 보면, 동일한 관례가 서로간의 관계에서 '전문가' 및 '고객'이 다양한 제도적 환경 및 담화유형으로 지위를 부여받는 방식으로 일반경향에 대한 특정사례로 간주될 수도 있다. 제도 속에서 어떤 공식적 지위를 지닌 사람('전문가'에 해당함)이 '대중'('고객'에 해당함)을 접촉하게 되는 것이다. 의료진에게 환자를 한편으로 초연하게 '의료 기술적 대상물'로서 취급해야 하고, 동시에 다른 한편으로 환자를 예민하게 인간으로 대접해야 하는 모순된 압력이, 비록 그런 특이한 환경이 이들 압력을 각별한 색깔로 입혀 놓은 듯하지만, 저자의 생각으로는 산부인과 검진이나 좀 더 일반적인 의료검진의 환경에서 특이한 것만은 아니다. 현대세계의 공적인 기관(제도)들을 살펴보는 곳이 어디에서이든지 간에, 우리는 효율적으로 초연하게 사람들을 '다루기' 위한 기술들을 찾아낸다. 동등하게, '규격화된 모조 인간화synthetic personalization'29)로 부르게 될 내용도 찾아내게 되는데, 개인별로 모두 한꺼번에 '다뤄진' 사람들을 각자 한 사람씩 처리하는 인상을 전해 주는 보상적 경향이다. 아마 항공여행에서 'have a nice day!좋은 하루 되십시오!', 음식점에서 'welcome to Wimpy!말랑한 롤빵으로 만드는 햄버거 음식점에 오신 걸 환영합니다!', 텔레비전 대담 프로그램에서 미리 모의된 대화, 대중매체 속에 여기저기 흩어져 있는 사근사근함 등이 그런 사례이다. 현대사회의 담론질서에서 이러한 일반적 경향은 권력관계의 본질과 권력을 행사하기 위한 현대기법과 일치하는데, 제8장에서 좀 더 자세히 다루게 될 것이다.

§.3-2-3 권력 및 담론에 대한 접속(진입)

저자가 살펴보려고 하는 '담화 이면에 깔려(숨겨져) 있는 권력'의 세 번째 그리고 마지막 측면은, 담론질서의 구성내용 및 그 하위요소로 된 담화유형과 관련되지는 않지만, 담화유형에 접속하는 일과 관련된다. '누가 어떤 담화에 접속하는가?', '접속에 대한 제약들을 강요하고 부과하는 권력을 누가 갖고 있는가?' 하는 물음이다.

다양한 종류의 이야기 및 글쓰기에 대한 접속을 과다하게 제약하는 현실이 사실이라면, 누구든 자신이 말하고자 하는 바를 말할 자유를 지닌다는 '언론의 자유free speech'에 대한 신화는 놀랄 만큼 강력한 신화이다. 사회적 실천관례의 더 일반적인 제약들에서 중요한 부분이 있다. 더 배타적인 사회제도, 그것들의 실천관례, 특히 그런 실

29) (역주) 개인마다 특성이 있으므로, 그런 개별성을 살려 거기에 초점을 모아 인간적으로 말을 해 주는 것이 아니라, 누구나 다 똑같다고 여겨 한결같이 기계적으로 똑같은 말을 녹음기처럼 반복하는 일을 말한다. 다시 말하여, 모든 인간을 모조품처럼 똑같이 하나로 취급해 버리며, 몰개성화 내지 기계화해 버리는 일이다. §.8-2-4에서는 개성화됨(personalied, 개인별 특성이 담김)과 synthetic personalization(규격화된 모조 인간화)을 서로 대립적으로 쓰고 있다.

천관례로 이뤄진 가장 강력한 주체 지위의 접속(진입)에[30] 대한 제약이다. 그리고 특정한 담화에 비춰 본다면, 담화유형 및 담화상 권력의 지위들에 대한 접속(진입) 제약이다. 어떤 의미에서 이들 '문화적 재화'는 축적된 부, 좋은 직장, 좋은 주택 등 사회적으로 가치 있고 만질 수 있는 본성을 지닌 다른 '재화'와 유사하다. 두 종류의 재화는 모두 불공평하게 배분되어 있고, 따라서 제2장에서 '지배층'(자본계층·'중산층'·전문직)로 언급된 집단의 구성원들이 노동계층의 구성원들보다 실질적으로 재화를 더 많이 갖고 있으며, 문화자본에서 더 부유하다(§.2-4를 보기 바람).

교회예배와 같은 종교의식도 접속(진입)에 대한 제약을 예시하는데 기여할 것이다. 여러분이 성직자인 경우에라야 교회예배에서 의례를 집전할 수 있는데, 이는 그 자체로 접속(진입)에 대한 제약이 된다. 더욱이 엄격한 선발절차를 통해서만 성직자가 될 수 있으며, 그런 과정 동안에 여러분은 반드시 일정범위의 '입학조건'들을 스스로 충족시킴을 보여 주어야 한다. 신자가 되는 일, 소명을 지니는 일, 특정한 정직성의 기준에 순응하는 일, 성실성, 성적 도덕성 등이다. 이것들이 접속(진입)에 대한 추가적 제약인 것이다.

종교도 또한 사실 이런 측면에서 의료나 교육이나 법률과 아주 많이 다른 것은 아니다. 의료검진이나 학교수업이나 법률소송이 종교예배의식처럼 의례화되어 있지 않을 수 있겠지만, 그럼에도 불구하고 누가 그것들을 시행할 수 있는지에 대해 엄격한 제약이 있고, 누가 그것들을 시행할 수 있도록 요구된 자격을 얻을 수 있는지에 대해서도 엄격한 제약이 있다. 원론적으로 (뿐만 아니라 법률소송에서도 그리고 전문직 규칙에서도) 아무나 그런 자격을 자유롭게 획득할 수 있다.

---

30) (역주) 원문 access(접속, 진입)는 우리말에서 권력이나 지위에 진입한다고 표현하므로, 비록 동일한 영어 낱말이지만 우리말에서는 맥락에 따라 다른 말로 번역해 주는 것이 더 이해를 쉽게 만들 수 있을 것으로 본다. 읽어 나가는 데 다소 불편하더라도 '(진입)'이란 낱말을 나란히 덧붙여 둔다.

그렇지만 실질적으로는 그런 자격을 실제로 획득하는 사람이 주로 지배층(기득권층)으로부터 나온다. 대부분의 사람들에게 유일하게 의료나 교육이나 법률에 간여하는 일은 '고객'의 자격이며, 각각 환자나 학생이나 법률 의뢰인이 된다. 그리고 '고객'이 사실상 제도 속에 포함된 '내부자'는 아니다.

불공평하게 분배된 문화적 재화에서 덜 제도화된 또 다른 특정 사례는 '읽고 쓰는 힘literacy'[31]으로 요약될 수 있는 다양한 읽기 및 쓰기 능력에 대한 접속이다. 읽고 쓰는 힘은 우리 사회에서 가치가 높으며, 사회적으로 중요하고 품격 높은 실천 관례는 대부분 '씌어진 낱말'로 일어난다. 높은 수준의 읽는 힘에 대한 접속은 다양하게 사회적으로 가치 있는 '재화'를 위한 필수조건인데, 가장 보람차고 고액을 받는 직업을 포함한다. 그럼에도 읽고 쓰는 힘에 대한 접속은 불공평하게 분배되어 있음이 명백하다. 사실상 영국에서는 1백만 명으로 추정되는 어른들이 유네스코UNESCO, 국제연합 교육·과학·문화 기구에서 정의한 '기본적인 읽고 쓰는 기술'[32]을 습득하지 못하였는데, 이들이 대부분 노동계층의 사람들이다.

접속에 대한 제약의 더 분명하고 가시적인 효과들 중에, 품격 높은 종류의 담화 및 강력한 주체 지위에 대해 접속(진입)하는 일이, 공식적으로 인정된 지위 및 권위를 늘여 주는 방식이 있다. 이것에 대한

---

31) (역주) 글자(letter)라는 어원으로부터 나온 literacy(읽고 쓰는 힘)는 글자 해독능력, 즉 '읽고 쓰는 힘'을 가리킨다. 이에 맞서는 개념으로 말하고 듣는 능력을 oracy(말하고 듣는 힘)라고 부른다. 국어교육 일각에서는 '문식력'으로 번역하였지만 잘못된 용어이다. 굳이 한자로 번역어를 만든다면 '식자우환(識字憂患)'에서 볼 수 있듯이 응당 '식자력(識字力)'이라고 해야 한다. 그렇지만 조선시대도 아닌데, 학술용어를 만들 적에 굳이 한자에 목매달 필요는 없다. 만일 누구나 알아듣는 쉬운 말로 학문을 진행한다면 '읽고 쓰는 힘'이 좋은 후보이며, 짧게 '읽는 힘'으로 대표할 수 있을 것이다. 이와 반대되는 개념은 문맹(illiteracy) 또는 문맹률(illiteracy rate)이다. literacy는 현재 뜻이 확장되어, ① 글자를 읽고 쓰는 능력, ② 말하는 능력(oracy), ③ 셈을 하는 능력(numeracy), ④ 컴퓨터를 쓸 수 있는 능력까지 포함한다(http://www.unesco.org/uil/litbase/?menu=1).

32) (역주) UNESCO(국제연합 교육·과학·문화 기구)의 2006년 보고서 '삶을 위한 읽고 쓰는 힘(Literacy for Life)'을 다음 누리집에서 내려받을 수 있다(http://unesdoc.unesco.org/images/0014/001416/141639e.pdf).

한 가지 이유는, 의사나 교사나 변호사가 되는 일이 일반적으로 순전히 개인적 성취로 간주되는데, 누가 이런 자리를 차지할 수 있는지에 관한 사회적 제약이 있으며, 따라서 외관상 번지르르하게 보이는 상태로서 지위 및 권위에 대한 '보상'을 받을 만한 것이기 때문이다. 이런 견해에 대한 뒷받침 증거로서, 흔히 이들 직업에서의 훈련이 특정 지식 및 기술을 획득하는 데 수년씩 걸린다는 사실을 언급한다. 따라서 전문지식 및 기술은 접속(진입)에 대한 사회적 제약을 신비롭게 만들면서 개인별 성취의 상징으로서 작동한다. 그뿐만 아니라, 접속(진입)을 성취한 사람들에게 주어지는 구성원 증서membership cards가 되며, 외부자들을 배제해 놓는 수단이 된다. 전문가 어휘 또는 전문어jargon를 포함하여 이들 직업의 담론이 모든 이러한 기능들에 기여한다.

반대로, 특정 유형의 담화 및 주체 지위로부터 사람들을 배제하는 일은, 공식적으로 인정된 그들의 지위를 낮추어 놓겠지만, 저자가 앞에서 시사했듯이 그들의 직업 및 다른 사회적 '가망성'까지도 낮추어 버린다. 다시 §.3-1-1 '상이한 문화적 만남에서의 권력'에 있는 취업 면접시험에서 문화적 소수집단의 지위로 돌아가 살펴보기로 한다. 저자가 아마 문화집단 속에서 실제로 존재하는 것보다 상당량의 동질성homogeneity이 더 많이 있다는 인상을 주었을 것이다. 사실상 지배적 문화집단으로부터 나온 많은 백인 영국인들도, 흑인이나 아시아 공동체의 구성원들처럼 취업 면접시험의 관례들에 낯설다. 그러나 여러 사회제도들에 걸쳐서 면접시험 실천관례들의 확산 및 많은 제도들 속에서 그 관례들에 대한 더욱 빈번한 사용의 결과로서, 점차 모든 사람이 면접시험을 잘 치를 수 있을 것으로 기대되는 것임은 물론 면접 응시자의 목표로부터 보아도 사실이다. 자신의 문화적 경험 제약 때문이거나 면접시험에 대한 접속이 제약된 세대에 속하기 때문에, 면접시험을 잘 치를 수 없는 사람은 사회적으로 무능할 것 같다.

교육제도는 접속상의 차별에 대하여 주요하게 직접적인 책임이

있다. 미셸 푸코의 말을 빌리면,

> any system of education is a political way of maintaining or modifying the appropriation of discourses, along with the knowledge and powers which they carry
> (교육제도가 어떤 것이든, 담화가 담고 있는 지식 및 권력과 더불어, 담화의 전용을 유지하거나 수정하는 정치적 방식이다.)

그리고 오직 장점의 측면에서만 개인들을 구별하여 가르친다는 교육계의 주장에도 불구하고, 놀라운 점은 그런 차별이[33] 사회계층 노선을 따르는 범위이다. 교육제도에서 고등교육으로 더 높이 나아가면 나아갈수록 자본가·중산층·전문직 배경으로부터 점점 더 많이 사람들을 지배하는 것이다. 극적인 변화가 없는 채, 교육제도는 기존의 사회적 노동분업 및 기존의 계층관계 체제를 재생산한다. 그렇지만 접속의 제약에 대해 교육제도를 비난한다거나, 또는 접속에 대한 권력을 홀로 교육제도에만 귀속시키려는 것이 아니다. 이런 권력은 교육만이 아니라 여러 가지 사회제도를 통하여 다양하게 나뉘어져 있고, 저자가 암시하였듯이 그 기원은 사회구조적 수준에서 계층관계의 제도에 놓여 있다.

---

33) (역주) 저자는 원문에서 differentiate(구별하다, 차별하다) 및 differentiation(구별, 차별)을 두루뭉술하게 쓰이는 듯하다. 그렇지만 영어에서 차별이란 말은 흔히 discrimination(차별)을 쓴다. 우리말에서도 긍정적으로 쓰이면 '구별'(나눠 놓음), 부정적으로 쓰이면 '차별'(차이를 지어 나눠 놓음)로 부른다. 가령, '남녀 구별'은 남녀의 고유한 역할을 나눠 놓는데, 아기 낳는 일 따위가 그러하다. 그렇지만 '남녀 차별'은 남녀를 동등하게 대우해야 함에도 불구하고 여성을 부당하게 또는 낮게 취급하는 일인데, 특히 직업상의 남녀 차별은 부당한 것이다.

§.3-2-4 접속(진입)에 대한 제약: '격식성'

'격식성'은 담화에 대한 접속에서 한 가지 널리 퍼지고 친숙한 측면의 제약이다. 많은 사회에서 격식성은 높은 사회적 명성 및 제약된 접속으로 이뤄진 실천관례 및 담화의 공통속성이다. 대부분의 담화 요구물 이외에도 참여자들에게 다른 요구물을 부과해 놓기 때문에, 접속을 제약해 놓는 일은 기여요인이 된다. 그런 요구물을 충족시키는 능력이 그 자체로 불공평하게 배분되어 있다. 또한 이는 그 요구물에 의해 배제되고 기가 꺾인 사람들에게 경외심을 산출하도록 기여할 수도 있다.

격식성은 언어형식에 특정한 효력을 지닌 사회적 상황의 속성으로 간주되는 것이 제일 좋다. 사회적 상황의 속성으로서 강조된 형태로 이는 실천관례 상으로 저자가 권력의 실행(행사)과 연합해 놓은 세 가지 유형의 제약을 명시해 준다. 즉, 내용·주체(관련당사자)·관계에 대한 제약이다(§.3-1). 내용의 견지에서 보면, 격식 갖춘 상황에서 담화는 화제topic에 대하여, 관련성relevance에 대하여, 그리고 대체로 고정된 상호작용 투식으로 예외적인 제약을 받게 마련이다. 참여당사자인 주체의 견지에서 보면, 격식 갖춘 상황의 담화에서 주체 지위를 점유하도록 자격이 갖춰진 사람들의 사회적 정체성은, 앞에서 본 종교의식에서 누가 의식을 집전할 수 있는지를 놓고 언급된 제약에서와 같이, 공식적 신분이나 지위에서 여느 때보다 더욱 엄격히 정의된다. 관계의 견지에서 보면, 격식 갖춘 상황은 신분·지위·'체면face'에 대한 예외적인 지향 및 표시에 의해서 특성 지워진다. 권력 및 사회적 거리감이 명백히 외현되고, 따라서 강력히 공손함politeness을 향한 경향을 띠게 된다. 공손성은 권력의 차이 및 사회적 거리감 등에 대한 인식에 토대를 두며, 아무런 변화도 없이 그것들을 재생산하는 쪽으로 맞춰져 있다.

언어형태 상으로 격식성에 대한 특정 효과는 강조된 이들 제약으로부터 나온다. 비-격식적 담화에서 요구된 것 이외에도, 우리는 언어를 구조화해 주는 여러 수준을 찾아낸다. 이런 별도의 구조화 내용은 언어의 수준이 어떤 것이든 간에 영향을 미칠 수 있다. 예를 들어, 참여자들에게 말을 하는 경우에 말할 차례를 배당해 주는 일은 틀formula, 얼개, 규정에 의해 규제될 수 있다(가령 참여자들이 반드시 계급의 순서대로 말해야 하는 경우). 반면에 회화에서 사람들은 회화를 진행해 나가면서 말할 순서를 알아차린다. 아니면 만남이 진행단계들을 고정된 연결체로 정해 놓는 엄격한 투식에 따라 진행되어야 할 경우도 있다. 이야기의 가락이나 빠르기나 세기에 맞춰야 하는 요구가 있을 경우도 있다. 가령, 특정한 속도로 말해야 할 경우이다.34) 아니면 문장들의 문법을 처리해야 하는 경우도 있는데, 고도로 복잡한 구조가 선호될 수 있다. 언어형식을 놓고서 일관성consistency에 대한 일반적 요구가 있을 것 같다. 이는 어휘가 처음부터 끝까지 임의의 제약된 집합으로부터 선택되어야 함을 의미할 것이다.35) 또한 조심스럽게 '올바른' 문법 및 어휘를 쓰는 일로 귀결되는 증대된 자의식도 있는데, 더 격식 갖춘 경우를 위해 저장해 둔 일련의 전체 어휘를 포함하며, 그 자체로 종종 '격식적'이라고 언급된다.

다음 덩잇말은 워터게이트 사건에36) 대한 미국 상원 조사특위 녹취기록의 일부, 그리고 닉슨Nixon 대통령의 최고참 보좌관 중 한 사람인 존 에어릭먼John Ehrlicman의 증언에서 일부 가져온 것이다.

---

34) (역주) 가령, 경매시장에서 경매사들이 값을 정하는 과정에서 말의 속도를 생각해 보기 바란다.

35) (역주) 가령, 법정에서 재판이 진행되는 동안에 들을 수 있는 말들을 생각해 보기 바란다.

36) (역주) 닉슨 재선을 위한 비밀공작반이 1972년부터 워싱턴 D.C.의 워터게이트 호텔에 있던 민주당 선거운동 지휘본부를 계획적으로 도청하다 발각된 사건이다. 처음에는 닉슨과 백악관 측은 자신들이 무관함을 주장했지만, 법원의 명령에 따라 1974년 8월 대통령 집무실의 모든 대화를 녹음한 테이프가 공개됨으로써 결국 닉슨이 사임하기에 이르렀다. 본문에 나오는 신경정신과 진료실이 나온다. 이는 베트남전의 실체를 다룬 미국 국방부 보고서(Pentagon Papers)를 다니엘 엘스버그(Daniel Ellsberg)가 유출한 뒤, 자신의 정신치료를 위해 루이스 필디그 신경정신과에 다닌 적이 있었다. 비밀공작반에서는 몰래 여기에 침입하여 그 진료내용을 알아내려고 하였다.

[텍스트 3-5] 출처: 『뉴욕 타임즈New York Times』, 1973년, 512호

(1) Q: Mr. Erlichman, prior to the luncheon recess you stated that in your opinion, the entry into Ellsberg psychiatrist's office was legal because of national security reasons. I think that was your testimony.

(2) A: Yes.

(3) Q: Have you always maintained that position?

(4) A: Well, I don't know —

(5) Q: Well, do you recall when we had our first interview in my office, and we discussed this issue you expressed shock that such a thing had occurred, and indicated that you had informed Mr. Young or Mr. Krogh to see that this thing should not happen again but you did not take any action such as ordering the firing these people because of the general sensitive issues that were involved. Do you recall that?

(6) A: Well, that is not on the ground of illegality, Mr. Dash. I do not think you asked me at that time whether — what my legal opinion was, for whatever it was worth. What you were asking me was what I did, and that is what I did.

(7) Q: Well, if it was legal you would ordinarily have approved it would you not?

(8) A: Well, no, the thing that troubled me about it was that it was totally unanticipated. Unauthorized by me.

(9) Q: Who was it authorized by?

(10) A: Well, I am under the impression that it was authorized by Mr. Krogh, but it is not based on any personal knowledge.

(11) Q: Well, now, as a matter of fact, Mr. Ehrlichman, did you not personally approve in advance a covert entry into the Ellsberg psychiatrist office for the purpose of gaining access to the

psychoanalyst's reports?

(12) A: I approved a covert investigation. Now, if a covert entry means a breaking and entering the answer to your question is, no.

(1) 문: 에어릭먼 씨, 오찬 휴식시간 전에, 귀하의 의견에 따르면 엘스버그 신경정신과 진료실에 침입한 것은 국가안전의 이유로 말미암아 합법적이었다고 진술하였습니다. 본인은 그게 귀하의 증언이었다고 생각합니다. 맞습니까?

(2) 답: 예.

(3) 문: 귀하는 언제나 합법적이라는 입장을 견지하였습니까?

(4) 답: 글쎄요, 잘 모르겠습니다 –

(5) 문: 그럼, 본인의 집무실에서 처음으로 면담하면서 이 논제를 논의하였을 때, 귀하가 그런 일이 일어났다는 것이 충격이라고 말하였고, 귀하가 영 씨나 크로그 씨에게 이런 일이 다시 일어나선 안 된다며, 알아보도록 알려 주었다고 언급하였음을 기억하십니까? 그렇지만, 일반적으로 관련된 예민한 논제들 때문에 이 사람들을 해고하는 명령 같은 조치를 어떤 것도 취하지 않았습니다. 그걸 기억하십니까?

(6) 답: 글쎄요, 대쉬(Dash) 상원의원님, 그 침입이 불법성에 근거하지 않았습니다. 그 당시에 의원님께서 저에게 불법성 여부를 질문했다고 생각하지 않는데요 – 저의 법적 의견이 무엇인지, 그게 무엇이든 가치가 있는지에 대해서요. 제게 질문하였던 내용은 제가 실행했던 것이며, 그게 제가 하였던 것입니다.

(7) 문: 그럼, 만일 그 침입이 합법적이었다면 통상적으로 그걸 승인했겠죠, 안 그렇습니까?

(8) 답: 글쎄요, 아닙니다. 그 침입에 대하여 저를 곤란하게 한 것은, 그게 전적으로 예상 밖이었다는 것입니다. 저에게 승인받지 않았습니다.

(9) 문: 누구에 의해서 침입 승인이 이뤄졌습니까?

(10) 답: 글쎄요, 크로그 씨에 의해 승인되었을 거라는 인상을 받고 있지만,

이는 제 개인의 지식에 근거하지는 않습니다.

(11) 문: 그럼, 에어릭먼 씨, 지금 사실상 심리분석 보고서에 접속하려는 목적으로, 엘스버그가 다닌 신경정신과 진료실에 은밀히 침입하는 일을 사전에 개인적으로 승인하지 않았습니까?

(12) 답: 저는 은밀히 조사하도록만 승인하였습니다. 지금 만일 은밀한 침입이 불법침입을 의미한다면, 상원의원님 질문에 대한 제 대답은 '아니오'(≒승인하지 않았음)입니다.

Think 생각해 보기 바랍니다

질문자 대쉬 상원의원은 에어릭먼 보좌관을 몰아붙이지만, 그럼에도 그 상황의 격식성에 의해 제약된 방식으로 이뤄집니다. 질문이 어떻게 제약되어 있습니까? 언어의 어떤 측면들이 격식성을 나타냅니까?

말할 차례 얻어내기가 '질문+답변' 유형(≒흔히 '인접쌍'으로 부름) 속에 제약되어 있는데, 대쉬 상원의원이 질문을 하고 에어릭먼 보좌관이 답변을 합니다. 어떤 도전이나 비난, 그리고 그것들을 반박하려는 시도가 이런 틀 속에 맞춰져야 합니다. 가령 발언기회 (7)은 도전이지만, 대쉬 상원의원이 질문형태로 표현해 놓아야 하기 때문에, 암시적이고 간접적인 도전이 되도록 강요됩니다. 결과적으로 그 질문이 억제된 것이라는 인상을 줍니다. 이것이 참여자들 사이에 있는 관계의 본질을 제약해 놓는 격식성의 사례입니다. 아마 격식성을 가장 두드러지게 나타내는 다른 언어특징은 어휘인데, 일관되게 '격식 갖춘' 낱말들을 선택하는 일입니다. 가령, 덜 격식이 갖춰진 대본에서는 발언의 시작 순서가 다음처럼 이뤄질 수 있습니다.

John, you were making out before lunch that ,,,
(존, 점심시간 이전에 자네가 ~인 듯이 말하고 있었는데 말야)

또한 호칭에서 '에어릭먼 씨Mr. Ehrlichman'처럼 공손하게 '성씨+경칭'으로 쓰인 모습에도 주목하기 바랍니다.

격식 갖춘 상황은 저자가 권력의 행사와 관련시켜 놓은 세 가지 제약에다 별도의 제약—언어형식에 대한 제약—을 더해 놓는 일뿐만 아니라, 또한 세 가지 제약을 강화시키는 일로 간주될 수 있다. 이는 격식 갖춘 상황에서 담화 및 일반적으로 실천관례가 어렵고 까다로운 것임을 뜻한다. 즉, 반드시 학습되어야 하는 특별한 지식 및 기술에 의존하는 것이다. 많은 사람들은 심지어 격식 갖춘 상황에서 주변적 지위를 차지하기 위한 필수적인 지식 및 기술조차 획득하지 못하며, 결과적으로 격식 갖춘 상황 그 자체가 두렵고 위압적이라고 보거나, 또는 비아냥거린다. 사회적 지위 및 지식 사이에 각별한 축이 설정되어 있다. 명망 높은 사회적 지위에 속한 사람들이 실제로 격식을 갖추고 운용하는 법을 배우기 때문에, 그런 것을 배우지 못한 사람들은

> I can't because I'm working class
> (나는 노동계층이기 때문에 격식 차린 말을 할 수 없어)

라고 말하기보다는 오히려

> I can't because I'm not clever enough
> (난 충분히 똑똑하지 못해서 격식 차린 말을 할 수 없어)

라고 쉽사리 결론을 내려 버린다. 따라서 격식성은 접속(진입)을 제약함은 물론, 또한 경외심까지 만들어 낸다. 그렇지만 이 장의 마지막 §.3-3에서는 현대사회에서 권력의 명시적 표현에 저항하는, 따라서 격식성에 저항하는 반대흐름을 논의할 것이다.

§.3-3 담론에 있는 사회갈등

이 절에서는 앞에서 다뤄진 내용에다, 한 가지 결정적으로 중요한 단서를 추가해 놓기로 한다. 담화로 '이뤄진[in]' 또는 담화 '이면에 깔려/숨겨져 있는[behind]' 권력은 임의의 개인이나 사회집단의 영속적이며 당연한 속성이 아니다. 반대로, 특정 시점에서 권력을 지닌 사람들은 지속적으로 자신의 권력을 재천명해야 하고, 권력을 지니지 못한 사람들은 언제나 권력을 얻으려고 노력해야 할 처지이다. 이는 특정한 상황의 수준에서 이야기를 진행하든지 아니면 사회제도나 전체사회에 비춰서 이야기를 하든지에 간에 참이다. 이들 모든 수준에 있는 권력은 사회갈등(사회투쟁)의 과정에서 성취되고 실행되며 유지되고 상실된다(§.2-4-2를 보기 바람).

이제 갈등이 명백히 드러나 있는 덩잇말을 살펴보기로 하겠다. 패거리 싸움으로 잘못을 저질렀다고 의심받는 청년(Y)[37]과 교장선생(H) 사이의 면담내용이다.[38]

(1) H: Why didn't you go straight down Queen Street?

(2) Y: I'm not walking down there with a load of coons from St Hilda's coming out of school.

(3) H: Why's that?

(4) Y: Well that's obvious, isn't it? I don't want to get belted.

(5) H: Well there isn't usually any bother in Queen Street, is there?

(6) Y: No. None of us white kids usually go down there, do we? What about that bust-up in the Odeon carpark at Christmas?

---

37) (역주) 교장선생님과 학생과의 대화이다. 아마 불평등한 권력관계를 고착시키지 않으려는 의도로 저자는 학생을 일부러 '청년(youth)'으로 표현한 듯하다. 비록 우리의 관례에서 벗어나더라도, 저자의 의도를 그대로 살려서 '청년'으로 번역해 둔다.

38) (역주) 이 인용문 번역에 경상대학교 영어교육과 기오토(M. J. Guilloteaux) 교수로부터 도움을 받았다.

(7) H: That was nearly a year ago, and I'm not convinced you lot were as innocent as you made out. So when you got to the square, why did you wait around for quarter of an hour instead of going straight home?

(8) Y: I thought my mate might come down that way after work. Anyway, we always go down the square after school.

(1) 교장: 왜 자네가 간선도로인 여왕도로를 따라서 죽 내려가지 않았는가?

(2) 청년: 학교를 파하고 성 힐더 고등학교로부터 나오는 많은 깜둥이 녀석들과 마주치기 때문에 거기로는 걸어 내려가지 않는 거죠.

(3) 교장: 왜 그런 패거리 싸움을 했던 거지?

(4) 청년: 글쎄 분명하잖아요? 그 녀석들에게 얻어맞고 싶지 않았거든요.

(5) 교장: 그러면 여왕도로에서는 보통 아무런 문제도 없겠네, 안 그래?

(6) 청년: 아뇨. 우리 백인 애들은 아무도 거기로 가지를 않거든요, 안 그래요? 크리스마스 때 (극장가 빌딩) 오디온 주차장에서 벌어졌던 싸움판은 어떻죠?

(7) 교장: 그건 거의 일년 전 일인데, 난 자네가 당시 변명했던 대로 순수하다고 확신하질 않네. 그래서 자네가 (여왕도로와 동떨어져 있는) 그 광장에 갔을 때, 집으로 곧장 돌아가지 않은 채 왜 거의 15분 동안을 거기서 기다리고 있었던 겐가?

(8) 청년: 제 짝이 일을 마치고 그 길로 내려올 거라고 생각해서 거기 서 있었던 거죠. 어쨌거나 우린 방과 후에 언제나 그 광장을 따라 내려가거든요.

생각해 보기 바랍니다

청년(≒학생)의 기여내용을 놓고서 교장선생에 의해서 행사되고 있는 통제의 정도를 고려하고, 그런 면담에서 여러분이 기대할 법한 담화상의 '권리'와 '의무'에 교장 및 청년이 둘 모두 충실히 따르는 범위를 고려하면서, 이 덩잇말을 §.3-1의 [텍스트 3-1] '미숙아 병원 텍스트'와 비교해 보기 바랍니다. 예를 들어, 저자는 여러분들이 청년이 질문을 던지고 교장선생이 대답할 것으로 기대하지 않았으리라고 생각합니다.

담화의 진행에서 우리가 기대할 법한 것보다 청년(≒학생)이 통제를 더 많이 실행하고, 담화 상으로 자신의 '권리'를 늘여가며, 자신의 '의무'를 이행하지 않는 방식이 다양하게 드러나 있습니다. 첫째, 발언순서 (2)와 (4)의 두 경우를 보면, 비록 (2)에 답변이 함의되어 있고 (4)에서 도전 뒤에 대답을 제시하지만, 청년은 교장선생의 질문에 순순히 직접 대답을 하는 것이 아니라, 오히려 도전을 하고 있습니다(≒오히려 변명하면서 교장선생을 가르치려는 말투를 쓰고 있음). 둘째, 발언순서 (6)에서 청년은 질문을 던지고 이어 교장선생이 대답을 합니다. 앞에서 저자가 말하였듯이, 여러분들은 청년이 질문을 던지리라 기대하지도 않았을 것이고, 교장선생이 대답을 하리라 기대하지도 않았을 것입니다. 셋째, 청년이 교장선생의 질문들에 대해 실제로 내어 준 대답들은, 발언순서 (6)과 (8)에서 직접적으로 관련된 내용을 벗어나 버립니다(≒일부러 즉답을 피하고 빙빙 에둘러서 대답을 함). §.3-2-2의 산부인과 진료 텍스트에서 관련성에 대한 요구조건이 엄격히 의사에 의해서만 강요됨을 기억하기 바랍니다. 넷째, 청년은 자신의 말하는 모양새를 비교적 격식 갖춘 현장(≒교장선생과의 면담)에 맞춰 놓으려는 신호를 전혀 보여 주지 않습니다. 청년은 이 면담을 마치 친구끼리 대화 정도로만 여기고, 교장선생을 친구처럼 간주하는 듯 보입니다. 이 점은 청년이 쓰는 낱말 belted얻어맞고서, kids애들, bust-up싸움판에서 가장 분명하며, 특히 인종차별 낱말 coons깜둥이의 사용에서 그러합니다. 저자는 우리가 현장과 사례, 그리고 가령 회피대상인 교장선생으로부터 자신들을 구분해 놓는 권력과 거리감에 의해서, 자신의 친구들과 이런 종류의 낱말을 쓰는 사람들이 영향을 입을 것으로 기대하리라 봅니다.

그럼에도 불구하고, 교장선생(H)은 사뭇 통제권을 많이 유지한다. 대부분의 질문이 교장선생으로부터 나오며, 적어도 일부 질문에 대해서는 관례적인 권리 및 의무에 충실히 따르는 수준을 드러내면서 사뭇 불평조로 답변이 이뤄진다. 이런 종류의 사례에서 언제든지 제도상으로 권력을 지닌 사람—이 경우에 교장선생임—이 장기 전략을 추구할 수 있도록 전술상 일부 권리ground, 영토를 양보하는 일이 가능하다. 아마 이는 깜둥이coons라는 인종차별 낱말에 대해서 즉각 야단치거나 스스로 차단하지 못한 교장선생의 실패를 해석하는 방법일 것이다. 교장선생은 그런 낱말을 고쳐 주지 않고 그냥 넘어감으로써 수용하는 듯하다.

그러나 그런 사례를 학교당국에 대해서 관례적인 제약들을 일부러 어김으로써 자신이 얼마나 나쁜 인상을 받았는지를 보여 주는 한 개인 청년과 그것을 다루는 전략을 채택하고 있는 교장선생 사이의 갈등으로 간주할 수 있을 것인가? §.2-2-2절에서 사회 조직화의 세 가지 층위를 구별하였음을 상기하기 바란다. 상황 층위·제도 층위·사회구조 층위이다.[39] 이는 상황 층위에서 진행되고 있는 바에 대한 타당한 기술인 듯하다. 그러나 이 개별사례가 속함 직한 사회유형을 놓쳐 버린다. 이 청년은 많은 젊은이들에게서 전형적인 성격인 듯하고, 교장선생이 이용하는 전략도 아마 이런 종류의 상황을 다루는

39) (역주) 현실상황에서 더 심층에 깔려 있는 기본층위로 내려간다. ① 상황 층위는 구체적인 담화가 발생하는 즉각적인 사회현장이다. 길게 표현하면 현장 담화 상황에 관련된 층위이다. ② 이런 담화는 아무렇게나 이뤄지지 않고 언제나 일정한 유형의 담론으로부터 도출되거나 몇 유형의 담론이 복합되어 나온다. 이를 제도 층위로 부르며, 담화각편의 모태로서 더 광범위한 심층기반을 구성하는 담론관례 또는 담론유형이 된다. ③ 그렇지만 이런 관례나 유형도 또한 맨 밑바닥에 있는 하부구조에 의존한다. 이것이 하나의 전체로서 그 사회구조의 층위인 것이다. 이 층위를 비록 저자는 전면(앞면)과 이면(뒷면)으로 대립시켜 놓았지만, 맑스처럼 상부구조·(중간구조)·하부구조로 말하거나, 촴스끼 교수처럼 표면구조·(중간구조)·심층구조의 관계로 말할 수도 있다. 이들은 또한 각각 ① 현장 층위, ② 관례 층위, ③ 사회구조 층위라고도 부를 수 있을 것이다.

데에 사뭇 표준적인 듯하다. 달리 말하여, 이런 인용사례가 제도 층위에 있는 갈등에 비춰서 해석될 수도 있다. 더욱이 우리는 분명히 사뭇 다른 학교현장으로부터 젊은이와 '권위' 사이에 빚어지는 비슷한 갈등을 보여 주는 다른 담화 도막도 찾아낼 수 있을 것인데, 아마 법정 및 가정이 다른 사례가 될 수 있다. 따라서 우리는 이 텍스트를 다음 두 가지로 모두 살펴볼 수 있다. 사회제도로서 학교 안에 있는 제도 층위에 있는 사회갈등의 사례, 그리고 사회구조 층위에서 특정 집단의 젊은이들과 다양한 종류의 권력을 쥔 사람들 사이에 일어나는 좀 더 일반적인 갈등의 사례이다.

물론 단일한 한 도막의 담화에만 근거하여, 젊은이들과 학교, 또는 좀 더 일반적으로 젊은이들과 공공의 공적 당국들 사이에 벌어지는 사회적 갈등을 탐구하는 일을 계속해 나갈 수는 없다! 그렇지만 저자가 제안하고자 하는 바는, 주어진 임의의 담화가 동시에 상황적 갈등·제도적 갈등·계층 간 갈등을 포함한 사회구조적 갈등의 일부가 될 수 있다는 사실이다. 이는 우리가 '담화로 이뤄진 권력' 및 '담화 이면에 깔려 있는 권력' 사이를 구분한 것에 비춰서 중요성을 지닌다. 현장상황 층위에 있는 갈등이 담화로 이뤄진 권력에 대한 것이지만, 반면에 나머지 다른 층위에 있는 갈등은 또한 담화 이면에 깔려/숨겨져 있는 권력에 대한 것일 수 있다.

§.3-1-1에서 저자는 담화에서 권력관계에 대한 외현적 표현 경향을 언급하였는데, 사회갈등의 관점에서 상당한 흥밋거리가 되는 경향이다. 이를 잘 알려진 문법사례로 예시하겠는데, 현대 표준영어에서는 찾을 수 없지만, 유럽 어들 중에서 불어·독어·이탤리 어·스페인 어·러시아 어에서 찾아지는 이른바 'T'와 'V'로 시작되는 형태의 인칭대명사이다. 이들 언어에서는 두 가지 형태의 2인칭 대명사가 있으나, 표준영어에는 단 하나의 you만 있다.40) 비록 이들 형태가

40) (역주) 우리말 문법교과서에서는 서구에서처럼 비슷한 인칭대명사를 제시하고 있다. 그

기원상 단수(T)와 복수(V)이지만, 둘 모두 단수의 지시내용으로 이용되기에 이르렀다. 불어의 사례를 들기로 한다. T-형태인 tu[너, 자네]와 V-형태인 vous[너, 당신]는 현재 2인칭 단수를 가리키는 데 이용되고 있다. 역사의 한 단계에서 이들 형태 사이에 있는 차이는 권력에 대한 차이였다. tu[너, 자네]는 손아랫사람에게 쓰였고, vous[너, 당신]는 손윗사람에게 쓰였는데, 화자의 계층에 따라서는 동등한 계층의 사람들 사이

렇지만 유감스럽게도 결코 서구사회에서처럼 인칭대명사가 쓰이는 것이 아님을 제대로 알려주는 법이 드물다. 큰 범주로는 호칭(상대방을 부르는 말)과 지칭(가리키는 말)이 있는데, 여기서는 얼굴을 마주보는 상대방을 어떻게 부를지(호칭) 문제 삼고 있다. 호칭은 나와 너의 관계를 나타내기 때문에, 옛부터 자신을 낮추는 표현(겸칭 표현)이 있었고, 상대를 높여 주기 위하여 일부러 상대의 직급이나 관직을 불러야 했다. 낮춤과 높임의 질서가 있는 것인데, 상대방의 호칭을 지칭(상대방의 신분이나 지위)으로 대신 높이는 방식이다. 이는 고유하게 높임 인칭대명사가 발달되지 않았기 때문이다. 글말에서 자신을 낮출 적에는 반드시 스스로 자기 이름을 쓴다. 혹 글말에서 상대가 하대를 해도 될 경우라면, 성만을 쓰거나 아니면 '김모'라고도 할 수 있다.

이런 전통은 지금도 사회에서 자주 관찰할 수 있다. 만일 상대를 높여 부를 경우에 '김선생님'으로, 동등하거나 그 이하의 사람에게는 '김선생'으로 부른다. 만일 상대방을 이름으로 부른다면, 분명히 상대방이 어린아이일 것이다. 그렇지 않다면 상대방을 모독하려는 의도가 깔려 있다. 옛날에는 동급일 경우에 호나 자를 불렀으나, 오늘날에는 호를 짓는 방법을 제대로 아는 이도 드물고, 일찍부터 호적에 이름을 올려야 하므로 자(字)를 짓는 경우도 거의 없다.

설사 인칭대명사를 쓴다고 하더라도, 상대를 높일 경우에 '그대'라고 할 수 있다. 이는 꼭 2인칭만이 아니라, 3인칭까지도 언급할 수 있다. 마치 '자기(自己)'가 상황에 따라서 1인칭을 가리킬 수도 있고, 2인칭을 가리킬 수도 있으며, 현장에 없는 3인칭까지도 가리킬 수 있는 것과 같다. '당신(當身)'('해당되는 그대의 몸' 또는 '당사자의 몸'이라는 뜻)이란 한자어 또한 여러 상황에서 쓰인다. 어떤 경우에는 높이는 뜻보다 오히려 '너'라고 낮추어 부르는 일을 피하기 위해 대신 '당신'을 쓸 때도 있고(서로 싸움을 하는 경우에 상대방을 부르는 말임), 높이지도 않고 그렇다고 아주 낮추지도 않는 경우에도 '당신'을 쓰는데, 이는 '당자(當者)'(해당되는 사람)라는 말과 거의 같은 뜻이다. 그렇지만 서정시에서는 높이는 뜻으로 '당신'을 쓰기도 한다. 일반명사 '임자(주인)'라는 말을 상대를 부르기 위해 2인칭대명사처럼 쓰는 경우도 있었다. 서구식 인칭대명사 바꿈에 '1:1'로 대응하는 고유한 인칭대명사 대립이 없음에 유의해야 한다.

이런 문화전통은 특히 영어권의 관례와 완전히 다르기 때문에 크게 혼란을 불러일으킨다. 어느 친구가 미국에서 박사과정을 다니는 동안, 자신의 지도교수를 단지 '이름'으로만 불렀었는데(영어권에서는 심리적 거리가 가까운 사람끼리는 이름이나 애칭만 부름), 번역자가 그에게 자신의 지도교수 성을 어떻게 발음하는지 묻자, 한 번도 성을 불러보지도 부르는 것을 들어보지도 못했노라고 답변을 들은 적이 있다. 흔히 우리 문화에서 얼굴을 마주보면서 이름을 직접 부르는 일은, 친한 친구 사이에나 또는 하대를 해도 되는 경우가 아니라면 거의 없었다. 특히 높여야 할 사람의 경우는, 마치 옛날 기독교나 유대교에서 '하느님'이란 이름을 직접 부르지 않고 에둘러 다른 표현을 쓰던 일과 비슷하게, 그 이름을 부르는 일을 극히 금기시하였다. 옛날 우리 문화에서는 특히 임금이나 자기 스승을 그런 방식으로 대우하였다.

에서 어떤 형태이든 서로 구별 없이 쓰일 수 있었다.

그렇지만 좀 더 최근에 권력보다는 유대감solidarity, 결속된 느낌[41]에 토대를 둔 체계 쪽으로 변화가 있었다. tu너는 모종의 방식으로 가까운 사람(친구·친척·직장동료 등)에게 쓰인다.[42] vous당신는 사회적 '거리'가 있을 경우에 쓰인다. 권력기반 체계와 유대감기반 체계 사이에는 긴장이 존재한다. 예를 들어, 여러분이 여러분과 가까운(가령 여러분 부모임) 사회적 '상급자'에게 말할 경우에 어떤 일이 일어날까? 또는 가령, 우연히 여러분이 장교라면 병사처럼 사회적 거리가 먼 하급자에게 말할 경우에는 어떤 일이 일어날까? 대답은 여러분이 각각 권력에 기반을 둔다면 응당 vous당신와 tu너를 쓰겠지만, 이제 유대감에 기반을 둔다면 아마 마땅히 각각 tu너와 vous당신를 쓸 것이다.

권력기반 체계로부터 벗어나서 유대감기반 체계로 향한 T/V 형식의 특정한 발달은, 다양한 언어에서 문서화되어 있는 전체범위의 제도에 걸쳐서 장기간의 발달 경로를 따르는 듯하다. 즉, 권력관계의 명백한 표지로부터 벗어나려는 운동이다. 예를 들어, 영국에서 이는 고등교육에서도, 사회 서비스산업에 있는 일정범위의 담화유형에서도, 그리고 이제 산업계에서도 참이며, 관리자 및 노동사 사이에 있는 표면적 불평등을 제거하는 일본식 관리기법이 점차 영향력을 얻어가고 있다. 물론 이들 사례의 어떤 것에서든지 개혁되지 않은 실천관례도 충분히 쉽게 찾아내게 되겠지만, 30년 또는 그 이상에 걸

---

41) (역주) 흔히 심리적 거리감(psychological distance)이라고도 말한다. 상대방과 마음으로 가깝게 느끼는지, 아니면 멀게 느끼는지를 가리키는 말이다. 유대감과 결속된 느낌 중에서 '유대감'을 쓰기로 한다. 그렇지만 §.5-1과 §.5-2에 있는 사회주의 이념을 다루는 곳에서는, 흔히 solidarity를 가리켜 '연대, 결속'이란 말을 쓰므로, 비록 동일한 낱말이더라도 맥락에 따라 달리 번역할 것이다.

42) (역주) 아마 심리적 거리감만을 고려한다면, 우리말에서 비슷한 표현이 번역자 개인방언(idiolect)의 느낌으로는 '이녁' 정도일 듯하다. 비록 국어사전에서는 '이녁'을 '하오'체 등급으로 지정해 놓았지만, 이 표현은 결코 공식적인 자리에서 쓰이지 않으며, 오직 배타적으로 사적인 자리에서만 쓰인다. 게다가 서로 간에 마음의 거리가 가까울 경우(아주 친한 벗이나 부부 사이)에만 쓰일 듯하다. '이녁' 또한, '자네'의 용례처럼 아마 방언들 간에 쓰임새의 차이가 크게 있을 듯하다.

친 변화흐름이 충분히 분명하다.

이런 흐름이 불평등한 권력관계가 쇠퇴해 가고 있음을 의미하는 것일까? 만일 관계 및 그 담화표현 사이에 있는 기계적 연관성만을 가정한다면 긍정적 답변이 따라 나올 법하다. 그렇지만 권력 불평등이 실질적으로 바뀌지 않았다는 다른 곳에서 나온 증거의 견지에서 보면, 그런 결론이 아주 의심스러운 듯하다. 부의 분배, 1980년대 빈곤층 증가, 보건의료 시설·교육·주택의 수혜에 대한 불평등, 취업가능성에서의 불평등 등에 대한 증거이다. 권력을 쥔 이들이 분명한 이유도 없이 권리를 포기할 것으로 믿을 수도 없다.

담화로 된 권력의 한 가지 차원은, 논란의 소지가 있겠지만 공공연하게 권력이 표현될 수 있는 범위가 어느 정도까지인지를 결정하는 능력이다. 따라서 지속적인 소유 및 권력의 행사를 위하여, 어떤 전략 속에 있는 하나의 전술로서[43] 권력관계의 표현이 강조되지 않는play down, 더욱 낮추어 놓는 일도 사뭇 가능하다. 그 점이 바로 앞에서 언급

---

43) (역주) 같은 문장 속에서 strategy(전략)와 tactic(전술)이란 말이 동시에 나온다. 여기서처럼 이 두 낱말을 구분하여 쓰는 경우도 있고, 그렇지 않고 구분 없이 쓰는 경우도 있다. 만일 이들을 구분한다면, 먼저 두 가지가 전제되어야 한다. 첫째, 궁극적인 목표(goal, object)가 전제되어야 하고, 둘째 오직 자유의지를 지닌 존재인 인간만이 의도적으로 어떤 목표를 상정할 수 있음이 전제되어야 한다. 그런데 목표를 달성하려면 진척 과정에서 여러 중간단계들을 하위목표로 설정할 수 있다. 궁극적 목표를 달성하기 위해 세워 둔 하위 단계들을 성취하는 일을 흔히 전략(strategy)이라고 부른다. 그런데 이제 이들 하위 목표도 현실상황에서 적용되려면 다시 차하위 목표를 지닐 수 있다. 이를 전술(tactic)이라고 부른다. 한자어 풀이만을 보면, 전략(戰略)은 "전쟁을 수행하는 큰 계획"을 뜻하고, 전술(戰術)은 "전쟁을 수행하는 방법과 기술"을 가리킨다.

전쟁의 경우로 말한다면, 최고통치자가 짜는 것이 궁극적인 목표(가령, 대적하고 있는 적국의 지배)이고, 이를 수행하기 위해서 후방에서 야전 사령관이 짜는 것이 전략(가령, 특정 도시들에 대한 점령)이며, 전장 터에서 소대장이 자신에게 통보된 전략의 일환으로 정해진 차하위 목표를 직접 수행하기 위해서 현장상황을 고려하면서 즉석에서 짜내는 것이 전술(가령, 특정 도로를 통해 진격)이다.

그렇지만 이런 전쟁관련 용어를 교육이나 학습에 도입하는 것을 금기시하는 사람들이 있다. 이들은 '전략'이란 말 대신에 '방책'이나 '책략' 정도의 말을 쓸 수 있고, '전술' 대신에 '하위 방책'을 쓸 수 있다. 교육학에서 가끔 '방략(方略)'(방향을 가리키는 전략)이란 말도 쓰지만, 번역자의 한자말 직관으로 보면, 이보다는 어감상 '방책(方策)'(방향을 가리키는 대책)이 훨씬 더 낫게 느껴진다. 방략에는 여전히 전략에서 보이는 '략'이 들어가 있기 때문이다.

한 일본식 관리방식을 의식적이고 의도적으로 수용하는 일에 대한 합리적 해석이 될 듯하다. 이는 교묘한 구실로 권력을 숨겨 놓는 사례인데, 앞에서 다룬 §.3-2-1 '숨겨진 권력'을 보기 바란다. 그러나 이것이 여러 갈래의 제도들에 걸쳐, 그리고 실제로 국가적·언어적 최전방에 걸쳐 일어나는 장기간의 변화흐름에 대한 설명이 될 수 있을 것인가? 이를 국제적 공모로 해석하는 것은 거의 믿기 힘들다!

불평등이 사라져가고 있다는 낙관적 설명 및 국제적 공모의 설명이 둘 모두 설명해 내지 못하는 바는, 권력 및 사회갈등 사이에 있는 관련성이다. 저자는 권력관계를 외현적으로 표시해 놓은 일이 점차 사그라짐이 응당 권력을 지닌 쪽(≒지배층)의 양보로 해석되어야 한다고 주장하고 싶다. 노동계층 사람들 및 부인·청년·흑인·동성연애자 등과 같이 전에 힘이 없고 무시되던 다른 집단 사람들이 늘어남에 따라, 상대적인 권력균형에서 지배층이 양보를 하도록 강요받았던 것이다. 1970년대 후반 및 1980년대의 위기 동안에,[44] 권력관계에서 그런 전환이 여러 곳에서 확인되었고 부분적으로 역전되었다. 그렇지만 이는 권력을 지닌 사람들이 권력을 포기하였음을 의미하는 것이 아니라, 단지 덜 직접적인 방식으로 자신들의 권력을 행사하고 재생산하도록 강요받았음을 의미할 따름이다. 이것이 다만 결점을 감추는 표면적 전술인 것만은 아니다. 운용을 강요받은 제약 때문에, 권력을 지닌 이들에게는 합법성에 대한 심각한 문제들이 깃들어 있는 것이다.

담화는 이런 복잡한 갈등상황의 본질적 부분이며, 담화에 대한 이해를 이런 모형을 염두에 둠으로써 그리고 담화에 주의를 기울임으

---

44) (역주) 1980년대에는 개발도상국에서도 채무위기가 있었고, 선진국에서도 자국의 경제가 침체되는 위기가 있었다. 여기서는 아마 영국의 대처 수상 시절과 미국의 레이건 행정부 시절(엄청난 재정적자와 국가채무)의 경제위기를 가리키는 듯하다. 경제위기를 극복하기 위하여 양국의 두 정상이 이구동성으로 '신보수주의' 노선과 '신자유주의' 경제를 부르짖었다. 고승제(1994) 『마가릿 대처』(등지출판사)의 제11장을 보기 바란다. 그렇지만 신자유주의는 다시 21세기 초반에 들어서서 전세계적으로 새로운 금융위기를 초래하였고, 현재에도 각국마다 이를 극복하려는 노력을 쏟고 있지만 여전히 미래가 불투명하다.

로써 갈등에 대한 이해를 심화시킬 수 있다. 가령 제8장에서 저자는 특정한 담화유형들이 문화적 우세함을 얻고 새로운 제도와 영역을 '점유해colonize, 식민지로 만들어 확산해' 나가는 방식을 탐구하게 될 것인데, 제2장에서 간략히 언급된 관점이다. 우세함의 유형을 바꾸는 일은 사회적 갈등전개의 지표이고 그런 과정의 일부이다. 예를 들어, 상담은 직장과 학교 등을 점유한 두드러진 담화유형이다. 외관상으로 이는 개인별 요구 및 문제점에 대한 드문 민감성을 나타낸다. 그러나 일부 사례에서는 최소한 '사적인' 생활의 여러 측면을 유례없이 제도적인 정밀조사에 드러내는 일을 통하여 사람들에 대한 더 큰 제도적 통제력의 수단으로 바뀐 듯하다. 명백히 개인별 반발에 대해 민감히 반응하는 성격은, 권력을 지닌 사람들에 의해 이뤄지는 상대적으로 권력이 없는 사람들의 강점(≒다수의 저항 따위)에 대한 양보이다. (거꾸로) 상담을 통한 견제는 그들의 역공counter-offensive, 반대공격인 것이다. 제8장에서 다른 사례들 및 추가적인 논의를 보기 바란다.

품격 있는 담화유형에로의 접속 및 권력을 지닌 주체 지위는 사회적 갈등(투쟁)의 또 다른 무대이다. 예를 들어 21세기 전환기 즈음에 의회를 포함한 정치무대에 진입하기 위하여 노동조합 및 노동당 Labour Party을 통한, 그리고 '공공' 영역에서 정치담론의 함의에 의한, 노동계층의 투쟁을 생각해 보기 바란다. 아니면 전문직 속으로 진입해 들어가기 위하여, 좀 더 최근에는 전문직의 더 높은 계단 속으로 들어가기 위하여, 여성 및 흑인뿐만 아니라 또한 노동계층이 겪는 갈등을 생각해 보기 바란다.

접속에 대한 갈등은 표준화를 중심으로 한 갈등과 혼합된다. 더 앞에서 저자는 표준화의 중요한 부분이 '공적' 제도의 범위에서 쓰이는 형식으로서 표준어의 확립임을 시사하였다. 제2 차 세계대전 뒤 영국에서 상대적으로 노동계층의 권력이 증가하는 맥락에서, 일부 기구(제도) 속에서 비표준 방언에 대한 양보가 이루어졌다. 예를 들어, 방송과 일부 전문직에서 비교적 품격 있는 비표준 발화의 특정 형식이 허용되었다. 다시, 문화적 소수집단들이 교육을 포함하여 제도상의 다양한 영역에서 그들 자신의 언어에 대한 권리를 요구하였고, 다시 어떤 제한적인 양보를 얻어내기에 이르렀다.

§.3-4 요약 및 결론

제3장에서 저자는 한편으로 권력이 담화로 실행되고 재현되며, 다른 한편으로 담화 이면에 숨겨진 권력관계가 있음을 논의하였다. 또한 두 경우에서 모두 사회적 갈등(투쟁)에서 권력이 승리하고 유지되며 상실됨을 논의하였다. '담화로 이뤄진 권력'에 비춰 보아 담화는 권력갈등의 현장이며, '담화 이면에 깔려 있는 권력'에 비춰 보아 권력갈등에서 이해관계stake라고 말할 수 있다. 왜냐하면 담론질서에 대한 통제권이 권력을 유지하기 위한 강력한 기제이기 때문이다.

제3장의 결론을 내리기 위하여, 어떤 광범위한 얼개를 제안하고자 한다. 그 얼개 속에서 담화로 된 장기간의 경향 및 담화를 놓고 이뤄진 사회적 갈등의 결과를 생각해 볼 수 있다. 이는 이어지는 장들을 준비하는 방식이 될 것이다. 저자가 계속 써오고 있는 것으로서, 담화에서 권력을 지닌 참여자들이 권력 없는 참여자들의 기여내용을 놓고서 실행할 수 있는 세 가지 제약유형들 사이에 구분으로부터 시작하기로 한다. 내용·관계·주체(관련당사자) 지위에 대한 제약이다. 이들 제약을 담화로 된 권력의 일로서 상대적으로 직접적이고 구체적인 항(저자가 소개한 방식임)으로 생각하거나, 아니면 권력 이면에 깔려 있는 일로서 상대적으로 '구조적'이며 장기적인 방식, 다시 말하여 이들 세 가지 방식으로 참여자들의 기여내용을 제약해 놓는 담화유형의 관례에 대한 것으로도 생각할 수 있다. 이 제약들을 두 번째 방식으로 고려하는 경우에, 담화에 대한 그런 제약들이 장기간에 걸쳐 좀 더 일반적인 종류의 구조적 효과를 지닐 수 있음을 알 수 있

다. 저자는 담화가 사회적 실천의 일부이며, 사회구조를 재생산하는 데 기여한다고 논의해 오고 있다. 그러므로 만일 담화의 내용에 대하여, 그리고 담화로 재현된 사회적 관계와 그것들을 재현하는 사회적 정체성에 대하여 체계적 제약이 존재한다면, 이것들은 한 제도나 사회를 놓고서 지식과 신념, 사회적 관련성, 사회적 정체성에 대하여 장기간의 효과를 지닐 것으로 기대될 수 있다. 이것이 〈그림 3-1〉로 제시되어 있다.

제약	구조적 효과
내용 관계 주체(관련당사자)	지식 및 신념 사회적 관련성 사회적 정체성

〈그림 3-1〉 담화에 대한 제약 및 구조적 효과

어떤 사회에서이든지 지식과 신념, 사회적 관련성, 사회적 정체성의 측면에서 실천관례에 대한 조율 및 공통성을 획득하기 위한 기제가 존재한다. 이제 세 가지 주요한 유형의 기제를 구분해 놓기로 한다. 첫째, 아무런 대안도 생각해 낼 수 없기 때문에 보편적으로 준수되고 필연적으로 수용되는 실천관례와 담화유형이 있을 것인데, 그것들 속에다 조율된 지식과 신념, 사회적 관련성, 사회적 정체성을 확립해 놓는다. 둘째, 제3장에서 논의된 '담화 이면에 깔려 있는 권력'과 같이 대체로 숨겨진 모습으로 조율이 권력의 행사에 부가될 수 있다. 이런 기제를 '지반(기초) 다져놓기inculcation'라고 부르기로 한다. 셋째, 조율이 합리적 의사소통과 논쟁의 과정을 통해서 도달될 수 있다. 이런 기제를 '상호 의사소통communication'이라고 부르기로 한다.

모든 세 가지 기제가 현대사회에 존재하지만, 가장 현저한 것이 상호 의사소통 및 지반(기초) 다져놓기 사이에 있는 갈등이다. 지반 다져놓기는 계층 지배 및 분화의 조건 아래에서 첫 번째 기제의 보편성과 '자연성'을 재생산하고 싶은 희망에 의해 마련되었다고 생각할 수 있다. 이는 권력의 행사 및 유지를 촉진해 주려고 부분적으로 관계가 있는 실천관례를 자연화해 놓으려고 시도한다. 소략하게 말하여, 지반(기초) 다져놓기는 자신의 권력을 보존하고 싶어 하는 권력을 쥔 자들의 기제이다. 반면에 상호 의사소통은 지배에 저항하는 해방 및 투쟁의 기제이다. 따라서 담화를 놓고 장기간에 걸쳐 갈등에 초점을 모으는 일은, 내용·관계·주체(관련당사자)들에 대한 제약이 지반 다져놓기를 통해서 부과될 것인지(비판적 언어연구 CLS의 주된 관심사가 바로 지반 다져놓기를 통한 강요이다), 아니면 상호 의사소통을 통해 조율될 것인지에 대한 논제가 되는 것이다.

참고문헌

사회적 실천관례에 대한 세 가지 유형(내용·관계·주체)의 제약들 사이에 있는 구별 및 '지반(기초) 다져놓기'와 '상호 의사소통' 사이에 있는 구별은 위르겐 하버마스(Harbermas, 1984)에서[45] 제기되었다. 미셸 푸코(가령 Foucault, 1972)는[46] 물론 위르겐 하버마스 저작들이[47] 언어 및 권력에 대한 논의에서 풍부한 생각들을 담고 있다. 또한 부르디외(Bourdieu, 1992)와[48] 번스따인(Bernstein, 1990)도 참고하기 바란다. 상이한 문화 간 상호작용 사례는 아키나쏘·아지로투투(Akinasso and Ajirotutu, 1982)에서 가져온 것이다. 대중매체 담론에 대해서는 페어클럽(1995a)[49]과 스깔런(Scollon 1998)을 보기 바란다. 리이쓰(Leith, 1983)에는 표준화에 대한 흥미로운 논의가 들어 있으며, 최근 나온 벡스·와츠(Bex and Watts, 1999)도 보기 바란다. 산부인과 검진에 대한 정보와 인용은 에머슨(Emerson, 1970)에서 가져온 것이다. 격식성에 대한 논의는 어뷘(Irvine, 1979)이 도움이 된다. T와 V 형태의 대명사에 대한 계층연구로 브롸운·길먼(Brown and Gilman, 1972)이 있다. '체면(face)'에 대한 논의는 브롸운·레뷘슨(Brown and Levinson 1978)과 토머스(Thomas, 1995)를 보기 바란다.[50]

---

45) (역주) 장춘익 뒤침(2006) 『의사 소통 행위 이론: 행위 합리성과 사회 합리화』 제1권, 『의사 소통 행위 이론: 기능주의적 이성 비판을 위하여』 제2권(나남출판)으로 번역되어 있다.

46) (역주) 이정우 뒤침(2001) 『지식의 고고학』(민음사)로 번역되어 있다.

47) (역주) 번역본을 중심으로 보면, 이진우 뒤침(1997) 『담론 윤리의 해명』(문예출판사), 황태연 뒤침(1997) 『도덕의식과 소통적 행위』(나남출판), 황태연 뒤침(2000) 『이질성의 포용』(나남출판), 홍윤기 뒤침(2001)『의사소통의 철학』(민음사), 한상진·박영도 뒤침(2000) 『사실성과 타당성』(나남출판), 한승완 뒤침(2001) 『공론장의 구조변동』(나남출판) 등 십 수 권이 나와 있다. 또한 개관서로서 장춘익 외 11인(1996) 『하버마스의 사상: 주요 주제와 쟁점들』(나남출판)을 살펴보기 바란다.

48) (역주) 제1장의 역주 5)를 보기 바란다.

49) (역주) 이원표 뒤침(2004) 『대중매체 담화 분석』(한국문화사)로 번역되어 있다.

50) (역주) 마지막 이 문장은 원서에서 교정의 실수로 제4장 참고문헌에 있었던 것이지만, 이곳으로 옮겨와야 마땅하므로 맨 끝에 추가하였다. '체면(face)'에 대한 논의는 고프먼(Goffman, 1967) 『상호작용 의례: 얼굴을 마주보는 행동에 대한 논의(*Interaction Ritual: Essays*

on Face-to-face Behavior)』(Pantheon Books)에서 본격화되었다. 상호작용의 흐름을 체면을 보호하는 행위(face-saving act)와 체면을 위협하는 행위(face-threatening act)로 구분하여 설명하는 것이다. 브롸운·레뷘슨(1978)은 이를 '공손성(politeness)' 개념에 확대하여 적용한 업적이며, 고프먼에게 헌정된 책자로서 1987년(제2판)에 『공손성: 언어용법에서 몇몇 보편성(*oliteness: Some Universals in Language Usage*)』(Cambridge University Press)이 나왔다. 기본문헌으로서 또한 와츠·이데·에릭(Watts, Ide, Ehlich, 1992) 엮음 『언어에 있는 공손성: 역사·이론·실천에 대한 연구(*Politeness in Language: Studies in its History, Theory, and Practice*)』(Mouton de Gruyter), 와츠(Watts, 2003) 『공손성(*Politeness*)』(Cambridge University Press), 언어공손성 연구모임(Linguistic Politeness Research Group, 2011) 엮음 『공손성에 대한 담화 접근(*Discursive Approaches to Politeness*)』(De Gruyter Mouton)도 참고하기 바란다. 번역자의 판단에 국어학 쪽의 공손성 연구는 대부분 표면적인 언어형식에만 주목하는 데에 그치고 있어서 아쉽다. 마땅히 공손성의 보편적 논의를 수용하여 공손표현을 산출해 내는 밑바닥의 작용원리와 사회적 관계까지 심층적으로 그리고 입체적으로 다루어 나가야 할 것이다.

제4장 담화·상식·이념

제4장에서는 이념에 대한 견해와 제2장에서 소개한 담화와 이념의 관련성을 더욱 자세히 다루기로 한다. 즉, 담화에서 이용되는 관례들이 단지 '상식common sense'으로 간주되어 온 이념적 가정을 구현하며, 기존의 권력관계를 유지해 주는 데 기여하는 준다는 견해이다. 이념과 권력 사이에 있는 이런 긴밀한 관련성이 사실이라면, 제4장은 불가피하게 제3장과 겹치게 될 것이다. 그러나 두 장에서 모두 권력에 관심을 두지만, 초점은 서로 다르다. 제3장에서는 광범위하게 언어와 권력에 대하여 논의를 하였지만, 제4장에서는 특히 권력에 봉사하는 상식에, 다시 말하여 상식의 일로 당연시되는 담화의 특징 속에 이념이 어떻게 내포되어 있는지에 초점이 맞춰져 있다.

사회학자 해럴드 가핑클Harold Garfinkle[1])은 '일상생활의 익숙한 상식

1) (역주) 사회학자 가핑클(Garfinkel, 1917~)은 1967년『하위집단 관찰해석법 연구(Studies in Ethnomethodology, 민속방법론 연구)』를 출간하였는데, 여기서는 법정이나 진료실 등 다양하게 제도(기관)적인 일상현장에서 일어나는 실천사례들을 다룬다. 언어학에서는 특

세계'에 대하여 글을 썼는데, 전적으로 한 사회의 구성원들에 대한 행동 및 다른 사람들의 행동에 대한 해석을 둘 모두 통제하는 가정과 기대로 확립된 세계이다. 그런 가정과 기대는 암묵적이며, 배경으로 깔려 있고, 당연시 된다. 사람들이 의식적으로 깨닫는 대상이 아니고, 거의 명시적으로 형성되지도 검사되지도 의문시되지도 않는다. 담화의 상식은 이런 그림의 두드러진 일부분이다. 이념의 효과는 현저한 정도까지 담화 및 사회적 행위의 다른 형식에 대한 이런 상식적 배경과 뒤섞인 상태로 담화에 의존한다.

제4장에서 제기될 질문들의 목록을 미리 개략적 출현순서대로 제시함으로써 이 장의 내용을 보기로 한다.

① 담화에서 '상식'이란 무엇인가? 상식이 담화의 일관성과 어떻게 관련되는가? 담화 해석의 과정과 어떻게 관련되는가? 그리고 상식·일관성·이념 사이에 있는 관련성은 무엇인가?
② 한 사회 속에서 이념이 어느 정도까지 다양하게 변동되는가? 그리고 그런 변이가 담화에서 어떻게 분명히 나타나는가?
③ 이념적 변이 및 사회적 갈등 사이에 있는 관련성은 무엇인가? 갈등이 일어나는 과정에서 담화의 이념적 상식이 어떻게 생성되는가?
④ 이념적 상식이 언어표현의 의미에 어떻게 영향을 주고, 말하기와 글쓰기의 관례적 실천관행에 어떻게 영향을 주며, 사회적 주체social subject와 담화의 상황에 어떻게 영향을 주는가?
⑤ 배경으로 깔린 이런 상식을 분석가들이 어떻게 전면으로 부각시킬 수 있는가?

히 '대화 분석'에 크게 영향을 주었다. 릿저(Ritzer; 김왕배 외 14인 뒤침, 2005) 『사회학 이론』(한울출판사) 제11장 '민속방법론'과 터너(Turner; 정태환 외 4인 뒤침, 2001) 『현대 사회학 이론』(나남출판) 제31장 '민속방법론의 도전'을 읽어보기 바란다. 현대 사회학에서 일상세계를 어떻게 다뤄왔는지에 대해서는 강수택(1998) 『일상생활의 패러다임: 현대 사회학의 이해』(민음사)를 읽어보기 바란다.

§.4-1 암묵적 가정·일관성·추론

제2장에서 이미 지적한 대로 텍스트[2])가 글말로 씌어질 수도 있고 입말로 말해질 수도 있음을 기억하기 바란다. 여러분이 전체 텍스트의 구성요소 부분들을 다 알고 있다고 가정하면서, 우리가 전체 텍스트를 이해하기 위하여, 전체 텍스트에 대해 일관된 해석에 도달하기 위하여, 반드시 해야 하는 것은 무엇일까? 사뭇 큰 이 질문에 온전히 답변을 하려고 노력하기 전에, 먼저 여러분이 반드시 실행해야 할 것을 두 가지 제시하기로 한다. 첫째, 분명히 그 텍스트의 부분들이 서로서로 어떻게 연결되어 있는지를 알아낼 필요가 있다. 둘째, 또한 그 텍스트 내용이 세계에 대한 여러분의 기존경험과 얼마나 잘 들어맞는지를 알아차릴 필요가 있다. 즉, 그 내용이 세계의 어떤 측면들과 관련되는지, 또는 사실상 세계에 대한 어떤 복합개념을 전제하고 있는지에 대해서이다. 간단히 말하여, 텍스트와 세계 사이에 적합성fit, 잘 들어맞음을 확립할 필요가 있는 것이다.

저자는 다음 두 가지 유형의 연결을 모두 생겨나게 하는 방식으로 일관성coherence, 의미연결성이란[3]) 용어를 쓰게 될 것이다.

---

2) (역주) 텍스트의 어원 textus는 'to weave(옷감을 짜다)'는 뜻이며, 여기서 옷감(textile)이란 말도 나왔다. 날줄과 씨줄로 옷감이 이뤄지는데, 날줄은 덩잇글에서 문단과 문단을 이어나가는 커다란 실에 해당하고, 날줄 사이를 오가는 씨줄은 하나하나의 문장이라고 말할 수 있다. 여기서 텍스트는 주로 '해석대상'이 되는 글말과 입말을 포함한 상의어로 쓰이지만, 경우에 따라서는 그림이나 음악처럼 다른 감각기관을 이용한 해석대상까지도 싸안을 수 있다. 입말 텍스트는 '덩잇말'로, 글말 텍스트는 '덩잇글'로 번역될 수 있다. 그렇지만 현재 덩잇말과 덩잇글을 포괄할 수 있는 마뜩한 우리말 상의어가 찾아지지 않으므로, 불가피하게 외래어로서 '텍스트'를 써 둔다. 그런데 이 책보다 4년 뒤에 출간된 페어클럽(2003) §.1-2에서는, 텍스트를 사용 중인 언어를 모두 포괄하는 것으로 정의하는데, 이 때에는 산출 대상 및 해석 대상을 둘 모두 가리킨다. 이 책에서 산출 측면을 가리키던 '담화'라는 용어는 대신 '사회분석'과 관련된 것으로 재정의되어 있다. 다시 말하여, 페어클럽(2003)에서는 더욱 엄격히 정의하여 최상위 개념이 사회관계이고, 하위개념이 담화이며, 차하위개념이 텍스트이고, 텍스트의 요소들은 언어라고 불린다. 이를 꺾쇠괄호를 써서 다음처럼 나타낼 수 있다. [사회적 관계 [담화 [텍스트 […언어…]]]]. 또한 §.2-2-2에 있는 역주 8)과 10)을 보기 바란다.

3) (역주) 어원은 'together + to stick'(함께 붙다)이며, 흔히 같은 어원을 지닌 cohesion(문장 사이의 연결)과 구별해서 쓴다. 먼저 하나의 문장이 있다고 하면, 텍스트를 전개해(펼쳐)

(1) 텍스트의 순차적 연결부분들 사이에 있는 연결

(2) 텍스트(의 일부) 및 '세계' 사이에 있는 연결

이것들이 텍스트의 해석으로 우리가 만들어 내는 연결내용이다. 텍스트 그 자체에 의해서 만들어지는 것이 아니다. 그러나 연결내용을 만들어 내기 위하여, 우리는 저자가 막 언급하였던 그런 배경 '가정 및 기대'들을 이용해야 한다. 텍스트 전반에 대한 의미나 일관성은 텍스트에 들어 있는 것과 이미 해석자의 머릿속에 들어 있는 것을 함께 모아 놓을 때에 여러분이 얻게 되는 일종의 화학반응으로 생성된다. 다시 말하여, 해석 주체의 상식적 가정 및 기대이며, 저자가 '구성원들의 기억자원MR'으로 불렀던 바의 일부이다(§.1-1-4).

이들 연결유형 중 두 번째에 대한 간략한 사례를 놓고서 시작하기로 하겠는데, 텍스트 및 세계 사이에 있는 연결내용이다. 어느 '참된

나가기 위하여, 이 문장이 다음 문장과 이어져야 한다. 이 때 이용되는 다섯 종류의 언어기제를 cohesion(통사결속) 또는 '언어 내적' 정보(intra-linguistic information)로 부른다. ① 대명사를 비롯한 지시표현, ② 유사한 낱말들을 이용한 어휘사슬, ③ 생략, ④ 동사구 등을 대신하는 대치표현, ⑤ 접속사. 김지홍(2010) 『언어의 심층과 언어교육』(도서출판 경진) 제3장을 보기 바란다. 더러 이를 '응집성'으로도 번역하지만, 문장은 전개되는(펼쳐져 나가는) 것이지, 결코 한 점에 모여 엉기는 것이 아니므로, 잘못된 용어이다. 만일 통사론과 접맥시키기 위하여 만들어 낸 용어 '통사결속'이 어색하다면(Cook, 1989; 김지홍 뒤침, 2003, 『담화: 옥스포드 언어교육 지침서』, 범문사), 평이하게 '문장연결'이라고 부를 수 있겠지만, 문장이란 용어는 발화들의 연결을 다룰 수 없다는 점이 흠이다.

그런데 문장이나 발화가 모여 문단이나 단락을 이루게 되면, 다시 문단(단락)끼리도 묶이거나 연결되어야 한다. 이 경우에는 고정된 언어기제가 없다. 산출자에 따라서 명시적으로 문단이나 단락의 연결을 언어로 표현할 수도 있고(서론 → 본론 → 결론; 첫째·둘째·셋째 따위), 그런 표지가 전혀 없을 수도 있다. 따라서 이런 연결을 이해하려면, 해석 주체가 반드시 자신의 배경지식에서 관련된 내용들을 해석에 불러들여야 하며, 그 결과 텍스트(덩잇글/덩잇말)에 대해 일관된 해석이 추론되어 나오는 것이다. 이런 과정에 동원되는 속성을 일관성(coherence, 의미연결성) 또는 '언어 외적' 정보(extra-linguistic information)라고 부른다. 본문에서 저자는 이 속성이 "텍스트 자체에 의해서 만들어지는 것이 아님"(they are not made by the text itself)을 분명히 밝혀 놓았다.

한편, 언어심리학에서는 이 두 개념을 적용 영역별로 나누어서 각각 통사결속을 지엽적 연결(local coherence), 의미연결(일관성 부여)을 전반적 연결(global coherence)라고 부른다. 그렇지만, 각각 언어 내적 속성과 언어 외적 속성을 이용한다는 본질을 정확히 포착해 내지 못한다는 한계를 지녔다. 필자는 coherence를 앞의 용어 '통사결속(cohesion)'과 대립시켜 '의미연결'로 써 왔다. 그렇지만 여기서는 전체 텍스트에 일관된 해석을 만들어낸다는 뜻에다 더 초점을 모아서 '일관성'으로 번역해 둔다.

낭만true romance' 잡지로부터 가져온 '탄생석birthstone'[4])에 대한 기사에서 하나의 문장을 뽑아내었다.

For many centuries, the opal was reputed to be an unfortunate stone, bringing the wearer bad luck
(여러 세기 동안 오팔은 소지자에게 불운을 가져다 준다고 하여 불행한 보석으로 평판을 받았습니다.)

▶▶▷『참된 이야기(True Story)』, 1986년 여름 특집호, Argus 출판사

이 문장을 이해하기 위해서 설사 받아들이지 않더라도(≒즉, 오팔과 불운의 관련성을 부인함) 여러분은 최소한 세계에 대한 어떤 복합개념을 임시 마음에 품을 필요가 있는가? 아마도 보석과 같은 물건이 인간의 생활과 운수에 영향을 줄 수 있는 세계가 필요할 듯하다! 이런 종류의 텍스트는 일부 사람들에게 '상식'인 세계관을 전제한다는 점에서 흥미롭지만, 다른 사람들에게는 이상하게 비춰진다. 그런 경우에는 다른 경우보다도 묵시적 가정들이 좀 더 쉽게 짜여질 수 있다.

그러나 이것이 단일한 하나의 문장이다. 전체 텍스트의 일관성에 대해서는 어떠한가? 다음에 사뭇 다른 종류의 사례가 있다. '참된 낭만' 잡지에서 '일종의 그의 사랑은His kind of loving'이라고 제목이 붙은 이야기의 시작부분이다.

[텍스트 4-1] 출처: 『참된 이야기True Story』, 1986년 여름 특집호

His kind of loving…

Driving rain almost obscured the wooded hills as I made my way along the winding roads towards the village *where I had my craft shop.*

---

4) (역주) 1912년 미국 보석상 조합에서 월별 탄생석을 제정하여 해당 보석을 몸에 지니면 행복을 얻을 수 있다고 선전하였다. 인용문에 있는 보석은 10월의 탄생석으로, 오우펄(opal, 단백석, 오팔)과 투어멀린(tourmaline, 전기를 띠므로 '전기석'으로도 번역함)이다.

As I drove over the bridge and towards the shop *I was excited about Geoff's arrival* that evening. I hadn't seen him since I'd left Hampshire for Scotland three months before.

Geoff had been annoyed. 'I can see there's no use my trying to change your mind, Carrie. Go ahead, move to Scotland and open your shop.'

'We can be married next year', *I pleaded. 'I have to take this chance of running my own business*, Geoff.'

'Just when I think you're going to settle down, *you get this hare-brained idea.*'

I sighed as I remembered our conversation …

일종의 그의 사랑은…

구부러진 도로를 따라 내 공예품 가게가 있는 마을을 향해 가면서 빗속에서 운전하는 일은 시계가 흐릿하여 숲이 무성한 언덕들을 거의 볼 수 없었다.

내가 다리를 넘고 가게 쪽으로 운전해 가면서, 그날 저녁 줴프(줴프뤼)가 도착하기 때문에 마음이 설레었다. 내가 세 달 전에 스코틀랜드로 오기 위해 햄프셔를 떠난 이후에는 그를 보지 못하였다.

줴프가 싫은 기색으로 말했다. "캐뤼(캐롤라인), 난 네 마음을 바꾸려는 노력이 조금도 소용없다는 걸 잘 알아. 계획대로 스코틀랜드로 가서 네 가게를 열어."

나는 "내년에 우리가 결혼할 수 있을 거야. 줴프, 난 내 자신의 사업을 해 볼 이번 기회를 반드시 잡아야만 해."라고 간청하며 말했다.

"네가 거기에 정착할 것으로 생각하는 경우라면, 경솔한 생각을 하고 있는 거야."라고 그가 대꾸했다.

우리 대화를 기억하면서 나는 한숨을 내쉬었다…

생각해 보기 바랍니다

앞에서 특정한 표현들을 이탤릭 글씨로(번역에서는 밑줄을 그음) 강조해 놓았습니다. 그 표현들이 캐뤼가 어떤 종류의 사람인지에 대하여 여러분에게 무엇을 말해 준다고 생각하십니까? 인용 부분에서 내내 그들의 '전달내용'(메시지)이 일관되어 있습니까, 아니면 모순된 것들을 읽게 됩니까? 이런 표현으로부터 나온 이들 전달내용을 도출하기 위하여, 여러분은 그 여자에 대해서 어떤 묵시적 가정들이 필요합니까?

저자는 캐뤼(캐롤라인)에 대하여 두 가지 '전달내용'(메시지)이 있다고 생각합니다. 하나는 표면상 그 텍스트에 여성해방주의 색깔을 칠해 놓는 것이고, 다른 하나는 굳게 가부장제 이념을 고수하는 것입니다. 그녀는 자신의 사업으로 공예품 가게를 운영하는 독립적인 사람입니다. 또한 다른 한편으로 전통적인 복종의 부덕을 지닌 여자로서, 마음이 설레고, '자기 애인'한테 간청을 하며, 한숨을 짓고, 자신의 사업계획을 '경솔하다'고 매도하는 것에도 저항하지 않은 채 순순히 받아들입니다. 독자들은 밑줄 그은 요소들을 묵시적 얼개에 관련시켜 놓음으로써 이런 전달내용에 도달하게 됩니다. 이는 대략 다음 내용들을 따라서, 부덕을 지닌 여자가 누구이며, 무엇을 (응당 해야) 하는지에 대한 내용을 구성하게 됩니다.

(1) "여자는 남자처럼 상당한 인격체이고, 사회경력을 쌓으며, 자신의 인생 등에 대해서 스스로 결정을 내릴 권리를 지닌다."
(2) "여자는 자기 인생의 중요한 측면들에 대해서 남자의 판단에 복종하여 따르게 마련이고, 감성과 감정 표현에 더 많이 휩싸이는 경향이 있다."

한 무리의 텍스트 속 요소들이 특정한 틀요소[5]를 위한 '단서'로 작동하

5) (역주) 이 책의 저자는 frame을 §.6-1-4에서 다르게 정의하는데, '틀요소'로 번역해 둔다. 일반적으로 frame은 이른바 작은사회학(미시사회학) 또는 상호작용 사회학으로 불리는 분야를 집중적으로 다룬 사회학자 어빙 고프먼(Erving Goffman, 1974) 『틀 분석: 경험의 조직화에 대한 글(*Frame Analysis: An Essay on the Organization of Experience*)』(NorthEastern

며, 그 틀요소는 일관된 전체내용 속에서 텍스트 속에 들어있는 각각의 세부사항을 해석하기 위한 터전을 제공해 줍니다. 따라서 해석의 과정에서 그 틀요소에 의해서 외견상 다양하게 이탤릭 글씨로(번역에서는 밑줄로) 강조된 요소들에 일관성이 주어지는 것입니다. 또는 저자가 앞에서 언급한 바대로 말한다면, 이 텍스트에 일관성을 부여하는 것은 기억자원[MR]의 일부로서 이미 해석자의 머릿속에[in] 들어 있는 기대 및 가정들입니다. '틀요소'에 대해서는 §.6-1-4를 보기 바랍니다.

흔히 있는 사례처럼 '전통적인 순종형 여자'라는 전달내용은 시각적으로 강화된다. 앞의 사례에서는 이야기 시작부분에 캐뤼와 줴프의 사진이 함께 들어가 있다. 캐뤼는 키가 작고 금발이며 몽상가의 눈매를 지니고 있다. 줴프는 키가 크고 검은 머리에 미남형 얼굴이다. 줴프가 캐뤼 쪽으로 기대고 있는데, 그녀 위로 장대처럼 훌쭉 솟아 있고, 그녀의 팔을 끌어안고 있으며, 보호형 손을 지녔다. 심지어 '일종의 그의 사랑은…'이란 제목이 인쇄된 활자체도 일부러 '참된 낭만'의 실례를 불러일으키기 위하여 선택된 듯하다.

역설적으로 보일 수도 있겠으나, 텍스트의 산출과 텍스트의 해석이 해석적 성격을 지님에 주목하기 바란다. 텍스트 산출자는 당시 초점이 모아진 세계에 대한, 또는 세계의 여러 측면에 대한 해석으로서 해당 텍스트를 구성해 낸다. 텍스트의 형식적 특징은 그런 해석에 대한 흔적[traces]인 것이다. 그 흔적은 텍스트 해석자를 위한 '단서[cues]'를 구성해 주는데, 해당 텍스트에 대한 자신의 해석을 구성하기 위하여 해석자는 (틀요소로 한데 모아져 있는) 자신의 가정 및 기대를

University Press)에서 나온 개념이다. 이는 베잇슨(Bateson, 1972; 서봉석 뒤침, 1989) 『마음의 생태학』(민음사) 195쪽에서 빌려온 것이다(그곳에는 '테두리'로 번역됨). 이때 '틀'은 한 텍스트를 해석하기 위해 기본적으로 부과되어야 하는 해석지침이나 해석방향을 가리킨다. 이런 틀과 관련하여 언어학 쪽에서는 조쥐 레이콥(George Lakoff)과 데보라 테는(Deborah Tannen)의 책들이 이미 십수 종 번역되어 있다. 자세한 내용은 개정판 서문의 역주 2)와 제1장의 역주 4)와 §.2-2-2에 있는 역주 8)을 보기 바란다.

이용하게 된다. 따라서 텍스트 해석은 임의의 해석에 대한 특정한 해석the interpretation of an interpretation이 되는 것이다. 왜냐하면 세계이든지 텍스트이든지 그 자체로는 '거기' 있는 바에 대한 해석을 부과해 놓지 않기 때문이다(≒반드시 해석 주체의 기억자원 또는 배경지식을 동원해야 함). 텍스트의 산출과 해석 두 가지가 모두 창조적이고 구성적이며 해석적인 과정들이다.

Think 생각해 보기 바랍니다

일상적으로 여러분이 보거나 듣는 텍스트들에 대해서, 여러분이 지닌 고정된 해석이 얼마만큼 텍스트로부터가 아니라 오히려 여러분 자신(≒기억자원, 배경지식)으로부터 나오게 됩니까? 심상들도 낱말들처럼 그것들 나름의 해석을 부과해 놓지 않음에 유념하시기 바랍니다. 언제나 해석자만이 모종의 책임을 지게 됩니다! 오늘날 지하철 속에서, 버스에서, 게시판 속에서, 가게 진열대 유리에서, 우편함을 통해 배달되어 오는 전단지에서, 온통 우리를 둘러싸고 있는 광고 조각(단편)들에 대하여 생각해 보기 바랍니다. 그것들을 해석하기 위하여 여러분은 어떤 틀요소를 이용하십니까? 여러분은 어떤 단서들에 대해서 반응을 하십니까?

이제 앞에서 구분해 놓은 일관성의 측면들 중에서 첫 번째 측면, 텍스트의 순서로 된 부분들 사이에 있는 일관성으로 되돌아가기로 한다. 묵시적인 가정들이 명시적인 명제들 사이에서 '잃어버린 연결점'들을 보충해 줌으로써 텍스트의 연속부분들을 함께 이어 준다. 이는 청자/독자가 자동적으로 보충해 놓거나 또는 추론하기inferencing[6] 과정을 통해서 해결하는 것인데, §.3-1-2에 있는 '제니 키이블Jenny

6) (역주) 소략하게 말하여, 추론이란 말은 정보를 덜어내고(reduction) 정보를 더해 놓는(accretion) 과정을 가리킨다. 덩잇글을 이해하는 과정에서 이용되는 추론을 킨취(Kintsch, 1998; 김지홍·문선모 뒤침, 2010) 『이해: 인지 패러다임』 II(나남출판) 127쪽에서는 다음처럼 네 가지로 분류하였다.

	인출 과정	생성 과정
무의식적 자동추론	A (교량추론, 연상 정교화)	C (유사영역에서 이행추론)
의식적인 통제추론	B (교량지식에 대한 탐색)	D (논리적 추론)

Keeble' 텍스트와 관련하여 간략히 살펴봤던 개념이다. '일종의 그의 사랑은'에서 두 번째와 세 번째 문장을 살펴보기로 한다("내가 다리를 넘고 가게 쪽으로 운전해 가면서…"). 그 문장들 사이에는 오직 어떤 세계를 가정할 경우에라야 일관된 연결이 생겨난다. 세 달이나 만나지 못한 사랑하는 누군가를 여러분이 곧 보게 되리라는 생각에 설렐 것 같은 어떤 세계이다. 이런 가정을 얻어내기 위하여 얼마나 많은 작업이나 추론을 행해야 할 것인가? 저자는 아무 작업도 필요 없을 것이라고 본다. 우리들 대부분에게 그것이 실제 세상이기 때문에, 그것이 사랑하는 관계를 위한 틀요소의 일부이고, 있는 그대로 문장의 순차 연결이 논리적인 것 말고 다른 임의의 것이 됨은 전혀 생겨나지 않을 듯하기 때문이다! 자동적인 틈새채우기gap-filling 과정에 의해서 우리는 연결가정을 자동적으로(≒무의식적으로) 보충해 놓는다. 또한 추론하기 및 자동적인 틈새채우기 사이에 있는 구별을 일관성의 텍스트/세계 측면에 적용할 수도 있다. 텍스트는 자동적으로든지 아니면 추론 작업을 통해서 세계에 '맞춰질' 수 있는 것이다.

자동적인 틈새채우기 및 추론하기 사이에 뚜렷한 구획선이 있는 것은 아니다. 두 가지 이유 때문이다. 특별한 작업을 필요로 하지 않는 연결로부터 시작하여, 많은 추론 '작업'이 필요한 연결에 이르기까지, 아마 저울눈이 있기 때문이다. 또한 한 사람에 의해서 손쉽게 자동적으로 보충되는 연결이 다른 사람으로부터는(또는 동일한 사람이라 하더라도 실제로 또 다른 텍스트에 대해서는) 추론작업이 필요할 수도 있기 때문이다. [텍스트 4-2]는 아마 인용해 온 종류의 잡지를 구독하는 정규독자들로부터는 별다른 추론작업을 요구하지 않겠지만, 다른 사람들로부터는 추론작업을 요구할 수도 있을 것 같다.

저자의 느낌으로는, 맨 왼쪽 난에 종서(세로) 글씨체로 인쇄된 제목에 일관성을 부여하는 상식적 가정이 다음과 같다. 첫째 '고민'을 해결하는 길이 이야기할 누군가를 찾는 일이다. 둘째 이런 '누군가'의 역할이 본질적으로 '귀 기울여' 주는 일이다. 달리 말하여, 민간지

[텍스트 4-2] 출처: 『청바지세대Blue Jeans』, 1986년 5월 24일, 488호

PROBLEMS

Need someone to talk to? We're always willing to listen. You can write to us, Dave and Lesley, at: Blue Jeans, P.O. Box No. 305, London NW1 1TX. Please enclose a stamped, addressed envelope if you'd like a personal reply.

Embarrassed By Boys

Please help me. I'm 13 and whenever there's a boy on TV, and my mum's in the room I get really embarrassed. I've never been out with anyone even though Mum says I'm quite pretty. How can I get over this problem?
Worried BJ fan, Chester.

Most people — girls as well as boys — go through a phase of feeling nervous with the opposite sex. It happens because all of a sudden boys aren't just friends any more — they're people you fancy and think about going out with. The secret is to relax and try to still look on the boys you know as friends. You'll find you get on much better with boys if you're not always worrying about how you look — it's much more important to have fun. Don't worry that you haven't been out with anyone yet — you've got plenty of time!
Lesley.

고민

을 들어줄 사람이 필요합니까? 언제나 기꺼이 상담해 드리겠습니다. 데이브와 레즐리한테 편지를 주십시오. 블루진, 사서함 305호, 런던 NW1 1TX. 개인적으로 대답을 원한다면, 회신주소가 쓰인 봉투에 우표를 붙여서 보내 주시기 바랍니다.

남자애들한테 부끄럼을 많이 타요.

도와주세요. 전 13살 소녀인데, TV에서 소년이 나오고 엄마가 거실에 같이 있으면 사실 난 당황스럽게 돼요. 비록 엄마가 나를 아주 예쁘다고 하더라도, 아직 한 번도 교제해 본 적이 없거든요. 이 고민을 어떻게 극복하면 되죠?
걱정에 휩싸인 BJ 열성 지지자, 췌스터 드림

대부분의 사람, 소녀뿐 아니라 소년들도 이성과 마주치면 긴장하는 단계를 거쳐 성장하게 됩니다. 갑자기 사내애들이 더 이상 친구가 아니기 때문에 이런 일이 일어납니다. 여러분이 상상하고 함께 교제하는 일에 대해 생각하게 되는 사람인 것입니다. 해결의 비밀은 긴장을 풀고, 계속 여러분이 알고 있는 소년들을 그냥 친구로 바라보도록 하는 겁니다. 여러분이 어떻게 보일지에 대해 늘 걱정만 하지 않는다면, 소년들과도 더 친하게 지낼 수 있음을 깨닫게 될 겁니다. 즐겁게 지내는 일이 더욱 중요합니다. 아직 누구와도 교제해 보지 않았다 하더라도 걱정 마세요. 앞으로도 엄청 많은 시간이 있을 테니까요!
레즐리 씀.

혜에 따르면 여러분이 혼자서 고민거리를 해결하려고 하기보다는, '동정심'을 지니고서 잘 들어 주는 '좋은 청자'에게 고민거리를 말해야 한다. 고유의 제목('고민')을 그 제목 옆에다 작은 글씨로 인쇄된 문장들에 연결시키기 위해서는 이들 가정이 필요하다. 또한 세 번째 문장 "편지를 주십시오"를 앞의 두 문장("필요합니까, 상담해 드리겠습니다")과 일관되게 이어주기 위하여 말하고 듣는 일이 글말(그리고 인쇄)

로만 진행될 수 있음을 가정할 필요가 있음에도 유의하기 바란다!

Think 생각해 보기 바랍니다

그러나 편지와 답신은 어떠합니까? 일관된 해석을 하기 위하여 어떤 묵시적 가정들이 필요합니까? 여러분은 '틈새채우기'를 통해서 자동적으로 그 가정들을 보충한다고 생각하십니까? 아니면 추론하는 일을 통하여 그런 가정들을 풀어냅니까? 그런 일을 의식적으로 실행하기가 어렵다고 보십니까?

첫째, 그 편지를 '도움' 요청 및 회신으로 일관되게 연결(해석)하기 위해서, 글로 조언을 '적어 주는 일'이 실제로 도움을 주는 일이라고 가정해야 합니다. 둘째, 소녀의 편지에 있는 '비록'이란 낱말이 세 번째 문장 속의 두 개의 절들에다 일관성을 부여하는 데 필요한 가정을 형성하는 단서가 됩니다. 즉, '아주 예쁜' 소녀가 13세쯤이면 남자애와 교제를 하리라 기대될 수 있습니다. 셋째, 실제로 소녀의 '부끄럼'이 '고민'이라는 묵시적 가정 위에서, 두 번째 문장의 내용(아마 세 번째 문장의 내용도)은 네 번째 문장에서 '이 고민'이란 낱말로 다시 언급됩니다. 마지막으로, 답신의 세 번째 문장과 그 앞에 나온 문장 사이에서 일관된 연결을 만들기 위하여, '고민'에 대한 해결책이 '비밀' 속에 놓여 있다는 가정이 필요하며, 오직 일부에게만 알려진 처방이지만, 상담자 '레즐리'에 의해서 '고민에 휩싸인 BJ(블루진 잡지) 열성 지지자'한테 전달된 것입니다.

아마 이와 같은 사례에 대해서 생각을 유발하는 바는, 이들 모든 논쟁거리 가정을 텍스트가 아니라 해석과정 속으로 가져오는 책임을 도맡은 사람은 독자라는 점이다. 텍스트에서는 그런 가정들이 아무 것도 단정되지 않는다. 이는 일반적으로 가정들을 독자 및 해석 주체들에게 부과하는 강력한 방식을 시사해 준다. 텍스트 속의 단서들을 통하여 해석 주체를 위치시킴으로써 해당 텍스트를 이해하고자 한다면, 이들 가정을 반드시 수용해야만 하는 것이다. 설득 담화 및 선전물은 종종 아주 분명한 방식으로 이를 언제나 실행한다. 예를 들어, 신문기자가 기사를 "서방세계에 대한 소련의 위협…"으로 시작한다면, 이미 소련의 위협이 실제 있는 것으로 가정하고 있다. 다행스럽게 언제나 독자들이 집필자가 독자를 위치시키는 바대로 놓여 있기를 받아들이는 것은 아니다!

이제 저자가 다음에 논의하고자 하는 다음 문제로 넘어가기 위해 편리한 시점인데, '상식' 및 이념 사이에 있는 관련성에 대한 것이다. 앞에 있는 사례에서 언급해 둔 묵시적 가정들에 대한 상식이 명백히 이념적 질서에 관한 것이기 때문이다. 다음 절에서 그 이유를 설명하게 될 것이다. 더욱이 일반적으로 깨닫지도 못한 상태로, 항상 그리고 점차적으로 텍스트 해석자 및 텍스트 산출자에게 '가정들을 부과해' 놓는 텍스트를 구성하는 방식에 비춰서, 이념의 작동이 살펴질 수 있다.

§.4-1-1 상식과 이념

비록 전적이지는 않더라도 '상식'은 실질적으로 '이념적'이다. 제2장에서 소개된 상식이란 용어의 의미에서, 그리고 여기서 저자가 1차적으로 관심을 두는 것이 상식과 이념 사이에 있는 이런 중요한 관련성이라는 의미에서 그러하다. 그 관련성은 이탈리아 맑스주의자 앤토니오 그룀씨Antonio Grmasci7)에 의해서 탐구되었는데,

---

7) (역주) 안토니오 그룀씨(Antonio Gramsci, 1891~1937)는 사회주의와 공산주의 그리고 반-파시즘을 주장한 이탈리아 사상가이다. 이탈리아 공산당을 창설하여 1926년 공산당 총서기가 되었지만, 무쏠리니 파씨스트 정권이 모든 정당활동을 금지하면서 투옥되었다. 그는 문화 및 정치 지도력을 분석하였는데, 자본주의가 국가를 지배하는 수단으로 상부구조인 이념이나 문화의 지배권(헤게모니)을 이용한다고 보았다. 이는 정치와 문화 등 상부구조의 영역을 모두 경제요인으로 환원시켜 설명하려고 한 맑스와 구별되는 중요한 차이점이다. 그룀씨는 정치·문화·이념이 그 자체로 독자적 자율성을 갖는 영역이라고 인식하였다. 그룀씨의 책 번역 중에, 이상호 뒤침(1998) 『그람시의 옥중 수고』 1~2(거름)와 김현우·장석준 뒤침(2001) 『안토니오 그람시 옥중 수고 이전』(갈무리)을 참고하기 바란다.

philosophy is contained as an implicit theoretical "premiss"
('철학이 묵시적인 이론상의 "전제"로서 담겨 있고')

a conception of the world that is implicitly manifest in art, in law, in economic activity and in all manifestations of individual and collective life
('예술, 법률, 경제활동, 개인별 그리고 집단적 생활의 모든 구현 속에, 묵시적으로 나타나는 세계에 대한 복합개념으로 담겨 있는')

'실천활동의 한 형태a form of practical activity'를 언급한다. 이념을 '상식'과 연결 짓는 것이, 사회생활의 실천활동들 속에서 배경으로 깔려 있고 당연시되는 '묵시적 철학'으로서 이런 이념에 대한 복합개념인 것이며, 이런 연관 위에서 그람씨 자신에 의해 광범위하게 쓰인 용어이다. 제4장의 나머지 부분에서 저자는 이념적 상식의 속성들을 명시해 놓는 데에 관심을 기울일 것이다.

제2장에서 저자는 이념이 본질적으로 권력관계와 묶여 있는 것으로 간주되어야 함을 제안하였다. 따라서 이념적 상식을 '권력의 불평등한 관계를 유지하는 데 이바지하는 상식'으로 이해하기로 한다. 이는 정도의 문제이다. 어떤 경우에는 비대칭적 권력관계에 대한 관련성이 제3장에서 언급된 모든 사람이 언론의 자유를 지닌다는 상식적 가정처럼 직접적일 수도 있다. 이는 감추어져서 대부분의 사람들에게 다양한 종류의 언론에 대한 차단(방벽)의 현실성을 유지하는 데 도움을 준다. 다른 경우에는 관련성이 간접적일 수도 있다. 예를 들어, 앞 절에 있는 '고민 상담' 텍스트이며, 아래에서 논의하게 될 것이다. 상식을 '이념적' 것과 '비-이념적'인 것으로 분류하는 가정을 하기보다는, 상식적 가정이 다양한 정도로 불평등한 권력관계를 유지하는 데 기여할 수 있다고 말하는 것이 더 도움이 될 것이다.

또한 다양한 정도로 특정한 사회집단의 구성원들 속에서 유대관계를 확립하고 강화시켜 나가는 일처럼 다른 일들도 한다. 여러분의 가족이나 친구나 동료들의 담화에 귀를 기울인다면, 얼마나 많은 가정들이 당연시되는지를 주목하게 될 것이다. 이는 효율성의 문제가 아니라고 논의할 수도 있는데, 모든 사람이 가정하는 바를 문자로 나타내는 일은 의미가 없다. 그러나 그렇게까지 많이 당연하게 여길 수 있는 상태는, 또한 여러분이 '속한' 집단의 중요한 신호가 되는 것은 아닐까?

그러면, '고민 상담' 텍스트를 묵시적 가정형태로서 (간접적으로) 이념적으로 만들어 주는 것은 무엇일까? 사회권력과 전혀 관련이 없는 순전히 개인적 고민만을 다루는 것이 아닐까? 겉보기로는 무관하다. '걱정에 휩싸인' 췌스터Chester에게 십대들이 겪는 이성관계의 현실세계에 잘 맞추어 줌으로써, 자신의 '고민'을 극복할 수 있는 방법에 대한 조언이 주어진다. 그렇지만 '그녀의' 고민은 명백히 그녀만의 것이 아니며, 수많은 십대들에 의해 공유된다. 그리고 그 고민이 개인적 고민보다는 사회적 문제가 되는 것은 아닐까? 의심할 바 없이, 사춘기는 언제나 젊은이들에게 장애/고민을 일으킨다. 그러나 그 장애/고민이 특히 현대사회에서는 십대들이 지닌 이성관계의 본질 때문에, 좀 더 일반적으로 이성관계와 그들의 권력 비대칭성 때문에, 그리고 궁극적으로 다소 왜곡된 우리의 사회 관련성 때문에, 예민하게 되어 있는 듯하다. 이런 사례에서 묵시적 가정들의 이념적 역할은, 이 소녀가 순전히 개인적인 방식으로 겪고 있는 사회적 문제를 다루기 위한 상식적 얼개와 절차를 제공해 주는 데에 있다고 생각한다. 이는 의문시되고 도전을 받고 있는 권력관계로 이끌어 갈 수 있는 생각을 차단해 버리는 데 도움을 준다는 의미에서, '불평등한 권력관계를 유지하는 상식'이다. 즉, 사회문제들에 대해서는 그 문제를 일으킨 사회적 원인과 그 문제를 푸는 사회적 처방이 있다는 생각/관념을 봉쇄하는 것이다.

이념은 그 작동방식이 최소한 시각적일 경우에 가장 효과적이다. 만일 상식이 자기 자신을 희생한 대가로 특정 측면이 권력 불평등을 유지시키고 있음을 깨닫게 된다면, 상식으로 되는 일이 중단되고, 권력 불평등성을 유지하는 능력을 지니는 일, 즉 이념적으로 기능하는 일(순기능)이 차단될 수 있다. 그리고 이념이 텍스트의 명시적 요소들로서가 아니라 배경으로 깔린 가정으로서 담화 속으로 들어오는 경우에, 불가시성invisibility, 눈에 보이지 않아 깨닫지 못하는 속성이 성취된다. 배경가정은 한편으로 텍스트 산출자로 하여금 세계를 특정한 방식으로 '텍스트 속에 깔아 놓도록textualize' 이끌어 가고, 다른 한편으로는 해석자로 하여금 그 텍스트를 특정한 방식으로 해석해 나가도록 이끌어 간다. 일반적으로 텍스트는 이념을 (알아차리기 쉽게) 내뿜지 않는다. 텍스트의 해석에 이념들을 들여오게 만드는 단서를 통해서 해석자를 그렇게 위치시켜 놓으며, 그런 과정 속에서 이념들을 재생산하는 것이다!

그런 이유로 말미암아, 앞 절에서 자동적(≒무의식적) '틈새채우기'로 언급한 내용, 다시 말하여, 의식적인 추론 '작업inferential 'work''이 없이 순차적 연결의 일관성을 위해 필요한 '빠진 연결missing links'을 보충하기, 텍스트를 세계에 자동적으로 '맞추기fitting'는 이념적 관점으로부터 특히 흥밋거리가 된다. 일관된 해석의 구성에서 이념적 가정의 기능이 더욱 기계적(≒무의식적이며 자동적)으로 되면 될수록, 이는 더욱 의식적 자각의 초점으로 되지 않을 것 같고, 따라서 그 이념적 지위가 더욱 더 안전해진다. 이는 또한 담화에서 이념이 이용됨으로써 더욱 효과적으로 재생산됨을 의미한다.

Think 생각해 보기 바랍니다

여성에 대한 여러분의 묵시적 가정이 남성에 대한 묵시적 가정과 얼마나 다릅니까? 여러분의 가정들이 일관성을 뒷받침해 주고 있는 여러분 자신의 담화나 다른 행동에서 그런 사례들을 찾도록 해 보십시오. 일상적으로 여러분이 마주치는 (시각적 영상을 포함한) 텍스트에서, 해당 텍스트들을 해석하기 위하여 필요한 이념적 가정들을 단서로 제시해 주는 방식들에 주의하여 살펴보십시오.

§.4-2 변이체와 이념상의 갈등

누구에게나 참이 되는 이념적 상식을 부과하려고 시도하기 위해서, 권력을 지닌 사람들 쪽에서는 지속적인 노력을 쏟는다. 이를 곧 우리가 살펴보게 될 것이다. 그러나 언제나 일정 정도의 이념적 다양성diversity이 있고, 실제로 갈등과 투쟁이 있으므로, 이념적 통일성이란 결코 완벽히 성취되는 것이 아니다. 때때로 해석자로서 우리가 어느 정도의 객관적 거리를 두고서 비판할 수 있도록 텍스트 산출자가 양식 있는 것으로 납득시키고자 하는 가정들을 (격리시켜) 유지할 수 있는 것은 바로 이런 이유 때문이다.

모든 사람이 한 가지 영역의 이념적 다양성에 익숙해질 것이다. 즉, 정치적 이념이다. 아마 이것이 좋은 출발점인데, 왜냐하면 우리 모두 이념적 상식이 우리 자신의 것과 색다른 정치적 텍스트를 쉽게 발견할 수 있기 때문이다. 다음 인용의 사례에서와 같이 저자에게 이 점은 분명히 참되게 성립한다.

[텍스트 4-3] 출전: 아돌프 히틀러, 『나의 투쟁Mein Kampf』

As a whole, and at all times, the efficiency of the truly national leader consists primarily in preventing the division of attention of a people, and always concentrating it on a single enemy. The more uniformly the fighting will of a people is put into action, the greater will be the magnetic force of the movement and the more powerful the impetus of the blow. It is part of the genius of a great leader to make adversaries of different fields appear as always belonging to one category only, because to weak and unstable characters the knowledge that there are various enemies will lead only too easily to incipient doubts as to their own cause.

As soon as the wavering masses find themselves confronted with too many enemies, objectivity at once steps in, and the question is raised whether actually all the others are wrong and their own nation or their own movement alone is right.

Also with this comes the first paralysis of their own strength. Therefore, a number of essentially different enemies must always be regarded as one in such a way that in the opinion of the mass of one's own adherents the war is being waged against one enemy alone. This strengthens the belief in one's own cause and increases one's bitterness against the attacker.

전체적으로 그리고 어느 시절이나 참된 민중 지도자의 효율성이란, 1차적으로 민중의 주의력이 분산되는 것을 막는 일과 민중의 주의력을 언제나 어떤 단일한 적에게로 집중시키는 일로 이뤄진다. 한 민중의 투쟁의지가 더욱 통일되게 행동으로 옮겨질수록, 운동을 한데 모으는 흡인력이 더욱 커질 것이고, 충격의 여파도 더욱 강력해진다. 다양하게 많은 적들이 존재한다는 지식은, 약하고 불안정한 성격을 지닌 사람에게 아주 쉽사리 그들 자신의 정당성에 의심의 불씨가 생겨나도록 이끌 것이므로, 여러 다른 분야에 퍼져 있는 적들이 항상 하나의 범주에만 속하는 것으로 드러나도록 만드는 일은 위대한 지도자가 지닌 비범한 재능의 일부이다.

동요하고 있는 대중이 너무나 많은 적들과 대치하고 있음을 스스로 깨닫자마자, 곧장 목표의식에 대한 의심이 끼어든다. 실제로 다른 모든 사람이 잘못인지 그리고 오직 홀로 그들 자신의 국가나 운동이 올바른지 여부에 대한 의문이 제기되는 것이다.

또한 이와 더불어, 그들 자신의 강함에 대하여 첫 마비가 생겨 약해져 버린다. 따라서 설령 본질적으로 서로 다른 많은 수의 적이 있다고 하더라도, 하나의 적으로 간주되어, 언제나 그들 자신을 추종하는 군중의 생각에는 홀로 하나의 적과 맞서서 투쟁이 이뤄지는 방식이 되어야만 한다. 이는 그들 자신의 동기에 대한 신념을 강화시켜 주고, 공격자에 대항하여 맞서는 분노감을 높여준다.[8)]

생각해 보기 바랍니다

> '한 민중'의 국가에 대하여, 그리고 국민과 '지도자'의 관계에 대하여, 어떤 묵시적 가정들이 들어 있습니까? 그것들에 문제가 있다고 보십니까?

'한 민중'이 어떤 단일한 개인의 속성(주의력, 의지, 강함, 분노감, 적을 지님)들과 '하나처럼 행동하는' 능력을 지닌 일종의 복합 개인이지만, 이들 속성이 약하고 불안정한 결과로 인하여 병(첫 마비)에 의해서 약해질 수 있다고 가정되고 있습니다. 그리고 이것은 고대 수사학적 기법rhetorical device입니다. 사람들이 스스로 목표에 대한 통일성과 명확성을 유지할 수 없기 때문에(대중들이 동요하고 있음), 그렇게 하는 일(즉, 분산되지 않도록 막아주고 주의력을 집중시키는 일)은 '지도자'의 임무가 됩니다. 민중이나 국가에 대한 지도력이 집단보다는 한 개인(의 비범한 재능)에 맡겨져 있는 것입니다.

민중과 지도자 사이의 관계에 대한 이들 가정은 극단적인 듯하지만, 가령 복합적 개인으로서 민중에 대한 관념은 실제로 아주 흔한 것이다.

생각해 보기 바랍니다

> 민중과 지도자에 대한 묵시적 가정이 여러분이 낯선 것으로 느끼는 정치 텍스트(아마 정치연설이나 정치대담이나 정치선전 전단지)로부터 어떤 단락(passage 구절)을 찾아내고, 될 수 있는 대로 명시적이 되도록 그것들을 글로 표현해 보십시오. 그러고 나서, 여러분의 정치적 견해와 일치하는 어떤 단락(구절)을 놓고서도, 동일한 작업을 시행하는 사뭇 좀 어려운 과제를 진행해 보십시오.

---

8) (역주) 번역본이 여러 종 나와 있다. 황성모 뒤침(1978) 『나의 투쟁』 I~II(동서문화사)를 읽어 보기 바란다. 제1권, 제3장 '비엔나 시절의 일반적인 정치적 고찰' 중에서 '하나의 적에 대한 집중'의 일부를 인용하였다.

분명히 사회들 간에, 또는 특정 사회의 역사에서 상이한 시기 간에, 이념적 다양성의 정도에서 상당한 변이가 있다. 무엇이 다양성의 수준을 결정하는 것일까? 기본적으로 계층 관련성과 계층갈등을 포함하여, 사회 관련성 및 사회갈등의 상태이다. 권력관계가 선명하고 안정된 사회에서는, 상당량의 이념적 다양성을 찾아낼 것으로 기대할 수 없을 것이다. 현대 자본주의 사회는 어떠한가? 예를 들어, 단순히 전체인구가 어떤 지배적인 지배층의 이념 아래 통일되어 있다고 하는 이념의 계층모형에 비춰서 해석할 수 있을까? 비록 이런 모형이 오늘날 그러는 것보다 가령 냉전시기였던 1950년대에 사뭇 더 의미가 있었을지라도, 아마 그렇지 않을 것이다. 최소한 일부 분야에서 오늘날 그림은 이념의 만연에 의해 특성 지워진다. 맑스주의 사회학자 써본Therborn(1941~)은 이를 '대도시에 있는 소리와 신호(간판)의 불협화음the cacophony of sounds and signs of a big city'에 빗댄 바 있다. 더욱이 한 사회 속에서 또한 이념적 다양성의 정도와 관련하여 상이한 기구(제도)들 사이에도 변이가 있을 수 있다.

이념적 다양성은 저자가 '이념적 상식'으로 부르는 바에 대하여 제한점(제약)을 마련해 놓는다. 비록 그럼에도 불구하고 아주 제한된 구성요소들을 지닌 이념들이 상식으로 취급되는 사례들('탄생석' 텍스트 및 히틀러 텍스트)이 있음을 살펴보았지만, 이념적 상식의 가장 효과적인 형태는 실질적으로 한 사회나 기구(제도)의 모든 구성원들에게 그러는 것은 아니라 하더라도, 대부분의 구성원에게 공유된다는 의미에서 '공통성common'이 될 것이다. 분명히 한 사회에서 이념적 다양성이 커질수록 공통성은 더욱 더 줄어들 것이다.

그렇다면, 이들 이념적 다양성은 어디로부터 나오는 것일까? 예를 들어, 무작위로 개인들에 의해서 생성되는 것일까? 이념적 다양성은 오히려 권력에 비춰서 서로서로의 관계(그러고 곧 보게 되겠지만 이념갈등) 속으로 편입되는 사회집단 사이에 있는 지위·경험·관심에서의 차이들로부터 나온다. 이들 집단은 사회계층일 수도 있고, 남자 대여자일 수도 있으며, 민족에 근거한 집단 등일 수도 있다. 종종 특정한 제도/기구와 관련된 좀 더 '국지적인' 종류의 집단도 된다. 제2장에서 다룬 제도적 집단 및 계층·성별 따위 집단 사이에 있는 관련성에 대한 논의를 기억하기 바란다. 교육에서 예를 들어 보면, 어린이·학부모·교사, 그리고 (나이·계층·정치적 헌신 등에 근거하여) 각각 이들 속에 있는 하위집단이 원칙적으로 서로 다른 교육적 이념을 발전시킬 수 있다. 그렇게 상이한 이념들을 발전시킬 것 같은 상황이, 제도적 권력을 놓고서 하위집단 간에 갈등이 존재하는 곳이다.

사회적 갈등이 일어날 수 있는 다양한 형식들 가운데, 현재 맥락에서 특히 관심거리가 되는 것은 이념적 갈등이다. 왜냐하면 이념적 갈등이 현저하게 언어로 일어나기 때문이다. 담화로 발생하고 언어 텍스트로 증거가 주어진다는 분명한 의미에서, 우리는 그런 갈등을 언어로 이뤄진in 것뿐만 아니라, 또한 언어를 벗어난over 것으로도 생각할 수 있다. 즉, 언어가 그 자체로 사회갈등에서 이해관계stake일 뿐만 아니라, 또한 사회갈등의 현장site이라는 의미에서 언어를 벗어난 것이다. 우리는 이미 제3장에서 '담화 이면에 깔려 있는 권력'을 다루면서 이 점을 살펴보았다. 어떤 낱말의 의미가 또는 어떤 언어의 의사소통적 규범이 적법하거나legitimate '올바르거나correct' '적합한지appropriate'와 같은 것을 결정하는 권력을 쥐는 일은, 사회적·이념적 권력의 중요한 측면이며, 따라서 이념적 갈등의 초점이 된다. 기존의 언어 실천관례와 담화의 질서를, 지난날 투쟁의 승패를 반영하며 갈등이 일어나는 이해관계로 간주하는 일은, '담화 이면에 깔려 있는 권력'에 대한 현대적 개념과 더불어 비판적 언어연구CLS의 주요 특징인데, 제1장에서 다뤘듯이 기술만을 일삼는(≒언어형식만을 연구하는) '주류' 언어연구와는 구별된다.

담화에서 찾을 수 있는 상이한 형태의 많은 이념적 갈등이 있다. 다음에 좌파 주간신문에서 가져온 비교적 간단한 사례가 있는데, '심리적 거리를 두는 인용scare quotes'[9])의 용례를 보여 준다.

[텍스트 4-4] 출처: 공산당 기관지, 『7일7 Days』, 1986년 6월

Thatcher's fortress family

The left has been occupied of late grappling with shifts on the economic and industrial terrain. Too preoccupied, it seems, to focus any attention on another area that is also under reconstruction: the family.

Last week Thatcher, Gillick and the Mary Whitehouse posse closed ranks to launch a further onslaught on the 'permissive society'.

The demands for cheap, part-time semi-skilled labour in non-unionised industries is ensuring women's 'right to work'. Many women have no choice but to work, as men are increasingly unable to provide a 'family wage'.

However, as the state skulks off through the back door, one meddling hand remains to ensure that a 'good, moral' sex education, emphasizing a diet of 'self-restraint' and 'stable family life' will act as salvation to all potential hippies and homosexuals.

대처 정부의 탄탄한 가족(가정)

좌파 쪽에서는 경제와 산업 지형에서 최근의 변화에 맞서 겨루는 일에 몰두

---

9) (역주) 일반적으로 quotation(직접인용)은 인용내용에 대해서 평가를 내리지 않고 중립적인 측면이 있다. 한글 맞춤법에서는 큰따옴표(“ ”)를 쓰도록 규정되어 있다. 그렇지만 이와는 달리, 비록 남의 말이나 표현을 인용하더라도, 흔히 그 인용내용에 동의하지 않고서 비판을 하거나 잘못임을 지적하거나 야유를 하려는 경우가 있다. 이를 ‘scare quotes’(심리적으로 거리를 두고 인용함, 복수형태로만 쓰임)라고 부른다. scare(겁을 주어 몰아냄)라는 말 속에는 provocation(도발)이나 sarcasm(야유)의 속뜻을 들어 있다.

본문의 인용에서도 작은따옴표로 된 것들은 모두 비꼬는 어조가 들어가 있다. 또한 말을 하면서 짐짓 검지와 중지를 붙여 세우고서 두 팔을 들어 ‘큰따옴표’ 모습으로 구부리는 경우가 있다. 이는 손짓으로 ‘scare quotes’(심리적 거리를 두는 인용)를 표현한 것이며, 흔히 air quotes(손짓 따옴표)라고 부른다. 심지어 뉴스를 진행하면서도 입말로 ‘quote~unquote’라고 일부러 말하는 경우도 허다하다. 본문에서 scare quotes(심리적으로 거리를 두는 인용)가 정반대로 인용내용에 대해 격찬이나 극찬을 하는 경우도 있다고 언급한다.

이런 인용의 관습은 우리나라 사람들에게는 친숙하지 않은 것이며, 한글맞춤법의 ‘문장부호’에도 이런 내용의 언급은 전혀 없고, 인용 그 자체가 오직 중립적인 듯이 간주하고 있다. 따라서 이 인용문의 번역에서는 쐐기괄호로 표시해서 인용부분이 뭔가 다른 의도로 이용됨을 주목할 수 있도록 놓았다.

해 있다. 너무 골몰한 나머지, 재구성되고 있는 또 다른 분야인 가족(가정)에 대해서는 어떤 주의력도 모을 수 없는 듯하다.

지난 주 대처·길릭·매뤼 화잇하우스 민병대는 <자유방임 사회>에 대해 추가적인 맹공격을 퍼붓기 위하여 대열을 좁혀 한데 모였다.

노동조합이 없는 산업체에서 시간제 저임금의 숙련도가 낮은 노동자에 대한 수요가 역설적으로 여성들의 <일할 권리>를 보장해 주고 있다. 남성들이 차츰 <가사 노동 임금>을 제공해 줄 수 없음에 따라, 많은 여성들이 일할 도리밖에 다른 선택권이 전혀 없다.

그렇지만 사태가 뒷문으로 은밀하게 진행됨에 따라, <자제력> 및 <안정된 가족생활>에 대한 식이요법[diet 감식]을 강조하면서, <건전하고 도덕적인> 성교육이 모든 잠재적인 히피와 동성연애자들에게 구원의 손길로 작동할 것임을 보증해 주려고 참견하는 수법은 여태 변함없이 그대로 남아 있다.

Think 생각해 보기 바랍니다

<자유방임 사회>와 같은 말을 '심리적 거리를 두는 인용(scare quotes)'의 모습으로 표현해 놓아, 이들 표현에 독자가 그런 방식으로 간주하도록 만드는 효과는 무엇이겠습니까? '심리적 거리를 두는 인용'이 변함없이 여기에 있는 효과의 종류를 지닙니까? 이런 인용이 일반적으로 여러분이 구독하는 신문에 나타나는 경우에, 여러분 자신의 반응에 유의하기 바랍니다.

저자의 생각에, 이 사례에 있는 효과는 독자에게 이들 표현이 모종의 방식으로 문제가 있음을 경고하여 알려 주려는 것입니다. 이들 표현으로부터 집필자를 분리시켜 놓고서, 인용내용이 자신이 아닌 다른 누군가에게 속함을 분명히 만들려고 하는 것입니다. 즉, 집필자와 글속에서 '가정된 독자들'의 정치적 반대편에 있는 사람들입니다. 정반대로, 일부의 경우에서는 어떤 표현을 '심리적 거리를 두는 인용' 모습으로 표현하는 일이, 그 내용을 격찬하는 방식도 됩니다.

흥미로운 질문은 특정 사례에서 이런 단서를 독자가 다른 방식이 아닌 하나의 방식으로 해석할지 여부를 알게 되는 방법에 대한 것이다. 다시 이는 명백히 독자들이 텍스트 해석을 위해 이용하는 묵시적 가정(MR, 기억자원)과 관련된 어떤 것이다. 예를 들어, '자유방임 사회'의 경우에 공산당 기관지인 『7일』의 독자들 대부분은 이 기사를 보기 전에 이런 표현이 해당 기관지의 이념과는 이질적인 이념에 속함을 깨달을 것이다. 따라서 문제없이 그 표현을 해체시켜 버리는 방식으로 해석하게 될 것이다. 우연히 이를 깨닫지 못하였다고 하더라도, 즉각적인 맥락이 독자를 도와줄 것 같다. 왜냐하면 '민병대 posse'란 낱말이, 이 기사의 집필자를 대처와 그 일당으로부터 거리를 두게 만들므로, 뒤따르는 '심리적 거리를 두는 인용'을 또한 거리를 두어 멀리 떨어뜨리기로(부정적으로) 해석하게 될 것 같다.

Think 생각해 보기 바랍니다

> 여러분 자신의 실천관행을 점검하고, 상이한 사례들에서 어떤 가정들이 여러분으로 하여금 '거리를 두는 인용'을 해석하는 방식을 결정하는지 찾아내어 보십시오.

§.4-2-1 지배하는 그리고 지배되는 담화유형

언어를 벗어난 갈등은 이념상 다양한 '담화유형'들 사이에서 갈등으로 나타날 수 있다. 제2장에서 저자는 이 용어를 현실의 담화 밑에 깔려 있는 실천관행의 관례·규범·언어부호들을 가리키기 위해 도입하였음을 상기하기 바란다. 담화유형은 이념적으로 특정한 것이며, 이념적으로 가변적인 것이다.

그렇다면 담화유형들 사이에서 왜 갈등이 빚어지는 것일까? 현안 문제가 무엇일까? 주어진 사회분야에서 하나의 유형을 지배적인 담화로 확립하거나 유지하는 일에서, 따라서 특정한 이념적 가정을 상식적인 것으로 확립하거나 유지하는 데에서, 문제가 되는 것은 무엇일까? 비교적 투명한 정치담론의 경우로부터 또 다른 사례를 가져오기로 한다. 정치에서는 각각 대립적인 정당이나 정치세력이, 국가·정부·정치행위 형태, 그리고 모든 측면의 정치에 대하여 말하거나 글쓰는 일에서뿐만 아니라, 또한 정치 그 자체를 다른 영역과 경계를 지어 구별하는 일에서, 자신의 담화유형에 대한 일반적인 수용을 받아내어 선호되고 궁극적으로 '자연스런' 담화로 만들려고 노력한다. 가령, 1970년대 이래 영국 경제위기를 놓고서 대처 정부의 보수적 토리당·(좌파 및 우파의 변형들과 더불어)사회민주당·자유당·공산당의 담론에 있는 대조적인 설명의 사례들을 생각해 보고, 1980년대 초반에 이들 정당 중 첫 번째 정당이 영국 정계를 어떻게 지배하게 되었는지를 생각해 보기 바란다. 제7장에서는 관련 텍스트들에 대하여 추가적인 논의가 이뤄진다. 현안 문제는 '단지 낱말'보다 더 많다. 즉, 정계의 형세를 지배하고, 정책을 적법하게 만들며, 권력관계를 유지하는 일이다.

사회갈등이 발생한 제1 분야는 사회기구(제도)들이며, 각 기구(제도)에서 인식한 상황 유형들이다. 기구(제도)들은 사뭇 복잡한 구조로 되는 경향이 있고, 다양한 상황 유형들에서 하나의 단일한 기구(제도)가 다양한 종류의 담화를 포함할 것 같다. 따라서 이들 상황 유형과 일치하면서 이념상으로 경합하는 담화유형들에 대한 서로 다른 경향이 다수 생겨난다. 그럼에도 불구하고, 한 기구(제도) 속에 있는 여러 상황 유형들에 걸쳐서뿐만 아니라 또한 두루 여러 기구(제도)들에 걸쳐서도 특정한 이념적 위상과 결합된 담화유형들 사이에는 중요한 유사점과 중첩이 있다. 제7장에 있는 논의를 참고하기 바란다.

담화유형들 사이에 있는 지배관계는 어떤 형태를 띠게 될 것인가? 지배되는 유형은 지배하는 유형과 대립적인 관계에 있을 수 있다. 기능주의 언어학자 마이클 핼리데이Michael Halliday[10]는 대립적 담화의 한 가지 유형을 '대립언어anti-language'라고 불렀다. 대립언어는 지배적이거나 확립된 담화유형에 대하여 의식적(≒의도적) 대안으로 마련되고 이용된다. 범죄관련 지하세계의 언어나 또는 의식적으로 반대되는 언어가 되기에 이른 사회방언이 관련된 사례가 될 듯하다. 예를 들어, 소수 민족집단이나 또는 대도시에 있는 노동계층 공동체의 '비-표준의' 사회방언이다.

또 다른 가능성은 지배적인 담화유형 속에 지배된 담화유형이 포함되는 일이다. 적절한 경우가 대처 정부의 담화가 '복지' 국가의 비판 그리고 대처 정부의 용어로 '국가사회주의' 쪽과는 빗나가게 편향시킴으로써, 일반적인 반-관료적이며 반-국가적 담화를 한데 혼합하려 했던 방식이다. 제7장의 세부논의를 보기 바란다. 지배된 담화들이 반대 노선에 있다면, 그것들이 억압되거나 제거되도록 압력이 주어질 것이다. 반면에, 견제containment는 부대조건이 붙은 채 지배된 담화들을 적법하게 보호를 해 주는 것으로 여기도록 만든다!

§.4-2-2 상식의 자연화 및 생성

지배적 담화유형을 위한 궁극적 목표를 프랑스 인류학자 삐에르 부르디외Pierre Bourdieu의 표현

10) (역주) 핼러데이(Michael Alexander Kirkwood Halliday, 1925~)는 형식주의 언어학에 반대하여 1960년대에서부터 체계적 기능주의 언어학(체계언어학)을 이끌었고, 호주의 언어교육의 바탕을 마련해 주기도 한 영국 언어학자이다. 핼러데이·매씨슨(Halliday and Matthiessen 2004, 3rd ed.) 『기능문법 입문(*An Introduction to Functional Grammar*)』(Arnold)를 참고하기 바란다. 컨티뉴엄(Continuum) 출판사에서 핼러데이 총서를 발간하고 있다. 제1권(2005) 『문법에 대해(*On Grammar*)』, 제2권(2002) 『텍스트와 담화의 언어학적 연구(*Linguistic Studies of Text and Discourse*)』, 제3권(2003) 『언어와 언어학에 대하여(*On Language and Linguistics*)』, 제4권(간행중) 『이른 시기 어린이의 언어(*The Language of Early Childhood*)』, 제5권(2004) 『과학의 언어(*The Language of Science*)』, 제6권(2006) 『계산학적이며 양적인 연구(*Computational and Quantitative Studies*)』, 제7권(간행중) 『영어 연구(*Studies in English Language*)』, 제8권(간행중) 『중국어 연구(*Studies in Chinese Language*)』, 제9권(2007) 『언어와 교육(*Language and Education*)』, 제10권(2007) 『언어와 사회(*Language and Society*)』이다.

recognition of legitimacy through misrecognition of arbitrariness
(자의성에 대한 오해를 통해서 적법성을 인식하는 일)

로 생각해 볼 수 있다. 동일한 논점을 덜 명료하게(그리고 덜 우아하게) 표현할 수도 있다. 만일 담화유형이 기구(제도)를 지배함으로써 지배된 유형들이 대체로 온통 억압되거나 수용된다면, ('바라보는' 것들에 대한 가능한 여러 가지 방식들 중에서 하나가 된다는 의미에서) 자의적으로 보이는 일이 중단될 것이며, '자연스럽고' 적법한 것으로 간주될 것이다. 왜냐하면 간단히 그게 스스로 행동하는 유일한 방식이기 때문이다. 다른 사람들이 그랬듯이 저자도 이를 담화유형의 자연화naturalization로 언급할 것이다. 자연화는 정도에 관한 사안이며, 담화가 자연화되는 정도는 사회갈등에서 '힘의 균형'이 바뀜에 따라서 변화될 수 있다.

저자가 논의해 오고 있는, 이념적 상식에 대한 자연화라는 개념은 도대체 뭘 말하는 것일까? 자연화는 상식에 대한 왕도이다. 이념은 그것들을 구현하는 담화유형이 자연스럽게 되는 정도까지 이념적 상식으로 되게 마련이다. 이는 사회집단의 권력에 달려 있으며, 그들의 이념과 그들의 담화유형이 논의거리가 된다. 이런 의미에서, 이념 차원에서 상식은 그 자체로 권력이 영향을 준 결과가 된다. 따라서 상식이 되는 것은, 크게 임의 사회나 사회기구(제도)에서 권력 및 지배를 행사하는 사람에 의해 결정되는 것이다.

그러나 담화유형의 자연화 및 상식의 창출에서, 담화유형은 사실상 자신의 이념적 성격을 잃어버리는 듯하다. 자연화된 담화유형은 해당 제도/기구 속에서 특정 집단의 담화가 아니라 단순히 그 제도/기구 그 자체의 담화로 지각되는 경향이 있다. 따라서 권력을 위한 갈등에서 '중립적'인 듯이 보이며, 이는 이념 바깥에 놓인 것과 동등하게 된다. 한 가지 결과는 지배적 담화유형의 학습이 단지 해당 제도/기구에서 운용하기 위한 필수 기술이나 기법을 획득하는 문제로 간주되기에 이른다. 한 가지 사례가, 어린이가 처음 학교에 입학할 경우에는 교실수업에서 주고받는 담화상의 운용방식을 배우는 일이거나 또는 더 뒤의 높은 교육단계에서는 임의의 면담에서 좋은 인상을 심어 주는 방식을 배우는 일일 듯하다. 담화의 이념적 내용을 명백히 비워 백지화하는 일은, 역설적으로 근원적인 이념적 결과를 지닌다. 이념은 그 본질을 감추고 마치 이념이 아닌 듯이 꾸미는 일을 통해서 작동하는 것이다. 제1장에서 이미 지적하였듯이, 언어학자들이 언어 실천관행을 액면가 그대로 취한다면(≒이념이 깔려 있지 않은 듯이 피상적으로만 기술한다면), 이런 이념적 결과를 유지하는 데 도움을 주는 것이다.

자연화 현상을 인식하여 받아들이는 일은, 담화를 놓고서 표면적인 상식 외형 및 그 밑에 깔려 있는 본질 사이에 구분을 주장하는 일과 동일하다. 하지만 그렇다면 사람들이 자신의 담화 실천관행들을 놓고서 제시하는 설명을 무엇으로 봐야 할까? 또는 분석가를 설득하여 설명을 내놓게 할 수 있을까? 설명은 응당 액면가 그대로 취해질 수 없는 합리화로 간주되어야 하겠지만, 그 자체로 설명이 필요하다. 우리는 합리화를 자연화의 본질적 부분으로 볼 수 있다. 상식적 담화 실천관행의 생성과 더불어, 그런 실천관행에 대한 상식관계의 생성이 나오게 되는데, 이것이 그것들을 적법하게 만드는 데 기여한다.

Think 생각해 보기 바랍니다

자연화 과정의 결과로서 여러분이 알고 있는 외견상 가장 '중립적인' 담화유형을 생각해 보십시오. 그리고 사람들이 그것들에 대해 합리화하여 제시하는 설명을 생각해 보십시오. 정말 중립적인 담화유형으로 여러분이 믿는 것이 어떤 것이든 존재합니까?

§.4-3 이념과 의미

'상식'의 한 가지 차원은 낱말의 의미이다. 대부분 우리는 낱말(그리고 다른 언어 표현)의 의미를 사실에 대한 간단한 사안으로 취급하며, '그 사실'에 대한 의문이 생긴다면, 그것에 대하여 점검할 수 있는 장소로서 사전을 펼쳐본다. 우리가 모두 아주 친숙한 낱말들에 대해서, 낱말은 낱말이 의미하는 바를 의미한다는 것이 단지 상식에 관한 사안이다! 아래에서 저자는 상식이 다른 곳에서처럼 의심스러운 것으로 제안하게 될 것이다(≒언제나 이념이 깔려 있다). 그러나 언어에서 의미의 두 가지 측면에 대한 간략한 논의가 상식적인 의미에 대한 비판에 도움이 될 것이다. 첫째, 의미의 다양성이고, 둘째, 의미체계[11]의 본질이다.

'사전'에 대한 상식의 현저한 지위 때문에, 일반적으로 한 사회 속에서 의미체계에 있는 변동의 범위를 평가절하하는 경향이 있다. 왜냐하면 비록 일부 현대사전들이 실제로 변이들을 나타내려고 시도하지만, 낱말 의미에 대한 권위로서 '사전'은 대체로 표준어를 모아 편찬한 과정의 산물이며, 따라서 낱말들이 고정된 의미를 지닌다는 일반개념과 긴밀히 묶여 있다. 제3장에서 다룬 표준화에 대한 논의를 기억하기 바란다. 제2장에서 논의한 대로 의미가 사회방언들 사이에서 변동하지만, 또한 이념상으로도 변동함을 아주 쉽게 예증해 줄 수 있다. 담화유형이 차이가 나는 한 가지 측면은 그것들의 의미체계에 있다. 하나의 사례로서 이 책에서 중요하게 생각하는 낱말을

11) (역주) 의미체계는 관계들로 이뤄진다. 관계는 개별 낱말들을 대상으로 이뤄질 수도 있고, 문장이나 발화를 대상으로 하여 이뤄질 수도 있다. 낱말들의 의미관계는 흔히 유의어 관계·반의어 관계·상하관계·전체부분관계 등으로 나뉜다. 머퓌(Murphy, 2003; 임지룡·윤희수 뒤침, 2008) 『의미관계와 어휘사전』(박이정)을 보기 바란다. 문장이나 발화가 구성하는 의미체계는 일상언어 철학 쪽의 흐름과 생성의미론 쪽의 흐름을 참고할 수 있다. 전자는 오스뜬(Austin, 1975; 김영진 뒤침, 1992) 『말과 행위』(서광사)와 써얼(searle, 1969; 이건원 뒤침, 1987) 『언화 행위』(한신문화사)와 클락(Clark, 1996; 김지홍 뒤침, 2009) 『언어사용 밑바닥에 깔린 원리』(도서출판 경진)를 보기 바란다. 후자는 줴킨도프(Jackendoff, 1990; 고석주·양정석 뒤침) 『의미 구조론』(한신문화사)과 푸슷욥스끼(Pustejovsky, 1995; 김종복·이예식 뒤침) 『생성 어휘론』(박이정)이 번역되어 있다.

하나 보겠는데, '이념ideology'이란 낱말 그 자체이다.

'이념'은 분명히 단일하게 고정된 의미를 지녔다는 인상을 주지 않는다. 그런 인상과는 훨씬 거리가 먼 것이다! 사실상 너무나 많은 의미를 지니기 때문에 '무의미'한 것으로 서술되는 '이념'과 같은 낱말을 찾아내는 일이 이례적인 것은 아니다. 그러나 상황이 그 정도로 절망적인 것은 아니다. '이념'은 다수의 의미를 지니지만, 의미에서 끝없이 변동되는 것은 아니다. 그 낱말의 지닌 의미는 몇 가지 주요한 '가족families, 부류'으로 함께 모아지는 경향이 있다.

저자는 그런 가족(부류)을 두 가지 찾아내어 확인할 것이다. 비록 오늘날 영국에서도 충분히 익숙한 것이지만, 하나는 특히 제2차 세계대전 뒤의 미국전통에 속한다. '이념'은

> any social policy which is in part or in whole derived from social theory in a conscious way
> (부분적으로나 전체적으로 사회이론으로부터 의식적인 방식으로 도출되어 나온 임의의 사회 정책)

으로 해석된다. 다른 부류는 맑스주의 전통에 속한다. '이념'은 권력을 위한 투쟁의 과정에서

> ideas which arise from a given set of material interests
> (주어진 일련의 물질적 이해관계로부터 생겨나는 관념)

이다. 여기서 이용한 정의는 윌리엄즈(R. Williams, 1976)에서 가져왔다.

강조할 초점은 이념에 대한 다양한 의미가 무작위적으로 생성된 것이 아니라 그 자체로 상이한 이념적 입장에 일치하며, 이들 입장 사이에 있는 갈등의 과정에서 생성된 것이다. 따라서 이념에 대한 이들 의미의 첫 번째 것은 이탤리 파시즘과 더불어 맑스주의를 하나

의 이념으로 표찰을 붙인다. 따라서 데이빗 먹렐런David McLellan의 표현대로 '맑스주의에 대항하는 무기a weapon against Marxism' 로서

> the term which Marx and his followers had done so much to popularize
> (맑스와 그의 동료들이 대중들에게 보급하기 위하여 많은 일을 해 놓은 용어)

를 사용한다.

그러나 앞에서 저자가 언급한 의미의 두 번째 측면에 이른다면, 한 낱말의 의미는 고립되고 독자적인 것이 아니다. 낱말과 다른 언어 표현들은 많은 종류의 관계 속으로 들어간다. 유사·대조·중복·포함의 관계들이다. 단일한 낱말의 의미는 대체로 그 낱말과 다른 낱말들 간에 관계에 달려 있다. 따라서 각각 그 나름의 의미를 지닌 고립된 낱말들에 대한 순서 없는 목록을 구성하는 한 언어의 어휘가 아니라, '의미체계'와 연합된 낱말무리들로 이뤄져 있다.

따라서 '이념'과 같이 한 낱말의 변동 가능성에 대한 온전한 설명은, 다만 낱말 의미가 아니라, 의미체계에 대한 비교를 요구할 것이다. 예를 들어, 앞에서 언급되었듯이 2차 대전 뒤 이념에 대한 미국적 의미에서, '이념'은 긴밀히 '전체주의totalitarianism'와 관련되며, '전체주의적' 및 '이념적'이란 말은 때로 가까운 유의어로 쓰인다. 더욱이 '전체주의'는 이탤리 '파시즘'과 '공산주의'와 '맑스주의' 등을 포괄하는 상의어이다. 의미체계는 이념을 '맑스주의에 대항하는 무기'를 만들어 내도록 구조화되어 있다! 반대로, 맑스주의 의미체계에서는 '전체주의'가 전혀 고려되지 않으며, 물론 '전체주의'의 동류어co-homonyms[12] 로서 '공산주의/맑스주의'와 '파시즘'을 찾아볼 수도 없다. 동류어와

12) (역주) 흔히 homonym(동음이의어)은 bank(은행)과 bank(제방)이나 우리말 다리(교량)와 다리(사지의 일부)처럼 같은 소리를 지니지만 뜻이 서로 다른 말을 가리킨다. 그렇지만 여기서는 공산주의·맑스주의·파시즘 속에 전체주의 뜻이 들어 있다고 보는 저자의 의도를 살려서 '동류어'로 번역해 둔다.

유의어에 대해서는 §.5-1을 보기 바란다.

이제 이 절의 시작 부분에서 의미가 상식에 관한 사안처럼 보인다는 관찰로 되돌아가기로 한다. 이 경우에 '상식'은 사실상 이념적 손재주에 관한 어떤 것으로 판명된다! 예를 들어, 어느 날 '이념'이 분명히 '사전'에서 점검하여 진위를 알 수 있는, 그리고 논쟁도 없었던 고정된 의미를 지닌 것으로 다가온다고 상상해 보자. 이는 오직 의미체계 사이에 있는 갈등에서 하나의 '측면'이 논란의 소지 없이 지배력을 획득했음만 의미할 수 있다. 이런 의미에서 고정된 의미는 권력의 결과일 수 있는데, 사실상 저자가 '자연화'라고 불렀던 이념적 효과의 종류이다.

그러나 아마 이것이 언제나 고정된 의미를 지닌 경우일까? 입 위에 놓여 있고 콧구멍을 포함하며 얼굴의 일부로서 가장 평범한 해부학적 의미로 '코nose'로 불리는 낱말처럼, 분명히 (이런 식의 의미고정이 적용되지 않는) 아주 불리한 경우는 어떨까? '이념'과는 반대로, 저자가 알고 있기로는 '코'의 의미를 중심으로 변이도 없고 갈등도 없다. 그럼에도 불구하고, 신체 부분들을 놓고서 익숙한 분류를 구체화해 주는 의미체계는 실제로 자연화와 연합된 속성들을 일부 지니고 있다. 첫째, 다른 방식으로 이름 불릴 수 없는 듯이, 의미체계가 신체에 대하여 투명하고 자연스런 관계를 지닌다는 점에서, 부르디외가 '자의성에 대한 오해misrecognition of arbitrariness'로 부른 요소가 들어 있다. 예를 들어, 우리는 코와 윗입술 사이에 있는 인중을[13] 가리키는 낱

13) (역주) 원문에서 groove(홈, 바퀴자국)는 정확히 코 아래와 윗입술 사이에 있는 인중(人中)을 가리키는 것은 아니지만, 대신 인중의 상의어로 쓰일 수 있다. 가령, 내륙에 사는 원시 부족의 언어에서 설사 바다에 떠 있는 커다란 배를 가리키는 낱말이 없다고 가정해 보자. 그렇지만 만일 바다로 가서 처음 커다란 배를 본다면, '배, 선박'이라는 말이 없더라도 즉석에서 배의 상의어인 '물체, 대상' 따위의 말을 써서 그 배를 가리킬 수 있는 것과 같다. 언어상대론자들은 이런 상의·하의관계를 전혀 고려하지 않기 때문에, 어떤 언어에 대상과 관련된 낱말이 없다면, 그 대상을 결코 생각할 수도 인지할 수도 없다고 그릇된 주장을 펴 왔다. 이는 잘못이다. 우리 정신작용은 윗 계층으로도, 아랫 계층으로도, 필요에 따라 수시로 오르내리면서 상의어·하의어들을 이용하게 되는 것이다.

말을 포함한 의미체계를 제대로 완벽히 상상할 수 있겠다. 그럼에도 불구하고 우연히 영어에는 그런 낱말이 없다. 둘째 의미체계는 권력에 의해 유지된다. 관련된 '전문가'인 의과학자들의 권력에 의해서, 그리고 사전으로 편찬된 표준어의 다른 요소처럼 이에 대한 보증인이 되는 (교사나 사전 편집자 등) 지식층의 관련 부분을 맡은 이들의 권력에 의해서 유지되는 것이다.

비록 오직 특정 사례(가령 '코'라는 낱말이 아니라 '이념'이란 낱말)에서만 자연화가 이념적 갈등의 결과이며 비판적 언어연구CLS에서 특정한 관심사항이 되지만, 의미체계의 자의성이 숨겨져 있는 한, 저자는 상식에 대하여 간단한 사실에 관한 사안으로 스스로 드러나는 고정된 사전의 의미가 언제나 자연화 과정의 결과물임을 가정하게 될 것이다.

지금까지 의미에 대하여 저자가 언급한 바는, 담화를 위한 자원으로 담화에서 발화의 의미보다는 특정한 담화유형의 '사전 항목'으로서 낱말과 표현들에 적용된다. 그렇지만 자연화는 두 경우(발화 의미 및 낱말 의미)에 모두 동등한 결과를 지닌다. 두 경우 모두 잠재적 의미의 풍부함에 대한 폐쇄 또는 제약을 포함한다. 사전 항목으로 관념되는 낱말과 표현의 경우에는, 이미 살펴보았듯이 이것이 의미를 고정시키는 사안이 된다. 담화에서 발화의 경우에는, 이것이 오직 하나의 가능한 해석만을 지닌 외관을 제시해 주므로, 그 의미가 투명한 상태의 외관으로 주어진다. 예를 들어, 경찰국에 있는 민원창구에서 막 경찰국으로 들어온 사람에게 어느 경찰관이 말한 "Can I help you?뭘 도와드릴까요?"의 의미를 생각해 보기 바란다(≒상황이나 맥락이 분명함). 대부분의 사람들이 '의미가 분명하다!'고 말할 것이다. 민원을 해결하기 위하여 경찰관이 그 사람의 '민원'에 대하여, 그리고 민원창구에 온 이유에 대하여 말해 주도록 요청하고 있는 것이다. 그렇지만 "Can I help you?내가 당신을 도와줄까요?"는 모든 종류의 사뭇 다른 것들을 의미할 수도 있다. 이런 담화에 대하여 경찰-민원인의 만남이라는 특정하게 자연화된 실천관행 속에서 그 의미가 투명하게 분명한 듯이 폐쇄되어 있다(≒닫혀 있어 특정한 의미가 선택됨). 실천관행의 자연화에 대한 논의와 "Can I help you?"의 실제사례에 대한 논의는 다음 절을 보기 바란다.

앞 단락의 시작 부분에서 시사하였듯이, 어떤 의미가 있어서 텍스트에서 낱말과 표현, 그리고 '자원'으로서 의미체계를 이용하게 된다. 그렇지만 텍스트는 단지 사전에 의미체계를 예화해 놓는 것만이 아니라, 또한 다양한 정도로 그 나름의 의미체계를 생성할 수 있다. 이런 의미에서 텍스트는 이념상으로 창의적이다. [텍스트 4-5]는 어

[텍스트 4-5] 출처: 『더 타임즈The Times』, 1982년 5월 20일자

THE STILL SMALL VOICE OF TRUTH

Since the invasion of the Falklands on April 2, there has been the sound of many voices. *Yet at the heart of the matter, it was an evil thing, an injustice, an aggression.* Nobody disputes that. Even loyal Argentines — let alone Argentina's apologists — accept that force should not have been used to prosecute the Argentine case. But force *was* used; and it was not necessary. Beneath the roll of Argentine drums there are voices, however small, however still, which say that too, and they recognize that the unity achieved by the junta in Buenos Aires may only be a passing one, since it was born of an injustice. Unity in Britain, on the other hand, is based on recognition of the invasion as an incontrovertibly evil act. Obviously there have been disagreemnents about the method of coping with that evil, but there should be recognition that to compromise with evil — to appease it — is to run the risk of having to share responsibility for it. How we react to evil must therefore be conditioned by the need to compromise with it as little as possible, while taking care to see that our reaction to it does not compound the original evil.

진리를 말하는 여전히 작은 목소리

4월 2일 포클랜드 침략 이후에 다양히 많은 목소리가 나왔다. 그럼에도 사안의 핵심은 침략이 악한 짓이고 불법이며 침범이라는 것이었다. 아무도 이 점을 논박하지 않는다. 아르헨티나의 변호자는 말할 것도 없고, 심지어 충정 어린 아르헨티나 사람들까지도 아르헨티나 사건을 추진하기 위하여 무력이 쓰여서는 안 됨을 받아들인다. 그렇지만 실제로 무력이 쓰였다. 무력이 필요한 것은 아니었다. 아르헨티나 갈티에리 군사독재 권력의 쿵쾅대는 북소리 아래에서도, 비록 작으나 여태까지 그런 소신을 펴는 목소리가 있으며, 부에노스아이레스에서 임시정부에 의해 이뤄진 통합이 부당하게 탄생하였으므로, 단지 일시적일 수 있음을 인정한다. 반면에 영국에서의 국민의견 통합은 그 침략이 논란 없이 사악한 행위임을 인식하는 일에 토대를 둔다. 분명히 그 악행을 처벌하는 방법을 놓고서 서로 의견이 갈리겠지만, 유화적으로 악행과 타협하는 것은 그에 대한 책임을 공유하는 위험을 무릅쓰는 일임을 잘 알아야 한다. 그러므로 악행에 대응하는 방법은, 한편으로 그에 대한 우리의 대응이 원래의 악행과 절충하지 않는 것임을 잘 유의하면서, 가능한 한 악행과 타협할 필요가 거의 없는 조건으로 마련되어야 한다.

는 신문사설의 첫 번째 단락이다.

생각해 보기 바랍니다

'침략·악행·불법·침범(invasion·evil·injustice·aggression)' 사이에는 어떤 종류의 의미관계가 있습니까? 이 텍스트에서 이 낱말들의 관련성은 여러분이 생각할 수 있는 담화유형에 있는 관련성으로부터 어떻게 차이가 납니까? 여러분은 이 텍스트가 합당하게 '이념상 창의적'인 것으로 서술될 수 있다고 봅니까?

저자가 이탤릭 글씨(번역은 처음 밑줄 친 것)로 써 놓은 두 번째 문장은, '주어+동사+보어(SVC)'로 이뤄진 속성서술 구문으로서, 포클랜드 여러 섬에 대한 아르헨티나의 '침략·악행·부당함·공격' 사이에서 '원소 대 집합[member vs. set]'의 관계를 확정해 줍니다(대략, '하의어 : 상의어'). §.5-5-1을 보기 바랍니다. 속성으로서 이들 세 가지 표현 목록은, 그것들 사이에 있는 의미 동등성의 관계를 시사해 줍니다. 이는 한 집합을 이루는 낱말이 일반적으로 그 집합에 속한 임의의 원소를 가리키는 데 쓰일 수 있기 때문에 생겨납니다. 따라서 이 경우에는 침략을 언급하기 위하여 '악행·부당함·공격'이 서로 교체되면서 쓰일 수 있습니다.[14] 이런 특별한 의미로, 이것들이 텍스트 문맥상 동의어라고 말할 수 있습니다. 그러나 저자가 생각하고 있는 임의의 담화유형에 대한 의미체계에서는 이 낱말들이 동의적인 것이 아닙니다. 이념상으로 이는 정치/군사 행위를 도덕성(악한 짓) 및 적법성(불법)과 뒤섞어 뭉쳐놓았음을 시사합니다. 이런 뒤섞어 뭉쳐놓는 일로서 침범[aggression]이란 낱말은 이미 관례화된 일부 표현입니다. 이 단락의 마지막 두 개의 문장은 이런 뒤섞어 뭉쳐놓기가 '실제로 이용되는' 듯합니다. '침략'이 '악행'으로 언급되는데, 이는 침략에 수반된다고 가정된 악한 짓에 대한 일반적 언급으

14) (역주) 전문용어로 이런 관계를 어휘사슬(lexical chain) 관계라고 부른다. 담화를 전개하는 cohesion(통사결속)의 다섯 가지 기제들 중에서, 어느 언어에서든지 제일 많이 쓰이는 기제가 지시표현 및 어휘사슬로 알려져 있다. 글말 전개에서 어휘사슬이 어떻게 짜이는지를 다룬 압권이 있다. 호이(Hoey, 1991) 『텍스트에서 어휘사슬의 유형(*Patterns of Lexis in Text*)』(Oxford University Press)를 꼭 읽어 보기 바란다.

로 부드럽게 녹아듭니다. 따라서 비일관적으로 보임이 없이, 집필자는 침략을 전혀 의미하지 않고서도 그 내용들을 다 말할 수 있는 것입니다. 가령, 마지막 밑줄 부분 "유화적으로 악행과 타협하는 것은 그에 대한 책임을 공유하는 위험을 무릅쓰는 일"이란 표현에서, '악행'을 '침략'으로 바꿔 쓴다면 얼마나 기묘하게 들릴지에 주목하기 바랍니다.

텍스트에서 이념적 창의성은 어떤 종류의 목적을 위해서 가장 일반적으로 이용되는 것일까? 『더 타임즈』로부터 가져온 이 텍스트에서는, 아마도 위기로 간주되는 모종의 사건에서 '적'을 나쁘게 말하고, 영국의 군사행동을 적법하게 만들기 위해 정치적으로 이용되고 있다. 저자의 인상으로는 이념적 창의성이 종종 이런저런 종류의 위기들을 관리하는 일과 결부되어 있다. 특히 아마 '대중매체'에 있는 사례들을 더 많이 살펴보면서 이런 인상을 검토해 보기 바란다. 또한 여러분은 이 텍스트를 더 앞에서 다룬 '나의 투쟁'에서 가져온 인용과 서로 비교해 보려고 할 수도 있다.

§.4-4 상호작용 투식과 그런 투식이 어그러지는 경계

상식은 우리에게 의미체계를 제공해 줄 뿐만 아니라, 또한 특정한 담화유형과 결부된 '상호작용 투식'으로 부를 법한 바도 제공해 준다. 이는 참여자들이 서로서로 상호작용하는 관례적인 방식을 뜻한다. 우리는 다른 참여자들과 관계를 맺기 위하여 담화유형들로 확립된 관례적인 투식에 한 순간의 생각도 쏟아 보지(늑스스로 성찰해 보려고도 하지) 않은 채, 대부분의 시간을 가게에서 물건을 사고파는 상거래에 참여하고, 사회 노동자나 고객들과의 면담에 참여하며, 의사나 환자와의 상담 등에 참여한다. 일반적으로 관례적 투식이 우리의 주의를 끄는 일은, 다만 일이 어긋나게 진행될 경우일 뿐이다.

생각해 보기 바랍니다

> 예를 들어, 다음에 경찰서에서 막 경찰서로 들어온 한 남성(M)과 여경(PW) 사이에 주고받은 이야기 시작 부분이 있습니다. 빈칸 사이에 있는 마침표는 짤막한 휴지를 뜻하고, 줄표는 더 긴 휴지를 나타내며, 소괄호는 알아들을 수 없는 부분이고, 말할 차례 (8)에 있는 줄임표는 얘기가 줄어들었음을 뜻합니다. 뭔가 잘못돼 가고 있는 듯한데, 동의하십니까? 무엇이 그렇습니까?

(1) PW: can I help you?

(2) M: oh. yes . police?

(3) PW: yes—

(4) M: reckon you can help me can you?

(5) PW: yes

(6) M: are you a police lady? good

(7) PW: (unclear) what's the problem?

(8) M: I've got to . renew my car licence …

(1) 여경: 도와 드릴까요?

(2) 남자: 아 . 예. 경찰이오?

(3) 여경: 예—

(4) 남자: 보아 하니 날 도울 수 있겠는네 그럴 수 있소?

(5) 여경: 예

(6) 남자: 당신 경찰 여성이오? 좋군요

(7) 여경: (알아들을 수 없음) 뭐가 문제이신가요?

(8) 남자: 난 꼭 . 운전면허를 갱신해야 하는데 …

저자의 생각에 잘못되고 있는 것은, 일반적으로 경찰서에서 정보를 묻는 경우에 상식적으로 마땅하게 간주되는 것을 이 남성이 전혀 모르는 것처럼 하나씩 물으면서 깨닫는 듯하다는 점입니다.15) 즉, 실제로 경찰서 민원 접수대 뒤에는 경찰관이 있고, 그런 경찰관이 모두 '대중(≒민중)' 구성원을 '돕는' 데 능란하며, 사실 접수대에 있는 여성이 여경일 것입니다. 이는 일부 거의 희극투의 각본이 될 수 있습니다. 이런 뻔한 사안을 알아차리지 못하는 사람들을 다루기 위해 확립된 한 가지 방식은 웃음(≒비웃음)입니다! 그런 원리에 근거한 희극투의 사례들을 살펴보기 바랍니다.

뻔한 이런 유형의 상황에서, 이들 상식 가정은 대화 시작부분의 정상적인 상호작용 투식 속에 깔려 있다. 누구나 여경의 발화 (1)을 '민원'에 대한 진술을 이끌어 내려는 것으로 기대한다. 실제로 오직 더 뒤에 있는 (8)에 가서야 그 남자 쪽에서 첫 번째 발화로서 민원내용이 나온다. 이 텍스트의 형식적 특징(≒언어표현)들로부터, 현실적으로 대화가 전개되는 방식이 매끄럽지 않고, 여경과 남성 둘 사이에서 문제가 있는 것으로 여겨지고 있음이 분명하다. 예를 들어, 여경은 자신의 발언기회 (5) 이전에 주저거리다가, (비록 어조표시가 위 인용에 들어 있지 않아서 분명치 않겠지만) 아주 '놀란' 어조로 (5)에서 그 남성에게 '민원사항'을 알려 주도록 '예!'라고 대답한다. 반면, 그 남성은 자신의 발언기회 (4) 이전에 오래 망설이다가, 발언기회 (6)에서 여경에게 확인질문을 던지면서 대답한다.

그러나 이들 텍스트 상에서 불안한 자취와 대화 불통(≒소통 안 됨)을 '고치려는' 시도를 상식적 사안으로서 참여자들이 대화가 '정상적인 경로'를 따를 것이라고 실제로 기대하는[16] 증거로 여길 수는 없

---

15) (역주) 꺼벙한 이 남성은 경찰서에 왔지만 정작 경찰관도 알아보지 못한 채 상대가 경찰인지 확인하고 있다. 즉, 이 남성이 정상적이라면 여경의 발화 (1)에 곧장 (8)처럼 민원사항으로 대답했어야 한다.

16) (역주) 서로 잘 모르는 사람끼리 사회적 행위를 하는 경우에 그런 행위가 진행되는 절차가 (ㄱ) 거의 온전히 고정되어 있는 경우도 있고, (ㄴ) 대체로 고정되지만 상대방의 반응을 보면서 진행하는 경우도 있으며, (ㄷ) 더 큰 목적을 위해 먼저 예비단계가 제시되어 상대방과의 협동을 이끌어 낸 뒤 계속 진행되는 경우도 있고, (ㄹ) 전혀 정해진 절차가 없이 서로 간에 긴밀히 협동하고 합의하며 진행되는 경우도 있다. 본문의 인용부분은 (ㄱ)에 해당하는데, 그 남성이 고정적인 절차를 전혀 파악하지 못하기 때문에 문제가 되는 것이다. 한편 클락(1996; 김지홍 뒤침, 2009) 『언어사용 밑바닥에 깔린 원리』(도서출

는 것일까? 이들 상식적 기대가 제도적으로 특정적임에 유념하기 바란다. 예를 들어, 비록 두루 여러 제도들에 걸쳐서 면담들 사이에 미약하게 총칭적인 '가족 유사성'이[17] 있겠지만, 그것들에 대한 면담 및 우리의 기대가 경찰서로부터 시작하여 직장과 대학에 이르기까지 서로 차이가 나는 것이다. 그런 이유로 말미암아, 일반적으로 특정한 사회제도/기구와 관련하여 언어 실천관례를 조사하는 것이 이치에 맞을 것이다. 사회제도/기구에 대한 논의는 제2장을 보고, 면담과 같이 제도별/기구별 갈래에 대해서는 제8장을 보기 바란다.

일반적으로 '자연화'에 대하여 저자가 말한 바가 또한 여기에도 적용된다. 경찰서에서 왜 질문이 관례적으로 본연의 (그런) 방식대로 구조화되어야 하는지에 대한 내재적인 이유는 존재하지 않는다. 실제적이지 않다고 하더라도 생각해 볼 수 있는 다른 대안들도 있으며, 일을 해 나가는 '고유한the' 상식적 방식으로서 특정한 투식에 대한 자연화는 권력의 결과, 즉 이념의 결과가 되는 것이다. 뻔한 일이 제대로 진행되지 않는, 앞에 있는 인용과 같은 사례의 흥미로운 측면은, 실천관행의 자의성 및 (보통 숨겨져 있지만) 권력을 유지하는 방식이 분명해지게 된다는 것이다. 이 사례에서 그 남성이

reckon you can help me can you?
(보아 하니 날 도울 수 있겠는데 그럴 수 있소?)

판 경진, §.7-2~§.7-5 및 §.10-2)에서는 앞의 네 가지 의사소통 진행형식을 각각 다음처럼 과제별로 이름을 붙여 표현하였다.

	의사소통 과제의 종류	그 과제에 따르는 절차
(ㄱ)	지엽적인 과제	고정된 정형적 절차
(ㄴ)	최소 협동과제	예측될 수 있는 정규적 절차
(ㄷ)	예비과제로부터 확대된 과제	더 큰 목적에 합의하여 진행함
(ㄹ)	협동하여 의미를 파악하는 과제	확대된 절차를 서로 간에 합의함

17) (역주) 빗건슈타인(Wittgenstein)의 개념으로 대상들 사이에 약한 유사성이라도 띨 경우에 그 관계를 '가족끼리 닮음(family resemblance)'으로 불렀다. '가족 유사성'이란 축자번역이 종종 사람들이 오해를 하므로, 뜻을 살려 '약한 유사성'이라고 번역하는 편이 나을 듯하지만, 번역에서는 '미약하게'라는 수식어만을 덧얹어 둔다.

라고 묻는다. 이는 민중을 '돕는' 일반적인 경찰 능력에 대한 정상적인 가정 및 민중을 (가령, 검문하는 일보다는) 도와주는 책임을 강조하는데, 추가적인 예비단계가 없이도 단지 "도와드릴까요?Can I help you?"라는 인사말이 표준적으로 '민원사항'에 대한 진술을 이끌어 내는 방식으로 녹아 있다. 이 가정은 경찰 및 민중 사이에 있는 관계에서, 그리고 적법성과 경찰의 권력에서 중요한 요소이다.

자연화된 지배적 상호작용 투식이 분명해지게 되는 또 다른 방식은, 지배적이지 않은 다른 실천관례들을 마주치거나 대조되는 경우이다. 다음 인용은 의사(D)와 술중독에 걸린 여성환자(P) 사이에 있는 상담으로부터 가져왔다(번역에서는 이해가 쉽게 되도록 쉼표를 더 추가하였음).

[텍스트 4-6] 출처: 『치료 기술The Healing Arts』, BBC2, 1986년 8월 8일 방송분

P: she said that I could she thought that it might be possible to me for me to go to a council [flat
D: [right yes [yeah
P: [but she said it's a very em she wasn't pushing it because . my mother's got to sign a whole lot of things and
D: hm hm hm
P: e: . she said it's difficult and em . there's no rush over it . I I don't know
D: hm
P: whether . I mean one thing they say in AA is that you shouldn't change anything . for a year.
D: hm hm yes I think I think that's wise . I think that's wise (5-second pause) well look I'd like to keep you know seeing you keep . you know hearing how things are going from time to time if that's possible
P: yeah.

D: you know if you like to pop in once every em . two weeks or so

P: yes

D: and just let me know of how things are getting on

환자: 그녀가 말하길 내가 할 수, 그녀가 내게 내가 상담┌건물로 갈 수 있을
거라 했거든요

의사: └옳아요 예

┌맞아요

환자: └허지만 그녀가 말하길, 그게 아주 엄 그녀가 그 일을
밀어붙이지 않았거든요 왜냐면 . 내 엄마가 아주 많은 걸 신호해 주었는

의사: 음 음 음

환자: 데, 그리고 어: . 그녀가 어렵다고 했어요 그리고 엄 . 그걸 놓고 급하게
할 건 없죠 . 나 난 잘 모르겠어요 어떤지 . 내 말뜻은 한 가지인데, 그
들이 AA에서 말한 게 당신은 어떤 것도 바꿀 수 없어 . 한 해 동안에

의사: 음

음 그래요, 내 생각에 난 그게 현명하다고 봐요 . 난 그게 현명다고 생각
해요 (5초간 휴지) 그런데 보세요, 잘 아시듯이 내가 환자분을 잘 보살
펴 드리고 싶거든요 . 보살 . 잘 아시듯이, 가능하다면 때때로 일이 어
떻게 개선되어 나가는지 들어보려고 하거든요

환자: 예.

의사: 아시듯이, 환자분께서 엄. 두 주마다 한 번씩 그런 정도로 들러 보고 싶
으시다면

환자: 예

의사: 그리고 일이 어떻게 개선되어 나가는지 알려 주세요

생각해 보기 바랍니다

> 이 인용은 의사와 환자 사이의 상담에서 기대할 수 있는 바가 저자의 경험으로부터 배운 것과는 많은 방식에서 차이가 납니다. 여러분도 이에 대해 똑같이 느끼십니까? 만일 그렇다면, 차이점들은 무엇입니까?

저자에게는 다음 사항이 유다르게 보입니다. 첫째, 환자는 자기 시간을 갖고 할 말을 다할 수 있도록 허용되고 있습니다. 의사가 상담을 끝맺는 지점으로 향하기 전에, 5초간의 휴지를 두는 것에 주목하기 바랍니다. 둘째, 의사는 환자가 말하는 바를 귀 기울여 듣고 말(반응)을 하는 증거를 상당수 제시해 줍니다. 때로 대꾸해 주기back-channels로[18] 불리는 형태로('음, 옳아요, 예, 맞아요') 의사가 환자에게 제시하는 모든 '되점검'에 주목하기 바랍니다. 셋째, 앞으로의 상담에 대하여 말해 줌으로써 결론을 내리고자 할 적에, 의사는 "환자분이 들러보고 싶으시다면"처럼 최소한의 명령조가 되는 방식(≒조건문의 형태로 된 간접명령)으로 말하며, "잘 아시듯이"처럼 환자의 이해에 호소함으로써 그리고 자신의 '제안'에 대하여 응답을 하도록 환자에게 기회를 줌으로써, 환자와 긴밀히 상호작용을 하려고 노력합니다. 그렇지만 위 인용을 놓고서 저자가 촌평을 한다면, "저자의 생각에는 그 의사가 따분한 것 같다!"입니다. 이는 의사의 행동을 해석하는 방식이 다양하게 많이 있을 수 있다는 사실을 강조합니다.

이 텍스트는 영국 국가 의사협회에 속한 지도적 구성원의 업무를 소개하는 프로그램에서 가져온 것이다. 이는 단지 가시적인 질병만 다루기보다는 전체 인간을 진료/치료하는(≒인간을 전체적으로 진료/치

18) (역주) 머카씨(McCarthy, 1998; 김지홍 뒤침, 2010)『입말, 그리고 담화 중심의 언어교육』(도서출판 경진) 121쪽에서는 '군소리 반응'으로 번역했었다. 상대방의 말에 귀를 기울이고 있음을 표시해 주기 위해서 일부러 군소리로 대꾸해 주는 것이며, 협동의 증거로서 중요한 요소이다. 판소리에서는 흥을 더 돋우기 위해 고수가 추임새를 넣는다.

료하는) '전인 진료holistic medicine, 전인치료'를 위하여 국립 보건국 속에서, 그리고 동종요법[19] 및 다른 '대체요법' 진료 형태들로부터 나온 치료법에 대한 적합한 이용에서, 압력단체로 작동하는 듯하다. 의료계 속에서 이와 같은 압력단체 및 의료 (인증) 확립 사이에 있는 갈등은, 일부 언어를 놓고 일어나는 갈등이 될 것으로 기대될 수 있다. 예를 들어, 의료상담에서 응당 어떤 종류의 언어로 진행되어야 하는지에 대한 것이다.

Think 생각해 보기 바랍니다

의료계에서 지배적인 유형 및 비-지배적인 유형 중에서[20] 여러분은 다양한 상호작용 투식에 대하여 어떤 경험을 하셨습니까? 의사들 사이에서 나이와 성별의 차이에 대하여 생각해 보기 바랍니다. 그리고 정통 개업의사 및 (만일 다음 치료를 경험해 보셨다면) 동종요법이나 자연요법이나 또는 다른 '대체요법' 개업의사 사이에 있는 차이점들도 생각해 보십시오.

그런 갈등은 또한 경계를 넘어서 존재하는데, 이는 다음 절의 논의로 우리를 데려간다. 전인 진료/치료 텍스트를 살펴보는 한 가지 방식은, 상이한 담화유형과 연합된 상호작용 투식의 혼합으로서 간주하는 것인데, 아마 의료 진찰·상담·일상적 대화일 것이다. 저자는 진료에서 인증(공인된) 의료 및 지배적 유형의 담화의 관점으로부터,

19) (역주) homeopathy(동종요법)이란 건강한 사람에게라도 대량으로 투약하면 해당 질병과 비슷한 증상을 일으키지만, 그 약품을 환자에게 소량 투여하면 치료가 이뤄진다고 주장하는 치료법이다. 이는 옛날 희랍인들의 믿음을 계승한 것으로서, 임의의 약물이 독이 될 수도 있고, 약이 될 수도 있으므로, 증상에 따라 적절히 약물을 써야 한다고 생각했었다.

20) (역주) 여기에 쓰인 형용사 dominant와 non-dominant를 우리말 느낌에 따라 '주류 : 비주류' 또는 '정통 : 비-정통' 등으로도 번역할 수 있다. 20세기 중반만 하더라도 우리나라의 의료계에서는 서양의학이 주류(정통)이고, 한의학이나 동양의학은 비주류(비-정통) 취급을 받았었다. 다행스럽게도 21세기에 들어서서는 서로 협진체제가 구축되는 흐름이 생겨나고 있다. 한편, 한의학 내부에서도 이런 갈등이 관찰된다. 소위 '침구사'의 자격에서 쑥뜸으로 환자를 치료하는 일을 배제하여, 특정인을 의료법 위반으로 고소하는 실정이다.

'상담 이야기' 및 대화 이야기는 적합한 진찰 속에 들어갈 자리가 없는 것으로 간주될 것으로 본다. 물론 의사들도 환자와 잡담을 하고 환자들에게 상담을 해 준다. 그러나 저자가 지닌 인상으로는, 잡담이 적합한 진찰에 대한 경계 나뉜 서론이나 후속담으로서 생겨나는 것으로(≒보조적/부차적인 것으로) 생각된다. 대부분의 의사들에게는 아마 상담이 또한 적어도 부분적으로 진찰과 구분되는 어떤 것으로 간주될 것이다. 이런 생각은 자세한 연구를 통해서 확증되거나 부당성이 입증되어야 할 제안이다.

현재의 목적을 위하여 주요한 요점은, 상이한 담화유형이 서로서로 관계되어 있는 방식이, 그리고 그 유형들이 별개로 떨어져 있거나 한데 융합되는 정도가, 언어를 넘어선 갈등의 또 다른 측면이라는 점이다. 이는 다시 제2장과 제3장에서 담론질서에 대하여 언급한 바에로 이어진다. 담론질서가 구조화되는 방식이, 즉 구성요소가 되는 담화유형들 사이의 관련성이, 권력관계에 의해서 결정되고, 따라서 권력갈등에서 경쟁이 이뤄진다는 것이다.

§.4-5 주체(관련당사자) 및 상황

프랑스 철학자 루이 알튀쎄르Louis Althusser[21]는 의미에 대한 상식적 가정(그가 '분명함'이라고 부른 것) 및 사회적 정체성이나 제2장에서 소개된 개념인 '주체subject, 관련당사자'에 대한 상식적 가정 사이에 중요한 연결을 지적하였다.

---

21) (역주) 알튀쎄르(Louis Pierre Althusser, 1918~1990)는 프랑스 맑스주의 철학자로서 파리 고등사범학교의 철학 교수였다. 프랑스 공산당을 선도하는 이론가로서, 반인간주의·반경제주의·반경험주의·반주체주의를 주장하였다고 한다. 김진엽 뒤침(1991) 『'자본론'을 읽는다』(두레), 이종영 뒤침(1997) 『맑스를 위하여』(백의), 김정한 뒤침(2001) 『마키아벨리의 가면』(이후), 김웅권 뒤침(2007) 『재생산에 대하여』(동문선), 서관모·백승욱 뒤침(2010) 『맑스주의 철학: 우발성의 유물론을 위하여』(중원문화) 등의 저서가 번역되어 있다.

Like all obviousness, including those that make a word 'name a thing' or 'having a meaning' (therefore including the obviousness of the 'transparency' of language), the 'obviousness' that you and I are subjects — and that that does not cause any problems — is an ideological effect, the elementary ideological effect.
(한 낱말을 '사물을 이름 붙이도록' 또는 '의미를 지니도록' 만드는 것들을 포함하여(따라서 언어의 '투명성'에 대한 분명함을 포함하여) 모든 분명함과 같이, 여러분과 내가 주체(관련당사자)가 되는 분명함은, 그리고 어떤 문제도 일으키지 않는 분명함은, 어떤 이념적 결과이고 기본적인 이념적 결과인 것이다.)

그리고 다음처럼 덧붙였다.

linguists and those who appeal to linguistics for various purposes often run up against difficulties which arise because they ignore the action of the ideological effects in all discourses — including even scientific discourses.
(다양한 목적으로 언어학자 및 언어학에 호소하는 사람들은, 흔히 모든 담화에서 이념적 효과라는 행위를 무시하기 때문에 일어나는 난점과 부딪히게 되는데, 심지어 과학적 담론에서까지도 그러하다.)

'언어의 투명성'은 가령 다음 한 가지 점만 제외하면, 앞 절에서 저자가 의미에 대하여 언급한 바로써 예시되는 일반적인 속성이다. 일반적으로 그리고 특히 의미에서, 언어를 구성하는 사회적 과정이 자연스럽게 상식적으로 '거기'에 존재하는 듯한 바로 그 겉모습 밑에 감춰져 있다는 점이다.

그러나 낱말들이 의미를 지닌다는 '분명한 사실' 및 주체(관련당사자)로서의 '너와 나' 사이에 있는 알튀쎄르의 유추를 단순히 우연한 것으로 간주해야 하는 것일까? 저자는 그렇지 않다고 본다. 핵심은 사회적으로 산출되기보다는 상식적으로 주어졌다고 지각되고 있는 한, 사람의 주체속성subjecthood이 두드러지게 언어에서 그리고 의미에서 일어나는 효과라는 점이다. 즉, 사람들의 사회화 과정이 그것들이 주체 지위의 범위 속에 자리를 잡게 되는 일을 포함하며, 부분적으로 다양한 담화유형들 속에서 운용하는 법을 배움으로써 그런 지위에 노출된다. 제2장에서 언급하였듯이, 각각의 담화유형이 특정한 일련의 주체(관련당사자) 지위들을 확립하며, 그런 주체 지위들 속에서 운용하는 사람들이 해당되는 주체 지위를 점유하도록 제약되어 있기 때문이다.

주체 지위들은 담화유형에 특정적이며, 이념상으로 변동한다. 다시 한번 전인 진료/치료 텍스트를 살펴보기로 한다. 전인 진료/치료에서의 의료 진찰 및 관례적 의료 담론에서의 진찰 사이에 있는 대조점의 한 측면은, 환자들을 위해 마련된 주체 지위에 있을 것이다.

[텍스트 4-7] 출처: 『훌륭한 영어: 성공의 언어Good English: The Language of Success』, 1979

How A Command Of Good English Will Bring You New Recognition And Success

Language – the everyday act of speaking and writing, of reading and thinking – plays a much more important part in our daily lives than we usually realise. Indeed, it is a success "secret" of most outstanding men and women.

This booklet describes a new, unique way to improve your English, to increase your business and social success, to find new power of thought and expression, and to get more out of life.

Command Respect

You will learn in detail how to dominate and influence every situation simply by using the right words at the right time. What's more, you can confidently look forward to ending boredom and frustration and gaining the attention and respect that win friends and influence people.

Yes, a command of good English is the most important single aid you could have in your search for success.

월등한 영어실력이 여러분을 어떻게 새로운 평판과 성공으로 데려갈 것인가

말하고 쓰고, 읽고 생각하는 일상행위로서, 언어는 일상생활에서 우리가 깨닫는 것보다도 훨씬 더 중요한 역할을 맡는다. 사실상 언어는 출세한 대부분의 남성과 여성들에게서 한 가지 성공의 '비결'이다.

이 책에서는 새롭고 유일한 방식을 서술해 놓아, 여러분의 영어를 개선시켜 주고, 여러분의 업무와 사회적 성공을 높여 주며, 생각과 표현에 대한 새로운 힘을 깨닫게 하고, 인생으로부터 더 많은 걸 얻어내도록 해 준다.

존경심을 휘어잡으라

여러분은 간단히 적어 놓기에 최적의 낱말을 씀으로써 모든 상황을 지배하고 영향을 주는 방법을 상세히 배우게 될 것이다. 더군다나, 확신을 갖고서 여러분은 따분함과 좌절을 끝내고, 친구들과 영향력 있는 사람들을 감동시켜 주목과 존경심을 휘어잡는 일을 기대할 수 있다.

그렇다! 월등한 영어실력은 성공을 추구하는 길에서 지닐 수 있는 가장 중요한 한결같은 조력자인 것이다.

더 앞에서 본 텍스트에서 저자가 행한 존평에서는 이것이 묵시적이다. 즉, 해당 담화에 대한 환자의 기여내용이, 여느 의료 진찰에서 기대될 것으로 배운 것과는 차이가 나는 것이다.

이는 두 유형의 담화에서 환자들을 위한 서로 다른 주체 지위를 시사해 준다. 이런 측면에서 담화들 사이에 있는 갈등에서 이해관계에 놓인 권력에 주목하기 바란다. 말하자면, '환자'를 이념상 이상적인 이미지(심상)로 창출하기 위한 권력이다. 왜냐하면 '환자'가 '환자속성patienthood'이 재현되는 주체 지위를 통해서 그 모습대로 만들어지기 때문이다. 때로 사람들은 의료 건강관리medical care를 받는 사람을 언급하기 위하여 이념상으로 중립적인 용어가 결여되어 있음을 느낀다. 예를 들어, 출산에서 산모를 가리키려고 '환자'란 말이 쓰이는 경우에, 불가피하게 산모를 그려주는 방식은 무능력하고 아프며 스스로 일(직접 애를 낳는 일처럼!)을 해 나가는 것보다는 산모에게 여러 가지 일들이 다른 사람에 의해 시행되어야 하는 모습이 된다.

Think 생각해 보기 바랍니다

> [텍스트 4-7]은 또 다른 사례로서, 이번에는 글로 씌어 있는데, 그 논제는 독자에 대하여 어떤 주체 지위가 창출되어 있는지에 대한 것입니다. 이 텍스트에서 '확립된' 이상적인 독자의 사례가 되려면, 어떤 속성들이 필요할 것으로 생각하십니까?

'이상적 독자'는 '성공'을 바라고 있고, 다른 사람들을 지배하고 영향을 주는 능력을 희망하며, '따분함과 좌절'에 작별을 고하기 따위를 바라고 있습니다. 이런 이상적 독자가 텍스트 속에서 확립되어 있는 일부 방식은, 여기서 수행되고 있는 화용행위speech act의 속성과 관련되어 있습니다(§.6-1-3을 보기 바람). 화용행위는 우리가 '확언assurance'이라고 부를 법한 내용을 포함합니다. 가령, 제목을 보면 월등한 영어능력이 높은 평판 등을 가져다 줄 것이고, 중간제목 '존경심을 휘어잡으라'에 이어지는 두 개의 문장도 역시 모두 확언을 담고 있는 듯합니다. 사람들에게 보통 자신들이 뭔가 일어나기를 바란다면 뭔가 일어날 것이라는 확언을 제시할 뿐입니다. 약속하는 이와는 달리, 비록 확언하는 이가 확언내용이 무엇이든 간에 상관없이, 개인적으로 그 일이 일어나도록 전념하는 것은 아니지만, 이런 측면에서 확언은 약속과 유사합니다. 따라서 독자가 '새로운 평판과 성공' 등을 바란다고 가정되고 있습니다.

사회적 주체를 산출하는 사회적 과정은, 여러 해에 걸쳐서 일정 기간 동안 점진적으로 사람들에게 지위를 부여하는(자리 잡게 하는) 일에 비춰, 즉 일정범위의 주체 지위로 파악될 수 있다. 따라서 사회적 주체는 주체 지위들에 대한 특정한 형상(모습)으로 구성된다. 한 가지 결과는 주체가 흔히 우리가 가정하려는 경향보다 훨씬 일관성 및 통일성이 떨어진다(덜하다)는 점이다. 대신, 사회적 주체는 그람씨Gramsci의 표현으로 '복합적 인성composite personalities'이라고 가정해야 한다. 또는 푸코Foucault가 언급하였듯이, 주체가 다양한 주체 지위들 속으로 널리 '퍼져dispersed' 있다.

> discourse is not the majestically unfolding manifestation of a thinking, knowing, speaking subject, but, on the contrary, a totality, in which the dispersion of the subject and his discontinuity with himself may be determined.
> (담화는 사고하고 지식을 지니며 말을 하는 주체를 펼쳐 놓는 당당한 표현이 아니라, 오히려 거꾸로 하나의 총체인데, 주체의 분산 및 그 스스로와의 불연속성이 그런 총체 속에서 결정될 수 있다.)

푸코가 지적하였듯이, 이는 화자나 집필자를 자신의 낱말에 대한 저자author로 간주하려는 우리의 경향에 대하여 심오한 함의(=그런 경향이 잘못이며 반대 방향이 참이라는 함의)를 지니는데, 거꾸로, 화자나 집필자가 자신의 낱말에 대한 산출물product이 된다는 의미가 있는 것이다. 그렇지만 이 점을 너무 깊이(멀리) 다뤄나가서는 안 된다. 이미 제2장에서 지적하였듯이, 담화에서 변증법적 과정이 있으며, 주체가 창조되고 창조하는 피동적 측면과 능동적 측면이 모두 다 있기 때문이다. 제7장의 추가 논의를 보기 바란다.

알튀쎄르Althusser가 '어떤 이념적 결과, 기본적인 이념적 결과'로서 우리가 주체가 된다는 점을 '분명함obviousness'으로 이름을 붙인 취지는 무엇일까? 부분적으로 사람들이 사회적으로 지위가 부여되는 속성으로서 주체를 자각하지 못하고, 일반적으로 그들 자신의 주관적 정체성을 어쨌든 사회 밖에 서 있고 사회에 우선하는 것으로 보기 때문이라고 본다. 그런 이념상의 오해는 인간 사회에 대한 다양한 이상주의 이론을 위한 토대인데, 사회에 앞선 존재로서 '개인'들을 중심으로 확립되어 있고, 또 다른 방식보다는 사회를 개인의 (속성들)로부터 발산해 나오는 것으로 보려고 한다. 이를 '기본적인' 이념상의 효과로 부르면서, 알튀쎄르는 구성 중인 주체들이 이념이 의미하는 모든 것임을 시사한다. 모든 이념이 이런저런 방식으로 주체(관련당사자)들의 지위를 부여하는 일과 관련되어 있는 것이다.

저자가 담화에서 주체에 대해 언급한 내용이 또한 담화의 상황들에도 적용된다. 우리는 아무런 문제도 일으키지 않는 '분명함'으로써, 담화를 전개하게 되는 상황을 다룬다. 그럼에도 불구하고, 다시 우리가 상식적으로 가정하려고 하듯이, 담화 이전에 존재하며 담화와 독립된 그런 상황들과는 동떨어지게, 어떤 의미로 상황은 담화의 산출물이다. 즉, 상황 유형에 대한 고유한 특정 목록을 지닌 특정한 담화유형과 담론질서이고, 결과적으로 거기에 상이하게 이념상으로 대립되는 목록들이 존재하는 것이다.

지배적 담화유형에 대한 주체 지위 및 상황 유형이 둘 모두 (그런 낱말들의 의미와 그런 상호작용 투식들의 속성처럼) 자연화되기가 쉽다. 이 논의에서 이제 얼마나 많은 것이 언어로 된 그리고 특히 언어를 넘어선 갈등(투쟁)에서 이해관계에 있는지, 그리고 자연화의 성취를 통해서 얼마나 많은 것이 얻어질 수 있는지가 분명해지는 시점에 이르렀기를 희망한다.

제3장에서 권력이 다른 사람들의 실천관례를 제약한다고 주장한 자연화 및 세 가지 방식 사이의 관련성을 살펴보기로 한다. 낱말의 의미에 대한 자연화는 담화의 내용을 제약하고 장기간에 걸쳐 지식과 신념을 제약해 놓은 효과적인 방식이다. 따라서 상황 유형에 대한 자연화도 또한 그러한데, 이는 사회질서의 특정한 이미지(심상)를 공고히 하는 데 도움이 된다. 상호작용 투식의 자연화는 담화로 실행된 사회적 관계들을 제약하며, 장기간에 걸쳐서 사회적 관련성에 대한 한 사회의 제도를 제약해 놓는 효과적인 방식이다. 마지막으로 주체 지위에 대한 자연화는 자명하게 주체를 제약해 놓고, 장기간에 걸쳐서 주어진 제도나 사회에서 개인들의 사회화 및 사회적 정체성의 '평판stock'에 대한 경계설정delimitation에 기여한다. 그렇다면, 자연화는 권력의 무기고에서 가장 무서운 무기이며, 따라서 갈등의 중요한 초점인 것이다.

§.4-6 '난처하게 만들기': 상식을 전면으로 내세우기

제9장에서 비판적 언어분석CLS·자아의식·사회적 해방 사이의 관련성 속에 들어 있는 복잡한 논제를 다루게 될 것이므로, 여기서 그런 논의를 장황하게 다루고 싶지 않다. 그렇지만 이념적 상식에 대한 배경으로 깔려 있고 무의식적인 본질에 대하여 제4장에서 다룬 강조점이 사실이라면, 아마 이는 상식이 어떻게 초점으로 부각될 수 있는지에 대하여 뭔가를 언급할 만한 적합한 곳이 될 듯하다. 이는 분명히 반성의식이 없이 당연하게 여기는 것들에 대해서 사람들이 스스로 의식하게 되는 경우이다.

이 절에서는 상호작용 투식 및 그런 투식이 어그러지는 경계를 살펴보았다. 후자는 담화의 상식요소가 명백히 드러나는(≒뻔한 절차를 따르는) 하나의 상황이 담화에서 제대로 전개되지 않고 잘못 전개되는 경우이다. 결과적으로 비판적 언어분석CLS에서는 의사소통 실패와 오해를 빚는 사례에 초점을 모은다. 사람들이 (숨겨져 있는) 담화상의 상식을 강조하고 전면에 내세우는 방식으로서, 자신의 담화를 '고쳐' 놓고자 하는 사례들이다.

상식요소가 '자발적으로' 전면으로 내세워지는 또 다른 상황은, 주고받는 이야기에서 참여자들 사이에, 또는 한 쪽이 지닌 상식에 대한 자의성 및 사회적 상대성이 다른 쪽의 사람들에게 분명해지도록 그 이야기에서 참여자와 관찰자 사이에 충분히 커다란 사회적 또는 문화적 구분이 있을 경우이다. 이념상의 변동 가능성 및 갈등에 대하여 다룬 제4장의 논의로부터, 이런 일이 모든 사회 속에서뿐만 아니라 또한 여러 사회들에 걸쳐서도 광범위하게 일어남이 도출되어 나온다. 우리는 한 가지 사례를 히틀러 텍스트로 살펴보았다. 다시 담화에서 이념적 갈등에 초점을 모으면서, 또는 이념상 이질적이라고 깨달을 것 같은 이야기나 글의 표본에 사람들을 노출시켜 줌으로써, 분석가들은 이 점을 발판으로 삼을 수 있다.

세 번째 가능성은 담화에서 어떤 형태의 간섭을 통하여 고의적으로 상식에 대하여 방해하는 일이다. 미국의 사회학자 해롤드 가핑클 Harold Garfinkel[22]이 자신의 학생들에게 부여해 놓은 실험과제(위반실험)가 다음에 제시되어 있다. 여기에 있는 인용은, 이들 실험에 대한 학생 답변으로부터 가져온 것이다(Garfinkel, 1967: 42).

---

22) (역주) 가핑클(Harold Garfinkel)은 제4장의 역주 1)을 보기 바란다. 이 실험은 흔히 '위반실험(breaching experiment)'으로 불리는데, 륏저(Ritzer; 김왕배 외 14인 뒤침, 2006) 『사회학 이론』(한올출판사) 제11장 '민속방법론'을 보기 바란다. 일부러 위반하는 사례를 이 절의 제목에서는 '말썽빚기(Making trouble)'로 붙였다.

피험자가 출퇴근 자동차 함께 타기의 일원인 실험 주체에게, 지난날 일하러 가는 동안에 바퀴에 펑크가 난 일에 대하여 말을 하고 있다.

피험자: 바퀴에 펑크가 났거든! had a flat tire

실험자: 바퀴에 펑크가 났다니 무슨 말이야?What do you mean, you had a flat tire?

피험자는 잠시 어리벙벙한 듯 보였다. 그러고 나서 악을 쓰면서 쏘아 붙이듯 대답하였다.

피험자: '무슨 말이라니?', 대체 무슨 말을 하는 거야? 타이어에 펑크 난 게 펑크 난 거지. 그 뜻이야. 다른 아무런 뜻도 없어. 얼마나 웃기는 질문이니!What do you mean "What do you mean?" A flat tire is a flat tire. That is what I meant. Nothing special. What a crazy question!

담화의 상식세계를 낯설게 만들어 놓고자 하는 실험 주체의 시도에 대한 피험자의 반응은, 사람들에게 그런 상식세계가 얼마나 공고하며 실제적인지를 잘 보여 준다. 이 사례에서 볼 수 있듯이, 이런 상식세계가 방해를 받는 경우에는, 곧장 불신을 보이고 짜증을 내며 화를 내게 된다. 또한 누가 방해하든지 간에 바보짓을 하거나 정신이상이라고 결론을 내릴 수 있다. 그러므로 이 낯설게 하기는 신중하게 써야 할 기법인 것이다.

§.4-7 요약

이제 제4장에서 논의한 내용을 요약하기로 한다. 먼저 담화의 상식적 본성으로부터 시작하여, 담화의 일관성이 담화의 상식에 의존한다고 제안하였다. 그러고 나서, 담화의 상식이 직접적으로나 간접적으로 불평등한 권력관계를 유지하는 데 기여하는 정도까지 '이념적'이라고 주장하였다. 그렇지만 이념은 내재적으로 상식적인 것이 아니다. 특정한 이념들이 이념적 투쟁(갈등)의 과정에서 그런 지위를 획득한다. 이는 이념상으로 다른 다양한 담화유형들 사이에 있는 사회적 제도/기구에서 갈등을 지닌 언어형식을 취한다. 그런 갈등은 사회적 제도 및 그와 연합된 이념들 사이에 있는 지배관계를 결정한다. 지배적 담화는 '자연화'의 과정을 겪게 마련인데, 특정한 이념 및 이익과의 연결을 상실해 버리는 듯이 보이며, 해당 제도/기구의 상식적 실천관례로 된다. 따라서 이념이 상식이 되는 경우에(아무도 의심을 던지지 않으므로), 분명히 이념이 되는 일을 중단한다. 이것이 그 자체로 이념적 결과이다. 이념은 오직 숨겨져 있는 경우에라야 참으로 효과적이기 때문이다.

저자는 자연화를 담화상의 상식에 대한 여러 가지 차원으로 논의해 나갔다. 언어표현의 의미 및 의미체계에 대한 사례에서, 자연화가 '사전' 속에서 낱말의 의미에 대한 명백한 고정성으로 그리고 발화의미의 명백한 투명성으로 반영된, 의미의 패쇄(≒여러 가능한 의미들을 차단하고 특정 의미만 선택됨)로 귀결됨을 보여 주었다. 상호작용 투식의 경우에는, 상호작용에 대한 관례적인 (그리고 궁극적으로 자의적인) 방식의 자명성이 자연화의 결과이며, 또한 투식들이 관련되고 경계가 설정되는 방식으로도 된다. 마지막으로, 담화의 주체(관련당사자) 및 상황의 경우에는, 그것들의 자명함 및 담화의 명백한 독립성이 자연화의 환각효과이다. 왜냐하면 그것들이 모두 중요한 정도로 담화의 산출물이기 때문이다. 제4장에서는 이념적 상식이 (숨겨져 있지 않고) 전면으로 내세워질 수 있는 방식들을 논의하면서 매듭을 지었다.

참고문헌

'일상생활의 상식세계'에 대한 논의로는 가퓡클(Garfinkel, 1967)을 보기 바란다. 브롸운·율(Brown and Yule, 1983)의 제7장에서는 추론하기에 대한 논의 및 자동적(≒무의식적)인 '틈새채우기'와의 관계를 논의하여 도움이 크다. 이념에 대해서는 알튀쎄르(Althusser, 1971), 먹렐런(McLellan, 1986), 이글튼(Eagleton, 1991), 지젝(Zizek, 1994), 뵌대익(van Dijk, 1998)을 보기 바란다. 상식과 이념에 대한 그룜씨의 언급은 그룜씨(Gramsci, 1971; 이상호 뒤침, 1998, 『그람시의 옥중 수고』 1~2, 거름)에서 찾을 수 있다. 또한 §.4-2에서 인용된 써어본(Thurborn, 1980)도 참고하기 바란다. 홀(Hall, 1982)은 이념 및 자연화에 대하여 유용하다. 부르디외(Bourdieu, 1977; 김웅권 뒤침, 2005, 『실천이성』, 동문선), 뻬슈(M. Pecheux, 1982), 톰슨(J. B. Thompson, 1984)을 보기 바란다. 프랑스 담화분석에서 담화 및 이념에 대해서는 윌리엄즈(G. Williams, 1999)를 보기 바란다. 의미와 주체에 대한 알튀쎄르의 논의는 알튀쎄르(Althusser, 1971)에서 가져온 것이다. 주체에 대한 푸코의 언급은 푸코(Foucault, 1982)에 나온다. 〈물음 1〉에서[23] 다시 표현해 놓은 신경정신과 실천내용에 대한 대안 표현은 에들먼(Edelman, 1974)에서 가져온 것이다.

23) (역주) 이는 §.5-1 〈물음 1〉과 관련되지만, 본문에서 출처가 표시되어 있으므로 옮기지 않고 그대로 두었다. 이 문장 다음의 '체면'에 관련된 참고문헌은 제3장과 관련되므로, 그곳 끄트머리에 옮겨 놓았다.

제5장 실천 중인 비판적 담화분석
: 기술

제4장에 있는 텍스트 표본들은 제법 일정한 범위의 언어 특징들을 포함하였다. 어휘의 특징, 문법, 구두점(§.4-2의 '심리적 거리를 두는 인용' 사례를 상기하기 바람), 발언기회 얻어내기, 화행의 유형, 그 표현의 직접성과 간접성, 상호작용의 전반적 구조와 관련된 특징들이며, 그뿐 아니라 비언어적 텍스트 특징('시각물')도 있었다. 이 책의 현 단계 쯤에서, 언어분석에 배경이 없는 독자들도 그런 특징들에 비춰 텍스트에 대한 세밀한 분석이 담화에서 권력관계 및 이념적 과정들에 대한 이해에 어떻게 기여하는지를 알게 되었기를 희망한다.

그러나 텍스트 분석은 담화분석의 일부이다. §.2-2-2의 〈그림 2-1〉에서 담화의 세 가지 요소로서 텍스트·상호작용·사회적 맥락을 확인하였고, 비판적 담화분석의 세 가지 단계들 사이에 상응하는 구분을 이끌어냈음을 기억하기 바란다. 즉, ① 텍스트의 기술記述, ② 텍스트 및 상호작용 사이의 관계에 대한 해석, ③ 상호작용 및 사회적 맥락 사이에 있는 관련성에 대한 설명이다.

제5장과 제6장에서는 이들 세 가지 단계에 근거하여 비판적 담화분석을 위한 절차를 제시할 것이다. 제5장에서는 기술記述1)을 다루고, 제6장에서는 해석과 설명을 다룬다. 이러한 분업은 제2장에서 이 절차들이 포함하는 '분석'의 종류에 비춰 보면서, 한 편으로 기술 및 다른 한 편으로 해석과 설명 사이에 대조점을 이끌어 낸 것과 일치한다. 그리고 제5장과 제6장의 조직에서 상응하는 차이가 있다. 기술 단계와 관련된 분석의 종류는, 작은 참고서지 안내로 조직되도록 허용해 준다. 반면에 제6장에서는 좀 더 논의가 심화된다. 그렇지만 제2장에서 지적한 대로, 기술이 해석을 전제한다는 의미가 있으므로, 따라서 절차상의 용어로는 편리하더라도 이런 대조점에 너무 많은 비중이 주어져서는 안 된다. 독자들은 또한 저자가 해당 대목에서 설명한 이유 때문에, 기술 단계에서 기대될 법한 (화행 및 전제를 포함하여) 몇 가지 주제의 논의가 제6장에 이를 때까지 일부 또는 전부 늦춰짐을 알게 될 것이다.

제5장은 언어연구에 넓은 배경을 지니지 못한 사람들을 위하여 개관 수준에서 씌어졌다. 여기서는 텍스트에 대하여 제기될 수 있는 10개의 주요문제(그리고 몇 가지 하위문제)들을 중심으로 짜여 있다. 이것이 독자들이 그 얼개를 흡수하고 이용하는 일을 비교적 쉽게 만들어 줄 것으로 희망한다. 각각의 물음 아래, 독자들은 간략히 소개되고 예시된 분석적 범주나 개념을 발견하게 될 것이다. 저자는 이 절차를 독자들이 풀어볼 연습문제들을 제시함이 없이 순전히 해설 방식으로만 제시해

1) (역주) description(기술, 서술, 묘사)이란 말은 과학철학자 헴펠(Hempel)이 말하는 과학적인 사고 진행과정에서 두 번째 단계를 가리키는 말이다. 임의의 사건 또는 현상이 있다면, 제일 먼저 그것을 관찰해야(observe) 한다. 이어 이 관찰의 세부내용을 describe(기술) 해야 한다. 이 말의 어원은 '종이에 받아 적다'(down + to write)는 뜻이므로 흔히 기술(記述)로 번역한다. 이는 곧 설명(explain)의 단계로 이어지는데, 여기서 여러 가지 이론과 원리가 만들어지고 제안된다. 마지막으로, 이런 설명이 올바른지 여부를 판정할 마지막 단계로 진행하는데, 이를 예측(predict)이라고 말한다. 오직 제대로 된 설명이라야만 미래 사건에 대하여 정확히 예측할 수 있는 것이다. 그런데, 자연현상은 인과율에 지배를 받기 때문에 예측이 가능하겠지만, 인문현상은 자유의지에 따라 언제라도 변화가 가능하기 때문에 '예측'을 강하게 적용할 수 없다. 오직 약한 의미로 일어날 가능성 정도로만 받아들여야 한다. 질적 연구방법론에서는 인문사회 현상을 '오직 해설 또는 해석의 대상이 될 뿐'이라고 매우 약하게 진술하는 경우도 있다.

놓았다. 제7장에서 그 절차를 더 확장된 사례들에 적용해 볼 기회가 있을 것이다. 그 절차가 성경처럼 절대적으로 취급되어서는 안 됨을 강조해 둔다. 단지 안내문이지 청사진은 아닌 것이다. 일부 경우에서는 그 절차를 이용하는 독자들이 자신의 목적을 위하여 어떤 부분들이 너무 세세하거나 심지어 무관함을 발견할 수도 있다. 다른 경우에서는 특히 언어연구에 배경지식을 지닌 이들이 상세함이 충분치 못하며 보완될 필요가 있음을 발견할 것이다. 각 장 뒤에 붙인 참고문헌들이 도움이 될 것이다. 포함된 일련의 텍스트 특징들은 아주 선택적이다. 비판적 연구를 위해 가장 중요하다고 보이는 것들만을 담고 있다.

열 가지 물음을 목록으로 제시하기 전에 마지막 강조점이 있다. 특정한 텍스트에서 우리가 찾아내는 형식적 특징의 집합은 해당 텍스트에서 이용하는 담화유형에서 이용 가능한 여러 선택사항들 (가령, 어휘 또는 문법) 가운데에서 특정한 선택으로 간주될 수 있다. 텍스트에 실제로 제시된 특징들을 해석하기 위하여, 일반적으로 어떤 선택들이 이뤄진 것인지, 즉 실제적인 특징들이 나온 담화유형에 있는 선택 체계에 대하여 설명해 줄 필요가 있다. 결과적으로 텍스트를 분석하는 일에서, 해당 텍스트 속에 '거기' 무엇이 있는지 그리고 해당 텍스트에서 이용하고 있는 담화유형 사이에서 우리의 초점은 지속적으로 변동하는 것이다. 초점에 대한 이런 변동이 아래에 있는 논의에 반영되어 있다.

물음 A(어휘에 대한 것)

1. 낱말들이 어떤 '체험적' 가치를 지니는가?(용어풀이는 ※유의사항 참고)
   (1) 어떤 분류 얼개가 이용되는가?
   (2) 이념상으로 논란이 되는 낱말들이 들어 있는가?
   (3) 반복 어휘 표현 또는 과도한 어휘 표현이 있는가?
   (4) 낱말들 사이에 이념상으로 중요한 어떤 의미관계(동의·하의·반의)가 있는가?

2. 낱말들이 어떤 '관계적' 가치를 지니는가?
   (1) 완곡한 표현들이 들어 있는가?
   (2) 유표적으로 격식적인 또는 비격식적인 낱말들이 있는가?
3. 낱말들이 어떤 '표현적' 가치를 지니는가?
4. 어떤 비유가 쓰이는가?

물음 B(문법에 대한 것)

5. 문법자질들이 어떤 체험적 가치를 지니는가?
   (1) 어떤 유형의 과정 및 참여자가 우위를 점하는가?
   (2) 행위주가 불분명한가?
   (3) 과정들은 어떤 것인 듯한가?
   (4) 명사화가 이용되었는가?
   (5) 문장이 능동태인가, 수동태인가?
   (6) 문장이 긍정문인가, 부정문인가?
6. 문법자질들이 어떤 관계적 가치를 지니는가?
   (1) 어떤 서법(서술문·문법상의 의문문·명령문)이 이용되는가?
   (2) 관계양태의 중요한 특징들이 들어 있는가?
   (3) 대명사 we우리와 you당신가 이용되는가, 그렇다면 어떻게 이용되는가?
7. 문법자질들이 어떤 표현적 가치를 지니는가?
8. 단순문장들이 서로 어떻게 연결되어 있는가?
   (1) 어떤 논리적 접속사들이 쓰이는가?
   (2) 복합문장들은 등위접속이나 종속접속에 의해 특성화되는가?
   (3) 텍스트 외부와 내부를 가리키기 위하여 어떤 수단들이 쓰이는가?

물음 C(텍스트 구조에 대한 것)

9. 어떤 상호작용 관례들이 쓰이는가?
   (1) 발언기회 얻어내기 제도란 무엇인가?
   (2) 참여자 한 사람이 다른 사람의 발언 기회를 통제하는 방식이 있는가?

10. 텍스트가 어떠한 거시구조를 지니는가?

※ 유의 사항: 체험적 가치·관계적 가치·표현적 가치

저자는 형식적 특징들[2]이 지닐 수 있는 세 가지 유형의 가치 사이를 구분하는데, 체험적 가치·관계적 가치·표현적 가치입니다. (1) 체험적 가치를 지닌 형식적 특징은, 자연계나 사회세계에 대한 텍스트 산출자의 체험이 표현되는 방식의 흔적 및 단서입니다. 체험적 가치는 제3장에 비춰보면 내용·지식·신념과 관련됩니다. (2) 관계적 가치를 지닌 형식적 특징은, 담화에서 해당 텍스트를 통하여 시행된 사회적 관련성에 대한 흔적 및 단서입니다. 관계적 가치는 (투명하게!) 관계들 및 사회적 관련성에 관련됩니다. (3) 마지막으로 표현적 가치를 지닌 형식적 특징은, (광범위한 의미로) 텍스트가 관계하는 현실 대목을 놓고서 이뤄진 산출자의 평가에 대한 흔적 및 단서입니다. 비록 오직 사회적 정체성 개념의 한 차원을 통해서만 주관적 가치에 관련되지만, 표현적 가치는 주체(≒관련당사자) 및 사회적 정체성에 관련됩니다. 주어진 임의의 형식적 특징이 동시에 이들 가치를 두세 개 지닐 수 있음을 강조해 두고자 합니다. 〈그림 5-1〉에서 이것들을 도표로 제시하였습니다.

의미의 차원	특징들의 가치	구조적 효과
내용 관계 주어	체험적 가치 관계적 가치 표현적 가치	지식/신념 사회적 관계 사회적 정체성

〈그림 5-1〉 형식 특징: 체험적·관계적·표현적 가치

2) (역주) feature(자질, 특징, 특성)는 본디 언어학에서 낱개의 소리를 여러 발성기관이 지니는 다중 속성들의 결합 방식으로 설명하기 위하여 쓰였고, 흔히 '자질(資質)'(바탕이 되는 재료)로 번역한다. 그렇지만 동일한 용어를 심리학에서는 '특징' 또는 '특성'이라고 번역한다. 여기서는 문장 차원의 요소(문법영역/미시영역)와 관계될 적에는 '자질'로 번역하고, 텍스트 전개와 관련될 경우(담화영역/거시영역)에는 특징이나 특성이라고 번역할 것이다. 가령 〈물음 9〉에 organizational feature(조직화 특성) 따위는 자질보다는 특성으로 번역되어야 매끄럽다. 미시영역일수록 선택의 폭이 좁아지고, 필수성을 띠어 간다. 그러나 거꾸로 거시영역일수록 자유의지에 따라 선택이 이뤄져 그 폭이 광대해지며, 수의성을 띠게 되는 것이다.

이 이외에도 형식적 특징이 텍스트의 부분들을 서로 함께 연결짓는 데에서 '연결적' 가치를 지닐 수도 있는데, 논의와 사례를 보려면 〈물음 8〉을 참고하기 바랍니다.

§.5-1 물음 1: 낱말들은 어떤 체험적 가치를 지니는가?

이 책의 맥락에서 가장 흥미로운 체험적 가치의 측면은, 세계를 표상하는 데 있어서 텍스트들 사이에서 이념적 차이점이 어휘로 부호화되는 방식이다. 다음 텍스트의 짝이 하나의 사례이다. '상담 전문직'의[3] 언어에 대한 연구에 따라, 이것들이 두 가지 상이한 어휘 표현으로 구성되어 있다.

[텍스트 5-1] 출처: 에들먼(Edelman, 1974: 300)

deprivation of food, bed, walks in the open air, visitors, mail, or telephone calls; solitary confinement; deprivation of reading or entertainment materials; immobilizing people by tying them into wet sheets and then exhibiting them to staff and other patients; other physical restraints on body movement; drugging the mind against the clients's will; incarceration in locked wards; a range of public humiliations such as the prominent posting of alleged intentions to escape or commit suicide, the requirement of public confessions of misconduct or guilt, and public announcements of individual misdeeds and abnormalities. (*Psychiatric text 1*, 밑줄은 본문 논의에 맞춰 번역자가 그음)

음식, 침대, 개방공간에서 산책, 방문객, 우편물 또는 전화 호출에 대한 박탈; 독방 감금; 읽을거리나 흥밋거리 자료의 박탈; 사람들을 젖은 침대보 안에 묶어 둠으로써 움직이지 못하게 하며, 그러고 나서 그들을 직원과 다른 환자들에게

3) (역주) helping professions는 글자 그대로 번역하면 도움을 주는 전문직이다. 그렇지만, 주로 상담을 통해 이뤄지므로, 뜻이 통하게 '상담 전문직'으로 번역해 둔다.

전시하여 보여 주기; 몸 움직임에 대한 다른 신체적 제약; 상담자의 의지에 반하여 약물로 정신을 취하도록 만들기; 자물쇠 채운 격리실에 유폐; 일정범위의 공적으로 창피 주기로서, 도망가려거나 자살하려고 한다는 의도를 남의 눈에 띄게 공고하기, 비행이나 유죄에 대하여 공식적으로 고백을 요구하기, 개인별 나쁜 짓과 비정상성에 대하여 공식적으로 알림. (신경정신과 텍스트 1)

discouraging sick behavior and encouraging healthy behavior through the selective granting of rewards; the availability of seclusion, restraints, and closed wards to grant a patient a respite from interaction with others; enabling him to think about his behavior, to cope with his temptations to elope and succumb to depression, and to develop a sense of security; immobilizing the patient to calm him, satisfy his dependency needs, give him the extra nursing attention he values, and enable him to benefit from peer confrontation; placing limits on his acting out; and teaching him that the staff cares. (*Psychiatric text 2*, 밑줄은 본문 논의에 맞춰 번역자가 그음)
선별적 보상 시행을 통하여 병든 행동을 억누르고 건강한 행동을 격려해 주기; 환자에게 남들과의 상호작용을 일시 중단시키기 위하여 독거·제지·폐쇄된 격리실의 이용 가능성; 자신의 행동에 대하여 스스로 생각해 보도록 하기, 우울함에 굴복하고 달아나려는 충동을 잘 추스르며, 안전함의 감각을 높여 주기; 감정이 차분해지도록 자신을 움직이지 않게 하기, 의존 필요성을 충족시키고, 환자가 가치롭게 여기는 별도의 간호 배려를 제공하며, 동료 환자와 마주보는 일로부터 도움을 얻을 수 있게 하기; 행동에 옮기는 일을 놓고서 제약을 설정하기; 직원들이 돌보아 준다는 점을 환자에게 가르치기. (신경정신과 텍스트 2)

두 번째 텍스트는 환자를 좋아하는 신경정신과 의사의 관점으로부터 실천내용들을 써 놓은 것이다. 반면에 첫 번째 텍스트는 '반대쪽의' 표현으로 되어 있다. 사실상 우리는 이를 '다시 표현해 놓기rewording'로 간주할 수 있다. 기존의 지배적이며 자연화된 낱말 표현이, 체계적으로 다른 사람에 의해서 반대가 되도록 의식적으로 교체되고 있다.

일부 경우에는 텍스트에 대하여 이념상으로 중요한 것이 본질적으로 어휘 항목들이다.[4] 예를 들어, subversive[파괴적인]와 solidarity[연대, 결속]는 각각 '우파' 및 '좌파' 이념 얼개에 속하며, 이 중 한 낱말의 출현이 이념상으로 임의의 텍스트의 위상을 매겨 주는 경향이 있을 것이다. 다른 경우에는 낱말들이 함께 실현되거나[co-occur] 이음말로 나타나는[collocate] 방식이다.[5] 따라서 〈신경정신과 텍스트 2〉에서 behavior[행동]는 sick[병든]과 healthy[건강한]이란 낱말과 이어져 있고, 이념상으로 행동을 분류하기 위한 구체적이고 (지배적인) 얼개를 제시해 준다. 그렇지만 다른 경우에는 한 낱말이나 표현이 한 사용영역으로부터 다른 사용영역으로 비유적으로 전이된 것이다(아래 〈물음 4〉를 보기 바람). 예를

---

4) (역주) 단지 낱말 선택만이 그런 것은 아니다. 하나의 사건을 어떻게 표현할지에 대한 선택에서도 그러하다. 임의의 사건을 언어로 표현하고자 할 때에, 적어도 세 가지 선택이 있다. 첫째, 직접적으로 표현할지, 간접적으로 표현할지 결정해야 한다. 둘째, 간접적으로 표현한다면, 우회적으로 표현할지, 비유적으로 표현할지 결정해야 한다. 셋째, 비유적으로 표현한다면, 환유 표현을 쓸지, 은유 표현을 쓸지 결정해야 한다. 본문에서는 이런 여러 가지 표현의 선택에 따른 함의를 전혀 언급하지 못하고 있다.

5) (역주) co-occur(공기하다, 함께 실현되다)는 미국의 기술주의 언어학에서 처음 쓰인 용어이다. 가령 우리말에서 '선생님'이란 말은 그 동작을 나타낼 때에 동사에 반드시 대우를 나타내는 '시'가 함께 나타나고(선생님 ~하시었다), 형식명사 '줄'은 반드시 동사 '알다/모르다'와 함께 나타나며(~줄 알았다), 명사 '인기척'은 동사 '나다/ 듣다' 등과 함께 나타나는 현상을 가리킨다. 이런 현상을 생성문법에서는 '선택 제약'이라고 부르는데, 호응하는 두 요소 중에서 어느 하나가 다른 것을 선택하는 것으로 보기 때문이다(즉, 핵어가 비핵어를 선택함). 원래 이는 낱말보다 더 작은 단위들 사이에서 관찰되는 현상까지 가리켰으므로, 반드시 낱말들 사이에서 관찰되는 이음말과는 동일한 차원이 아니더라도, 저자는 결합현상을 중심으로 비슷한 개념으로 치부하고 있다.

collocate(이음말로 나타나다, 연어로 되다)은 자연언어를 전산 작업으로 처리하면서 한 낱말이 아무 낱말과 결합하는 것이 아니라, 두드러지게 특정한 낱말들과 결합하는 현상을 찾아내게 되었다. 이를 흔히 이음말(collocation 연어) 또는 구-결합론(phraseology)으로 부른다. 특히 영국에서 코빌드(Cobuild) 사전 편찬을 주도해 온 씽클레어(John McHardy Sinclair, 1933~2007) 교수는 일반적으로 낱말들이 다른 낱말들과 이어져 존재한다는 사실을 깨닫고, 이음말 또는 구 단위가 더 기본적인 미리 짜인 단위(preconstructed unit)라고 주장하였으며, 이는 관용적 결합 원리(idiom principle)에 의해 구성된다. 이 단위가 다시 더 큰 단위로 결합하게 되는데, 개방적 선택 원리(open-choice principle)가 작용하여 문장 이상의 단위를 만들어 낸다. 싱클레어(1991) 『말뭉치·용례·연어(*Corpus, Concordance, Collocation*)』(Oxford University Press)와 싱클레어(2003) 『용례 해석(*Reading Concordances*)』(Pearson)을 보기 바란다.

들어, 〈신경정신과 텍스트 1〉에서 solitary confinement독방 감금는 비유적으로 감옥에 비춰 본 의료상황을 나타낸다.6)

일부 낱말들은 이념상으로 경쟁하는데, 이념갈등의 초점이며, 때때로 이는 (다음과 같은 대립적인) 텍스트에서 분명해진다.

> socialism(사회주의)과 같은 용어가 하나의 참된 "축자적" 의미를 지니고 있으며, 이는 산출·분배·교환의 수단에 대한 공동의 소유권에서 절대적인 신념이다.

라고 믿는 것은 '의미상의 오류a semantic error'라고 주장하는 어떤 기사(≒시사보도문)에서, socialism사회주의과 같은 낱말이 그러하다(≒맑스주의 정의를 논박함). 그렇지만 이 낱말의 다양한 의미는 실제로 다음과 같이 공통된 핵심점을 지니고 있다.

> socialism(사회주의)은 사회에서 대다수 노동자들의 이익이 되도록 응당 사회적 통제가 실행되어야 한다는 신념이다.

이렇게 규정하는 기사(≒시사보도문)는 의미론의 장막 아래 은밀하게 이념적 갈등의 대목으로 나타나는 듯하다.

〈물음 1〉에 답변을 하는 데에는, 담화유형에서 어휘가 조직화되는 방식에 비춰 본 분류 얼개를 포함하여, 일반적으로 텍스트 그 자체 및 텍스트가 이용하고 있는 담화유형 사이에서 우리의 초점을 바꾸는 것이 유용하다.

---

6) (역주) 이 말은 텍스트 2에서는 'seclusion(격리)'로 표현되어 있다. 텍스트 1과 텍스트 2 사이에서 어휘 선택이 어떻게 바뀌었는지에 대해서는 〈물음 2〉를 논의하면서 각 텍스트에서 번역자가 밑줄 그어 둔 낱말들을 서로 대조하고 있다.

[텍스트 5-2] 출처: 럼즈든(R. Lumsden, 1984), 『성공과 성취를 향한 23단계』

Just 23 vital steps to success

- How to claim your heritage of constant, radiant health
- How to increase your vocabulary
- How to boost your powers of concentration
- How to develop your memory
- How to cultivate positive emotions
- How to develop an attractive voice and clear speech
- How to learn the importance of tact
- How to make yourself valuable to your employer
- How to formulate ideals — the essentials of progress
- How to achieve the goals of maturity
- How to build a successful marriage
- How to communicate effectively
- How to enjoy the treasures of literature
- How to solve your problems
- How to be happy
- How to widen your mental horizons
- How to develop thought-power
- How to develop your imagination
- How to keep busy for creating peace of mind
- How to go the extra mile!
- How to be a better parent
- How to achieve serenity
- How to enrich your life

성공을 향한 스물세 가지 필수 단계

1. 언제나 빛나는 건강을 물려받았음을 주장하는 방법
2. 여러분의 어휘를 늘여 놓는 방법
3. 여러분의 집중력을 드높이는 방법
4. 여러분의 기억을 향상시키는 방법
5. 긍정적인 감정을 가꾸는 방법
6. 매력적 목소리와 분명한 말솜씨를 가다듬는 방법
7. 임기응변의 중요성을 익히는 방법
8. 사장에게 여러분 자신을 더 가치롭게 만드는 방법
9. 진전에 필수적인 이상적 모습을 만들어 내는 방법
10. 원숙함의 목표를 성취하는 방법
11. 성공적인 결혼생활을 확립하는 방법
12. 효과적으로 의사소통을 하는 방법
13. 고전 명작들을 즐기는 방법
14. 여러분의 문제를 해결하는 방법
15. 행복해지는 방법
16. 여러분의 정신 지평을 넓히는 방법
17. 사고력을 향상시키는 방법
18. 여러분의 상상력을 계발하는 방법
19. 마음의 평화를 만들기 위해 부지런히 노력하는 방법
20. 신경을 더 많이 써서 완벽한 마무리를 하는 방법!
21. 더 좋은 부모가 되는 방법
22. 평온함을 성취하는 방법
23. 여러분의 인생을 풍부하게 만드는 방법

이 목록은 그 자체로 '성공을 향한 단계'라는 분류로 이뤄져 있지만,

또한 기존의 분류 얼개를 이용한다. 하나는 정신을 위한 얼개 또는 그 얼개의 몇 측면으로서, 한 개인이 자신을 '발전시킬' 수 있다. '집중력, 기억, 긍정적 감정, 정신 지평, 사고력, 상상력' 등이다. 자동차 엔진에서처럼 '–력power, 힘'에 의해 제시된 정신에 관한 기계적 관점에서는, 좀 더 강력한 기계로부터 더 나은 수행을 얻을 수 있음에 주목하기 바란다! 또 다른 얼개는 한 사람의 언어를 평가하는 방식을 위한 것이다. 이는 '여러분의 어휘를 늘이다, 분명한 말솜씨, 효과적으로 의사소통을 하다'라는 이음말(≒또는 구절) 속에서뿐만 아니라, 또한 '쉽게 담소를 나누다converse easily, 효과적으로 말하다speak effectively, 더 빨리 쓰다write faster, 더 잘 읽다read better'와 같이 동일한 광고로부터 나온 자료에 있는 다른 이음말에서도 암시되어 있다. 언어 수행은 솜씨·효율성·사회적 영향에 비춰서 등급이 매겨지지만, 가령 감정이입과 의사소통 역할에 비춰서 정해지는 것은 아니다. 이것이 언어에 대한 제도적 이념이다. 즉, 일을 진행시켜 가기 위한 도구a tool for getting things done로서의 언어이다. 이 점을 제9장에 있는 상이한 맥락에서 다시 마주치게 될 것이다. 두 경우에서 모두 분류 얼개가 현실세계의 몇 측면을 분리해 놓는 특정한 방식을 구성하는데, 이 방식은 그런 현실세계에 대한 특정한 이념적 표상에 확립되어 있다. 어휘의 구조는 이런 방식으로 이념적으로 근거가 마련된다.

서로 다른 담화유형에서 분류 얼개는 더 크거나 더 작은 숫자의 낱말들을 지니고서 현실세계의 특정 측면들을 서로 다른 정도로 표현해 준다는 의미에서 양적으로 달라질 수 있다. 때때로 우리는 '과도한 낱말 표현overwording'을 지닌다. 흔히 거의 유의어인 많은 낱말들을 포함하면서, 이례적으로 높은 정도의 낱말 표현을 갖게 되는 것이다. 과도한 낱말 표현은 현실세계의 어떤 측면에 몰두함을 보여주는데, 이는 그게 이념갈등의 초점임을 나타낼 수 있다. '성공을 향한 23단계'는 성장 및 발전에 아주 많이 몰두해 있고, 이 점은 동사 '늘이다, 드높이다, 향상시키다, 가다듬다, 확립하다, 넓히다, 풍부하게 만들다'를 포함하여 이런 의미들에 대한 어휘에서 분명해진다.

텍스트 및 담화유형 사이에서 초점을 바꾸는 가치는, 또한 낱말들 사이에 있는 의미관계들에 대해서도 성립한다. [텍스트 4-5] '진리를 말하는 여전히 작은 목소리'에 대한 논의를 기억하기 바란다. 그 텍스트에서는 유의어의 관계가 어떤 담화유형에서도 유의적이지 않은 낱말들 사이에서 마련되었다고 제안하였다. 다른 경우에는 어떤 텍스트에서 직접 어떤 담화유형으로 마련된 의미관계를 이용할 수도 있다. 그런 사례에서는 이들 유의어의 관계가 이념적으로 결정되고, 사실상 유의어와 같은 의미관계가 종종 특정한 이념에 대하여 상대적인 것으로 간주될 수 있다. 즉, 담화유형으로 내포된 이념이나 또는 텍스트에서 창의적으로 생성되고 있는 이념이다. 따라서 〈물음 1〉의 한 가지 측면은, 텍스트에서 그리고 심층에 있는 담화유형에서 의미관계를 찾아내는 것이고, 또한 그것들의 이념적 토대를 시도하고 구체화해 주는 것이다.

주요한 의미관계는 동의어·하의어·반의어이다. 이미 살펴보았듯이, 동의어synonymy는 낱말들이 동일한 의미를 갖는 경우이다. 완벽한 동의어의 사례를 많이 찾아내기란 어렵다. 따라서 실제적으로 낱말들 사이에 '가까운 동의어'의 관계를 살펴보게 된다.7) 유의어에 대한 소략한 검사는 낱말들이 의미에 거의 영향을 주지 않으면서 서로 대치되는지 여부를 보게 된다. 하의어hyponymy는 한 낱말의 의미가, 말하자면 또 다른 낱말의 의미 속에 포함되어 있는 경우이다. 제4장에서 본 사례에서 totalitarianism전체주의은 이념상으로 하나의 특정한 담화유형에서 공산주의communism·맑스주의Marxism·파시즘fascism의 의미 속에 녹아 있다. 따라서 이것들이 하의어가 된다. 반의어antonymy는 의

7) (역주) 원문 synonymy(동의어, 유의어)는 심리적 가치(감정적 가치)까지 완벽히 동일한 낱말들이 거의 잘 존재하지 않으므로(완벽한 동의어에 대해서는 대체로 부정적으로 봄), 이를 '동의어'라고 하기보다 차라리 '유의어'라고 하는 편이 더 낫다. 본문의 near synonymy(가까운 동의어)란 표현 자체가 유의어(비슷한 말)를 가리키는 것이다.

미 불가양립성을 가리킨다. 한 낱말의 의미가 또 다른 낱말의 의미와 합치될(양립될) 수 없는 것이다. 가령 woman여성과 man남성의 의미, 또는 dog개와 cat고양이의 의미이다.8)

§.5-2 물음 ㄹ: 낱말들은 어떤 관계적 가치를 지니는가?

이 물음은 낱말 표현에 대한 텍스트의 선택이 참여자들 사이에 있는 사회적 관련성에 얼마나 의존하고, 그런 관련성을 만들어 내는 데 얼마나 도움을 주는지에 초점을 맞춘다. 이미 제시하였듯이, 낱말들은 그런 관계적 가치를 동시에 다른 가치들과 함께 지닐 것 같다. 예를 들어, 인종차별 어휘의 사용(§.3-3의 텍스트에서 본 'coons 깜둥이들'처럼)은 특정 민족집단의 인종차별 표현에 비춰 보아 체험적 가치를 지닌다. 그러나 그런 인종차별 낱말의 사용과 인종차별 낱말을 회피하지 못하는 것은 또한 관계적 가치도 지니는데, 아마 인종차별 이념이 화자와 다른 참여자들에게도 공통기반이라고 가정하게 되는 것이다.

다음에 크뤼스 혹스Chris Hawkes·조 머뤨로Jo Morello·존 하워드John Howard가 쓴 기사로부터 가져온 또 다른 사례가 있다(단, 저자가 이탤릭 글씨로 강조함).

[텍스트 5-3] 출처: 『수호자The Guardian』(영국 중산층 신문), 1986년 12월 17일자

We suspect that industrialists are at the point of realising that they need to do something, but are not sure what that something is. We are not suggesting that industry *becomes voyeuristic about personal problems*, or that it *intrudes*

8) (역주) 영어 표현에서 'cat and dog'는 '서로 으르렁거리는' 또는 '견원지간'(개와 원숭이 사이)이라고 번역된다. 영어 문화권에서는 이 집동물들이 서로 적대적이므로, 반의관계로 본 듯하다. 우리 문화에서는 꼭 그럴 것 같지 않다. 가령, 우리 문화의 어린이 동화에서는 구슬을 되찾아오는 개와 고양이 이야기가 있다.

unnecessarily into private grief and sorrow! It would be counter-productive to give the impression that it owns its workforce. Nor are we advocating a return to the nineteenth century *paternalism* of chocolate and soap barons. But their concept of *engaging with their employees as whole persons* is one we cannot ignore.

우리는 산업자본가(기업경영자)들이 뭔가를 해야 할 필요가 있음을 깨달을 시점에 있다고 생각하지만, 그 뭔가가 무엇인지를 확실히 알지 못한다. ① 우리는 회사 쪽에서 개인적인 문제들에 대하여 엿보게 된다거나, 또는 ② 불필요하게 사적인 비탄과 슬픔에 끼어들도록 제안하고 있는 것은 아니다. 회사가 노동력을 소유한다는 인상을 주는 역효과만 낳을 것이다. ③ 그렇다고 하여, 19세기 시절 초콜릿과 비누를 생산하던 기업경영자의 고용 가족주의로 되돌아가자고 옹호하고 있는 것도 아니다. ④ 그렇지만 총체적 인간으로서 피고용자를 대접해 달라는 그들의 개념은 우리가 무시할 수 없는 것이다.

이탤릭 글씨체(번역에서는 밑줄을 침) 표현은 고용자 쪽에서 정확히 동일한 행동에 대한 상이한 공식적 입장정리formulation(§.5-9-2 역주 33 참고)로 간주될 수 있고, 따라서 이 텍스트는 낱말 표현의 체험적 가치를 지닌 사례가 될 수 있다. 그렇지만 집필자들은 신뢰trust와 연대solidarity, 결속, 유대감의 관련성을 가정된 독자층과 타협하는 과정의 일부로서 네 번째 것을 선호하고, 이들 공식화 내용 중에서 앞의 세 가지를 거부하는 듯이 보이는데, 이것이 관계적 가치가 구체적인 그림으로 나오는 곳이다. 그러나 표현적 가치도 또한 깃들어 있다. 집필자들은 아마 처음 세 가지 공식적 입장정리가 독자들에게 부정적 평가를 받을 것이고, 네 번째 것이 긍정적 평가를 받을 것으로 가정할 것이다. 따라서 네 번째 것을 선호하면서, 집필자들은 독자들과 가치의 공유성을 가정하고 있다.

텍스트 산출자들은 흔히 관계적 이유 때문에, 낱말들의 표현적 가치와 관련하여 회피전략을 받아들인다. 완곡어법[euphemism]은 부정적 가치를 회피하는 방식으로 좀 더 관례적이거나 익숙한 것을 대치하여 쓰는 낱말이다. 〈신경정신과 텍스트 2〉는 다수의 완곡어법을 포함하는 것으로 보인다. 〈텍스트 1〉에 있는 solitary confinement[독방 감금] 대신에 〈텍스트 2〉에서는 seclusion[독거]이 쓰였다. locked wards[자물쇠로 채운 격리실] 대신에 closed wards[폐쇄된 격리실]가 쓰였고, escape[도망가다] 대신에 elope[달아나다]가 쓰였으며, commit suicide[자살하다] 대신에 succumb to depression[우울함에 굴복하다]이 쓰였다.

관계적 가치와 관련되어야 하는 어휘의 한 가지 속성은 격식성[formality]이다. 이는 §.3-2-4에서 다루었는데, 다음에 [텍스트 3-5]에서 다뤄진 반대심문 텍스트의 시작 부분이 있다.

Q: Mr. Ehrlichman, prior to the luncheon recess you stated that in your opinion, the entry into the Ellsberg psychiatrist's office was legal because of national security reasons. I think that was your testimony?

문: 에어릭먼 씨, 오찬 휴식시간 전에, 귀하의 의견에 따르면, 엘스버그 신경정신과 진료실에 침입한 것은 국가안전의 이유로 말미암아 합법적이었다고 진술하였습니다. 본인은 그게 귀하의 증언이었다고 생각합니다. 맞습니까?

여기서 해당 상황의 격식성은 사회적 관계의 격식성을 요구한다. 이는 다른 요소들 중에서 어휘에서 분명해지며, 이용 가능한 덜 격식적인 대안에 맞서서 지속적으로 좀 더 격식적인 항목을 채택하게 된다. 가령, 덜 격식적인 낱말 before[앞서], lunch break[점심시간], said[말했다] 대신에, 좀 더 격식적인 prior to[이전에], luncheon recess[오찬 휴식시간], stated[진술하였다]와 같다. 또한 정중함[politeness, 공손함]을 표현하고, 참여자들로부터 서로 간의 '체면'을 위한 배려를 하며(체면을 높여 주고, 체면이 깎이지 않도록 배려함), 지위 및 입장에 대해서도 존중된다.

§.5-3 물음 3: 낱말들은 어떤 표현적 가치를 지니는가?

〈신경정신과 텍스트 1〉에서는 서술된 실천내용에 대한 집필자의 부정적 평가가 어휘로 암시된 다수의 사례가 들어 있다. 예를 들어, exhibiting전시하여 보여 주기, incarceration유폐, humiliations창피 주기이다. 다음의 [텍스트 5-4]에서도 더 많은 사례들을 찾을 수 있는데, 이는 정치적·문화적 축제에 있는 한 행사를 공식적으로 알려 주고 있다.

[텍스트 5-4] 출처: 『무한 좌파Left Unlimited』, 1986년

LEFT . . . AFTER A FASHION

Fashion is propaganda in clothing – it tells you about who people are, what they want to be and their politics. The fashion industry is in constant flux, pumping out new images: street fashions meet haut couture – offspring – high street fashion. With personal politics and style high on the left's political agenda should fashion consciousness be part of political consciousness, or is it just an excuse for consumerism? What's radical about a radical look?

Left Unlimited **is proud to present the first ever left fashion show. The very latest designers from college will present their work, followed by some of the old favourites: Ken Livingstone's flares and Safari jacket; the trotskyite flat top; the workerist donkey jacket and badges; ageing *Marxism Today* Euro chic, and much more.**

And on hand will be 'street fashion' editor of *ID* magazine Caryn Franklin; and high fashion designer Paul Smith; 'High Street' fashion writer Angela Stephens of *Just 17*; commentator Chris Kirk, and *City Limits* journalist Kathy Myers. Lights, music, a catwalk ... and politics.

패션쇼 뒤에 … 좌파

패션은 의류계의 선전이다. 즉, 사람들이 누구이고, 무엇이 되기를 원하며, 그들의 정치에 대하여 말해 주는 것이다. 패션 산업은 항상 새로운 이미지를 쏟아 내면서 유동적으로 흐른다. 길거리 패션에서도 최고급 여성 패션과 후손뻘인 고급 거리패션을 만나게 된다. 좌파 정치의제를 놓고서 사적인 정치와 고급 스타일로써 패션의식이 응당 정치의식의 일부가 되어야 할까? 아니면 한낱 소비주의를 변명해야 할까? 급진적 모습에 대해 무엇이 급진적일까?

『무한 좌파』에서는 첫 번째 좌파 패션쇼를 개최하게 된 것을 자랑스러워한다. 대학에서 온 가장 최신 디자이너들이 그들의 작품을 선보일 것이며, 몇몇 고풍스런 호사품도 뒤따를 것이다. 켄 리빙스턴 풍과 사파리 웃옷; 트로츠키 평평한 상고머리; 노동자스런 당나귀 웃옷과 배지(휘장); 노숙한 『오늘날 맑스주의』 유럽 맵시 복장을 비롯하여 더 많은 것들이 있다.

유명인들도 나오게 될 것인데, 'ID' 잡지의 '길거리 패션' 편집자 캐륀 프뢩클린; 고급 패션 디자이너 폴 스미쓰; 『막 열일곱』의 '고급 거리' 패션 작가 안젤라 스티픈즈; 패션쇼 해설자 크뤼스 커억; 『도시 구역』 기자 캐씨 마이어즈. 불꽃축제, 음악, 객석으로 뻗은 무대 … 그리고 정치.

좀 더 전통적인 많은 좌파 독자들에게는 이 인용대목에서 표현적 가치의 충돌이 일어날 것 같다. 가령 세 번째 문장 'With personal politics …사적인 정치로써'이다. 그런 독자들에게 political consciousness정치의식와 left좌파는 긍정적인 표현 가치를 지니지만, consumerism소비주의, fashion consciousness패션의식, 그리고 아마 style스타일은 부정적 가치를 지닐 것 같다. 더욱이 fashion패션, 옷 유행과 style스타일, 모양새은 아마도 정치적 담화에서 벗어나서 부적절한 것으로 간주될 듯하다. personal politics 사적인 정치는 확립된 표현적 가치가 전혀 없는 것으로 짐작된다. 왜냐하면 이 이음말(≒구적 표현)이 비교적 좌파 정치담론에서는 새로운 것이기 때문이다. 전반적인 효과는 그런 좌파 독자들을 어리둥절하게 만들거나 아니면 사실상 격노하게 만들 수 있다.

담화유형들 간에 낱말들의 표현적 가치에 있는 차이점들은 다시 이념상으로 중요하다. 말하는 사람은 평가제도의 일부인 분류 얼개를 이용함으로써 평가내용을 표현하며, 상이한 담화유형에서 서로 다른 가치를 구체화해 주는 이념상으로 대조적인 얼개가 있다. 따라서 앞의 사례는 상이한 좌파 담화유형 및 분류 얼개 사이에 있는 이념적 충돌에 비춰서 해석될 수 있다. 즉, 덜 전통적인 좌파 담화에서는 fashion consciousness패션의식, style스타일, personal politics사적인 정치가 정치와 연합된 분류 얼개에서 긍정적으로 평가된 요소이다.

낱말들의 표현적 가치는 언제나 설득력 있는 언어에 흥미를 지닌 사람들에게 핵심적인 관심거리가 되어 왔다. 여전히 여기서 이념에 대한 우리의 초점에 비춰서도 중요하겠지만, 다소 상이한 관점으로부터 보면 표현적 가치가 오히려 덜 중요하다. 이는 여기서 관심이 되는 특정한 설득목적을 위하여 표현적 가치를 동원하는 것보다는, (다소 약하게) 이들 표현적 가치가 이념상으로 대조적인 분류 얼개에 대해 언급될 수 있다는 사실 정도를 뜻한다.

§.5-4 물음 ④: 어떤 비유가 쓰이는가?

비유는 체험의 한 측면을 또 다른 체험에 비춰서 표현하는 수단이다. 결코 상투적으로 연합되는 경향이 있는 담화의 종류, 즉 시와 문학 담론에만 국한되는 것이 아니다. 그러나 체험의 측면이 어떤 것이든 (많든 적든) 어떤 수의 비유로도 표현될 수 있다. 여기서 특히 흥미로운 것은 대안이 되는 비유들 사이에 있는 관련성이다. 왜냐하면 상이한 비유가 상이한 이념과 결부되어 있기 때문이다.

다음은 1981년 '폭동riot'9)에 대하여 어느 스코틀랜드 신문에서 가져온 기사의 시작 부분이다.

As the cancer spreads
As the riots of rampaging youths spread from the south, even the most optimistic have fears for the future, afraid worse is yet to come. How far can the trouble spread? If it comes to Scotland, where will it strike?

암이 퍼지듯이
난폭한 청년들의 폭동이 남부(≒잉글랜드 지역)로부터 퍼져나감에 따라, 심지어 가장 낙관적인 사람들도 장래에 대하여 두려움을 지니고서 더 나쁜 상황이 일어나려는지를 걱정한다. 그 혼란이 얼마나 멀리 퍼질 수 있을까? 만일 스코틀랜드로 온다면, 어느 곳을 타격할 것인가?

여기서 예시되었듯이, 비유적으로 사회적 문제를 병으로 표현하는 일은 극히 일반적이다. 이는 병 그 자체에 대하여 불확실하고 인간

---

9) (역주) 1981년 영국의 잉글랜드에 있는 주요 도시들에서 심각한 폭동이 일어났다. 주요 동기는 낮은 주택보급률, 높은 실업률, 백인과 이주민·흑인 사이의 인종 갈등, 도심 주민의 박탈감 등이었다. 4월 런던의 브뤽스턴(Brixton) 폭동, 7월 버밍햄의 핸즈워쓰(Handsworth) 폭동, 7월 리즈의 최플타운(Chapeltown) 폭동, 7월 리버풀의 톡스테쓰(Toxteth) 폭동들이 있었다.

이하의 몰지각한 힘으로 보는 비유와 혼합됨에 주목하기 바란다('어느 곳을 타격할 것인가?'). 질병 비유에 대한 이념상의 중요성은, 질병 비유가 지배적 관심사항을 사회 전체에 대한 관심사항으로 취급하며, 비지배적 관심사항의 표현(동맹파업, 데모, '폭동')을 그것 자체로 사회의 건강을 쇠퇴시키는 것으로 해석하는 경향이 있다는 점이다. '폭동'에 대하여 대안이 되는 비유는, 예를 들어 논쟁에 대한 비유로 될 수 있다. 가령, '폭동'을 왁자지껄한 항의vociferous protests로 표현하는 것이다. 상이한 비유는 사물을 다루는 서로 다른 방식을 함의한다. 비록 논쟁에서는 상대방과 타협점에 이를 수 있겠지만, 암과의 싸움에서는 결코 타협된 조정에 도달할 수 없는 것이다. 암은 반드시 제거되어야 하고, 도려내어져야 하는 것이다(≒죽든지 살든지의 선택일 뿐임).

§.5-5 물음 5: 문법자질들은 어떤 체험적 가치를 지니는가?

문법의 체험적 측면은 한 언어의 문법형태가 실세계에서 일어난 일이나 실세계와의 관련성을 부호화하고, 그런 일이나 관련성에 포함된 사람이나 동물이나 사물을 부호화하며, 그것들의 공간적·시간적 환경과 발생방식 등을 부호화하는 방법과 관련되어야 한다. 〈물음 5〉에 6가지 하위물음이 있는데, 첫 번째 하위물음은 중심적으로 그리고 일반적으로 이들 사안을 다루게 되며, 다른 하위물음들은 좀 더 구체적으로 관련된 논제들을 다루게 된다.

§.5-5-1 어떤 유형의 과정 및 참여자가 우위를 점하는가?

텍스트 상으로 현실 또는 상상으로 이뤄진 행동·사건·복합사태 또는 관련성10)을 표현하려고 할 경우에, 흔히 서로 다른 문법 과정 및 참여자 유형 사이에 선택사항이 있고, 채택된 내용은 이념상으로 중요하다. 이것이 이 물음의 취지이다. 이를 더 깊이 탐구하기 위하여, 영어에서 간단한 문장들에 대한 문법의 한 측면을 들여다볼 필요가 있다.

'서술문' 종류의 간단한 문장(〈물음 6〉을 보기 바람)은 주어와 뒤따르는 동사로 이뤄진다. 동사에는 아래 목록에서 보듯이 다른 요소가 하나 이상 뒤따를 수도 있고, 안 그럴 수도 있다. 목적어·보어·부가어이다. 단순문장에는 세 가지 주요 유형이 있는데, 각각 다른 요소들의 결합으로 되어 있다. 아래의 사례에서 각 요소 뒤에 명칭을 붙여 놓았다. 그 요소들이 어떤 것이든 하나의 낱말이나 둘 이상의 낱말로 이뤄질 수 있음에 유의하기 바란다.

문형	예시
주어+동사+목적어 S V O	Reagan(S) attacks(V) Libya(O) 미국 대통령 뤼건이(주어) 리비아를(목적어) 공격한다(동사)
	South African police(S) have burnt down(V) a black township(O) 남아프리카 경찰이(주어) 흑인 마을을(목적어) 불질러 없애 버렸다(동사)
	Contras(S) have killed(V) many peasants(O) 니카라구아 반군이(주어) 많은 농민들을(목적어) 죽였다(동사)
주어+동사 S V	Reagan(S) was fishing(V) 뤼건이(주어) 낚시를 하고 있었다(동사)
	A black township(S) has burnt down(V) 흑인 마을이(주어) 불타 없어졌다(동사)
	Many Peasants(S) have died(V) 많은 농민들이(주어) 죽었다(동사)

10) (역주) 우리가 경험하는 현상세계를 나눌 때 서구에서는 크게 자연세계의 인과율(causality)과 인간세계의 자유의지(free will)로 나눈다. 인과율의 지배를 받는 일들을 흔히 사건(event)라고 부르지만, 자유의지의 지배를 받는 일들을 행위(action)이라고 부른다(act는 단일 행위를, action은 지속된 행위를 가리킴). 단, 동물에 적용될 경우 인과율을 본능(instinct)이라고 하여 달리 부른다. 그런데 어떤 사건이든지, 그리고 어떤 행위이든지, 시간이 흐르면서 여러 사건이나 여러 행위로 이어져 나간다. 이것이 실제로 우리가 체험하는 내용들이며, 이를 '복합사건' 연결체 또는 '복합행위' 연결체라고 부를 수 있다. 이때 이 둘을 모두 뭉뚱그려 state of affairs(복합사태, 철학 용어임)라고 부른다. 맨 마지막 낱말 relationship(관련성)은 앞의 세 항목(사건·행위·복합사태)을 싸잡는 최상의어로 간주될 수도 있고, 아니면 '복합사태'를 달리 풀어 말한 유의어로 간주될 수도 있다(번역자는 유의어로 파악함). 뷧건슈타인(Wittgenstein)은 최상의어로 forms of life(삶의 모습, 삶의 양식)이란 표현을 썼다. 본문에서 action, event, state of affairs or relationship은 아무렇게나 열거한 것이 아니고, 특정한 질서를 염두에 두면서 저자가 의도적으로 순서를 세워 나열한 것이다.

주어+동사+보어[11] S V C	Reagan(S) is(V) dangerous(C) (or a dangerous person(C)) 뤼건이(주어) 위험(보어)하다(동사) (또는 위험한 인물(보어)이다(동사))
	Many peasants(S) are(V) dead(C) 많은 농민들이(주어) 죽어(보어) 있다(동사)
	Libya(S) has(V) oil(C) 리비아에는(주어) 기름이(보어) 있다(동사)

이들 사례에서 목적어(O)와 보어(C)가 모두 동사(V) 뒤에 따라나옴에 주목하기 바란다. 이들의 차이는, 동등한 수동태 문장에서 보어가 아니라 목적어만이 주어로 나올 수 있다는 데 있다. SVO(주어+동사+목적어)의 모든 사례에서 수동태 문장이 만들어질 수 있다. 가령,

> A black township has burnt down by South African police.
> 흑인 마을이 남아프리카 경찰에 의해 불타 없어졌다.

그러나 SVC(주어+동사+보어)의 사례는 아무것도 수동태 문장을 만들 수 없다. 첫 번째 예시를 '*dangerous is been by Reagan'으로 바꾸어

11) (역주) 저자는 특이하게 계사(copular)를 '보어를 요구하는' 동사로 간주하고 있다. 만일 기본 품사로 형용사도 설정하였더라면, 응당 is dangerous(위험하다)와 are dead(죽었다)에 있는 보어를 모두 '서술 형용사'로 지정하였을 것이다. has oil(원유가 있다)은 상태를 서술하는 것(즉, 대상을 지닌 상태)으로 파악하였기 때문에, oil(원유, 기름)을 보어로 지정하였다.
'계사'는 어느 언어에서이든지 두루 여러 범주에 걸쳐 있고, 인간 분류의식과도 긴밀히 관련되므로, 단순히 하나의 원리에 의해서만 다루기는 어렵다. 적어도 존재의 보장에서부터 시작하여, 그 존재의 내부 속성에 대한 지정뿐만 아니라, '결과상태' 구문을 포함하여 2차 서술(zero predication)에 이르기까지 맡는 역할이 아주 다양하다. 이 점은 수학자 드모르건(De Morgan, 1847) 『형식논리(*Formal Logic*)』 49~56쪽에서 처음 지적된 바 있고, 뤄쓸(Russell, 1937, 2nd ed.) 『수학의 원리(*The Principles of Mathematics*)』(Norton & Company)의 제5장에서도 거듭 언급되었다. 미국 철학자 도널드 데이뷧슨(Davidson, 1917~2003)은 유저(2005) 『진리 및 서술 속성(*Truth and Predication*)』(Harvard University Press) 제4장에서 계사 문제를 가장 어려운 논제의 하나로 꼽았다. 철학자 스뜨로슨(Strawson, 1974) 『논리와 문법에서 주어와 술어(*Subject and Predicate in Logic and Grammar*)』(Methuen & Co Ltd)을 참고하고, 언어학계에서는 최근 로쓰스따인(Rothstein, 2001) 『술어와 그 주어(*Predicates and their Subjects*)』(Kluwer Academic Publishers), 푸스텟(Pustet, 2003) 『계사: 어휘의 범주화에서의 보편성(*Copulas: Universals in the Categorization of the Lexicon*)』(Oxford University Press)이 출간되어 있다.

놓을 수 없는 것이다.

또한 낱말의 종류가 이들 상이한 요소로 작동할 수 있는 차이도 있다. 주어(S)나 목적어(O)는 명사가 되거나(가령 Reagan이나 boys), 대명사가 되거나(I, me, she 등), 명사구로 알려진 명사를 포함한 구절이 되거나(가령 a black township, many peasants), 명사화가 될 수 있다(§.5-5-4에서 설명됨). 보어(C)는 앞에서와 동일하지만, 또한 형용사(A)도 보어가 될 수 있다(가령 dangerous, dead). 형용사는 때로 접사 -ly~하게를 덧붙여 부사[12]가 되거나(dangerously, deadly), 전치사구가 될 수 있다.[13] 전치사구는 전치사(in, after, over 등)와 뒤이어진 명사나 명사구로 이뤄진다(가령, in the country, near Preston). 세 가지 문장 유형을 예시해 주는 사례에는, 비록 사실상 이들 유형이 자유롭게 다양한 형용사 변종과 함께 실현될 수 있더라도 형용사(A)가 들어 있지 않다. 이 사례들에 부사를 더해 보기 바란다.

frequently빈번하게, unmercifully무자비하게, in South Africa남아프리카에서, since 19851985년 이래로, unfortunately불행하게, once한때, 일단

여러분은 각각의 사례가 적어도 이 부사들 중에 하나를 취할 수 있음을 알게 될 것이다.[14]

---

12) (역주) 부사는 핵어나 논항으로 간주되지 않고, 수의적인 성격의 부가어로서 간주된다. 부사어를 논리적으로 다루기 시작한 글은 데이뷧슨(Davidson, 1967)인데, 데이뷧슨(1980) 『행위와 사건에 대한 논고(*Essays on Actions and Events*)』(Clarendon Press)의 제6장에 수록되어 있다.

13) (역주) 이 책의 저자는 매우 이례적으로 전치사구의 상위범주를 형용사와 동일하게 보고 있다. §.5-5-3의 설명에서도 그러하다. 그렇지만 이는 일반적인 언어학 지식과 어긋나는 조치이다. 전치사는 기본적으로 시간과 공간에 관련된 표현이며, 속성을 나타내는 형용사와 한데 묶일 수 없다. 촴스끼 문법에서 전치사에는 [-N, -V] 자질(명사 속성도 동사 속성도 아님)을 부여하고, 형용사에는 [+N, +V] 자질(명사 속성도 동사 속성도 함께 지님)을 부여하는데, 자질의 성격이 서로 대립적이다. 그렇지만 왜 형용사와 전치사를 하나의 범주로 보는지에 대하여, 저자가 설명을 해 놓은 대목을 찾아볼 수 없다.

14) (역주) 대개 부사는 수의적으로 실현된다. 그 이유는 의사소통이 입말로 진행될 경우에 참여자들이 동일한 시간과 공간을 공유하므로, 문장의 골격만을 이야기하면서 거기에

이들 세 가지 주요한 문장 유형은 항상 그렇진 않더라도(아래를 보기 바람) 가장 전형적으로 세 가지 주요한 유형의 과정process을 각각 표현해 준다.

actions(SVO), events(SV), attributions(SVC)
행위(주어+동사+목적어), 사건(주어+동사), 속성(주어+동사+보어)

행위는 참여자를 둘 포함한다. 행위주agent와 피동주patient이다. 행위주는 모종의 방식으로 피동주를 놓고서 행위를 진행한다(≒피동주에 영향을 준다). 따라서 위에 있는 SVO 사례에서, Reagan레이건, South African police남아프리카 경찰, Contras니카라구아 반군는 행위주이다. 반면에 Libya리비아, a black township흑인 마을, many peasants많은 농민는 피동주이다. 흔한 일이지만 모든 참여자들이 유정물animate, 생물인 것은 아니다. 일반적으로 비록 행위주가 유정물이더라도, 피동주는 때로 유정물(가령, 많은 농부들)이며, 때로 무정물inanimate, 무생물이다(가령, 흑인 마을).

하나의 사건은 하나의 참여자를 포함한다. 앞의 SV(주어+동사) 사례에서 유정물이 되거나(많은 농부들), 무정물이 될 수 있다(흑인 마을). 그렇지만 SV(주어+동사) 문장이 언제나 사건이 되는 것은 아니다. 만일 유정물 참여자를 지니면, 특별한 종류의 피동주 없는 행위이거나, 또는 저자가 지시 없이non-directed, 다른 사람의 지시 없이 일어난 자발적 행위로 부르는 것이 된다. 한 가지 검사는 SV(주어+동사) 문장이 자연스럽게 어떤 종류의 질문에 대답하는지에 대한 것이다. 만일 "What (has) happened?어떤 일이 일어났습니까?"라는 질문에 자연스럽게 대답한다면, 남의 지시 없이 일어난 자발적인 행위인 것이다. 이런 근거 위에서, "many

---

어조나 표정 등을 덧얹혀 놓음으로써 부사가 맡는 역할을 전달해 줄 수 있기 때문이다. 참스끼 문법에서는 핵과 논항만을 문장의 필수요소로 보고, 부사와 같은 것들은 '부가어(adjunct)'라고 부르며 수의적 요소로 본다. 저자는 부사를 기본 품사로 보지 않고, 대신 형용사(A)에서 도출할 수 있으므로, here(여기) 등을 형용사로 표시해 놓았다. 뒤의 역주 20) 참고.

peasants have died많은 농민이 죽었다"는 사건이지만, "Reagan is fishing뤼건이 낚시를 하고 있다"은 남의 지시 없이 일어난 자발적 행위이다.

속성도 또한 하나의 참여자를 포함하지만, 또한 동사 뒤에 모종의 속성이 있다. 동사가 have가지다 형태라면 소유 속성을 가리키고, 다른 동사(주로 계사 be이지만 또한 feel느끼다, seem듯하다, look보다 및 다른 몇 가지 동사)이면 소유와 무관한 속성을 가리킨다. 소유와 무관한 속성은 때로 형용사로 제시되고(가령 Reagan is dangerous뤼건은 위험하다), 때로 명사로 제시된다(Reagan is a menace뤼건은 위험 인물이다).

과정 유형들 사이의 선택에 대한 이념적 가능성은, 앞에서 저자가 제시해 놓은 일부 사례에 의해 제시된다. 니카라구아 농민들의 죽음을 책임 있는 행위주를 지닌 '행위 사건'으로 표현하는지, 아니면 속성만이 깃든 결과상태(≒사건을 일으킨 책임자가가 숨겨짐)로 표현하는지는 분명히 중요성을 지닌 선택이 된다. 비슷하게, 남아프리카 마을을 불태우는 일도, 행위주를 명시해 놓는 일에서 그 표현이 사건의 결과(≒책임진 행위주가 숨겨짐)이거나 행위 사건(≒책임진 행위주가 들어가 있음)이 될 수 있다. 책임질 주체를 표현하는 행위성을 강조하여 내세우거나, 배경으로 미뤄 감춰 버리는 그런 선택은, 일관적이고 자동적(≒무의식적)이며 상식적이고, 따라서 이념적이다. 아니면 의식적으로 울타리 친 방어이거나15) 기만 수법일 수 있다.

하지만 다음 사례가 어디에 속하는지를 알아내기는 어렵다. 이 글이 신문 칼럼 기고자 휴고우 영Hugo Young 씨에 의해 씌어졌는데, 정치

---

15) (역주) 원문 hedging(책임을 안 지려고 울타리를 치고 빠져 나가는 표현 방법)을 번역자는 '추궁 대비 표현'으로, 이원표 교수는 '완화 표현'으로, 나익주 교수는 '울타리 표현'으로 번역하였다. I guess(내 짐작으로는: 비록 틀리더라도 비난 받지 않음), maybe(아마도), if you want(원하신다면) 등 주로 화자가 책임질 사안들을 회피하려는 의도를 담고 있거나, 거꾸로 surely(확실히), strictly speaking(엄밀히 말하여) 등 상대방에게 확신을 심어 주려는 의도를 담고 있는 표현들이다. 후핵 언어인 우리말에서는 양태를 표현하는 보조동사로 나타날 수 있다. '~은/을 것 같다, ~은/을 듯하다, ~는가/을까 보다, ~으면 한다, 어쩌면 ~은/을지도 몰라' 등이다. 테일러(Taylor, 1995; 조명원·나익주 뒤침, 1997)『인지언어학이란 무엇인가』(한국문화사) 제4장 4절을 보기 바란다.

인들은 대중매체가 정치인을 조작하는 것 이상으로 더 한층 고도로 대중매체를 조작한다고 논의하고 있다(아래 인용의 번역에 M. J. 기오토 교수의 도움을 입었음: 번역자).

[텍스트 5-5] 출처 『수호자The Guardian』(영국 중산층 신문), 1986년 10월 16일자

Having agreed some time ago to an interview next Sunday, he (Mr Kinnock) plainly thought it could take its place in the mushery surrounding the launch of Investing in People [=a Labor Party campaign]. But meanwhile the defence issue came to the front, and the programme, responding to the news, became a programme about Labour's defence policy — which the leader doesn't want to talk about …

얼마 전에 다음 일요일 면담에 동의를 하면서, 노동당 당수 네일 키늑 씨는 감상적인 분위기에서 분명히 노동당 선거구호 '국민에게 투자하기'(인적자원에 투자하기)가 출범할 수 있으리라 생각했었다. 그러나 그러는 동안 국가방위 문제가 전면으로 나왔고, 그런 뉴스에 호응하면서 해당 프로그램은 노동당의 국가방위 정책에 대한 프로그램으로 되어 버렸으나, 지도자(≒키늑 씨)가 이를 언급하려고 하지 않는데 …

두 번째 문장(그러나 ~되어 버렸다)에서 행위주가 없음에 주목하기 바란다. 국가방위 문제가 사건과정event process으로서 'came to the front전면으로 나왔고', 결과속성attribution process으로서 그 프로그램이 'became…로 되었다'. 그렇다면 국가방위 문제를 전면으로 가져가고, 그 프로그램의 본질을 바꿔 놓은 일은 한 행위주가 어디에 있는가? 아마도 상황정보와 관련된 대목은, 이 칼럼이 씌어지기 1주일 전에 개최되었던 반대쪽 보수당 회의에서 노동당의 국가방위 정책이 보수주의자들이 절박한 선거구호로 강조할 만한 논제로 먼저 채택되었다는 점일 것이다.

§.5-5-2 행위주가 불분명한가?

다음은 §.3-1-2에서 살펴보았던 텍스트의 첫 번째 부분으로, 추가적인 사례를 제시해 주며, 또한 행위주의 혼란이 이념상으로 어떻게 동기화될 수 있는지를 보여 준다.

Quarry load-shedding problem
Unsheeted lorries from Middlebarrow Quarry were still causing problems by shedding stones…

채석장 짐 흘리는 문제
미들버로우 채석장에서 나오는 덮개 안 씌운 트럭들이 여전히 돌 조각들을 길바닥에 흘리는 문제를 일으키고 있음을 …

실제로 여기에 두 개의16) 단순문장이 있는데, 둘 모두 SVO(주어+동사+목적어) 유형이다.

① unsheeted lorries from Middlebarrow Quarry(S) were still causing(V) problems(O)
미들버로우 채석자에서 나오는 덮개 안 씌운 트럭들이(주어) 여전히 문제들을(목적어) 일으키고 있었다(동사)
② ('이해된' 주어로서 lorries(S)) shedding(V) stones(O)
(이해된 주어)트럭들이(주어) 돌을을(목적어) 흘리면서(동사)

전자에서는 주어가 비전형적으로 행위 과정에 대한 무정물 행위주

16) (역주) 저자는 이 문장이 복합문장이며, by에 의해 도입된 명사절을 따로 하나의 단순 문장으로 파악하고 있다. 따라서 두 개의 단순 문장이라고 하였다.

이다. 문제를 일으키는 행위 속성이 우선 트럭으로 귀속되지만, 제3장에서 살펴보았듯이 이는 더 적합하게 트럭을 운전하는 사람에게로 귀속될 것이다. 앞에서도 언급하였듯이 행위주는 유정물(생물)이며, 이것도 일반적으로 그러하다. 그렇지만 행위주는 무정물 명사나 추상명사나 명사화(§.5-5-4를 보기 바람)로도 실현될 수 있다. 이 사례처럼, 그런 모든 경우에서 이념상으로 동기화된 행위성·인과성·책임성에 대한 있을 수 있는 혼란(≒기만 수법)에 응당 민감해져야 한다(≒이 신문기사는 책임질 주체를 일부러 숨겨 놓고 있음).

§.5-5-3 과정들은 어떤 것인 듯한가?

두 번째 단순문장에서는, 좀 더 일반적으로 하나의 사건으로 표현될 수 있는 내용을 얻는데, 행위로 표현되고 있다.

stones(S) were falling(V) from the lorries(A)[17)]
돌들이(주어) 트럭으로부터(후치사구) 떨어지고 있었다(동사).

이는 다시 무정물 행위주로서 트럭[lorries]을 제시해 주며, 따라서 첫 번째 문장에서 지녔던 행위주의 지위를 강화하고 있다. 일반적으로 또 다른 유형의 과정으로서 나타나는 한 유형의 과정들이 무엇인지, 그리고 이에 대한 이념상으로 가능한 이유에 유념하는 일은 가치가 있다(저자는 과정[Process]을 상의어로 쓰고, 하위개념으로 사건[event]과 속성[attribution]을 쓰고 있는데, 전자는 책임질 주체가 표현되지만 후자는 숨겨져 있다. 최근에 의미

17) (역주) §.5-5-1의 역주 13)에서, 매우 이례적으로 저자는 전치사구의 상위범주를 형용사(A)로 보지만, 언어학계의 일반상식과 동떨어진 처리법임을 지적한 바 있다. 형용사의 의미가 전형적으로 상태 또는 속성이며, 영어 문법의 특징상 수식어로 쓰이거나 계사와 결합하여 술어로 쓰인다. 그렇지만 전치사는 계사와 결합하여 술어가 될 수 없으므로 같은 부류로 묶이지 않음을 알 수 있다. 번역에서는 형용사(A)가 아니라 전치사(P, 우리말 표현으로는 '후치사'임)로 적어 두었다.

론에서는 전자를 '행위과정'으로, 후자를 '결과상태'로 부르기도 한다: 번역자).

§.5-5-4 명사화가 이용되었는가?

또한 'Quarry load-shedding problem채석장 짐 흘리는 문제'라는 제목에도 주목하기 바란다. 온전히 문장의 문법 형식으로 실현되는 일 이외에도, 사건 과정은 이 경우에서와 같이 명사화라는 축약된 형태로도 나타날 수 있다. 명사화는 명사나 또는 여기에서처럼 여러 낱말로 된 합성 명사로 변형된 과정이다. 문장으로 얻어내는 의미의 일부가 사라졌다는 점에서 명사화는 축약 형태이다. 즉, 시제가 사라지므로 해당 사건의 시간 내용에 대한 표시가 없고, 양태(§.5-6-1)가 사라지며, 종종 행위주 그리고/또는[18] 피동주가 사라진다. 이 사례에서는 비록 이 명사화를 정확히 어떻게 잘게 나누어 과정들로 분리시킬지는 분명하지 않다고 하더라도, 그 텍스트에서 분명히 단순문장으로 표시된 두 개의 과정을 압축하고 있는 명사화를 보여 준다. 행위주가 없음에 주목하기 바란다. 문제를 일으키는 자도 짐을 흘리는 자도 들어 있지 않으며, 따라서 신문기사의 제목은 원인 및 책임 소재를 어디에 귀속시킬지 불분명하게 놔 둔다는 점에서 기사의 본문내용과 일관적이다.

§.5-5-5 문장이 능동태인가, 수동태인가?

행위 과정은 능동태나 수동태로 나올 수 있다. 앞에서 본 SVO(주어+동사+목적어) 문장의 모든 사례가 능동태이다. 동등한 수동태 문장

18) (역주) and/or는 포괄적 선접을 가리키는 표현이 영어에 없으므로 대신 쓰고 있는 약속이다. 행위주나 피동주 중에 어느 하나가 사라질 수도 있고, 둘 모두 사라질 수도 있음을 나타낸다. "사과나 배는 과일이다"에서 어느 하나가 참일 수도 있고 둘 모두 참일 수도 있다. 이를 포괄적 선접이라고 한다. 그렇지만 "영이는 남자이거나 여자이다"에서는 어느 하나만 참이 되고 다른 하나는 거짓이 된다. 이를 배타적 선접이라고 부른다.

은 다음처럼 될 듯하다.

Libya is attacked by Reagan[19]
(리비아가 뤼건에 의해 공격을 받는다)
A black township has been burnt down by South African police
(흑인 마을이 남아프리카 경찰에 의해서 불태워 없어졌다)
Many peasants have been killed by Contras
(많은 농민들이 니카라구아 반군에 의해서 죽임을 당하였다)

각 경우마다 행위주가 없는 문장을 만들기 위해 또한 by에 의해 도입된 행위주는 언제든지 생략될 수 있다. Libya is attacked[리비아가 공격을 받는다], Libya attacked[공격받은 리비아] 등. 행위주가 없는 수동태도 또한 원인 및 행위 속성을 불분명하게 놔둔다. 일부 경우에서는 해당 정보가 이미 모종의 방식으로 주어져 있다면, 잉여성을 피하기 위해서 생략이 이뤄질 수 있다. 명사화에서도 또한 그러하다. 다른 경우에서는 행위 및 원인 속성을 드러내지 않으므로 애매하게 될 수 있다.

§.5-5-6 문장이 긍정문인가, 부정문인가?

마지막으로, 세 개의 문장 유형이 모두 긍정문이거나 부정문이다. 'Contras have not killed many peasants[니카라구아 반군이 많은 농민들을 죽이지 않았다]' 따위. 실세계에서 사실인 경우를 사실이 아닌 경우와 구별하기 위한 가장 기본적인 방식이라는 점에서, 부정문은 명백히 체험적 가치를 지닌다. 그러나 주요한 관심사항은 상이한 방향에 놓여 있다. 임의 텍

19) (역주) 원문에는 be동사가 들어 있지 않고, 'Libya attacked …'로 나와 있는데, 이는 수동태 구문이 아니다. 이는 특정 시점의 사건을 서술해 주는 일시적인 수식어로서, which is가 생략된 형식으로 이해된다. 뒤에 나오는 사례에서도 동일하다. 그러나 번역 과정에서 모두 be동사를 현재시제로 추가해 놓았다.

스트의 상호텍스트성 및 상호텍스트적 맥락이다. 이것들은 §.6-1-2에서 다뤄진다.

§.5-6 물음 6: 문법자질들은 어떤 관계적 가치를 지니는가?

관계적 가치를 지닌 텍스트의 문법 자질들이 다양하게 존재한다. 저자는 세 가지에 초점을 모으게 될 것이다. 문장의 서법과 양태와 대명사이다.

§.5-6-1 어떤 서법이 이용되는가?

세 가지 주요한 서법이 있다. 서술문과 문법적 의문문과 명령문이다. 지금까지 우리가 살펴보았던 모든 사례들은 서술문이다. 서술문은 주어(S)가 나오고, 이어 동사(V)가 뒤따르는 형식으로 표현된다. 명령문은 주어를 전혀 갖고 있지 않고, 막바로 동사로 시작한다. 예를 들어, 'open(동사) the door(목적어)' 또는 'come(동사) here(부사)[20]'이다. 문법상의 의문문은 사뭇 복잡한데, 여러 가지 유형이 있기 때문이다. 첫째, wh-의문사 who?, what?, when?, where?, why?, how?, which?를 지닌 의문문이 있다. 가령, 'why are you advising your members to strike?왜 당신의 구성원에게 때리도록 조언하고 있습니까?', 또는 'where were you born?당신은 어디에서 태어났습니까?'이다. 둘째, 먼저 조동사로 시작하는 유형이 있다. 가령, 'Can you pass the salt?소금 건네어 주실 수 있습니까?' 또는 'Do you enjoy music?음악을 즐기십니까?', 또는 'Are you Frederic Forsyth?당신이 프리드릭 포싸이쓰 씨입니까?'인데, 흔히 'yes, no예, 아니오' 답변을 듣게 된다. 따

---

20) (역주) 원문에는 A(형용사)로 적혀 있으나, 번역에서는 '부사'로 고쳐 적었다. 앞의 역주 12)와 14)를 보기 바란다.

라서 '예/아니오 질문'으로 알려져 있다.

이들 세 가지 서법에서는 주어의 지위를 다르게 부여한다. 전형적인 서술문의 경우에는 화자/집필자의 주어 지위가 정보 제공자이며, 청자의 지위가 수신자의 지위이다. 명령문의 경우에는 화자/집필자가 청자에게 뭔가를 요청(청자 쪽에 행위를 요청)하는 지위에 있으며, 한편 (이상적으로 보면!) 청자는 고분고분 따르는 행위자가 된다. 문법상의 의문문에서는 화자/집필자가 다시 청자에게 뭔가를 요구하는데, 이 경우에는 정보를 말해 달라고 요구하는 것이며, 청자는 정보 제공자의 지위에 있다. 참여자들 사이에서 서법 배당에서의 체계적인 비대칭성은 참여자 관계에 비추어 보면 본질적으로 중요하다. 요구받는 경우를 제외한다면, 행동이 되었든 아니면 정보가 되었든 간에, 상대방에게 요구하는 일은, 정보를 제공해 주는 일이 또한 그러하듯이 일반적으로 권력의 지위이다.

그러나 관련된 그림은 이보다 상당히 더 복잡하다. 왜냐하면, (1) 서법과 주어의 지위 사이에 1 : 1 관계가 존재하는 것이 아니고, (2) 지금까지 저자가 확인해 놓은 것보다 더 풍부한 집합의 주어 지위가 존재하기 때문이다. (1)의 견지에서 보면, 가령 'You must be Alan's sister넌 분명 앨런의 동생이겠구나'처럼 서술문이 정보를 요청하는 가치를 지닐 수 있고, 문법상의 의문문이 'Will you kindly go away친절을 베풀어 떠나 주시겠습니까?'처럼 행위를 요구하는 가치를 지닐 수 있으며, 명령문이 가령 'Try taking the lid off그 뚜껑을 열어 주십시오!'처럼 제안이 될 수 있음이 분명하다. (2)의 견지에서 보면, 세 가지 서법에서 더 구체적으로 많은 주어 지위에 상응하면서 다양하게 문법화될 수 있는 많은 화용행위speech act가 있다. 약속에서 약속자·비난에서 비난자·불평에서 불평자 등이다. 그러나 이들 다양한 화용행위 가치는 형식자질들에 의해서 구분되는 것이 아니다. 오히려 해석 주체가 발화들에 그런 가치를 부여하는데, 부분적으로 그것들의 형식자질에 근거하지만, 부분적으로 해석 주체의 가정에 근거하기도 한다. 이런 이유 때문에 제6장에서 저자는 '해석'에 비추어 그것들을 다루게 된다.

§.5-6-2 관계양태의 중요한 특징들이 들어 있는가?

이제 양태modality, 양상21)이란 개념으로 돌아가기로 하겠는데, 이는 문법에서 관계적 가치 및 표현적 가치에 모두 중요한 개념이다. 양태는 화자 또는 집필자의 권위와 관련되고, 어떤 방향의 권위가 지향되어 있는지에 따라서 양태에 대한 두 가지 차원이 존재한다. 첫째, 만일 양태가 다른 참여자들과 관련하여 한 참여자의 권위에 대한 사안이라면, 관계양태relational modality가 된다. 둘째, 만일 양태가 실세계의 표상에 대한 진리값이나 가능성 여부와 관련하여 화자 또는 집필자의 권위에 대한 일을 언급한다면 표현양태expressive modality가 된다. 〈물음 7〉 아래에서도 표현양태에 대해 일부 논의하게 된다. 영어에서 양태는 may, might, must, should, can, can't, ought와 같은 양태

---

21) (역주) 철학과 논리학 쪽에서는 '양상'(≒모습)이란 용어를 선호하고, 언어학(특히, 국어학) 쪽에서는 '양태'(≒모습)란 용어를 선호한다. 모두 사건을 파악하고 표현하는 '모습, 모양새'에 관련되어 있다. 특히 현대철학 쪽에서는 진리를 다루면서 '가능세계(possible worlds)'까지를 언급하게 됨으로써, 소박하게 다루던 필연성(=확실성)과 가능성이란 개념이 더 높은 층위에서 반사실성(counter-factual) 개념으로부터 도출되기도 한다. 양태(양상)는 궁극적으로 우리의 믿음의 문제와 연관되기 때문에, 결코 한두 가지 언어형식만을 언급하는 일로 끝나지 않고, 더 심층에 있는 본원적 인지 문제로 환원되기 마련이다. 철학 쪽의 논의는 우리말로 정대현(1994) 『필연성의 문맥적 이해』(이화여대출판부)를 읽어보기 바란다. 양상의 문제를 다룬 고전은 프롸이어(Prior, 1957) 『시간과 양상(*Time and Modality*)』(Clarendon)이 있다. 또한 크륍키(Kripke, 1972; 정대현·김영주 뒤침, 1986) 『이름과 필연』(서광사)과 루이스(Lewis, 1973) 『반사실성(*Countfactuals*)』(Harvard University Press)을 참고하기 바란다.

언어학 쪽에서 논의되는 양태에 대해서는 김원필 외 18인(2008) 『언어 유형론 제3권: 시제와 상, 양상, 조동사, 수동태』(월인)와 퐈치네티·크루그·파머(Facchinetti, Krug, and Palmer, 2003) 엮음 『현대 영어의 양태(*Modality in Comptemporary English*)』(Mouton de Gruyter)를 보기 바란다. 특히 우리말과 관련해서는 박재연(2006) 『한국어 양태어미 연구』(태학사)와 엄녀(2010) 『한국어 양태표현 교육 연구』(한국문화사)를 읽어보기 바란다. 우리말 보조동사도 다수 양태(사건에 대한 '인식양태'로 부를 수 있음)를 표시해 주는데, 특히 김지홍(1993) 「국어 부사형어미 구문과 논항구조에 대한 연구」(서강대 박사논문)과 김지은(1998) 『우리말 양태용언 구문 연구』(한국문화사)를 보기 바란다. 뒤의 역주 23)과 §.7-3-3의 역주 8)과 9)도 참고하기 바란다.

(양상) 조동사에 의해 표현되지만, 또한 부사와 시제를 포함하여 다양하게 다른 형식자질들에 의해서도 표현된다.

다음에 관계양태를 예시해 주는 짤막한 통지문에 제시되어 있다.

> Your library books are overdue and your library card may not be used until they are returned. If the books are not returned within a fortnight, you must pay the cost of replacing them before you borrow more books.
> (귀하가 대출하신 도서가 반납기일이 지났고, 반납되기 전에는 도서 대출증을 이용하지 못할 수 있습니다. 2주일 이내로 그 책들이 반납되지 않으면, 다른 책을 빌려가기 전에 반드시 벌과금을 납입해야 합니다)

두 가지 양태 조동사가 쓰였는데, may not[못할 수 있다]과 must[반드시 해야 한다]이다. 그 자체로 관계양태인 may(가능성 또는 허락)는 허락을 신호할 수 있지만(You may go[가도 좋습니다]), 부정소 not과 함께 쓰이면 의미가 'not permitted[허락되지 않음]'가 된다. must(확실성 또는 의무)는 의무를 신호해 주며, 'You are required to pay the cost of replacement[반납 지연에 따른 벌과금을 납입하도록 요구받습니다]'를 의미한다. 이 통지문의 산출자가 수신하는 사람에게서 도서대출 허락을 보류하거나 의무를 부과하는 근거로서, 권위 및 권력관계가 명백하게[22] 언급되어 있지 않음에 주목하기 바란다. 관계양태를 이념상 관심거리가 되는 사안으로 만들어 주는 것은, 정확히 여기서 예시된 종류의 묵시적 권위 주장 및 묵시적 권력관계이다.

---

22) (역주) 인용된 통지문은 반납독촉에 초점이 있고, 벌과금은 배경으로 깔려 있는 형식이다. 만일 명백하게 언급되었더라면, 경고나 협박 형태까지 가능할 듯하다. 즉, "반납기일이 지난 책들을 즉각 되돌려 주지 않는다면 이러저러한 처벌을 면치 못할 것입니다." 또는 "즉시 반납하지 않으면 이러저런 벌금을 추징할 예정입니다." 등의 표현이다. 그렇지만 이러한 경고나 협박 표현은 상대방의 감정을 긁어 놓을 듯하며, 봉사기관인 도서관에서 함부로 쓸 수 없을 듯하다.

§.5-6-3 대명사 we우리와 you당신가 이용되는가, 그렇다면 어떻게 이용되는가?

§.3-3에서 저자는 이미 T와 V형태의 2인칭 대명사를 언급하였고, 이것들 사이의 선택이 권력관계와 유대감solidarity, 결속된 느낌과 묶이어 있는 방식을 언급하였다. 영어에서는 T/V 체계가 없다. 불어에서 tu너(친밀함)와 vous당신(격식적)에 붙어 있는 종류의 가치는, 어느 정도 영어에서 대명사 이외의 것으로 표현된다. 가령 'Bert버엇(이름만 부르는 친밀한 표현) : Bert Smith버엇 스미쓰(성과 이름을 같이 불러 상대적으로 친밀하지 않음)' 또는 'Smith스미쓰(비격식적임) : Mr Smith스미쓰 씨(격식을 갖춰 부름)' 사이의 선택처럼, 상이한 호칭 및 청자의 모습 사이에서 선택하는 일로 이뤄진다.

그렇지만 영어에서 대명사들은 실제로 상이한 종류의 관계적 가치를 지닌다. 예를 들어, '포클랜드 전쟁' 동안에 다음 문장이 『데일리 매일Daily Mail』 신문의 1987년 5월 4일자 사설에 나온다.

> We cannot let our troops lose their edge below decks while Argentine diplomats play blind man's buff round the corridors of the United Nations (우리는 아르헨티나 외교관들이 국제연합의 복도 주위에서 서성대면서 수건으로 눈가리개 놀이를 하는 동안에, 우리의 군대가 하부갑판 가장자리에서 실족하지 않게 하려고 한다)

흔히 여느 신문사설에서처럼 이 사설에서도 소위 '포괄적 우리inclusive we'('우리' 속에 청자/독자도 포함됨)를 쓰고 있다. 집필자뿐만 아니라 독자도 포괄하는 우리이다. 이는 '배제적 우리exclusive we'('우리' 속에는 청자/독자가 배제됨)와 대립되는데, 집필자(또는 화자)를 포함하여 다른 한 사람 이상을 가리키지만, 독자(또는 청자)는 포함되지 않는다. 이 신문은 그 자체로 독자들을 변호하여 말을 하고 있는데, 사실상 이는 모든 ('올바른 정신을 가진'?) 영국 국민들이다. 그렇게 실행하면서, 앞에서 본 관계양태의 사례처럼 묵시적인 권위 주장을 만들고 있다. 즉, 다른 사람들을 위하여 말하는 권위를 지닌 것이다. 또한 영국이나 영국 정부가 모두 맨 앞에 있는 '우리는'과 기꺼이 교체될 수 있음에 주목하기 바란다. 해당 정부와 국가로 그 정체성을 보여 주는 이 신문기사의 이런 방식은, 해당되는 대명사들을 모든 영국 국민을 가리키는 복합적인 '우리'와 동등한 것으로 취급하려는 것이다. 이런 측면의 축약은 이해관계에 따른 분열을 인식하지 못하도록 하면서 온 국민의 통일을 강조하는 단체 이념corporate ideologies에 기여하는 것이다.

묵시적으로 주장되고 있는 관련성을 성취해 주는 또 다른 사례는 또한 대중연설에서 대명사 'you여러분, 당신'가 이용되는 경우인데, 그 대명사를 쓰는 산출자에게 정체(신분)가 알려지지 않은 현실적이며 잠재적인 많은 청자들이 있다. 대중연설에서 청중의 익명성에도 불구하고, 'you당신'에 들어 있는 개인별 토대 위에서, 청중 구성원들에게 직접 전달하는 일은 사실상 아주 일반적이다. 광고가 분명한 사례이다. 예를 들어, 쉐필드에 있는 배췰러Batchelor 회사의 비누광고를 보면,

> The cream of the crop, wherever you shop
> (여러분이 어디에서 구매하시든지, 곡물 거품을 쓰십시오)

이렇게 개인별 전달을 가장하는 일은 광고와 다른 분야에서도 널리 통용되며, 아마도 점증하는 비인격성impersonality, 몰개성을 치유하려고 이뤄지는 듯하다. 추가 논의는 제8장을 보기 바란다. you는 또한 (누구를 가리키는지 알 수 없는) 부정대명사로도 널리 쓰인다. 예를 들어, 대처 수상의 다음 정치연설에서 그런 사례를 볼 수 있다.

> you've got to be strong to your own people and other countries have got to know that you stand by your word

(여러분은 여러분 자신의 국민에게 강해져 왔고, 다른 나라들에서는 여러분이 약속을 지킨다는 것을 반드시 알아야 합니다)

이는 일반적으로 대처 수상(대처 정부)과 국민 사이에 유대감을 함의한다. 좀 더 자세한 논의는 제7장을 보기 바란다.

§.5-7 물음 7: 문법자질들은 어떤 표현적 가치를 지니는가?

저자는 표현적 가치에 대한 언급을 표현양태에만 국한시켜 논의하기로 하겠다. 관계양태를 표시해 주는 양태 조동사 및 표현양태를 표시해 주는 조동사 사이에는[23] 서로 겹치는 속성이 있다. may(가능성 또는 허락)는 'the bridge may collapse그 다리가 무너질 수 있다'에서처럼 가능성의 뜻을 지닐 뿐만 아니라, 또한 'You may go가도 좋습니다'와 같이 허락의 뜻도 지닌다. must(확실성 또는 의무)도 'the bridge must collapse under the weight!그 다리는 과도한 무게 때문에 반드시 무너진다'처럼 확실성의 뜻을 지닐 뿐만 아니라, 또한 'you must pay the cost벌금을 내야만 한다'처럼 의무의 뜻도 지닌다. 또한 'the bridge can't take that weight그 다리는 저런 무게를 지탱할 수 없다'처럼 can't는 불가능성impossibility의 뜻을 지니고, 'the bridge should take that weight그 다리는 응당 저런 무게를 지탱한다'처럼 should는 높은 가망성/가능성probable의 뜻을 지니며, 다른 조동사들도 있음을 알 수 있다.

그러나 앞 절에서 언급하였듯이, 양태는 양태 조동사만이 떠맡는 일이 아니다. 예를 들어, §.5-6-2에서 본 예문

---

23) (역주) §.5-6-2에서 저자가 '권위(authority)'라는 개념을 중심으로 두 가지 양태를 설명하였다. 실세계의 가능성에 대한 화자의 권위와 참여자들에 대한 화자의 권위이다. 그렇지만 '권위'라는 개념을 조금 유보해 놓는다면, 번역자의 판단에는 아마 표현양태 및 관계양태를 각각 인식관련 양태 및 행위관련 양태라고도 부를 수 있다. 표현양태는 실세계의 사건을 바라보고 서술하는 양태이며, 다시 범주(=참·거짓)양태 및 가능양태로 나뉜다. 그러나 관계양태는 의무감에 따라 행동이나 행위로 옮겨지는 정도를 서술해 준다.

'your library books are overdue'
(귀하의 대출도서가 반납기한을 넘었습니다)

를 주목하기 바란다. 이 단순문장에서 동사 are는 현재시제 형태이다. 현재시제는 표현양태의 한쪽 끝지점이며, 해당 명제의 진리값에 대하여 범주상으로 산출자가 참이 되도록 전념하는 시점이다. 반대쪽의 끝지점은 현재 단순시제의 부정이 될 것이다. 'your library books are not overdue귀하의 대출도서가 아직 반납기한이 지나지 않았습니다'이며, 똑같이 부정 명제에 대한 진리값을 놓고서 범주상 참값이 되도록 산출자가 전념한다. 양태동사로 나타내는 대안이 되는 가능성은 이들 범주상의 두 극점(참·거짓) 사이에 모두 들어온다.

your library books must/may be overdue
(귀하의 대출도서가 반납기한이 분명히 지났습니다/지났을 가능성이 있습니다)

중간 매개물로서 부사를 지닌 형식도 가능하다. 양태 조동사를 쓰기보다 더 구체적으로 양태 부사들을 쓰는 일이다.

your library books are probably overdue/are possibly overdue/may possibly be overdue
(귀하의 대출도서가 아마도 반납기한이 지났습니다/지났겠습니다/지났을 가능성이 있습니다)

이념상의 관심사항은 양태 형식에 의해서 입증되는 진실성 주장 또는 지식에 대한 주장에 있다. 신문은 흥미로운 사례이다. 뉴스 보도에서 서술된 사건은 일반적으로 막 저자가 예시해 놓은 종류의 중간 매개 양태가 없이도 범주상 '사실facts'[24]이라는 진리값으로 표현된다.

[텍스트 5-6] 출처: 『데일리 매일Daily Mail』, 1982년 5월 3일자

Foot refuses offer from No. 10 but...

MAGGIE PLANS THE INVASION

By GORDON GREIG, Political Editor

MRS THATCHER is preparing for the crunch in the Falklands crisis with a landing by commandos and paratroops.

As the prospect of a bloody confrontation looms, Opposition leaders have been invited to discuss the last options with her

---

보병은 10번가(수상 관저)로부터의 제안을 거절하지만…

(영국 수상) 매기는 침략을 계획한다

정치 편집국 고든 그리이그 씀

포클랜드 위기에서 대처 수상은 기동 타격대와 공수 전투단의 상륙으로써 결정적 시기를 준비하고 있다.

최악의 대결 전망이 부각됨에 따라, 야당 지도자들이 수상과 마지막 선택사항들을 논의하기 위하여 초대되었다.

[텍스트 5-6]에서 『데일리 매일』 신문의 정치부 기자 고어든 그리이그Gordon Greig가 쓴 기사 시작부분을 살펴보기로 한다. 동사들이 모두

---

24) (역주) fact의 어원은 '이미 일어난 어떤 일(something done)'을 뜻하며, 우리말에서 '사실'로 번역된다. 영어로는 fact가 모여 true를 이루고, true가 모여 truth(또는 trueness)가 되는데, 우리말로 구별하여 표현한다면 사실이 모여 진실이 되고, 진실이 모여 진리가 된다. 전자로 갈수록 한 시점과 한 공간에 국한되지만, 후자로 올수록 시간과 공간을 초월하게 된다. 철학에서는 모든 시간과 모든 공간에 적용되는 사건을 proposition(명제)이라고 부르고, 특정 시점과 특정 공간(상황)에 적용되는 사건을 statement(진술)라고 불러 구분해 준다.

양태 표시가 없는 현재시제로 되어 있거나(refuses[거절한다], plans[계획한다], is preparing[준비하고 있다], looms[부각되다]) 또는 현재 완료시제로 되어 있다(have been invited[초대되었다]).[25] 범주양태가[26] 문장 속에 들어 있으면 세상에 대한 관점을 투명하게 뒷받침해 주므로, 마치 해석과 표상을 위한 노고가 전혀 없이도 아무 독자에게나 고유한 의미를 신호해 주는 듯하다. 일반적으로 '뉴스'는 산출에 맞물려 들어가는 정보 수집 및 해석에 대한 복잡하고 혼잡한 과정을 감춰 버린다. 그런 점에서 해석자가 해석과정에서 끌어들이는 확립된 실천관행 속에 내포된 이념의 역할 및 가정들도 숨겨 버린다.

§.5-8 물음 8: 단순문장들은 서로 어떻게 연결되어 있는가?

여기서는 텍스트의 형식자질의 연결적 가치에 초점을 모으기로 한다(체험적·관계적·표현적 가치와 대립됨). 텍스트의 부분들을 함께 연결시켜 주는 데에서 형식자질들이 지닌 가치의 사안이라는 점에서, 이는 다른 가치와 비교하여 부분적으로 텍스트 '내적인' 성격을 지닌다. 그러나 또한 텍스트 및 맥락 사이에 있는 관련성과도 연관이 있

---

25) (역주) 머카씨(McCarthy, 1998; 김지홍 뒤침, 2010) 『입말, 그리고 담화 중심의 언어교육』(도서출판 경진) 제5장에서는 완료시제와 단순시제가 각각 배경(무대)을 깔고 그 배경 위에서 사건이 전개됨을 드러내 준다고 지적하였다. 영어 시제를 이용한 구체적인 담화 전개방식은 다음 표와 같다.

시제 표현을 통하여 담화를 전개하는 방식(영어의 경우)

배경을 마련하기 ⇨ 후속 사건들을 서술해 주기				
비격식적 언어투식	과거사건	현재완료(have+P.P. 과거분사)	⇨	단순과거(-ed)
	과거사건	지속적이었던 반복행위/습관(used to)	⇨	우연한 과거사건(would)
	미래사건	현재에 근거한 무대(be going/supposed to)	⇨	단순미래 조동사(will)
격식적 언어투식	과거사건	지속적이었던 반복행위/습관(used to)	⇨	단순과거(-ed)
	미래사건	예정된 미래 사건(be to)	⇨	단순미래 조동사(will)

26) (역주) categorial modality(범주양태, 범주상의 양태)는 참값 또는 참값의 부정인 거짓값을 말한다. 범주란 참 또는 거짓을 가리키며, 이들 사이의 중간값이 없는 상태이다. 즉, 가능성이나 개연성이 고려되지 않는 양태인 것이다.

다. 일부 형식자질들은 텍스트를 벗어나서 그 상황 맥락을 가리키거나, 또는 현재 텍스트와 관련된 이전의 텍스트, 즉 '상호텍스트' 맥락을 가리키게 된다. §.6-1-2를 보기 바란다. 또한 연결적 가치를 지닌 형식 항목들은, 앞으로 살펴보겠지만 종종 다른 가치도 동시에 지니고 있다.

일반적으로 텍스트에서 문장들[27] 사이에 형식적 연결이 존재하는데, 한데 모아 집합적으로 cohesion^통사결속, 문장결속^이라고 불린다. 통사결속에는 문장들 사이에 있는 어휘 연결을 포함할 수 있다. 낱말의 반복 및 관련 낱말의 사용 등이다.[28] 또한 문장들 사이에 다양하게 시간적·공간적·논리적 관련성(광의로 쓰임)을 표시해 주는 접속사들도 포함한다. 더 앞에 나온 문장에 있는 낱말을 도로 가리키거나, 덜 자주 그러지만 더 뒤에 나오게 될 낱말을[29] 가리키는 지시표현^reference^도 포함한다. 앞으로 텍스트에서 통사결속 기능을 지니고, 한 문장과 다른 문장 사이에서 연결단서를 담고 있는 형식자질을 어떤 것이든 통사결속 자질^cohesive feature^라고 부르기로 한다. 통사결속에 대해 아래에서 언급한 내용은 매우 선택적이며, 오직 접속사(하위물음 1)와 지시표현(하위물음 2)에만 국한되어 있다.

§.5-8-1 어떤 논리적 접속사들이 쓰이는가?

논리적 접속사들이 이념상의 가정에 단서를 줄 수 있기 때문에,

---

27) (역주) 글말인 문장(sentence)에만 국한되지 않고, 입말인 발화(utterance)에도 동일하게 적용된다. 발화는 맥락과 긴밀히 관계되므로, 문장보다 훨씬 생략이 많고, 오직 화자와 청자 사이에서 정보 간격(information gap)에 해당하는 요소만을 말로 나타낼 수 있다. 비격식적인 대화에서 특히 그러하다.

28) (역주) 이를 전문적으로 어휘사슬(lexical chain)이라고 부른다. 쿡(Cook, 1989; 김지홍 뒤침, 2003) 『담화: 옥스퍼드 언어교육 지침서』(범문사) 제2장과 제11장을 보기 바란다. 특히 §.4-3의 역주 14)에서 언급한 호이(Hoey, 1991)가 압권이다.

29) (역주) 주로 대명사(우리말에서는 지시대명사)를 이용하게 된다. 이들을 각각 anaphora(선행요소 대용)과 cataphora(후행요소 대용)으로 불린다.

저자는 논리적 접속사에 초점을 모은다. 이에 대한 한 가지 사례가 있는데, §.4-1의 [텍스트 4-2] 10대 '고민 난'에 양보 관계가 있다.

'I've never been out with anyone even though Mum says I'm pretty'
(비록 엄마가 나를 예쁘다고 하더라도, 아직 누구와도 교제해 본 적이 없어요)

이 경우에 접속사는 'even though비록 ~하더라도'이나, 이 문장이 다음과 같이 다른 접속사로 풀어 말해질 수 있음에 주목하기 바란다.

Mum says I'm pretty, but I've never been out with anyone
(엄마가 나를 예쁘다고 하지만, 아직 누구와도 교제해 본 적이 없어요)
Although Mum says I'm pretty, I've never been out with anyone
(비록 엄마가 나를 예쁘다고 말하는데, 아직 누구와도 교제해 본 적이 없어요)
Mum say I'm pretty. Nevertheless, I've never been out with anyone.
(엄마가 나를 예쁘다고 말해요. 그럼에도, 난 누구와도 교제해 본 적이 없어요)

각 경우에서, 일관성coherence, 개념연결은 만일 젊은 여성(이 경우 13살임)이 '아주 예쁘다'면, (엄마가 그녀를 아주 예쁘다고 말하지 '않음'에 주목하기 바람!) 누군가와 교제하고 있었을 것으로 기대할 수 있다는 것이다.

결과 관계를 지닌 사례는 다음 문장에서 볼 수 있다.

They refused to pay the higher rent when an increase was announced. As a result, they were evicted from their apartment.
(사글세가 올랐다고 통보되었을 때, 그들은 사글세를 더 많이 내기를 거절하였다. 그 결과, 아파트에서 쫓겨났다)

이 경우에 가정은 사글세를 내지 않으면 쫓겨나게 될 것으로 기대된다는 점이다. 'even though비록 ~지만'는 저자가 언급한 가정이 사실인 경우에 일어날 것으로 기대된 바가 일어나지 못하였음을 알려주지만, 반면에 'as a result그 결과'는 기대된 것이 일어났음을 알려 준다. 즉, 사글세를 내지 않은 일에 대해 가정된 결과가 사실상 현실로 일어난 것이다. 이들 사례가 보여 주는 바는 상식적으로 간주된 것들 사이에서 원인이나 결과의 관계가 이념상 상식이 될 수 있다는 점이다. 그렇지만 그런 관련성이 언제나 접속사에 의해서 단서가 주어지는 것은 아니다. 단지 문장들의 병치만을 통해서도 함의될 수 있다.

§.5-8-2 복합문장들은 등위접속이나 종속접속에 의해 특성화되는가?

'복합' 문장은 단순문장들을 다양한 방식으로 함께 결합해 준다. 일반적으로 대등접속과 종속접속 사이에 구분을 하는데, 전자에서는 구성요소인 단순문장이 동일한 무게를 지니지만, 후자에서는 주절과 하나 이상의 종속절이 들어 있다. '절clause'은 복합문장의 부분으로 가동되는 단순문장을 가리키기 위해 쓰였다. 일반적으로 종속접속에서는 배경으로 깔린 종속절의 내용을 지니고서, 정보상 주절이 종속절보다 더 우세한 경우이다. 유의해야 할 것은 텍스트가 상식적으로 정보를 상대적으로 우세한 부분과 상대적으로 배경이 되는 부분으로 (따라서 상대적으로 중요한 부분과 상대적으로 덜 중요한 부분으로) 나눠 놓는 방식이다.[30] 어떤 경우에는 종속절의 내용이 전제되고, 모든 참여자들에게 이미 알려져 있거나 '주어진' 것으로 간주된다. §.5-6-3에서 인용한 문장이 그런 사례이다.

'We cannot let our troops lose their edge below decks while Argentine diplomats play blind man's buff round the corridors of the United Nations'

---

30) (역주) 논의에 따라서 이들을 각각 '초점 : 배경', '전경 : 배경', '사건 : 무대', '새 정보 : 옛 정보'라고도 부른다.

(우리는 아르헨티나 외교관들이 국제연합의 복도 주위에서 서성대면서 수건으로 눈가리개 놀이를 하는 동안에, 우리의 군대가 하부갑판 가장자리에서 실족하지 않게 하려고 한다)

첫 번째 문장('decks갑판'까지)이 주절이고, 두 번째 문장(나머지 부분)이 종속절이다. 주절은 주장을 담고 있고 있는 데 반하여, 아르헨티나 외교관들이 국제연합의 복도 주위에서 서성대면서 수건으로 눈가리개 놀이를 하고 있음이 주장되지 않고 사실로서 전제되어 있다. 전제에 대하여 더 살펴보려면 §.6-1-2를 참고하기 바란다.

§.5-8-3 텍스트 외부와 내부를 가리키기 위하여 어떤 수단들이 쓰이는가?

미리 텍스트 속으로 도입된 자료에 대하여 전체를 반복하기보다 축약된 형태로 언급하기 위하여 이용 가능한 일련의 문법기제가 존재한다. 가장 두드러진 것이 대명사(it, he, she, this, that 등)와 정관사(the, 확정표현)이다. 예를 들어, 다음 문장에 있는 she, the, it이 그 사례이다.

A friend of mine wrote a book about India. She tried for two years to get the book published, but kept getting told it wouldn't sell.
(내 친구 한 명이 인도에 대한 책을 집필하였다. 그녀는 두 해 동안 그 책을 출간하려고 애를 썼지만, 늘 그것이 안 팔릴 거라는 이야기를 듣는다)

정관사 the는 현재 맥락에서 특히 흥미롭다. 텍스트 상으로 확립되지 않거나 심지어 상호작용의 상황 맥락에서도 분명하지 않지만 전제되어 있는 지시 대상물(사람·사물·사건)을 가리키기 위해 널리 이용되기 때문이다. [텍스트 5-7]이 이런 사례인데, 산모용 브라자 포장

[텍스트 5-7] 출처: 버얼리Berlei 제품의 포장지

지 위에 인쇄되어 있는 것이다.

이는 가정된 독자로서 여러분에게 여성성 및 모성성이 있음을 전제하고, 버얼리 제품을 입기 전까지 (아마도 남성에 대한 자신의 성적매력이란 좁은 의미로) 여성의 '여성다움'과 그 모성성이 잘 조화되지 않는

산모용 브라자,
무명 소재의 버얼리 제품

**여러분에게서
여성성과 모성성을 보살펴 줄
최상급 브라자**

- □ 편안하고 편리하게 앞쪽에서 잠그기
- □ 유일하게 미끄러지지 않는 특징
- □ 세 부분으로 편안히 떠받쳐 주는 무명 컵
- □ 별도의 흡수성을 위한 무명 안감
- □ 잡아당겨 유연히 늘리는 띠
- □ 세 군데의 고리와 고리구멍으로 잠금
- □ 흰색만 가능함
- □ 크기 34~40 B/C/DD/E

유명 백화점과 지정 판매점에서 구입 가능함

다는 가정에 근거하여, 앞의 두 가지 전제가 잘 양립할 수 있다고 전제한다. 전제에 대해서는 제6장에서 더 논의된다.

§.5-9 물음 9: 어떤 상호작용 관례들이 쓰이는가?

텍스트 수준에 있는 형식 자질들은 형식을 이용하여 전체 텍스트를 조직해 주는 속성들과 관련된다. 제2장에서 소개하였듯이 이 책에서 광의로 이용된 '텍스트'란 용어의 의미가 주어진다면, 이는 대면담(가령, 회화·수업·면담)31) 및 독백담(가령, 연설·신문기사)에 대한 조직화 특성을 둘 모두 포함한다. 〈물음 9〉는 1차적으로 대면담과 관련되고, 〈물음 10〉은 대면담 및 독백담 둘 모두와 관련된다. 대략적으로 〈물음 9〉는 또한 관계적 가치를 지닌 더 높은 수준의 조직화 특성에 관계되지만, 〈물음 10〉은 체험적 가치를 지닌 특징과 관계가 있다.

〈물음 9〉에서는 §.4-4 '상호작용 투식과 그런 투식이 어그러지는 경계'에서 논의되었듯이, 자연화된 관례들과 그것들의 권력관계와의 묵시적 연관에 집중하게 될 것이다. 따라서 이야기의 조직화 측면에 대한 관계적 가치에 관심을 두게 된다. 제2~4장의 텍스트들 속에 관련된 사례들이 많이 있었다. §.2-1에서 본 사건 목격자에 대한 경찰 면담 텍스트, §.3-1에서 본 조산아(미숙아) 보호실에서의 의대 실습생 훈련 텍스트, §.3-3에서 본 교장선생과 학생 사이의 면담 텍스트, §.4-4에서 본 의사와 환자 상담 텍스트 등이다.

§.5-9-1 발언기회 얻어내기 제도는 무엇인가?

발언기회를 얻어내는 일이 대면담에서 어떻게 운영될까? 대답은 작동중인 발언기회 얻어내기 체계의 속성에 달려 있고, 따라서 참여자들 사이에 있는 권력관계에 달려 있다(권력 관련성의 일부이다). 동등한 사람들 사이에 있는 비격식적 회화로32) 논의를 시작해 나가기로

31) (역주) 어원 'through + speak'(통하여 말하다)을 지닌 dialogue(대화, 회화, 토론)는 두 사람 이상과 말로 소통하는 것을 뜻한다. 이는 'speaking alone(혼자서 말하다)'을 뜻하는 monologue(독백담)와 대립된다. 여기서는 얼굴을 보면서 이야기하다는 뜻으로 '대면담'이라고 번역해 둔다. 혹 dialogue를 '대화'로 번역하면, 여러 사람이 모여서 이야기를 나누는 '회화(conversation)'나 수업(learning)을 포함할 수 없게 된다는 점 때문이다.

32) (역주) 어원 'keep company with(더불어 친하게 지내다)'의 뜻을 지닌 conversation(회화, 좌담, 담소 나누기)은 대면담(dialogue)의 하위 항목이다. 여기서는 한데 모여 이야기를 나누다는 뜻의 '회화'로 번역해 둔다. 아마 우리말 표현에서 '함께 모여 담소를 나누다'는

한다. 그런 회화에서 발언기회 얻어내기는 다음 방식에 따라 참여자들 사이에 차례대로의 토대 위에서 타협에 의해 관리된다.

① 현재 말하고 있는 사람이 다음 화자를 선택할 수 있다.
(the person speaking may select the next speaker)
② 이런 일이 안 일어나면, 다음 화자가 스스로 발언기회를 얻을 수 있다.
(if that does not happen, the next speaker may take the turn)
③ 이런 일도 안 일어나면, 원래의 화자가 계속 이야기를 해 나갈 수 있다.
(if that does not happen, the person speaking may continue)

이 방식에서 각 시점마다 모든 참여자들이 동등한 권리를 지닌다고 가정되는데, 다른 사람을 선택하거나, '스스로 자기를 선택하거나' 계속해 나간다.

동등한 사람들 사이에서 비격식적 회화는 사회적 상호작용의 이상적 형태로서 큰 중요성과 집결시키는 힘을 지니지만, 계층으로 나뉘고 권력으로 쪼개진 우리 사회에서는 그 실제의 실현이 극히 제한적이다. 회화가 생겨나는 경우에, 회화의 출현은 그 자체로 설명이 필요하다. 자주 그러하지만, 일반적으로 상호작용을 위한 '규범'으로 간주되어서는 분명히 안 된다.

불평등한 사람들 사이에 있는 대면담에서, 더 앞 장들에 있는 다수의 인용들에서 보여 주었듯이, 발언기회를 얻어내는 권리는 평등하지 않다. 교실수업 담화의 간단한 표본을 살펴보기로 한다.

[텍스트 5-8] 출처: 쿨싸드(Coulthard, 1977: 94)

T: Where does it go before it reaches your lungs?

P: Your windpipe, Miss.

말이 conversation에 더 적합할 듯하지만, 너무 길다.

T: Down your windpipe … Now can anyone remember the other word for windpipe?

P: The trachaea.

T: The trachaea … good.

교사: 공기가 여러분의 허파에 이르기 전에 어디로 갑니까?

학생: 숨통이요, 선생님.

교사: 여러분의 숨통 아래로 … 자, 숨통을 다른 말로 뭐라 하는지 기억하는 학생이 있습니까?

학생: 기관지요.

교사: 기관지 … 좋습니다.

비격식적 회화에서 발언기회 얻어내기 제도는 앞에서 제시한 방식과 아주 다르다. 학생들은 수업에서 전체적으로 또는 개별적으로 질문이나 던져지는 경우에만 발언기회를 얻는다. 학생들이 일반적으로 자신의 발언기회를 스스로 선택할 수 없는 것이다. 거꾸로, 교사는 언제나 스스로 발언기회를 선택하는데, 학생들이 다음 발언자로 교사를 지명할 수 없기 때문이다. 학생들에게 제약이 주어진 것이 발언기회를 얻는 일뿐만이 아니라, 또한 그들이 맡는 발언의 내용에 대해서도 그러하다. 학생들은 본질적으로 교사의 질문에 관련된 대답만을 제시하는 일에 국한되어 있다. 그리고 관련성에 대한 기준도 역시 교사가 세우는 것이다! 교사들이 비록 많은 질문을 던진다고 하더라도, 학생들과는 달리, 교사들은 또한 자신의 발언기회에서 다른 많은 것을 실행할 수 있다. 예를 들어, 정보를 내어 주거나 수업을 진행할 수 있으며, 또는 앞의 인용에서와 같이 학생들의 답변에 대하여 "down your windpipe여러분의 숨통 아래로"나 "the trachea기관지"처럼 그 답변을 반복해 줌으로써 평가가 담긴 되짚어보기를 제시해 주거나, "good좋습니다"처럼 간단한 평가를 내릴 수 있다. 교실수업에서 그런 담화의 주류 흐름 밑바닥에 깔려서 재생산되는 것이 사회계층 및 교육에 대한 이념들이다. 그렇지만 담화 실천사례 및 이념은 아주 다른(≒더욱 민주적인) 교실수업에서도 찾아낼 수 있다.

§.5-9-2 한 사람의 참여자가 다른 사람의 기여내용을 통제하는 방식이 있는가?

제3장에서 저자는 '담화로 된 권력'을 권력이 더 많은 참여자가 권력이 없는 참여자들의 기여내용에 제약을 가하는 측면에서 성격을 지워 놓았다. 이를 실행하는 데 이용된 다양한 기제들이 있는데, 이것들 중에서 다음 네 가지를 언급하게 될 것이다.

① 간섭하기interruption
② 솔직하고 명확히 말하도록 강요하기enforcing explicitness
③ 얘깃거리를 통제하기controlling topic
④ 입장 정리하기formulation(해석과 평가를 더하여 공식적으로 내용을 정리하기)[33]

간섭하기는 §.3-1에서 본 조산아(premature미숙아) 보호실 텍스트에서 예시되었다. 담당의사가 자신의 기여내용을 제어하기 위하여 해당 의대 실습생을 간섭하였음을 기억하기 바란다. 손을 씻기 전에 어떤 검사를 시작하고 있는 의대생을 저지하였고, 정보를 반복하거나 무관한 정보를 제시하는 의대생을 멈추게 하였다.

---

33) (역주) 머카씨(McCarthy, 1998; 김지홍 뒤침) 『입말, 그리고 담화 중심의 언어교육』(도서출판 경진) §.2-4-3 '내용 정리'(또는 입장 정리)를 보기 바란다. 담화에서 차례대로 진행해 나가기 위해 매듭을 지어야 하는데, 그런 작은 매듭을 짓기 위하여 촌평이나 평가가 이뤄지는 대목이다. 즉, 참여자들 간에 공식적으로 이전 담화 도막을 놓고서 해석과 평가를 내리고 내용을 일단락 짓는 것이다. 클락(Clark, 1996) 『언어사용 밑바닥에 깔린 원리』(도서출판 경진) §.11-2에서는 '담화 마디'로 불렀다.

애매성이나 양면성은 권력을 쥔 사람들을 처리하기 위하여 권력이 낮은 참여자들의 수완으로 유용한 기제가 될 수 있다. 그러나 권력을 쥔 사람들이 솔직하고 명확히 말하도록 강요함으로써 거기에 반응할 수도 있다. 예를 들어

'Is that a threat?'
(그게 협박인 겐가?)
'Are you accusing me of lying?'
(내가 거짓말한다고 비난하고 있는가?)

처럼 되물음으로써, 참여자들에게 그들의 의미를 불명료하지 않도록 만드는 것이다. 침묵도 권력 낮은 참여자를 위하여, 특히 권력이 더 높은 참여자들이 말하는 바에 대하여 대꾸 없이 어물쩍 넘어가는 방식으로서 또 다른 무기가 된다. 그러나 침묵은 다시 가령

'do you understand?'
(이해하겠는가?)
'do you agree?'
(동의하는가?)
'what do you think?'
(뭐라고 생각하지?)

와 같이 되물음으로써, 참여자들로 하여금 침묵을 벗어나서 어떤 반응을 하도록 강요할 수 있다.

상호작용의 주제topic, 얘깃거리 또는 주제들은 권력이 더 많은 참여자에 의해 결정되고 통제될 수 있다. 예를 들어, 권력을 쥔 참여자들은 흔히 (교사처럼) 시작부분에서 상호작용의 속성 및 목적을 구체적으로 정해 주며, 거기에 덧붙여 자신의 관점에 비춰 보아 관련이 없는

기여내용들을 허락하지 않을 위치에 있다.

한 가지 광범위하고 다양하게 쓰인 기제가 입장 정리하기(앞의 역주 33 참고)이다. 입장 정리는 하나의 또는 일련의 발언기회에서 또는 사실상 전체 한 대목에서 말해진 내용을 스스로 또는 남에 의해서 다시 정리하여 말하는 것이다. 또는 말해진 바로부터 따라나올 것으로 가정될 수 있는 바, 말해진 것에 의해 함의된 바를 명시적으로 말해 주는 것이다. 입장 정리는 그런 목적을 위해 이해를 점검하면서, 또는 상호작용에서 밝혀진 것을 놓고 합의된 특징에 도달하면서 이용된다. 그러나 또한 라디오 대담 사례에서 아주 널리 통제의 목적으로도 이용되는데, 참여자들로 하여금 이미 밝혀진 바에 대한 어느 사람 자신의 파악 내용을 받아들이도록 이끌어 가는 방식이며, 따라서 차후 기여내용들에 대한 선택권을 제약하게 된다.

다음에 담화에서 입장 정리와 그것의 전략적 사용에 대한 사례가 있다. A(갑)는 유리창이 깨진 일을 중심으로 사건들을 다시 말해 주고 있다.

A: it was broken when I came in for lunch

B: was it

A: so it was being done while I was talking to the kids upstairs sort of thing

B: so it wasn't done by the kids upstairs then

A: ah. I suppose not

갑: 내가 점심 먹으러 들어왔을 때 유리창이 깨어져 있었어요

을: 그랬어요

갑: 따라서 내가 이층에서 아이들에게 뭔가를 말하고 있는 동안에 깨어졌겠군요

을: 그렇다면 이층에 있는 아이들에 의해서 깨어진 건 아니로군요

갑: 아. 아닐 거예요

B(을)의 두 번째 발화는 A(갑)의 설명을 정리해 준다. B(을)는 A(갑)에게 갑이 말한 내용으로부터, 만일 유리창이 깨지는 동안에 그가 이층에서 아이들과 말을 하고 있었다면, 그 아이들이 유리창을 깨지 않았다는 결론을 '제시한다'. A(갑)는 이를 시인하도록 강요됨을 느끼는 듯하다. 입장 정리는 권력 있는 이의 특권이 될 수 있겠지만, 그들이 언제나 제대로 통제해 냄을 의미하는 것은 아니다. 다음 사례는 교장 및 비행 혐의를 받는 젊은 학생 사이에서 진행된 면담의 끝부분이다.

H: and you deny leaving school during class time ┌ or
Y: └ I deny leaving school going to that shop taking the money. anything. cos I never done that

교장: 그러고 수업시간 동안에 학교 밖으로 나간 걸 부인하고 ┌ 아니면
학생: └ 교실을 나가 갖고 그 가게로 가서 그 돈을 훔친 게 아니에요. 어떤거든지 말이에요. 왜냐면 제가 결코 그걸 하지 않았거든요.

젊은 학생에게 얹혀진 비난에 대하여, 학생의 반응에 대한 입장 정리를 제시해 주면서 교장 선생은 이 면담을 끝내려고 하고 있었다. 그렇지만 입장을 정리하려는 교장 선생의 시도는 불발로 끝났다. 대신 젊은 학생이 중간에서 끼어들면서 교장 선생으로부터 통제권을 얻어내고서, 스스로 자신이 부인하는 입장 정리를 새로 제시해 놓고 있는 것이다.

§.5-10 물음 10: 텍스트가 어떠한 거시구조를 지니는가?

다음에 있는 [텍스트 5-9]는 저자가 구독하는 지방신문에서 가져온 기사이다. 이는 한 텍스트의 전체내용이 어떻게 구조를 지닐 수 있는지에 대한 사례이다. 즉, 예상할 수 있는 순서대로, 예상할 수 있는 요소들로 이뤄질 수 있는 것이다.

[텍스트 5-9] 출처: 『랭커스터 수호자Lancaster Guardian』, 1986년 10월 7일자 기사

Firemen tackle blaze

NIGHT shift workers on a coating line at Nairn Coated Products, St Georges Quay, Lancaster had to be evacuated after fire broke out in an oven on Wednesday evening.

Four fire engines attended the incident and firemen wearing breathing apparatus tackled the flames which had started when a break off in an oven caught fire under the infra red element.

The fire caused severe damage to 20 metres of metal trunking, and to the interior of a coating machine and the coating room was smoke logged.

But the department was running again by Thursday morning

소 방 관 들
화염과 대결하다

수요일 저녁 랭커스터 성 조어쥐 선창에 있는 네언 도장 제품 회사에서 도장 선로에서 일하는 야간 당번 근로자들은 화로에서 화재가 발생한 뒤에 신속히 대피해야 했다.

네 대의 소방차가 현장에 출동하였고, 산소 호흡기를 맨 소방관들이 화로에서 파열이 일어나 밑바닥 위험 요소 아래로 불길로 번졌을 때 시작된 화염과 싸우고 있다.

화재는 20미터나 되는 도장 기계의 금속 본체와 내부에 심각한 손상을 입혔고, 도장실에도 연기가 꽉 들어찼다.

그러나 목요일 아침까지도 소방서에서 진화 작업을 계속하고 있다.

사고 또는 사건 보도는 일반적으로 이 사례에 들어 있는 주요요소들을 포함하는데, 다음처럼 될 수 있다.

① 무엇이 일어났는가?

② 그것의 원인이 무엇인가?

③ 그것을 처리하기 위해 어떤 일이 실행되었는가?

④ 그것이 더 즉각적인 어떠한 효과를 지녔는가?

⑤ 그것이 어떠한 장기간 산물이나 결과를 지녔는가?

첫 번째 단락은 즉각적인 효과를 제시해 주는데, 무엇이 일어났는지에 대한 언급이 뒤따른다. 두 번째 단락에서는 그 사건을 처리하기 위하여 무엇이 실행되었는지를 보도하고, 무엇이 일어났는지를 더 구체화해 준다. 세 번째 단락에서는 즉각적 효과들에 대하여 좀 더 자세한 내용을 제시하고, 네 번째 단락에서는 장기간의 결과를 언급한다. 요소들이 나타나는 순서가 특히 논리적이지 않으며, 단일 요소가 두 군데 이상에서도 나타날 수 있음에 주목하기 바란다. 신문기사에서 순서 짓기는, 제목 및 특히 그 이야기의 가장 중요한 부분으로 간주되는 바와, 골자를 제시해 주는 첫 번째 단락과 더불어 중요성 또는 보도가치에 근거를 둔다. 이 사례에서는 그 제목이 비록 무엇이 일어났는지(blaze화염)에 대한 언급을 그 속에 내포하고 있지만, 해당 사건을 처리하는 데 어떤 일이 실행되었는지를 강조해 준다(≒공장 폭발 화재에 대한 며칠에 걸친 진화 작업임).

그들이 참여하는 사회적 상호작용의 구조에 대한 참여자들의 기대나 또는 그들이 읽고 있는 텍스트들은 해석에서 중요한 요인이 된다. 그리고 특정 요소들은 그것들이 무엇인지에 비춰 보아서가 아니라, 오히려 그것들이 일어나는 시점에서 무엇이 기대되는지에 따라서 해석될 수 있다. §.6-1-4에 있는 '참여자들 관계 각본scripts'에 대한 논의를 보기 바란다. 그러나 전반적 구조의 중요성은 또한 더 장기간에 걸친 것이다. 그런 구조들이 이념상으로 사회적 논제들을 마련하고 마감하는 방식으로, 사회적 실천관행을 놓고서 더 높은 수준의 정형성을 부가해 놓을 수 있다. 예를 들어, 신문에서 산업재해 보도의 경우에,[34] 저자가 언급한 요소들과의 친숙성은 그 요소들 중

하나가 가령 관심 두어야 할 '그 공장의 안전기록'에 대한 언급이 아닌 사실이 자연화된 관례일 뿐임을 깨닫지 못하도록 만들어 버린다. 이와 정반대로, 우리가 관례적으로 세밀하게 분리해 놓지 않는 사건의 측면들도 시야와 의식으로부터 사라져 버리는 경향이 있을 것이다. 산업재해에서 이는 흔히 안전기록 및 예방조치에 관한 일로 나온다.

34) (역주) 신문 보도는 일반적으로 권력이나 기업 우호적인 경향이 있어서, 사건의 원인을 호도해 버리는 측면이 있다. 이와는 달리, 만일 신문기사에서 그 공장의 안전기록 및 예방조치를 부각시킨다면, 이 화재가 우연한 실수로 발생한 것인지, 고질적인 인재인지 여부가 드러나게 된다. 만일 그것이 인재라면 마땅히 책임질 사람들의 범위가 정해질 것이다.

참고문헌

어휘·낱말 의미·의미관계들에 대해서는 리취(Leech, 1974), 라이언즈(Lyons, 1977), 앨런(Allan, 1986)을 보기 바란다. 크뤼스·호쥐(Kress and Hodge, 1979)와 퐈울러 등(Fowler et al., 1979)에서는 분류, 과도한 낱말 표현(overwording), 다시 표현해 놓기(rewording)에 대한 논의들이 있으며, 또한 의미 및 이념 사이에 있는 관련성도 논의하였다. 그런 관련성에 대하여 좀 더 이론적 논의를 보려면, 페쓔(Pecheux, 1982), 볼로씨노프(Volosinov, 1973), 톰슨(J. B. Thompson, 1984)을 보기 바란다. 은유와 완곡어법을 포함하여 의미의 다양한 측면들에 대해서는 볼린줘(Bolinger, 1980)가 도움이 된다. 은유에 대해서는 레이코프·존슨(Lakoff and Johnson, 1980),[35] 고웃틀리(Goatly, 1997)를 보기 바란다.

비판적 언어연구(CLS)를 위하여 핼러데이(Halliday, 1994)의 문법에 대한 접근이 유익하다. 에긴즈(Eggins, 1994)와 톰슨(G. Thompson, 1996)도 보기 바란다. 쿼크 등(Quirk et al., 1985)은 모든 측면의 문법에 대한 포괄적인 자원(기본문헌)이다. 문장 연결에 대해서는 핼러데이·허싼(Halliday and Hasan, 1976)을 보기 바란다. 전제에 대해서는 러뷘슨(Levinson, 1983)을[36] 보기 바란다. 퐈울러 등(Fowler et al., 1979), 크뤼스·호쥐(Kress and Hodge, 1979), 퐈울러(Fowler, 1991)에는 비판적 언어연구 안에서 문법 분석에 대한 자료들이 많이 있다.

쌕스 외(Sacks et al., 1974)는 대화에서 발언기회 얻어내기에 대한 고전적 연구이다. 앳킨슨·해뤼티쥐(Atkinson and Heritage, 1984), 구드윈·해뤼티쥐(Goodwin and Heritage, 1990)도 참고하기 바란다. 싱클레어·쿨싸드(sinclair and Coulthard, 1975)에서는 교실수업 담화를 분석하는 일에 대하여 초기의 접근을 발전시켰다. '입장/내용 정리'에 대해서는 해뤼티쥐·왓슨(Heritage and

35) (역주) 이 책은 나익주·노양진 뒤침(2006) 『삶으로서의 은유』(박이정)로 거듭 출간되었다.
36) (역주) 이 책은 이익환·권경원 뒤침(1992) 『화용론』(한신문화사)로 나와 있다.

Watson, 1979)을 보기 바란다. 권력 있는 참여자들에 의한 담화의 통제에 대해서는 스떠브즈(Stubbs, 1983), 토마스(Thomas, 1995), 톨벗(Talbot, 1998)을 보기 바란다. 텍스트의 거시구조에 대해서는 브롸운·율(Brown and Yule, 1983)을 보기 바란다.

제6장 실천 중인 비판적 담화분석
: 해석·설명·분석자 입장

제6장에서도 비판적 담화분석을 위한 절차의 제시를 계속해 나가기로 한다. 제5장에서는 기술記述의 단계를 다루었다. 이제 우리는 해석 및 설명의 단계로 옮아가겠는데, 이 순서대로 논의될 것이다. 제6장에서는 분석하고 있는 담화를 놓고서, 분석자 자신의 관련성에 대하여 몇 가지 점과 더불어 결론을 내릴 것이다. 독자들의 기억을 새롭게 하고, 단지 기술 하나만으로는 불충분함을 강조하는 한 가지 방편으로, 간략히 제2장에서 묘사되었던 세 가지 단계들 사이의 관련성으로 돌아가면서 시작하기로 한다.

제5장에서 저자는 텍스트의 형식적 특징들이 체험적 가치나 관계적 가치나 표현적 가치나 또는 접속된 가치나 이것들이 일부 결합된 가치를 지닌다고 단언하였다. 그리고 처음 세 가지 가치를 사회적 실천관행의 세 가지 측면과 연결해 놓았다. 제3장에 따르면 이는 권력(내용·관계·주체)에 의해서, 그리고 (지식·신념·사회적 관련성·사회적 정체성에 대하여) 권력과 연합된 구조적 효과에 의해서 제약된다. 그렇

지만 텍스트의 형식적 특징들로부터 한 사회의 조직에 대한 이들 구조적 효과들에 이르기까지 외부에서 직접 추론해 낼 수 없음은 분명하다! 텍스트 및 사회구조 사이에 있는 관련성은 간접적이고 매개적인 것이다. 무엇보다도 텍스트는 그 일부가 되는 담화에 의해서 매개된다. 왜냐하면 텍스트 속의 특징들에 대한 가치들만이 실제가 되고, 가치들이 사회적 상호작용 속에 내포되어 있다면, 사회적으로 작동하기 때문이다. 거기에서 (기억자원 MR의 일부인) 상식적 가정의 배경을 중심으로 하여 텍스트들이 산출되고 해석되는데, 이는 텍스트 상의 특징들에다 그것들의 가치를 제공해 준다. 이들 담화 과정 및 배경 가정들에 대한 의존성이, 그 절차의 두 번째 단계인 해석의 관심사이다.

그 관련성은 두 번째로 해당 담화의 사회적 맥락에 의해 매개된다. 왜냐하면 이들 가치가 내포된 해당 담화는, 오직 그 자체로만 갈등의 제도적 그리고 사회구조적 과정의 일부로서 실제가 되고, 사회적으로 작동되기 때문이다. 그리고 왜냐하면 담화의 상식적 가정들이 특정한 권력관계와 일치되는 이념들과 맞물려 있기 때문이다. 갈등과정들에 대한 그리고 권력관계에 대한 담화의 관련성은 그 절차의 세 번째 단계인 설명의 관심사이다.

따라서 만일 텍스트 및 그 요소들과 연합된 사회적 가치에 관심을 둔다면, 좀 더 일반적으로 말하여 텍스트의 사회적 의미에 관심을 둔다면, 기술은 해석 및 설명과 상보적 관계가 될 필요가 있다. 또한 배경 가정들에 대한 담화의 의존성도, 그것들을 사회적 갈등과 권력관계에 연결해 놓는 이들 가정들에 대한 이념적 속성도, 일반적으로 담화 참여자들에게 분명하다. 그러므로 해석 및 설명은 베일을 벗기거나 신비를 벗겨 버리는, 계기적으로 적용된 두 가지 절차들로 간주될 수 있다.

§.6-1 해석

저자는 해석이란 용어를 해당 절차에 있는 한 단계의 이름으로, 그리고 담화 참여자들에 의한 텍스트의 해석을 위하여 쓰겠다. 분석자가 실행하는 바와 참여자들이 실행하는 바 사이에 있는 본질적인 유사성을 강조하기 위하여 그렇게 하는 것이다. 물론 제6장의 마지막에서 논의가 이뤄지는 차이점들도 존재한다. 해석의 단계는 텍스트 산출은 물론 텍스트 해석에 대한 참여자들의 과정에 관심을 두지만, 제6장에서 저자는 주로 후자에 초점을 모으게 된다. 제7장에서는 산출과정에 대한 일부 논의를 포함할 것이다.

제2장에서 해석이 구성원들의 기억자원MR이란 의미로 텍스트 안에 있는 것 및 해석 주체의 '머릿속에in' 있는 것의 결합을 통하여 생성됨을 살펴보았는데, 후자가 해석에 이르게 된다. 또한 텍스트에 대한 해석자의 관점으로부터 해당 텍스트의 형식적 특징들이 해석자들의 기억자원MR의 요소들을 활성화해 주는 '단서'들이며, 해석이 단서들 및 기억자원들의 변증법적 상호작용을 통하여 생성됨도 살펴보았다. 해석을 생성하는 데 도움을 주는 그것들의 역할에서, 우리는 기억자원MR을 '해석 절차'들로 가리킬 수 있다. 기억자원은 흔히 '배경지식'으로도 불리지만, 배경지식이란 말이 과도하게 제약적이라고 생각한다. 또한 제4장에서 상식 가정을 논의하면서 다뤘던 초점도 놓쳐 버린다. 이들 많은 가정들이 이념적이라는 점이다. 이런 점이 '지식'(배경지식)을 오해로 이끄는 용어로 만들어 버린다.

〈그림 6-1〉에서는 이 절의 나머지 부분에서 저자가 설명하면서 보내게 될 해석의 과정에 대하여 요약된 견해를 제시해 준다. 도표의 오른쪽 난에 '해석하기' 표제 아래에다 여섯 가지 해석의 주요 영역들을 목록처럼 적어 놓았다. 도표 상단에 있는 두 영역은 맥락에 대한 해석과 관련된다. 반면에 하단에 있는 것은 텍스트의 해석에 대한 네 가지 층위와 관련된다. '해석 절차'(기억자원)의 제목을 지닌

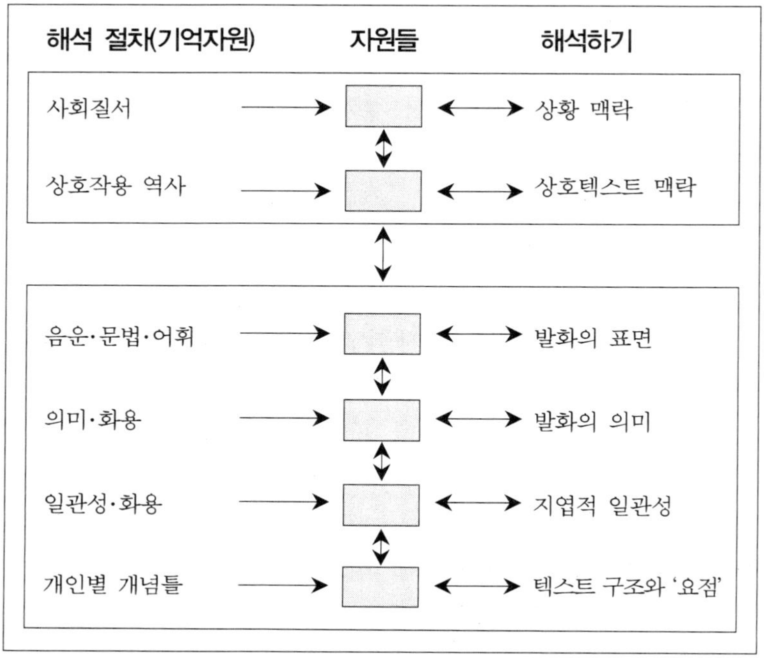

〈그림 6-1〉 해석

도표의 왼쪽 난에는 기억자원MR의 주요한 요소들이 들어 있는데, 해석 절차들로 기능한다. 기억자원의 각 요소는 특히 도표의 동일한 선 위에 실현된 해석의 층위와 연결되어 있다. 한가운데 난은 오른쪽에 있는 해석의 영역들 각각을 위해 인출되는 자원들의 범위와 동일하다. 각 경우에서 이들 자원은 왼쪽 난에 있는 해석 절차보다 더 많은 것을 포함함에 유의하기 바란다. 각 '상자box'마다 서너 가지 '입력물inputs'이 있다. 왼쪽 난과 오른쪽 난에 있는 항목들로써 무엇을 뜻하는지 설명하고 나서, 이들 '상자'들로 되돌아오기로 한다. 텍스트 해석과 관련을 지우면서 도표의 하단 영역부터 시작하기로 하겠는데, 오른쪽 난에 목록으로 들어 있는 해석의 영역들에 따라서 네 가지 층위를 확인하기로 한다.

(1) 발화의 표면surface of utterance

텍스트 해석의 이 첫 번째 층위는, 해석 주체가 소리의 연결체들이나 또는 종이 위에 있는 표지들을 인식 가능한 낱말로 전환하는 과정과 관련된다. 이를 실행하기 위하여, 흔히 '해당 언어에 대한 지식'으로 언급되는 자신의 기억자원MR을 인출해야 하는데, 왼쪽 난에 '음운·문법·어휘'로 명시해 놓았다. 이 층위는 여기서 특별한 관련성을 지니지 않으므로, 더 이상 언급하지 않기로 한다.

(2) 발화의 의미meaning of utterance

해석의 두 번째 층위는 의미를 저자가 느슨하게 '발화'라고 부르는 텍스트의 구성부분들에 배당해 주는 일이다. 언제나 그런 건 아니나 일부의 경우에, 발화는 문장들에 대응하거나 의미상의 '명제'들에 대응할 것이다. 여기서 해석 주체는 자신의 기억자원에서 의미 측면들, 즉 낱말들의 의미에 대한 표상, 낱말-의미와 문법 정보를 결합하는 능력 등을 인출하고, 전체 명제를 위한 의미에 도달하기 위하여 묵시적(≒잠정적) 의미들을 파악해 낸다. 또한 자신의 기억자원 속에서 화용적 관례들도 인출하는데, 한 발화가 어떤 화용행위speech act를 '수행하기' 위하여 이용되고 있는지를 결정할 수 있게 해준다. 화용행위는 §.6-1-3에서 다뤄진다.

(3) 지엽적 일관성local coherence, 지엽적 통사결속

해석의 세 번째 층위는 발화들 사이에 있는 의미연결을 확립하는데, 짝들에 대하여 그리고 그것들의 연결체에 대하여 적합하고 일관된 해석을 산출한다. 제4장에서 다룬 일관성에 대한 논의를 상기하기 바란다. 이는 어떤 전체 텍스트의 부분들을 함께 묶어 주는 '전반적' 일관성 관계, 가령 어떤 전체 신문기사나 또는 어떤 전체 전화통화에 대한 일은 아니지만, 텍스트의 특정 부분 속에 있는 '지엽적' 일관성 관계들에 대한 것이다. 전반적 일관성은 다음 층위에 있는

그림 속으로 들어간다. 세 번째 층위에서 해석 주체는 제5장의 〈물음 8〉에서 논의된 통사결속cohesion 운용에 관련되어야 하는 자신의 '언어 지식'에 대한 그런 층위를 인출한다. 그러나 일관성(≒의미연결성)은 형식적 통사결속으로 축소될 수 없다. 해석 주체는 심지어 형식적인 통사결속 단서들이 없더라도, §.4-1에서 종종 이념적 성격의 것으로 시사된 묵시적 가정에 근거하여 발화들 사이에 있는 일관성 관계를 추론할 수 있다. 이들 추론 과정은 일반적으로 화용론의 일로 간주된다. 따라서 〈그림 6-1〉에서 '화용론'이 이 층위뿐만 아니라 또한 이전 층위의 해석을 위한 해석 절차로 취급되었다.

(4) 텍스트 구조와 '요점point'

네 번째 층위에 있는 텍스트 구조의 해석은 전체 텍스트가 어떻게 일관되게 밀착되어 있는지를 풀어나가는 일이며, 앞에서 언급하였듯이 텍스트의 전체 일관성에 대한 것이다. 이는 해당 텍스트를 개인별 개념틀의 목록 가운데 하나와 부합시키거나, 또는 상이한 유형의 담화와 연합된 특징적 유형의 조직화 내용에 대한 표상과 부합시키는 일을 포함한다. 예를 들어, 일단 해석 주체가 전화통화에 간여하기로 작정하였다면, 특정한 순서로 특정한 일들이 일어나리라고 기대할 수 있다. '인사 → 통화주제 확립 → 의견 교환 → 통화 종결 → 작별 인사' 등이다. 한 텍스트의 '요점point'은 해석 주체가 도달하게 되는 전체적인 해당 텍스트의 요약 해석이며, 회상이 가능해지도록 장기기억에 저장되는 경향이 있는 것이다. 한 텍스트의 요점에 대한 체험적 측면이 그 전반적인 주제이다. 여기서 저자는 일반적인 용어로서 '주제'보다는 '요점'이란 용어를 선호한다. 왜냐하면 한 텍스트의 요점에 대하여 관계적·표현적 측면들도 있기 때문이다. 이하에서 요점과 개인별 개념틀과 유관한 개념들에 대하여 논의가 이뤄질 것이다.

이제 도표의 상단을 살펴보기로 하겠다. 이는 앞에서 말하였듯이 맥락의 해석과 관련된다. 저자는 해석을 맥락뿐만 아니라 또한 텍스트에 대한 해석이라고 가정하고 있는데, 뒤에서 이 가정을 설명하고 정당성을 입증할 것이다. 참여자들은 부분적으로 외부 단서에 근거하여 상황 맥락의 해석에 도달한다. 물리적 상황의 특징, 참여자들의 속성, 이미 말해진 내용 등이다. 그러나 또한 부분적으로 이들 단서를 해석하기 위하여 자신의 기억자원MR의 측면에 근거하기도 한다. 특히 실제로 참여하고 있는 상황을 특정한 상황 유형에 귀속시킬 수 있도록 해 주는 사회구조적·기관적 사회질서들에 대한 표상이다. 참여자가 해당 상황을 해석하는 방식은 어떤 담화유형이 인출되는지를 결정하고, 차례로 이는 텍스트 상의 해석에서 인출된 해석 절차들의 본질에 영향을 미친다. 그러나 우리는 상호텍스트 맥락도 언급할 필요가 있다. 임의의 담화에서 참여자들은 현재 담화가 이전의 어느 (일련의) 담화에 관련되는지에 대한 가정에 근거하여 운용하며, 공통된 체험의 일부라는 의미에서, 그들의 가정은 무엇을 주어진 것으로 여길 수 있는지, 어떤 것을 암시적인 것으로 여길 수 있는지, 어떤 것에 의견이 다른지 등등을 결정해 준다.

이제 〈그림 6-1〉의 한가운데 있는 '상자'들을 다루기로 한다. 이 그림은 각 상자의 '내용'들을, 화살표로 표시되어 그 속으로 공급된 다양한 '입력물'의 결합체로 나타내 준다. 첫째, 각 상자를 오른쪽 난에 대해서 확인된 해석 영역과 이어 놓는 것이 두 방향 화살(↔)로 되어 있음에 주목하기 바란다. 이것이 의미하는 바는 텍스트 해석 상 임의의 시점에서 이전 해석내용들이 해석을 위한 '자원'의 일부분을 구성한다는 뜻이다. 이는 해석의 영역들 각각에 대해서도 다 적용된다.

둘째, 한가운데 있는 상자들이 또한 세로로 두 방향 화살(↕)로 이어져 있음에 주목하기 바란다. 이것이 의미하는 바는 해석의 각 영역이 다른 영역들에 있는 해석들을 '자원'의 일부로 인출한다는 뜻이다. 저자는 이런 상호의존성이 부분적으로 텍스트 해석의 네 가지 층위에 대하여 분명하다고 생각한다. 예를 들어, 한 텍스트의 전반적 일관성 및 '요점'을 해석하기 위하여 여러분은 텍스트 부분들의 지엽적 일관성에 대한 해석들을 인출한다. 그리고 이것들에 도달하기 위하여 여러분은 발화의 표면형식들에 대한 해석들을 인출한다. 그러나 반대 방향으로도 또한 상호의존성이 존재한다. 예를 들어, 해석 주체는 한 텍스트를 해석하는 과정에서 일찍부터 그 텍스트 구조와 '요점'에 대하여 짐작을 해 나가고, 이들 짐작이 개별 발화에 부착된 의미들에 영향을 주고, 그것들 사이에 놓인 지엽적 일관성의 관계들에 영향을 줄 것 같다. 우리는 해석이 '위에서 아래로'(더 높은 층위의 해석이 더 낮은 층위의 해석을 형성함)는 물론, 또한 '아래에서 위로' 처리되는 중요한 속성을 지닌다고 말함으로써 이를 포착할 수 있을 것이다.

맥락의 해석 및 텍스트의 해석 사이에 있는 관련성에서도 비슷한 상황이 존재한다. 해석 주체는 신속히 해당 맥락이 무엇인지를 결정하고, 이 결정은 텍스트의 해석에 영향을 줄 수 있다. 그러나 맥락에 대한 해석이 부분적으로 텍스트의 해석에 근거하며, 해석과정에서 변경될 수 있다.

그렇다면 부각되어 나오는 해석에 대한 그림은 사뭇 복잡한 것이다. 이 절의 나머지 부분에서, 〈그림 6-1〉에서 제시된 바의 몇 측면들을 좀 더 상세히 논의하게 될 것인데, 이 책의 맥락에서 특히 관심거리가 되는 것으로 다음 제목들 아래 다뤄진다. 상황 맥락과 담화유형, 상호텍스트 맥락과 전제, 화용행위, 개인별 개념틀, 참여자들 관계 각본과 틀요소의 관련 개념들, 주제와 요점.

§.6-1-1 상황 맥락과 담화유형

이 논제에 대한 논의는 다음 〈그림 6-2〉에 근거할 것인데, 개략적으로 해석 주체가 상황 맥락의 해석에 도달하는 방법과 이것이 어느 담화유형이 인출해야 할 '적합한' 내용인지에 대한 결정을 내리는 방식을 나타낸다. 여기서 비록 실제적으로 그렇지 않음을 일찍이 언급하였지만, 단순하게 만들기 위하여, 저자는 각각의 상호작용에서 오직 한 가지 담화유형만이 인출된다고 가정한다. 제7장에서는 상호작용이 둘 또는 그 이상의 담화유형을 인출할 수 있는 방법에 대하여 더 확대된 논의를 진행한다.

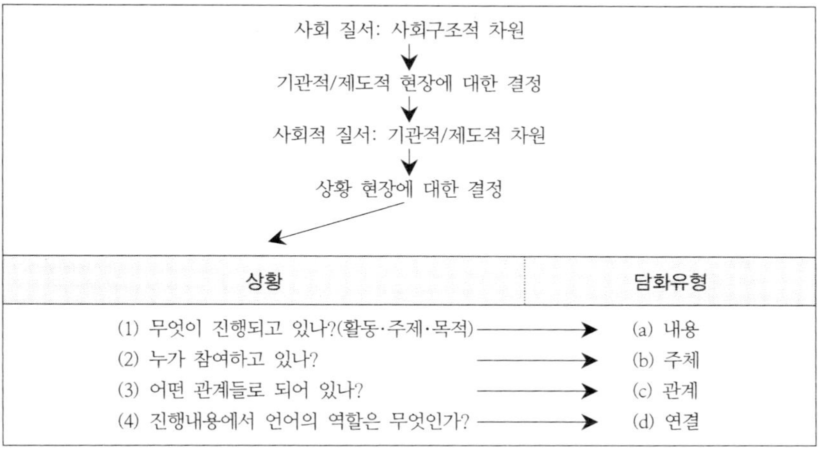

〈그림 6-2〉 상황 맥락과 담화유형

먼저 이 그림의 하단부분을 살펴보기로 한다. 왼쪽에 있는 상황에 대하여, 네 가지 주요한 차원과 관련되는 질문으로 네 가지가 주어져 있다. (1) 무엇이 진행되고 있는가? (2) 누가 참여하고 있는가? (3) 어떤 관계가 논의되고 있는가? (4) 진행되는 바에서 언어의 역할은 무엇인가? 이들 차원을 예시하기 위하여, 제2장에서 다뤘던 경찰 면담을 일부 다시 이용하기로 한다.

① p: Did you get a look at the one in the car?
② w: I saw his face, yeah.

③ p: What sort of age was he?
④ w: About 45. He was wearing a …
⑤ p: And how tall?
⑥ w: Six foot one.
⑦ p: Six foot one. Hair?
⑧ w: Dark and curly.

① 경찰관: 그 차 속에 있는 사람을 직접 보았습니까?
② 목격자: 그의 얼굴을 봤어요, 예.
③ 경찰관: 몇 살쯤이었습니까?
④ 목격자: 대략 45. 그가 뭘 입고 있었냐면요 …
⑤ 경찰관: 허고 키가 얼마였지요?
⑥ 목격자: 180정도죠.
⑦ 경찰관: 180정도. 머리 색깔은요?
⑧ 목격자: 검고 곱슬머리였어요.

(1) 무엇이 진행되고 있는가?

저자는 '무엇이 진행되고 있는가?'를 '활동·주제·목적'의 세 항목을 세분하였다. 확실히 더 자세하게 식별할 수 있겠지만, 우리의 목적을 위하여 이것들만으로도 충분할 것이다. 첫째, 활동activity은 가장 일반적인 것이다. 이는 일련의 활동유형들이나 변별적인 활동범주들 중 한 가지에 비춰서 한 상황을 확인할 수 있게 해 주는데, 어느 특정 기관에 있는 어느 특정한 사회질서 속에서 변별적으로 인식되며, 제5장의 〈물음 10〉에서 언급된 종류의 거시적 텍스트 구조를 지닌다. 예를 들어, 경찰업무에서 활동유형은 범인을 체포하고, 조사서를 작성하고, 목격자를 면담하며, 혐의자를 조사하는 일 등을 포함할 것이다. 이 경우에 해당 활동유형은 목격자를 면담하는 일이다. 이 활동유형은 주어진 활동유형에서 비록 기계적으로 주제가 예측

됨을 의미하는 것은 아니지만, 가능한 주제의 묶음을 제약할 것 같다. 여기서 주제는 범인으로 추정되는 사람에 대한 묘사이다. 비슷하게, 활동유형들도 특정하게 제도적/기관적으로 인식된 목적들과도 결부된다. 이 경우에 최우선의 목적은 추정된 범죄에 대하여 정보와 설명을 이끌어 내고 서류로 작성하는 것이다(면담을 하는 동안에 경찰관이 어떤 서식을 채워 놓고 있었음을 기억하기 바란다).

(2) 누가 참여하고 있는가?

'누가 참여하고 있는가?'와 '어떤 관계인가?'에 대한 질문은, 비록 분석상 나눠 놓을 수 있겠지만 분명히 긴밀히 연결되어 있다. 전자의 경우에는, 어떤 주체 입장들이 마련되어 있는지를 명시해 주려고 한다. 상황의 유형에 따라 주체 입장들의 방향은 차이가 난다. 주체 입장이 다차원임을 주목하는 것이 중요하다. 첫째, 한 가지 차원이 활동유형으로부터 도출되어 나온다. 이 경우에 어떤 면담이며, 면담에서는 한 명 이상의 면담 주체 및 한 명의 피면담자에 대한 주체 입장들이 있다. 둘째, 해당 기관/제도가 그 속에서 기능하는 주체들에게 사회적 정체성을 귀속시켜 준다. 우리의 사례에서는 한 명의 '경찰관'과 한 명의 '민간인'인데, 게다가 후자는 '목격자'이면서 있을 법한 희생자(경찰서에 붙들려 자기 할 일도 못하고 있음)이다. 셋째, 서로 다른 상황에서는 그 상황과 관련된 서로 다른 화자 입장과 청자 입장이 있다. 화자, 수신자, 우연한 청자,[1] 방청자, 대변인 등이다.

---

1) (역주) 영어에서는 흔히 addressee(수신자)와 hearer(우연한 청자) 또는 listener(귀 기울이는 청자)를 다음처럼 구분한다. 수신자는 화자(또는 발신자)가 의도한 유일한 청자이다. 따라서 다른 사람도 같이 들을 것을 염두에 두지 않는 상황이다. 가장 좁은 범위의 청자이다. 그렇지만 hear(들리다)라는 낱말이 지닌 속뜻 때문에, 어떤 발화가 본디 나에게 전달되는 것이 아니지만, 우연히 상황을 공유하기 때문에 내 귀에도 들리게 되는 경우가 있다. 이런 경우의 청자를 hearer(우연한 청자)라고 말한다. listen(귀 기울여 듣다)은 "hear(듣다) + intention(의도)"로 이뤄져 있으므로, 일부러 듣기 위해 귀를 기울이는 것이므로, listener(귀 기울여 듣는 청자)는 화자에게도 수신자와 함께 고유한 청자로 지목될 수 있다(옛날이야기를 할 때 귀 기울여 듣는 사람들처럼). 그렇지만 overhearer(방청자)는 처음부터 화자가 듣는 사람의 범위에 포함시키지 않는다. 화자가 방청자를 고려하면서

우리의 사례에서는 경찰관(p)과 목격자(w) 사이에서 교대로 화자와 수신자 역할이 바뀌고 있다.

(3) 어떤 관계들인가?

관계에 대한 질문과 맞닥뜨리는 경우에, 해당 상황에서 어떤 권력 관계와 사회적 거리감 등이 마련되어 운용되는지에 비춰서, 주체 입장들을 더욱 극적으로 살펴보게 된다. 우리 사례의 경우에는 경찰 구성원 및 민간 구성원 사이에 있는 관계의 본질에 관심을 두게 될 것이다. 가령, '절차'에 비춰서 목격자(w)를 사무적으로 '처리해' 나가는 일이, 막 흉악한 범죄를 목격한 사람으로 목격자(w)와 교감하는 일보다 경찰 면담자에게 압박감을 더 주게 될 듯하다.

(4) 언어의 역할을 무엇인가?

언어는 더 광범위한 제도적·관료적 실재의 일부로서, 도구적인 방식으로 이용되고 있다. 해당 사건에 대한 문서화의 일부가 될 공문서 서식을 채우기 위해 필요한 정보를 목격자(w)로부터 이끌어 내기 위하여 언어가 이용되고 있는 것이다. 이런 의미에서 언어의 역할은 그 갈래를 결정할 뿐만 아니라(이런 유형의 면담이 필요한 정보를 획득하는 분명한 방식임), 또한 그 경로도 결정해 준다(입말이 쓰이는지 글말이 쓰이는지 여부임). 때로 이런 종류의 관료적 정보는 글말을 통해 추출되는데, 사람들에게 스스로 서식의 내용을 채워 놓도록 요구하는 것이다. 우리 사례에서는 그렇지가 않다는 사실은, 서식을 채워 넣는 실천이 면담에 의해 복잡하게 되지만, 경찰이 사건의 모든 측면을 놓고 전반적으로 실행해 나가는 통제의 정도를 드러낸다. 목격자(w)로부터 나온 정보는 단지 경찰에 의해 매개되고 점검된 형태로서만 공식적으로 유효하다.

말하지 않기 때문이다.

〈그림 6-2〉 하단 부분의 오른쪽에는, 어떤 특정한 담화질서에 속하는 일련의 심층 관례들이라는 의미로, 담화유형에 대한 네 가지 주요한 차원을 적어 놓았다. 이들 중 위쪽부터 세 가지 차원은 익숙할 것이다. 담화유형은 ⓐ 내용, ⓑ 주체, ⓒ 관계들에 대한 어떤 제약들 또는 담화가 가능하게 만들어 주는 체험적·표현적·관계적 의미에 대한 어떤 제약들을 구체화해 준다. 이 그림은 특정한 유형의 상황과 관례적으로 결부된 담화유형의 이들 차원이, 저자가 막 언급하고 있는 상황의 차원에 의해서 결정됨을 보여준다. 즉, (1) 무엇이 진행되고 있는지에 의해서 ⓐ 내용이 결정되고, (2) 누가 참여하는지에 의해서 ⓑ 주체들이 결정되며, (3) 주체들 사이에 있는 관계에 의해서 ⓒ 관계(관련성)가 결정되는 것이다. 게다가, 네 번째 차원인 ⓓ 연결이 있는데, (4) 진행되고 있는 바에서 언어의 역할에 의해 결정된다. 연결은 텍스트가 실현되는 상황 맥락에 대하여 텍스트가 묶이는 방식과 텍스트 부분들 사이에 연결이 이뤄지는 방식('문장결속'으로 언급한 것들을 포함함)을 모두 포함하는데, 두 방식이 모두 담화유형들 사이에서 변동된다.

담화가 상호작용의 과정에서 산출 및 해석을 위하여 인출될 이런 상황에 따른 의존적 결정은, 차례로 〈그림 6-1〉에서 보인 텍스트 해석의 층위에 포함된 기억자원MR의 요소들을 통제한다. 우리는 담화유형을 언어학자 마이클 핼러데이Michael Halliday의 용어에 따라 '의미 잠재태meaning potential'로 생각할 수 있다. 있을 수 있는 체험적·표현적·관계적 의미와 연결 의미에 대하여 특정하게 제약된 형상이다. 해석 원리로서 인출된 기억자원MR의 몇 요소들이, 이 담화유형에 대하여 그리고 이런 의미 잠재태의 실현에 대하여 특별하게 될 것이다. 어휘·의미관계·화용 관례뿐만 아니라, 또한 개인별 개념틀·틀요소·참여자들 관계 각본들이다.

이제 〈그림 6-2〉의 상단 부분을 살펴보기로 한다. 여기서 언급한 첫 번째 요점은, 앞에서 제시된 상황의 네 가지 차원에 비춰서 한 상황에 대한 분석이 해석의 사안이란 점이다. 물리적 상황에 대한 관찰 가능한 특징과 이미 실현된 텍스트는, 비록 해석 주체에게 그 해석을 도와주는 중요한 단서들이 되지만, 스스로 상황 맥락을 결정해 놓지는 못한다. 이들 단서는 해석 주체가 지닌 기억자원MR의 요소들과 공동으로 그리고 그것들에 비춰서 '읽혀진다'. 즉, 해석 주체가 해석에 가져오는 '사회질서'이고, '사회 공간'이 어떻게 조직되는지에 대한 특정한 표상이며, 해석 주체가 자신의 기억자원MR으로 갖고 있는 것이다. 사회질서는 일종의 사회적 상황유형들에 대한 유형론typology이고, 해석은 실제의 상황을 특정한 유형에 배당해 주는 일이다. 일찍이 제2장에서 사회질서에 대한 논의를 상기하기 바란다.

우리는 이를 두 가지 단계로 일어나는 것으로 생각할 수 있다. 첫 번째 단계로, 그 그림의 위쪽 두 줄로 표현되어 있는데, 해석 주체가 제도적/기관적 현장의 결정에 도달하는데, 자신의 기억자원MR에 있는 사회구조적 사회질서를 근거로 하여, 해당 제도적/기관적 영역 속에서 상호작용이 일어나고 있다. 다시 말하여, 사회구조적 사회질서는 전체사회 공간을 아주 많은 제도적/기관적 공간들로 나누어 놓는데, 임의의 실제 상황이 우선 이런 구분에 비춰서 제도적/기관적으로 배치되어 있어야 한다. 두 번째 단계로, 그 그림에서 세 번째와 네 번째 줄로 표현되어 있는데, 해석 주체는 상황 현장의 결정에 도달하며, 제1단계에서 선택된 제도적/기관적 사회질서를 근거로 하여 해당 상황유형 속에서 상호작용이 일어나고 있다. 각 제도적/기관적 사회질서는 제도적/기관적 공간을 아주 많은 상황유형들로 나누어 놓는다. 각 실제 상황마다 이런 유형론으로부터 나온 어떤 범주에 비춰서(또는 적어도 그것과 관련하여) 대표적으로 예시되는 것이다.

제2장에서 사회질서의 한 가지 차원은 사회구조적이거나 제도적이거나 상관없이 담화질서가 됨을 언급하였다. 따라서 주어진 사회질서에 따라 어떤 상황을 대표적으로 예시하는 일에서, 결부된 담화질서로부터 나온 특정한 담화유형에 비춰서 그것을 대표적으로 예

시해 주고 있는 것이다. 〈그림 6-2〉에서 저자는 대표적으로 예시해 주기에 대한 이런 이중 과정을, 해당 상황이 먼저 예시된 다음에 해당 담화유형이 나오는 것처럼 나타내었다. 〈그림 6-2〉에서는 또한 상황에 대한 네 가지 차원들 각각에 대한 값이 독립적으로 결정되고 나서, 각 차원마다 독립적으로 그것에 상응하는 담화유형의 차원에 대한 값을 선택한다는 인상을 준다. 다시, 대상을 이런 방식으로 바라보는 것이 분석적으로 도움이 되지만, 제도적/기관적 사회질서가 인식된 상황유형으로서 상황 차원들을 위하여 비교적 소수의 가치들에 대한 관례적 결합을 마련해 놓는다. 각각의 상황유형은 부분적으로 담화유형에 비춰서 생각될 수 있다. 이는 담화유형의 네 가지 차원들에 대한 관례화된 가치들의 결합인 것이다.

제2장에서는 사회질서와 담화질서가 특정한 이념에 대하여 그리고 특정한 권력관계에 대하여 상대적임을 논의하였다. 이에 대한 한 가지 결과는, 만일 해석 절차로서 서로 다른 참여자들에 의하여 상이한 사회질서가 인출된다면, 상황들이 서로 다르게 해석될 수 있다는 점이다. 그런 차이들은 상이한 문화들 사이에서 비교적 익숙하며, 이런 차이들이 상이한 문화들 간의 곡해나 의사소통 실패사례의 밑바닥에 깔려 있는 것 같다(§.3-1-1을 보기 바람). 그러나 이런 일이 또한 한 문화 속에서 서로 다른 이념적 입장들 사이에서도 일어난다. 이는 텍스트 해석이나 산출에서 우리가 맥락의 역할에 호소하는 경우에, 단순히 해당 맥락을 당연한 것으로 간주하거나 모든 참여자들에게 투명하게 이용될 수 있는 것으로 가정할 수 없음을 의미한다. 각 경우마다 우리는 참여자들이 어떤 상황 맥락의 해석(들)로 작업하고 있는지, 그리고 단일하게 공유된 해석이 존재하는지 여부를 확립할 필요가 있다. 또한 권력을 더 많이 지닌 참여자의 해석이 어떻게 다른 참여자들에게 강요될 수 있는지에 대해서도 의식할 필요가 있다.

또 다른 결과는, 그것들 밑바닥에 깔려 있는 이념 및 권력관계가 담화의 해석과 산출에 심층적이고 광범위한 영향력을 지닌다는 것이다. 왜냐하면 그것들이 해석 절차 속에 내포되어 있기 때문이다. 즉, 해석 결정의 가장 높은 수준에 깔려 있는 사회질서로서 'What situation am I in?어떤 상황 속에 내가 있는가?'라는 물음이 있다. 이런 영향력은 담화 처리의 본질에 대한 최근의 연구에서도 강조되어 있는데, 상황 맥락이 예전에 생각해 왔던 것보다도 해석에 대한 더 중요한 결정요인이 됨을 보여 주었다. 예를 들어, 흔히 잘못 가정되어 왔듯이 해석이 우선 텍스트의 문장들에 대한 '축자적 의미'를 연산하고 나서 맥락의 견지에서 그런 의미들을 가다듬는 일로 이뤄진다는 것이 아니다. 오히려 해석 주체는 처음에서부터 (차츰 수정될 수 있도록 열려 있는) 해당 맥락에 관한 가정을 지니고 작업을 하는데, 이는 텍스트의 언어 특징들이 그 자체로 처리 방식에 영향을 주므로, 한 텍스트는 언제나 어떤 맥락을 염두에 두고서 해석되는 것이다. 이는 텍스트의 특정한 자질들이 지닌 가치가 해당 상황 맥락에 대한 해석 주체의 대표적 예시typification에 달려 있음을 의미한다.

상황 맥락에 대하여 해석의 이런 근원적 의존성에 대한 함의는, 의미를 순수히 언어 형태 그 자체에 대한 언어적 속성으로 보아 왔던 언어학자들에게 어느 정도 경고가 될 수 있다. 이해 가능한 반응의 한 가지는 맥락을 경계 짓기 위해 노력하는 것으로, 어쨌든 맥락의 방대함을 제약해 놓는 것이다. 그렇지만 저자가 막 말해 놓은 바로부터, 각각 그리고 모든 담화에 대한 상황 맥락이 가장 높은 사회구조적 차원에서 사회적·권력적 관계의 체계를 포함한다는 점이 뒤따라 나온다. 심지어 간단한 하나의 문장조차도 전통적으로 전체 언어를 함의하는 것으로 간주되어 왔듯이, 간단한 하나의 담화도 전체 사회를 함의하는 것이다. 이는 모든 다른 것이 의존하는 사회적 실천관행 및 담화를 위하여 기본적인 분류학적·대표예시적 얼개(저자가 사회질서 및 담화질서라고 부르고 있는 것임)가 그런 단일한 담화의 사회구조적·기관적 기반에 의해서 형성되었기 때문에 그러한 것이다.

§.6-1-2 상호텍스트 맥락과 전제

담화와 텍스트는 그것들 안에서 생겨나면서 나름의 역사들을 지니고, 또한 역사적 계열historical series에도 속하게 된다. 상호텍스트[2] 맥락의 해석은 한 텍스트가 어느 계열에 속하는지, 따라서 참여자들에게 공통기반으로 무엇이 선택되는지 또는 무엇이 전제되는지를 결정하는 일이다. 상황 맥락의 경우에서와 같이, 담화 참여자들이 소략하게 동일한 해석이나 상이한 해석에 도달할 수 있으며, 권력이 더 센 참여자의 해석이 다른 사람들에게 강요될 수 있다. 따라서 권력을 지니는 일은 전제들을 결정할 수 있는 상태를 의미할 수 있다.

전제는 텍스트의 속성이 아니라, 상호텍스트 맥락을 놓고서 내린 텍스트 산출자의 해석에 대한 한 측면이다. 저자가 제5장에 있는 기술 단계에서 이것들을 포함해서 다루지 않고, 지금까지 이것들에 대한 논의를 늦춰온 것은, 이 점을 강조하기 위한 것이다. 그러나 텍스트에서 전제들은 자못 두드러진 범위의 형식적 특징들에 의해서 단서로 주어진다. 제5장에서 〈물음 8〉로 언급된 두 가지 중요한 것은, 정관사 및 종속절이다. 다른 것들은 wh(의문사)-의문문과 특정한 동사와 형용사(regret유감이다, realize깨달았다, point out지적하다, aware자각하다, angry화나다 등) 뒤에 나오는 that-절이다.[3] 다음 인용 사례에서는 다양한 단

2) (역주) intertext(상호텍스트, 간-텍스트, 텍스트-간)는 둘 이상의 텍스트에서 서로 영향을 주고받는 공통부분이 있음을 전제로 한다. 후핵성(head-final)의 우리말 질서를 따르면, '텍스트들 사이'라는 뜻으로 '텍스트간'이라고 할 수 있겠지만, 현재 많이 쓰고 있는 '상호텍스트'를 따라 쓰기로 한다. 김도남(2003) 『상호텍스트성과 텍스트 이해 교육』(박이정)의 제2부에서 '상호텍스트' 속성에 대한 연구들과 개념이 논의되어 있다.

3) (역주) 흔히 이를 factive verb(사실성 동사)라고 부른다. 이들이 모문(상위문) 동사로 나올 때에, 비록 이 동사가 부정되더라도 이 동사가 거느리는 내포문이 언제나 사실(이미 일어난 일)임을 부정할 수 없다. I regret [that he failed](나는 그가 실패해서 유감이다)라는 문장은 결과적으로 he failed(그가 실패했다)는 사실이 귀결되어 나온다(entail). 그렇지만 not을 써서 I don't regret [that he failed](나는 그가 실패한 것이 유감스럽지 않다)처럼 이 문장을 부정하더라도, 여전히 내포문 he failed(그가 실패했다)가 사실로서 귀결되어 나온다. 키파스끼 부부(Kiparski and Kiparski, 1971) "Fact", 스따인버그·자코보뷧츠(Steinberg and Jakonovits) 엮음 『의미론(*Semantics*)』(Cambridge University Press)을 보기 바란다.

서들이 있는데, 이는 쌔뤄 풔거슨Sarah Ferguson과 앤드루 왕자Prince Andrew의 결혼식을 다룬 어느 여성 잡지에 있는 어느 기사로부터 가져온 것인데, 브뤈더 먹두걸Brenda McDougall이 집필하였다.

[텍스트 6-1] 출처: 『주간 여성Women's Weekly』, 1987년 8월 9일자

Wasn't it a lovely day?

The sun came out, the colourful crowds gathered, and at the centre of it all were Sarah and Andrew, spilling their happiness in every direction and making it a day to remember — for them and for us.

Along with half the world, probably, I saw that enchanting TV interview the night before the wedding, and was struck by the completeness of their relationship. How they complement each other — in humour, in delight in each other's personalities, and in commitment to the future. Sarah obviously realises the demands of the role she has taken on as Navy wife and Royal duchess, yet still retains her own career. Surely that must be unique in Royal history, but how in tune with contemporary life and relationships.

사랑스런 날이 아니었던가요?

태양이 떠오르자 울긋불긋 화려하게 차려입은 군중들이 모여 들었고, 그 한 복판에 모두가 쌔뤄와 앤드루였는데, 모든 방향으로 자신들의 행복을 쏟아내면서 기억해야 할 날로 만들고 있었다 — 그들에게도 그리고 우리에게도.

아마 세계 인구의 절반과 함께 나는 결혼식 전날 밤 그 매혹적인 텔레비전 대담을 보았는데, 우리는 그들 관계의 완벽함에 넋이 나갔다. 그들이 서로 얼마나 완벽한 짝인지 — 유머로, 서로의 개성에 있는 환희로, 미래에 대한 약속으로. 쌔뤄는 해군 아내로서 그리고 왕실 공작부인으로서 자신이 떠맡은 역할의 요구사항을 분명히 깨달았지만, 여전히 그녀 자신의 사회생활 경력을 계속해 나갈 것이다. 확실히 이는 왕실 역사에서 유일한 것임에 틀림없지만, 어떻게 현대 생활과 관계를 조화시킬 것인가.

이 인용의 전제들은 다음과 같다.

'사랑스런 날이었다, 군중들이 화려하게 많이 모였다, 그들이 행복하다, 그 텔레비전 대담은 매혹적이었다, 그들의 관계는 완벽하다, 그들은 서로 상보적이다, 그들은 서로의 개성에 즐거워한다, 그들은 미래를 약속한다, 쌔뤄가 떠맡은 역할에서 요구되는 것이 많다, 그녀는 자신의 사회생활 경력을 계속 유지한다'.

전체의 분량에서 본문은 예외적이다. 주제의 본질 및 텔레비전으로 결혼식을 지켜본 숫자 때문에, 적어도 대부분의 사람들에게 이미 다 알고 있는 바를 불가피하게 다시 말해 주고 있다. 구경꾼이나 청자나 독자로서 이미 체험한 이전 텍스트가 된다고 가정된 바의 대목들을 사람들에게 도로 제시해 주는 것이다.

또는 오히려 사람들에게 이미 알고 있는 바를 말해 준다고 표명하고 있다. 이런 것과 같은 대중매체 텍스트에서는, 집필자가 실제 독자들의 상호텍스트 경험이 어떻게 되는지 알 길이 없으므로, 특정한 상호텍스트 경험을 지닌 '이상적 독자'를 상정해 놓아야 한다. 물론 독자의 경험 속에 있는 것으로 가정된 텍스트가, 그 산출자의 머릿속 기억 바깥에서 한 번이라도 실제로 존재하였다는 보장이 전혀 없다! 따라서 대중매체에서 산출자들은 청중(독자)들에게 받아들이고 싶어 하는 것들을 그들의 체험 속에 귀속시켜 줌으로써, 청중을 조작하는 사뭇 효과적인 수단을 지닌다. 관심 둔 명제들이 분명히 만들어져 있지 않기 때문에, 때로 사람들은 그것들을 확인하기가 어렵고, 원한다면 그것들을 거부할 수 있다.

따라서 전제들이 진실되거나 또는 조작될 수 있다고 말할 수 있다. 그러나 제4장의 논의에 비춰보면, 전제들이 가정하는 바가 '권력에 봉사하는 상식'의 성격을 지니는 경우에는 또한 이념적 기능을 지닐 수 있다. 한 가지 사례가 'the Soviet threat소련의 위협'과 같은 표현이다.

흔히 신문보도에서 반복된 상투어구가 되었고, 이 경우에 소련으로부터 영국과 유럽 등 서방세계에 위협이 있다고 전제하는, 고도로 논쟁적인 명제들을 점차적으로 자연스럽게 만드는 데 도움을 준다. 그런 명제들은 특정한 텍스트나 텍스트 계열을 그대로 재현하지는 않지만, 오히려 막연한 방식으로 독자의 텍스트 상의 경험에 귀속되어 들어간다. 한편 명제들이 때로 특정한 텍스트들로부터 인출되며, 다른 경우에는 '배경지식'에 일반적인 호소력을 만들게 된다.

단순히 상호텍스트 맥락의 요소들을 전제하는 일 이외에도, 텍스트 산출자들은 전제들과 겨루거나 도전을 한다. 그렇게 하는 중요한 수단은 [텍스트 6-2]에서 예시되듯이 '부정적 진술negation'인데, 어느

[텍스트 6-2] 출처: 『청바지 세대Blue Jeans』, 1986년 5월 24일자, 488호

NO amount of make-up and hair stuff will turn you into a glamorous chick if your gnashers aren't in good condition. It's nothing to be proud of if you haven't been to the dentist for the past five years — you're only asking for trouble. Treatment isn't the equivalent of a week of listening to Nana Mouskouri albums, and your dentist isn't there to give you nightmares and inflict unnecessary pain on you. Regular check-ups are the best idea — prevention is always better than cure! If you haven't been to your dentist for eons, pluck up the courage and make an appointment — it'll be worth it! The British Dental Health Foundation have produced a series of well-helpful booklets on dental care. Including information on crowns, gum disease, oral hygiene, sugar and selecting a dentist, they're worth a look. For free copies of the leaflets, send an SAE to the British Dental Health Foundation, 88 Gurnards Avenue, Unit 2, Fishermead, Milton Keynes, Bucks.

여러분의 이갈이 상태가 안 좋다면, 아무리 얼굴 화장을 하고 머리를 가다듬더라도 매력 넘치는 여성은 되지 못할 것입니다. 지난 5년 동안 치과에 가 본 적이 없다면 자랑할 게 못 됩니다. 여러분은 다만 화를 자초하고 있을 뿐입니다. 치과 진료가 나나 무스끄리 앨범을 1주일 듣는 일과 동일하지는 않습니다. 여러분에게 악몽을 주고 불필요한 고통을 가하기 위하여 치과의사가 거기 있는 것은 아닙니다. 정규적인 검사가 최선의 생각입니다. 예방이 언제나 치료보다 더 나은 법입니다! 영겁의 기간 동안 치과에 가 본 적이 없다면, 용기를 내어 예약을 하시기 바랍니다. 가치가 있는 일입니다! 영국 치과 건강 기금에서는 치아 보호에 대하여 크게 도움이 되는 일련의 소책자를 발간하였습니다. 인공 치관·잇몸병·구강위생·당류·치과 선택법 등 모두 들여다 볼 가치가 있습니다. 무료 전단지를 받으시려면, 우표를 붙여 회송봉투를 다음 주소로 보내 주시기 바랍니다. 버킹엄셔(중부 잉글런드) 밀튼키인즈 퓌셔미이드 2 구역 거나즈 도로 88번지, 영국 치과 건강 기금

십대들의 잡지로부터 나온 기사이다.

이 인용은 대부분 부정적으로 서술된 일련의 주장으로 이뤄져 있다. 그러나 집필자가 동일한 논점을 긍정적으로 서술할 수 있는 경우에, 이들을 모두 부정적 서술로 주장하는 동기는 무엇일까? 집필자는 부정문을 쓰고 있는데, 묵시적으로 논제를 상응하는 긍정적 주장을 하는 방식으로 이용하고 있다. "treatment is the equivalent of a week of listening to Nana Mouskouri albums치과 진료가 나나 무스꾸리 앨범을 1주일 듣는 일과 동일하다" 등. 그러나 실제로 그런 긍정적 주장이 단언되지 않았더라면, 그리고 그들의 주장이 어쨌거나 이 담화와 연결되지 않았더라면, 나나 무스꾸리 노래를 듣는 일이 오히려 실행해야 할 특별한 것일 듯하다. 실제로 집필자가 가정하고 있는 듯한 것은, 이들 주장이 독자들의 체험 속에 있는 선행 텍스트에서 찾아질 것이라는 점이다. 전제들에서와 같이, 부정적 진술도 또한 진실되거나, 조작되거나, 이념적일 수 있다.

이 인용은 일종의 텍스트 산출자와 상호텍스트 맥락의 일부로 판단되는 다른 텍스트(의 산출자) 사이에 있는 '대화'이다. 전제들은 비록 덜 역동적인 종류라 하더라도 텍스트에 대하여 비슷한 대화적 속성을 제공해 준다. 텍스트가 언제나 다른 텍스트와 함께 상호텍스트 관계로 존재하기 때문에, 그것들이 때로 '상호텍스트 속성intertexuality' 이라는 일반적 표제 아래 언급되는 속성으로서, 언제나 '대화적'인지에 대해서는 논란이 될 수 있다.

상호텍스트 맥락의 개념은 담화와 텍스트를 역사적 관점으로부터 바라보도록 요구한다. 이는 텍스트를 역사적 맥락을 배제하여 추상적으로 다른 텍스트를 참고하지 않고서도 분석 가능한 것으로 여길 법한 형식 위주의 언어연구에서 취하는 좀 더 일반적인 입장과 크게 대조가 된다. 이 책의 다음 두 장에서는 상호텍스트 맥락을 지닌 그런 역사적 관점이 전제되어 있다. 제7장에서는 텍스트를 산출자가 둘 또는 그 이상의 담화유형, 즉 둘 또는 그 이상의 관례 및 전통의 혼합물을 인출하는 일을 통하여 산출된 것으로 보는 관점을 중심으로 다뤄진다. 현재의 변화하는 의사소통 필요성을 충족시키기 위하여, 과거의 자원들을 창조적으로 사용하는 수단인 것이다. 제8장에서는 역사적 전환기들 사이에 있는 전환들이 담화질서의 변환에 어떻게 반영되어 있는지, 그리고 부분적으로 어떻게 담화질서의 변환으로 이뤄지는지에 관심을 두면서 더 긴 시간대를 택하여 다룬다.

§.6-1-3 화용행위

화용행위speech acts는 화용론pragmatics의 중심 측면으로, 담화에서 참여자들이 기억자원MR과 맥락에 대한 해석에 근거하여, 텍스트의 요소들에 귀속시키는 의미들에 관심을 두는데, 〈그림 6-1〉에서 텍스트 해석의 두 번째 층위인 '발화 의미'의 일부이다. 그러므로 한 텍스트의 화용 속성(의미)들은 형식적이지 않으며, 제5장의 절차에서 기술 단계에 속하는 것이 아니라, 오히려 여기에 속한다.

저자는 이미 앞의 장들에 있는 다수의 논의에서 이 용어로 무엇을 의미하는지에 대해 설명하지 않은 채 화용행위를 언급해 왔다. 텍스트의 일부를 화용행위로 특성 짓는 일은, 그 텍스트를 산출하는 덕택에 산출자가 무엇을 하고 있는지를 특성 지워 주고 있는 것이다. 즉, 진술을 하거나, 약속을 하거나, 위협을 하거나, 경고를 하거나, 질문을 던지거나, 명령을 내리는 일 등을 한다. 산출자는 동시에 여러 가지 일들을 함께 진행할 수 있는데, 따라서 하나의 단일 요소가 다중의 화용행위 값을 지닐 수 있는 것이다. 화용행위 값은 단순히 발화의 형식적 특징에 근거하여 배당될 수 없다. 값을 배당하면서 해석 주체도 또한 한 발화에 대한 텍스트 상의 맥락(해당 텍스트에서 무엇이 앞서 나오고 무엇이 뒤따르는지), 상황 맥락과 상호텍스트 맥락, 기억자원MR의 요소들을 알아차린다.

예를 들어, 교실수업 담화에 대한 집필자들은 교사 쪽에서 서술문이나 수사 의문문이라고 하더라도, 만일 학생들이 의무적으로 수행해야 하는 어떤 행동이나 활동을 언급한다면 학생들에게는 명령의 화용행위 값으로 배당될 것 같다는 점을 지적해 놓았다. 그런 예들은 "the door's still open출입문이 여전히 열려 있네" 또는 "did you shut the door자네 출입문을 잘 닫았는가?"와 같다. 이들 연구에서 묘사하고 있는 교실수업은 교사–학생 관계에서 보면 아주 전통적이다. 이런 종류의 간접적이며 '암시적인' 명령은 범주적 권력관계를 함의한다. 아마 이념적으로 다른 담화유형이 작동하는 좀 더 자유로운 교실수업에서는, 그런 암시적 명령이 일어나지 않을 듯하며, 그러므로 이들 문장은 명령으로 (쉽게) 해석되지 않을 것이다. 분명히 동일한 문장들이 더 상위의 고등교육기관에서는 이런 방식으로 해석되지 않을 것 같다. 주요 논점은 이들 사례의 화용행위 값 또는 '힘'을 결정하기 위하여, 어떤 종류의 상황 맥락에서 이것들이 발생하는지, 따라서 어떤 담화유형이 작동되는지를 알 필요가 있다는 점이다. 홀로 문장의 형식만으로는 우리들에게 말해 주는 것이 아주 작다.4)

저자는 막 간접 명령을 언급하였다. 화용행위는 비교적 직접적인 표현으로 주어지거나(가령 명령문으로 "Shut the door![출입문을 닫게!]"), 다양한 정도의 간접성을 지니고서 상대적인 간접 표현으로도 주어질 수 있다. 담화유형은 화용행위 표현의 직접성에 대한 그런 관례들에서 차이가 나며, 이들 차이점은 광범위하게 사회관계가 관례들 속에 부호화되는 방식과 연결되어 있다. 예를 들어, 간접 명령이나 요구는 앞의 사례에서와 같이 일어날 수 있는데, 거기에서는 권력관계가 분명하므로 교사가 직접적인 표현을 쓸 필요가 없다. 거꾸로, 뭔가를

4) (역주) 빗건슈타인(Wittgenstein, 1953; 이영철 뒤침, 1994) 『철학적 탐구』(서광사) 27쪽 이하에서는 언어사용 맥락이 더 중요함을 다음 사례를 제시하면서 설명한다. 어느 공사장에서 널판을 윗층으로 나르고 있는 일꾼에게 십장이 "널판!"이라고 소리를 쳤다. 이때 널판을 축자적으로 설명하는 사전 속의 의미는 아무런 소용이 없다. 이 발화는 사용맥락에 따라 "널판을 빨리 가져 오렴!"이란 요구로 해석될 수도 있고, 또는 널판이 아래로 떨어지고 있으니 "널판을 피하라!"는 경고일 수도 있고, 기타 사용맥락에 따라 여러 가지 의미를 띨 수 있다. 곧, 사용맥락이 발화의 의미를 결정해 주는 것이다.

실행하도록 요구받는 사람이 요구하는 사람보다 권력을 더 많이 갖고 있거나 또는 일반적으로 그런 것들을 좀처럼 요구하지 않을 낯선 사람인 경우에도 일어날 수 있다. 그러므로 간접성은 강요의 성격을 없애거나 낮춰 주려고 하는 방식이 된다. 간접성과 결부된 이들 대안 값들은 다시 화용행위 값의 배당이 상황 맥락과 담화유형에 대해 상대적임을 강조해 준다.

다른 사례를 보겠는데, 제2장에서 살펴보았던 경찰 면담에서 처음 두 대목의 발언기회가 질문과 대답으로 이뤄져 있다.

p: Did you get a look at the one in the car?
(그 차 속에 있는 사람을 직접 보았습니까?)
w: I saw his face, yeah.
(그의 얼굴을 봤어요, 예.)

경찰관의 질문은 사뭇 직접적이다. 그럼에도 불구하고 다만 진행 중인 담화유형에서 어떤 선택을 나타내는 선택요소들의 체계로 그 질문을 지시함으로써, 어떤 값이 그 발언에 귀속될 수 있다. 여기서는 경찰과 목격자 사이에 정보수집 면담에 대한 담화이다. 이런 경우에, '강요적'인 화용행위와 결부된 선택사항들의 체계에서 무표적인 선택(≒기본값)이 된다. 특히 무뚝뚝하게 강요하지도 않고, 그렇다고 강요의 성격을 줄여 주지도 않는다는 점에서 무표적이다. 동일한 형태로 된 직접적인 질문이 상이한 담화유형에서 무뚝뚝하게 강요하는 것이라는 인상을 줄 수도 있다. 가령, 대학교 세미나에서 그러하다. 목격자(w)가 질문에 대답하는 방식은 다시 담화유형에 달려 있다. 이런 질문이 대답될 법한 비확정적인 방식들이 많이 있겠지만, 여기서는 대부분의 방식들이 제외되어 있다. 예를 들어, 그 부인이 태연하게 다음처럼 대답할 수도 있었을 것이다.

"Oh lord that's a difficult one. Now let me think. I'm sure I got a glimpse of his face, yes."
(아이구나 그게 어려운 일인데요. 어디 생각해 보자. 내가 그의 얼굴을 살짝 봤어요, 그래요)

아마도 강압적인 이런 담화유형의 정상적인 기대값에 도전하는 사뭇 효과적인 방법으로서, 이런 대답도 분명히 나올 수 있다! 그러나 여기서 기대되는 것은 실제로 일어나는 종류의 답변으로, 요구된 정보를 제공해 주는 답변인 것이다.

담화유형의 일부를 형성하는 화용행위에 대한 관례들은, 주체 및 그들의 사회적 관계에 대한 이념적 표상을 구체화해 준다. 예를 들어, 주체들(가령 경찰 면담관 및 목격자) 사이에 있는 권리와 의무의 비대칭성은, 질문을 던지고 행동을 요구하며 불평하는 비대칭적 권리와, 대답하고 행동하며 자신의 행동을 설명하는 비대칭적 의무 속에 내포될 수 있다. 또는 다시, 화용행위의 표현에 대한 직접성/간접성의 정도를 지배하는 관례들이, 다른 주체들에게 정중히 대해야 하고 강요하는 일을 피하는 정도와 방식에 대한 가정과 조화되도록, 서로 다른 주체들을 상대로 하여 변동될 수 있다. 간단히 말하여, 임의의 담화 표본이나 유형을 질문하는 일, 즉 누가 어떤 화용행위를 어떤 형태로 이용하는지를 묻는 일은 가치가 있는 것이다.

§.6-1-4 틀요소·참여자들 관계 각본·개념틀[5)]

개인별 개념틀schemata은 〈그림 6-1〉에서 텍스트 해석의 네 번째 층위를 위한 해석 절차를 구성하는 기억자원MR의 일부이며, 틀요소frame와 참여자들 관계 각본script도 긴밀히 관련된 개념이다. 이런 관련성이 이 논의에서 이것들을 포함해 놓은 이유이다. 이들은 세상의 여러 측면들을 놓고서 정신표상의 유형에 대한 한 가족구성원을 이루며, 일반적으로 이념상으로 변항이 되는 성격의 정신표상에 대한 속성을 공유한다. 다음 〈그림 6-3〉은 저자가 계속해서 이용하고 있는 내용-관계-주체의 구별과 들어맞도록 세 가지 개념을 구별해 놓는 방식을 요약해 준다.

Schema(개념틀)	내용: 활동(사회적 행위)
Frame(틀요소)	내용: 주제(소재, 지시물)
Script(참여자들 관계 각본)	주체(참여자들)/관계

〈그림 6-3〉 틀요소·참여자들 관계 각본·개념틀

개념틀(단수 schema, 복수 schemata)은 예측 가능한 연속체에 있는 예측 가능한 요소들에 비춰서 나타낸 특정한 유형의 활동에 대한 표상이다(앞에서 저자가 '활동유형'으로 부른 것임). 이는 제5장의 〈물음 10〉에서 논의된 '거시 텍스트 구조'에 대한 정신표상이다. 그곳에서 다룬 신문의 화재사건 기사에 대한 사례를 기억하기 바란다. 이는 다음 개념틀로 구성되어 있다.

---

5) (역주) 여기서 frame(틀요소), script(참여자들 관계 각본), schema(개념틀)을 서로 구분하는 방식은 오직 페어클럽 교수가 제안하는 것일 뿐이다. 결코 일반적으로 받아들여진 방식은 아님에 유의할 필요가 있다. 이들 세 가지 개념은 연구자들에 따라서 서로 같은 개념으로 보는 경우도 있고, 이들 중 하나를 더 심층의 개념으로 보는 경우가 있다. 뿐만 아니라, 세 가지 용어가 한꺼번에 제안된 바도 없고, 이들을 각각 주도적으로 처음 도입하여 쓴 연구자들도 서로 다르다.

schema(개념틀)는 철학자 칸트가 범주(category)·공통규범(maxim)·개인별 개념틀(schema)의 모습으로 쓰였는데(§.2-3의 역주 15 참고), 기억 연구의 아버지로 불리는 바아틀릿(Bartlett)과 심리학자 피아제(Piaget)에 의해서 다시 쓰였다. 인공지능에서 민스키(Minsky)에 의해 처음 쓰였다고 하는 frame(틀)이란 말은, 사회학자 고프먼(Goffman)과 인지언어학자 필모어(Fillmore) 등에 의해서도 쓰였다. 그렇지만 이 책의 저자는 frame을 개념틀에 이용되는 개별요소로 간주한다. 따라서 '틀요소'로 번역하였다. §.4-1의 역주 5)도 보기 바란다. script(각본)는 인공지능 전문가 쉥크·애빌슨(Schank and Abelson)에 의해 쓰였다. Script 또한 이 책의 저자는 참여자들의 관계를 가리키는 말로 쓰고 있다. 따라서 '참여자들 관계 각본'으로 번역하였다. 이하에서는 '관계 각본'으로 줄인다.

cause of accident, how it was dealt with, consequent damage or injury, longer-term outcomes
(사고의 원인, 사고가 처리된 방식, 결과적인 피해와 상처, 장기간의 영향)

또는 저자가 앞에서 이용한 전화통화의 사례도 그러하다.[6] 개념틀은 해석 절차들로 작동하는 그런 구조에 대한 정신표상의 대표적 예시이다.

개념틀이 사회적 행위의 모습을 나타내는 반면에, 틀요소frame는 자연 및 사회 세계를 채워 주는 개체들을 나타낸다. 하나의 틀요소는 무엇이든지 임의의 활동 속에서 주제topic나 '소재subject matter'나 '지시물referent'로 생각할 수 있는 것에 대한 표상이다. §.4-1 '암묵적 가정·일관성·추론'에서 저자는 이미 이 용어를 썼다. 임의의 텍스트에서 텍스트 단서들에 의해 활성화된 '어느 여성'에 대한 틀들을 가리켰다. 틀들은 사람의 유형이나 다른 유정물 존재(여성, 교사, 경찰관, 개 등)나 무정물 대상(집, 컴퓨터 등)이나 과정(달리기, 공격하기, 염색하기 등)이나 추상적 개념(민주주의, 사랑 등)을 나타낼 수 있다. 또한 그런 개체들의 결합을 포함하는 복잡한 과정이나 일련의 사건을 나타낼 수도 있다. 항공기 충돌, 자동차 (생산) 공장, 천둥 등.

틀요소가 개념틀에 의해 표상된 활동들에서 환기되거나 지시될 수 있는 개체들을 나타내는 반면, 참여자들 관계 각본script은 이들 활동에 포함되어 있는 주체들과 그들의 관계를 나타낸다. 참여자들 관계 각본은 주체의 특정한 계층이 사회적 활동에서 행동하는 방식과 주체의 특정계층 구성원들이 서로를 향해 행동하는 방식, 그들 사이의 관계를 실천하는 방식을 대표적으로 예시해 준다. 예를 들어, 사람들은 의사와 환자에 대한 관계 각본과 어떻게 의사와 환자가 상호

6) (역주) §.6-1 (4) '텍스트 구조와 요점'에서 '인사 → 통화주제 확립 → 의견 교환 → 통화 종결 → 작별 인사'로 이뤄진다고 언급하였다.

작용할 것으로 기대될 수 있는지에 대한 관계 각본을 지니고 있다.

관계 각본과 틀요소 사이에 중복이 있고(가령 주체의 계급에 대한 관계 각본과 유정물 존재의 상응하는 계층에 대한 틀요소 사이에는 긴밀한 연관이 있음), 개념틀과 틀요소 사이에 중복이 있다(가령 복잡한 과정들에 대한 틀요소는 개념틀과 멀리 떨어져 있는 것이 아님). 세 가지 용어가 정신표상들을 놓고서 고도로 복잡한 그물짜임에 대한 아주 광범위한 세 가지 차원을 찾아 확인해 주기 때문에 이런 중복이 기대되는 것이다. 또한 특정한 개념틀이 특정한 주제와 소재들, 특정한 주체 지위와 관계들을 예측하므로, 따라서 분석에서 이것들을 구별하는 것이 의미가 있을 것이라는 의미에서, 이들 세 가지 용어 사이에 상호의존성이 있음에도 유의하기 바란다. 비록 〈그림 6-1〉에서 오직 개념틀에만 해석 절차로서 특정한 역할을 배당해 놓았지만, 가령, 주제와 요점의 해석에 도달하는 경우에는 틀요소와 관계 각본도 역시 해석 절차로서 기능한다. 자세한 논의는 다음 절을 보기 바란다. 이것들이 모두 텍스트 상의 단서와 저자가 계속 강조하고 있는 기억자원MR 사이에서 변증법적 관계에 따라 조화를 이루며 그렇게 실행된다. 텍스트 상의 단서들이 개념틀이나 틀요소나 관계 각본을 불러일으키고, 이것들이 계속 이어지는 텍스트 단서들이 해석되는 방식에 색깔을 입히는 기댓값을 마련해 놓는 것이다.

§.6-1-5 주제와 요점

한 텍스트의 요점을 해석하는 방법은 텍스트의 효과에 비춰서 현저한 중요성을 지닌다. 왜냐하면 일반적으로 기억 속에 보존되고 회상되며, 상호텍스트 상으로 암시되거나 다른 텍스트에 보고되는 것이 그 요점이기 때문이다. 요점의 체험적 또는 '내용' 측면은 익숙하게 '주제'로 알려져 있지만, 요점에 대한 관계적·표현적 차원들도 존재하기 때문에, 요점은 주제로 축소될 수 없다. 이에 대한 한 가지 사례로서, §.3-1-2의 [텍스트 3-4]에서 다룬 『데일리 매일Daily Mail』 신문의 '공수 전투단의 신임 대장'을 살펴보기로 한다. 이 텍스트의 주제는 다음처럼 하나의 명제로 나타낼 수 있다.

> 'the wife of the new CO of the 2nd Parachute Battalion says her husband will do the job well'
> (제2 공수 전투단 신임 대장의 부인은 자신의 남편이 임무를 잘 완수할 것이라고 말한다)

그렇지만 그 부인 스스로와 관련해서, 이 텍스트의 요점에 대하여 또 다른 표현적 차원이 존재한다. 제3장에서 이에 대하여 언급을 하였듯이, 이 텍스트는 그녀에게 붙여진 속성들의 표현적 가치를 통해서 암묵적으로 제니 키이블Jenny Keeble이 '좋은 아내'이고, 존경할 만한 사람이라는 의미를 전달해 준다.

이 텍스트가 암묵적으로 이런 의미를 어떻게 전달해 주는가? 그렇게 하기 위하여 이것은 아주 분명히 해석 주체의 기억자원MR에 달려 있다고 생각한다. 제니 키이블이 '좋은 아내'라는 의미가 이 텍스트 속에서 명백히 표현된 것이 아니다. 이는 오직 해석 주체가 자신의 머릿속에서 '좋은 아내'가 전형적으로 어떤 모습이 되어야 할 것으로 가정하는지에 대한 정신표상을 지니고 있기 때문이다. 독자들은 거기 텍스트에서 실현되어 있는 속성들을 인식할 수 있고, 따라서 그런 의미를 추론할 수 있는 것이다. 앞 절에 비춰보면, 해석 주체는 '좋은 아내'를 위한 하나의 관계 각본을 이용하는 것이다. 사실상 개념틀과 틀요소는 물론 또한 관계 각본도 요점의 해석에서 하나의 역할을 떠맡고 있는 것으로 간주될 수 있다. 이것들이 전형적인 유형들로 작동하며, 이에 비춰서 끝없이 다양한 텍스트들을 부합(일치)시킬 수 있다. 일단 하나의 텍스트를 어느 유형의 사례로 확인한다면, 기꺼이 다량의 세부사항들을 제거하고, 장기기억 및 회상의 목적을 위하여 익숙한 유형의 골격 모습으로 그것을 환원할 수 있다. 우리는 다양한 범위의 텍스트 단위들에 대하여 이를 실행할 수 있다. 즉, 단락 하나, 장 하나, 대화 한 대목, 책 한 권, 어떤 일련의 강의 등등.

만일 해석 주체에게 장기기억 효과를 지니는 것이 텍스트의 요점이라면,[7] 해석 주체가 요점을 해석하기 위하여 의존하는 인지 기제의 사회적 기원에 대하여 자각하는 것이 중요하다. 일반적으로 기억자원MR과 같이, 이미 저자가 앞에서 언급하였지만, 개념틀·관계 각본·틀요소들도 이념상으로 변동하고, 모두에 대하여 자연스런 자원이 될 듯한 사회적으로 지배적인 권력 소유자(기득권자)들에 대한 이념상의 인상을 낳는 것은 개념틀 따위이다. 이런 방식으로 텍스트를 고유하게 해석하고 내재화하는 철저히 관행적 방식은, 불평등한 권력관계에 의해서 간접적으로 제약될 수 있다. 그러나 이는 우리를 설명의 단계로 데려가기 시작하는데, 이는 제6장의 두 번째 부분의 관심사항이다.

§.6-2 소결론

해석에 대한 이 절(§.6-1)에서 저자가 언급해 온 바를 일련의 질문 형식으로 요약하기에 앞서서, 저자는 간략히 참여자 해석의 과정(지금까지 저자가 초점을 모은 것)을 산출과정과 대조하고서, 기억자원MR 측면에서 담화 참여자들 사이에 있는 차이의 가능성들을 언급해 놓아야 하겠다.

---

7) (역주) 킨취(Kintsch, 1998; 김지홍·문선모 뒤침) 『이해: 인지 패러다임』 I~II(나남출판)에서는 임의의 텍스트에 대한 '상황모형(situation model)'이 장기기억에 저장된다고 본다. 비록 이 책의 저자는 요점(point)이 저장된다고 보지만, 이것뿐만 아니라 더욱 다양한 정보가 한데 합쳐져서 그물짜임을 이루고 장기기억에 자리를 잡는 것이다.

산출의 과정은, 텍스트 해석의 네 가지 층위와 결부된 해석 절차가 발화의 표면구조·발화 의미·지엽적으로 일관된 발화군·전체적으로 일관된 텍스트 등을 해석하기 위한 것이 아니라 오히려 산출하기 위하여 인출된다는 점만 제외하면, 실제로 해석의 과정과 나란하다.[8] 맥락 해석의 경우에는 차이가 전혀 없다. 산출자와 해석자가 모두 해당 담화의 상황 맥락과 상호텍스트 맥락에 대한 해석을 생성해 낸다. 산출과정과 해석과정은 저자가 지금까지 언급해 놓지 않은 또 다른 방식으로 나란하다. 산출자는 반드시 자신의 해석자가 또는 가능한 해석자가 특정한 해석 절차들로 갖춰져 있다고 가정해야 하고, 거꾸로 해석자도 반드시 자신이 해석하고 있는 해당 텍스트의 산출자가 그렇게 갖춰져 있다고 가정해야 한다. 이는 아주 종종 상호간의 가정에 해당한다. 한 사람의 상대방 쪽에서도 그 자신에게 이용 가능한 동일한 해석 절차들을 지닌다는 가정이다.

그렇지만 이는 종종 실제 경우가 아니다. 더 앞에서 언급하였듯이, 참여자들이 상황 맥락(뿐만 아니라 또한 상호텍스트 맥락)에 대한 상이한 해석에 도달할 수 있다. 결과적으로 〈그림 6-1〉에 있는 텍스트 해석의 네 가지 차원에서 상이한 해석 절차를 인출할 수도 있고, 따라서

---

8) (역주) 1980년대까지만 하더라도 언어의 산출과정과 언어의 이해과정은 동일한 경로를 따라 서로 순서만 뒤바뀔 것으로 보았었다. 그렇지만 언어심리학의 연구들이 풍부하게 쌓이면서, 산출과정과 이해과정을 별개의 경로를 통해 일어남을 알게 되었다. 따라서 저자의 주장은 철회되어야 마땅하다. 언어산출에 대한 기본 책자는 르펠트(Levelt, 1989; 김지홍 뒤침, 2008) 『말하기: 그 의도에서 조음까지』 I, II(나남출판)이다. 그곳에서는 배경지식으로부터 의사소통 의도가 마련되는 단계에서부터, 표현 방식을 선택하는 일을 거쳐, 언어형식을 주조하고, 조음 단계를 통해 발음으로 내보내면서 스스로 자신의 발화가 올바른지를 점검하게 된다. 여기서는 자기 자신의 의식을 계속 점검하는 재귀의식이 중요하게 된다. 아직 어느 과정에서 작업기억이 이용되는지에 대해서는 잘 알려져 있지 않다.

그런데 언어이해의 과정을 다룬 기본 책자인 킨취(Kintsch, 1998; 김지홍·문선모 뒤침) 『이해: 인지 패러다임』 I, II(나남출판)에서는 크게 세 가지 층위가 동시에 작업기억에서 작동하면서 처리 결과가 장기기억으로 넘어간다고 주장한다. 즉 표면구조의 처리 단계와 텍스트 기반 형성 단계와 상황모형 수립 단계가 있다. 이들을 매개해 주는 개념이 인출구조이며, 장기 작업기억을 이용하면서 진행된다. 자세한 내용은 위의 책들을 읽어보기 바란다. 작업기억에 대해서는 §.1-1-4 역주 32)를 참고하고, 최근 배들리(Baddley, 2007) 『작업기억, 사고, 행위(*Working Memory, Thought, and Action*)』(Oxford University Press)를 읽어보기 바란다.

특정한 텍스트 상의 특징들이 서로 다른 참여자들에게 상이한 값들이 귀속될 소지도 있는 것이다. 더욱이, 맥락에 대한 해석이, 따라서 해석 절차도 또한, 임의의 또는 모든 참여자들에게 상호작용의 과정 동안에 바뀔 수도 있다. 이들 고려사항이 해석의 측면에서 참여자들 사이에 있는 그리고 시간 경과상에 있는 변동에 민감해지는 일의 중요성을 강조해 준다. 참여자들 사이에 그런 다양성이 존재하는 경우에, 권력을 더 많이 지닌 참여가가 맥락에 대한 그 자신의 해석과 해석 절차들을 권력이 더 작은(약한) 참여자들에게 강요하려고 시도할 가능성에 민감해질 필요가 있다. §.3-1 '담화로 된 권력'에서 여러 상황에 따른 권력에 대한 논의를 상기하기 바란다.

이제 해석에 대하여 언급된 바를 특정한 담화에 대하여 질문될 수 있는 세 가지 질문 형식으로 요약하기로 한다. 독자들이 나름대로 자신의 분석을 실행하면서 이 질문들을 참고해야 할 유용한 것으로 깨달을 수 있다.

① **맥락(context)**: 참여자들이 상황 맥락과 상호텍스트 맥락에 대하여 어떤 해석(들)을 부여하고 있는가?

② **담화유형(discourse type)**: 어떤 담화유형(들)이 인출되고 있는가? (따라서 어떠한 규칙, 음운 체계나 원리, 문법, 문장 연결, 어휘, 의미와 화용이 인출되고, 어떤 개념틀과 틀요소와 관계 각본이 인출되고 있는가?)

③ **차이점과 변화(difference and change)**: 앞의 물음 ①과 ②에 대한 답변이 서로 다른 참여자들에게서 어떻게 차이가 나는가? 그 답변들이 상호작용의 과정 동안에 변동될 수 있는가?

담화에서 해석의 단계는 주체들 쪽에 있는 자율성autonomy에 대한 망상을 고쳐 준다. 이는 참여자들에게 일반적으로 묵시적인 바를 분명하게 만들어 주는데, 기억자원MR과 담화유형에 대한 명시적이지 않은 상식 가정들에 대한 담화 실천관행의 의존성이다. 그렇지만 그 자체로 실행해 주지 못하는 것은, 이들 가정 속에 확립되어 있는 권력과 지배와 이념의 관계를 명백히 해 놓는 일이다. 이는 일상적인 담화 실천을 사회적 갈등의 장소로 만들어 놓는다. 이에 대해서, 다음 절에서 설명의 단계를 살펴볼 필요가 있다.

§.6-3 설명

텍스트의 산출과 해석에서 기억자원MR의 측면들이 해석 절차로 인출되고, 그럼으로써 재생되는 경우에, 해석의 단계로부터 설명의 단계로의 전환을 이룩할 수 있다. §.2-5 '구조 및 실천관행의 변증법'에 있는 재생산에 대한 논의를 상기하기 바란다. 재생산은 일반적으로 참여자들에게 산출과 해석에 대하여 의도되지 않고 무의식적인 이른바 부차효과side-effect이다. 재생산은 해석과 설명의 단계와 연결되어 있다. 왜냐하면 해석단계는 담화를 처리하는 데에서 기억자원MR이 어떻게 인출되는지에 관심을 두는 반면에, 설명단계는 물론 담화 실천에서 기억자원들의 재생산을 포함하여 사회적 구성과 기억자원의 변화에 관심을 두기 때문이다.

설명단계의 목표는 담화를 사회적 과정의 일부로, 사회적 실천의 일부로 묘사하려는 것이다. 사회구조에 의해서 담화가 어떻게 결정되는지, 그런 구조들에 대하여 담화가 계속 유지하거나 변화시키면서 누적적으로 어떤 재생산 효과를 지닐 수 있는지를 보여 주게 된다. 이들 사회적 차원 및 효과는 기억자원MR에 의해서 '매개된다'. 즉, 사회적 구조가 기억자원을 형성하고, 차례로 이것이 담화를 형성하게 된다. 그리고 담화들이 기억자원을 계속 유지하거나 변화시키고, 차례로 이것이 구조들을 계속 유지하거나 변화시킨다. 이 책의 논점이 옳다면, 초점 모으고 있는 사회구조들은 권력관계이며, 권력관계의 기반 안에서 초점 모으고 있는 사회적 과정과 실천관행들은 사회 갈등의 과정과 실천이다.

우리는 설명을 두 가지 차원을 지닌 것으로 생각해 볼 수 있다. 강조점이 과정에 있는지, 아니면 구조에 있는지에 달려 있다. 즉, 갈등의 과정에 있는지, 아니면 권력관계에 있는지에 대한 차원이다. 한편으로, 우리는 담화를 사회갈등의 일부로 보고, 담화를 더 광범위한 이들 (비-담화적) 갈등 및 구조상으로 이들 갈등의 효과에 비춰서 맥락을 마련할 수 있다. 이는 담화의 사회적 효과와 창의성과 미래에 강조점을 둔다.

다른 한편으로, 어떤 권력 관련성이 담화를 결정하는지를 보여 줄 수 있다. 이들 관련성은 그 자체로 갈등의 산물이며, 권력을 지닌 이들에 의해서 확립되어 (그리고 이상적으로 자연화되어) 있다. 이는 담화의 사회적 결정과 과거에 있던 투쟁의 결과로서 과거에 강조점을 둔다. 담화의 사회적 효과 및 담화의 사회적 결정은 둘 모두 사회 조직화의 세 가지 층위에서 탐구되어야 한다. 즉, 사회구조적 층위·제도적/기관적 층위·상황 층위이다.[9] 이것이 다음 〈그림 6-4〉에 나타나 있다.

9) (역주) 이 세 가지 층위는 하나의 중심을 공유하는 세 개의 타원으로 나타낼 수 있다. 맨 밑바닥에 깔린 가장 큰 타원이 사회구조적 층위가 된다. 이 층위 위에 제도적 층위 또는 기관적 층위가 자리잡는다. 마지막으로 가장 작은 타원으로 실제 상황이나 현장 층위가 도입되는 것이다.

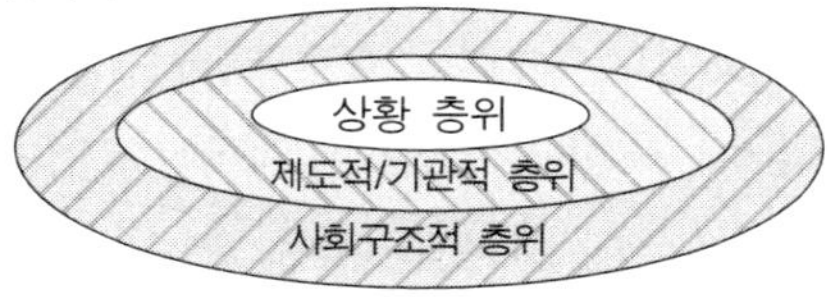

그렇지만 우리가 직접 경험하는 것은, 실제 상황이나 현장에 지나지 않는다. 그럼에도 불구하고, 그 상황이나 현장에서 관찰되는 담화 또는 담론이 아무렇게나 나오는 것이 아니고, 더 심층의 제도 또는 기관에 따라 내용과 형식이 고정되거나 형성되어 있는 것이다. 이는 다시 궁극적으로 전체 사회를 구성하는 하부구조의 이익이나 관심을 반영해 준다고 가정한다. 특히 저자는 맑스주의 전통에 기대어, 주로 자본계층과 노동계층의 대립에서 비롯된다고 본다. 만일 맑스주의 가정만을 잠시 유보해 둔다면, 이들 세 가지 층위를 구분하는 일을 각각 '개인 층위·공동체/집단 층위·인류 층위'로도 비유할 수 있을 것이다. §.2-3에 있는 〈그림 2-2〉에서는 이들을 각각 '실제 실천사례/실제 담화각편, 실천유형/담화유형, 사회질서/담론질서'로 표현한 바 있다. 이와 같이 세 층위로 접근하는 방식은 칸트에게서 비롯된다.

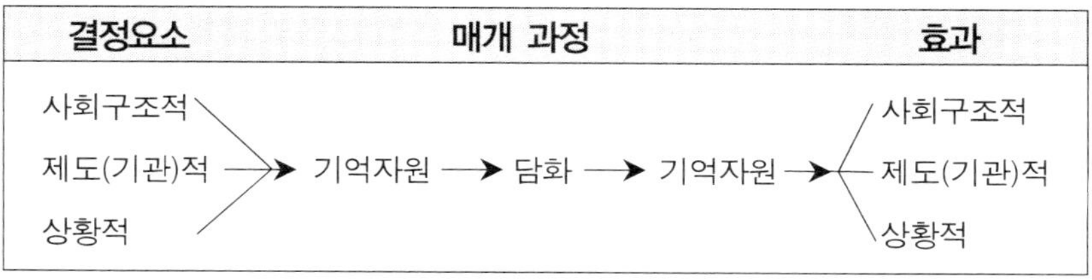

〈그림 6-4〉 설명

비록 사회구조적 층위와 제도적/기관적 층위가 오직 더욱 제도적/기관적 유형의 담화에 대해서만 분명히 구별될 것이지만, 우리는 임의의 담화가 모든 세 가지 층위에서 결정요소 및 효과를 지니며, 따라서 제도적/기관적 권력관계·사회구조적 권력관계에 의해서 담화가 형성되고 (비록 사소하게라도) 제도적/기관적 갈등과 사회구조적 갈등에 기여한다는 점을 작업가정으로 채택할 수 있다.

갈등에 대한 이런 기여가 무엇을 의미하는지, 그리고 무엇을 의미하지 않는지를 분명히 서술해 놓고자 한다. 모든 담화가 갈등(투쟁)을 명시함을 뜻하는 것은 아니다. 제2장에서 살펴보았듯이, 사회적 갈등이 반드시 외현적인 갈등이나 투쟁의 형태를 띠는 것은 아니다. 심지어 참여자들이 분명히 해당 상황에 대하여 (실질적으로) 동일한 해석에 도달하고, 동일한 기억자원(해석 절차)과 담화유형을 인출하는 담화라 하더라도, 권력관계의 효과로 그리고 사회적 갈등에 대한 기여로 간주될 수 있다. 예를 들어, 남성과 여성 사이에서 완벽히 일상적이며 불평등한 대화상의 '노동' 분업으로 말미암아, 결혼한 두 사람 사이에서 완벽히 일상적이며 조화로운 대화가, 전체적으로 가정 및 사회의 제도 속에서 가부장적 사회관계를 구현해 주고, 또한 보수적 입장에서 가정 및 사회에서 여성의 지위를 놓고서 생기는 갈등에 대하여 작은 기여를 한다.

〈그림 6-4〉에 있는 사회 조직화의 세 가지 층위에 비춰서 저자가 제안하고 있는 것은, 우리가 담화에 어떻게 초점을 모으는지에 따라

서, 즉 상황인지, 제도/기관인지, 사회구조적 실천인지에 따라서, 동일한 담화를 바라보는 상이한 방식들이 존재한다는 점이다. 우리가 반드시 또는 심지어 일반적으로 이들 상이한 층위에서 해당 담화의 상이한 특징들을 살펴봐야 하는 것은 아니다. 오히려 동일한 특징들을 마치 사진기 렌즈에서 필터들을 바꿔 놓는 것처럼 상이한 관점으로부터 살펴보게 된다. 예를 들어, 여성과 남성 사이에 완벽히 일상적인 가정 내 대화에서 여성들이 남성이 말하는 바에 더 많이 반응을 하고(≒남성이 주도적임), 여성이 말할 경우에 남성이 하는 것보다도 더 많은 간여와 이해와 대꾸('mmhm[음]', 'yeah[예]', 'no[아뇨]', 'really[정말요]', 'oh[애]'와 같은 군말로)를 함이 지적되어 왔다. 우선 상황적 측면으로 보면 이런 특징은 특정한 가정 내 관계에서, '뒷받침해' 주는 특정한 여성의 보조적 입장을 보여 주는 것으로 간주될 수 있다. 그러나 또한 제도적 측면과 사회구조적 측면으로 보면, 상호작용에서 여성에게 조연배우(≒보조적임)로서 역할이 주어지는 경향을 보이는 많은 특징 중 하나로 간주될 수 있는 반면에, 남성은 주연배우star 몫을 맡는다.

효과의 측면에서 보면, 담화는 실질적으로 아무런 변화도 없이 담화가 인출해 내는 그 나름의 사회적 결정요소와 기억자원을 재생산할 수 있거나, 또는 더 크든 더 작든 정도의 차이가 있겠지만, 그것들의 변형에 기여할 수 있다. 우리는 기억자원에 대한 산출자(그리고 해석 주체)의 대조적 관계에 비춰서 이들 대조되는 가능성을 살펴볼 수 있다. 재생산의 경우에, 사뭇 직접적인 방식으로 기억자원에 일치하는 대로 행동한다는 의미에서 산출자는 자신의 기억자원과 규범적인normative 관계에 있다. 변형의 경우에, 산출자는 기억자원을 인출하고 창조적인 방법으로 결합하여 변형한다는 의미에서, 자신의 기억자원과 창조적 관계에 있다. 기억자원에 대한 창조적 사용과 개작의 특정한 방향이 체계적으로 되는 한, 기억자원에 대한 장기간의 변형을 일으킬 수 있고, 그렇게 함으로써 그것들의 밑바닥에 깔려 있는 사회적 관계의 변형을 초래할 수 있다.

소략하게 말하여, 기억자원에 대하여 이러한 참여자들의 대조적인 관계들 사이의 선택은 해당 상황의 본질에 달려 있다. 기억자원에 대한 규범적 관계는 참여자들에 대하여 문제가 없는 상황과 결부되지만, 반면에 기억자원에 대한 창조적 관계는 문제가 되는 상황의 특성이 된다. 참여자들이 쉽게 그리고 조화롭게 담화를 친숙한 상황유형에 대한 사례로 해석할 수 있다면, 다시 말하여, 만일 무엇이 진행되고 있는지, 누가 참여하고 있는지, 포함된 것들 사이의 관계가 분명하고 '유형에 따라' 이뤄진다면, 임의의 상황은 문제가 없다. 그런 경우에 기억자원은 단순히 뒤따르게 될 적합한 규범들(담화유형, 해석 절차)을 구성한다.

거꾸로, 만일 이런 것들이 분명하지 않고, 기억자원도 명쾌한 규범을 제공해 주지 못한다면, 구체적인 상황과 친숙한 상황유형 사이에 불합치mismatch, 불일치가 있게 된다. 이는 해당 상황의 문제되는 속성들을 잘 처리해 내기 위하여 참여자들에게 자신의 기억자원이 창의적 방식으로 제공해 주는 자원을 인출하도록 요구한다. 그런 상황은 참여자들에게 위기의 순간을 구성하고, 사회적 갈등이 분명해지는 경우에, 그리고 따라서 기억자원과 그 밑에 깔려 있는 권력관계(과거에 갈등의 임시 봉합형태로 안정된 결과들)가 저절로 위기로 진입하는 경우에, 전형적으로 사람들이 들고 일어난다(≒혁명이 일어난다).

특히 제도적/기관적·사회구조적 층위에서 담화의 결정요소와 효과에 대한 탐구는 쉽게 상세한 사회학 분석으로 이끌어 갈 수 있다. 우리가 사회적 실천관행으로서 담화를 살펴보고 있기 때문에, 이는 거의 놀라운 일이 아니다. 그렇지만 보통 그런 방향으로 멀리 진행해 나가지 못하도록 비판적 담화분석을 실행하는 일을 막아 버리는 실천상의 제약들이 존재한다. 자신의 분석을 해당 제도와 해당 사회의 사회학적 측면들 속으로 얼마나 멀리 확장시켜 나가야 하는지를 결정해 주는 주먹구구식(≒손쉬운) 지침은 존재하지 않는다. 만일 자세한 조사 연구거리를 출범시키고 있다면, 상당량의 사회학적 분석이 필요할 듯하며, 주된 관심이 언어인 조사연구자가 사회학자와 협업을 하는 것은 이치에 맞다. 덜 야심적인 상황에서는, 사회 집단화 및 관계에 비춰서 해당 제도와 해당 사회에 대한 심지어 사뭇 일반적인 설명이라도 담화에 대한 사회적 기반을 충분히 제공해 줄 수 있다.

설명의 단계는 기억자원에 대한 특정한 관점을 포함한다. 이것들은 특히 이념으로 간주된다. 다시 말하여, 기억자원으로 한데 녹아 있는 문화적·사회적 관계 및 사회적 정체성에 대한 가정은, 이들 권력관계를 계속 유지하거나 변화시키기 위하여 갈등들에 대한 기억자원의 기여에 비춰보면, 해당 사회나 제도에서 특정한 권력관계에 의해서 결정되는 것으로 간주된다. 바로 이것들이 이념적인 것으로 간주된다.

이제 세 가지 질문 형태로 설명에 대하여 언급된 바를 요약하기로 한다. 이는 조사되고 있는 §.6-2에서처럼 특정한 담화에 대하여 던져질 수 있는 질문이다.

① **사회적 결정요인**social determinants10): 상황 층위와 제도/기관 층위와 사회구조적 층위에서 어떤 권력관계가 이런 담화를 형성하는 데 도움을 주는가?

② **이념**ideologies: 인출된 기억자원MR의 어떤 요소들이 이념적 성격을 지니는가?

③ **효과**effects: 상황 층위와 제도/기관 층위와 사회구조적 층위에 있는 갈등과 관련하여 이런 담화가 어떻게 위상이 정해지는가? 이들 갈등이 외현적인가 아니면 묵시적인가? 해당 담화는 기억자원과 관련하여 규

10) (역주) §.7-3-7에서는 결정요소도 두 측면으로 나눈다. 하나는 결정해 주는(determinative) 요소이고, 다른 하나는 결정된(determined, 결정받는) 요소이다. 전자는 능동적이고 과정을 일으켜 나가며 변화를 초래하는 요소이지만, 후자는 결과적이고 수동적이며 고정된 요소가 된다.

범적인가 아니면 창조적인가? 그것이 기존의 권력관계를 계속 유지하는 데 기여하는가, 아니면 기존 권력관계를 변형시키는가?

§.6-4 결론: 분석 주체의 위상(분석자 입장)

이것으로 앞의 두 장에서 다뤄져온 세 단계 절차(기술·해석·설명)의 제시를 매듭짓는다. 이를 완결시키기 위하여, 해석 및 설명의 단계에서 분석자의 입장을 살펴보기로 하겠다. 해석 단계부터 보기로 한다. 산출과 해석에 대한 담화 처리에 분석자가 어떻게 접속을 얻어낼(접근할) 것인가? 이들 과정은 사람들의 머릿속에서 일어난다. 따라서 물리적 세계에 있는 과정들을 관찰하듯이 그것들을 관찰할 수는 없다. 분석자가 담화 처리에 대해 얻을 수 있는 유일한 접속 방법(접근법)은 사실상 자기 자신을 들여다보는 능력(≒내성법)을 통해서 자신이 조사하고 있는 담화 처리에 관여하는 것이다. 다시 말하여, 분석자는 반드시 참여자들이 그들의 기억자원을 어떻게 인출하는지 설명하기 위하여 그 자신의 기억자원(해석 절차)을 인출해야만 한다. 담화 처리에 대한 분석은 반드시 '내부자'의 또는 '구성원'의 과업이 된다. 이것이 저자가 참여자와 분석자 구성원들 모두에 의해 인출된 해당 자원을 '구성원들의 기억자원MR'로 불러왔던 이유이다.

그러나 만일 분석자들이 담화에서 참여자들의 기억자원이 어떻게 작동하는지를 설명해 주기 위하여 그들 자신의 기억자원을 인출해 내고 있다면, 분석을 실행하기 위하여 그들이 스스로 어떤 자원들에 의존하고 있는지에 응당 민감해져야 한다는 사실이 중요하다. 해당 절차의 이 단계에서, 분석자를 자신이 분석하고 있는 참여자들과 구분해 주는 것은 실제로 오직 자아의식self-consciousness일 뿐이다. 분석자는 참여자인 해석자로서 동일한 일을 실행하고 있지만, 참여자인 해석자와는 달리 분석자는 자신이 무엇을 실행하고 있는지를 설명해 주는 데 관심이 있다. 더욱이 비판적 분석자를 위해서는, 그 목표가 심지어 그런 차이도 제거해 버리고, 기억자원의 상식 가정에서 담화의 뿌리 깊은 속성에 대하여 자아의식을 향상시키는 것이다. 자세한 논의는 제9장을 보기 바란다.

설명 단계에서 분석자의 입장은 여기서 분석자가 인출하는 '자원'들이 어떤 사회 이론으로부터 도출된다는 점에서, 참여자의 입장과 더 쉽게 구별될 수 있다. 제2장에서 이런 측면으로 저자의 자원들에 대한 핵심요소들을 개관해 놓았음을 상기하기 바란다. 그렇지만 자아의식은 만일 사회에 대하여 이론화되지 않은 가정을 수입하는 일을 피하고자 하거나, 설명이 마치 이론-독립적 또는 이론-중립적으로 이뤄질 수 있는 듯이 행동하는 일을 피하고자 한다면 아주 중요한 것이 된다. 참여자들은 실제로 사회에 대한 가정들에 비춰서 다양한 정도로 담화상의 실천관행에 대하여 그들 나름의 합리화를 지니고 있지만, 그런 합리화가 액면가 그대로 취해질 수는 없다. 다시, 비판적 분석가에게는 목표가 널리 받아들여진 사회에 대한 합리적 이해와 이론의 발전을 통하여 분석가 및 참여자 사이에 있는 간격을 이어 주는 일이 되는 것이다. 제9장을 보기 바란다.

참고문헌

기술·해석·설명 사이의 구분에 대해서는 페어클럽(Fairclough, 1985)과 캔들린(Candlin, 1986)을 보기 바란다. 해석에 대해서는 재머슨(Jameson, 1981), 톰슨(J. B. Thompson, 1984), 리써클(Lecercle, 1999)을 보기 바란다. 그리고 해석 절차에 대해서는 씨쿠뤌(Cicourel, 1973)을 보기 바란다. 러빈슨(Levinson, 1983), 토마스(Thomas, 1995), 붜슈어른(Verschuern, 1999)은 화용행위와 함의(함축)와 전제를 다루고 있는 화용론 개론들이다. 화용행위에 대해서는 써얼(Searle, 1969)도 참고하기 바란다. 쉥크·애빌슨(Schank and Abelson, 1977)은 개념들 및 관련 개념들에 대한 고전적 연구이다. 상황 맥락을 분석하는 일에 대해서는 사회언어학 문헌이 상당수 있다. 다운즈(Downes, 1984)는 사회언어학 개론서이다. 또한 쿱랜드·야워어스끼(Coupland and Jaworski, 1997)와 하임즈(Hymes, 1962)를 보기 바란다. 핼러데이·허싼(Halliday and Hasan, 1985)은 체계언어학(≒기능주의 언어학)의 관점에서 집필되었다. 상황 맥락의 해석에 대한 근원적 의존성을 보려면 개뤄드(Garrod, 1986)를 참고하기 바란다. 기든즈(Giddens, 1991)에서는 사회분석에서 분석자의 위상과 관련된 문제들을 놓고서 일반적인 사회학적 설명을 담고 있다. §.6-1-3에서 다룬 교실수업 담화에 있는 화용행위에 대한 사례는 싱클레어·쿨싸드(Sinclair and Coulthard, 1975)로부터 가져왔다.

제7장 담화에서 창의성과 갈등
: '대처주의' 담화

제7장의 목표 한 가지는 제5장과 제6장의 절차에서 저자가 남겨 둔 틈새에 뭔가를 채워 놓는 것이다. 앞 장들에서는 상대적으로 텍스트 산출의 과정에 대하여 거의 언급하지 않았다. 긴밀히 관련된 또 다른 목표는 §.2-5 및 §.4-5에서 소개해 놓은 담화에서의 '주체 subject, 관련당사자'에 대한 개념을 발전시키는 것이다. 거기에서 저자는 주체를 명백히 모순된 속성을 갖고 있는 것으로 제시하였다. 사회적으로 결정된 존재이지만, 그럼에도 개인별 창조적 존재이다. 또한 담화상 미리 구성된 주체 입장으로 행동하지만, 그럼에도 담화의 관례들을 창조적으로 변형할 수 있는 존재이다. 저자는 사회적 결정내용[1]과 개인별 창조성이 겉으로 보이듯 대립적인 것이 아님을 논의

1) (역주) determination(결정내용)은 피동적이고 수동적이며 고정적이고 변화될 수 없는 측면을 가리킨다. 따라서 §.7-3-7에서는 determined(결정된, 결정받는)란 말로도 표현하였다. 이는 creativity(창의성, 창조성)란 낱말과 대조된다. 이는 능동적이고 변화 가능하며 새롭게 만들어 내는 측면을 가리키는데, §.7-3-7에서는 determinative(결정하는, 결정 짓는)라는 말로도 표현하였다. 이러한 이중성은 우리가 남들을 따라 하는 모방적이고 순종

하게 될 것이다.

세 번째 목표는 확대된 사례를 놓고서 제5장과 제6장에서 소개된 절차들로써 작업하는 기회를 제공해 주는 것이다. 제7장에서는 대부분 (전 영국 수상) 대처주의Thatcherism의 담화에 대한 사례연구로 다뤄질 것이다. 다시 말하여, 영국 보수주의에서 소위 대처 식 흐름과 결부된 정치담론이다. 대처 수상과 가졌던 라디오 대담interview[2]으로부터 나온 인용을 놓고서 작업을 할 것이다. 제7장의 이 부분은 그 대담에 대한 일련의 질문들을 중심으로 조직될 것이다. 저자가 제시한 답변들을 읽기에 앞서서 제6장에서처럼 독자들이 스스로 이들 질문을 죽 풀어보기를 희망한다.

§.7-1 텍스트 산출하기

그렇다면 먼저 텍스트 산출과 사회적 결정내용과 주체의 창조성 사이에 있는 연결점들을 살펴보기로 한다. 이 절에서 저자는 반드시 또는 심지어 일반적으로 의식적일 필요는 없겠지만, 텍스트를 산출하기 위해 사람들이 지니는 한 가지 동기에 초점을 모으고자 한다. 세계에 대한 그리고 다른 사람들에 대한 그들 자신의 관계에서 다양한 종류의 문제들에 대한 해결책이다. 그런 문제들을 이제 친숙해진 내용·관계·주체 사이에 있는 구분으로 범주화해 놓을 수 있다. 산출자의 입장position, 위상이 이들 측면에서 어디이든지 간에 문제가 될 수 있다.

산출자의 입장이 세계에 대한 산출자의 (이념적) 상식 표상과 세계

적 측면뿐만 아니라, 이와는 달리 인간 정신의 자기 혁신적 측면도 드러내는 것이다. 따라서 저자는 §.7-3-7에서 변증법적(dialectical) 관계로 부른다. §.2-5 '구조 및 실천관행의 변증법'도 참고하기 바란다.

2) (역주) interview(면담)는 우리말의 방송 맥락에서는 '대담'이란 말을 쓰므로, '대담'으로 번역해 둔다.

그 자체 사이에서 불일치가 생겨나면서 내용에 관하여 문제가 일어날 수 있다. 이는 가령, 세계에 있는 변화들 때문에 생겨날 수 있거나, 또는 산출자의 표상이 다른 양립 불가능한 표상과 접촉하게 되는 경우에 생겨날 수 있다. 전자 유형의 친숙한 사례가 가령, 어느 신문에서 해당 세계의 그 '부분'을 나타내는 정상적인 방법과 갈등을 빚는 것으로 보이는 어떤 사건을 다루려고 하는 경우이다. 가령, 지속적으로 경찰을 지원하는 한 신문(보수신문)은, 산업노동자의 시위 과정에서 '민중' 구성원들에게 일어난 대규모의 심각한 상해 사건을 언제나 한결같이 다룰 필요성이 있다.

산출자와 해석자들(수신자, 청중) 사이에 있는 사회적 관계라는 의미에서, 산출자의 입장이 '관계'에 비춰 문제가 될 수 있다. 일정범위에 있는 임의의 상황 맥락의 유형에서 상호작용이 한 가지 사례가 될 수 있는데, 산출자와 수신자가 성별이 서로 다른 경우이다. 성별이 혼합된 상호작용이 점차 논쟁거리로 된 남성 대 여성의 상대적인 사회적 지위 때문에 오늘날 널리 문제가 된다.

산출자의 입장이 '주체'(관련당사자)에 비춰서 문제가 될 수 있다. 주체 입장이나 산출자의 사회적 정체성에 비춰서이든지, 아니면 주체 입장이나 해석자(들)의 사회적 정체성에 비춰서 그러하다. 전자의 사례는 '교사'의 주체 입장에 대한 정확한 본성이 의심되는 경우라면 교육현장 어디에서든지 찾아질 수 있다. 가령, 어린 학생이나 일반 학생들이 성인의 지위를 얻는 일에 비춰서, 또는 지식이나 자격을 얻는 일이 교사의 것과 동등해지는 일에 비춰서, 그들과 교사 사이에 있는 틈새를 좁혀 나가는 경우에 그러하다. 후자의 사례는 특히 해석자(들)의 주체 입장이 산출자에게 문제가 되는 상황들과 관련될 것이다. 가령, 이는 청중들 (청중들로 표현된 인구의 특정 구역) 사이에서 이념이나 충성의 공유성을 유지하거나 만들어 내려고 하는 정치인의 경우에 그러할 수 있다. 제7장의 뒷부분에 있는 사례연구가 이에 대한 실례를 제공해 줄 것이다.

산출자의 입장에서 이들 세 가지 유형의 문제는 순수히 담화상의 본질은 아니지만, 저자는 그것들의 담화상의 여러 측면을 가리키기 위한 방식으로 이 문제들을 제시해 놓았다. 산출자의 문제에 대한 이들 담화상의 차원들은 불안정해지고 있는 담화 관례들의 결과로 간주될 수 있다. 또는 어떤 담론질서에서 담화유형들 사이에 비교적 안정된 관계가 붕괴되기에 이른다는 의미에서, 저자가 제2장에서 소개한 용어로는 담론질서의 '해체de-structuring, 구조붕괴'이다. 달리 표현하여, 산출자는 일을 실행하는 친숙한 방식들이 더 이상 쉽게 이용될 수 없기 때문에 문제를 경험하는 것이다. 아래에서 보게 되겠지만, 담론질서를 해체하는 데 대해서는 사회적 이유들이 존재한다.

만일 문제점들이 해체의 결과라면, 문제들을 해결하는 일은 어떤 재구성을 요구한다. 누군가의 입장에 대한 문제내용을 처리하기 위한 전략은 창조적이며, 현재 문제가 되는 낡은 유형들을 대치하기 위하여 일을 진행하는 새로운 방식을 찾는 수단으로 친숙한 담화유형들을 참신한 결합으로 조합해 놓는 일이 될 것이다. 형식적 특징으로 임의의 텍스트를 재구성하는 증거가 찾아질 수 있다. 형식적 특징들은 산출 처리의 흔적을 구성한다. 이것이 다양한 담화유형들을 결합하는 일을 포함하는 경우에, 그런 흔적들에서 다양성을 기대할 법하다. 우리는 이를 제5장에서 다룬 용어로 표현할 수 있다. 형식적 특징들이 체험적·관계적·표현적 가치를 지닌다. 창조적인 재구성의 지표로서, 이들 가치 차원들의 하나 또는 그 이상으로 충돌하는 형식적 특징들을 찾아내면 된다.

때때로 인출된 상이한 담화유형의 흔적들이 해당 텍스트에서 비교적 쉽게 분리될 수 있다. 그러나 만일 산출자가 재구성을 통하여 문제들을 성공적으로 해결한다면, 그들이 산출한 텍스트가, 상이한 담화유형의 흔적들이 쉽게 분리될 수 없고 가치들의 조화가 그것들 사이에 성취된다는 점에서, 흔히 '솔기 없이seamless, 이음새 없이' 깔끔한 것이 될 필요가 있을 것이다. 이는 시간이 필요할 것 같다. 담화유형의 특정한 재구성으로부터 생성된 텍스트는, 담화유형의 생경한 결합이 자연스럽게 되어 감에 따라, 점차 솔기 없이 되어 간다. 이런 방식으로, 특정한 담화에서 문제점들을 놓고서 특정한 체험에 대한 반응으로 산출자에 의해 초래된 재구성 작업은 담론질서의 재구성으로 되어 나갈 것이다. 결과적으로 담화유형의 새로운 결합으로 시작한 것이, 그 나름의 권리를 지닌 하나의 담화유형으로 존재하는 일로 귀결될 수 있다. 광고가 적절한 경우이다. 수신자에게 '당신'이라고 부르는 직접적 형태에서처럼, 얼굴을 마주보는 입말 상호작용의 특징들에 대한 도입은 이제 아주 자연스러워졌다. 원래 '대중public, 민중'과 얼굴을 마주보는 담화유형의 혼합물이었던 것이, 이제 틀림없이 그 나름의 권리를 지닌 담화유형이 되어 있다. 광고에 대한 추가 논의는 제8장을 보기 바란다.

지금까지 문제점들에 대한 개별 산출자의 체험에 초점을 모아서 그 문제들을 해결하고자 하였다. 이는 그 절차에 비춰 보면, 해석의 영역 속에 들어 있는 것이다. 그러나 해석은 설명의 단계와 더불어 상보적으로 될 필요가 있다. 비록 담론질서의 해체와 재구성이 개인들에게 영향을 주고, 개인별 창의성을 포함하더라도, 그 주요한 결정요인 및 효과는 개인 외부에 있는 사회 집단들 사이의 갈등 속에 있다. 개인별 문제점으로 체험된 것이, 사회적으로 사회갈등의 과정에서 일어나는 담론질서의 해체에 대한 지표로 해석될 수 있다. §.3-3에서 이해관계a stake는 물론, 사회갈등의 장소site로서 다룬 담화에 대한 논의를 참고하기 바란다. 그리고 개인별로 문제점들 해결하려고 시도하면서 체험된 바가, 사회갈등에서 담론질서의 재구성을 향한 운동moves으로 해석될 수 있다.

그렇다면 이 절을 시작하면서 언급했던 텍스트 산출 및 사회적으로 결정되지만 여전히 창조적인 주체 사이에 있는 관련성은 무엇인가? 저자가 주의를 쏟아 온 것은, 개인별 창의성의 사회적 본성이다. 주체의 창의성은 사회갈등이 지속적으로 담론질서를 해체하는 경우에, 창의성이 특정한 사회 현장에서 번성한다는 의미에서 사회적으로 결정된다. 그리고 주체의 창의성은 개인별 창조적 행위가 누적적으로 재구성된 담론질서를 확립한다는 의미에서 사회적으로 구성적이다. 따라서 사회적 속성과 개인별 속성, 결정된 속성과 창조적 속성은, 서로 간에 모순되게 대립되는 것이 아니라, 사회적 정착 및 변형에 대한 변증법적 과정의 측면들이 되는 것이다.

§.7-2 사례연구

우리가 다루게 될 텍스트는 마아그릿 대처Margaret Thatcher, MT와 마이클 촬튼Michael Charlton, MC 사이에 있었던 장시간의 대담으로부터 가져온 긴 인용인데, 1985년 12월 17일 영국 공영방송BBC 라디오 3에서 대담이 진행되었다.

[텍스트 7-1] 출처: 마이클 촬튼과 마아그릿 대처, BBC 라디오 3, 1985년 12월 17일

MC: Prime Minister you were at Oxford in the nineteen forties and after
the war Britain would embark on a period of relative prosperity for
all the like of which it had hardly known but today there are three
and a quarter million unemployed and e:m
Britain's economic performance by one measurement has fallen to
the rank of that of Italy now can you imagine yourself back at the
University today what must seem to be the chances in Britain and
the prospects for all now

MT: they are very different worlds you're talking about because the first
thing that struck me very forcibly as you were speaking of those
days was that now we do enjoy a standard of living which was

undreamed of then and I can remember Rab Butler saying after we returned to power in about 1951~52 that if we played our cards right the standard of living within twenty five years would be twice as high as it was then and em he was just about right and it was remarkable because it was something that we had never thought of now I don't think now one would necessarily think wholly in material terms indeed I think it's wrong to think in material terms because really the kind of country you want is made up by the strength of its people and I think we're returning to my vision of Britain as a younger person and I was always brought up with the idea look Britain is a country whose people think for themselves act for themselves can act on their own initiative they don't have to be told don't like to be pushed around are self-reliant and then over and above that they're always responsible for their families and something else it was a kind of em I think it was Barry who said do as you would be done by e: you act to others as you'd like them to act towards you and so you do something for the community now I think if you were looking at another country you would say what makes a country strong it is its people do they run their industries well are their human relations good e: do they respect law and order are their families strong all of those kind of things

[and you know it's just way beyond economics

MC: [but you know people still people still ask though e: where is she going now General de Gaulle had a vision of France e: a certain idea of France as he put it e: you have fought three major battles in this country the Falkland Islands e:m against the miners and local councils and against public expenditure and people I think would like to hear what this vision you have of Britain is it must be a powerful one what is it that inspires your action

MT: I wonder if I perhaps I can answer best by saying how I see what government should do and if government really believes in people what people should do I believe that government should be very strong to do those things which only government can do it has to be strong to have defence because the kind of Britain I see would always defend its freedom and always be a reliable ally so you've got to be strong to your own people and other countries have got to know that you stand by your word then you turn to internal security and yes you HAVE got to be strong on law and order and do the things that only governments can do but there it's part government and part people because you CAN'T have law and order observed unless it's in partnership with people then you have to be strong to uphold the value of the currency and only governments can do that by sound finance and then you have to create the framework for a good education system and social security and at that point you have to say over to people people are inventive creative and so you expect PEOPLE to create thriving industries triving services yes you expect PEOPLE each and everyone from whatever their background to have a chance to rise to whatever level their own abilities can take them yes you expect people all sorts of background and almost whatever their income level to be able to have a chance of owning some property tremendously important the ownership of property of a house gives you some independence gives you a stake in the future you're concerned about your children

MC: but could [you sum this vision up

MT: [(   ) you said my vision please let me just go on and then that isn't enough if you're interested in the future yes you will probably save you'll probably want a little bit of independent income of your own and so constantly thinking about the future so it's very much a Britain whose people are independent of government but aware that the government has to be strong to do those things which only governments can do

MC: but can you sum it up in a in a in a phrase or two the aim is to achieve what or to restore what in Britain when clearly risking a lot and winning in a place like the Falkland Islands is just as important in your philosophy [for Britain as as

MT: [I think

MC: restoring sound money reducing the money supply in the Bank of England

MT: but of course it showed that we were reliable in the defence of freedom and when part of Britain we: was invaded of course we went we believed in defence of freedom we were reliable I think if I could try to sum it up in a phrase and that's always I suppose most difficult of all I would say really restoring the very best of the British character to its former preeminence

MC: but this has meant something called Thatcherism now is that a description you accept as something quite distinct from traditional conservatism in this country

MT: no it is traditional conservatism

MC: but it's radical and populist and therefore not conservative

MT: it is radical because at the time when I took over we needed to be radical e: it is populist I wouldn't call it populist I would say that many of the things which I've said strike a chord in the hearts of ordinary people why because they're British because their character IS independent because they DON'T like to be shoved around coz they ARE prepared to take responsibility because they DO expect to be loyal to their friends and loyal allies that's why you call it populist. I say it strikes a chord in the hearts of people I know because it struck a chord in my heart many many years ago.

촬튼: 수상님, 수상님께서는 1940년대에 옥스퍼드에 계셨고, 2차 대전 뒤에 거의 알아볼 수 없을 정도로 영국이 비교적 번영의 시기를 구가하였었지만, 오늘날 3백 15만 실업자들이 있는데요, 엄:
한 가지 측정 지표에 따르면, 영국의 경제 성과는 지금 이탈리아의 경제수준으로 떨어졌다고 합니다. 수상님께서는 옥스퍼드 대학 시절로 되돌아가서, 오늘날 영국에서 무엇이 기회와 전망이 되어야 할 것인지를 상상해 볼 수 있겠습니까?

대처: 사회자께서 말씀하시는 것은 아주 다른 세계들입니다. 사회자께서 그 당시에 대하여 이야기를 하시자, 아주 강하게 충격이 오는데, 첫 번째 것은 그 당시에는 꿈도 꿔보지 못했던 생활수준을 지금 우리가 누리고 있다는 점입니다. 저는 보수당이 대략 1951~52년 사이에 집권한 뒤, 룁 버틀러(1902~1982)가 '만일 우리가 카드를(일을) 올바르게 운용(처리)한다면 25년 이내에 생활수준이 과거보다 두 곱절이나 높아질 것'이라고 말했던 걸 기억합니다. 그리고 엄: 그가 거의 옳았습니다. 지금 우리가 결코 생각해 볼 수 없던 무엇인가였기 때문에, 탁월한 것입니다. 지금 우리가 반드시 모든 걸 물질적으로 생각해야 한다고는 보지 않습니다. 사실상 물질적으로 생각하는 것은 잘못이라고 봅니다. 왜냐하면 여러분이 원하는 종류의 국가는 실제로 그 국민의

능력(strength)으로 이뤄지기 때문입니다. 그리고 더 어린 시절에 가졌던 영국에 대한 저의 시각으로 되돌아가는데, 저는 다음 생각과 더불어 자라났습니다. 잘 보세요[≒이봐요, 주목해요], 영국은 국민들이 스스로 생각하고, 스스로 행동하며, 그들 자신의 주도권에 의해 행동할 수 있습니다. 그들은 자립적으로 되도록 말을 들을(지시받을) 필요가 없고, 그렇게 재촉받는 걸 좋아하지 않을뿐더러, 게다가 언제나 자신의 가정을 책임집니다. 그밖에 뭔가 일종의 제 생각으로는 '여러분이 실천될 수 있는 만큼 실천하라, 어: 다른 사람들이 여러분에게 행하고자 하는 만큼 여러분이 남들에게 행하고, 따라서 공동체를 위해 뭔가를 하라!'라고 말한 사람이 배뤄였습니다. 이제 여러분이 다른 나라를 바라본다면, 한 국가를 강하게 만들어 주는 것이, 그것이 그 국민이라고 말할 것으로 생각합니다. 그들이 산업을 경영하는지, 또한 그들의 인간관계가 좋은지입니다. 어: 그들이 법과 질서를 존중하고, 그들의 가족이 이런 종류의 것들에 모두 강한지

┌그리고 잘 아시다시피 이런 게 경제를 넘어서 있는 건데

촬튼: └그러나 잘 아시듯이 국민들이 여전히

국민들이 여전히 어: 수상께서 지금 어디로 향해 가고 있는지를 묻습니다. 드골 대장은 프랑스에 대한 견해를 가졌고 드골이 언급했듯이 어: 프랑스에 대한 어떤 생각인데 어: 수상께서는 이미 이 나라에서 세 번의 큰 전쟁을 치르셨습니다. 포클랜드 제도 전쟁, 엄: 광부들과 지역 협의회에 대한 전쟁, 그리고 공적인 지출경비에 대한 전쟁입니다. 저는 사람들이 영국에 대해서 수상께서 지니신 이런 견해가 무엇인지에 대해 듣고 싶을 거라고 생각합니다. 이게 분명히 강력한 것임에 틀림없는데, 수상의 행동을 분발시키는 것이 대체 무엇인가요?

대처: 아마 저는 정부가 응당 해야 하는 바를 말하고, 만일 정부가 사실상 국민을 믿는다면, 국민들이 응당 무엇을 해야 하는지를 말하는 것이 최선의 답변이 되지 않을까 싶군요. 저는 정부가 이런 것들을, 오직

정부만이 할 수 있는 것을 실행하기 위하여 아주 강력해져야만 한다고 믿습니다. 방어를 하기 위하여 강력해져야만 하는 것입니다. 왜냐하면 제가 보는 종류의 영국은, 언제나 자유를 방어하고, 언제나 믿음직한 동맹자가 되며, 따라서 여러분은 여러분 자신의 국민에 대해 강력해져 있고, 다른 나라들은 여러분이 약속을 지킨다는 것을 반드시 알아야 합니다. 그런 다음에 내부 안전으로 돌아옵니다. 예 그렇습니다. 여러분은 법과 질서에 대하여 반드시 강력해져야만 하고, 정부만이 할 수 있는 일들을 실행해야 하지만, 거기에는 일부 정부의 몫도 있고 일부 국민의 몫도 있습니다. 왜냐하면 국민들과 협력관계에 있지 않다면, 법과 질서가 준수되지 않을 것이기 때문입니다. 그런 다음에 통화 가치를 떠받치는 데 강력해져야 하는데, 건전한 재정으로써 오직 정부만이 이 일을 실행할 수 있습니다. 그러고 나서 양질의 교육제도와 사회 안전망을 위한 얼개를 창조해야 합니다. 그 시점에서 국민들이 창의적이고 창조적이라고 말해 주어야 합니다. 따라서 여러분은 번영하는 산업과 번영하는 공공사업을 국민들이 창조하는 일을 기대할 수 있습니다. 그렇습니다. 국민들 각자 그리고 모두가 어떤 배경을 지니든 상관없이 어떤 수준이든지 자신의 고유한 능력으로까지 끌어올리는 기회를 지니고, 그것들을 취할 수 있는 기회를 가지는 것을 기대할 수 있습니다. 그렇습니다. 온갖 종류의 배경을 지닌 사람들과 거의 수입 정도에 무관하게 어떤 재산을 소유하는 기회를 지니도록 기대할 수 있는데, 이는 굉장히 중요한 것입니다. 집이라는 재산의 소유는 여러분에게 어떤 독립성을 내어 주고, 여러분이 자녀들에 관해 관심을 쏟는 미래에 대하여 밑천을 제공해 줍니다.

촬튼: 허지만 ┌ 수상님께서 이런 견해를 간단히 요약해 주시겠습니까?

대처: └ ( ) 제 견해라고 하셨군요. 제 말씀을 마저 끝내도록 해 주십시오. 미래에 관심을 둔다면 그것만으로 충분치 않죠. 그렇습니다. 아마 여러분은 저축을 하실 것

입니다. 아마 여러분 자신의 독립적 수입의 약간 정도를 바랄 것이고, 따라서 지속적으로 미래에 대하여 생각을 할 것입니다. 이게 아주 영국다운 것인데, 국민들은 정부로부터 독립되어 있지만, 오직 정부만이 할 수 있는 이런 일들을 실행하기 위하여 정부가 강력해져야 함을 깨닫습니다.

촬튼: 허지만 수상님께서 이를 하나, 한 한두 구절로 요약해 줄 수 있겠습니까? 그 목표가 무엇을 달성하기 위한 것이거나, 또는 무엇을 회복시키기 위한 것인지요? 분명히 많은 위험을 무릅쓰고 영국이 포클랜드 제도와 같은 곳에서 승리하는 경우, 수상님의 철학으로 보면 영국을 위해서 얼마나 중요한 것인지

대처: 제 생각에

촬튼: 회복은 돈 이야기로 들리는데, 영국 국립은행에서 화폐 공급을 축소하는 일이

대처: 허지만 물론 그 전쟁이 자유의 방어에서 우리가 믿음직했음을 보여주었죠. 영국의 일부가 위: 침략을 받는 경우에, 우리는 물론 나갔고, 자유의 방어를 믿었고, 믿음직스러웠습니다. 제 생각에, 한 마디로 요약하라고 하시면, 짐작하건대 그게 언제나 가장 어려운 일인데요, 실제로 영국 성격의 가장 최상의 것을 그 이전의 출중함으로까지 회복시키는 일이라고 말하고 싶습니다.

촬튼: 허지만 이는 지금 대처주의로 불리는 뭔가를 의미하는데, 이 나라에서 전통적인 보수주의와는 사뭇 다른 뭔가로 받아들이는 서술인데요.

대처: 그렇지 않습니다. 이는 전통적인 보수주의입니다.

촬튼: 허지만 이게 급진적이고 대중 영합적(populist 민중적)이며, 따라서 보수적인 것은 아닌데요.

대처: 제가 수상직에 취임하던 당시에는 과감한 행동을 취할 필요가 있었기 때문에, 급진적인 것입니다. 어: 이게 대중 영합적이지만, 저는 대중 영합적이라고 부르고 싶지 않습니다. 대신 제가 언급한 많은 것들이

'일반사람들의 마음에 심금을 울린다'고 말하고 싶습니다. 왜냐고요? 그것들의 성격이 독립적이기 때문에, 해당 정책들은 영국적인 것입니다. 왜냐하면 책임질 준비가 되어 있기 때문에 국민들은 강제로 명령을 받고 싶지 않은 것입니다. 왜냐하면 국민들이 실제로 친구들에게 충실해지고 충성스런 동맹자들이 될 것으로 기대하기 때문입니다. 이것이 대중 영합주의로 부르는 까닭입니다. 저는 국민들의 마음에 심금을 울린다고 말합니다. 여러 해 전에 제 마음에 심금을 울렸기 때문에 저는 잘 알고 있습니다.

§.7-3 사례연구: 분석

제7장의 시작 부분에서 언급하였듯이, 이 절은 일련의 질문들로 조직될 것이다. 저자가 제시한 답을 살펴보기 전에 독자들이 이들 질문을 스스로 풀어보기를 권한다. 여섯 가지 질문이 주어져 있다('생각해 보기 바랍니다' 난에 있음). 처음의 네 가지는 앞에서 개관한 절차의 기술 단계와 관련된다. 제7장의 초점에 따라서, 이 질문들에서는 특히 산출과정의 흔적으로 고려된 텍스트 상의 특징들에 관심을 둔다. [질문 1~3]의 경우에, 이것들은 대담 응대자(대처 수상)와 청취자 사이에 있는 관계를 놓고서([질문 1]), 여성 정치지도자의 주체 지위를 놓고서([질문 2]), 라디오 청취자들에게서 수신자의 주체 지위를 놓고서([질문 3]) 담화유형을 재구성한 흔적들이다. 저자는 내용, 즉 세계에 대한 표상에 대하여 질문을 배당하지 않았는데, 이 경우에 관계 및 주체들보다 덜 흥미롭기 때문이다. [질문 4]에서는 텍스트에 있는 갈등의 흔적들에 관심을 둔다. [질문 5]에서는 해석의 절차적 단계 및 그 속에서 산출 및 해석의 과정에 대해서 관심을 모은다. [질문 6]에서는 설명의 단계에 관심을 둔다.

§.7-3-1 '대처주의'(영국 대처 수상이[3] 시행한 급진정책들)

이들 질문에 대해 대답하는 일을 시작하기에 앞서서, 간략히 해당 인용 및 사례연구의 주제인 '대처주의Thatcherism'의 담화를 놓고서, 대처주의에 대한 정치적 맥락을 그려 줌으로써 해당 맥락을 제시하기로 한다. 그렇게 하면서 저자는 절차의 설명 단계를 먼저 다루어서, 따라서 [질문 6]에 대한 답변을 미리 제시하게 될 것이다. 그러나 제5장에서 말하였듯이, 이 절차가 다른 순서가 아닌 한 가지 순서로 적용되어야 할 이유는 없다. 실제로, 다른 단계들에 적용하는 일로부터 부각되는 바에 비춰 보아, 이미 적용한 어떤 단계로 다시 되돌아가는 일도 종종 도움이 된다. 저자가 제시하게 될 대처주의 시각은, 대부분 공산당 기관지『오늘날 맑스주의Marxism Today』와 결부된 정치적 분석에 의존한다.

산업국가로서 그리고 세계 강국으로서 영국은 수십 년 동안 상대적 쇠락의 과정으로 인해 어려움을 겪어 왔다. 연속된 보수당 및 노동당 정부는 일시적 성공에도 불구하고, 이런 쇠락의 과정을 멈추거나 뒤바꿀 수 없었다. 1970년대 초반 세계 자본주의 침체가 시작된 이래, 계속 침체가 강화되었고, 영국도 경제위기뿐만 아니라 또한 많은 방식으로 분명히 나타난 일반적인 사회적 위기와 같이 장기간에 걸친 위기로부터 고통을 받아 왔다. 강렬해진 산업투쟁(≒노사갈등), 도심 쇠락, 복지정책에서의 위기, 인종 차별주의의 고조, 남성과 여성 간 관계에서의 광범위한 위기 등등. 1970년대에 에드워드 히쓰가 이끈 보수당 행정부(1970년~1974년)와 제임스 캘러헌이 이끈 노동

3) (역주) 영국 보수당의 마가렛 대처 여사는 1979년 5월 영국의 총선에서 승리하면서부터 1990년 11월 사임할 때까지 11년 동안 영국 수상을 지냈다(3번이나 총선을 이김). 이 책은 초판이 1989년에 나왔으므로, 수상이란 직함을 붙여 부를 수도 있겠으나, 이 책에서는 Mrs Thatchter(대처 여사)라는 경칭을 자주 쓰고 있다. 아마 맑스주의 또는 사회주의를 수용하는 저자로서는, 사회주의보다 경쟁적 개인주의를 추구하는 대처주의에 대한 반감을 드러내는 방식일 수도 있다. 그렇지만 그 사람의 '신분'을 경칭으로 쓰는 우리말의 관례를 따라서, 이하의 번역에서는 '대처 수상'으로 써 나가기로 한다.

당 행정부(1974년~1979년)는 모두 이런 위기를 처리하는 데 무기력하였고, 결국 혼란으로 끝나게 되었다. 광부들의 파업, 에너지 절약을 위한 히쓰 정부의 주당 3일 근무, 제임스 캘러헌의 임금동결 정책으로 인한 '불만의 겨울' 등이다.

대처주의는 이들 뿌리 깊은 문제점 및 정치적 실패에 대하여 우파로부터 나온 급진적 반응이다. 이는 '전후 합의postwar consensus'를 깨뜨렸다는 의미에서 급진적radical, 과격함이다. 전후 합의란, 제2차 세계 대전에 이어 주요한 두 당(보수당·노동당)에서 모두 여태 준수해 오던 정치적 타결로서, 그 주된 요소는 완전고용 및 '복지국가'에로의 약속이었다. 그러므로 사회 민주적 노동주의social democratic labourism를 단호하게 거부하였듯이, 전후 보수주의 특히 히쓰 행정부와 연결된 보수주의를 거부한 것이다. 이는 각양각색의 정치 의견들spectrum과 수용 가능한 정치적 행위에 대한 한계를 결정적으로 우파 쪽으로 돌리기 위해 착수되었다.

그렇게 하기 위하여 새로운 정책들을 생성해야 했을 뿐만 아니라, 또한 정치지도를 재구성하고 그 자신의 정치적 기반을 재편하려고 노력해야 했다. 대처주의는 '권위적 대중영합주의authoritarian populism'로 특징이 지어지는데, 함께 뒤섞이도록 시도된 정치요소들에 대한 새로운 혼합을 포착하려는 명칭이다. 이들 요소의 첫 번째 것은, 전통적 보수주의와 연결점을 부여하는 특정 측면들로(국가방어, '법과 질서', 통화공급에 대한 통제, 노동조합에 대한 통제 등) 국가를 강화하려는 일에 몰두하는 일이다('authoritarian[권위주의자]'). 신자유주의로부터 기원하는 두 번째 요소는, 국가 '간섭'에 의해 방해를 받지 않는 '자유시장'에 대한 몰입을 중심축으로 삼고, 다른 측면들로 특히 경제에서는 국유화된 산업들을 통해서 직접 간섭의 측면으로 국가를 (본디 국유화되기 이전 수준으로) '도로 밀어냄rolling back'을 수반한다. 세 번째 요소는, '대중영합주의populism, 대중인기주의'인데, 민족주의, 반-'국가간섭', 반-노동조합, 가정 옹호, 사유재산 옹호, 주식 소유 등의 심상으로 된 하나의 정치 실체로서, 실제로 '국민'을 구성하는 '일반사람'들에게 직접 호소력이 있다.

이런 정치요소들에 대한 생소한 접합은, 일부 대처주의 담화의 생소한 재구성 내용으로 일어난다. 그들 자신의 당은 물론 또한 당 밖에 있는 정치적 맞수들과의 갈등에서, 대처주의자들은 자기 맞수들의 정치 담화를 문제로 만들어 해체해 버리고, 그들 나름의 재구성 내용을 부가해 놓고자 시도하였다. 우리가 살펴볼 텍스트에서 이들 과정은 정치적 주체로서 '국민'들(그리고 좀 더 각별히 라디오 청취자를 구성하는 계층)에 대한 주체 지위의 구성 내용으로 가장 잘 표시된다([질문 3]). 이것들은 비록 더 앞에 있던 (거리가 멀고 권위주의적인) 관계들의 해체가 이어지는 지도자들이 반드시 처리해야 하는 문제가 되더라도, 또한 어느 정도 대처 수상과 청취자 사이에, 좀 더 일반적으로 말하여 정치지도자와 '국민' 사이에 있는 관계의 구성으로도 표시된다.

대처주의자들은 또한 그들 자신이 만들어 낸 것이 아니지만, 명백히 드러난 다른 문제에도 직면해 있었다. 제도화된 성 차별주의로 특성 지워진 사회 맥락에서, 여성 정치지도자에 대한 주체 지위를 세우는 방법이다([질문 2]). 비록 표현되지 않은 특징들을 언급하도록 요구하지만, 해당 텍스트에서 대처 수상 자신의 시도가 그녀가 발음하는 방식과 외양으로 보이는 방식에서 어느 정도 명백하다. 마지막으로 대처주의의 급진적 성격은, 일부 정치적 맞수들을 공격하는 일로부터 멀찍이 떨어져 있지 않는 상대적으로 공격적인 정치 스타일이다. 비록 아주 제한된 범위이더라도 이는 해당 텍스트의 상호텍스트 맥락에 대한 논쟁적인 간접 언급으로 암암리에 반영되어 있다([질문 4]).

§.7-3-2 관계: 대처 수상과 '국민'

대담은 보통 얼굴을 마주보는 환경에서 두 사람 사이의 상호작용이며, 화자 및 의도된 청자addressee, 수신자의 입장들 사이에 대담자와 대담 응대자가 (대담자의 통일 조정 아래) 교체된다. 그렇지만 라디오나 텔레비전 상으로 대담이 진행되는 경우에 이들 관계가 좀 더 복잡해진다. 왜냐하면 두 참여자의 기여가 모두 청취자나 우연히 듣는 사람hearers들에 의해 영향을 받을 것 같기 때문이다. 다양하고 결정할 수 없는 대중매체 청중의 구성이 사실이라면, 화자는 반드시 대표적으로 예시된 '이상적' 청자를 위해 주체 지위를 상정하고 설정해 놓아야 하고, [질문 3]에서는 특히 대처 수상에 의해 설정된 주체 지위의 본성에 관심을 모으게 될 것이다.

당분간 대처 수상에 의해서 이상적인 청자가 '일반사람', 즉 '국민'의 한 사람이라고 가정됨을 말하는 것으로 충분할 것이다. 여기서 관심을 모으는 것은, 라디오 청취자로서 표상된 '일반사람'에 대해서 대처 수상이 스스로 어떤 관계를 배당해 놓는지에 대한 것이다. 이는 대처 수상과 청취자의 사안일 뿐만이 아니다. 우리가 관심을 기울이는 것은 대처주의 담화에서 정치지도자와 '국민' 사이에 있는 관계 밑에 깔려 있는 담화유형의 특정한 형상이다. 청자가 해당 텍스트에서 전혀 명백하게 그려지지 않음에 주목하기 바란다. 청자를 위한 주체 지위는 간접적으로 대처 수상이 모든 '국민'들의 경험과 신념과 소망을 나타내는 방식을 통하여, 따라서 또한 청중의 속뜻에 의해서 이뤄지는 것이다.

그렇다면 다음에 첫 번째 질문이 있고, 저자의 답이 뒤이어진다. 독자들이 답변을 하면서 텍스트 상으로 대명사 'we우리'와 'you여러분'를 놓고서(제5장의 〈물음 6〉을 참고하기 바람) '증거'를 수집하는 데에 주의를 기울이도록 제안한다. 어휘 항목들의 관계적 가치에 대해서는 특히 대담자 촬튼의 질문과 대담 응대자 대처 수상의 답변 사이에 있는 차이점들과 이들 차이점이 대담의 진행방향에 대한 대처 수상의 통제에 비춰보아 함의할 법한 것들에 주목하기 바란다(제5장의 〈물음 2〉를 보기 바람). 그리고 가령 원문의 22행~25행에 있는 '국민'(따라서 청취자)에 대해서 대처 수상이 만드는 주장들의 관계적 함의를 주목하기 바란다.

생각해 보기 바랍니다(이하에서 행 인용은 원문의 행을 가리킴)

[질문 1] 텍스트 상의 특징들은 어떤 관계적 가치를 지닙니까? 담화유형의 새로운 접합으로 나타낼 수 있는 관계적 가치에서는 비일관성이 들어 있습니까?

(1) 대명사 we우리: 대처 수상은 주로 원문의 11행~19행과 원문의 81행~83행에서 we우리를 쓰고 있는데, 둘 모두 포괄적 우리(우리 속에 청자가 포함됨) 및 배제적 우리(우리 속에 청자가 배제됨)입니다(이 구분은 §.5-6-3을 보기 바람). 포괄적 용법을 보면, 가령,

> now we do enjoy a standard of living which was undreamed of then
> (그 당시에는 꿈도 꿔보지 못했던 생활수준을 지금 우리가 누리고 있습니다)

은 관계상으로 we우리가 대처 수상과 청취자와 마치 한 배에 타고 있는 듯이 그밖의 모든 사람을 나타낸다는 점에서 중요합니다. 이는 지도자를 '국민' 쪽으로 동화시켜 줍니다. 그렇지만 심지어 이런 경우에라도, '꿈도 꿔 보지 못한' 이런 생활수준을 정확히 누가 지니고 있는 것으로 단언되고 있는지가 불분명합니다. we우리가 '영국 국민the British people'과 같이 한 집단을 가리키는 경우에, 그 집단의 특정한 임의의 구성원에 대해서 꼭 성립할 필요가 없지만, 해당 집단에 대해서 단언이 만들어질 수 있습니다. 설사 we우리 집단가 행복하다고 하더라도, 내가 행복함이 도출되는 것은 아닙니다. 실제로 심대한 불균형에 의해 특성이 지워지는 경우(≒구성원들 간에 생활수준의 편차가 너무 큰 경우)에, 한 집단이 어느 특정한 생활수준을 지닌다고 단언하는 일은, 다소 어리둥절해질 소지가 있습니다.

누가 언급되고 있는지를 따져볼 경우, 이런 불명확함은 심지어 다른 사례들에서 좀 더 심하게 나타날 수 있습니다. 예를 들어, 원문의 81행~83행에서 we우리가 청자를 배제한 한 집단(국가, 정부)을 가리키기 위하여 배제적으로 이용되고 있는지, 아니면 앞의 사례에서처럼 청자를 포함하여

전체 '국민'을 가리키기 위하여 포괄적으로 사용되고 있는지 여부가 분명하지 않습니다. 이런 중의성[ambivalence, 양가성]은 효과적으로 정부의 정체와 신념과 정부가 시행한 바를 '국민'의 정체와 신념과 국민이 시행한 것으로 받아들일 수 있도록 해 줍니다. 다시, 비록 관계상의 가치가 한 배에 탄 존재로서 모두를 가리키더라도, 동화의 방향은 거꾸로 되어 있습니다. 이는 '국민'을 지도자 또는 지도력(정부) 쪽으로 동화시켜 줍니다. 원문의 13행에 오직 분명하게 배제적인 we[우리](청자가 배제됨)의 유일한 한 가지 사례가 있는데, 대처 수상의 보수당을 가리킵니다.

(2) 대명사 you[여러분]: you[여러분]라는 대명사는 주로 불확정적인 대명사로 쓰여서 일반사람들을 가리킵니다. 이 대명사는 원문의 27행~29행과 원문의 47행~50행에 나옵니다. you[여러분]의 관계적 가치는 완전히 불확정적인 대명사 one[사람/것]보다 you[여러분]를 선택하는 일의 의미와 일부 관련되어 있습니다. 관계상의 가치에 이것이 어떻게 바뀌는지를 보기 위하여, 독자들은 you[여러분]을 one[사람/것]으로 대치해 보고 싶을 듯합니다. 가령, 원문의 64행~67행에서 대치해 보면,

> a house give one some independence gives one a stake in the future one's concerned about one's children
> (집은 한 사람에게 어떤 독립성을 내어 주고, 한 사람이 자녀들에 관해 관심을 쏟는 미래에 대하여 한 사람에게 밑천을 제공해 줍니다)

첫째, one[한 사람]은 '일반사람[people in general]'의 의미를 허물어 버립니다. 왜냐하면 일반사람들은 그 낱말을 쓰지 않기 때문입니다. 대체로 이는 중산층이 쓰는 대명사입니다. 그러므로 one[사람/것]을 쓰면서 '보통사람들[ordinary people]'에게 '보통'사람들의 공통경험에 대하여 효과적인 단언을 내리기는 어렵습니다. 반면에, you[여러분]는 노동자 계층의 말투에서 결속[solidarity, 유대감]과 경험의 공통성을 나타내는 데 쓰입니다.[4] 둘째, one[사람/것]은 때때로 I[나]

를 말하는 미묘한 방식으로 이용됩니다. 저자가 막 제시했던 사례가 이런 방식으로 해석될 수 있는데, 관심사에 대한 자기중심적 지각내용을 서술해 주는 미묘한 방식입니다.

저자가 언급하였듯이, you[여러분]는 결속[solidarity, 유대감]을 단언하는데, 이를 이용함으로써 대처 수상은 자신의 실천·지각·교훈을 일반 '국민'들의 것으로 행세할 수 있으며, 이 낱말의 속뜻에 의하여 자신을 위해 '국민'의 한 사람으로서의 지위를 단언할 수 있도록 해 줍니다. 이런 과정은 또한 관점의 차별성들을 얼렁뚱땅 무시하고 넘어가도록 합니다. 가령 원문의 47행~69행에서 you[여러분]가

① the government[정부], ② I[나], ③ the ordinary person[보통사람]

이란 세 가지 표현 중 어느 표현으로 가장 쉽게 대치될 수 있는지를 살펴보는 것이 시사적입니다. ① 원문의 47행~57행은 주로 정부[the government]의 관점에 대한 것이고, 원문의 58행~61행은 대처 수상과 다른 대처 추종자들이 생각하는 바를 마치 공동신념인 양 가장하는 것으로 해석될 수 있습니다. ② 원문의 58행, 59행~61행에서

you expect
(여러분이 기대한다)

가 I expect[내가 기대한다]로 아주 쉽게 대치됩니다. ③ 원문의 64행~69행은 실제적으로 '보통사람'에 대한 내용임에 주목하기 바랍니다. 정부의 관심과

4) (역주) 이는 you를 쓰는 데 따른 저자의 직관이다. 가장 소박하게 아무런 가식도 없이 '나와 너(Me and you)'의 대립을 이루는 표현이며, 심리적 거리감이 없는(가까운 사이) 표현으로 본다. 그렇지만 상대를 부르는 말에는 문화적 차이가 크다. 방송 대담에 참여하면서 우리말에서는 '너'라고 말할 수 없다. 대신 '여러분'이라고 말할 법하다. 이를 좀 더 정중하게 중산층의 표현으로 바꾼다면, '귀하, 선생님' 따위가 될 듯한데, 이는 서로 사이에 일정한 심리적 거리감이 개재되어 있는 표현이다. 흔히 방송 대담에서 상대방을 부를 때에는 사람 이름에다가 '씨'를 붙인다든지, '선생님'을 쓴다.

당파의 정치적 신조와 유복한 '보통사람'의 소망을 공동경험의 지위로 환원함으로써, 대처 수상은 또한 이것들이 실제로 일관된 묶음을 이뤄나가도록 하는 주체 지위를 구성하는 데 도움을 주고 있습니다. 이는 우리를 [질문 3]의 관심사항으로 데려갑니다.

(3) 어휘 항목들에 대한 관계적 가치: 대처 수상의 어휘선택이 부분적으로 대담자 촬튼보다는 청취자와 청중에게 지향되어 있는 듯이 보이는데, 실제 그러한 경우에 대처 수상은 다시 '국민'들과 자신의 결속을 표시하는 어휘들을 선택합니다. 원문의 23행~28행에서 상투적인 말로서

> don't have to be told, pushed around, do something for the community
> (말해질/들을 필요가 없다, 재촉을 받다, 공동체를 위해 뭔가를 하라)

가 이런 범주에 속합니다. 처음 두 개의 표현은 격의 없는 대화이지만, 반면에 세 번째 표현은 저자에게 자발적 조직체의 중산층 구성원을 머릿속에 떠오르게 해 줍니다. 만일 이런 토론이 정치적으로 세련된 두 명의 지식인들 사이에서 벌어진 사적인 내용이었더라면, 이것들 중 어떤 것도 기대하지 않았을 것입니다.

어휘사용에 비춰서 대담자 촬튼의 질문 및 응대자 대처 수상의 답변을 비교하는 것도 시사적입니다. 왜냐하면 이들 차이점이 텍스트 전개 수준에서 관계상 중요한 특징을 드러내기 때문입니다. 원문의 39행~41행에서 촬튼은 대처 수상에게 그녀의 시각에 대하여, 그리고 무엇이 그녀의 행동을 불러일으키는지에 대하여 구체적으로 말해 주도록 요구합니다. 대처 수상은 답변에서 이러한 또는 일반적으로 자기분석과 내성에 대한 어휘와 같은 표현을 쓰지 않습니다. 텍스트 상으로 보면, 촬튼은 대처 수상에게 스스로 드러내도록 요구하고 있는 듯합니다. 그러나 대처 수상은 국가의 책무와 한계에 대한 대처주의 식의 견해만을 대략 묘사하면서 답변을 하였습니다. 따라서 해당 질문에 대한 대처 수상의 답변은, 비교적 요구

하는 대로 고분고분 따르는 편이 아닙니다. 왜 그렇습니까? 아마도 그녀의 판단에서(그리로 실제 저자의 생각으로도) 자기분석(그리고 그런 어휘)이 결속(유대감)을 보여주고자 노력하고 있는 일부(≒중산층) '보통사람'들을 소외시켜 버릴 것이기 때문입니다.

원문의 91행~95행에 또 다른 사례가 있습니다. 촬튼은 대처 수상에게 정치판에 대한 사뭇 추상적 논쟁에 간여하도록 요구하는 듯하지만, 대처 수상은 간여하지 않습니다. 부분적으로 대담자의 요구에 고분고분 따르지 않으면서, 원문 92행에 있는 대처 수상의 답변에서는 radical[급진적, 과격한]이란 말의 의미를 반쯤-정치 기술적 의미로부터 '일상언어'의 의미로 전환시켜 놓습니다.

we needed to be radical
(우리는 급진적일 필요가 있었다)

은 we needed to take decisive action[우리는 단호한 행동을 취할 필요가 있었다]과 거의 동일한 뜻입니다. 의심할 여지없이, 대처 수상은 이념적 근거 위에서 populist[대중 영합주의자, 민중주의자]라는 말도 거부하지만(이 낱말은 대처주의를 좌파 쪽에서 분석하는 데 쓰인다), 부분적으로 아마 그 지적 편중성 때문이기도 합니다. 원문의 94행에서 이 낱말이

'strikes a chord in the hearts of ordinary people'
(일반사람/보통사람들의 마음에 심금을 울린다)

라는 표현으로 대치됨에 주목하기 바랍니다. 이런 선택은 대중 영합주의[populism]의 좋은 사례입니다. 이는 대부분의 지식인들에게 저주가 되겠지만, 일부 '보통사람'들의 관점에서는 잘 확립된 가닥이 되는 일종의 민족주의적 감성[nationalistic sentimentality]을 전달해 줍니다.

이들 두 가지 사례에서, 대처 수상의 답변은 대담자 촬튼이 들어서려고

노력하고 있는 방향으로부터 이 대담을 멀리 벗어나도록 조종합니다. 그렇지만 '보통사람'들과 결속solidarity, 유대감을 주장하는 대처 수상의 단언에서 따져 보면, 그녀에게는 문제가 될 법한 내용입니다.

(4) '국민'에 대한 대처 수상의 주장: 마지막으로 '국민'에 대하여 대처 수상이 언급하는 주장들을 보기로 하겠습니다. 가령 원문의 22행~25행에 있습니다. 대처 수상의 청취자와의 관계, 그리고 정치지도자로서 '국민'들과의 관계에 비춰 따져 보면, 이들 주장에 대하여 중요한 점은, 그녀가 국민들에게 국민이 무엇과 같은지를 말하기 위하여, 암암리에 권위를 주장하거나, 또는 그녀도 스스로 '국민'의 일부이므로, 그 점에 대하여 그 나름의 자기지각을 명시할 권리를 주장한다는 점입니다. 이는 대처 수상과 '국민'을 서로 거리를 두고 멀리 떨어지게 만드는 효과를 지니며, 지도자로서 그녀를 특별한 권위를 지닌 것으로 구별해 놓습니다. 이는 분명히 you여러분 및 저자가 언급한 어휘 항목들의 사용과 유표적으로 대조를 이룹니다. 그러나 we우리에 대해서는 어떻겠습니까? 비록 저자는 앞에서 we우리가 모든 사람을 한 배 속으로 집어넣고, 지도자를 국민들 쪽으로 동화시키며 역 방향으로도 동화시킨다고 말했지만, you여러분가 지닌 유대감solidarity, 결속감의 값을 지닌 것은 아닙니다. we우리를 언급하면서, 다시 대처 수상은 '국민'들을 대표하여 지도자의 역할로 돌아가 말을 합니다.

이상을 요약한다면, 이들 텍스트 상의 특징들은 유대감solidarity 및 권위authority라는 대조되는 값을 지닌다. 이는 담화유형에 대한 새로운 명시적 표현을 시사해 줄 수 있다([질문 4]를 보기 바람). 이러한 특징들이 모두 [질문 2] 및 [질문 3]의 지문 아래에서 주체 지위와 관련하여 해석될 수 있음에 주목하기 바란다. 비슷하게 이들 질문과 관련하여 다음에 논의된 자료도 관계들에 대하여 지금까지 언급된 바를 채워 주며 뒷받침한다. 이는 놀라운 것이 아니다. 비록 관계 및 주체 사이의 구별이 분석상 유용하겠지만, 사실에 있어서는 사회적 관계 및 사회적 정체성 사이에 뚜렷한 구분선이 존재하는 것은 아니다. 실제로 한 쪽에서의 수정내용은 다른 쪽에서의 수정내용을 결과적으로 수반하는 것이다.

§.7-3-3 주체(≒관련당사자) 지위: 여성 정치지도자

산업계나 전문직이나 정계 또는 일반적으로 가정 밖의 어느 곳에서든지 탁월한 지위를 성취한 비교적 소수의 여성들은

> 'heads I win, tails you lose'
> (앞면이면 내가 이기고 뒷면이면 네가 진다; 어느 쪽이 나오더라도 오직 한 사람만 이긴다)

는 이중속박의 상황에 직면한다. 이는 깔끔하게 다음처럼 요약된다.

> 'damned if they behave like men, and damned if they don't'
> (사회경력을 지닌 여성들이 남자처럼 행동해도 재수가 없고, 그렇지 않아도 재수가 없다)

사회경력을 지닌 여성들은 남성처럼 행동한다는 비난을 받는다. 남성다운 행동이 우리 사회를 아주 해롭게 만들면서 한 여성을 '여성답지 않다unfeminine'는 오명을 받도록 열어 놓는다는 의미에서 그러하다. 또한 남성처럼 행동하지 않아도 비난을 받는데, 사회적으로 탁월한 지위에 있는 여성들이 오직 그런 지위에 있는 사람들이 언제나 실천하는 방식으로 스스로 실천해 나가야만 받아들여진다는 의미에서 그러하다. 극히 소수의 예외들을(가령 병원 수간호원, 초등학교 여교장 등) 제외하고서, 사회적으로 탁월한 지위는 전통적으로 거의 다 남성에게 주어졌으며, 이는 남성적 방식을 의미한다.

마가릿 대처 수상은 특히 예리한 형태로 이런 난문제에 직면하였다. 왜냐하면 그녀 스스로 전념해 왔던 급진적 우파/우익 정치의 부류에서는 특히 '억세고tough 단호하며resolute 타협할 줄 모르고uncompromising 공격적aggressive인' 정치 지도력에 대한 필요성을 아주 많이 강조하기 때문이다. 막 언급한 수식어들이 모두 관례적으로 남성의 행위를 언급한다. 이들 성격을 지닌 여성은 누구든지 '여성답지 않다'는 조롱을 당할 우려가 있다.[5] 그럼에도 대처 수상은 여성 정치지도자로서 자신을 위해 주체 지위를 성공적으로 구축해 놓았다. 이는 여성다움을 잃지 않고서도 이들 성격을 모두 지녔다고 많은 사람들에게 널리 지각될 수 있도록 해 주었다.

더 앞에서 언급하였듯이, 이는 부분적으로 그녀가 발음하는 모습 및 외견상으로 보이는 그녀의 모습에 대한 일이다. 그녀가 정치 경력을 쌓아오는 동안에 둘 모두에서 상당량의 조언을 받아들였고, 둘 모두를 변화시키기 위하여 상당량의 노력을 쏟은 점은 중요한 사실이다. 저자는 아래 [질문 2]에 답변을 하고 있는 그녀의 모습을 바라보고 있음을 암시하고 있다. 그녀가 발음하는 방식에 관하여 살펴보면, 전문적 개인교수를 받으면서, 그녀는 자신의 목소리 높낮이를 낮추어 내리깔았고,[6] 말을 해 나가는 빠르기를 늦추어 감소시켰다. (타고난 바를 바꾸고서) 그렇게 실행하려는 한 가지 동기는, 그녀의 목소리가 '높고 날카롭다shrill'[7]고 여겨졌기 때문이다. 높고 날카로움shrillness은 상투적 의견에 따르면 과도하게 감정적인 상태와 결부되어 있고 아주 많이 여성 목소리다운 성격이다. '높고 날카롭지' 않게 발

5) (역주) 인지언어학자인 조지 레이콥(Lakoff)의 책들에서는 성별 개념을 쓰지 않고, 대신 '엄격한 부모'와 '자애로운 부모'의 개념으로 대립시킨다. 이런 수식구들이 서로 대립되어 공통축으로 함께 묶일 것으로 생각된다. 나익주 뒤침(2010) 『자유는 누구의 것인가』(웅진씽크빅), 나익주 뒤침(2007) 『프레임 전쟁』(창비) 등.

6) (역주) 우리말에서는 '진중(鎭重)'이라는 표현을 쓴다. 무겁고 신중하다는 느낌을 가리킨다.

7) (역주) 'shrill'의 어원은 sharp(날카롭다)이다. 『옥스퍼드 고급 학습자 사전』에서는 high loud sound(높고 시끄러운 소리)라고 풀이하였다. '높고 날카롭다'로 번역해 둔다.

음하는 일과는 별도로, 이제 그녀는 더욱 '정치인답게' 소리를 일부 사람들에 따르면 쉰 듯한husky 그녀의 목소리는 '성적이다sexy, 성적 매력을 지닌다'.

다음 질문을 풀기 위하여 독자들은 다음과 같은 텍스트의 특징들에 초점을 모으도록 제안한다. (1) 양태modality, 양상[8] 특히 의무에 대한 관계양태(must의무, have got to외부 강제력에 의한 의무 등) 및 표현양태(범주상의[9] 참값, 확실함, 높은 확률, 가능성)인데, 원문의 42행~73행에 초점을 맞추기 바란다(제5장에서 다룬 〈물음 6〉과 〈물음 7〉을 보기 바람). (2) 발언기회 차지하기, 특히 원문의 67행을 볼 것(제5장의 〈물음 9〉와 비교하기 바람). (3) '억셈toughness, 꺾이지 않음'을 표현하는 텍스트의 특징들. (4) '국민'들에 대한 대처 수상의 주장, 원문의 22행~26행에 있으며 [질문 1]에서 살펴본 한 가지 사례. (5) 여러분이 보았던 그녀의 사진에서 머리 모양새·옷차림새·장신구 등 대처 여사의 외양(뒤의 역주 13 참고).

---

8) (역주) modality(양태, 양상)는 영어에서 주로 modal(양태, 양상)을 나타내는 조동사의 속성을 가리킨다. 어원은 '측정하다(measure)'인데, ① 'approximating the mode(최빈값에 근접하는)', ② 'having structure but no content(구조가 있지만 내용이 결여된)'이란 두 가지 뜻을 지니며, mode(방식, 형태, 모습)도 같은 어원을 지닌다. 우리나라에서는 철학 쪽에서 주로 '양상'이라고 번역하고, 국어학 쪽에서는 '양태'라고 번역한다. 두 용어에서 '상'과 '태'는 '모양 상(相)'과 '모습 태(態)'로 풀이되므로 뜻이 서로 겹친다. 양태나 양상이나 서로 비슷한 말이다. 여기서는 '양태'를 쓰기로 한다.

이 책의 저자는 크게 사람들 사이의 관계를 표현해 주는 관계양태(행동이나 행위의 의무감 여부로 '의무 양태'로도 부름)와 세계 속의 사건을 표현해 주는 표현양태(사건을 인식하는 필연성 여부)로 크게 나누었고, 표현양태를 참과 거짓 두 값만 갖는 범주양태 및 가능성이나 확률을 표현하는 가능양태로 하위 구분하였다. 실제로 자연언어에서는 양태가 여러 가지 문법형식을 통해서 구현되는데, 한 걸음 더 나아가 화자가 표현하는 방식의 선택까지도 관련되어 있어서, 더욱 복잡해진다.

우리말의 양태에 대해서는 김지은(1998) 『우리말 양태용언 구문 연구』(한국문화사), 박재연(2006) 『한국어 양태 어미 연구』(태학사), 엄녀(2010) 『한국어 양태 표현 교육 연구』(한국문화사) 등을 참고하기 바란다. 영어 문헌은 언어학과 철학(특히 양상 논리학)과 인공지능 쪽에서 이미 수십 종이나 출간되어 있으며, 상·시제·양태가 서로 긴밀히 관련되어 논의되고 있다.

9) (역주) categorial(범주상의)이란 말은, 배타적으로 참값 또는 거짓값에 속함을 뜻한다. 참값 범주를 부정하면 거짓값이 나오고, 그 역 또한 참이다. 다시 말하여, 가능성이나 개연성이 고려되지 않는 양태표현인데, '범주양태'라고 불린다. §.5-6-2와 그곳의 역주 21), §.5-7과 그곳의 역주 23)도 참고하기 바란다.

생각해 보기 바랍니다

[질문 2] 산출자의 주체 지위에 비춰 보아 텍스트 상의 특징들은 어떤 가치를 지닙니까? 담화유형에 대한 낯선 명시적 표현을 가리킬 법한 비일관성들이 들어 있습니까?

(1) 양태[modality]: 원문의 42행~73행에서 우세한 양태는 '의무[obligation]'에 대한 관계 의미인데, 양태 조동사 have to[꼭 ~해야 한다], have got to[꼭 ~해야 한다],10) should[마땅히 ~해야 한다]에 의해 표현되어 있습니다. 범주상의 참값(앞의 역주 9 참고)에 대한 표현양태는 현재시제에 의해 표현되어 있습니다. 다음에 언급할 몇 가지 다른 것들도 있습니다. 당분간은 두 가지 양태 유형이 대처 수상을 권위적 지위에다 배치시켜 주는데, 정부에 의해 무엇이 반드시 실행되어야 할지에 대해서, 그리고 무엇이 실제 사례인지에 대해서와 관련됩니다.

대처 수상이 must[반드시 ~해야 한다]를 쓸 법한 경우에는, have (got) to(외부 강제력에 의해 꼭 ~해야 한다)를 쓰는 점도 중요합니다. must[반드시 ~해야 한다]가 화자의 개인적인 권위를 전달하지만, 반면에 have (got) to[외부 강제력에 의해 꼭 ~해야 한다]는 모종의 외부 강제력에 근거한 의무감을 전달해 줍니다. 이는 가령 어떤 기관의 규정들이 될 수도 있습니다. 대처 수상의 have (got) to에 대한 사용은 그 의무가 그렇게 말하는 것에 근거할 뿐만 아니라, 또한 마치 정부에 대하여 그녀가 단언하는 주장이 개인적인 의견이라기보다는 실제 사실에 대한 일인 냥,11) 구체화되지 않은 모종의 방식으로 정부의

---

10) (역주) 근거를 제시하지 않은 채 이 책의 저자는 have (got) to가 '외부의 강제력'에 의한 의무감을 표현한다고 언급하였다. 머카씨(McCarthy, 1998; 김지홍 뒤침, 2010) 『입말, 그리고 담화 중심의 언어교육』(도서출판 경진) §.4-6에서는 이른바 '피해 표현' 수동태로 불리는 get-passive를 다루었는데(the book got burnt 그 책이 불태워졌다, he got killed 그가 죽임을 당했다 등), 가해자가 표현되지 않는 특징이 있다. '피해' 수동태는 외부 힘에 의해 일어난 사건 때문에, 부정적인 결과가 초래된 상태를 가리킨다. 따라서 이 책의 저자가 생각하는 '외부 강제력'과 모종의 관련이 있을 듯하다. 또한 머카씨 책, 254쪽에서는 get/got의 사용이 글말에서보다 입말에서 14배나 더 자주 쓰인다고 하였다.

11) (역주) opinion(의견)은 희망사항에 지나지 않지만, fact(사실)는 이미 일어나거나 이미 확정되어 뒤바뀔 수 없는 일을 가리킨다. 즉 opinion은 변할 수 있고 철회될 수 있다. 그렇

본질에 근거함을 함의해 줍니다. 사실성factuality에 대한 이런 인상은 원문의 71행~73행에서 다시 강화됩니다. aware깨닫다 뒤에 나오는 that-절로 된 내포문 명제가 전제되어 있고, 따라서 대처 수상은 의견으로 내 놓았던 바를 이제 주어진 사실의 일로 간주하고 있는 것입니다. 범주상의(≒참 또는 거짓의) 현재시제는 원문의 57행~65행에서 가장 잘 예시되어 있습니다. 원문의 52행에 권위적 표현의 또 다른 양태가 있는데, 불가능성(can't할 수 없다)에 주목하기 바랍니다.

권위적이지 않은 다른 양태 의미들도 있습니다. 대처 수상은 대담자 촬튼의 질문에 대해 가능성에 대한 표현양태 의미와 함께 자신의 답변을 시작합니다. 더욱이 원문의 42행에서 이는 아주 잠정적으로 표현되어 있습니다.

> I wonder if I perhaps I can answer
> (저는 아마도 제가 답변할 수 있을지 잘 모르겠습니다: 자신의 능력에 대한 부정적 서술임)[12)]

는 가령 maybe I can answer아마 답변할 수 있을 것 같습니다(자신의 능력에 대한 긍정적 서술)와 대립됩니다. 이는 겸손하고 주제넘게 나서지 않는 인상을 심어주며, 지배적으로 권위적인 양태와도 뚜렷하게 대조가 됩니다. 원문의 84행~85행에서 사뭇 비슷한 값을 지닌 또 다른 표현이 있습니다.

지만, fact는 결코 변할 수도 없고, 지워 버릴 수도 없다. factuality(사실성, 사실의 속성)는 사실들이 모여 변할 수 없는 속성을 가리킨다. 이 구분에 영어는 민감하다. 영어에서는 내포문을 구성할 때에 to-부정사와 that-절이 서로 대립한다. to(부정사 구문)는 의견이나 아직 일어나지 않은 일을 가리킬 때에 도입되지만, that-절은 반드시 사실성이 보장될 때에 도입된다. 우리말에서 대립시켜 예시한다면, 각각 조사가 '을'과 '으로'로 표현될 수 있다. "[철수가 범인인 것]을 알았다"(사실성, 변하지 않음) : "[철수가 범인인 것]으로 알았다"(의견, 잘못 앎, 반사실성). 영어에서는 "I believe that he is the criminal : I believe him to be the criminal"로 표현된다. 여기서 believe(믿다)나 know(알다)나 똑 같은 구문을 만든다. 그렇지만 영어와는 달리, 우리말에서는 또한 이 두 문장이 하나로 결합할 수도 있다. 이는 다른 언어와 구별되는 매우 유표적 특징이다. "[철수가 범인인 것]을 [영이가 범인인 것]으로 알았다."

12) (역주) 본문에서는 "최선의 답변이 되지 않을까 싶군요"로 번역해 두었다.

that's always I suppose most difficult of all

(짐작하건대, 그게 언제나 가장 어려운 일인데요)

다시 원문의 69행에 가능성에 대한 표현양태 의미(will probably아마도 ~일 것이다)가 있습니다. 부분적으로 일반적이나 결코 보편적이지 않은 경험으로서 집을 소유하는 일로부터, 저축을 하고 독립된 수입을 지니는 일로 전환하면서, 대처 수상은 범주상의 참값으로부터(≒범주양태) 다소 약화된 가능성(≒가능양태)으로 바꿉니다. 범주상의 의미(≒참 또는 거짓)로부터 전환하여 한걸음 뒤로 물러나는 일(≒가능성 표현)은, '독립된 수입'에 대한 희망이 없는 많은 사람들에게 이에 대한 민감성을 놓고서 신중히 양보한다는 인상을 심어 줍니다. 이런 인상이 최소한도를 가리키는 'a little bit약간'이라는 표현에 의해서 다시 보강됩니다. 따라서 양태 특징의 가치들로 살펴보면, 권위성 및 자기겸손(신중성) 간에 서로 모종의 불일치가 존재합니다.

(2) 발언기회 차지하기turn-taking: 앞에서 저자가 암시한 발언기회 차지하기 특징은 원문의 67행에 있습니다. 대처 수상의 말을 대담자 촬튼이 가로막으면서 원래 그녀에게 던졌던 질문을 다시 제기합니다. 앞에서도 말하였듯이, 대처 수상은 이 질문에 고분고분 따르지 않고 오히려 다른 답변을 하고 있습니다. 흥미를 끄는 것은, 대담자 촬튼이 그 대담을 통제하려고 하는 시도를 대처 수상이 거부하며, 공손하지만 단호한 방식으로 'please let me just go on제 말을 마저 끝내도록 해 주십시오'이라고 표현합니다. 대담에서 대처 수상은 자신의 기여를 통제하기 위하여 일반적으로 부당한 시도로 간주하는 바를 이런 방식으로 처리합니다.

(3) '억셈, 꺾이지 않음toughness': 그러한 발언기회 차지하기는 대처 수상의 억셈과 과단성에 대한 한 가지 표현입니다. 또 다른 것은 원문의 22행에 있는 'look잘 보세요, 이봐요, 주목해요'의 사용입니다. 'look잘 보세요, 이봐요, 주목해요'과

함께 발화를 시작하는 것은, 누군가를 그들의 영역으로 끌어들여 주목시키거나(≒주의 환기) 또는 강제적으로 오해를 고쳐 주는 일(≒오해 교정)을 나타냅니다. 이 경우에 비록 대처 수상이 알 수 없는 어떤 조언자를 인용하고 있음을 뜻하지만, 그녀 자신의 설명에서 아주 자주 'look잘 보세요, 이봐요, 주목해요'을 이용합니다. 동일한 대담의 더 뒤쪽에서 스스로 다음처럼 인용합니다.

> writing an article saying look if democracy is just going to be a public auction at election times it won't last
> (기사 쓰는 일이 말하듯이, 잘 보세요[≒이봐요, 주목해요], 만일 민주주의가 선거철마다 공공의 경매가 되어 간다면, 선거는 더 이상 지속되지 않습니다)

(4) '국민'에 대한 대처 수상의 주장: 저자는 이미 '국민'들에게 그들 스스로에 관해 말하도록 하는 권리에 대하여 대처 수상이 주장한 의미를 논의하였습니다. 이는 분명히 대처 수상의 주체 지위에 대한 권위적/엄격한 측면의 다른 요소들과 잘 들어맞았습니다. 거기서 이것이 얼마나 인용 속에 들어 있는지를 주목하고, 원문의 99행에 있는 'I know저는 잘 알고 있습니다'에서 그녀 자신의 권위에 대한 대처 수상의 분명한 언급에 주목하기 바랍니다.

(5) 대처 수상의 외양: 마지막으로 대처 수상의 외양을 보기로 하겠습니다.[13] 대처 수상은 중산층의 현명한 어떤 성인 여성의 장식 의상을 모두

---

13) (역주) '위키백과'에 올라 있는 대처 여사의 사진이다. (http://ko.wikipedia.org)

갖추고 있습니다. 그녀의 머리 모양새는 언제나 마치 미장원에서 갓 나온 듯이 꼼꼼하게 잘 가다듬어져 있습니다. 그녀는 말쑥한 투피스 의복을 좋아합니다. 브로치를 달고, 목걸이와 귀걸이도 합니다. 일반적으로 그녀는 핸드백을 들고 다닙니다.

§.7-3-4 주체 지위: '국민'

어떤 정당이나 어떤 정치 흐름도 사회적 기반을 가져야 한다. 즉, 그 정당이 대표한다고 주장할 수 있고 지원을 받기를 기대할 수 있는 전체인구의 어떤 계층이나 여러 계층을 뜻한다. 정당들이 이런 사회적 기반을 전체인구에 투영하는 일은 흔한 일이며, '국민'이 그들 자신의 후원자 성격을 지닌다고 주장한다. 그렇지만 사회기반이 꼭 이미 만들어져 존재할 필요는 없다. 사회기반은 (그리고 함의에 따라 '국민'은) 종종 다양한 사회집단들이 함께 결합되어 구성되어야 한다. 이는 특히 영국에서 보수당의 경우에 그러한데, 언제나 실질적인 노동계층의 소수집단은 물론, 자본가와 '중산층'을 포함하는 유권자constituency, 선거구들에 의존한다. 이는 특히 대처주의자Thatcherites, 대처의 추종자와 같이 새로운 흐름이 생기는 경우에 그러한데, 전적으로 기존에 구성된 유권자들에 의존할 수 없는 것이다. 그러나 이는 또한 노동당에 대해서도 참인데, 스스로 선거에 승리하기 위하여 중산층의 지지가 필요하다고 여긴다.

포함된 것의 일부는 정치담론의 목표가 되는 사람들, 특히 대중매체의 청중에 대하여 주체 지위를 (재)구성하는 일이다. 우리가 살펴보게 될 인용의 경우에는 더욱 특별히 '청자'들에 대한 주체 지위인데, '국민'을 대표한다고 추정된 라디오 청취자들이다. 본질적으로 포함되어 있는 것은 앞에서 대처주의Thatcherite 정치에 대한 '권위적 대중영합주의authoritarian populism'로 언급한 바를 구성해 주는 정치 요소들의 혼합물과 조화되는 가정·신념·가치의 형상을 청취자들에게 투영해 놓는 일이다. 그렇지만 앞에서도 말하였듯이 이는 간접적으로 실행된다. 대처 수상은 '국민'에 대한 텍스트에서 많은 주장들을 하는데, 함의에 의해서 이는 청취자들을 '국민'의 대표로 자리매김한다position, 위치시킨다.

[질문 3]에서는 등위접속 구문coordination, 병치 나열 구문에 집중하도록 제안한다. 제5장(〈물음 8〉)에서 이 용어는 단순문이 동일한 비중을 지니고 복합문으로 결합되는 경우를 위하여 도입하였는데, 일반적으로 and(의미상 순접), but(의미상 역접), or(선접)로 연결된다. 사실상 다양한 문법요소들이 단순문으로부터 나와 따로따로 접속될 수 있다. 가령 명사구로도 접속되고, 종속절로도 접속되는 것이다. 여기서는 원문의 47행, 48행, 50행, 52행, 54행, 55행, 56행, 58행, 62행에서 and(순접, -고, -며, -는데, 따라서) 또는 원문의 51행에서 but(역접, -지만)에 의해 연결된 요소들에 초점을 모으기로 한다. 비록 더욱 두드러진 것이 텍스트에서 등위접속 구문으로 간주될 수 있는 다양한 목록나열이지만, 명시적으로 함께 이어지는 것은 아니다. 원문의 23행~28행, 30행~31행, 58행~59행, 64행~66행에 있는 주장의 목록, 질문의 목록, 명사구 목록, 이유 절의 목록 등이다.

Think 생각해 보기 바랍니다

[질문 3] 텍스트상의 특징이 청취자 구성원들에 대한 주체 지위와 관련하여 어떤 가치를 지니고 있습니까? 담화유형의 낯선 재구성을 가리킬 법한 비일관성들이 들어 있습니까?

텍스트에 들어 있는 일부 등위접속 구조[14]는 명시적으로 '영국 국민'의

14) (역주) coordination(등위접속)의 가장 손쉬운 형식은 임의의 것을 병치하고 나열하는 방식이다. 가령, "A B C"와 같다. 만일 접속사 and를 쓴다면, 글말 영어에서는 "and A and B and C"와 같은 기본표상에서, 마지막 and만을 제외하고서 모두 지워 버려야 한다. 즉 표면으로 나오면 "A, B, and C"처럼 되는 것이다. 마지막 and 앞에 쉼표는 최근 들어서

속성들을 귀속시킵니다. 원문의 23행~28행, 70행~73행, 95행~97행에 있습니다. 대처 수상은 대담을 통하여 계속 이런 속성들을 추가하지만, 짤막한 발췌를 한 가지 인용하기로 합니다.

it's not British we don't like being pushed around we're not going to ask the union bosses union bosses aren't there to be bosses over their people they're there to respond to the people
(그것은 영국답지 않습니다. 우리는 주위에서 재촉받기를 좋아하지 않습니다. 우리는 노조 간부들에게 묻지 않을 것입니다. 노조 간부들은 노동자들 위에 군림하는 간부가 되기 위해서 거기 있는 게 아닙니다. 국민들에게 대답하기 위하여 거기에 있는 것입니다)

원문 30행~32행의 질문들과 원문 95행~97행의 주장들로 된 두 가지 다른 구조가 국민에 대한 바람직한 속성들을 목록으로 나열하는데, 암묵적으로 청취자 주체 지위의 특성화에 기여하는 것으로 취급할 수 있다고 생각합니다.

이것들을 모두 취한다면, '국민'에 대한 대처 수상의 해석은 다음처럼 요약될 수 있습니다.

① self-reliant(자립적)
② independent in thought and action(생각과 행동에서 독립적)
③ independent of government(정부로부터 독립적)
④ responsible for their families(가족들을 책임짐)
⑤ use resources wisely for the sake of their children(후손들을 위하여 자원을 현명히 이용)
⑥ dislike being 'pushed around'(재촉받는 것을 싫어함) (가령 '노조 간부

찍는 경향이 많아지고 있지만, 이전 방식으로는 쉼표가 없이 "A, B and C"라고 쓴다.

들'에 의해 또는 속뜻에 따라 간섭하는 국가에 의해)

⑦ 어떤 측면에서 supportive of strong government(강력한 정부를 지지함)
⑧ respect law and order(법과 질서를 준수함)
⑨ in favour of the family(가족을 위함)
⑩ involved in charitable works in the community(공동체에서 자선사업에 참여함)
⑪ personally and politically loyal(개인적으로 그리고 정치적으로 충성스러움)
⑫ economically efficient(경제적으로 효율적임).

가령, 물론 우리가 생각할 법한 자선 베풂이 적은 어구표현들도 있습니다.

㉠ self-centered and individualistic(자기중심적이며 개인주의적인)
㉡ authoritarian with respect to 'law and order'(법과 질서에 관하여 권위주의자)
㉢ state oppression generally(일반적으로 국가의 압제/억압)
㉣ the family(가족 이기주의)
㉤ trade unions(노동조합)
㉥ the welfare state(복지국가)
㉦ chauvinistic(광신적 애국주의) 등

그렇지만 어떤 쪽의 내용에서 보든지, 분명한 것은 개인적 자립성에 대한 신자유주의 요소이고, 개인과 가족을 위한 복지지원의 축소에 대한 접속(접근)입니다. 법과 질서 또는 국제관계로 다가가면, 강력한 국가를 위한 지원, 그리고 가족에 대한 전통적인 개념화를 위한 지원과 같이, 좀 더 전통적인 보수적 요소에 대한 접속(접근)입니다.

이제 지금까지 언급되지 않은 다른 구조들을 살펴보기로 하겠습니다. 원문의 46행~47행에 있는 예는 영국에 대하여 두 가지 속성을 귀속시킵니다.

defend its freedom(자신의 자유를 방어하고)

be a reliable ally(믿을 만한 동맹자/협력자가 되는 일)

여기서 영국이 의인화되어 있습니다. 축자적으로 사람들이 이런 속성들을 지닐 수 있지만, 국가는 불가능합니다. 이는 이들 속성을 다시 '국민'들에게 적용하는 것으로 쉽게 해석해 나가도록 만들어 줍니다. 특히 이들 중 두 번째 요소는 원문의 98행에 있는 loyal allies[충성스런 동맹자/협력자들]와 반향이 이뤄지기 때문에 그러합니다. 원문의 82행~83행에 있는 사례는 동일한 짝의 속성들을 we[우리]에 적용합니다. 앞에서 저자가 주목하였듯이, 이는 정부를 가리키거나 또는 하나의 전체로서 '국민[the people]'을 가리키는 것으로 해석될 수 있습니다. 이 단계까지 우리는 이들 속성을 '국민'을 가리키는 것들로 인식하고 있기 때문에, we[우리]를 '국민'을 가리키는 것으로 해석하기가 더 쉽게 만들어 줍니다.

다른 사례에서는 청취자들의 다양성에 대하여 하나의 단일한 구성요소로 융합해 놓으려고 시도하는 대처 수상의 민감성을 반영해 줄 법한 어구표현의 병치나열 구문을[15] 찾아냅니다. 아마 최선의 사례는 원문의 63행~64행에 있는데,

the ownership of property of a house(집이라는 재산의 소유)

입니다. 대처 수상의 어떤 구성요소에서는, 재산을 소유하는 일이 집을 담보로 하여 돈을 빌리는 것이 아니라, 훨씬 더 매력적인 어떤 것을 의미하지만, 대다수의 사람들에게는 그것이 결코 주택담보대출 이상의 것을 의미할 수 없었습니다. 또 다른 사례는 원문의 54행에 있습니다. 거기에서

15) (역주) coordination(등위접속 또는 병치나열 구문)이란 말은, 바로 1줄 앞서 나온 a chance of owning some property(어떤 재산을 소유하는 기회)와 현재 논의 중인 the ownership of property of a house(집이라는 재산의 소유)를 병치·나열해 놓은 것으로 본다. 이는 앞의 역주 14)에서 "A B C" 형식이다.

uphold the value of the currency(통화가치를 떠받치다)

는 청취자들에게 모두 접속/접근 가능한 쉬운 표현이지만, 반면에

sound finance(건전한 재정)

는 오직 '사정에 밝은in the know' 사람들만 알아들을 법하고, 대처주의 경제 이론에 속한 어렵고 반쯤 전문용어의 표현입니다. 사뭇 다른 사례가 원문의 49행에 있는데, 아마 일부 특정한 청취자들에 대하여 요점을 이해시켜 주는 방식인 듯합니다.

stand by your word(약속을 지킨다)

라고 말함으로써, 등위접속 구문의 두 번째 부분이 대인관계에 비춰 정부의 일을 의인화해 놓습니다. 여기서 대처 수상이 자주 써서 잘 알려진 국가경제와 집안살림 사이에 있는 유추를 생각하게 됩니다. 마지막 사례는 아주 다릅니다. 원문의 58행~59행에서

thriving industries thriving services(번영하는 산업, 번영하는 공공사업)

의 병치 나열은, 이념적 창의성에 대한 작은 예화입니다. 이를 해석을 위하여 공공사업이 산업체에도 적용되는 기준과 유추가 되는 성공기준에 따라 평가될 수 있다는 묵시적 가정을 청취자들에게 요구합니다. 이는 진짜 대처주의 가정인 것입니다. 사실상 이런 사례는 내용에 대한 그리고 세계 표상에 대한 사안인 것입니다.

마지막으로 대처 수상이 목록을 이용하는 의도에 대하여 언급하기로 하겠습니다. 목록 속의 항들이 제시되는 경우에, 연결형태로 나열된 대상들을 지니지만, 그 연결의 정확한 본성16)에 대해서는 전혀 언급이 이뤄지

지 않습니다. 묵시적으로 남겨진 연결관계들을 추론해 낸다는 점에서, 이는 해석 주체가 그 '작업을 실행해야' 함을 의미합니다. 그러므로 대처 수상이 청취자들에 대해서 이념적 '작업'을 실행하고 있는 한, 청취자 구성원들은 스스로 이런 작업의 일부를 실행하는 쪽으로 이끌려 들어가고 있는 것입니다.

§.7-3-5 갈등: 상호텍스트 맥락

더 앞에서 언급하였듯이, 비록 우리가 살펴보고 있는 텍스트에서는 반대파들에 대하여 외현적인 언급이 전혀 없지만, 일반적으로 대처주의자들은 정치적 반대파들을 공격하는 일을 멈추지 않는다. 그렇지만 반대파 공격에 대하여 암묵적인 소수의 암시들이 있는데, §.6-1-2에서 다룬 상호텍스트 맥락에서 반대입장의 텍스트들에 대한 암시로서 간주할 수 있다. 다음 질문에 답변하면서, 원문의 23행~24행에 있는 두 개의 부정문과 원문의 50행, 52행, 58행~59행, 96행~97행에 있는 강조 및 대조 주장에 초점을 모으기 바란다(영어 원문에는 강조된 낱말이 대문자로 표시되어 있고, 번역에서는 밑줄을 그어 두었음).

Think 생각해 보기 바랍니다

[질문 4] 대처주의 산출주체 및 반대파 사이에 있는 갈등에 대하여 텍스트 상의 특징들로서, 어떤 흔적들이 들어 있습니까?

---

16) (역주) 목록에서 볼 수 있는 연결의 본성은, 크게 형제/자매 관계와 상하/포함 관계로 나뉜다. 형제관계는 의미상으로 순접의 관계와 역접의 관계로 하위 구분된다. 상하관계는 계층상으로 점층의 관계와 점강의 관계로 하위 구분된다. or(선접)는 임의의 항목을 뽑는다는 점에서 2차적으로 모두 앞의 관계들에 적용될 수 있다. 워커·조쉬·프린스(Walker, Joshi, and Prince, 1998) 엮음 『담화에서 중심소 전개 이론(*Centering Theory in Discourse*)』(Clarendon Press)를 보기 바란다.

(1) 부정문: 부정적 단어은 상호텍스트 맥락에서 대응하는 긍정적 단언을 환기시켜 거부하게 만듭니다. 그러나 원문의 23행~24행에 있는 부정적 단언의 경우에, 실제 그림은 이런 시사보다도 더욱 사뭇 복잡합니다. 왜냐하면 대처의 정치적 반대파들이

they do have to be told
(실제로 국민들이 말을 들을 필요가 있다/말해질 필요가 있다),
they do like to be (are willing to be) pushed around
(실제로 국민들이 재촉받는 걸 좋아한다/기꺼이 재촉받고자 한다)

라는 긍정적 주장을 한다고 귀속시키는 일이 믿을 만하지 않기 때문입니다.[17] 핵심 논점은 상호텍스트 맥락으로 반대 텍스트를 암시하는 일에서, 반대파들의 표현방식을 이념상으로 대조가 되는 그들 자신의 표현법으로 대치해 놓으면서, 규범적으로 산출 주체들이 그 텍스트 내용들을 고쳐 거듭 공식화한다는 점입니다. 가령, 이 사례의 경우에 대처 수상은 긍정적 주장들에 반대하는 논의와 암시를 하고 있으며, 좀 더 다음과 같은 어떤 것으로 표현됩니다.

people need guidance
(국민들에게는 지도/안내가 필요하다)

또는

people are quite wiling to accept guidance (from welfare agencies)
(국민들은 복지기관들로부터 지도/안내를 아주 기꺼이 받아들이고 있다)

17) (역주) 대처 수상은 국민들에게서 자율적이며 책임 있는 행동을 강조하고 있다. 따라서 허수아비로서 반대입장을 세우되, 마치 국민들이 타율적이며 종속적으로 되는 걸 좋아하는 것처럼 그려 놓고 있다.

(2) 강조 주장: 이는 사실상 부정문에 대한 반대가 됩니다. 즉, 대응하는 부정적 단언을 상기시켜 거부하는 것입니다. 예를 들어, 원문의 50행에 있는 사례

> yes, you HAVE got to be strong on law and order
> (예 그렇습니다. 여러분은 법과 질서에 대해 반드시 강력해져야만 합니다)

에서, 앞에서처럼 대처 수상이 고쳐 거듭 입장 정리(§.5-9-2 역주 33 참고)를 허용하게 되면, 상호텍스트 맥락에 대해서 부정적인 단언

> you don't need to make a big issue of law and order
> (여러분은 법과 질서를 놓고서 큰 시빗거리로 삼을 필요가 없습니다)

가 귀결되어 나옵니다. 원문의 52행에서도 비슷합니다. 원문의 96행~97행에 있는 대조적인 단언은 사뭇 다르게 작동합니다. 이는 이 인용에서 대처 수상이 더 앞에서 해 놓은 주장을 반복하는 방식입니다. 한 가지 대조적인 주장의 사례가 원문의 58행~59행에 있습니다. people(국민)이 강조를 실행하는데, 이는

> 'you expect people and not X to create thriving industries thriving services'
> (여러분은 X에게가 아니라, 바로 국민들에게, 번영하는 산업과 번영하는 공공사업을 창조하기를 기대합니다)

로 해석되는 효과를 지닙니다. 사회적 지식뿐만 아니라 사람들에서부터 정부에 이르기까지, 대처 수상이 반대하고 있는 즉각적인 맥락에 근거하여 X의 정체를 결정하는 일은 청취자들에게 맡겨져 있습니다. 저자는 X가 정부라고 가정합니다. 대처 수상은 여기서 응당 경제뿐만 아니라 또한

공공사업들까지도 직접적인 통제력을 발휘해야 한다고 보는 자신의 정치적 반대파의 정책들을 겨냥하여 반영하고 있습니다. 앞에서 언급하였듯이 병치나열된

thriving industries thriving services
(번영하는 산업들, 번영하는 공공사업들)

는 여기서 산업과 마찬가지로 동일한 성공기준을 지니는 것으로 해석된 공공사업을 위하여, 정부가 책임지고 전념하여 이행하는 일을 반대파에 귀속시키고 있다는 점에서 아주 교묘합니다.

§.7-3-6 해석

이제 문제들이 어떻게 제기되고, 그 문제들을 대처 수상이 어떻게 해결하려고 노력하는지를 보여 주기 위하여, 부분적으로 대처 수상의 산출과정을 재구성하도록 시도할 필요가 있다. 이상적으로만 보면, 우리는 또한 청취자 구성원들의 해석과정들도 응당 재구성해야 하겠는데, 만일 그렇지 않는다면 대처 수상의 해결책들이 청취자들에게 '작동하는지work, 먹혀드는지' 여부를 알 길이 없기 때문이다. 그러나 해당 사례의 연구에서 청취자에 대한 정보를 포함시키지 않았다는 점에서, 저자는 다만 마지막 부분에서 이에 대하여 두어 가지 촌평을 내리게 될 것이다. 또한 대처 수상의 산출과정을 해석하기 위하여 우리가 지닌 이용할 수 있는 정보를 보충해 놓고자 한다. 가령, 텍스트 상의 선택들에 대하여 대처 수상이 내린 구현내용들이다.

아래에서 저자는 단순화시켜 놓은 가정을 세우게 될 것이다. 즉, 대처 수상이 문제점들을 해결하려고 시도한 방식들 및 담화유형에 대하여, 연합된 참신한 결합내용이 인용내용이 발췌된 특정 담화에 특징적이며 새롭다는 가정이다. 사실상 분명히 이것이 실제의 경우

는 아니다. 대처 수상은 자신에게 관습화되어 익은 담화유형들의 결합을 이용하고 있다. 이는 새롭게 각 담화마다 재창조될 필요가 없는 것이다. 우리는 이것들을 이전에 그녀의 창조적인 모든 재구성 '작업work'으로부터 나와 축적된 '자본capital'으로 생각할 수도 있겠다. 따라서 단순화해 놓은 저자의 가정에서 비춰 보면, 이런 특정한 담화가 실제 그러한 것보다도 훨씬 더 개혁적으로 보이도록 만들어 줄 것이다.

생각해 보기 바랍니다

> [질문 5] 대처 수상의 자원들 및 해당 상황에 대한 그녀의 분석 사이에 있는 불합치(mismatch)를 통해서 산출과정에서 대처 수상에게 어떤 문제들이 일어납니까? 이런 문제들을 해결하려고 시도하면서, 대처 수상은 담화유형들에 대하여 어떤 참신한 결합을 생성해 놓습니까?

먼저 §.6-1-1의 얼개를 이용하면서 상황 맥락에 대한 해석을 진행해 나가기로 하겠습니다. 저자가 제시한 해석은, 해당 텍스트의 증거로 보아 대처 수상이 운용하고 있는 것인 듯합니다. '무엇이 진행되고 있나?what's going on'에 비춰 보면, 활동유형은 방송에서의 정치 대담입니다. 이것이 정치에서와 방송내용에서 이중의 제도적 지위를 부여해 줌에 주목하기 바랍니다. '누가 포함되어 있나?who's involved' 및 '어떤 관계인가?in what relations'에 비춰 보면, 참여자들의 주체 지위는 다음과 같습니다.

(1) 화자, 수신자, 청자(해당 상황과 결부된 말하기 및 듣기의 위상임)
(2) 대담 진행자, 대담 응대자, '구경꾼들'(해당 활동유형과 결부된 위상임)
(3) 이중의 제도적 지위가 주어져 있으므로, 제도에 따른 참여자들에게 귀속된 두 부류의 정체성이 있습니다. 한 부류는 방송에 관련된 참여자들로서 대중매체 인물, 방송 기자, 청취자입니다. 다른 부류는 정치에 관련된 참여자들로서, 정치지도자, 정치부 기자, '대중' 구성원들

입니다.

참여자들에 대하여 관련된 다른 측면은, 대처 수상이 성별이 혼합된 청취자들 앞에서 남성 대담자에게 말을 하고 있는 여성이라는 점입니다. 비록 이것이 BBC 제3 라디오 대담이라는 한계 속에서라도, 청취자들이 사회적으로 그리고 정치적으로 다양할 것 같다는 점입니다.

지금까지 저자는 대담자 마이클 촬튼[MC]의 해석이 대처 수상의 해석과 크게 다르지 않을 것으로 가정해 왔습니다. 그러나 이들은 목적과 주제를 해석하는 일('무엇이 진행되고 있나'에 대한 측면임)이 사뭇 차이가 날 것 같습니다. 마이클 촬튼으로서는 이 담화의 제도적 모체가 방송이고, 정치는 하나의 주제로서 부차적인 지위를 지닙니다. 청자는 주로 라디오 청취자들이며, 대처 수상은 1차적으로 '주인공[personality, 유명인사]'입니다. 따라서 이 프로그램의 목적(그리고 실제로 이 프로그램이 속한 정규 연속물의 목적)은 중요한 공적 인물의 견해를 청취자들이 들을 수 있도록 해 주는 것으로 보입니다.

표면상으로는 이 모든 것을 대처 수상이 받아들입니다. 그렇지만 감춰진 층위에서는, 실질적으로 정치인으로서 그녀가 해당 담화에 대한 제도적 기반을 정치로 간주하기 마련이고, 방송을 정치를 위한 전달수단[vehicle]으로 간주하며, 청자들을 주로 '대중'의 구성원들로 바라보고, 일차적으로 스스로를 정치지도자로 여깁니다. 결과적으로, 대담자 촬튼의 목적 정의에 대한 표면적 수용의 밑바닥에는, 대처 수상이 (비록 널리 이해되지만) 승인되지 않은 전략적 목적을 갖고 있습니다. 이는 청취자들이면서 '대중'의 구성원들을 놓고서 정치상으로 자신에게 바람직스런 영향력을 끼치려는 것입니다. 이런 전략적 목적은 대처 수상으로 하여금, '평상시 자기 자신'이 되고 청취자들이 어떠하리라 가정하는 대로 청취자들과 관련이 이뤄지도록 노력하기보다는, 오히려 그녀 자신의 이미지와 청취자의 이미지와 그들 간의 관계에 대한 이미지들을 구성해 내도록 이끌어 갑니다. 이는 대처 수상의 전략적 목적과 조화됩니다.

저자는 상호텍스트 맥락보다는 오히려 상황 맥락에 초점을 맞추고 있지만, 잠시 상호텍스트 맥락을 생각해 보기로 하겠습니다. 대처 수상은 무엇이 언급되지 않은 채 남겨질 수 있는지, 그리고 어떤 텍스트가 넌지시 암시될 수 있는지를 결정하기 위하여, 대담자 및 청취자 양쪽 모두의 상호텍스트 경험을 평가해 놓아야 합니다. 청취자에 대한 그녀의 평가는 단호한 듯합니다. 그녀는 대담자 촬튼이 지닐 수 있겠지만, 많은 청취자들이 지니지 못할 만한 상호텍스트 경험을 가정하는 일을 피합니다. 한 가지 사례가 바로 앞의 [질문 4]와 관련하여 논의된 갈등에 대한 텍스트상의 흔적들입니다.

이제 이런 분석의 요소들 및 대처 수상의 자원들 사이에 있는 불합치mismatch, 불일치와, 이런 것들을 해결하기 위하여 그녀가 어떻게 시도하는 것으로 보이는지에 초점을 맞춰 다뤄 나가기로 하겠습니다. 저자는 앞에서 다뤘던 [질문 1~3]의 순서를 따르게 될 것입니다. 차례에 따라 관계를 논의하고, 대처 수상의 주체 지위를 논의하며, 청취자들에 대한 주체 지위를 논의할 것입니다.

관계들의 경우에는 사안을 단순화시켜 놓고서, 대처 수상의 자원들이 정치지도자 및 '대중'들 사이에 있는 사회적 관련성에 대한 가정들을 구체화해 주는 담화유형을 포함한다고 가정하게 될 것입니다. 소략하게, 이는 제2차 세계 대전 뒤에 영국 수상들을 역임한 처칠Churchill이나 애뜰리Attlee나 이든Eden이 지녔을 법한 가정에 상응하며, 다음과 같은 정치 지도력에 대한 비결recipe로 요약되어 있습니다.

> 'keep your distance and assert your authority'
> (거리감을 유지하면서, 권위를 주장하라)

사실상 전쟁 이후로 영국 수상들은 곧 다뤄질 [질문 6]에서 저자가 언급한 이유들 때문에 점차 이런 동떨어지고 권위주의적인 관계에 대한 문제들을 경험해 왔습니다. 이런 사례에서 이를 이들 자원 및 대처 수상이 전략적 목적을 위하여 해당 맥락에 부여하려고 애쓰고 있는 참여자 관계의 분석 사이에 있는 불합치mismatch, 불일치로부터 즉각적으로 일어나는 것으로 간주할 수 있습니다. (you[너, 당신, 여러분] 등) 유대감을 표현하는 대화로 된 담화의 관계 요소들을 ('국민'을 대변하여 말하는) 권위를 표현하는 좀 더 전통적인 정치 담화유형의 관계 요소들과 결합하면서, 서로 다른 정치인들이 대처 수상이 채택하는 문제해결 전략의 종류를 놓고서 다양한 내용들을 산출해 왔습니다. 그 비결은

'claim solidarity but assert your authority'
(유대감을 선언하되, 권위도 함께 주장하라)

로 바뀝니다. 유대감을 선언하는 데에는 권위를 유지할 수 없게 될 위험이 있으며, 이것을 성취하기에 문제가 많은 혼합체로 만들어 버립니다. 전통적으로 권위적 위상으로부터 여성을 배제해 왔기 때문에, 특히 대처 수상에게는 문제가 됩니다. 이는 우리를 다음의 불합치mismatch, 불일치로 이끌어 갑니다.

대처 수상의 주체 지위를 다루는 경우에, 정치인들에게 이용 가능했던 자원들 사이에 불일치가 있습니다(저자는 대처 수상 자신이 이 대담 이전에 일어나도록 기여한 자원들에서의 변화들은 배제하였음). 이는 정치지도자에 대한 주체 지위가 남성 위상이었다는 담화유형에 내포된 가정을 포함하여, 대처 수상이 여성이라는 명백한 사실뿐만 아니라, 또한 대처 수상이 전략적 이유들 때문에 해당 맥락 속으로 투영되기를 희망하는 그녀 자신에 대한 이미지도 포함합니다. 이런 경우에, 문제가 여성 지도자를 위한 담화유형의 이전 구조를 해체해 버리는 일이 아니라는 점에 주목하기 바랍니다. 그런 구조가 존재한 적이 없기 때문입니다. 문제를 해결하는 대처 수상의 전략은

'be authoritative, decisive and tough, yet do not compromise your femininity'

(권위적이고 단호하며 억세지만, 여성의 속성을 잃지 말 것)

이란 비결로 요약될 수 있습니다. 이는 모순스럽게 들립니다. 앞부분에 있는 세 개의 낱말이 모두 남성의 속성과 결부되어 있기 때문입니다. 대처 수상이 실행한 바는, 전통적인 남성 정치인 담화유형의 권위적 표현 요소들(가령 권위적인 양태 표현), 다른 남성 담화유형으로부터 나온 '억센' 표현 요소들(그녀의 발언기회들에 대한 대담자의 통제권을 거부하는 look[잘 보세요, 이봐요, 주목해요]), 그리고 거의 분명히 패션(유행)의 시각적 '담화'로부터 나온 '여성다운' 표현요소들뿐만 아니라, 또한 저자가 전형적으로 여성적인 것으로 귀속시켜 놓은 자기겸손과 신중성의 가치를 보여 주는 비-권위적 양태 특징들을 가장 분명하게 결합하는 것입니다. 비록 대처 수상이 여성 지도자 위상을 구성하는 데에 두드러지게 성공적이지만, 그것은 feminist[여권 신장주의, 남녀 동등주의] 입장 이외에는 아무것도 아닙니다. 자세한 논의는 다음에 나오는 [질문 6]을 보기 바랍니다.

마지막으로 청취자를 이루는 'the public[대중, 민중]' 구성원들 부류의 주체 지위를 보기로 하겠습니다. 이 경우에 불일치[mismatch]는 'the public[대중, 민중]'에 대하여 좀 더 전통적 형태의 보수주의 담화에서 찾을 수 있는 가정 및 대처 수상의 특정한 정치공약과 목표가 구성하도록 이끌어 가는 'the public[대중, 민중]' 사이에 있습니다. 이미 살펴보았듯이, 대처 수상의 전략은 전통적인 보수주의 담화 요소(애국심, 가족에 대한 헌신 따위)들을 '신자유주의[neo-liberal]' 담화(국가의 '간섭'에 대한 반대 따위)에 결합하려는 것입니다. 대처 수상이 구성하는 'the people[국민]'의 추가 속성들은, 관계에 대하여 그리고 대처 수상의 주체 지위에 대하여 언급된 것으로부터 따라 나옵니다. 'the people[국민]'은 억세고 단호한 지도자들을 받아들이며, 이런 지도자들이 'the people[국민]'들과의 유대감을 선언하고, 그들의 희망·바람·두려움 등을 분명히 말할 권리를 지녔음도 수용합니다. 이것은 'the people[국민]'에 대한 populist[대중 영합주의, 민중주의] 투영이며, 대처 수상의 참신한 재구성에 있는 추가 요소입니다.

§.7-3-7 설명

제6장에서 제시되어 있는 설명 단계의 관심에 따라서, 이제 제도적(기관적)이며 사회구조적 층위에 있는 사회 과정 속의 한 요소로서 대처 수상의 담화를 살펴보기로 한다. 이들 층위에 있는 권력관계 및 권력갈등에 의해서 이념상으로 그것이 어떻게 결정되며, 이념상으로 어떻게 결정요인들이 되는지를 보여 줄 필요가 있다. 이들 두 층위에 대응이 되도록 [질문 6]을 두 부분으로 나눌 것이다. 즉, 사회제도(기구) 및 (더 심층적/거시적인) 사회구조이다.[18]

Think 생각해 보기 바랍니다

[질문 6a] 이 담화는 어떠한 제도적 과정들에 속합니까? 이념상으로 이 담화가 어떻게 결정되며, 이념상으로 어떻게 결정하는 요소가 됩니까?

이 담화의 제도적 기반은 실제로 사뭇 복잡합니다. 왜냐하면 '정치'가 정당·정치기구(가령 국회)·정부기구(가령 국가 행정부)·대중매체 등 다수의 제도(기관)들에 영향을 미치기 때문입니다. 한 가지 흥미로운 질문은 대처주의 담화가 여러 제도적(기관적) 경계를 따르는 경로입니다. 비록 앞에서 시사하였듯이, 대처 수상이 스스로 그런 기반에 의해서 구속되는 것을 허용하지 않지만, 이 사례에서는 즉각적인 제도적 기반이 대중매체, 즉 방송입니다.

이 담화가 속한 제도적 과정(≒방송 과정)들은 일반적으로 정치적 지지 및 정치 (행정부) 권력을 위한 (대중매체와 다른 제도들 속에서) 정당들 간의 갈등(투쟁)입니다. 좀 더 구체적으로 말하여, 보수당에서 지배력을 장

18) (역주) §.6-3에서 세 가지 층위가 도입되었다. 가장 밑바닥에 사회구조적 층위가 있고, 이 위에 제도적 층위 또는 기관적 층위가 있으며, 마지막으로 상황 또는 현장 층위가 있었다. 이곳에서는 표면적인 담화현상을 하부에 있는 제도적 층위로부터 그리고 가장 심층에 있는 사회구조적 층위로부터 이끌어 내려는 것이다.

악하기 위한 대처 추종세력의 '새로운 권리[new right]'에 대한 갈등(투쟁)입니다. 이어 정부 권력에 대한 갈등이며, 이어 새로운 정치적 합의의 확립에 대한 갈등입니다. 앞에서 본 대처주의의 일반 논의를 상기하기 바랍니다. 앞에서 우리가 표본을 살펴본 대처주의의 담화는, 이런 갈등에서 중요한 요인이 되어 왔고, 아마도 이념상으로 형성하고 결정짓는 효과를 통하여 권력관계 및 갈등의 산출물에 영향을 미치게 될 담화 역량에 대한 적절한 사례입니다. 이런 차원에서 [질문 6a]에서 대처 수상의 담화가 이념상으로 결정요인이 되고 창의적으로 되는 방식들에 초점을 모으고, [질문 6b]에서 그 담화가 이념상으로 결정되는 방식들을 논의하게 될 것입니다.

대처 수상의 담화는, 정치지도자로서 대처 수상과 'the public[대중, 민중]' 사이의 관계에서 권위주의 및 유대감에 대한 특정한 명시적 표현에 영향을 미치는 한, 사회적 관계에 관하여 잠재적으로 이념적인 구성요인으로 간주될 수 있습니다. 그렇지만 이미 앞에서 시사하였듯이, 실제로는 모든 주요 정당들을 포함한 지도자 대 '대중(민중)'의 관계를 놓고서 더 광범위한 재구성의 일부를 형성한다는 점에서, 대처 수상의 기여내용이나 대처주의의 기여내용을 분리해 내는 것이 사뭇 인위적입니다. 부분적으로, 정치 투쟁을 위한 제도적 장소로서 대중매체의 중요성이 극적으로 성장한 사실이 이 점을 설명해 줍니다. 대중매체 종사자·'출연자[performers]'·청중 사이에서 평등주의[egalitarian] 관계를 놓고서 대중매체가 불가피하게 전념하여 구현해야 함이 사실이라면, 먼 옛날의 가부장적 관계를 그대로 유지하기가 어려울 것입니다.

그러나 저자는 아래에서 논의하게 될 더 심층의 사회구조적 이유들이 있다고 생각합니다. 유대감-권위주의 혼합체[19)]의 내용은 이제 정치지도

19) (역주) solidarity(유대감, 결속감)는 수평적인 나와 너의 관계를 나타내고, authority(권위주의)는 수직적인 상하관계를 나타낸다. 비록 서로 모순스러워 보이는 두 축이, 국민을 부드럽게 대해 주되, 지도자로서의 권위를 잃지 않는 모습으로 혼합되어 있다. 우리나라에서는 과거에 대통령을 권위주의적으로 '각하'로 불렀었다. 이는 '유일하게' 특정인을 상하관계로 드러내는 표현이다(어원상으로는 눈길이 '각[閣, 문설주]' 아래에 머물도록

자들에게 관례적이지만, 특히 정치인들과 나머지 인구들 사이에 있는 실제 사회적 관계에 대한 유대감에 비춰 보아, 그 혼합체들의 효과는 당연한 것으로 간주될 수 없습니다. 정치인들의 유대감은 구성되고 허구적인 'publics대중, 민중'들과 함께 있습니다. 정치인들은 실제 'public대중, 민중'의 모든 다양한 계층들과의 유대감을 선언하지도 않고, 아무도 그런 선언이 상호 호혜적으로 될 것으로 상상하지도 않습니다! 이런 '유대감'에 대해서는 허구적이며 상상적 성격이 있는데, 다음 [질문 6b]에서 다루게 됩니다.

여성 정치지도자인 사회적 정체성의 측면과 'the public대중, 민중'의 측면에서 대처 수상의 이념적 영향은 더욱 각별히 그녀 자신이 창조해 낸 것들에 말미암습니다. 대처 수상은 기존 정치제도 속에다 단호하고 공격적 행태를 지닌 위엄스런 모습authoritativeness이라는 전통적 속성을, 여성의 속성과 결합해 놓은 새로운 종류의 지도자 모습을 들여 왔습니다. 단호하고 공격적 행태의 지도력을 확립해 놓으면서, 대처 수상은 영국 정치계에서 새로운 권리에 대한 입장을 강화해 왔습니다. 대체 어느 범위까지 그녀가 여성의 지위를 강화시켜 놓을지는, 여전히 답변할 수 없는 열린 질문입니다. 의심할 바 없이, 대처 수상이 편견을 깨뜨려 놓은 덕분에, 여성들이 지도적인 정치 지위를 더 쉽게 획득할 수 있음을 깨닫게 될 것이지만, 엄격한 제약 속에서 그럴 것입니다. 자세한 논의는 다음 [질문 6b]를 보기 바랍니다. '대중'(민중)의 사회적 정체성에 대해서, 대처 수상과 대처 추종자들은 자신들이 옹호하는 경쟁적인 개인주의competitive individualism를 위한 사회적 기반을 분명히 어느 정도 만들어 놓은 듯합니다.

이제 [질문 6b]를 다루겠는데, 제도적(기관적) 층위에서부터 벗어나, 더 거시적인 사회구조적 층위로 들어가는 것이다.

하여, 결과적으로 상대방에게 존경의 뜻을 드러냄). 최근에는 '대통령님'이라고 부르고 있다. 비록 존대하여 직위/직급으로 부르고 있지만, '님'이란 접사가 흔히 많은 직위/직급에도 붙는다는 점에서(사장님, 회장님, 장관님 등) 유일성이 제거되고, 따라서 권위도 많이 감소되어 있으므로, 상대적으로 친근하게 느껴질 것이다.

생각해 보기 바랍니다

> [질문 6b] 이 담화는 어떤 사회구조적 과정들에 속합니까? 이 담화가 이념상으로 어떻게 결정되며(결정받으며), 이념상으로 어떻게 결정하는 요소가 됩니까?

저자는 이 담화를 놓고서 두 가지 사회구조적 과정들의 일부로서 촌평을 내리고자 합니다. 첫째, 자본계층(또는 자본계층을 구성하는 지배층) 및 노동계층과 그 동맹자들 사이에 있는 계층갈등class struggle, 계급투쟁입니다. 둘째, 남성과 여성 사이에 있는 성별 갈등입니다. 여기서 저자는 이 담화를 놓고서 앞의 [질문 6a]에서 다루었듯이 이념상으로 결정하는 측면들뿐만이 아니라, 또한 이념상으로 결정하는determinative 요소들이 이념상으로 결정된determined, 결정받는 요소들[20]과 상호작용하는 방식들에도 초점을 모을 것입니다. 이는 우리를 제7장의 시작 부분에서 언급한, 주체의 사회적 결정내용 및 주체의 창의성 사이에 있는 변증법적 관계로 되돌아가게 할 것입니다.

이제 사회적 관계를 다루어 나가기로 하겠습니다. §.2-4 '자본주의 사회의 계층과 권력'에서 살펴보았듯이, 우리 자본주의 사회에서 지배층[21]은 전체인구의 노동계층과 다른 중간계층들에 대한 경제적·정치적 지배력을 실현합니다. 결과적으로 공공 생활에서 전체인구 집단에 대한 기득권자power-holders, 권력 쥔 자들의 관계는 통제적이며 권위적인 것입니다. 다른

---

20) (역주) §.6-3에서는 social determinants(사회적 결정요인)이라는 통합적 용어를 썼지만, 여기서는 determinative elements(결정하는 요인)과 determined elements(결정된/결정받는 요인)로 나누어 쓰고 있다. determinative(결정하는, 결정 짓는)는 능동적이고 과정적이며 변화를 일으키는 측면을 가리킨다. 바로 세 단락 뒤에서는 이 말의 상의어로 determining(결정해 나가는, 결정해 주는)을 언급한다. 반면에 determined(결정된, 결정받는, 결정지어진)는 수동적이고 결과-상태적이며 고정된 측면을 가리킨다.

21) (역주) dominant bloc(지배 울타리, 지배권)은 power-holders(권력을 쥔 자들)로도 쓰이며, 흔히 우리말에서는 기득권층으로 불린다. 경제적으로는 '졸부'로도 부르는데, 아마 jews capitalist(소설 속의 유대인 '샤일록'처럼 돈만 아는 '천민 자본가')에 대응될 듯하며, 사회에 대한 책임 의식이 전혀 없는 부류들이다. 최근에 와서는 have's(가진 자)와 havenot's(없는 자)라는 말도 쓰이는데, 지배층은 '가진 자'들이다.

영역에서처럼 정치에서도 권력을 갈망하는 이들—정부권력을 차지하려는 정당들—은 다양한 정도로 노동계층의 조건들을 개선시키기를 추구하지만, 계층 지배력에 도전을 하려고 하지는 않습니다. 따라서 다른 영역들에 있는 지도력에서처럼 정치적 지도력에서도 권위요소는 계층 관계들에 의해서 결정됩니다.

그렇다면 정치지도자들이 왜 '국민'들과 유대감에 영향을 미쳐 왔을까요? 저자는 본질적으로 자본계층과 그 지배권과 사회의 나머지 계층 사이에 있는 권력 균형에서의 변화들에 반응하기 때문이라고 봅니다. 20세기에 들어 자본주의 속에서 사건들의 경로를 결정하기 위하여, 비록 늘 평탄한 것은 아니었더라도 노동조합의 성장을 통해서, 노동당을 매개로 하여 국회와 정부에 있는 정치 대표자를 통해서 등등, 노동계층과 그 협력자들의 능력에서 점진적인 증가가 목도되었습니다. 이에 상응하여, '공동협력partnership' 이념이 부각되었는데, 자본주의 사회를 자본가와 노동자 간에 '공동협력'에 의해 통제된 것으로 그려 놓고자 노력합니다. 사회 불평등에 대한 표면적 표지들은 많은 제도(기관)들로부터 집단적으로en masse 사라졌는데, 그 중에서 정치권이 유일한 제도입니다.

'대중the public'들과 정치지도자의 '유대감'은 특히 대중매체의 좀 더 일반적인 현상 및 다른 사회영역들과 긴밀히 관련됩니다. §.3-2-2에서 소개한 '규격화된 모조 인간화'라는 개념이며, 제8장에서 더 자세히 다뤄질 것입니다. 규격화된 모조 인간화가 유대감을 모의합니다. 곧, 매체의 대중화가 더 많이 진행되면 진행될수록, 따라서 개인들이나 청중들로서 특정 집단들과 접촉이 없으면 없을수록, 더 많은 대중매체 종사자들과 (정치인을 포함하여) '유명인사들personalities'이 더 광범위한 공통기반의 영역들을 공유하는 개인으로서 그들의 청중 구성원들과 관련된다고 우깁니다. 이런 형태의 '유대감'은 견제containment 전략으로 기능합니다. 이는 한편으로 노동계층과 그 협력자들의 능력에 대한 양보를 나타내지만, 다른 한편으로 평등함을 가려 버리는 장막을 구성하여, 그 이면에서는 자본주의 사회의 실제 불평등이 재개될 수 있는 것입니다. 따라서 이념상으로 창의적이며 결정하는determinative 요소는, 이념상으로 결정해 주는determining 요소 속에 포함되어 있습니다. 저자는 바로 이것이 두루 대처주의 담화에 걸쳐 존재하는 관계라고 제안할 것입니다.

여성 정치지도자의 정체성 논제로 돌아가면, 다시 표면상으로 대처 수상의 구성내용이 성취한 여성의 입장으로 진전advance, 발전의 밑바닥에서 작동하고 있는 한 가지 견제의 전략strategy of containment을 볼 수 있습니다. 대처 수상 다음에 권력이 있는 여성들이 있습니다. 그러나 권력을 쥐는 일에서 대처 수상은 본질적으로 가부장적인 여성 속성의 모습을 투영합니다. 이는 가부장 사회를 깨뜨리는 것으로 보이는 과정에서 가부장 사회를 재생산합니다. 그렇다면 역설적으로, 여성을 위하여 얻어낸 것처럼 보이는 것이, 여권신장 운동feminist에 대한 실패인 것입니다. 사회적 관계의 경우에서처럼, 대처 수상의 성취 속에는 달리 양보의 요소도 있습니다. 경제·전문직업·공공 생활에서 성장하는 여성의 능력에 대한 양보입니다. 그러나 다시 이는 상반된 두 칼날의 양보로서, 가부장적 한계 속에서 여성의 진보를 포함합니다. 가부장적 한계 속에서 산업·전문직업·정치 등의 분야에 걸쳐 여성들이 상대적으로 좀 더 강력한 지위 속으로 진전해 나가는 것으로서, 그런 한계에 대하여 비슷한 것들이 언급될 수 있습니다.

대처 수상이 'the public대중, 민중'에 대하여 마련해 놓는 사회적 정체성을 지닌 경우는 다소 차이가 납니다. 거기에서 포함된 바는 어떤 의미에서도 양보가 아닙니다. 그렇지만 여전히 대처 수상이 운용하고 있는 장기간에 걸친 권력관계에 의해 정착된 매개변인parameters들 속에는, 명백한 이념적 창의성이 포함되어 있는 것이 실제 사례입니다. 'the public대중, 민중'에 대한 좀 더 전통적인 보수적 구성내용에서는, 대처 수상의 것에서만 드러나고 다른 사람에게서는 드러나지 않는 어떤 요소들을 강조합니다. 특히 'the public대중, 민중'의 결정판으로서 국가와 가정과 같은 대상에 헌신을 강조하는 것입니다. 그렇지만 자본주의 사회에 있는 계층권력의 맥락에서 결정적인 것은, 정확히 사람들이 사회계층에 비추어 정의되지 않음을 보장하는 만큼이나, 'the public대중, 민중'이 어떻게 정의되는지에 크게 달려 있는 것도 아닙니다. 이런 측면에서 대처주의의 '대중/민중'은 단지 다른 내용들의 지엽적 변형일 따름입니다. 정치권과 어떤 집단적 '대중'이 해석되는 다양한 다른 제도적 영역들 사이에는 밀접한 유연성이 있습니다. 가령, 광고에서의 '소비자consumers'들이 그러한데, 다시 사회계층이나 경제적 생산 과정에 있는 지위 등은 결코 나타나지 않습니다.

§.7-4 결론

저자는 바로 앞 부분에서 대처 수상의 담화가 이념상으로 창의적인 것 및 이념상으로 결정해 나가는determining 것 사이에 있는 견제의 관계relationship of containment에 의해서 특성 지어진다고 제안하였다. 여기서 전자는 오직 후자에 의해 정착된 한계들 속에서만 발전하는 것이다. 이는 제7장의 시작 부분에서 개인별 창의성 및 사회적 결정성 간의 관계를 놓고 언급한 일반적인 주장에 대한 구체적인 예시인 것이다. 담화에서 그리고 좀 더 일반적으로, 개인별 창의성은 흔히 개별 존재로 그려져 있지만, 결코 제멋대로이며 사회-초월적인 것도 아니다. 언제나 특정한 사회환경이 존재하는데, 이 환경이 그 창의성을 가능하게 만들고, 제약하며, 심지어 (이 담화의 사례에서처럼) 부분적으로 창의성을 망가뜨릴 수도 있는 것이다.

참고문헌

제7장에서 저자는 광범위하게 크뤼스(Kress, 1985, 1989 재판)를 인용하였는데, 담화에서 주체·창의성·사회적 결정내용 사이의 관계들에 대하여 도움이 되는 논의를 담고 있다. 푸코, 특히 푸코(Foucault, 1972; 이정우 뒤침, 1969, 『지식의 고고학』, 민음사)는 제7장에 대한 일반적인 배경이다. 추가적으로 페어클럽(1992a)을 보기 바란다. 래끌로·무프(Laclau and Mouffe, 1985)는 정치담론에 대한 중요한 이론적 작업이다. '새로운 노동(New Labour)'의 정치담론에 대하여선 페어클럽(2000a)을 보기 바란다. 대처주의(Thatcherism)에 대해서는 홀·쥐이크(Hall and Jacques, 1983)와 쥐썹 등(Jessop et al., 1988)을 보기 바란다. 캔들린·루커스(Candlin and Lucas, 1986)에서는 가족계획 상담의 담론에서 담화유형의 창의적 결합에 대한 시사적 분석을 제공해 준다. 또한 페어클럽(1992a)도 참고하기 바란다.

제8장 사회변화에서의 담화

비판적 언어연구critical language study, CLS에서는 사회변화의 개시·발전·강화에서 담화가 어떤 부분을 맡고 있는지를 결정해 주기 위하여, 주요한 사회적 경향의 담화 차원들에 주의를 기울이도록 일러 주어야 한다. 이는 어느 특정 기간 동안에 담화의 사회구조적 질서에 있는 변화들에 우리의 주의력을 집중하는 일을 함의한다. 제8장에서는 현대 자본주의 사회에서 특정한 사회적 경향들 및 담론질서에서의 특정한 경향들 사이에 있는 관련성을 살펴봄으로써, 온건히 시작하기를 희망한다. 독자들은 저자가 §.2-4-3 '자본주의에서의 변화'에서 이런 관계를 간략히 논의하였음을 상기하게 될 것이다. 비록 영국에 대해서만 언급하게 되겠지만, 사회적 경향 및 담화상의 경향이 양자 모두 비슷한 다른 사회들에서도 대응되는 모습을 지닐 듯하다.

§.8-1 사회와 담화에서의 여러 경향: 요약

현대 자본주의에 대한 위르겐 하버마스 분석[1]의 핵심에는, 자본주의가 위기 비율에 다다른 '체계들'에 따라 시민생활에 대한 '식민지화'의 정도(≒확산의 정도)에[2] 의해 성격이 지워진다는 주장이 있다. 그 '체계들'이란 화폐와 권력이거나, 또는 경제 및 국가와 기관(제도)들이다. 한편으로, 소비주의 형태로 경제와 상품시장은 가장 분명하게 텔레비전이라는 매체를 통해서, 그리고 광고형태로 생활의 다양한 측면에 대하여 강력하고 끊임없는 영향력을 지닌다. 다른 한편으로, 전례 없는 국가 및 제도적 통제(특히 '공공' 기관들에 의해)가 다양한 형태의 관료주의를 통하여 개인들에게 시행된다.

저자가 제안하고자 하는 바는 사람들의 생활에 대한 '식민지화'의 그런 형태가, 일부 담화의 사회구조적 질서에 있는 '식민지화'에 의해서 구성된다는 사실이다. 담화의 사회구조적 질서는 특히 담화의 구성성분이 되는 제도적 질서들을 구성해 놓는 일이며, (제7장에서 살펴보았듯이) 주어진 구성내용들이 사회적 갈등의 과정에서 해체될 수도 있다. 하버마스에 의해서 찾아진 사회적 경향들은 갈등(투쟁)에서 지배층에 의해 부과된 것으로, 그리고 담화의 이전 사회구조적 질서들에 대한 해체를 포함하는 것으로 간주될 수 있다. 저자는 많은 독자들이 이런 과정을 의식할 것이고, 특히 소비주의 및 관료주의의 담화들이 다른 담화유형들을 '식민지화'해 놓거나, 또는 자기를 희생하여 확장해 놓은 방식을 의식할 것으로 확신한다. 제8장을 읽어 나가면서 독자들은 그들 나름의 사례들을 유념하여 두는 것이 유용함을 깨닫게 될 것이다.

---

1) (역주) 저자가 인용하고 있는 하버마스의 책은 장춘익(2006) 뒤침『의사소통 행위 이론 1: 행위 합리성과 사회 합리화』(나남출판)로 번역되어 있다. 같은 역자에 의해서 두 번째 책도『의사소통 행위 이론 2: 기능주의적 이성 비판을 위하여』(나남출판)로 번역되어 있다.

2) (역주) colonization(식민지화, 식민지로 만들기, 식민지 점령하기)은 결과적으로 담화가 확산되어 정착되는 정도를 말한다.

우리는 담화의 사회구조 질서 속에서 담화유형들 사이에서 두드러진 관계로 이뤄진 변화들에 비춰서 이들 재구성 내용들을 생각할 수 있다. 광고 담화가 가장 두드러진 것이다. 그런 소비주의의 담화유형 및 면접 담화와 같은 관료주의 담화유형은, 특히 담론질서 속에서 현저하거나 중요한 것으로 되어 왔다. 이는 그것들이 사람들이 중요성을 자각하는 높은 측면을 지녔을 뿐만 아니라, 또한 그것들이 광범위하게 이용되는 모형을 구성함을 의미한다. 하버마스의 용어를 수용하면, 그것들이 모두 결과를 얻어내는 일을 위하여 도구적 목표를 향해 있는 담화로서 '전략적' 담화로 부를 법한 유형이다. 전략적 담화는 대체로 '의사소통' 담화와 대조가 된다. 후자는 참여자들 사이에서 이해에 도달하는 데에 지향점이 있다. 그러므로 담화의 사회구조적 질서에서 그것들의 현저함은 일반적인 식민지화로 해석될 수 있는데, 전략적 담화에 의한 의사소통 담화의 식민지화(≒확산되어 정착되는 일)이다. 이는 '의사소통'의 각별한, 그리고 이례적으로 협의의 의미임에 유의하기 바란다.

생활에 대한 이들 경제 및 국가의 침해는, 많은 사람들에게 사회갈등의 형태를 통해서라기보다는 오히려 개인별로 경험되고 다뤄진 사회적 정체성에 대한 문제와 위기로 귀결되었다. 즉석 형태의 '문제점'을 다루는 신문기사나 잡지의 기고문이라든지, 또는 다양한 형태의 치료나 상담을 통해서, 이제 아주 많은 사람들이 자신들의 '개인적 문제들'에 대하여 어떤 형태의 '도움'을[3] 구한다. 이에 따라 치료나 상담 등의 담화들은, 담론의 사회구조적 질서 속에서 더욱 사회적으로 현저한 부류가 되어 왔다. 소비주의 및 관료적 담화유형들의 경우에서처럼, 이것들은 담화질서 속에서 '식민지화colonizing, 확산 정착되어 나가는' 중심이다.

이하에서 저자는 차례로 다음 제목 아래 담화의 사회구조적 질서

3) (역주) 주로 상담을 통한 도움이다.

에 대한 이러한 측면들을 다루게 될 것이다.

광고와 소비주의

담화 기법과 관료주의

치료 담화

앞에서 저자가 찾아낸 경향들이 현대 자본주의에서 유일한 것들이라는 인상을 어떤 것이든 피하기 위하여, 위 경향들만이 유일한 것은 아니므로, 저자는 사회 및 담화에서 어떤 의미로 반대가 되는 색다른 경향들에 대한 간략한 논의를 추가하면서 제8장의 결론을 맺을 것이다.

§.8-2 광고와 소비주의

제8장 2절을 '소비주의consumerism'의 논의로부터 시작하고 나서, 광고들의 이념적 '작업'을 찾아내는 방식으로서 광고 실천의 영국식 규준British Code of Advertising Practice을 살펴보는 일을 진행하기로 한다. 광고 담화의 이념적 작업에 대한 세 가지 차원이 차례대로 논의된다.

① 산출자/광고주 및 소비자 사이에서 구성하는 관계 (→관계 제약)

② 상품을 위하여 '이미지'(심상)를 확립하는 방식 (→내용 제약)

③ 소비자들을 위해 주체 지위를 구성하는 방식 (→주체 제약)

이들 세 가지 차원이 각각 이 책에서 줄곧 저자가 사용해 온 용어에 비춰서 관계·내용·주체를 제약하는 내용을 구성한다. 그러고 나서 광고에서 언어적 요소와 시각적 요소 사이의 관계를 논의하고, 점차 늘어나는 시각 이미지의 현저성을 논의한다. 마지막으로 앞에서 광고 담화의 '식민지화' 경향(≒확산 정착 경향)으로 언급한 바를 다룬다.

§.8-2-1 소비주의

소비주의는 이념상의 초점에서 경제생산으로부터 경제소비에로의 전환을 담고 있는 현대 자본주의의 한 속성이고, 국민들의 생활에 대해서 유례없는 경제에 의한 침해 차원이다. 그 현대적 영향을 살펴보기에 앞서서, 간략히 소비주의의 탄생을 추적해 보기로 한다.

소비주의는 20세기 초반 이래 대부분 발전한 일련의 경제·기술·문화 조건들로부터 생겨났다. 비록 이 기간의 이른 시기에, 가령 1920년대에, 소비주의 흐름을 찾아낼 수 있다고 하더라도, 이들 세 유형의 조건들이 발전함에 따라 이 시기를 통하여 현저하게 자라났다. 그리고 사실상 특히 문화영역에서 이들 발전에 기여함으로써, 그 나름의 성장에 자양분이 되어 도움을 주었다.

첫째, 경제 조건은 자본주의 상품생산의 발전 단계와 관련된다. 생산 능력이 분명히 다양하게 무한한 상품들이 명백히 무한한 양으로 생산될 수 있는 것과 같은 경우에, 소비주의는 완숙한 자본주의의 산물이 된다. 경제 조건의 두 번째 측면은 노동인구의 입장이다. 소비주의는 전체인구의 견실한 계층에게 생계비용을 충족시킨 뒤에 유의미한 잉여 부분을 남겨 주는 임금수준에 달려 있고, 유의미한 여가시간의 양을 만들어 내는 근무시간의 단축에 달려 있다.

기술 조건은 우선 현대 신문인데, 이는 이미 20세기가 시작할 때에 자리를 잡았다. 다음, 영화·라디오·텔레비전의 발전이다. 많은 비율의 전체인구에서 높은 비율의 여가시간을 점유하고, 소비주의가 실질적으로 '도약한' 것은 기술로서뿐만 아니라, 또한 문화제도로서의 텔레비전 등장과 함께 시작되었다.

세 번째 조건은 문화적인데, 여기서 초점을 모으게 된다. 산업화 및 도시화의 과정에서 자본주의는 확장된 가족주의와 연합된 전통문화의 연결고리나, 지역이나 특정 구역이나 소수민족의 공동체나 종교 등을 깨뜨려 버렸다. 어떤 환경에서는 이들 전통적 연결고리가 새로운 도시와 산업환경에 거주하는 사람들에 의해서 생성된 연결고리들, 특히 계층의 연결고리들로 대치되었다.

그러나 이것이 언제나 일어나는 것은 아니다. 심지어 그런 연결고리가 존재하는 곳에서라도, 많은 경우에 그것들이 가령 산업공동화 de-industrialization[4] 현상에 의해서 토대가 허물어졌다. 많은 독자들은 사람들이 공동체 의식의 상실이나 결여를 체험하는 방식에 친숙해질 것이다. 즉, 뿌리 없음의 성격,[5] 실재감의 상실, 자신의 사회정체성에 대한 불확실성 등이다. 많은 사람들에게 이것들은 순전히 개별 체험으로 지각된다. 정체감·가치·목적 등을 제공해 줄 수 있는 문화공동체로부터 사람들을 고립시켜 버리는 이런 일은, 더 뒤에서 저자가 논의하듯이 대체로 치료적 실천 및 담화의 성장 밑바닥에 깔려 있는 바이다.

좀 더 직접적인 관심거리는, 광고신문의 매개를 통하여, 자본이 이들 간격을 채운다고 주장할 수 있는 방식이다. 물론 광고는 소비주의에 대한 가장 시각적인 실천 및 담화인데, 가장 직접적으로 두드러진 특성은 전적인 규모의 광고이다. 우리는 모두 매일 대량으로 투입되는 광고에 노출되어 있다. 독자들은 텔레비전과 라디오 상으로, 신문과 잡지에서, 게시판에서, 우편함을 통해서, 가게와 쇼핑센터에서, 등등, 매일 얼마나 많은 광고를 보거나 듣는지를 헤아려 보고 싶을 것이다. 광고가 문화공동체의 구성이라는 가장 중요한 질적 효과를 성취

---

4) (역주) 산업공동화(空洞化, 텅 비게 되는 일)는 해외 직접투자의 증가로 인해서 한 나라의 국내 생산여건이 저하되거나 없어지는 현상이다. 특히 제조업의 해외 현지생산 등이 진행되면, 그만큼 국내에서의 생산이 줄어들고 산업이 쇠퇴할 우려가 있다. 기업들의 해외 진출은 상대적으로 해외의 저렴한 노동력, 잘 정비된 공업단지와 각종 투자 유인정책, 방대한 해외시장 등의 이유로 일어난다. 지구촌 시대가 오면서 한 국가에서 고유한 기술력을 지니지 못한다면 산업공동화 현상을 막을 길이 없다. '탈산업화, 탈공업화'로도 번역된다.

5) (역주) 아마 우리말에서는 '고향을 잃은 느낌' 정도가 더 어울릴 듯하다.

할 수 있는 것은, 바로 전적으로 대량 광고의 토대 위에서이다. 이 문화공동체는 자본주의에서 파괴해 버린 것들을 대체하고, 사람들에게 필요성과 가치를 제공해 준다. 아니면, 대체하기보다 오히려 강제 퇴출하는 것인데, 대신 참된 공동체들에 대한 대안으로서 모조ersatz 공동체들이 제공된다. 이들 공동체는 '소비공동체consumption communities'로 불려 왔다. 앞에서 저자가 언급하였듯이 사람들의 생활을 놓고서 유례없는 정도로 이뤄지는 경제의 침탈이 이를 구성한다. 다음 질문은 '어떻게?'이다.

§.8-2-2 광고 실천의 이념 및 영국식 법규

저자는 광고가 간접적으로 어떻게 소비공동체를 구성하는지에 대한 질문을 놓고서, 광고의 실천에 대한 영국식 법규로부터 가져온 몇 가지 인용에 대하여 논의를 하는 방식으로 접근할 것이다. 광고 표준화 심의국Advertising Standards Authority에 의해 시행된 자발적인 실천법규인데, 인쇄물과 영화에 적용된다. 광고 표준화 심의국은 비록 독립적이라고 선언하지만, 광고산업에 의해 재정이 지원된다. 라디오와 텔레비전에도 사뭇 비슷한 강제 법규가 적용되는데, 독립 방송 심의국Independent Broadcasting Authority에 의해 실시된다.

다음에 그 법규의 요약본으로부터 가져온 짤막한 세 가지 인용이 있다.

(1) 모든 광고는 합법적이고, 품위 있으며, 정직하고 진실되어야 한다.

(2) 진실된 표현에 대한 본 규준의 규칙들은, 다음 사항이 항상 제공되는 경우에, 품질에 대한 주관적 평가 또는 제품의 바람직함을 포함하여 자유로운 의견의 표현에 아무런 제약도 부과하지 않는다.

-표현되고 있는 바가 의견(≒개인적 주장)임이 분명하다.

-일반적으로 용인된 토대 상으로 객관적인 평가가 실천될 수 있다는

측면에서, 임의의 물건에 대하여 소비자들을 오도하도록 표현된 의견이나 방식의 가능성이 없다.

(3) 어떤 광고도 어린이들로 하여금 특정 물품을 구입하거나 또는 구매되지 않는다면, 다른 어린이들보다 열등해지거나 평판이 나빠질 것으로 믿도록 해서는 안 된다.

저자가 논의하려는 요점은 이 법규가 전략적이고 더 특히 설득력 있는 의사소통으로서 광고의 본성과 관련된 광고업에 대하여 좀 더 표면차원의 특징들을 통제하는 데로 규정되어 있다는 것이다. 법규 내용이 상품을 판매하는 쪽으로만 지향되어 있고, 저자가 사회구조적으로 광고의 더 중요한 이념 작업이라고 제안한 바를 무시해 버린다는 의미에서 그러하다(아래 논의를 참고 바람). 광고가 어떻게 소비공동체를 구성하는지에 대한 질문에, 간단한 답변은 '이념을 통해서'이다.

위의 규정 (1)은 해당 법규의 중심 부분을 요약해 놓고, 규정 (2)는 '진실된' 광고에 대한 좀 더 자세한 명시내용의 일부이다. 이는 본 법규가 사실 및 의견 사안들 사이에 있는 뚜렷한 차이점과 더불어 작동하고 있음을 보여 준다. 사실의 일은 객관적 평가에 열려 있지만, 의견(≒개인적 주장)의 일은 주관적이다. 사실 사안의 경우에는, 광고에서 적합한 증거로 그 주장을 입증하도록 요구된다. '사실' 또는 '의견'의 선택은, 임의의 광고가 진실과 관련하여 평가되는 경우에 해당 법규에서 이용 가능한 유일한 것이다.

그러나 오직 명시적 주장 및 평가만을 주의하고 있다는 점에서, 이는 진리에 대한 담화의 관계를 놓고서 아주 피상적인 견해에만 근거하고 있다. 담화에서 진리를 당연시하는 경우에, 암묵적인 가정들을 어떠한가? 암묵적인 가정들은 모든 담화의 필수 부분이다. 제4장에서 살펴보았듯이 전형적으로 이념적 본성의 필수 부분이다. 해당 법규에서는 담화에서 진리의 암묵적인 측면들을 무시함으로써, 이념을 간과해 버린다. 저자는 이런 부주의가 규정 (3)에서 두드러지게 뚜렷하다고 본다. 저자는 광고가 유의미한 정도로 어린이로 하여금, 가령 특정한 장난감을 사지 못한 어린이에게 동료집단의 해로운 대우를 받을 것임을 공개적으로 암시하는 것이 아니라, 암묵적으로 이념에 의해서 언급된 믿음을 갖도록 만든다는 인상을 받는다.

다음 절들에서 더 자세히 광고가 어떻게 이념상으로 작동하는지를 풀어내게 될 것이다. 저자가 말하게 될 내용을 다음처럼 요약해 둔다.

(1) 관계 확립하기[Building relations]: 광고 담화는 광고되고 있는 상품의 생산자/광고자 및 청중/소비자 사이의 관련성에 대한 이념적 표상을 구체화해 준다. 이는 주요한 이념적 '작업'을 촉진시켜 준다.

(2) 이미지(심상) 확립하기[Building images]: 광고는 광고되고 있는 상품에 대한 '심상(이미지)'을 확립하기 위하여 청중/소비자들이 자신의 기억자원 속에 있는 이념 요소들을 이끌어 내도록 한다.

(3) 소비자 확립하기[Building the consumer]: 청중/소비자들이 상품들을 놓고서 생성하도록 '도와' 주는 '심상'들을 수단으로 이용하면서, 광고는 소비 공동체의 구성원으로서 '소비자'에 대한 주체 지위를 구성한다. 더 앞에서 시사하였듯이, 이는 광고의 주요한 이념 작업이다.

§.8-2-3 사례

이하 광고 논의의 나머지 부분에서는 계속하여 [텍스트 8-1]에 보인 사례를 놓고서 작업을 하게 될 것이다.

[텍스트 8-1] 출처: 미일러 회사(유한회사) 광고

[텍스트 8-1] 출처: 미일러 회사(유한회사) 광고

§.8-2-4 관계 확립하기

대중으로 된 확인할 수 없는 청중을 대상으로 한다는 의미에서, 일반적으로 여느 광고처럼 미일러 광고도 '공적인public' 담화이다. 또한 청중의 견지에서 보아 복잡하고 확인할 수 없는 산출자가 있다. 일부 이 광고를 실은 잡지 『라디오 타임즈Radio Times』를 제작한 팀으로 이뤄져 있고, 일부 이 광고를 기획한 광고기획사 팀으로 이뤄져 있으며, 일부 판매하려고 노력하는 해당 세탁기 제조자로 이뤄져 있다. 그리고 이는 산출자와 해석자의 역할이 바뀌지 않는다는 점에서 '한 방향' 담화이다. 광고 주체는 산출자이고, 청중/소비자는 해석자이다. 물론 광고는 이들 속성을 일반적으로 대중매체의 담화와 공유한다.

청중에 대하여 대중으로 된 확인할 수 없는 속성, 산출자에 대하여 복잡하고 확인할 수 없는 속성, 이 양자 속성은 광고 주체에게 도전을 제시한다. 왜냐하면 이 광고를 읽고 (아마) 해당 상품을 구매하며, 따라서 어쨌든 광고 주체가 확정적 탄원을 하는 사람을 전제하면서 개별 청중 구성원들에게 직접 호소를 할 필요가 있는 사람이, 바로 청중의 개별 구성원들이 될 것이기 때문이다. 생산자와 청중/소비자가 둘 모두 개인화될personalized, 개인별 특성이 담길 필요가 있지만, 광고 담화의 산출과 해석에 대한 실제 조건들 때문에, 이것이 몰개성적이며 규격화된 모조 인간화가[6] 될 필요가 있다. §.3-2-2에서 이 용어에 대한 소개를 상기하기 바란다.

---

6) (역주) 앞의 personalized(개인별 특성을 살려 놓음)와 대립되는 개념으로서, synthetic personalization(규격화된 모조 인간화)은, 개별 인간의 개성을 없애 버리고서 마치 공장에서 찍어내는 규격화된 모조품 인형처럼 만들어 놓는 일이다.

Think 생각해 보기 바랍니다

텍스트 상의 특징을 주목하면서, 이 광고에서 청중 구성원과 산출자에 대한 규격화된 모조 인간화가 어떻게 성취되는지를 살펴보십시오.

청중 구성원에 대하여 규격화된 모조 인간화는 일부 소비자에 대해 구성된 지위에 관한 사안으로, 아래에서 논의됩니다. 그러나 또한 광고 담화에서 널리 퍼진 텍스트 상의 특징들로 입증되듯이, 일부 산출자 및 소비자 사이에 개인화된personalized, 개인별 특성이 담긴 관계의 사안이기도 합니다. 청중 구성원들을 you여러분, 당신으로 직접 언급하고, 명령문을 쓰고 있습니다(가령, think of it as a load off your mind[생각해 보세요, 여러분에게서 짐스런 것을 싹 잊게 해 줍니다]).

산출자에 대하여 규격화된 모조 인간화는, 부분적으로 개별 청중 구성원들에게 직접적으로 수신된다는 사실을 통해 성취됩니다. 이는 개별 발신자를 함의하는 것입니다. 발신자는 특별히 확인되지는 않습니다. 이런 텍스트는 발신자를 상품을 생산한 회사를 위한 대변인과 동일시하기 위하여 '합체가 된' we우리를 지닌 다른 텍스트들과는 다릅니다. 그렇지만 의도적으로 선택한 텍스트에 있는 요소들의 표현적 가치를 통해서 발신자가 개별화됩니다. 예를 들어, 해당 텍스트 본문에 있는 문장들의 구조를 주목하기 바랍니다(즉, 제목을 제외하고서). 세탁기에 대한 많은 주장들을 포함하는 익숙한 광고요소들(독자에 대한 호소, 상품 설명 및 그 이점, 광고 내용을 따라가면서 독자들에게 읽도록 초대함)은 주로 짤막하고 톡 쏘는 문장으로 간결하게 꾸려져 있습니다. 그것은 간명하고 무의미하지 않으며 적절한 효율성을 지닌 문장입니다. 이들 속성에 비춰서 구성된 발신자가 개별화됩니다. 아래에서 논의되어 있듯이 기계 및 소비자도 둘 모두 그러합니다. 발신자는 청중 구성원에게 자신의 목소리로 기계 및 소비자 둘 모두에 일치하는 어떤 상품에 대하여 말하는 것입니다.

§.8-2-5 이미지 확립하기

생각해 보기 바랍니다

> 광고는 광고되고 있는 상품에 대한 '이미지(심상)'를 확립하기 위하여 청중들에게 기억 자원에 있는 이념적 요소를 이끌어 내도록 합니다. 미일러 세탁기 광고의 경우에는 이것이 어떻게 작동합니까?

저자는 이것이 광고 텍스트에 있는 언어적·시각적 단서들을 통해서 작동한다고 생각합니다. 대략적으로 중산층의 더 젊고 더 역동적인 부분들과 연합된 '현대적' 생활모습에 대한 틀을 불러일으키고 나서, 이런 생활모습의 일부로서 제품을 '해석하기' 위하여 이용됩니다. 시각적 단서들은 다용도실의 우아하고 복잡하지 않으며 청결한 양식으로, 효율적이며 세련된 가정을 나타내며, 오른쪽으로 초점이 흐려 보이는 정원의 모습을 보여 주는데, 그 가정의 부부가 세탁기 능률에 대한 결실fruit, 혜택을 누리고 있다고 가정합니다. 언어 단서들은 편리함·효율성·경제성·아름다움 따위 '현대적' 생활모습의 속성들에 대한 다양한 표현들입니다. 즉, 여러분의 머릿속에서 다 털어 버린 짐, 사용하기 쉬움, 경제적, 효율적, 믿을 만함, 내구성 등입니다.

제품 이미지는 다시 말하여 연합에 의해 산출됩니다. 우아하고 효율적인 '현대적' 생활모습과 연합이 이뤄짐으로써, 세탁기는 현대생활의 일부가 되는 것입니다. 물질적 대상으로서, 기술력의 본보기로서, 그 속성들은 이미지 확립과정에서 강화됩니다. 물질적 속성 이외에도 문화적 속성을 지니게 된다는 점에서 그러합니다. 특히 대체로 동일한 물리적 속성을 지닌 여러 제품들이 특정한 시장에서 서로 경쟁을 할 경우에, 이런 강화과정은 현대 상품들에 대하여 핵심적입니다.

그러나 어떤 의미로 이것이 이념적 과정일까? 이는 '현대적' 생활모습으로 언급한 바에 대하여 광고가 불러일으키는 얼개the frame가 이념적 구성물이기 때문에 이념적이다. 이는 제품 이미지의 산출을 위한 수단으로 이용되며, 또한 그 과정에서 그 나름의 자격으로 생산되고 재생산된다. 해당 얼개는 현대세계에서 우리가 어떻게 살아야 하는지, 또는 적어도 생활하기에 최상의 방식이 되기 위해서 무엇을 반드시 알아야 할지에 대하여, 이런 생활모습이 모든 사람에게 열려 있다는 신화와 더불어, 강력한 규범으로 특정한 종류의 관계·활동·무대·가치 등으로 사회생활의 주체들을 함께 뭉뚱그려 포장해 놓는다. 이는 이념적이다. 이런 생활모습의 핵심가치가 현대 자본주의의 선입견과 중복되기 때문이며, (오랜 기간 동안 친숙해져 온) 경제활동에서뿐만 아니라, 또한 한 개인의 '사적인' (하지만 더 이상 사적일 수 없는) 생활의 모든 세부내용에서도 하나의 목표로서 최대 능률maximal efficiency을 지닌다. 이런 생활모습을 인정하고 추구하려는 선도 집단의 사람들에 의해서(다음을 보기 바람), 광고는 현대 자본주의를 정당화하는 데 도움을 주고 있다.

§.8-2-6 소비자 확립하기

앞에서 저자는 광고에 대한 이념상 주요한 작업이 소비공동체의 구성원으로서 소비자들에 대한 주체 지위subject position를 구성하려는 것이었고, 이런 작업에서는 청중/소비자들이 수단으로서 제품에 대한 이미지(심상)를 생성하는 점을 이용하였음을 언급하였다. 이제 미일러 세탁기 광고를 놓고서 이것이 어떻게 작동하는지를 살펴보기로 한다.

생각해 보기 바랍니다

> 미일러 세탁기 광고에서 독자들을 위하여 마련된 주체 지위의 특성을 서술하십시오. 이런 주체 지위에 대하여 이상적인 당사자(occupier, 점유자)는 어떤 종류의 공동체에 속하게 됩니까? 제품에 대한 독자의 이미지(심상)는 독자를 소비 주체로 자리매김하는 데 어떻게 기여합니까?

이 질문에 대한 답변은 긴밀하게 바로 앞서 보았던 질문의 답변으로부터 도출되어 나옵니다. 독자를 위해 마련된 주체 지위는, 자연스럽게 상식으로서 우리가 해당 광고를 해석하고 제품에 대하여 어떤 이미지(심상)를 배당할 필요가 있는 이념적 얼개에 대한 수용에 비추어 명확히 정의됩니다. 이런 주체 지위에 대한 이상적인 당사자ideal occupier는, 요구·가치·취향이 이런 얼개 속에 내포된 것들이 되는 어떤 공동체에 속하게 됩니다. 이는 될 수 있는 대로 최소한의 값으로 생활의 편리를 추구하려고 골몰하고 있는 어떤 공동체입니다. 다시 말하여, 소비자들의 어떤 공동체인데, 이들 선입견이 일반적으로 소비자들에게 귀속되기 때문입니다. 이는 기능성·유지의 편의성·너절하지 않은 우아함 등, 여기 광고에 표상되어 있는 것처럼 실용적이고 심미적 속성들을 지니기 위하여 편리한 환경을 요구합니다. 또한 오른쪽에 흐릿하게 제시된 정원의 경치에서 암시되듯이, 여가에 대한 특정한 생각을 지닌 공동체입니다. 다시 말하여, 아주 특정한 취향을 지닌 공동체인[7] 것입니다.

그렇지만 어떤 의미로 광고가 소비자 또는 소비공동체를 확립한다고 말할 수 있을 것인가? 광고는 사람들을 소비자로 만들어 놓는다.

7) (역주) 최근에 well-being(복지, 잘먹고 잘살기)이란 말로 부르기도 한다. 20세기까지는 의심 없이 '잘먹고 잘사는' 개념이 산업문명을 잘 이용하는 일로 동일시되었다. 그렇지만 최근에는 인류의 욕심만 추구하다가 급기야 자기모순에 빠진 문명의 흐름을 반대하는 운동이 조금씩 확대되고 있는 듯하다. 특히 유전자 조작 농산물을 반대하고, 소박하게 있는 그대로 벌레 먹고 모양새가 엉성하지만 건강에 도움을 주는 농산물을 선호하는 것이다.

즉, 광고가 소비자의 요구·가치·취향·행위에 대한 가장 일관되고 집요한 모형들을 제공해 준다는 의미에서, 사람들이 있는 그대로의 모습에서 어떤 변화를 일으키는 것이다. 광고에서는 사람들에게 마치 그들이 모두 상식적으로 이미 어엿이 성숙된 소비자들인 양 전달해 줌으로써 이를 실행한다. 일반적인 요점은, 사람들이 어쨌거나 부득이 매일매일 소비자의 주체 지위를 차지하여 살아가야 한다면, 그들이 소비자가 될 좋은 선택의 기회가 있다는 것이다. 일종의 게임으로서 청중/소비자 구성원들에 대한 의심스런 실험을 시작할 수 있는 것은, 아마 결국 현실 속의 존재로 살아가기 위해서 온전히 습성의 무게weight of habit, 습관를 통해서일 것이다.

소비자들에게 적용되는 바는 또한 특정한 소비공동체들에도 적용된다. 광고가 없었더라면 충족되지 않았을 사람들의 생활모습(과 소비 유형)을 광고는 보여 줄 수 있지만, 또한 사람들을 '참여하도록' 초대하여 신속한 변형과 더불어 주요한 구성원의 한 사람으로서 선택된 자신들의 소비공동체를 와서 살펴보게 만든다. (중세 때처럼 신분상의 제약이 있는 것이 아니라) 단지 사람들의 자발적 선택 사안일 뿐이라고 주장되기 때문이다. 그 과정에서 다른 구성원들은 줄어들 것 같다. 아마 틀림없이 다수의 패자(≒줄어든 다른 구성원)는 생산의 공동체들이 된다. 가령, 기술자 공동체나 노동조합과 같은 사회계층과 사회계층의 특정 부분과 영역들인 것이다.

§.8-2-7 광고에서 언어 요소와 시각 요소

텍스트를 구성하기 위한 언어 및 비언어 요소들의 결합은, 우리 사회에서 점점 더 중요해지고 있고, 광고는 그 최전선에 있다. 하나의 매체로서 텔레비전은 오진 그런 복합적인 텍스트를 산출하지만, 또한 인쇄물로 된 광고는 늘 그런 텍스트들에 더 큰 강조점들을 제공해 준다. 시각적 요소는 점차 광고에서 더욱 중요해지고 있다. 이미지(심상)의 현저함은 현대 ‘탈-근대postmodern’[8] 문화의 주요특성 중 하나로 간주되고 있다.

이런 경향은 광고의 이념적 과정에 대하여 저자가 말해온 바와 일치한다. 한편으로 시각 이미지들이 청중/소비자들을 놓고서 이미지 확립과정의 의존성을 강조한다. 시각 이미지들이 병렬되어 있는 경우에는 반드시 해석자가 그것들의 연관을 만들어 내어야 한다. 반면에, 언어에서는 비록 이미 살펴보았듯이 더러 연결이 분명치 않더라도, 기본적으로 해석자를 위해서 친절하게 연결점들이 만들어져 있다. 반면에 ‘소비공동체’의 확립은 1차적으로 시각적인 수단을 통해서 쉽게 성취된다. 시각 매체가 플라톤이 주장한 의미에서 닮은 모습의 ‘환영simulacra’을 산출하는 데 더욱 쉽게 도움이 되기 때문이다. 즉, 원본이 전혀 존재하지도 않았던 대상에 대한 동일한 복제물인 것이다. 요점을 더욱 쉽게 표현한다면,

> ‘the camera doesn't lie’
> (사진은 거짓말을 하지 않는다)

라는 말 속에 표현된 이념의 강점으로 말미암아, 시각 이미지들은 광고에서 소비자들이 거주하도록 인도될 수 있는 세계를 더욱 쉽게 창조해 줄 수 있다.

Think 생각해 보기 바랍니다

> 이들 논평에 견지에서, 미일러 광고를 다시 한 번 살펴보기 바랍니다. 시각적 요소와 언어적 요소가 이미지 확립에서, 소비자 및 소비공동체의 확립에서, 어떻게 상호작용을 하고 있습니까?

8) (역주) 탈-근대 또는 포스트모던에 대한 내용은 제1장의 역주 8)을 보기 바란다.

§.8-2-8 광고 담화에서 식민지화 경향

광고를 식민지화로(≒확산 정착 과정으로) 상상할 수 있는 직접적인 의미가 있다. 광고 양의 극적 증가이다. 지난 30년 동안에 사람들이 매일매일 광고에 노출되는 범위에서, 그리고 광고가 생활의 비-경제적 측면들까지 뻗친 '침투', 특히 텔레비전을 통하여 가정 속으로까지의 침투에서 그러하다. 가정과 가족생활은 경제에 의해서 그리고 경제 속에 있는 지배계층의 힘에 의해서 침투되어 왔다. 이들 식민지 개척자들은 가정생활은 물론 또한 비경제적 생활의 다른 측면들도 재구조화해 놓는 데 모종의 효과를 지닌다.

그러나 우리는 좀 더 구체적인 식민지화 흐름들을 추적할 수 있는데, 거기에서는 다른 담화유형들이 광고 담화에 의해 영향을 받는다. [텍스트 8-2]는 공적 정보의 담화로부터 가져온 사례인데,[9] '대중'에 대한 공공 단체로부터 나온 공식적 의사소통 내용이다.

이 텍스트에서는 명백히 익숙한 광고 얼개를 이용하지만, 광고되고 있는 명백한 상품이 들어 있지 않다. 겉으로만 보면 단순히 정보를 제공하고 의견을 구하려는 일처럼 보인다. 전혀 상품광고는 아닌 것이다. 그렇지만 어떤 의미로 독자들에게 이미지(심상)를 확립하도록 요청된 '상품'이 있다. 정보의 근거 및 의견 권유인데, 이는 오른쪽 하단 구석지에 작은 글자로 인쇄되어 있는 '보건 및 사회안전 사무국Department of Health and Social Security'(보건의료기관the Health Service)이다.

9) (역주) 최근에 우리나라 언론에서는 '공익광고'라는 말을 쓴다.

[텍스트 8-2] 출처: 보건 및 사회안전 사무국

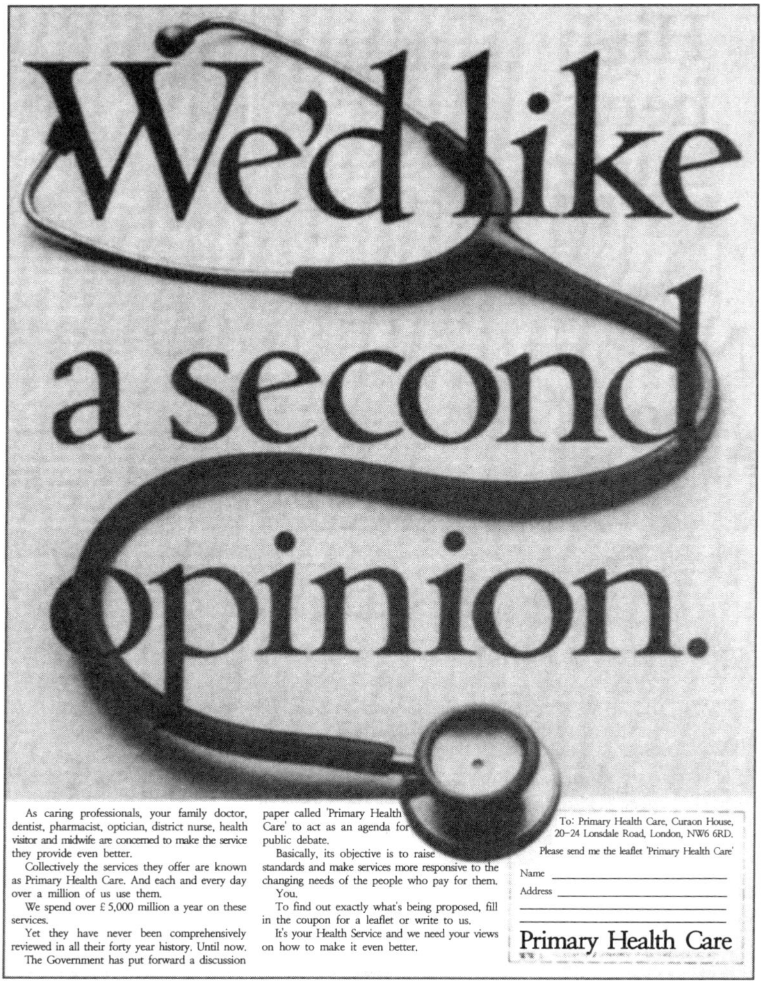

[텍스트 8-2] 출처: 보건 및 사회안전 사무국

10) (역주) second opinion(이차 의견)이란 의료계에서 어떤 환자가 수술을 받아야 하거나 또는 암처럼 중병을 다루거나 과도한 의료행위를 권할 경우에, 해당 환자가 더 정확한 진단을 받기 위하여, 한 의사의 의견만 듣는 것이 아니라, 또 다른 의사의 의견을 듣는 일을 말한다. would like는 공손한 표현으로 '~하고 싶습니다'의 뜻을 지니므로, 만일 이를 축자적으로 번역하면 "우리는 이차 의견을 받고 싶습니다" 정도가 된다.

생각해 보기 바랍니다

> 이 텍스트에는 '소비자'('대중')를 위하여 관계·'상품' 이미지·주체 지위를 확립하는 측면에서 어떠한 광고 특징들이 들어 있습니까?

이 텍스트는 청중 구성원들에 대하여 규격화된 모조 인간화를 지니며(you[여러분], 명령의 형식 Please send me the leaflet[전단지 쿠폰을 저희 쪽으로 보내 주십시오]), 비록 청자도 포함되는 포괄적 we우리도 쓰이지만(a million of <u>us</u> use them[우리 1백만 명이 넘는 사람들이 이들을 이용하고 있습니다]), 산출자는 청자가 포함되지 않는 배제적 '집단' we우리를 써서 개인화되고 있는데 마지막 문장에 있습니다(It's your Health Service and <u>we</u> need your views[이곳은 여러분의 보건의료기관이며, 우리는 여러분의 의견들이 필요합니다]). 이 텍스트에 수반된 해당 그림에서는, 독자로부터 '의사'에 대한 얼개를 불러일으키는 단서들을 통하여 하나의 이미지(심상)가 확립됩니다. 이는 청진기 그림과 청진기 위에다

> We'd like a second opinion
> (2차 의견을 구하고 싶습니다/여러분의 의견을 듣고자 합니다.)

라고 인쇄된 '의사 이야기' 말투의 도막과 함께 구성됩니다. 이런 얼개로부터 의사의 이념적 속성인 전문직의 가치와 높은 책임 의식 등이 보건의료기관으로 전이됩니다. 독자를 위하여 마련된 주체 지위는 '대중'의 한 구성원으로서의 지위입니다. 즉, 관심을 받고 정보를 받으며, 제안된 바를 알고 싶어하며, 가치 있는 '이차 의견'에 기여할 수 있는 지위입니다. 보건의료기관의 이미지(심상)는 '대중/국민'을 존중하는 공공기관이라는 가정을 통하여 더욱 강화됩니다.

이 시점에서, 담론질서의 해체 및 재구성을 다룬 제7장에 있는 관심사항과 다시 연결될 수 있다. 이 텍스트는 일부 광고 담화유형을

이끌어내고, 일부 공공 정보에 대한 전통적 담화유형을 이끌어내는 특징들의 혼합체로 분석될 수 있다. 이런 혼합은 광고를 이용함으로써 그런 담론질서의 식민지화(≒확산 정착)에 대한 효과로서 보건 행정(그리고 더 일반적으로는 공공 행정)에 대한 담론질서의 재명시를 나타내는 것으로 볼 수 있다. 이는 또한 제8장의 시작 부분에서 소비주의 및 관료주의의 상호관통을 보여 주면서, 식민지를 만드는 두 가지 주요한 담화유형으로서 찾아낸 바를 함께 가져온다. 즉, 관료주의가 소비주의에서 동력을 얻고 있다. 추가 사례로는 §.8-4를 보기 바란다.

이 사례에 비춰, 정치의 담화유형과 특히 제7장에서 살펴보았던 대처주의의 담화가 광고를 이용함으로써, 어떻게 식민지가 개척되고 형성되었는지를 알 수 있다. 이미 보았듯이 마아가렛 대처는 부분적으로 규격화된 모조 인간화에 근거하여 '대중'과의 관계를 확립하고, 자신의 청중들에게 여성 정치지도자에 대한 이미지(심상)를 구성하도록 신중하게 관리된 단서들을 제공하며, '대중'들을 이를테면 실제 사람들이 참여하도록 권유받는 정치 소비주의의 공동체로서 구성한다. 보건의료기관 광고의 경우에서처럼, 생산자와 상품이 부합한다. 즉, 대처 수상이 자신을 판매하려고 하고 있는 것이다. 정당정치는 그 모형을 광고함으로써 대중매체에서 점차 한 방향의 일방적 공공 담화를 통하여 운영되면서, 점점 더 얼굴을 마주보는 두 방향의 담화로부터 멀어져 가고 있다. 집집마다 방문하여 한 표를 부탁하는 일, 정치 토론과 논쟁, 정치 모임은 점차 중요성이 감소하는 정치담론의 요소들이다. 소비주의의 경제관계에 대한 일반화의 영향 아래, 정당정치는 사람들의 생활에서 터전을 잃어 가고 있다. 정치에 대한 사람들의 관련이 시민 자격으로서는 점점 더 줄어들고, 소비자 자격으로서는 점점 더 늘어간다. 참여의 기반도, 사람들이 속한 실제 공동체는 점점 더 줄어들고, 정치지도자들이 대중들을 위해 구성해 놓은 소비공동체의 정치적 동등집단은 점점 더 늘어간다.

물론 그 과정이 역전될 수 있으며, 그 과정에 대항하는 흐름들도 있다. 뒤에 있는 §.8-5 '반대가 되는 다른 흐름들'을 보기 바란다.

§.8-3 담화 기법과 관료주의

이 절에서는 제8장 시작 부분에서 관료주의를 통한 국가 통제가 담화 질서에 대한 주요한 효과를 지녔다고 저자가 언급한 제안을 발전시킨다. 먼저, 사람들을 놓고서 다양한 형태의 관료주의를 통하여 점차 늘어난 통제 쪽으로 가는 사회흐름을 논의하고 나서, 저자가 '담화 기법discourse technologies'으로 부르게 될 바에 대한 검토를 진행하기로 하겠다. 이는 대체로 관료적 통제의 목적을 위하여 사회과학 지식의 자의식적 적용self-conscious application을 포함하는 담화유형이다. 논의는 담화 질서에서 관료주의의 효과가 담화 기법들에 대한 '식민지화' 확산을 통해 이뤄진다고 전개될 것이다. 그러고 나서 담화 기법들에 대한 사회과학적 연구의 적용으로, 소위 사회적 기술 훈련social skills training에 대한 사례를 제시하고, 더 앞에서 다른 용어로 언급해 놓은 한 가지 담화 기법인 면담the interview을 언급할 것이다. 그 다음, 두 가지 담화 기법을 포함하는 사례가 제시된다. 공공 정보 문서 및 행정서식이다.

§.8-3-1 관료주의

사회학자 막스 베버Max Weber11)에 따르면, 관료제란 '대규모의 행정

11) (역주) 막스 베버(Max Weber, 1864~1920)는 독일의 법률가·정치가·정치학자·경제학자·사회학자이다. 특히 사회학 및 공공정책 분야의 근대적 연구 토대를 마련한 사람으로 평가되고 있다. 륏저(Ritzer; 김왕배 외 뒤침, 2006) 『사회학 이론』(한올출판사) 제4장 '막스 베버'를 참고하기 바란다. 역사와 사회에 대한 연구를 개별적(주관적) 측면 및 일반적(실증적, 과학적) 측면을 종합하는 베버의 시각을 읽을 수 있는데(비록 미시사회학을 주장하였

업무 및 조직적 목표를 추구하는 데에서 많은 개인들의 작업을 조율하기 위하여 합리적으로 마련된 계층적 조직이다.' 이 정의에서 '합리적으로rationally'란 말은 제약적이고 엄격히 도구적인 의미로 이해될 것이다. 즉, 합리성이란 어떠한 관료제도나 조직이 관여되든지 간에 상관없이, 그 목적ends에 대하여 체계적으로 조화되는 수단means, 도구을 의미한다. 이 정의에서 '계층'과 '조율'에 대한 지시내용은, 이런 수단–목적means-ends 합리성에서 통제의 요소를 강조한다. 즉, 관료제 안에서 상위계층으로부터 나오는 내적 통제 및 대중의 관료제에 의한 통제 양자를 의미한다. 관료적 합리성의 관점에서는 흔히 사람들이 명령을 받고 점검을 받으며 등록을 하고 변화되는 등의 대상이 된다.

자본주의 사회와 더불어 성장한 근대 국가는 현저히 관료제의 팽창을 수반하였는데, 이는 대중들의 생활에 대한 여러 측면을 점점 더 국가의 통제 속으로 가져왔다. 이러한 팽창과 침투의 과정은 특히 '복지국가welfare state'가 시작된 이래로 명백해졌다. 복지국가는 1920년대와 1930년대의 경제 대공황에서 규제 없는 자유시장의 효과에 대한 쓰디쓴 경험에 반응하여 마련되었다. 국가는 시장의 약탈에 맞서서 사람들을 보호해 주어야 했다. 복지국가는 비록 그 성취가 현재 위협을 받고 있지만, 실제로 대다수 대중(민중)들의 생활조건을 크게 향상시켜 주었다.

그러나 이는 상반된 두 갈래의 과정을 지닌다. 복지국가는 관료제를 통해서 시행되었는데, 그 때문에 대중들의 생활에 대한 관료들의 침투와 국가 통제가 더욱 강화되었다. 제2장에서 저자가 그려 놓은 국가에 대한 뜻잡이가 옳다면, 이는 궁극적으로 대중(민중)들의 생활

지만 실질적으로 거시사회학 차원을 다룸), 사회행위에 대한 해석적 이해에 주력하고, 사회 행위의 과정 및 결과에 대한 인과적 설명에 주력하였다(김왕배 뒤침, 174쪽). 특히, 이 절의 논의와 관련하여, 관료제를 합법적 권위 행사에 있어서 가장 순수한 형태로 보았지만(김왕배 뒤침, 179쪽), 형식주의로만 흐를 단점까지도 간파하였다. 베버는 거시적 시각에서 서구 사회의 자본주의 발전은 여러 제도와 문화가 '합리성'을 확립하면서 촉발되었지만, 다른 지역에서는 여러 제도와 문화들이 합리성 확립에 장애가 되었다고 보았다.

에 대한 자본계층과 지배층에[12] 의한 통제를 의미한다. 이런 복지국가의 관료적·침투적 측면은 광범위하게 국가를 사람들의 요구에 대해 간섭적이며interfering 무반응한insensitive 것으로 지각하도록 이끌어 간다. 제7장에서 이미 살펴보았듯이, 이는 대처주의에서 부당하게 이용한 지각내용이다.

§.8-3-2 담화 기법

저자는 위에서 담화 기법들을 대체로 관료적 통제의 목적을 위하여 사회과학 지식의 자의식적 적용을 포함하는 담화유형으로 정의하였다. 저자가 염두에 두고 있는 바는, 면담·공문서 서식·설문지·검사 및 시험·공문서 기록·의료 검진서류·수업과 같은 것이다. 이는 그 자체로 사회과학 조사의 대상이 되며, 이런 조사의 결과들은 담화 기법을 형성하고 수정하는 데 도움을 주면서, 담화 기법들 속으로 되먹임되어 들어간다. 담화 기법들은 전략적 담화의 더욱 일반적인 범주에 속하게 되는데, 도구적 목표 및 결과들 쪽으로 지향해 있는 담화이다.

담화 기법들은 담화를 부양하는 사회과학이 그런 것처럼, 특히 현대적 현상이다. 담화 기법은 담화의 사회구조적 질서를 놓고서 사뭇 일반화된 관료제와 현대적 국가의 작용을 드러낸다. 비록 그 기원이 특정 제도들에서 추적될 수 있겠지만, 담화 기법들은 다양한 전체 제도들 속으로 끌어들여지도록 허용해 주는 초제도적 지위를 갖고서, 다양한 전체 방식 속에서 다른 담화 요소들과 더불어 접합되기에 이르렀다. 비록 저자가 염두에 두고 있는 바를 위하여 갈래라는 용어가 충분히 구체적이지 못하지만, 담화 기법들은 일부 사람들이

12) (역주) §.3-2-3에서는 지배층(dominant bloc 지배 울타리, 지배권)을 '자본계층·중산층·전문직'으로 예시해 놓았다. 기득권층(power-holders)과 같은 뜻을 지닌다.

갈래genres라고 부르는 것에 상응한다.

현대 시기에서 담화 기법들은 담화의 사회구조적 질서에 있는 사뭇 근본적인 변화와 연합되어 있다. 목적에 대한 수단의 관계를 놓고서 자의식적 계산과 일치하도록, 도구적인 관료적 합리성과 일치하도록, 유례없는 정도로 담화를 형성하는 일이다. 이는 '담화 자체에 대한 지식knowledge about discourse'에 근거를 둔다. 이 지식은 담화 및 언어에 대한 연구를 전문으로 하는 사회과학의 관련 영역들에 의해 제공된다. 이는 현대 시기의 더욱 일반적인 현상에 대한 한 가지 사례이다. 즉, 권력 및 지식에 대한 해석이며, 권력을 막중하게 지식에 의존하는 일이다. 제1장에서 논의하였듯이, 이는 언어 및 담화 과학의 비판적 분석에 의해 서로 보완이 되는 비판적 담화분석의 중요성을 역설한다.

§.8-3-3 사회적(=사교적) 기술 훈련

사회과학 조사의 결과들이 담화실천 속으로 들어간 경로들 중 하나는, 사회적(=사교적) 기술 훈련social skills training, 이하 SST로 줄임을 통해서이다. 이는 사회적 기술에 대한 사회 심리학 연구로부터 발전되었다.

이 연구는 앞에서 저자가 서술해 놓은 관료적 합리성의 목표와 조화되는 목표 추구로서, 사회적 실천관행의 도구적 관점에 바탕을 둔다. 면담과 같이 실천 및 담화의 더 큰 단위들은 더 작은 단위들의 연결체로 구성되어 있다고 가정된다. 목표의 성취에 대한 더 작은 단위들의 기여에 근거하여 선택된 기술들의 자동 적용을 통하여 산출되는 것이다. 즉, 이들 기술이 고립되고 서술될 수 있으며, 사회적 실천에서 부적합성은 사람들을 이들 기술을 이용하도록 훈련시킴으로써 극복될 수 있다고 가정된다.

사회적 기술 훈련SST은 광범위하게 실행되어 왔다. 정신병 환자와 사회적으로 '부적합하거나' 또는 '무능하다'고 판정받은 다른 사람들을 훈련시키는 데 이용되어 왔다. 사회복지사social workers, 보건요원

health workers, 상담사counsellors, 치료사therapists, 의사들이 좀 더 효과적으로 자신의 고객이나 환자들을 처치할 수 있도록 훈련하는 데에 이용되어 왔다. 그리고 사업 경영자와 판매자들이 좀 더 효과적으로 사업을 관리하고 판매할 수 있도록 훈련시키고, 행정기관에 있는 공무원들이 정통성 및 효과를 줄여 놓는 이들 기관의 비인격적이고 대중을 소외시키는 이미지들과 맞서 싸우도록 훈련시키는 데에 이용되어 왔다.

사회적 실천관행에 대한 '사회적(=사교적) 기술social skills' 관점은 일반적으로 실천관행을, 특히 담화를, 우리가 그 '내용contents'을 불러내고 있는 바의 차원으로 축소시키는데, 도구적 하위목표 또는 도구적 하위목적이다.[13] 우리가 관계적 차원 및 주체적/표현적 차원으로 언급한 바는, 그것들 자체의 어떤 독립된 지위나 참된 지위로도 주어지는 것이 아니다. 오히려, 종속변수의 지위로 축소되어, 도구적 하위목표를 성취하는 데에서 담화/실천관행을 최대한 효과적으로 만들어 주려고 지속적으로 노력하는 과정에서 조절하기 위하여 이용 가능한 것으로 간주되는 경향이 있다. 사회적 기술 훈련SST으로 동일하게 시행하기 위하여 마련된 성공적인 모형은, 이런 의미에서 정규적으로 조절 가능하며, 따라서 틀림없이 사회적 기술 훈련SST은 실천되고 있는 관계 및 주체들의 조절을 강화하는 쪽으로 기여한다.

특정한 사례를 살펴보기로 한다. 다음은 "업무 현장을 더 즐겁게 그리고 더 효과적인 기회로 만들 수 있는" 업무의 수행에 문제가 있는 '직원 면담/상담personnel interview'의 실행을 위하여 권유된 전략의 일부로서, 가령 실무 현장이나 학교에서 볼 수 있는 규율 확립 면담/상담이다.[14] 이는 유명한 사회심리학자 마이클 아가일(Michael Argyle, 1978)

---

13) (역주) 여기서는 어떤 집단에서이든지 구성원들 사이에 궁극적인 목표 또는 목적은 서로 합치된다고 가정하고 있다. 다만 그런 궁극 목표를 달성하기 위한 하위 절차들과 도구로서의 수단이나 근거들이 문제시되고 있다고 본다. 따라서 본문에서 볼 수 있는 도구적 goals(하위목표)/purposes(하위목적)/means(수단)/reasons(근거) 등의 표현은, 거의 동일한 뜻을 지니는 어휘사슬(lexical chain)의 사례들이다.

『사회적 기술 및 정신 건강』 243~45쪽에서[15] 가져온 것이다.

(1) 생략함.

(2) 이 면담/상담에 대하여 관리 감독자는 아주 과민하게 신경을 쓸지 모르는 상담자(문제가 있는 직원)와 친근감을 형성한다. 만일 관리 감독자가 상담자와 좋은 일상적 접촉을 유지한다면, 이는 더 쉬워질 것이다. 공통 관심사에 대하여 간략히 환담을 나눌 수 있으므로, 지위에 따른 장벽들이 줄어들며, 상담자가 이내 자유롭게 말을 한다.

(3) 감독 관리자가 문제가 있음을 설명해 줄 필요가 있을 수 있다. 즉, 상담자가 출근시간을 지키지 못하고 지속적으로 지각을 해 왔으므로, 생산성이 떨어졌고, 상담자가 아주 낮은 평점을 받고 있다, 등등. 이는 나쁜 판정을 전달하는 것이 아니라, 응당 객관적 사실들만을 진술함으로써 실행되어야 하고, 부정적으로보다는 즐거운 방식으로 실행되어야 한다.

(4) 관리 감독자가 이제 상담자를 불러와서, 해당 문제상황에 대하여 상담자 자신이 어떻게 생각하는지, 그리고 그것에 대한 이유가 무엇이라고 생각하는지를 말해 준다. 만일 상담자가 솔직히 털어놓는 일을 주저한다면, 더 충분한 정보를 주기 위하여 이 일이 일정 분량의 정밀조사

---

14) (역주) 흔히 '훈육'으로 번역되는 disciplinary는, 본문의 맥락에서는 특히 문제가 있는 직원을 관리 감독자가 따로 불러내어 면담 또는 상담을 하여 해당 문제를 시정하거나 개선하는 일을 가리키고 있다. 만일 여전히 해당 문제점이 고쳐지지 않는다면, 다음 단계로 엄한 징벌을 내리게 된다. 따라서 disciplinary를 규율이나 규제 쪽으로 번역하는 편이 나을 듯하다. 아래 인용된 부분에서는 문제가 있는 직원을 좀 더 인격적으로 대우해 주기 위해 client(상담자, 고객)로 부르고 있다. 번역에서는 '상담자'로 써 둔다.

15) (역주) 마이클 아가일(Michael Argyle, 1925~2002)은 옥스퍼드 대학에서 가르쳤던 사회심리학자로서 주로 종교·행복·사회 계층 등을 다루었는데, 담화분석 방법을 이용하였다. 『신체적 의사소통(*Bodily Communication*)』(Methuen, 1975), 『응시와 상호 응시(*Gaze and Mutual Gaze*)』(Cambridge University Press, 1976), 『사회적 기술 및 정신 건강(*Social Skills and Mental Health*)』(Methuen, 1978), 『협동: 사회화 능력의 바탕(*Cooperation: The Basis of Sociability*)』(Routledge, 1991), 『일상생활의 사회 심리학(*The Social Psychology of Everyday Life*』(Routledge, 1992), 『사회 계층의 심리학(*The Psychology of Social Class*)』(Routledge, 1994), 『종교 행위·신념·경험의 심리학(*The Psychology of Religious Behaviour, Belief and Experience*)』(Routledge, 1997) 등 스무 권이 넘는 저서가 있다. 이 중에서 아가일(1987; 김동기·김은미 뒤침, 2005) 『행복의 심리학』(학지사)이 번역되어 있다.

내용을 포함할 수 있다. 관리 감독자는 동정적이고, 상담자의 처지를 이해하고자 함을 보여 준다. 관리 감독자는 상담자에게 해당 문제상황이 만족스럽다고 생각하는지 여부를 물어볼 수 있다. 즉 평가 면담/상담에서는 상담자에게 그 자신의 수행을 평가하도록 요구할 수 있다. 상담자는 해당 문제점의 원인을 설명해 주는 새로운 정보를 말해 줄 수 있으며, 그 문제가 어떻게 해결될 수 있을지를 제안한다. 그렇다면 이 시점에서 면담/상담이 끝날 수 있다.

(5)~(6) 생략함.

(7) … 만일 추가 면담/상담이 필요하다면, 더 엄격하게 영향을 주는 수단이 강구될 필요가 있을 수 있다. 대부분의 관리 감독자들은 상여금·승진·최종 해고 등, 물리적 제재를 통제할 수 있는 위치에 있다. 관리 감독자는 보통 상담자를 해고하려고 하지 않을 것이다. 그가 원하는 것은 상담자를 그 직무에 그대로 둔 채 이전과 다르게 행동하도록 만드는 것이다. 먼저 있을 수 있는 그런 제재의 사용은 최후의 가능성으로서 마지못해 언급되어야 한다. 가령 아주 객관적인 (우회) 진술 형태로서, "이 직무에 종사하고 싶은 다른 사람들이 많이 있습니다There are several other people who would like this job" 또는 "본인은 당신의 봉급을 대고 있는 분들에게 당신의 향상 여부에 대해 말씀을 드려야 되겠네요I may have to tell the people who pay your grant about your progress" 등이다.

(8) 이런 면담/상담은 관리 감독자와 상담자가 다시 상담자의 향상/개선에 대하여 논의하려고 만나게 될 경우에, 합의된 바, 즉 서로 합의하여 결정이 내려진 건설적 단계 등을 재확인하면서 종결되어야 한다. 이런 만남은 될 수 있는 대로 친절한 분위기로 끝나야 마땅하다.

Think 생각해 보기 바랍니다

이들 권고사항이 도구적 근거를 위한 담화의 관계 및 주체 차원에 대한 조절을 어떤 방식으로 제안합니까?

관리 감독자를 상담자와 특정한 주체 지위 및 특정한 관계를 모의하도록 재촉하는 일을 통하여, 관리 감독자는 상담자와 단락 (2)에서 유대감 및 평등감을 모의할 뿐만 아니라, 또한 단락 (4)에서 동정심이 강요됩니다. 또한 단락 (3)에서 즐거운 방식을, 단락 (8)에서 친절한 방식을 모의함을 물론, 과감한 행동을 취하기 위하여 단락 (7)에서 마지못해 징계할지 주저거리는 태도를 모의하도록 강요됩니다. 앞에서 인용된 모의내용들에 대한 정당성은 관리 감독자들이 해당 면담/상담을 좀 더 '즐겁고 효과적으로' 만들려고 한다는 것입니다. 훈련상의 문제를 해결하려는 도구적 하위목표를 가리키기 위하여, 저자는 '효과적effective'라는 표현을 씁니다.

이들 권유사항은 또한 묵시적으로 가정하는 것에서 흥미를 끈다. 관리 감독자들이 면담/상담의 내용·관계·주제를 놓고서 완전히 통제하는 권리를 지니며, 도전받을 두려움이 없이 마음대로 제안된 관계 및 주제들의 조절을 구현하는 권능을 지님을 묵시적으로 가정한다. 반대로, (문제가 있는 직원인) 상담자는 전혀 권력이 없음을 가정한다. 결과적으로 그런 권유사항들에 대하여 모종의 역설이 있다. 면담/상담을 수행할 수 있고 마음대로 면담/상담을 다른 참여자에게 부과할 수 있을 것으로 가정된 한 사람의 참여자에게 향해진 권유사항들을 형성하는 바로 그 행위가, 권유사항에서 제안하고 있는 동등한 토대로 접근하는 무엇인가를 놓고서, 다른 참여자들의 참여를 배제해 버리는 것이다.

아마 이는 가령 호되게 꾸짖는 일보다 오히려 면담/상담에서 실행되고 있는 규율에 대한 더 심층적인 역설의 일부가 된다. 면담/상담은 규율 과정을 (야단치는 일이 아닌) 다른 무엇인가로 보이도록 만들어 줌으로써, 규율 기제를 식민지화해(≒확산해) 놓는다. 이것이 기본적 모의이다. 이 모의 중에서 위에서 언급된 추가적인 모의들은 세련된 내용으로 간주될 수 있다. 이 수준에서, 규율 과정disciplinary process은 해당 면담/상담의 밑바닥에 깔려 있는 상식적 가정과 혼합됨으로써 변형된다. 즉, 양쪽 참여자가 모두 자율성을 통해 규율 목표를 달성하려는 현대적 경향에 맞추어 그 과정에 기여할 무엇인가를 지니고, 분명히 규율 위배가 사실이라면 상담주체/규율주체가 피상담자/피규율자의 행위 및 동기의 다양한 측면들을 조사할 권리를 지니며, 피상담자(≒문제가 있는 직원)는 그 점에서 협력해야 할 의무를 지닌다, 등등.

서로 다른 많은 유형의 면담/상담들이 있는데, 서로 다른 다양한 담화의 제도적 질서와 더불어 담화 기법으로서 면담/상담 시행을 통하여 산출되는 것으로 간주될 수 있다. 따라서 위에 있는 권유사항들을 단순히 모든 면담/상담에 적용하는 것으로 여겨서는 안 된다. 실제로 아가일Argyle은 별도로 두 가지 다른 유형의 면담/상담에도 주목을 한다. 취직을 위해 응모한 사람을 뽑는 취업 면접시험 및 사회조사 면담이다.

그러나 이런저런 여러 가지 유형의 면담에 대한 사회 조사연구의 영향력에서 공통된 흐름이 있다. 예를 들어, 아가일Argyle은 모든 경우에 면담자 및 피면담자 사이에서 관계의 평등화와 '친밀감rapport'의 확립을 언급한다. 이미 문제 있는 직원에 대한 면담 사례에서 보았듯이, 이것들은 모의를 통하여 담화의 관계적이며 주체적인 측면들에 대한 조절을 함의한다. 이러한 면담의 속성들은 §.8-2-4에서 규격화된 모조 인간화로 언급해 놓은 바와 비슷하다. 저자는 소비주의가 되든 관료적 변이체가 되든지 간에, 관계적이며 주체적인 값이 도구적 이유들로 조절되는 전략적 담화로 된 모든 현상을 가리키기 위하여 이 용어를 쓸 수 있음을 제안한다. 이것이 가령 광고에서 광고 발신자와 수신자로서 허구적인 개개의 개인들을 구성하는 일이 되거나, 또는 면담에서와 같이 실제 개개의 개인들 사이에 (평등성·유대감·친밀감 따위의 방향으로) 주체 지위나 관계를 조절하는 일이 될 수도 있다. 규격화된 모조 인간화는, 제8장에서 저자가 관심을 둔 담화의 사회구조적 질서를 체계적으로 재구성하는 데에서 주요한 가닥이 된다.

면담주체를 위한 사회적 기술 훈련SST 이외에도, 피면담자를 위한 사회적 기술 훈련SST이 점차 일반적이다. 예를 들어, 영국 노동부 Department of Employment에서 발간한 전단지는 실업자들에게 '취업 기술 job-getting skills'에 도움을 준다. 더 많은 사람이 취업 훈련을 받았다면 더 많은 직장이 있을 것이라는 광범위한 오해, 또는 달리 표현하여 가령, 사회제도의 문제라기보다 '면접시험을 잘 치르는' 능력의 부족을 포함하여 취직의 실패는 그들 자신의 부적합성 때문이라고 치부하는 오해가 광범위하게 퍼져 있는 듯하다(일부 사례에서는 우정 그렇게 오해하도록 부추긴다).

그렇지만 이런 종류의 취업훈련은 저자가 §.9-1-2에서 '역량강화 empowerment'(446쪽의 역주 16을 보기 바람)로 언급한 바를 구성할 수 있다. 이는 실제 능력을 바꾸지 않고서도 주어진 담론질서 안에서 가능한 바에 대한 완전한 범위를 탐색하는 사람들의 능력을 향상시키는 일이다. 제9장에서 논의하겠지만, 우위에 있는 사회적 집단들에 대한 자신감 및 그들 자신의 잠재력의 감각을 제공해 주는 수단으로서 '역량강화'에 대하여 언급될 것이 많이 있다. 그러나 저자는 모종의 진퇴양난dilemma의 어려움이 있음을 느낀다.

사회과학적 윤리에 비춰 보면, 일부 사회적 기술 훈련SST의 적용은 의심스러울 뿐만이 아니다. 특히, 자신들의 도구적 목표를 달성하기 위하여 다른 사람들을 지배하거나 조절하는 사람들의 기술을 향상시킬 수 있는 기술들이다. 또한 임의의 참여자를 위하여 밑바닥에 아무런 도구적 목표도 지니지 않으며, 이해와 공통기반에 이르기 위하여 참되게 협동정신으로 이뤄지는 담화라는 의미에서 보면, 사회적 실천관행과 담화를 '기술skills'로 축소하는 일이, 그 자체로 의사소통 담화를 놓고서 영향력을 쇠약하게 만들어 버리기 마련이다. 규격화된 모조 인간화가 점차 널리 퍼지고 있기 때문에, 이런 영향력이 쇠잔해지고 있는 것 같다. 심지어 가장 참된 관계적이며 주체적인 실천관행도, 활짝 열려 있는 규격화되고 모조적인synthetic 해석을 받지 않도록 차단하기가 어려울 듯하다. 우리가 온통 규격화되고 모조적인 친밀성·우정·평등성·동정심에 둘러싸인 경우에는, 실제 사람을 인식하는 우리의 능력에 그것이 영향을 미칠 수 있지 않을 것이라고 확신할 수 있을까?

§.8-3-4 공공 정보와 공적인 행정서식

관료조직에서 '대중'에게 정보를 전달하고, 행정서식들을 통하여 '대중' 구성원들로부터 정보를 구하는 것은 사회복지 맥락에서 흔히 함께 짝지어진 담화 기법이다. 관료주의에서는 다양하게 이용 가능한 복지혜택을 서술하고, 그 혜택들을 적합하게 구현해 주는 정보 전단지들을 산출하며, 이들 전단지가 여러 혜택을 신청하기 위하여 그런 식으로 찾아진 내용들을 채워 놓도록 꾸민 서식들과 함께 합쳐지거나 나눠질 수 있다. 이들 두 가지 기술의 증가뿐만 아니라, 면담(또는 면접시험)도 그 사회에서 지배적 구성원들의 집단에 부여하는 의사소통 요구의 형태로 두드러지게 증가되어 일어났음을 예시해 준다.

그러한 전단지 및 공적인 행정서식 형태의 속성들은, 일상생활 속의 대화로 된 만남에서 관료제에 맞서서 '공식적'으로뿐만 아니라 또한 '사적으로도' 벌어진 일종의 게릴라 식 투쟁의 일부로서, 복지국가 시대 동안에 변함없이 널리 퍼진 논쟁의 기반이 되어 왔다. 중심적 불만사항은 그런 자료가 서식과 지면배치layout, 지면배정, 복잡한 문장, 전문어휘 등으로 말미암아, 필경 전달하려고 의도하고 있는 실질적 비율의 대중들에게 접속/접근이 불가능하다는 점이 되어 왔다. 이런 불만은 수혜에 대한 낮은 수준의 이해와 이어져 있다. 즉 자격이 있는 많은 사람들이 지원하지 못하는 것이다.

공적인 행정사무 전단지와 서식들은 이들 불만사항을 해소시키는 방법에 대한 사회과학의 조언에 근거하여 실질적 변형을 겪어 왔다. [텍스트 8-3]과 [텍스트 8-4]는 그런 행정서식들을 일반사람들이 쉽

[텍스트 8-3] 출처: 보건 및 사회안전 사무국

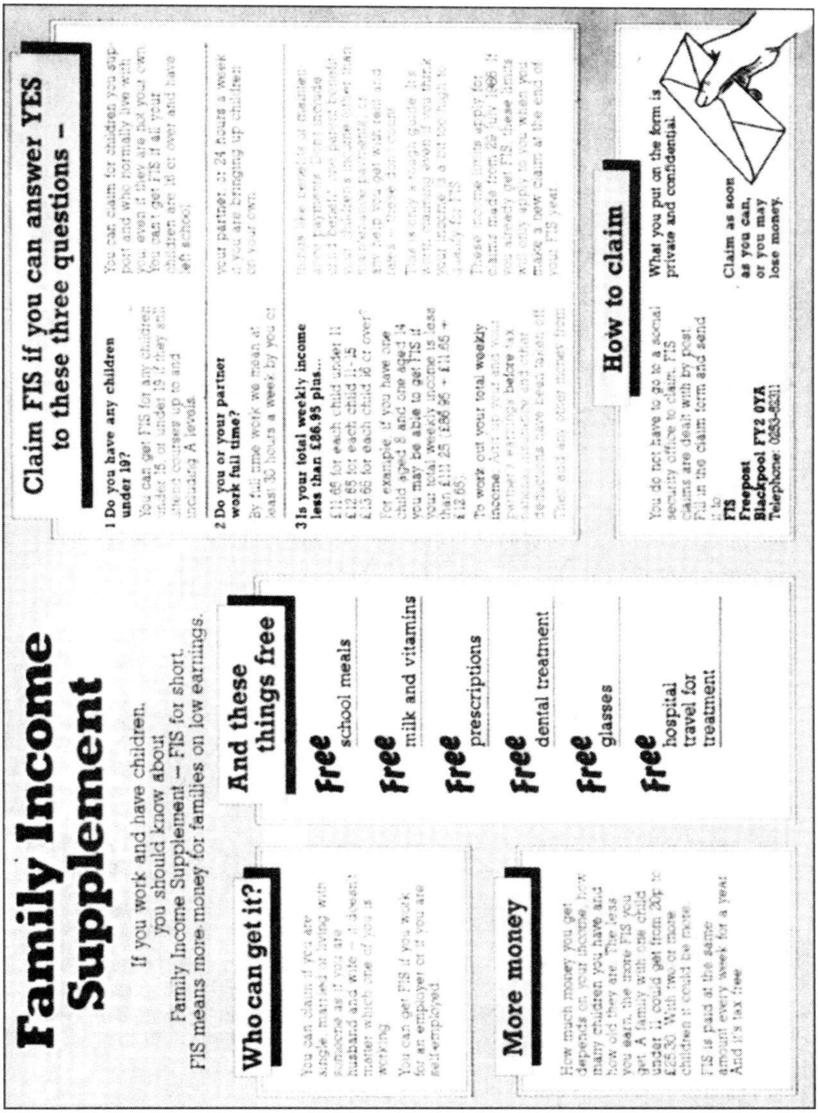

게 접근할 수 있도록 만들어 놓은 노력을 아주 잘 예시해 주는 최근의 사례이다. 이는 각각 영국 보건 및 사회안전 사무국Department of

[텍스트 8-3] 출처: 보건 및 사회안전 사무국

가계소득 보전금

여러분이 일을 하고 여러분에게 자녀가 있다면, 응당 '가계소득 보전금'(이하에서는 줄여서 '보전금')에 대해서 알아야 합니다. 낮은 소득에 대해서는, 가계를 위해 돈을 더 많이 받게 됩니다.

누가 받게 될까요?

여러분이 독신인지, 결혼하였는지, 부부처럼 누군가와 함께 살고 있는지(실질혼인 관계)를 신고할 수 있습니다. 여러분 중에서 누가 직장을 갖고 있는지는 상관이 없습니다. 여러분이 고용되어 일을 하거나 자영업을 한다고 해도 보전금을 받을 수 있습니다.

더 많은 돈

돈을 얼마나 많이 받을지는 여러분 소득과 자녀 숫자와 자녀 나이에 달려 있습니다. 소득이 더 적을수록 보전금을 더 많이 받습니다. 11살 미만의 자녀가 1명이 있으면 20페니에서 25.30파운드(한국돈 5만원)까지 받을 수 있습니다. 2명 이상의 자녀가 있으면 보전금이 더 많아질 수 있습니다. 보전금은 1년 동안 매주 동일한 금액이 지급됩니다. 세금은 내지 않습니다.

다음 사항들이 무료입니다.

무료 학교 급식

무료 우유와 비타민제

무료 처방

무료 치과 진료

무료 안경

무료 치료를 위한 무료 원거리 병원 여행

다음 세 가지 질문에 '예'라고 대답할 수 있으면 보전금을 신청하십시오.

(1) 19살 미만의 자녀가 있습니까?
16살 또는 19살 미만의 자녀를 위해서 여전히 고급(A, 누고교 시절에 치르는 국가 학력고사임) 수준을 포함하여 현재 학교에 다니고 있다면 보전금을 받을 수 있습니다. 일반적으로 여러분이 돌보며 함께 살고 있는 자녀들을 위해서 신고할 수 있습니다. 심지어 여러분 자신의 자녀가 아니라 하더라도 보전금 신청이 가능합니다. 그러나 여러분의 자녀들이 16살 이상이고 학교를 졸업하였다면 보전금을 신청할 수 없습니다.

(2) 여러분 또는 배우자가 전일제로 일을 합니까?
전일제라는 뜻은 여러분이나 배우자가 적어도 1주 30시간을 일하거나, 여러분 스스로 자녀들을 양육하고 있다면 1주 24시간을 일하는 것을 뜻합니다.

(3) 여러분의 주급 총소득이 86.95파운드(한국돈 18만원) 이하이며, 이에 더하여
11살 미만의 각 자녀에 대해 11.65파운드(한국돈 2.4만원)이거나
11살에서 15살 사이의 각 자녀에 대해 12.65파운드(한국돈 1.4만원)이거나
16살 이상의 각 자녀에 대해 13.65파운드(한국돈 1.8만원)입니까?
예를 들어, 8살 된 한 명의 자녀와 14살 된 자녀 한 명이 있고, 주급 총소득이 111.25파운드(=86.95+11.65+12.65) 이하이라면 보전금을 받을 수 있습니다.
주급 총소득을 계산하기 위하여, 세금과 국민보험과 다른 공제액을 덜어내기 이전에 여러분과 배우자의 소득을 모두 합산해 주십시오. 그러고 나서 수당이나 생계부양비와 같은 것에서 나온 다른 돈도 어떤 것이든 모두 합산해 주십시오. 자녀 양육비, 한부모 부양비, 생계부양비가 아닌 여러분 자녀의 소득이나 전세금과 사업지출비와 지방세로부터 받는 보조금은 포함하지 마십시오. 이것들은 산정되지 않습니다.
이는 오직 개략적인 안내일 뿐입니다. 비록 보전금을 받기에 조금 더 많은 소득이 있다 하더라도 신청해 보시는 것이 좋습니다. 이런 소득 한도는 1986년 7월 20일부터 이뤄진 신청에 대해서만 적용됩니다. 이미 보전금을 받고 계시다면, 이들 한도는 단지 연말에 보전금을 새로 신청하는 경우에 여러분에게 적용될 것입니다.

신청 방법

꼭 사회안전 사무국에 가서 신청할 필요는 없습니다. 보전금 신청은 우편으로도 처리됩니다. 신청 서식을 채우고 다음 주소로 보내어 주십시오.

무료우편, FY2 0YA(서북 잉글런드, 랭커셔)
블랙풀, 보전금 사무국
전화 0253-52311

여러분이 서식 속에 써 둔 내용은 사적이며 철저히 비밀이 보장됩니다.

될 수 있는 대로 빨리 신청하십시오.
안 그러시면
돈을 잃게 됩니다.

Health and Social Security, DHSS에서 만든 '가계수입 보전금Family Income Supplement, FIS' 서식 및 4쪽 분량의 가계수입 보전금 제1쪽이다. 신청서식은 전

단지 안쪽에 끼워져 있다.

[텍스트 8-4] 출처: 보건 및 사회안전 사무국

For DHSS use

Exp. date | NT

Family Income Supplement **FIS**

Please give details for yourself **and** your partner. Your partner is your husband or wife or the person you live with as if you are married to them. If you are a one-parent family, tell us about you and your children. Please write clearly in CAPITALS. There is a space at the end for you to give extra information.

1 START HERE	**MAN**	**WOMAN**
Title	Mr	Mrs/Miss/Ms
Surname		
Other names		
Date of birth	/ /	/ /
National Insurance (NI) number	Letters Numbers Letter	Letters Numbers Letter
Address and Postcode		

Do you have a FIS book now? Tick ✓ No or Yes

No ☐ If you ticked No, please answer this question
have you had FIS in the last 4 weeks? no ☐ yes ☐

Yes ☐ If you ticked Yes, please answer this question
what is the number on the cover of the book? ....

At which Post Office would you like to get FIS? – give address.

Is your (and your partner's) permanent home in the UK? **No** ☐ **Yes** ☐

Are you a one-parent family? **No** ☐ **Yes** ☐

If you are claiming FIS as a couple but your partner lives at a different address, please explain why.

Please give details of the children who you want to claim FIS for. Generally that means children under 19 who live with you.

You cannot include
- children who are 16 or over if they have left school
- children who you do not provide for
- children who the Council gives you a boarding allowance for.

You can include
- children who are not your own, so long as you provide for them
- children who normally live with you but are in a home or at boarding school

Surname	Other names	Age	Date of birth

If you (or your partner) are pregnant, when is the baby due? / /

Now go on to section 2 on the next page

[텍스트 8-4] 출처: 보건 및 사회안전 사무국

보건 및 사회안전 사무국 전용 서식

만료 일자				NT		

가계소득 보전금 신청서식 **FIS**

여러분 자신과 배우자의 인적 사항들을 적어 주십시오. 배우자는 남편이나 부인, 또는 결혼 관계처럼 함께 사는 사람을 뜻합니다. 만일 홀-부모 가정이라면, 여러분과 자녀들에 대해서 적어 주십시오. 대문자로 분명하게 써 주십시오. 서식의 끝에는 별도의 정보를 적을 수 있는 빈 공간이 있습니다.

1. 여기서부터 시작하십시오	**남성의 경우**	**여성의 경우**
경칭	씨	씨/님/양
성		
이름		
생년월일	/ /	/ /
	글자 숫자 글자	글자 숫자 글자
국민보험(NI) 번호		
우편번호 및 주소		

여러분은 현재 가계소득 보전금 수첩을 갖고 있습니까? 쐐기 ☑를 예 또는 아니오에 표시해 주십시오.

☐ 아니오. 만일 '아니오'라면, 다음 물음에 대답하여 주십시오.
지난 4주 동안 가계소득 보전금을 받으셨습니까? ☐ 아니오, ☐ 예

☐ 예. 만일 '예'라면, 다음 물음에 대답하여 주십시오.
그 수첩의 표지에 적힌 숫자가 어떻게 됩니까? ____________

어느 우체국에서 가계소득 보전금을 받고 싶습니까?

여러분과 배우자는 영국 호적을 갖고 있습니까? ☐ 아니오, ☐ 예

여러분은 홀-부모 가정입니까? ☐ 아니오, ☐ 예

부부가 가계소득 보전금을 신청하고 있지만, 배우자가 다른 주소지에 살고 있다면, 왜 그런지 이유를 적어 주시기 바랍니다.

가계소득 보전금을 신청하려는 아동들의 인적 사항을 적어 주십시오. 이는 보통 여러분과 함께 사는 19세 미만의 아동을 뜻하지만, 다음은 제외됩니다.

- 학교를 졸업한 16세 이상의 자녀
- 여러분이 돌보지 않는 자녀
- 상담국에서 기숙 허가 보조금을 지급한 자녀

그러나 다음 아동은 포함됩니다.

- 여러분 자신의 자식은 아니더라도 여러분이 돌보는 아동
- 보통 여러분과 함께 살지만 가정학교(재택교육)나 기숙학교에 있는 아동

성	이름	나이	생년월일
			/ /
			/ /
			/ /
			/ /
			/ /
			/ /
			/ /

만일 여러분이나 배우자가 임신 중이라면, 출산일은 언제입니까? / /

이제 제2쪽으로 가서, 문항 2의 빈칸을 채워 주십시오.

생각해 보기 바랍니다

> 이 텍스트들은 어떤 행정 목적 또는 목표를 위하여 쓰이며, 이 목적들이 텍스트의 특징에 어떻게 반영되어 있습니까?

이 전단지의 경우에 주요한 행정 목적은 가계수입 보전금(FIS)을 받을 자격이 있는 사람들의 신청을 받는 일이 될 듯합니다. 이 텍스트에서 많이 쓰인 조건절(~면, if-clause)은, 대부분 자격을 갖춘 모집단의 정밀한 범위를 자세히 알려 주기 위해서 거기에 들어가 있습니다. 가령

> "if you work and have children, you should know about Family Income Supplement"
> (여러분이 일을 하고 여러분에게 자녀가 있다면, 응당 가계소득 보전금에 대해서 알아야 합니다.)

이 서식의 경우에, 주요 목적은 아마 정확히 그리고 쉽고 처리 가능한 형태로 가계수입 보전금의 신청에 필요한 정보를 이끌어 내는 것입니다. 이는 다양한 모습으로 해당 텍스트를 '쉽게 만들어 놓기[easification]'(이하에서는 '쉬운 서식 만들기'로 번역함)에 반영되어 있습니다. 비교적 단순한 문장, 비전문적 어휘, 글자체 선택을 포함하여 지면배치[layout]의 다양한 속성들, 색채의 다양화, 글자체 크기와 굵은 문자체, 대문자와 소문자, 답변으로 채워 넣을 빈칸의 강조, 답변으로 다지 택일을 위한 선택지 글상자 마련 등입니다. 서식의 재구성에서 이들 특징이 다른 것보다 더 분명합니다. 해당 전단지는 또한 아마도 신청자들에게 최대한도로 효과적 '지원'(신청)을 보장해 주기 위한 '쉬운 서식 만들기'에 의해서 특성 지어집니다. 다시 이 점은 문장의 문법, 어휘, 지면배치의 다양한 측면들에 반영되어 있습니다.

쉬운 서식 만들기[easification]는 텍스트 내용측면들의 조절이지만, 관료적

담론에 있는 다른 많은 사례에서의 쉬운 서식 만들기처럼, 여기에서도 규격화된 모조 인간화에 따라 관계 및 주제의 조절이 수반되어 있다. 예를 들어, '그리고 다음 사항들이 무료입니다And these things free'로 제목이 붙은 전단지 부분에서, 산출자인 영국 보건 및 사회안전 사무국DHSS에서 광고자의 주체 지위를 점유하는 듯하며, 독자들에게는 소비자의 주체 지위를 구성해 준다. 이는 저자가 구분해 온 대중들의 생활을 놓고서 제도의 간섭에 대한 두 가지 측면, 즉 경제적/소비주의 측면 및 관료적/담화 기법적 측면이 자동적이지 않으며, 반대로 점차 중첩되고 있음을 예시해 준다. 특히 광고에서 구성된 권력 있는 소비자 주체 지위가 관료적 목적을 위하여 이용될 수 있다. 또한 광고에서는 사회과학적 조사연구에 의해 공급되고 있는 속성을 담화 기법과 공유하고 있음에도 주목하기 바란다. 사실상, 아마도 담화 기법의 개념을 광고까지 포함하도록 넓히는 것이 이치에 맞을 듯하다.

좀 더 일반적으로, 독자에게 직접 전달해 주며, 질문 및 명령 형태가 독자에게 향해져 있다. 규격화된 모조 인간화의 일반 차원은 앞에서 (문제 있는 직원과의) 면담/상담으로 살펴보았듯이 모의된 평등성simulated equalization이다(늑실제로는 불평등하지만, 평등한 듯이 꾸밈). 이 사례에서는 대다수의 독자가 스스로 시행할 법한 표현의 선택을 통하여 산출자를 독자와 동등한 지위에 두려는 어떤 시도가 있는 듯하다. 어휘 및 문법을 쉽게 표현하는 일이 동시에 평등성equalization으로 되는 경향이 있는 것이다. 이것이 결코 일관되게 수행되어 나가지 않겠지만(가령, 해당 서식에서 partner[배우자]는 [결혼한 짝만을 가리키지 않고] 동거하는 사람을 가리키는 제한적 용법을 지님), 많은 수의 사례들이 있다. 예를 들어, Who can get it?보전금을 누가 받게 될까요?이란 제목에서, qualifies for자격을 갖추었다라는 표현보다 오히려 can get받을 수 있다이라고 하거나, 또는 cohabiting with someone누군가와 동거하고 있다라는 어려운 표현을 쓰지 않고, 대신 as if you are husband and wife남편과 아내의 관계라면이라고 명시하지 않고서라도 일상적 용법이 잘 작동하겠기에 쉽게 living with someone누군가와 함께 살고 있다이라고 말한다.

그런 평등성 특징이 산출자를 확고하게 권위적 지위에 놓는 이들 담화 기법의 상쇄 속성들과 함께 표현되어 있다. 예를 들어, '대중the public' 구성원들은 아주 빈번히 관료조직에서 제시한 조건대로 서식을 채우는 활동에 관여한다. 관료조직에서는 모든 종류의 개인적 세부사항(≒인적 사항)들을 요구할 권리를 지니고, 대중 구성원들은 그 내용을 응당 적어야 할 의무가 있으며, 관료조직에서는 타당하고 부당한 내용들 및 대답의 형태들을 놓고서 절대적 통제권한을 실행한다, 등등으로 가정된다. 쉬운 서식 만들기는 지원자의 무력함을 강조할 수 있다. 저자는 이것이

> 여기서부터 시작하십시오START HERE
>
> 이제 제2쪽으로 가서 문항 2의 빈칸을 채워 주십시오Now go on to section 2 on the next page.

의 형태로 된 '지시사항traffic rules, 교통규칙'을 지닌 경우이며, 해당 서식이 어떤 경우에 '예, 아니오' 말고는 더 복잡한 임의의 답변을 제외시키고, 다른 경우에 일반적 길이를 넘는 답변을 배제하도록 마련된 방식이라고 본다. 일반적으로 규격화된 모조 인간화는, 개인적이며 동등한 관계의 겉모습 밑에 도구적·조작적 관계를 숨겨 버림으로써, 대중들에게 관료 및 국가의 지위를 강화할 수 있다고 생각한다. 오직 사람들이 겉모습을 통해서 속을 들여다보지 못하는 경우에 한해서만 그러한 것이다.

§.8-4 치료 담화

제8장을 시작하면서 생활의 더 많은 측면들을 놓고서 경제 및 국

가의 침해와 영향 아래 많은 사람들이 문제와 '정체성 위기'를 겪음을 시사하였다. 대중들은 이를 개인별로 그들의 '사적인' 문제로 느끼며, 한 정보 자원이나 다른 정보 자원으로부터 '도움'을 구한다. 전문직 심리치료 기관으로부터 사마리아 사람들처럼 자발적인 단체에 이르기까지, 사람들이 향하는 전체범위의 '도움을 주는' 조직들이 많이 있다.

이들 조직에서는 현저하게 다양한 치료법 및 상담요법들을 제공해 왔다. 이것들에 관하여 언급할 첫 번째 요점은, 그 방법들이 담화 기법의 추가 사례라는 사실이다. 이런 사례들은 사회과학 지식의 응용형식이라는 속성을 다른 담화 기법들과 공유한다. 그렇지만 앞에서 논의한 담화 기법의 유형들과는 달리, 이것들은 관료주의적 합리성bureaucratic rationality과 직접 관련되어 있지 않다. 그러므로 이것들을 규율 기법disciplinary technologies과 구별하여, 치료 요법therapeutic technologies으로 부르는 것이 도움이 될 것이다. 그렇지만 아래에서는 그럼에도 불구하고 이것들이 실제로 관료주의적 합리성과 의미 있는 관계를 지닌다고 논의할 것이다.

다음은 치료 담화로부터 가져온 인용이다. CL은 상담을 신청한 고객(손님)이고, T는 치료사이다. 줄표 '—'는 약간 긴 휴지를 나타낸다.

[텍스트 8-5] 출처: 로저즈(Rogers, 1967: 77~78)

(1) CL: It all comes pretty vague. But you know I keep, keep having the thought occur to me that this whole process for me is kind of like examining pieces of a jig-saw puzzle. It seems to me I, I'm in the process now of examining the individual pieces which really don't have too much meaning. Probably handling them, not even beginning to think of a pattern. That keeps coming to me. And it's interesting to me because I, I really don't like jig-saw puzzles. They've always irritated me. But that's my feeling. And I mean I pick up little pieces

(*T gestures throughout this conversation to illustrate CL's statements*) with absolutely no meaning except I mean the, the feeling that you get from simply handling them without seeing them as a pattern, but just from the touch, I probably feel, well it is going to fit someplace here.

(2) T: And that at the moment that, that's the process, just getting the feel and the shape and the configuration of the different pieces with a little bit of background feeling of, yeah they'll probably fit somewhere, but most of the attention's focused right on, 'What does this feel like? And what's its texture?'

(3) CL: That's right. There's almost something physical in it. A, ə —

(4) T: You can't quite describe it without using your hands. A real, almost a sensuous sense in —

(5) CL: That's right. Again it's, it's a feeling of being very objective, and yet I've never been quite so close to myself.

(6) T: Almost at one and the same time standing off and looking at yourself and yet somehow being closer to yourself that way than —

(7) CL: M-hm. And yet for the first time in months I am not thinking about my problems. I'm not actually, I'm not working on them.

(8) T: I get the impression you don't sort of sit down to work on 'my problems'. It isn't that feeling at all.

(9) CL: That's right. That's right. I suppose what I, what I mean actually is that I'm not sitting down to put this puzzle together as, as something, I've got to see the picture. It, it may be that, it may be that I am actually enjoying this feeling process. Or I'm certainly learning something.

(10) T: At least there's sense a of the immediate goal of getting that feel as being the thing, not that you're doing this in order to see a

picture, but that it's a, a satisfaction of really getting acquainted with each piece. Is that —

(11) CL: That's it. That's it. And it still becomes that sort of sensuousness, that touching. It's quite interesting. Sometimes not entirely pleasant, I'm sure, but —

(12) T: A rather different sort of experience.

(13) CL: Yes. Quite.

(1) 손 님: 모두 아주 애매한데요. 하지만 알다시피 전 계속, 계속 저에게 생각이 떠오르도록 할 거예요. 이 전체 과정이 저에겐 일종의 조각맞춤 수수께끼의 도막들을 다루는 것 같아요. 저에게는 아마, 전, 전 지금 사실상 그리 의미가 많지 않은 개개의 도막들을 맞춰 가는 과정이에요. 아마 그 도막들을 다루는 일인데, 어떤 유형을 생각해 내기 시작하는 것도 아니거든요. 그게 계속 저에게 떠오르네요. 그러고 저에게 재미가 있지만, 왜냐하면 저는, 전 실제 조각맞춤 수수께끼를 좋아하지 않거든요. 언제나 저를 성가시게 할 뿐이죠. 허지만 그게 제 느낌이에요. 그러고 제 말뜻은 제가 작은 도막들을 집어 들고서 (이 대화 동안에 치료사는 손님의 진술 내용을 예시해 주기 위하여 내내 몸짓을 씀) 절대로 의미가 없는 건데, 제 말뜻은 그 도막들을 보지 않은 채 단순히 하나의 유형으로 다루는 일로부터 얻는 느낌을 제외하고서는 의미가 없어요. 허지만 바로 만지는 일로부터, 아마도 저는 느끼는데, 글쎄 이게 여기 어딘가에 들어맞을 텐데.

(2) 치료사: 그러고 <u>그게 바로 지금</u> 그게, 그게 그 과정인데요, 바로 촉감과 모양새를 얻고, 약간의 배경 느낌과 더불어 서로 다른 도막들의 윤곽을 얻는 일이거든요. 그래요 그것들이 아마 어딘가에 잘 들어맞겠네요. 허지만 대부분의 주의력은 당장 초점이 모아지거든요. "이 감촉이 무엇과 같은지? 그리고 그 질감은 어떤지?"

(3) 손　님: 맞아요. 그 속에 거의 육감적인 뭔가 있군요. 어떤 어 ─

(4) 치료사: 손님이 손을 이용하지 않는다면 그걸 아주 잘 서술할 수 없거든요. 실제 거의 어떤 감각을 일으키는 느낌인데 ─

(5) 손　님: 맞아요. 다시 그게, 그게 아주 객관적인 상태의 느낌이에요, 그러고 아직 저는 한 번도 제 자신에게 아주 가까이 다가가 본 적이 없거든요.

(6) 치료사: 거의 한 번에 그리고 동시에 자신으로부터 멀리 떨어져서 자신을 바라보는 일, 그리고 어쨌거나 다른 때보다 그런 방식으로 스스로에게 더 가까이 있는 일이요 ─

(7) 손　님: 음~. 그러고 몇 달만에 처음으로 저의 문제들에 대하여 생각하지 않고 있어요. 저는 실제로, 저는 그 문제들에 전념하고 있지 않거든요.

(8) 치료사: 손님께서 일종의 '저의 문제들'이라는 것에 전념하며 착수하려고 하지 않는다는 인상을 저는 받거든요. 전혀 그런 느낌이 아닌데요.

(9) 손　님: 맞아요. 맞거든요. 저의 짐작에 그, 실제 제가 의미하는 건, 이 수수께끼를 함께 어떤 것으로 놓고서 풀려고 착수하지 않고 있다는 뜻이에요. 막 그 그림을 봤어요. 그게, 그게 저걸 텐데, 제가 실제로 이렇게 느끼는 과정을 즐기고 있는 것 같거든요. 아니면, 분명 뭔가를 배우고 있어요.

(10) 치료사: 적어도 그런 대상이 되는 것으로 그 촉감을 얻는다는 즉각적인 목표에 대한 의미가 있죠. 어떤 그림을 알아보려고 이걸 실행하고 있는 게 아니거든요. 허지만 그게 하나의, 사실상 각 도막에 친숙해진다는 만족감이죠, 그 느낌이 ─

(11) 손 님: 바로 그렇군요. 그리고 여전히 그런 종류의 감각을 일으키는 상태, 그런 감촉이 되는군요. 아주 흥미롭네요. 때때로 온전히 즐거운 건 아니지만, 확실히 저는, 허지만 ─

(12) 치료사: 사뭇 다른 종류의 경험이죠.

(13) 손 님: 예. 아주 그렇군요.

Think 생각해 보기 바랍니다

> 치료사의 기여부분과 손님(상담신청 고객)의 기여부분 사이에 있는 관계를 살펴보기 바랍니다. 특히 어느 범위까지 치료사의 기여부분이 손님(고객)의 기여부분을 판정하거나 통제하려고 하는지, 또는 친근감을 보여 주려고 하는지에 주목하시기 바랍니다.

저자는 간명한 답변이 다음과 같다고 생각합니다. 치료사의 기여부분이 표면상으로는 적어도 손님의 기여부분을 판정하거나 통제하려고 하지 않으며, 실제로 손님과의 친근감을 보여 주려고 합니다. 발언기회 (2)를 보십시오. 무엇보다도 이 발언기회의 통사(≒문장) 형태가 손님이 말한 앞의 발언을 어떻게 지속시켜 나가도록 만드는지에 주목하기 바랍니다. 앞의 발언기회는 'I probably feel제가 느끼기로는'으로 끝났지만, feel느끼다의 목적어로 기능하는 명사구가 뒤이어집니다. 그리고 발언기회 (2)는 다른 명사구로 구조화되어 있는데, 'that at the moment그게 바로 지금'로 시작하며, 발언기회 (1)의 내용과 등위접속을 이룹니다. 또한 손님은 독백 형태로 자신을 향하여 직접 발화를 하는데, 치료사가 손님의 말에 메아리처럼 반응하는 데에도 주목하기 바랍니다. 'well it is going to fit someplace here글쎄 이게 여기 어딘가에 맞을 텐데'와 'yeah they'll probably fit somewhere그래요 그것들이 아마 어딘가에 잘 들어맞겠네요'를 비교해 보십시오. 발언기회 (1)과 (2) 간에 있는 이들 형식적 관계는 그것들의 기능적 관련성을 나타냅니다. 발언기회 (2)는 발언기회 (1)의 끝을 조금 고친 것인데, 아주 긴밀히 풀어놓았습니다. 앞의 인용에서는 이런 유형이 내내 반복되어 있으며, 각각의 경우마다 손님은 치료사가 자신의 말한 것을 고쳐 말한 내용을 받아들입니다. 가령, 발언기회 (3)에 있는 'that's right맞아요'입니다. 치료사는 손님의 기여부분을 놓고서 받아들일 수 있도록 조금 고쳐 말해 줌으로써 친근감을 보여 주고 있습니다.

최근의 개관에 따르면, 상담에 대한 정의가 대부분 "흔히 전문용어로 '친근감rapport'이나 '동감empathy, 감정이입'으로 서술된 미세한 감정적

이해의 향상에 의해서 표시된 사람과 사람 간의 의사소통 형태로" 간주된다. "상담은 고객(손님)의 한두 문제 이상에 집중되고, 상담자에 의해 이뤄지는 권위적 판정과 강요적인 억압들을 벗어나 자유롭다." 해당 문제의 뿌리가 외적인 것이 아니라 오히려 내적인 것으로 보이는 경우에, 일반적으로 그 목적은 고객이 이전에는 자각해 보지 못한 자신에 대한 여러 가지 일들을 이해하게 되는 것에 근거하여 행동 변화를 성취함으로써 그 문제를 처리해 내려는 것이다.

이런 과정을 촉진하는 상담자의 '상담요령helping skills'[16]은 자의식 성찰과 제어의 목표가 된다. 영속적인 한 가지 논제는 고객(손님)에 대한 상담자의 반응이, 응당 고객의 말을 풀어서 약간 고쳐서 도로 입장을 정리해 주는 일reformulation(§.5-9-2 역주 33 참고)을 넘어서야 하는 범위이다. 유명한 심리치료사 카알 로저즈Carl Rogers는 치료사의 역할을 다음과 같이 서술한다.

> "치료사는 단지 자기 고객(손님)의 말, 개념, 느낌을 반복해 줄 뿐만이 아니라, 오히려 고객(손님)의 낱말이나 개념이 가리켜 주는 현재 내적 경험에 내재된 의미를 찾아내어야 한다."

그렇지만 만일 상담자가 고객(손님)에 대하여 그런 해석을 제공하고 있다면, 고객(손님)을 도와서 고객 자신의 의미를 고쳐 말해 주는 일 및 고객(손님)을 치료사의 의견을 받아들이도록 이끌어 가는 일 사이에 있는 경계는 어느 정도 흐려질 것임에 틀림없다.

심리치료 및 상담은 사회구조적으로 생성된 질환들로 고통을 받는 개인들에게 도움을 제공해 준다. 이 점은 더 일찍이 인용된 개관에서 다음처럼 분명히 명시되어 있다.

---

16) (역주) helping skills는 주로 상담을 통해 도움을 주는 것이므로, 여기서는 '상담요령'으로 번역해 둔다. skill을 기술로 번역하면, technology(기술, 기법)로 오해될 수 있으므로 이를 피해 '요령'으로 번역해 둔다.

특수화된 새로운 영역이 부각되어 나오는 듯하다. 점진적으로 새 영역과 연결된 다양한 많은 직업 역할들로부터 형식을 모으면서, 그리고 사회·경제적 변화의 소용돌이와 전체인구의 점증하는 지리적 이동과 고도로 도시화된 지역에서 공동체 생활의 부분적 붕괴 속에서, 개인별 안내와 지원을 위하여 심층적으로 느낀 사회적 필요성에 대한 반응의 결과이다 … 이는 다양한 형태들 도처에 있는 깊은 인도주의humanitarian, 박애주의이다. 그리고 … 전체주의totalitarian 흐름에 맞선 필수적 균형 세력의 일부가 현대 산업·문화 변화의 유형을 통해서 도처에서 또한 아주 분명하다.

그렇지만, 심리치료 및 상담에서 사회구조적 질환의 효과가 개인들의 숨겨진 잠재력에 근거하여 치유될 수 있다고 가정하는 범위에 이르기까지는, 심리치료와 상담들이 이념적 실천관행으로 간주될 수 있다. 이는 사회구조적 질환이 오직 사회적 변화를 통해서만 치유될 수 있다고 하는 반대가정에 토대를 둔 정치적 집결political mobilization, 정치적 동원의 실천과 서로 경합을 보일 수 있다. 실제로 미셸 푸코Michel foucault[17]는 심리치료와 상담을 포함하는 것으로 간주될 수 있는 '고백confession, 참회'이 사회 통제력의 필수성분이 된다고 주장한다.

일·교육·사회사업social work, 사회복지 업무·일반의료general medicine, 일반 의약품·직업안내·법·종교를 포함하여, 상담이 제도화된 많은 담론질서들을 신속히 식민지화(≒확산 정착)하는 방식은, 그것들의 사회 통제력에 대한 관계에 대하여 사실상 많은 의문들을 제기한다. 가령, 다음과 같이 교육분야에 있는 상담에 대한 논의로부터 가져온 발췌 인용이 있다.

교장 선생으로부터 아래로 모든 공동체 구성원들이 학생들을 놓고서 형식을 갖추고서 권위를 행사하면서 늘 지시만 내리는 강력히 권위주의적

---

17) (역주) 푸코에 대해서는 제1장의 역주 6)을 참고하기 바란다.

인 학교에서는, 가장 온정적인 '소박하게 전원 목가적인 돌봄pastoral care'과 가장 미숙하게 비전문적인 종류의 상담을 위한 영역이 거의 없다. 공유된 책임감, 개인별 자기수양, 사람으로서 다른 사람들에 대한 관심과 존경을 놓고서, 이해를 심어줄 기회도 실지로 거의 없다. (이와는 반대로) 참되게 모든 개인들에 대한 최상의 개인적 향상을 목표로 하는 학교에서는, 더 이상 교장 선생의 책임이 반드시 교직원들의 책임감을 줄여 버리는 것으로 간주되어서는 안 되고, 교직원들의 책임감이 학생들의 책임감을 축소해 버리도록 허용되어서도 안 된다.

두 가지 유형의 학교들 사이에 있는 이런 대조로부터, 합리적으로 상담이 학교에서 사회질서를 달성하고 정당하게 해 주기 위한 새로운 기제들 중의 한 가지 기법으로 제시되고 있다고 결론지을 수 있다. 관여된 모든 개인들의 이익을 위하여 학교를 동반자 관계로 간주하는 일종의 서로 합체를 이룬 개인주의corporate individualism인 것이다. 산업체를 포함하여 다른 곳에서도 동등하게 서로 합체를 이룬 이념들을 찾아낸다. 그런 경우에서 상담은 틀림없이 치료 요법만큼이나 규율적인 기술disciplinary technology이 된다. 상담의 보급은 규율discipline을 성취하기 위하여 여러 전략들에서 변화들에 상응하는 것으로 간주될 수 있다. 이는 개인들에게 스스로를 규율하도록 하는 짐을 얹어 놓는다.

이 절의 결론을 내리기 위하여, 식민지화된 담론질서의 한 가지 유형에 있는 사례를 살펴보기로 한다. 다음은 업무 상담 분야에서 가져왔다. 좀 더 구체적으로 말하여, '중간 경력직mid-career, 중견사원'으로 성공한 여성 사업가의 상담으로부터 가져온 발췌 인용이다. 자신의 상사와 부닥치는 문제 때문에 자신의 직업을 바꾸려고 생각하고 있는 경우이다. 이 인용은 어느 라디오 프로그램에서 가져왔는데, 사실상 방송 프로그램 제작자(P)와 전문상담사(C) 사이에 있는 논의를 중심으로 구조화되어 있다. 그렇지만 그 논의에서 핵심부분을 예시해 주기 위하여 이용되고 있는 상담 시간으로부터 일부를 발췌해 놓은 것이며, CL은 고객(손님)이다.[18] 이 텍스트는 그런 발췌와 함께 시작하지만, 마지막 발언기회 두 대목에서는 다시 제작자와 전문상담사 사이의 논의로 되돌아간다. 칸이 띄어져 있는 점 ' . '은 짤막한 휴지를 가리키고, 줄표 '—'는 좀 더 긴 휴지를 나타낸다.

[텍스트 8-6] 출처: 『업무 상담』, BBC 제4 라디오, 1986년 12월 7일자

(1) CL: the other thing that's difficult is if I don't succeed in getting this job I think the real difficulty will actually be at . staying where I am . I mean if I don't get it I'm almost tempted to resign . become unemployed .

(2) C: well there's e . have you talked to your husband about this

(3) CL: eːm . in passing yes . I've threatened it on more than one occasion . we could . afford it . for a short period . because of an inheritance . literally I mean just just pure coincidence eːm . in normal circumstances ┌ no .
C: └ mhm

(4) C: well then . that's your call . it would be sad because it is much easier to get a ┌ job
CL: └ mhm
C: from a job . so . if you have the chance or the opportunity . to . stay . and . grit your teeth then that would be very good . and have you considered that by handling . the emotional stress . and the hassle from . ignoring and . almost being crucified (by) the other people that you actually grow and mature as a person[19] —

---

18) (역주) 번역에서는 라디오 '청취자'가 상담을 하는 것이므로 명시적으로 '청취자'로 썼음.

19) (역주) 곧 이어져 있는 설명에서, 이 발화의 뼈대가 'someone who handles emotional stress, etc., grows and mature as a person(감정적 압박감 등을 잘 처리해 내는 사람은 한 사람의

(5) CL: I recognize that as an objective statement but I'm not sure if I recognize it when it becomes subjective .

(6) P: are you telling her there Michael that suffering's good for you .

(7) C: e:m good question I'm not sure how to handle that myself e: good question

(1) 청취자: 또 다른 난점은 만일 제가 성공적으로 이 직업을 얻지 못하면 제 생각에는 실제 어려움은 사실상 . 제가 지금 있는 직장에 그대로 눌러 있게 될 거라는 거죠 . 제 말뜻은 제가 만일 그 직장을 못 얻는다면 저는 거의 사직하고 싶을 건데 . 실업자가 되는 거죠 .

(2) 상담사: 글쎄요 거기 어 . 이 일에 대해서 부군과도 상의를 해 보셨나요

(3) 청취자: 엄: . 예 지나는 소리로 말했어요 . 한 차례 이상 사표 낸다고 엄포를 놨죠 . 우리는 . 단기간 동안에는 . 그럭저럭 견딜 수 있을 건데 . 물려받은 유산이 있거든요 . 엄격히 말해서 제 말뜻은 바로 순전히 우연의 일치란 거죠 엄: . 정상적 상황에서라면 절대 안 ┌ 그러죠 .

상담사: └ 으음

(4) 상담사: 그렇다면 . 그게 청취자님의 요구이시군요 . 어떤 직장으로부터 훨씬 쉽게 새로 취업할 수 있기 때문에 그건 아주 슬픈 일이 될 ┌ 거예요 .

청취자: └ 으음

상담사: 그래서 . 청취자께서 . 그 . 이를 뿌득뿌득 갈면서 . 그대로 눌러 있을 . 기회나 상황이 된다면 . 그게 아주 좋을 것 같네요 . 그러고 . 다른 사람들에 의해서 감정상으로 받을 압박감과 . 무시하는 일로부터 . 그리고 거의 희생되는 일로부터 이겨낼 싸움을 . 처리해 내는 그런 경우를 고려해 보셨습니까 그게 실제로 한 사람의 인격체

인격체로 성장하고 성숙한다)'으로 이뤄졌다고 언급되어 있다. 번역도 이를 고려하여 두었다.

로 성장하고 성숙하게 되는 거죠 —

(5) 청취자: 저는 그 일을 객관적 진술로서는 받아들이지만 그게 주관적인 경우에 제가 그런 일을 받아들일 수 있을지 자신할 수 없습니다 .

(6) 제작자: 마이클 선생님 상담을 받는 청취자에게 고통을 겪는 일도 좋다는 말씀을 하시는 건가요

(7) 치료사: 엄: 좋은 질문이로군요 저 자신도 이 문제를 어떻게 처리해야 할지 모르겠네요 어: 좋은 질문입니다

발언기회 (2)는 성 차별주의 가정 때문에 즉각 충격을 준다. 부인의 경솔한 행동에 대한 통제자로 즉시 남편을 상정하고 있는 전문상담사의 머릿속에 깔려 있는 가정이다. 그러나 저자가 초점을 맞추고 싶은 질문은, 이것이 직장 업무와 연결된 담화들과 같은 담론질서를 식민지화(≒확대 정착)하는 경우에, 상담이 어떻게 그 나름의 치료적, 개인 지향적, 개인주의적 기반 규칙들을 제도적 목표들과 조화시켜 주는지에 있다.

Think 생각해 보기 바랍니다

발언기회 (6)에 있는 방송 제작자의 질문에 주목하기 바랍니다. 발언기회 (4)에서 전문상담사가 청취자에게 무엇을 말하거나 또는 오히려 무엇을 전제하고 있습니까? 해당 전제의 치료적 성격이 직장 업무와 연결되어 있습니까, 규율적 성격이 직장 업무와 연결되어 있습니까, 아니면 두 성격이 모두 관련되어 있습니까?

여기서 전제되어 있는 것은 'by handling … grow and mature as a person… 잘 처리해 냄으로써 한 사람의 인격체로서 자라고 성숙한다'라는 전체의 내용입니다. 이 전제는 실제로 특정한 사례

'you individually will grow as a person because of this experience'
(여러분은 개인별로 이런 경험 때문에 한 인격체로 성장할 것이다)

와 혼합되어 있는데, 이것이 종속절에서 언급됩니다. 그리고 특정한 사례를 유의미하게 만들어 주는 것이 보편적인 상식 전제

> 'someone who handles emotional stress, etc., grows and matures as a person'
> (감정적 압박감 등을 잘 처리해 내는 사람은 한 사람의 인격체로 성장하고 성숙한다)

인데, 이는 주절에서 부분적으로 '실제로 한 사람의 인격체로 성장하고 성숙한다you actually grow and mature as a person'고 언급됩니다. 감정적 위기, 개인적 성장과 성숙을 해결해 내는 일에서 성공한다는 등식은, 상담에 대한 상식의 일부입니다. 여기서 흥미로운 것은 이 명제가 융통성이 있어서 충분히 직장으로부터 생겨나는 압박감과 말다툼을 포함할 수 있다는 점입니다. 압박감과 말다툼, 그리고 이것들과 관련된 여러 질환의 부류는, 여태 생산성을 증대하기 위하여 계속 더 큰 압박감을 받으며 지내야 하는 사람들만큼, 점차적으로 사람들의 직장 생활에서 친숙한 측면들이 되고 있습니다. 물론 이것들이 어떤 의미에서도 결코 직장 업무에 필수적 부속물들이 아니며, 바람직하지도 않습니다. 만일 업무 상담이 '인격적 성장' 측면에서 압박감을 주는 요소들에 대하여 긍정적 역할로 기여하고 있다면, 아마 그런 압박감들을 정당화하는 데 도움을 주고 있기 때문일 듯합니다.

§.8-5 반대가 되는 다른 흐름들

제8장에서 저자가 논의해 온 사회 및 담화에 있는 경향이 결코 현대 자본주의에서 사회적으로 그리고 담화상으로 진행되고 있는 모든 것들을 설명해 주지는 못한다. 이 점을 강조하기 위하여, 어떤 의미에서 저자가 논의해 온 내용과 반대가 되는 경향들에 대하여 간략히 언급

함으로써 제8장을 매듭짓기로 한다. 이것들이 증가된 통합이라기보다, 오히려 증가된 분열을 가리킨다는 점에서 반대의 경향이 된다.

저자는 사람들이 자신의 생활에서 점증하는 경제·국가의 침해에 대하여 반응하는 한 가지 방식을 언급하였다. 그들의 방향감 혼란과 정체성 상실 등에 대하여, 다양하게 치료·상담·'도움 주는' 공공기관 helping service의 형태로 개인별 해결책을 찾는 일을 통해서이다. 그러나 사람들은 다양한 정도로 갈등struggle, 투쟁의 형태를 통하여 집단적으로 반응을 보인다. (비록 이들 좀 더 전통적인 노선들과의 동맹 및 서로 간의 동맹이 그 체제를 더 연장하는 일에 대한 유일한 길이라는 견해가 있지만,) 정당·노동조합·교회 등을 통한 정치행위의 전통적 경로에서 더 이상 포함할 수 없는 조직 및 운동이 허다하게 많이 있다는 것은 잘 알려진 현대 정치상황의 특징이다. 저자는 이들을 '새로운 사회운동'으로 부르겠다. 바로 이러한 '새로운 사회운동'의 다양성은 일상생활에 대한 그 체제의 침해규모 및 그 운동이 압력을 가하는 생활의 다양한 측면들을 반영해 준다.

새로운 사회운동에 대한 목록표가 어떤 것이든 간에 당황스런 다양성을 반영해 준다. 그런 운동들이 종종 그 사회적 규모 및 본성, 관심을 갖는 논제의 폭, 해당 제도에 의해 이뤄진 침해와 관련된 직(간)접성 등과 같은 사안에서, 서로 비교가 불가능하기 때문이다. 한 가지 목록에서는 다음을 포함할 듯하다. 여성운동, 환경 및 반핵무기 집단, 전국적인 운동, 대안적 생활양식 집단, 흑인 운동과 소수민족 집단, 동성애자 자유운동, 평화운동, 동물해방 집단 등등이다.

마치 더 앞에서 논의된 경향들을 통합하는 일이 사회구조적 담론질서에 있는 통합을 식민지화(≒확대 정착)하는 일에서 분명해지듯이, 동일하게 따로따로 분열해 나가는 이들 경향도 담화유형들의 분열 증식으로, 그리고 특히 병치된 정치담론의 분열로 명백해진다. 예를 들어, [텍스트 8-7]에 있는 신문기사의 인용은 여성 해방주의 담론을 드러낸다. 이는 여성 해방주의 신문에 게재된 어떤 기사의 시작 부분이다.

[텍스트 8-7] 출처: 1986년 11월, 『철저히 파헤침Outwrite』 52호

Misogynist hysteria unleashed over Molesworth rapes

Three women were raped at Molesworth peace camp over the past 12 months, as reported in *Outwrite no. 50.* The four known rapists have been and still remain, active in peace circles. Meanwhile, sections of the peace movement agonies, with little apparent success, over how to effectively deal with male violence and feminist anger. In addition, the demand made by the rape survivors and their supporters that Molesworth peace camp be closed altogether, in recognition of the crimes against women committed there, crimes which have gone ignored, trivialised and even disbelieved, remains unmet.

Predictably, the response of some male pacifists exposes rampant misogyny. An examination of some of the letters published in recent issues of *Peace News* speak for themselves. Opinions range the spectrum of typical patriarchal reaction — disbelief at the occurrence of the rapes; likening the efforts of the women to close the peace camp to those of Tory MPs and bailiffs; condemnations of the 'violence' of the women for taking direct action at Molesworth in protest; accusations that the women are dividing the peace movement, and so on.

Almost all objectors withdraw support from *Peace News* for what they describe as its biased, ignorant and offensive stance on the issue. The stance in question is *PN*'s support for the women demanding the closure of the camp. However, *PN*'s non-editorial stand on this would seem to be contradicted by their decision to publish offensive, anti-woman statements in their letters pages. *PN* comments, that they see their role as '*seeking to change these views* (misinformed and misogynist views on rape) *by allowing open debate whilst making our own positions clear in editorial statements.*' They go on to claim that suppression of such views would alienate rather than bring about changes, a position that is at once questionable and potentially dangerous. The protesting women are angry, declaring that *PN* has violated its own anti-sexist policy.

Still, it is clear that these virulent attacks on the women, disguised as moral outrage, reveal fear at women's anger. The causes of the anger, ie. the rapes of the women by individual men, seem to have been forgotten and buried as accusing fingers point at the women who, in their anger, destroyed some property at the camp and spray painted bunkers and caravans. After all, violence against property must be punished, while violence against women, the commonest crime of all, continues to go unnoticed.

What is being displayed is the paucity of understanding of issues surrounding rape and male violence against women and women's anger. Can non-violenct strategies work effectively against individual acts of male violence against women? The failure of the peace movement to work out effective strategies, strategies that permit *expression* of anger rather than containment of it, is emerging.

Perhaps the most offensive letter published in *Peace News 17th October*, is the drivel delivered by Keith Ollett who protests that 'Molesworth is becoming the scapegoat for all rapes against all wimmin throughout time', and goes on to whine about the women who want to close the camp and who 'are trying to enforce that with with *violence*' (our italics). '. . .*Instead of diminishing, the violence and anger of the women is growing. It seems that venting their rage and grief, rather than helping them and healing them, is damaging these angry wimmin even more. Instead of dispersing in destruction, they are drawing strength from that destruction, a dreadful, fearful strength. . . are the angry wimmin acknowledging the vigilantes, the lynch mobs, the bailiffs they are becoming?*' Fear reigns, is the man trembling?

This self-opinionated bigot then suggests that both peace and feminist movements take a long very hard look at what they are doing, and also, that male violence must be dealt with. But how? No strategies are offered. Must we conclude that communally sipping camomile tea by the camp fire is the true expression of harmonious fraternal relations?

The rape survivors, and supporters, themselves are undeterred, and continue their campaign, addressing meetings, forcing the issue and getting an inevitably mixed response of abuse (they have been compared to the NF!) and support. CND groups are being asked to stop supporting Molesworth peace camp, which continues to function as a mixed camp, and a proposal is to be put to CND National conference in mid-November asking that groups withdraw support. CND office has expressed its deep concern and has claimed that since it doesn't set up peace camps, it is not empowered to close them, but *'condemns unequivocally all violence'.* The outcome remains to be seen. That the issue is now being debated and is even on the agenda of the CND National conference is a victory in itself. But only partial, considering the overwhelming reaction that the women had to battle with, and the fact that the rapists remain free.

Shaila

Contact the rape survivors and supporters at: Kari, c/o Box MW, 3 Fletchers Terrace, Cambridge

[텍스트 8-7] 출처: 1986년 11월, 『철저히 파헤침Outwrite』 52호

모을즈워드 강간 사건들을 놓고 여성혐오증이 폭발하다

『철저히 파헤침(Outwrite)』 50호의 보도에 따르면, 지난 12개월에 걸쳐 영국 케임브리지셔 근처의 모울즈워드(Molesworth) 평화 캠프에서 3명의 여성이 강간을 당했다. 이미 알려진 4명의 강간범들은 평화모임에 남아서 여전히 활동 중이다. 한편, 평화운동 고민 분과에서 남성의 성폭력과 여성의 분노를 효과적으로 처리하는 법을 다루었으나, 성공도 거두지 못한 채 끝나 버렸다. 더욱이, 모을즈워드 평화 캠프에서 여성들에게 저질러진 성범죄가 무시되고 하찮게 치부되며 불신까지 받았는데, 관련 범죄자들이 처벌되고 야영지도 함께 폐쇄되어야 한다는 강간피해 생존자 및 후원회의 요구는 계속 해결 없이 남아 있다.

예상대로, 일부 남성 평화주의자들은 격렬한 여성혐오증을 드러내며 반응하였는데, 『평화소식(Peace News)』 최근 호에 실린 일부 서신들에서 스스로를 강변하였다. 그 의견들은 강간사건의 발생을 불신하는 전형적인 가부장적 반응의 다양한 범위를 보여 준다. 해당 여성들이 평화 캠프에 가까워지려는 노력을 보수적 토리당 국회의원과 집행관들이 야합하여 친해지는 일에 비유하고, 모을즈워드에서 *관련 여성들이* 항의 표시로서 직접 행동을 보인 '기물 파손'을 비난하며, *관련 여성들이* 평화운동을 *분열시키고 있다*는 유감 표명 따위이다.

반대 의견을 표명한 사람들은 거의 대부분『평화소식』의 후원을 철회해 버렸다. 『평화소식』에서 해당 사건을 놓고 일방적이고 무지하며 모욕적인 태도로 서술한 일 때문이다. 이들이 문제 삼는 것은, 캠프 폐쇄를 요구하는 여성들을 지지하는 『평화소식』의 태도이다. 그렇지만 이 점에 대한『평화소식』 비-편집부 사람들의 입장은, 서신 기고란에서 모욕적인 반-여성주의 내용들을 게재한 편집부 결정과 서로 상충되는 듯하다. 『평화소식』에서는 자신들의 역할을 "편집진에서 자신들의 입장을 명백히 진술해 놓는 동안에, 열린 논쟁을 허용함으로써 이들 견해(강간에 대하여 잘못 보도된 여성혐오자 견해들)를 변화시키기를 촉구하는" 것으로 여긴다고 언급하였다. 더 나아가서, 그런 여성혐오 견해를 억압한다면, 변화를 불러일으키기보다는 오히려 변화를 차단시켜 버릴 것이라는 해괴한 주장까지도 하는데, 한때 의문시되고 잠재적으로 위험한 입장이다. 여기에 반발하는 여성들은『평화소식』에서 내세운 반-성차별 정책을 스스로 위반했다고 단언하면서 분노를 나타내었다.

그렇지만 관련 여성들을 놓고서 도덕적 모욕감으로 감춰진 이런 치명적인 공격들은, 여전히 여성들의 분노에 대한 두려움을 드러냄이 분명하다. 분노를 참지 못하고서 캠프 기물들을 일부 부수고 대형 저장고와 이동식 주택에 스프레이를 뿌린 여성들을 비난하고 손가락질하면서, 정작 분노의 원인인 개별 남성들에 의해 저질러진 여성 강간 사실은 잊혀지고 파묻혀 버린 듯하다. 결국, 재물 파손은 처벌받아야 하지만, 반면에 가장 흔한 범죄인 여성에게 저질러진 성폭력은 주목받지도 못한 채 지나쳐 버리게 된다.

현재 드러나고 있는 바는, 여성들과 여성들의 분노에 대립된 강간 및 남성의 성폭력을 둘러싸고 있는 논제들에 대한 이해 결핍 현상이다. 비폭력 전략이 과연 여성에 대한 남성 성폭력의 개별 행위를 억제하도록 효과적으로 작동할 수 있을까? 효과적인 전략, 즉 분노의 억압보다 표현을 허용하는 비폭력 전략이 결실을 맺도록 하는 평화운동은 실패라는 평가가 크게 부각되고 있다.

아마 가장 모욕적인 글은 10월 17일 『평화소식』 서신 기고란에 실린 케이쓰 알릿(Keith Ollett)의 허튼소리이다. "모을즈워쓰가 처음부터 끝까지 모든 녀성(*wimmin*)들[20]을 대상으로 한 모든 강간을 위하여 희생양이 되어 간다" 그 캠프를 폐쇄하려고 "폭력을 쓰면서 억지로 그 일을 시행하려는" 여성들에게 대놓고 푸념을 쏟아낸다. "…그 녀성들의 폭력과 분노가 줄어들기는커녕 점점 커지고 있다. 격분과 슬픔을 표출하는 일이 분노에 찬 이들 녀성을 도와주고 치료해 주기는커녕 도리어 해악만 더욱 크게 끼치고 있다. 파괴를 추방해 버리지 않고, 대신 그들은 파괴 행위로부터 강한 힘을 얻고 있다. 무섭고 두려운 힘 … 도대체 분노에 찬 녀성들은 초법적으로 자경단원, 사사로운 형벌을 가하는 폭도, 집행관들이 되어가고 있음을 인정하는가?" 그렇다면 두려움이 만연하여, 남성들이 벌벌 떨고 있다는 말인가?

그런 다음에, 자기 의견만 고집하는 이런 광신자는 평화 및 여성해방 운동이 둘 모두 자신들이 실행하는 바를 아주 철저히 오래도록 살펴봐야 하고, 또한 남성의 성폭력도 반드시 처결되어야 한다고 제안한다. 그렇지만 어떻게 가능하다는 것일까? 아무런 전략도 제안하지 않는다. 야영지 모닥불 곁에서 함께 홀짝거리며 마시는 카밀레 차가, 조화로운 우애 관계의 진실한 표현이라고 결론을 내려야 하는 것인가?

강간피해 생존자 및 후원자들은 스스로 단념하지 않은 채 모임을 개최하고 성범죄 논제를 밀어붙이며 당연히 혼합된 반응으로 모욕 및 지원을 받으면서 자신들의 운동을 지속적으로 전개해 왔다. 심지어 영국의 극우파인 국가전선(National Front)에 비교되기도 하였다. 핵무기 제거운동(CND) 집단들은 계속 혼합된 캠프로 기능하는 모을즈워드 평화 캠프의 후원을 중단하도록 요구받았다. 11월 중순에 핵무기 제거운동 국민회의 앞으로 후원을 철회하도록 요구하는 제안이 발송될 예정이다. 핵무기 제거운동 본부 쪽에서는 깊은 관심을 표명하였는데, 자신들이 평화 캠프를 열지 않았으므로 폐쇄할 권한도 없음을 선언하였지만, "명확하게 모든 폭력들을 비난하였다." 그 성과는 추후 알려질 것으로 남아 있다. 성범죄 논제가 한창 논쟁 중이고, 핵무기 제거운동 국민회의 의제 속에 들어 있다는 사실 그 자체만으로 성공이다. 그러나 관련 여성들이 힘들게 투쟁을 벌여야 했다는 불가항력의 반작용과 강간범들이 자유롭게 돌아다닌다는 사실을 고려하면, 단지 부분적으로만 성공이다.

쉐일러(Shailer)

연락처: 강간피해 생존자 및 후원회 케임브리지, 3플레처 테라스, MW 우편함, 캐뤼(Kari)

생각해 보기 바랍니다

이 텍스트의 어휘들에 초점을 모으되, 특히 여성 해방주의 담화유형이 어떻게 강간에 관련된 낱말들을 이끌어 내는지, 그리고 이 사건에 대한 여성들의 반발 행동 및 이 행동에 맞선 낱말들에 초점을 모아 찾아보십시오.

강간에 관련된 낱말표현은 전반적으로 해당 텍스트의 특징적인 어휘 성격을 보여 줍니다. 여성 해방주의 낱말표현으로 된 어휘 항목들은 복합표현입니다. male violence[남성의 성폭력], crimes against women[여성들에게 저질러진 성범죄], rape survivors[강간피해 생존자] 등입니다. 그런 어휘 항목은 뚜렷이 여성 해방주의 분류법에 속하며, 사람 및 사건들을 여성 해방주의 정치행위의 영역 속으로 분류해 줍니다. male violence[남성의 성폭력]가 일반사건으로 일어난 어떤 것이 아니라, 이 영역에 대한 핵심 현상(그리고 표적)이 됩니다. 또한 다른 담화유형에서는 표현되지 않은 채 지나치는 사람의 범주를 가리키기 위한 표현도 있음에 주목하기 바랍니다. rape survivors[강간피해 생존자]인데, rape victim[살해된 강간 피해자]과는 동등한 말이 아닙니다. 후자는 강간 사건에서 살해당한 누군가를 가리킬 수 있습니다. 낱말표현의 선택은 정치적으로 중요합니다. 때로 강간범들이 피해자들을 죽여 버림을 시사할 뿐만 아니라, 또한 강간을 disaster[큰 참변]로서 그리고 outrage[난폭한 행위]로서 초점 맞춰 줍니다. 우리는 지진과 파선(침몰)으로부터 '생존하며' 또한 폭격과 살인공격으로부터 '생존하는' 것입니다.

반발 행동으로 눈을 돌려보면, 다시 여러 가지 합성어들이 있습니다. women's anger[여성들의 분노], angry women[분노한 여성], feminist anger[여성 해방주의자 분노], direct action[기물을 부수는 직접 행동] 등입니다. 앞의 male violence[남성의 성폭력]에 대한 언급 내용은 또한 여기서 women's anger[여성들의 분노]에도 적용되며, 해

---

20) (역주) 일부러 여성혐오자인 기고자의 '무식함'(우악함이 깃듦)을 드러내기 위하여, 철자가 틀린 낱말(wimmin → women)을 그대로 인용하여 보여주고 있다. 즉, 이 글의 필자가 그를 깔보고 있음을 드러내려는 의도이다. 번역에서는 이 점을 반영하기 위하여 두음법칙을 없앤 '녀성'으로 써 둔다.

당 표현의 변이체입니다. 여성 해방주의 정치에 있는 범주로 보아, 이것은 정치적으로 유의미하며 집결[mobilizing, 동원]하는 언어표현으로, 단순히 일부 여성들이 우연히 화가 났다는 사실을 언급하는 방식이 아닙니다. 따라서 여성 해방주의자들이 아마 평화운동으로부터 벗어나 (적극적으로 분노를 표현하기 위하여) direct action[기물을 부수는 직접 행동]을 취하였을 것입니다.

여성들의 행동에 대하여 맞선 반응을 나타내는 표현들은 가장 명백한 여성 해방주의의 정치적 어휘를 끌어들입니다. misogyny[여성혐오], misogynist[여성혐오자], patriarchal[가부장적], anti-woman[반여성주의]. 마지막으로 주목할 점은 male violence[남성의 성폭력]와 women's anger[여성들의 분노]와 같은 핵심 표현들이 전반적으로 해당 텍스트에 걸쳐서 반복되어 있는 범위입니다. 이는 women[여성]이란 낱말 그 자체도 포함합니다. 우리가 women[여성]이란 낱말이 '대명사 표현'으로(또는 대명사로 대치되어) 나타나거나 생략될 것으로 기대할 법한 대목들이 여러 군데 있습니다. 그럼에도 불구하고, 일부러 그렇게 하지 않았습니다.[21] 본문 기사 첫 번째 단락의 마지막 문장에 한 가지 사례가 있습니다. the 'violence' of the women[관련 여성들의 '폭력']과 the women are dividing[관련 여성들이 ~ 분열시키고 있다]라는 표현은, 각각 their 'violence'[그들의 '폭력']와 they are dividing[그들이 분열시키고 있다]으로 대치될 수 있는 것입니다.

§.8-6 결론

우리 사회처럼 복잡한 사회에서는, 사회구조적인 담론질서에 있는 여러 가지 경향이 한 방향으로 진행되는 단순한 사안이 될 수는 없을 것이다. 서로 모순되고 따라서 요약해 놓기가 어려울 것이다. 제8장에서는 현대의 담론질서와 그 흐름의 방향을 성격 지워 주는

21) (역주) 이런 표현은 일부러 강한 인상을 심어주려고, 반복되는 대상을 대명사로 표현하는 영어의 수사학적인 관행을 깨뜨리고 있는 것이다.

것에 대하여 여태 무시된 질문들을 놓고서, 오직 개괄적이고 예비적인 답변만 제시해 놓았다. 저자는 독자들이 적어도 이 답변으로부터 현재에 대한 좀 더 일반적인 사회적 탐구 속에서, 이런 물음의 중요성에 대한 의미를 간취해 내기를 희망한다.

참고문헌

현대 자본주의, 새로운 사회운동, 전략적 대 의사소통적 담화에 대한 경향들에 대해서는 하버마스(1984; 장춘익 뒤침, 2006, 『의사소통 행위 이론: 행위 합리성과 사회 합리화』, 나남출판)에서 인용하였다. 또한 하뷔(Harvey, 1990)도 참고하기 바란다. 메이(Mey, 1985), 쥐 등(Gee et al., 1996)에서는 현대 경제학에서 쓰이는 언어의 종류에 대한 질문을 중심으로 초점을 모았다. 리스 등(Leiss et al., 1986), 윌리엄슨(Williamson, 1978), 풰써스떤(Feathestone, 1991), 루뤼(Lury, 1996) 등은 광고 및 소비주의에 대한 유용한 문헌들이다. 국가 및 복지국가에 대한 저자의 언급은 홀(Hall, 1984)은 물론 하버마스로부터 가져온 것이다. 또한 줴썹(Jessop, 1990)도 참고하기 바란다. '담화 기법'에 대한 개념은 권력의 기술에 대한 미셸 푸코(Michel Foucault)의 분석에 근거하였다. 드뤠이풔스·뤄비노(Dreyfus and Rabinow, 1982)도 참고하기 바란다. '맛'의 사회학에 대해서는 부르디외(Bourdieu, 1984; 최종철 뒤침, 1997, 『구별 짓기』(상·하), 새물결)를 보기 바란다. '사회(사교) 기술 훈련'에 대한 논의는 아가일(Argyle, 1978)에서 가져왔다. 맨 처음 나온 상담 텍스트는 로줘즈(Rogers, 1984)에 있는 '치료법에서 명백한 몇 가지 방향(Some of the directions evident in therapy)'에서 인용한 것이다. §.8-4에서 상담에 대한 두 대목의 인용이 출전이 없이 들어 있었는데, 보온(Vaughan, 1976)에서 가져 왔다. 근대 후기(탈근대) 문화와 '탈근대주의(postmodernism)'에 대해서는 줴임슨(Jameson, 1984)과 이글튼(Eagleton, 1996)을 보기 바란다.

제9장 비판적 언어연구 및 사회해방
: 학교에서의 언어교육

제9장에서는 비판적 언어연구CLS가 우리 사회에서 지배당하고 억눌린 사람들의 해방에 어떻게 기여할 수 있는지를 살펴보기로 한다. 사회해방을 놓고서 비판적 언어연구CLS의 잠재적 기여에 대하여 일반적인 논의를 간략히 한 뒤에, 제9장에서는 이런 잠재력이 발전될 수 있는 한 가지 영역에 초점을 모으게 된다. 즉, 학교에서의 언어교육이다. 저자는 비판적 언어연구에 근거한 '비판적 언어자각critical language awareness'이 응당 언어교육의 중요한 목표가 되어야 한다고 주장하며, 이를 향상시키기 위한 방법들에 대하여 몇 가지 제안이 들어 있다. 현재 구현되거나 계획되고 있는 교육정책과 실천에서 주요 변화들이 당연하다면, 좀 더 구체적으로 말하여, 영국의 학교에서 실시되고 있는 영어교육(모국어 교육)을 놓고서 킹먼Kingman 위원회의 보고서 및 콕스Cox 위원회[1]의 심의내용이 옳다면, 이런 초점을 선택

1) (역주) 영국에서 모국어로서 영어교육은 1975년에 획기적인 전환기를 맞는다. 앨런 불럭

한 주요 이유는 현재 흐름과의 관련성 때문이다. 여기서의 참고문헌은 이 책의 제1 판이 집필되고 간행되던 1989년 시점이다. 언어에 대한 비판적 자각의 견지에서 보면, 교육행정 정책에서 그 이후에 유의미한 진전이 전혀 이뤄지지 않았다.

이 책을 시작하는 장에서 저자는 이 책을 집필하게 된 의도들 중 하나가 다른 사람들에 의하여 일부 사람들이 지배당하는 데에 언어가 어떻게 기여하는지에 대한 자각을 늘여 주는 일에 도움을 주려는 것이었다. 왜냐하면 의식이[2] 해방을 향한 첫 단계이기 때문이다. 특히 언어에 대한 의식이 이런 '첫 단계'의 중요한 요소라는 점은, 현대사회에서 지배가 작동하는 방식으로부터 뒤따라 나온다. 저자가

(Sir Alan Bullock) 경이 위원장을 맡았었기 때문에 흔히 '불럭 보고서'라고 불리는 보고서가 출간되었는데, 영국의 교육·과학부(Department of Education and Science)에서 『삶을 위한 언어(*A Language for Life*)』(왕립 문서국 Her Majesty's Stationary Office 간행)라는 제목으로 된 609쪽의 방대한 내용이다. 여기에서 처음으로 실생활에 도움을 주는 모국어 교육이 이뤄져야 함을 강조하였다. 그 뒤 1979년 대처 수상이 취임하면서 1990년 사임할 때까지 모든 분야에서 영국병을 고치면서, 처음으로 1988년에 국가 차원의 교육과정도 마련하게 되었다. 1988년 존 킹먼(Sir John Kingman) 경이 위원장을 맡아 모국어로서 영어교육에 대한 보고서(Report of the Committee of Inquiry into the Teaching of English Language, 국배판 99쪽)를 발간하였는데, 이를 간단히 '킹먼 보고서'로 부른다. 이어 1989년에는 다시 브롸이언 콕스(Brian Cox)가 위원장을 맡아 보고서를 출간하였는데, 이를 '콕스 보고서'로 부른다. 특히, 콕스는 1991년 『콕스 보고서에 대한 콕스의 견해: 1990년대 교육을 위한 영어 교육과정(*Cox on Cox: An English Curriculum for the 1990's*)』와 1995년 『영어 교육과정을 위한 전투에서 콕스의 견해(*Cox on the Battle for the English Curriculum*)』(두 책자 모두 Hodder and Stoughton에서 간행됨)를 출간한 바 있다. 또한 비록 채택되지는 않았으나 스코틀랜드의 교육과정 내용도 카터(Carter, 1990) 엮음 『언어에 대한 지식과 교육과정(*Knowledge about Language and the Curriculum*)』(Hodder and Stoughton)으로 나와 있다. 콕스 보고서에 대한 전면 개정이 다시 론 디어륑(Ron Dearing) 보고서 『국가 교육과정 및 평가(*The National Curriculum and its Assessment*)』로 1993년 출간되었으며, 이를 1995년 영국 교육부(DFE)에서 『국가 교육과정에서의 영어(*English in the National Curriculum*)』으로 간행한 바 있다. 1995년의 교육과정은 특히 우리말교육연구소(2003) 엮음『외국어 국어 교육과정』 1(나라말)에 있는 "영국의 교육과정"을 참고하기 바란다.

2) (역주) 이 책에서는 awareness(자각, 깨우치기)와 consciousness(의식, 의식하기)와 raising of consciousness(의식 일깨우기, 의식 제고) 등이 동일한 뜻으로 쓰고 있다. 영어 수사학에서는 이를 어휘사슬(lexical chain)이라고 부른다. 이 용어들은 언어교육에서 쓰는 일반적 용어인데, 저자는 사회적 실천관행에까지 확대하여 적용하고 있다. 특히 마지막 용어를 '의식 제고(raising of consciousness)'로 번역하겠는데, 이는 억압 내지 피지배 관행에 대하여 눈을 뜨고, 그런 억압으로부터 해방되려는 의식을 불러일으켜 주는 일이다.

계속 점진적으로 논의해 왔듯이, 지배는 '강요coercion'보다는 오히려 '동의consent'를 통해서, 이념을 통하여, 그리고 언어를 통하여 작동한다. 이것이 점진적으로 작동하지만 결코 전적으로 작동하는 것은 아니다. 즉, 해방을 담화의 실천관행들을 '간파하는 일seeing through'로 환원하고 바꾸어 놓지 못하는 것처럼, 지배를 동의의 생성으로 그리고 이념 및 언어의 수단으로 환원해 놓지는 못할 것이다.3) 비록 언어 및 담론에 초점을 모음에도 불구하고, 사회해방은 1차적으로 분명히 느낄 수 있는 사안들에 대한 것임을 상기하기 바란다. 실업, 주거, 교육에 대한 균등한 접속, 부의 분배, 경제제도를 개인의 관심과 이윤에 대한 파괴와 변덕으로부터 제거하는 일과 같은 것이다.

만일 비판적 언어연구CLS 또는 비판적 사회분석에 대한 임의의 다른 양식이 의식을 고양시켜 줌으로써 사회해방에 어떤 형태로든 기여를 이루려면, 특정 조건들이 반드시 성립되어야 한다. 우리는 '객관적' 조건과 '주관적' 조건들을 구분할 수 있다. 주요한 객관적 조건은 아마 분명하겠지만, 그럼에도 다시 반복할 가치가 있다. 즉, 더 광범위한 사회적 상황이 분명히 실행될 수 있는 사회해방을 향하여 진전을 이루는 그런 것이어야 한다. 전제주의fascist 독재정부에서, 아니면 심지어 기득권층의 지위가 난공불락인 민주사회에서조차도 비판적 언어분석CLS의 해방 잠재력은 엄격히 제한적이다! 주관적 조건들은 우선 지배당하는 사람들의 집단들을 포함한다. 즉, 이것들은 반드

3) (역주) 지배와 억압에 대립개념인 해방과 탈출은 인간생활의 궁극적 측면이며, 이를 일으키기(자각시키기) 위한 수단으로 이념과 언어(담화) 따위가 동원되는 것이다. 지배하는 사람들은 임의의 공동체에서 편안하고 부유한 생활을 누리지만, 거꾸로 지배당하는 사람들은 힘든 노동을 하였음에도 불구하고 하루 벌어 겨우 입에 풀칠하는 극빈층으로 전락하고 만다. 이는 사회구조적 모순의 문제이다. 더구나 절망스런 이런 극빈자의 생활이 여러 세대로 대물림된다는 데 심각한 문제가 있다. 어느 사회에서든지 이는 폭동과 혁명을 불러오는 화약고가 된다. 소위 선진국에서 빈번하게 일어났고 지금 일어나는 소요사태는 이런 배경에서 말미암는다. 우리나라 또한 빈부격차와 소외된 사람들이 늘어나고 있고, 스스로 중산층에서 최하위층으로 전락했다고 믿는 사람들이 최근 갑자기 많아졌다. 우울한 시기이다. 뿐만 아니라 노동이민과 결혼이민 등을 통하여 '다문화 사회'가 된 지 오래되었는데, 우리 사회에서 분열과 갈등을 일으킬 수 있는 이런 점들은 심각히 고려되고 치유되어야 한다.

시 비판 및 의식의 제고에 개방적이어야 한다. 그리고 이는 사회 갈등struggle, 투쟁에 대한 그들의 경험에 달려 있다. 억압받는 사람들은 그들의 억압을 인식하지 못할 것이다. 왜냐하면 억압받는 사람들에게 그것을 드러내어 가리켜 주는 데에 어려움이 따르기 때문이다. 그들은 오직 억압에 대한 그들 자신의 경험과 억압에 맞서서 투쟁하는 그들 나름의 활동을 통해서만 억압을 인식하게 될 것이다. 따라서 갈등(투쟁)과 의식 제고는 변증법적으로 관련되어 있다. 갈등(투쟁)은 사람들에게 의식을 제고하도록 길을 열어 주는데, 투쟁에 간여하도록 힘을 북돋워 준다empowers, 역량을 강화시켜 준다.

그렇다면 의식 제고 활동에서 촉매자로 행동하는 사람들과 관련된 주관적 조건들이 있다. 분명히 이런 방식으로 사람들이 행동할 수 있도록 이론적 배경을 갖추고 또한 촉매자로 받아들여지도록 억압받은 사람들의 경험을 충분한 범위까지 공유하는 사람들이 있다. 아주 종종 어떤 형식적 또는 비형식적 의미에서 그런 사람들이 교육자들이겠지만, 반드시 그렇다고만 할 수는 없다. 그들이 갖춘 지식의 일부, 오직 일부가, 비판적 언어연구CLS에 대한 친숙성 및 이 책자와 같은 내용을 배경지식이 없는 사람들에게 전해 주어 읽어보도록 하는 능력이 될 듯하다.

우리 사회에서 사회해방을 위하여 비판적 언어연구CLS가 투쟁에 참여할 수 있는 사회적 맥락이 많이 있다. 이것들 중 일부가 ① 교육적 맥락이다. 학교, 대학교, 현직 근무on-the-job 맥락, 또는 교사연수in-service 훈련 등이다. ② 다른 맥락은 노동조합 지부의 활동, 정치조직, 여성해방 집단, 환경 보호론자 집단, 세입자 연합 등이 될 것이다. 마지막으로 ③ 직장·가정·선술집·찻집·길거리에서 다수의 비격식적 유형의 만남이 될 것이다. 학교에서의 언어교육에 초점을 모으기 전에, 이런 세 가지 맥락들을 놓고서 아주 간략히 언급하기로 한다.

(1) 전문직 교사들을 포함하는 한 가지 맥락은 제2 언어로서 영어

ESL[4]를 가르치는 일이다. 제2 언어로서의 영어 교사들은 그 사회에서 가장 불리한 계층[5]의 일부를 다루어야 하는데, 지배 및 인종 차별주의에 대한 학습자들의 경험은 특히 예민하다. 이들 교사 중 일부는 자신의 학생들에게 "역동적 권력이 그런 학생들에게 동의하고 순종하며 침묵하기를 기대할 법한 현장을 도전하고 반박하며 자신을 주장하도록 준비를 시키면서, 제도적 권력이 그런 학생들에게 크게 중요성을 지니는 교실수업 밖의 의사소통 상황들을 잘 처리해 내도록" 힘을 북돋워 주는empowering, 역량을 강화시켜 주는 일에 비춰서 이미 자신들의 역할을 파악한다. 이런 교육 과정은 "반드시 권력의 의미 그리고 언어로 된 권력의 부호화 내용에 대한 토론에 기반을 두어야 하는데", 이는 비판적 언어연구CLS를 위한 어떤 역할을 가리킨다. 따

---

4) (역주) 1980년대에는 모국어 교육 이외의 언어교육을 SL(Second Language, 제2 언어) 교육과 FL(Foreign Language, 외국어) 교육으로 구분하였는데, 그 기준은 다음과 같다. 어떤 언어공동체의 공용 언어가 두 가지 이상일 경우에, 한 학습자가 집에서 자라면서 모국어로 습득하지 않은 언어(그 사회에서 쓰이는 또다른 언어)를 학습 목표언어(Target Language)로 삼는 경우에, 그 목표언어가 영어이면 ESL(제2 언어로서의 영어)이고, 한국어이면 KSL(제2 언어로서의 한국어)이다. 미국에 이주하여 사는 한국인 집안의 아이들은 미국에서 영어를 제2 언어로 배우고, 우리나라 다문화 가정에서 자라는 어린이는 한국어를 제2 언어로 배운다. 그러나 학습자가 자라는 언어 환경에서 목표언어(TL)를 모어(모국어)와 동시에 제공해 주지 않는 경우에는 외국어라고 불린다. 우리나라 학생들에게 영어는 '외국어'이며(외국어로서의 영어 EFL), 미국 학생들에게는 한국어가 또한 외국어이다(외국어로서의 한국어 KFL). 이를 간단히 언어환경의 입력물(input) 차이라고 부른다. 다중언어 사회에서는 목표언어가 제2 언어교육으로 실시되고, 단일언어 사회에서는 목표언어가 외국어 교육으로 실시되는 것이다. 그렇지만, 제2 언어학습이나 외국어 학습이 아주 다른 경로를 따라 일어나는 것이 아니라, 일정하게 공통된 단계를 밟아 진행되어 나가는 것으로 알려져 있다. 그러므로 현재에는 굳이 이 둘 사이를 구분하지 않아도 된다는 생각이 많이 퍼지고 있다. 2000년대 이후에 출간된 영어교육의 전문 학술서들이 거의 ESL(제2 언어로서의 영어)이라는 제목을 붙여 출간되는 것이 큰 흐름이다.

5) (역주) 서구사회에서는 흔히 빈곤층과 소수집단(minority)들이 있다. 빈곤층은 흔히 노동자 계층과 많이 겹치며, 도심 한복판에 거주하는 경우가 많다(도심 외각에는 부유층들이 거주함). 영국 런던에서는 카크니(cockney)로 불리는 노동계층이 있는데, 곧장 말투와 발음의 차이로 구분된다. 소수집단은 얼굴색이나 체격이 달라서 차별을 받는 계층으로, 소수민족 또는 다른 인종 집단이며, 주로 아시아 및 아프리카에서 건너간 사람들이다. 우리나라에도 노동이민과 결혼이민으로 생겨난 소수집단이 있고, 엄연히 우리 사회를 이루는 구성원들의 일부이다. 그렇지만 우리나라 사람들의 편견 때문에 차별을 받고 생활에서 어려움을 겪는다. 결혼이민으로 불리는 여성들은 자신들을 구별하여 따로 다른 이름으로 부르지 말도록 절실히 요구하기도 한다. 차이가 곧 차별로 이어지기 때문이다.

라서 제2 언어로서의 영어ESL는 담화상의 이념적 투쟁방식을 위한 근거로서 담화에 대한 비판적 의식을 향상시킨다는 생각이 이미 어느 정도 확립되어 있는 한 가지 사례가 된다.

(2) 저자가 깨닫는 범위 안에서, 그렇게 확립된 전통은 없지만 그럼에도 잠재력이 거대한 듯이 보이는 또 다른 사례는, 지배당하는 사회집단과 직접 접촉하게 되는 공공 봉사기관에 있는 근로자들, 가령 간호원들에 대한 훈련이다. 그런 많은 근로자들이 '효율성'과 '비용-효과cost-effectiveness'[6]와 같이 관료적 합리성이라는 순전히 제도적 기준을 충족시켜 주기 위하여, 자신의 실천관행들을 바꾸도록 하는 커다란 압력을 받고 있다. 그들 다수에게는 이것이 더 소수의 근로자들로써 더 많은 사람들을 '다루도록' 기대되고 있음을 의미한다. 결과적으로, 담화 또는 '의사소통'이 훈련에서 두드러진 역할을 맡아야 한다면, 제1차적 동기가 효율적인 사람-관리people-handling가 되는 '의사소통'이나 '사회적 기술'의 형태로 나타나는 경향이 있다. 제8장에서 다뤘던 '기술'들에 대한 논의를 상기하기 바란다. 비판적 언어분석CLS은 그런 자각 향상에 대하여 관심을 둔 사람들에게 중요한 자원이 될 수 있다.

(3) 공식적인 학교 교육이나 훈련을 제외하고서, 추가 사례가 영국에서 노동조합의 운동에서 찾아지게 될 대중매체의 비평the critique of the media을 발판으로 하여 존재하는 가능성이다. 많은 노동조합 지도자들은 대중매체 실천관행이 특히 노동조합[7]의 이익, 그리고 일반적으로 노동계층 사람들의 이익에 손해를 끼치고 있다는 생각을 갖고 있다. 이러한 부정적 태도는 부분적으로 대중매체에서 노동조합 활동 및 실천내용을 악의로 투표용지·표결·파업행위만 있는 것처럼 드러

6) (역주) 영한사전에서 '비용-효과'는 투입 비용에 따른 이익 창출 비율을 가리킨다고 나와 있다. 그렇지만 아마 우리말에서 흔히 쓰는 '비용 절감 효과' 정도가 아닐까 싶다.

7) (역주) 영국에서는 trade union(노동조합)을 쓰고, 미국에서는 labor union(노동조합)을 쓴다.

내는 방식에 대한 쓰디쓴 집단경험에 토대를 두고 있다. 그러나 비록 대중매체에 대한 점검이, 대중매체에 대한 민주적 통제를 위하여, 대중매체에 노출된 사람들에게 주어질 '답변의 권리right of reply'를 위하여, 등등, 그들의 구호를 강화시켜 줄 수 있겠지만, 노동조합 운동가들로 하여금 대중매체 산출내용들을 상세히 점검하는 일을 착수하게 해 주는 분석 방식에 대한 일반적인 접근법은 거의 없다. 저자는 비판적 언어분석CLS이 도움을 줄 수 있는 한 가지 자원이라고 보는데, 그런 관련성이 많은 노동조합 지도자들에게 분명해질 것이다.

§.9-1 학교에서의 언어교육: 비판적 언어자각

앞에서 킹먼 위원회Kingman Committee가 학교에서 언어교육에 초점을 모으기 위한 한 가지 근거라고 언급하였다. 영어교육의 목표들을 확립하기 위하여 영어교육 감독관inspectors, 장학사들에 의해 이뤄진 시도 및 일정범위의 '핵심' 학교 교과목들에서 국가차원의 교육과정을 마련하려는 움직임에 뒤이어 나온 논쟁들을 포함하여, 다양한 요인들이 그 위원회를 구성하기 위한 결정에 기여한 듯하다. 주요한 요인 한 가지는, 아주 종종 기업 고용주나 기업 고용주들에게 민감히 메아리처럼 반응하는 정치가들로부터 나온 '수준standards, 표준'에 대한 불평, 특히 읽고 쓰는 힘literacy[8]의 수준에 대한 불평들이다. 예를 들어,

8) (역주) literacy(읽고 쓰는 힘)는 oracy(말하고 듣는 힘)와 대립되는 개념이다. letter(글자, 문자)와 같은 어원을 지니므로, 굳이 한자어로 용어를 만들려면 '식자우환'이란 말에서 따와 '식자성(識字性)'이라고 말할 수 있다. 국어교육을 하는 이들 중에 '문식성'이라는 어설픈 말을 쓰는 경우가 있다. 조어방식도 잘못일 뿐만 아니라, '문'이라는 것이 자칫 '문채로운'이란 꾸밈말(文飾)로 오해될 뿐만 아니라, 문(文)이란 말 자체가 중의성을 지녀서 글자 및 완성된 한 편의 글(全文)까지 가리키므로 적절치 않다. 그럼에도 불구하고, 한자를 새기지 못하는 사람들이 어설픈 '문식성'을 맹종하는 듯하여 안타깝다. 마땅히 쉬운 우리말로 '읽고 쓰는 힘'이라고 쓰는 것이 좋다. 만일 길게 느껴진다면 줄여서 '읽는 힘'으로 대표할 수 있을 것이다. 최근에는 literacy의 개념을 확대하여 '사용 능력'으로 쓰기도 한다. computer literacy(컴퓨터 사용 능력)의 경우가 그러하다. 그렇지만 올바른 이름

1986년 11월 교육부 장관 케니쓰 베이커Kenneth Baker의 연설에서 해당 위원회의 구성을 위한 결정을 어떻게 정당화하는지 살펴보기로 한다. "종종 저는 기업 고용주들로부터 의무교육 11년을 마치고서 취업하려고 지원하는 많은 학교 졸업자들이 간단히, 명백히, 그리고 명백한 오류가 없이 쓸 줄을 모른다는 불평들을 듣습니다."

우리는 모두 학생들이 학교를 졸업하는 경우에 많은 졸업자들의 빈약한 언어 구사력에 대한 관심을 공유한다. 그러나 아주 자주 수준에 대한 불평이 마치 언어 구사력이 업무 수행을 위한 '기술' 또는 '도구'(이 두 낱말이 모두 일반적으로 그런 불평에서 쓰이는 용어임)에 지나지 않은 듯이 말하며('간단히, 분명히, 오류 없이' 등등), 언어교육이 그런 기술을 전달하는 것에 불과한 듯이 말하면서, 그러한 협의의 도구적 용어로 쏟아진다는 사실이 놀랍다. 비슷한 도구적 언어관[9]이 1987

(正名)을 붙인다면, computer competence(컴퓨터 사용 능력)란 용어가 더 타당할 것이다.

9) (역주) 도구적 언어관은 반복 훈련을 중심으로 한 언어교육, 교사 중심의 언어교육, 정해진 과업 중심의 언어교육으로 이루어진다. 여기서는 단지 기계적이고 판에 박힌 로봇 인간만을 만들어낸다. 결코 자발적이며 창의적인 인재를 키울 수 없다. 이와는 달리, 언어교육의 대세를 이루는 흐름은 '의사소통 중심 언어교육(communicative language teaching)'이며, 최근에는 의사소통을 하기 위한 입력물에 초점을 모아 '과제 중심 언어교육(task based language teaching)'이란 말을 쓴다. 여기서는 학습자의 능동적이고 자발적인 활동을 촉발시키는 것이 요체이다. 교사의 역할은 학습자의 수준을 가늠하는 일에서부터 과제 연속물을 만들며 뒤물러 서서 지켜보거나 과제 수행에 도움을 주거나 또는 수행 결과의 평가를 완성하도록 하는 데 기여하는 등 매우 다양해진다. 특히 과제 중심 언어교육(TBLT)에 대해서는 다음 참고문헌을 읽어보기 바란다(발간 연도별).

① 쿡·싸이들로퍼(Cook and Seidlohofer, 1995) 엮음 『응용언어학에서의 원리와 실천: 위도슨 회갑기념 논총(*Principle and Practice in Applied Linguistics: Studies in Honour of H. G. Widdowson*)』(Oxford University Press)

② 스끼언(Skehan, 1998) 『언어학습의 인지적 접근(*A Cognitive Approach to Language Learning*)』(Oxford University Press)

③ 엘리스(Elllis, 2003) 『과제 중심 언어 학습과 교육(*Task-based Language Learning and Teaching*)』(Oxford University Press)

④ 누넌(Nunan, 1989, 2004 개정판) 『과제 중심 언어교육(*Task-Based Language Teaching*)』(Cambridge University Press)

⑤ 윌리스·윌리스(Willis and Willis, 2007) 『과제 중심 언어교육 실천(*Doing Task-based Teaching*)』(Oxford University Press)

⑥ 반든브뢴든·바이게잇·노뤼스(Van den Branden, Bygate, and Norris, 2009) 엮음 『과제 중심 언어교육: 독본(*Task-Based Language Teaching: A Reader*)』(John Benjamins Publishing)

년 1월 해당 위원회의 구성원 및 위임기간을 발표하는 교육부 장관 베이커의 다음 연설에서도 찾아진다.

> … I have been struck by a particular gap. Pupils need to know about the workings of the English language if they are to use it effectively. Most schools no longer teach old-fashioned grammar.
>
> But little has been put in its place. There is no common ground on teaching about the structure and workings of the language, about the way it is used to convey meaning and achieve other effects. We need to equip teachers with a proper model of the language to help improve their teaching.

> … 저는 특정한 격차 때문에 충격을 받았습니다. 학생들이 효과적으로 영어를 사용하려면 영어의 작동 방식에 대하여 알 필요가 있습니다. 대부분의 학교에서는 낡은 방식의 문법을 더 이상 가르치지 않습니다.
>
> 그러나 그 자리에 아무런 것도 대치되어 놓여 있지 않습니다. 영어의 구조와 작동 방식에 대하여, 의미를 전달하고 다른 효과를 달성하는 데에 이용되는 방식에 대하여 가르치는 일에는 공통된 기반이 없습니다. 우리는 교사들에게 그들이 가르치는 일을 향상시키도록 도움을 주기 위하여, 영어에 대한 적합한 모형을 심어줄 필요가 있습니다.

여기서 쓰인 언어에 대한 그림은 전적으로 업무/과업 지향적이다. 즉, 의미를 '전달하는' 일과 같은 '효과'들을 위하여, 언어를 '효과적으로' 쓰는 일인 것이다. 심지어 교사들에 대한 훈련의 언어도 직업을 위한 도구에 비춰 쓰여 있다('equip[심어주다, 장착하다]'이란 말을 썼음). 그렇지만 이 책자에서 보아왔듯이, 언어사용인 '담화'는 과업/업무[10]

10) (역주) 영어 task는 우리말에서 맥락에 따라 다른 말로 쓰인다. 학교 수업과 관련해서는 '과제'로 번역되고, 시험과 관련될 경우에는 '문항'으로 번역되며, 현실세계의 업무와 관련해서는 '과업'이나 '업무'로 번역된다. 흔히 task force(업무 전담 부서, 줄여서 TF)라는

를 수행하는 일뿐만이 아니다. 또한 중요하게 권력관계를 포함하는 사회적 정체성 및 사회적 관계를 표현하고 구성하며 재생하는 일인 것이다.

비판적 언어연구CLS의 관점으로부터, 학생들의 언어능력의 향상에서 학생들과 교사들이 언어에 대한 어떤 '모형'을 갖고 있어야 한다는 생각에 반대할 일은 아무것도 없다. 그러나 언어 및 담화에 대한 견해는, 앞에 인용한 도구적 개념내용과 근본적으로 차이가 난다. 그리고 비판적 언어연구CLS에서 언어에다 사회적 중요성을 더 풍부하고 더 무겁게 귀속시켜 놓기 때문에, 결과적으로 언어교육에 대한 더 넓은 견해를 지니게 된다. 저자는 킹먼 위원회의 결정에 중요한 고려사항terms of reference들을 중심으로 하여, 언어교육에 대한 저자의 논의를 구조화해 놓았으므로, §.9-1은 킹먼 위원회의 이면에 깔려 있는 일부 생각과는 아주 판이한 관점으로부터 제기된 논쟁에 대하여 한 가지 기여내용으로 해석될 수 있다.

킹먼 보고서[11]에서는 모국어로서 영어교육에 대한 고려사항들을 다음처럼 권고한다.

- 입말이거나 글말이거나 모국어로서 영어에 대한 '모형'은 다음 사항들을 요구한다.
  ① 영어가 작동하는 방식을 이해하기 위하여 교사들이 어떻게 훈련을 받아야 하는지에 대한 토대로서 기여한다.

말이 자주 쓰이는데, 현장의 업무와 관련되므로 '업무' 또는 '과업'이라고 번역해 둔다. 과제 중심 언어교육에서는 task가 수업에도 쓰일 수 있고, 똑같이 시험에도 쓰일 수 있으므로, '과제 연속물'들을 모아놓은 '과제 은행'을 만들어 가는 일이 매우 중요하게 된다.

11) (역주) 이 인용은 킹먼 보고서 73쪽에 있는 〈부록 1. [결정에 대한] 고려사항(Terms of reference)〉의 전체내용이다. 그런데 저자는 왜 꼭 이 보고서만을 문제삼는가? 이 대처 정부에서 1988년에 영국 역사상 최초로 국가 차원의 교육과정들을 만들어 내었는데, 모국어로서의 영어교육에 대해서는 이 보고서에 근거하여 이루어졌기 때문이다. 현재 2007년에 나온 모국어로서의 영어 교육과정이 시행되고 있는데, 다음 누리집에서 내려받을 수 있다. http://curriculum.qcda.gov.uk

② 영어교육의 모든 측면들에 대한 전문적 토론을 제공해 준다.

- 이 모형이 얼마만큼 그리고 어떤 방식으로 학생들에게 분명하게 만들어져야 하는지, 학생들로 하여금 일정범위의 맥락에서 언어가 어떻게 쓰이는지를 의식할 수 있게 만들어 주어야 하는지에 대하여, 교사들을 안내해 주는 원리들을 제공한다.
- 일반적인 용어로 학생들이 무엇을 알 필요가 있는지를 알려 준다. 영어가 어떻게 작동하는지에 대하여, 그리고 결과적으로 7살, 11살, 16살[12] 시기에 이런 준거 상으로 무엇이 가르쳐져야 하고, 무엇을 이해하도록 학생들에게 기대되는지를 알려 준다.

저자는 첫 번째 고려사항에서 언급된 '모형'에 대한 논의로부터 시작하게 될 것이다. 그런 다음에 비록 7살·11살·16살 학생들을 위한 특정한 목표는 제시하지 않더라도 §.9-1-2 '안내원리'라는 제목 아래에서 두 번째와 세 번째 고려사항들을 논의한다.

---

12) (역주) 각각 초등학교, 중학교, 고등학교 시기를 가리키는데, 9월에 신학기가 시작되어 이듬해 7월에 끝이 난다. 영국 교육과정의 전문용어를 쓰면, 만나이 7살은 Key stage(핵심 단계) 1의 3학년(Year 3)에 해당한다. 11살은 핵심 단계 3의 7학년(Year 7)에 해당한다. 14살은 핵심 단계 4의 10학년(Year 10)에 해당한다. 핵심단계 1은 만나이 5살 이상 7살까지, 핵심 단계 2는 만나이 8살 이상 10살까지, 핵심 단계 3은 만나이 11살 이상 13살까지, 핵심 단계 4는 만나이 14살 이상 17살까지를 가리킨다. 성취 목표는 핵심 단계 1에서 2수준, 핵심 단계 2에서 4수준, 핵심 단계 3에서 5/6수준을 성취해야 한다.

이 목표에 따라 의무적으로 국가에서 실시하는 두 종류의 학업 성취도 시험을 치러야 한다. 16살(11학년)이 되면 ordinary level(일반 수준) 시험을 치러야 하는데, 공식 명칭이 '중학교교육 일반자격'(GCSE) 시험이다. 이어 18살(13학년)이 되면 advanced level(고급수준)의 시험을 치러야 하는데, 공식 명칭이 '고급수준 교육의 일반자격'(GCE A level) 시험이다. 이것이 State sector(공립학교 영역)로 불리는 학교들에서 준수하는 틀이다. 영국에서는 기숙사에 입사해야 하는 사립학교들도 많은데, Private sector(사립학교 영역)로 불리는 그런 학교들에서도 국가 수준의 교육과정을 준수하도록 권장하고 있다. 관련 문서들을 http://curriculum.qcda.gov.uk에서 찾아보기 바란다. 또한 다음 누리집에서도 찾을 수 있다. http://www.education.gov.uk

§.9-1-1 모형

§.2-2에서 담화의 특징이 언어교육을 위한 적합한 언어 모형을 제공해 준다. 〈그림 2-1〉에 요약되어 있으며, 주요한 요소들은 텍스트·상호작용·맥락이 된다. 그곳의 논의에서 저자는 여기에서의 논의와 관련된 두 가지 점을 강조하였다. 첫째, 담화가 텍스트의 일만이거나 언어형식의 일만이 아니다. 앞에서 인용된 고려사항에서 가시화된 종류의 모형은 형식 체계로서의 영어에 대한 모형인 듯하다. 이는 아주 불만스러운 것이다. 왜냐하면 상호작용 또는 맥락에 대하여 말할 것이 전혀 없을 것이기 때문이다. 둘째, 맥락에 관해서, 담화는 참여자들의 기억자원[MR]의 의존을 통하여 사회적 관계에 의하여 결정되며, 담화가 그러한 사회적 관계들을 형성하는 일에 기여한다. 저자의 생각으로는, 언어교육에 적합한 모형에서는 담화와 언어를 놓고서 이렇게 사회적으로 구성되고, 사회적으로 구성해 나가는 본성에 대하여 강조를 해 줄 필요가 있을 것으로 본다.

임의 모형의 선택은 분명히 언어교육 및 더 일반적으로 교육에 대한 한 사람의 견해에 달려 있을 것이다. 저자는 교육 및 훈련 사이에 구별이 이뤄져야 할 것으로 본다. 이는 학교 교육과정의 다른 요소들에 관하여 언어에도 적용된다. 앞에서 언급된 언어교육에 대한 도구적 견해는, 지식 및 기술의 전달에 초점을 모으면서 반복적인 훈련-지향으로 보인다. 지식 및 기술의 내용이 문제가 없는 것으로 가정되며, 지식과 기술이 나오게 된 사회적 기원들은 전혀 무시되어 있는 것이다. 문학교육에서도 종종 동일한 사람들에 의해 옹호된 지배적인 문화 가치의 전달로서 비슷한 개념내용을 찾을 수 있는데, 학생들에게 관례적인 지혜가 무엇을 '위대한 문학'으로 간주하는지를 가르치게 된다. 비록 일부 그런 점이 있기는 하지만, 대조적으로 교육은 대상들을 전달해 주는 일에 그치는 것이 아니다. 자신의 환경에 대하여 학습자들의 비판적 의식을 발전시키고, 비판적 자아의식을 발달시키며, 자신의 사회세계를 형성하고 재형성해 나가는 일에 기여하는 능력을 향상시켜 주는 것이다.

그러므로 학습자들에게 인간적 견지에서humanly 산출되고 인간적 견지에서 바뀔 수 있는 사회환경을 놓고서, 마치 학습자들이 전혀 통제할 수 없는 자연환경의 일부인 양 임의의 요소를 제시하는 것은 교육의 일부가 될 수 없다. 그럼에도 불구하고, 전통적으로 학교에서 전달되어 온 것은 정확히 그런 언어를 왜곡시키는alienating, 소외시키는 견해인 것이다. 종종 모두 너무나 쉽게 놓쳐 버리는 것은, 사회적으로 구성되고 사회적으로 구성을 해 나가는 언어에 대한 관점이다. 따라서 합법적이며 자연스런 것으로 제시되고 있는 적법하고 자연스런 담론(≒비판의 표적이 되어야 하지만 오히려 비판을 못하게 만들어 버림)으로 이끌어 가고, 권력관계의 결과이지만 오히려 이를 숨긴 채 불합리한 편견으로 제시되고 있는 다수의 학습자들이 쓰는 사투리에 대한 사회적 폄하로 이끌어 가며, 비양심적 개인들에 의해 '편벽된loaded' 언어의 오용으로 왜곡된 이념을 형성해 나가는 담화로 이끌어 간다. 언어를 그렇게(≒도구의 관점으로) 나타내는 방식은, 학습자들에게 언어를 비판적 의식의 목표로 개념화해 놓는 일을 막아 버린다. 다시 말하여, 언어에 대한 참된 교육의 방향을 방해해 버리는 것이다.

저자는 그런 방향이 반드시 비판적 언어연구CLS처럼 언어에 대한 비판적 모형에 근거해야 한다고 논의하고 싶다. 저자가 제안하는 언어교육에 대한 개념내용도 학습자들 사이에서 자신의 사회에 대한 담론질서를 놓고서 비판적 의식을 향상시키는 일, 또는 저자가 '비판적 언어자각critical language awareness'이라고 부르게 될 내용을 강조한다. 이는 이제 광범위하게 수용된 견해, 비록 기존의 언어자각 교육거리 내용이 일반적으로 결코 비판적이지 않다손 치더라도, '언어자각'이 학교 교육과정에 한 요소가 되어야 한다는 견해를 그대로 되풀이한다.

§.9-1-2 안내원리

의식 또는 자각은 변증법적으로 실천내용 및 (더 앞에서 언급한) 갈등struggle, 투쟁과 관련되어 있다. 언어교육의 핵심은 언어 그 자체에 대한 자각이 아니라, 담화 산출자 및 해석자로서 학습자 능력의 향상에 대한 필수적 부속물로서의 '자각'이다. 여기서 저자는 각 개별 학습자의 능력을 발전시키는 일뿐만 아니라, 또한 억압받는 사회집단으로부터 나온 학습자들의 집단 능력을 향상시키는 것을 말하고 있다. 저자는 이를 언어교육의 1차적 해방 과제로 간주한다. 비판적 언어 자각은 기득권층dominat bloc, 지배권에 대항하여 억압받는 사회집단들의 투쟁의 일부로서 지배적인 담론질서에 도전하고 돌파하며 궁극적으로 변형할 수 있는 '해방 담화'(아래 논의를 보기 바람)를 위한 촉진자가 된다.

이 "모형이 응당 학생들에게 얼마만큼 그리고 어떤 방식으로 명백하게 만들어져야 하는지, 따라서 학생들에게 무엇이 가르쳐져야 하는지를 놓고서 교사들을 안내해야 하는 원리"는 언어능력의 향상 및 비판적 언어자각 사이에서 이런 관련성의 개념화 작업에 뿌리를 두고 있다. 〈그림 9-1〉은 도식으로 이런 개념화 내용과 상응하는 언어학습의 모형을 나타내어 준다. 이는 개별 학습자들의 학습에 적용되

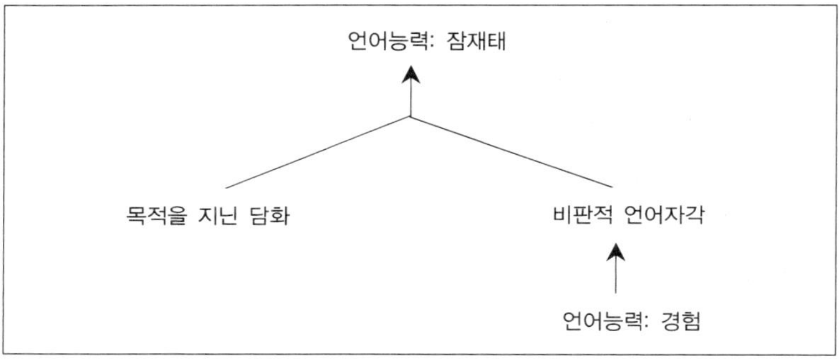

〈그림 9-1〉 언어학습

는 것으로 해석될 수 있거나, 또는 학습자들이 속한 사회집단의 집단 학습collective learning에 적용되는 것으로 해석될 수 있다.

이 모형은 두 가지 주요한 안내원리를 제공해 준다.

(1) 자각 및 실천을 짝 짓기marrying awareness and practise
학습자들의 잠재적 언어능력을 향상시키는 일은, 목적을 지닌 담화 실천 및 비판적 언어자각을 짝 지워 주는 일에 달려 있다.

(2) 경험을 발판으로 삼기building on experience
비판적 언어자각은 마땅히 학습자가 지닌 기존의 언어능력 및 경험을 발판으로 삼아야 한다.

저자는 이 원리들을 차례대로 논의할 것이다. 이들 원리 중 첫 번째 원리를 논의하는 데에는 비판적 언어자각의 향상에서 다음처럼 두 가지 차원을 구분해 놓는 것이 도움이 된다.

차원 1: 산출과 해석에서 기억자원MR에 대한 자각
차원 2: 기억자원MR의 사회적 결정요인들에 대한 자각

차원 1은 저자가 §.6-1의 〈그림 6-1〉에서 제시한 '해석 절차'에 해당된다. 이는 사람들이 담화를 위해 지닌 자원에 대한 풍부한 배열을 자각하고, 텍스트 산출 및 해석의 과정에서 이것들이 어떻게 인출되는지를 자각하도록 도와주는 일이다. 여기에 포함된 것의 일부는, 형식 체계로서 언어에 대한 명백한 이해이다. 여기서 초점은 무의식적 능력들을 주목할 대상으로 만들어 주는 것이다. 자각과 실천을 짝 지워 주는 원리는 다음을 시사해 준다. 즉, 한편으로, 이런 자각은 학습자 자신의 목적을 지닌 담화에 대하여 학습자들이 지닌 자아의식의 향상을 통해서 가장 잘 성취될 수 있다. 그런 담화는 연습의 일환으로 실행할 바 또는 남들이 실행하는 담화가 아니라, 오히려

참된 의사소통 목적을 지니고서 학습자가 스스로 산출자 또는 해석자로서 간여하는 담화이다. 그리고 다른 한편으로, 학습자들에게 이용될 수 있는 목적 갖춘 담화의 범위가 학습자들의 자각이 성장함에 따라 늘어나게 될 것이다.

차원 2는 §.6-1의 〈그림 6-1〉에 있는 '해석하기'에 해당된다. 일단 학습자들이 담화에서 그들의 기억자원MR이 기능하는 방식을 좀 더 잘 자각해 나간다면, 그 담화의 사회적 기원들, 담화에 깃든 권력관계의 이념적 효과, 그리고 기억자원MR과 담화 이면에 깔려 있는 사회적 관계가 둘 모두 어떻게 담화에서 재생산되고 변형되는지에 대한 물음이 제기될 수 있다. 만일 학교에서 현행의 지배적인 담론질서를 놓고서 단순히 관례적인 상태를 관례적인 것으로 좋게 받아들이도록(≒잠자코 수용·맹종하도록) 훈련시키는 것이 아니라, 오히려 상식적 실천관행과 제약들이 탐구·도전·변형되는 지점까지 학습자들의 언어능력을 향상(발달)시켜 주려고 한다면, 이런 두 번째 차원의 자각은 필수적이다. 자각 및 실천을 짝 짓는 원리는 한 개인 자신의 목적을 지닌 담화를 놓고서 사회적 결정내용과 결과에 대한 자각이 이런 차원에서 비판적 자각에 대한 효과적 경로가 되며, 그런 비판적인 사회적 자각이 학습자들에게 개인 및 특히 집단 투쟁의 일부로서 관례들을 확장하고 파괴하는 해방 담화의 향상(발달)을 촉진할 것임을 시사해 준다.

자각 및 실천을 짝 짓는 원리는 학습자들이 언어에 대하여 가르쳐져야 함을 시사해 준다. 반면에 (곧 살펴볼) 경험으로 확립하는 원리는 그것이 어떻게 가르쳐져야 하는지를 시사해 준다. 학습자들은 마땅히 언어의 명백한 '모형'에 접속/접근하여야 한다. 왜냐하면 앞에서 논의했듯이, 언어능력의 발달이 비판적 언어자각에 달려 있기 때문이다. 사실상 언어 그 자체에 대하여 비판적으로 말하거나 글을 쓰는 능력을 학습자의 잠재적 언어능력은 물론, 다른 것들을 쉽게 만들어 주는 능력으로 간주할 수도 있다. 이는 상위언어metalanguage를 요구한다. 언어에 대해서 말하게 되는 또 다른 언어이다.[13] 비록 어린 학습자들에게 낯선 현학적 표현으로 보이지 않도록 조심스럽게 마련해 놓았지만 말이다. 저자가 제안하고 있는 '모형'이 옳다면, 학습자들이 텍스트에 대하여, 상호작용에 대하여, 사회적 맥락에 대하여 말할 수 있게 해 주는 것이 상위언어가 될 필요가 있을 것이다. 또는 제5장과 제6장에서 제시한 절차들의 세 가지 모든 단계에 해당한다. 즉, 서술하기·해석하기·설명하기이다.

두 번째 원리는 비판적 언어자각이 학습자가 지닌 기존의 언어능력과 경험을 발판으로 삼아야 한다는 것이다. 학습자들(그리고 일반적으로 사람들)은 언어상으로 자신들이 할 수 있는 바를 실행하는 방법에 대해서뿐만 아니라, 또한 자신들에게 어떤 담화유형이나 주체 지위가 이용될 수 있는지 여부, 자신의 언어가 남들의 언어와 비교하여 어떻게 사회적으로 존중(폄하)되는지 등에 대한 일에 대해서도 상식적인 이해를 지니고 있다. 경험을 발판으로 삼는 원리는, 만일 학습자들이 그런 이해 및 경험을 언어로 표현하는 데 도움을 받고, 그리고 만일 이들 표현이 자각을 확립하기 위한 토대가 된다면, 언어자각이 좀 더 일반적으로 사회적 의식과 같이 가장 효과적으로 향상될 수 있다고 단언한다.

이는 언어에 대하여 학습자들이 어떻게 가르쳐져야 하는지에 대하여 안내해 준다. 저자가 제안하고 싶은 것은 세 부분으로 이뤄진 순환과정이다.

(1) 경험을 되돌아보기reflection on experience

학습자들이 그들 자신의 담화 및 그 속에 들어 있는 사회적 제약들에

13) (역주) 흔히 수학이나 논리학에서는 유형이 다르다는 뜻으로, 서로 혼동이 일어나지 않도록 문자 체계를 달리 쓴다. 영어 문자가 대상 언어라고 한다면, 이를 서술하는 상위언어는 희랍 문자를 쓴다거나, 옛 독일의 대문자를 쓴다. 데카르트는 기하학 내용을 재정리하면서, 로마 문자의 앞부분(a, b, c)을 상항으로 쓰고, 뒷부분(x, y, z)을 변항으로 쓰기 시작하였다. 변항 그 자체가 상위언어의 개념이다.

대한 경험을 되돌아보고(성찰하고), 자신이 되돌아본 내용(성찰내용)을 학급 학생들과 공유하도록 요구받는다.

(2) 경험을 체계화하기[systematizing experience]

교사는 학습자들에게 이들 되돌아본 내용(성찰내용)에 '지식'의 지위를 부여하면서, 체계적인 형태로 표현하는 방법을 보여 준다.

(3) 설명하기[explanation]

이런 지식은 추가적으로 학급 전체활동에 의해서 집단 성찰 및 분석의 목표가 되고, 사회적 설명이 찾아진다(앞에서 다루었던 '차원 2' 사회적 결정요인들에 대한 자각과 비교하기 바람).

그러고 난 뒤 이 순환과정에서는 첫 번째 원리에서 찾아진 네 번째 요소가 나온다.

(4) 실천을 통해 향상시켜 나가기[developing practise]

앞의 (1)~(3)으로부터 귀결되어 나오는 자각은, 목적을 지닌 담화를 위하여 학습자의 능력을 향상시켜 주는 데 쓰인다.

이 순환과정은 무한히 반복될 수 있다. 자각이 성장함에 따라서, 지난 경험 및 실천을 향상시키는 일이 점차 체계적으로 되기 마련이며, 탐구적 성찰과 교사의 기여가 더욱 실질적으로 될 수 있다, 등등.

이제 이런 순환주기를 예시하기 위하여 필수적인 얼개를 지닌 한 가지 사례를 살펴보기로 한다. 한 가지 초점이 '역사 집필[the writing of history]'처럼 관습적으로 대다수 사람들이 배제되어 있는 글말을 쓰는 것으로, 학습자들의 능력을 증진시키고자 하는 목적을 지닌 학습자들의 글쓰기 경험일 수 있다. 이런 연습에 대해서 새로운 것은 전혀 없다. 많은 영어 교사들이 실행하는 종류의 것이다. 그러나 교사들이 일반적으로 실행하지 못하는 것은, 글쓰기를 저자가 제안하고 있는 방식으로 비판적 자각의 향상에 체계적으로 연결 짓는 일이다.

앞의 순환주기에 비춰 보면, 교사는 다음과 같이 연습을 진행시켜 나갈 수 있다.

(1) 경험을 성찰하기

학습자들에게 말하기에 대립되는 글쓰기를 이용하기 위한 목적이 무엇인지에 대하여, 학습자들이 글쓰기가 무엇을 '위한' 것이라고 생각하는지에 대하여, 그들이 아니라 다른 사람들에 의해서 이용된 글쓰기의 목적들에 대하여, 사회적으로 가장 평판이 높은prestige[14] 글말의 이용에 대하여, 학습자들이 지각한 내용에 대하여 생각해 보고 서술해 놓도록 요구한다.

(2) 경험을 체계화하기

입말 및 글말 사이의 기능적 차이점들에 대하여,[15] 사회적으로 평판 높은 글말의 다양한 이용에 대하여, 그리고 평판이 높은 이용에 접속하는 분포에 대하여 체계적인 설명을 제시한다.

(3) 설명하기

앞의 (1)과 (2)를 이용하여 국한해 놓은 글말을 사람들이 신망 있게 이

---

14) (역주) prestige 또는 prestigious라는 말이 쓰이고 있는데, 이는 특정한 글이 사회에서 권위가 인정되고 신망을 받는 것을 말한다. 학술 목적(또는 논술)의 글쓰기의 경우에 그런 글들은 일반 학계에서 누구나 인정하는 사람들의 글이 될 것인데, 흔히 교양인들을 위한 독서 목록 형태로 제시되어 있다. 역대로 노벨상 수상자들이 발간한 글들도 그런 부류에 속한다. 뿐만 아니라, 우리나라로 범위를 국한한다면 고전의 범위에 들어가는 책들을 생각해 볼 수 있다.

15) (역주) 입말과 글말의 차이에 대한 논의는 우선 핼리데이(halliday, 1985) 『입말과 글말(*Spoken and Written Language*)』(Oxford University Press)를 보기 바란다. 또한 호뤼뷧츠·쌔뮤얼즈(Horowitz and Samuels, 1987) 엮음 『입말과 글말 이해하기(*Comprehending Oral and Written Language*)』(Academic Press)에 13편의 뛰어난 글들이 있다. 최근에 전산처리 작업을 거쳐 바이버(Biber, 1988) 『발화와 글말 사이의 변동(*Variation across Speech and Written Language*)』(Cambridge University Press)과 1995년 『언어 투식 변동의 차원(*Dimensions on Register Variation*)』(Cambridge University Press)가 나왔고, 방대한 책(1999)을 줄여 바이버·콘뢰드·리취(Biber, Conrad, and Leech, 2002) 『입말과 글말 영어에 대한 롱먼 학생 문법(*Longman Student Grammar of Spoken and Written English*)』(Longman)이 나와 있다. 번역본으로는 임상원 뒤침(2001) 『구텐베르크의 은하계: 활자 인간의 형성』(커뮤니케이션북스)와 이기우·임명진 뒤침(1995) 『구술문화와 문자문화』(문예출판사)를 읽어보기 바란다.

용하기 위하여 접속하는 사회적 이유를 찾기 위한 근거로 삼는다. 역사에 초점을 모으되, 누가 역사를 쓰는지에 대해서뿐만 아니라, 또한 해당 역사가 씌어진 내용subject matter, 주제과 언어 등의 사회적 제약들에 대해서도 초점을 모은다.

(4) 실천을 통해 향상시켜 나가기

학습자들을 위해 역사 집필 장기과제를 마련하되, 다음처럼 시행한다.

㉠ 학습자들은 자기가 속한 지역사회에 사는 여성들 또는 청소년들처럼 일반적으로 그런 집단을 위하여 아직 역사가 씌어져 있지 않은 과제를 상정하고, 그런 역사 집필진에 의해서 이용될 역사 집필을 위한 관례들을 확장하거나 파괴하도록 장려된다.

㉡ 소수집단 언어들 또는 비표준영어 변이체들 가운데 한 가지와 같이, 일반적으로 역사 집필 목적을 위해서 이용되지 않는 어떤 언어로 글을 써 본다.

㉢ 연습을 위한 일보다 참된 목적을 지니고서 역사를 쓰면서, 스스로 진지한 역사가가 되어 본다. 예를 들어, 그 지역 도서관에 학습자들이 써 놓은 역사의 복사물들을 배치(전시)해 놓도록 장려될 수 있다.

마지막 (4) 단계에서 그런 연습은 저자가 앞에서 '해방 담화'로 언급한 바를 산출하는 학습자들로 이끌어 가도록 계획된다. 지배적인 현행 관례들을 모종의 방식으로 벗어나는 담화인 것이다. 우리는 '역량강화empowerment'[16]의 일로서 해방 담화 및 기존 담론질서의 변형에 기여하는 해방 담화 사이를 구별할 수 있다. 역량강화의 경우에는,

16) (역주) empower(힘을 북돋워 주다) 또는 empowerment(힘 북돋워 주는 일, 역량강화)는 일반 낱말이 아니라, 사회복지론에서 쓰이는 용어를 가져온 것이다. 'empowerment'(역량강화, 힘을 북돋워 주는 일)란 권리를 빼앗긴 사람들에게 권리를 되돌려주는 일이다. 이는 권리나 권한을 행사하는 데에 방해가 되는 장해물을 감소시키고 자신감을 증가시키며, 비우호적인 환경을 제거하여 한 개인의 대인 관계적·사회 경제적·정치적 장점들을 높여 줌으로써 그 사람의 영향력을 발휘할 수 있게 하는 과정이다. 결과적으로 더욱 긍정적인 자아감을 높여 주고, 자신의 사회적·정치적 현실에 대하여 비판적으로 이해하며, 개인과 사회의 목적을 달성하기 위한 자원·전략·능력 등이 향상된다.

관례적으로 특정 유형의 담화 또는 담화유형 속의 특정한 주체 지위에서 배제된 사람들이, 근원적으로 관례들을 변경하지 않은 채로 이들 담화유형이나 주체 지위들 속으로 '들어감으로써' 관례들을 위배하도록 도움을 받는다. '역량강화'는 실질적인 충격 잠재력을 지니며, 기존의 담론질서가 불변의 것이 아님을 보여 줌으로써, 그들의 무력감을 극복하도록 도움을 줄 수 있다. 담론질서의 변형은 제7장의 용어로 보면 기존질서를 체계적으로 해체하고 새로운 질서를 재구성하는 일이다.

이제 요약을 하자면, 앞에서 마련해 놓은 두 가지 안내원리에 근거하여, 학습자의 언어능력 향상이 응당 그들의 기존 능력과 경험, 성장하는 비판적 언어자각, 목적을 지닌 담화에 참여하여 성장해 나가는 능력들을 함께 모아 놓는 일을 통해 진행되어야 함을 주장하였다.

참고문헌

제9장에서는 광범위하게 비판적 언어자각을 다루는 업적들을 끌어들였다. 저자가 랭커스터 대학교(Lancaster University)와 다른 곳에 있는 동료들과 더불어 작업해 온 것으로, 클락 등(Clark et al., 1990), 클락 등(Clark et al., 1991), 페어클럽 엮음(1992b)이다. 또한 『언어자각(Language Awareness)』 제8권 2호(1999)도 참고하기 바란다. 언어자각에 대해서는 호킨즈(Hawkins, 1984, 여기서 '언어자각'이란 용어를 처음 썼음)와 전국 언어교육 학회(NCLE, 1985)를 보기 바란다. 본문에서 저자가 기대었던 의식화 개념을 포함하여 교육에 대한 통찰력을 보려면 프라이어(Freire, 1972)와 프라이어(1985)가 소중하다. 또한 기로(Giroux, 1997)도 참고하기 바란다. 제2 언어로서의 영어에 대한 인용은 베이넘(Baynham, 1986)에서 가져왔다. 영어교육을 위한 공식 목표들과 좀 더 최근의 영어교과목에 대한 국가 교육과정을 보려면 교육·과학부(Department of Education and Science, 1984)를 참고하기 바란다.

제10장 언어와 권력
: 2000년에서의 전망

1989년에 이 책의 초판이 출간된 이후에 세상이 많이 변하였다. 사실상 1989년은 그 자체로 하나의 주요한 일련의 변화 흐름에 대한 시작점이었다. 옛 소련과 중·동부 유럽의 공산주의 국가들이 무너졌다. 그 변화들이 그것 자체로 뜻 깊었을 뿐만 아니라, 사람들이 세계를 바라보고자 하는 방식들을 놓고서도 그 변화의 결과들이 또한 그러하였다. 개략적으로 말하여, 저자 자신을 포함한 많은 사람들이 10년 전보다 세상을 훨씬 더 국제적으로 그리고 '세계화된global, 지구촌의' 모습으로 보게 되었다. 세계화의 구조·과정·관계들에 비춰서 바라보는 것이다. 이는 갑자기 세계가 10년 동안에 '세계화globalized, 지구촌화'되었거나, 또는 갑자기 민족국가가 아무런 중요성도 지니지 못하게 되었음을 의미하는 것이 분명 아니다. 오히려 1980년대와 그 이전에 이미 큰 힘을 지녔던 세계화 경향들이, 당시에 그랬던 것보다도 2000년에 들어 더욱 중요하게 보임을 의미하는 것이다.

이는 직접적으로 권력에 대한 물음에 영향을 준다. 물론 여전히 지배적 관계들이 존재하고, 민족국가 및 그 제도들 속에서 여전히 중요하며, 지배 관계를 맞서 겨루려고 하는 사람들이 여태 이런 차원에서(뿐만 아니라 또한 좀 더 지역적으로도) 작업할 필요가 있다. 그러나 지배의 1차적 영역이 이제는 국가적national, 전국적이라기보다, 오히려 세계적인 것이라고 저자는 믿고 있다. 만일 현대 자본주의 사회의 피할 수 있는 부정적 결과들을 이해하고 타개하려면, 우리는 국제적인 규모로 사회적 관계·구조·과정들을 살펴보아야 한다. 가난의 문제, 점점 커져가는 빈부 사이의 격차, 불평등과 '사회적 배척social exclusion', 민족주의·국수주의·인종 차별주의의 부활, 여성 및 노동자 두 역할로서 많은 여성들에 대한 이중 착취, 고갈되어 더 유지될 수 없는 세계의 자연자원에 대한 착취 등이다. 이는 분석의 초점이 국가 또는 지역 차원인 경우에도, 국가와 지역이 이것들을 형성하는 국제적 틀 속에 놓여 있음을 인식하는 일이 중요함을 의미한다. 실제적으로 이를 다루는 더 나은 방식은 세계적인 것과 국가/지역적인 것 사이에서 변증법적으로 조절conditioning 및 형성shaping이라는 두 방향의 과정에 비춰 보는 것이다.

제10장의 목적은 이런 새로운 세계질서의 몇 가지 측면을 '언어와 권력'이라는 물음에 비춰 논의하려는 것이다. 언어와 권력에 대한 물음은 새로운 질서를 이해하는 데에 근본적이며, 새로운 질서의 정치에 근본적이다. 왜냐하면 언어가 점차적으로 사회생활에서 중요성을 더해 가기 때문이다. 새로운 질서를 부과하거나 저항하려는 투쟁은 부분적으로 언어를 놓고 벌어지는 투쟁이다. 즉, 언어를 사용하는 새로운 방식들을 놓고서 벌어지는 투쟁 및 변화에 대한 언어적 표상들을 놓고서 벌어지는 투쟁 둘 모두이다. 저자는 '담론의 세계화globalization of discourse'와 점차 늘어나는 강력한 '세계화의 담론discourse of globalization'을 둘 모두 논의한다. 새로운 질서의 부과 및 새로운 질서의 저항에서 언어의 역할을 여러 가지 사례들과 함께 예시해 놓을 것이다. 다국적 기업 운영, 새로운 국제적 중도좌파 정치담화(the

'Third Way'제3의 길)의 출현, 녹색당Green Party처럼 정치적 흐름들로부터 나온 반대 등이다. 제10장에서는 새로운 세계화 질서 속에서 비판적 언어연구CLT·사회 조사연구·정치들 사이의 관계에 대한 논의로 결론을 맺게 될 것이다.

§.10-1 새로운 세계질서에서의 언어

세계화는 우선 경제적 과정이다. 최대한의 자유시장을 놓고서 현재 이것과 연합되어 있는 신자유주의 정책neo-liberal doctrine이 중심에 있다. 자유시장이란 국제적으로 상품·재화·사람들의 자유로운 이동을 뜻한다. 여기 포함되어 있는 바는, 거의 20세기 시기 동안에 자본주의를 성격 지어 준 시장 및 국가 간의 관계에서 어떤 전환을 뜻한다. 즉, 국가 통제력을 없애서 시장을 자유롭게 하고, 사회복지를 제공하는 국가의 역할을 허물어 버리며, 자유시장을 위하여 국가를 지역적 대변자 및 중개인으로 바꾸어 버리는 일이다. 이런 새로운 질서의 지지자들은, 몇몇이 다른 사람보다 부를 더 많이 얻겠지만, 반면에 모두가 어느 정도는 얻게 될 것으로 가정하면서, 거대한 부의 창출 능력을 지적한다. 반대자들은 국가 통제력으로부터 벗어난 자유시장이 국제적으로도 그리고 국가 안에서도 빈부의 격차를 크게 늘려 놓고, 대부분의 사람들에게 삶life, 생활을 철저히 불안정하게 만들어 버리며, 거대한 환경파괴를 초래한다고 주장한다. 세계화는 오직 부분적으로만 완결된 과정이지만, 이득을 가장 많이 본 사람들이 확장해 나가기를 추구하고 있다. 새로운 질서를 부과하려는 투쟁을 통해서 그렇게 하는 것이다. 첫 번째 사례에서는, 이것이 새로운 경제질서이지만, 결코 경제 차원의 것만은 아니다. 또한 예를 들어 정치와 문화를 포함하는 더 일반적인 세계화 과정이 있다.

저자는 언어와 권력의 문제가 새로운 세계질서의 학문적 분석 그리고 그 질서에 대한 정치적 투쟁 양자 모두에서 절대적으로 중심적이라는 견해를 견지한다. 왜 그럴까? 현대 사회생활에서 중요하고도 지속적인 '언어적 전환turn to language'이 있기 때문이다. 언어는 점점 더 사회생활의 중요한 요소가 되어 가고 있다. 세계화는 그것 자체로 여기에 대한 일부 이유를 가리킨다. 세계화는 '멀리 떨어져 일어나는 행위action at a distance'를 함의한다. 사회적 과정과 사회적 관계가 거리의 이정표 상으로도 그리고 사회적·문화적 차이 상으로도 거대한 거리를 넘어서서 뻗어나감을 의미하는 것이다. 그러므로 담화에서 이들 과정 및 관계들에 대한 표상은, 이런 복잡성 속에서 모종의 질서를 유지하는 데에 점점 더 중요해진다. 가령, 사람들을 동일한 다국적 기업의 노동자들로 함께 묶어 놓는 일은, 일부 그들이 실행하는 바에 대한 공유된 표상이다. 그러나 동시에 언어는 그들이 실행하는 바에서 더욱 중요해지고 있다. 가령 현재 '지식기반 경제knowledge-based economy'로 널리 언급된 바에서는, 다국적 기업에서 행하는 일, 즉 다국적 기업에서 어떤 상품goods, 재화과 공공사업services을 생산하고 판매하는지는 점차적으로 언어를 쓰는 특정한 방식의 일이 된다. 예를 들어 보면, 힐튼Hilton처럼 다국적 호텔 체인에서는 '상품goods, 재화'의 중요한 부분이, 호텔에 대한 홍보를 위해 직원과 고객 간의 상호작용에서 인쇄된 문서와 상징signs 등으로 언어가 쓰이는 방식이다.

'언어적 전환turn to language'은 새로운 질서를 부과하거나 저항하려는 투쟁이 대체로 새로운 언어를 옹호하거나 반대하는 투쟁이 된다. 언어의 비판은 새로운 세계질서에 대한 정치에서 중요한 요소가 되는 것이다. 비판적 언어연구CLT를 위하여 이는 기회이며 도전이다. 즉, 미래의 인류를 위하여 절대적으로 중요한 논제들을 놓고서 두드러진 기여를 할 수 있는 것이다(결론을 보기 바람).

§.10-2 담론의 세계화

언어는 새로운 신자유주의 질서를 부과하기 위하여 투쟁에 이중으로 포함되어 있다. 첫째, 함의된 존재 및 행위의 새로운 방식들이 부분적으로 언어를 사용하는 새로운 방식이다. 둘째, 새로운 질서를 부과하는 중요한 부분은 변화의 특정한 표상을 위한 성공적 수용이다. 그리고 새로운 질서에 반대하는 투쟁은, 언어를 사용하는 새로운 방식 및 새로운 표상 둘 모두에 맞서서 저장한다. 언어를 사용하는 새로운 방식과 관련하여, 우리는 '담론의 세계화'를 말할 수 있다. 이는 담론이 단순히 세계적인 규모로 균질화되는 것을 의미하는 것이 아니라(비록 균질화 흐름이 있다고 하더라도), 오히려 한 지역에서 일어나는 바가 세계적 지평을 기준으로 하여 일어나는 것을 의미한다. 담론에 영향을 주는 국제적 흐름들에 의해서 형성되는 것이다(그리고 또한 담론이 국제적 흐름들을 형성하는 데에도 기여한다).

한 가지 사례를 들어 보기로 한다. 오늘날 세계적으로 텔레비전을 보는 대부분의 사람들은 세계적 방송 채널뿐만 아니라 지역적 방송 채널에도 접속한다. 이들 채널(가령 CNN, 유선 뉴스 망)은 몇몇 부유한 북미와 유럽 나라들에서, 특히 미국에서 소유되고 제작된다. 세계적이라는 그들의 주장에도 불구하고, 화면에 나오는 세계에 대한 내용은 극단적으로 국지적인 것이다. 이에 대한 한 가지 지표가, 가령 CNN에 있는 '세계 뉴스'는 주로 미국 국내에서 관심거리가 될 듯한 기사들(미국 국회의원들에 영향을 주는 추문 따위)을 포함하여 대체로 미국 뉴스들로 이뤄져 있다는 점이다. 이들 방송 채널의 편협성은 그들의 언어를 포함한다. 사람들이 전세계적으로 보는 것이 현저하게 광고·뉴스·정치·스포츠·패션 등에 대한 '북미' 담화인 것이다. 이들 방송 채널은 '북미'(그리고 핵심적으로 미국)의 생활방식과 언어 사용방식의 세계화에 기여한다.

서로 다른 나라들에서 이런 '세계화'의 출현 결과로, 항상 그들 자신의 담화실천을 위한 외부 참조점과 지평이 존재한다. 예를 들어, 브라질이나 헝가리나 태국의 정치담론을 구성하는 일련의 갈래가, 지금부터는 불가피하게 '북미' 정치담론을 구성하는 일련의 갈래들을 포함하는 지평에 맞춰 변화할 것이다. 이는 임의의 특정한 나라에서의 담론 실천관행이 이제 국제적인 권력관계들 속에서 얼개가 마련되는 방식으로 변한다는 뜻이다. 그러나 이는 가령 브라질의 정치담론이 반드시 점진적으로 '북미'의 정치담론과 같아질 것임을 의미하는 것은 아니다.

각 사회마다 그 나름의 담론질서와 그 나름의 고유한 역동성을 지닌다. '세계적' 실천내용이 어떻게 담론질서를 식민지화하는지 또는 그 속에서 어떻게 적합해지는지는 그런 역동성에 달려 있을 것이다. 예를 들어, 어느 헝가리 텔레비전 뉴스 담화에 대한 연구에서는, '북미' 텔레비전 뉴스의 더욱 호화로운 장식(가령, 지구 아이콘들로 뉴스를 열어 가고 정교한 방송실 배치)과 대체적인 진행 얼개(가령, 뉴스 방송실과 현지 보도 사이의 이동)를 받아들이지만, 반면에 정치 뉴스의 적용 범위는 유의미하게 차이가 남을 보여 주었다. 가령, 특히 국회 논쟁이나 또는 위원회 모임의 갈래에 대한 방송에서는, 영국에서 익숙해져 있는 극단적인 편집과 변형이 없이 비교적 충실하게 전해 준다. 정치는 뉴스로 드러나 있는 독자적 영역으로 구성되어 있지만, 반면에 우리의 경험은 변형되고 '매개되어 있는' 정치가 되고 있다. 이들 차이점은 일부 사회질서 및 담론질서에 있는 차이들이다. 이것들은 담론의 세계화가 균질화된 영역이 아니라, 투쟁 영역임을 나타낸다.

§.10-3 세계화의 담론

만일 담론의 세계화가 있다면, 또한 세계화의 담론도 존재한다. 사실상 세계화에 대한 주요한 논평자들 다수가 다룰 필요를 느끼는 문제가 있다. '세계화globalization', '[노동시장의] 유연성flexibility' 등이 실제 과정들인가, 아니면 담론의 일부에 불과한가? 분명히 이것들은 담론의 일부이다. 사람들이 현대세계가 어떠하고, 어떻게 변화하고 있는지에 대하여 이야기할 경우에, 두루 그런 용어들이 쓰인다. 따라서 한 가지 가능성은, 이것이 빈말empty words로서, 바로 담론이고, 바로 이념이라는 것이다. 그러나 가령 (경제적 과정들이 점차 세계적 규모로 일어나고 있다는 의미에서) 경제 세계화가 충분히 실제적이라는 많은 증거가 있다. 그렇다면 아마 '세계화', '[노동시장의] 유연성' 등이 모두 실제적 과정이며, 또한 담론의 일부일 수 있다. 그렇지만 그런 경우에, 세계화의 과정 및 세계화의 담론 사이의 관계는 무엇일까?

이런 질문은 현대세계에서 권력에 대한 언어의 관계에서 중요한 논제를 부각시킨다. 프랑스 사회학자 삐에르 부르디외Pierre Bourdieu(제1장의 역주 5를 보기 바람)는 다음과 같이 대답을 제시하였다. 세계화는 실제적이지만, 일부 사람들에게는 이로움을 주고 다른 사람들에게는 해로움을 주는 불완전한 과정이다. 세계화로부터 이익을 얻는 이들은 세계화를 확장하려고 하는데, 그들이 이용하는 자원들 중 하나는 세계화를 실재보다 더 완벽할 뿐만 아니라 또한 우리가 건전한 정신을 지닌다면 의문시하거나 도전하기를 꿈도 꿀 수 없는 삶의 간단한 사실이라고 표현하는 '세계화에 대한 담론'이다. 따라서 세계화의 담론은 이념적으로 작동한다. 이는 권력의 담화이다. 즉, 자신의 권력을 강화하기 위하여, 권력을 쥔 이들에 의해서 다른 강력한 자원들(가령 정치 정당에 대한 기부금)과 연계되어 이용되는 담화인 것이다. 더욱이 그들이 실행하기를 추구하는 것의 일부는, 세계화 담론을 세계화하려는 것이다. 핵심 용어가 다른 언어들로 번역되거나 바뀐다. 불어로 'globalisation, flexibilité'이고, 헝가리 어로 'globalizacio, flexibilitás' 등이다. 그리고 많은 사회에서 두루 이용되는데, 전문직 관리 업계·언론계·교육계 등이다. 이 모든 것에 대한 한 가지 함의는 '세계화'에 대하여 반드시 주의를 해야 한다는 점이다. 우리는 언제나 실재로부터 수사법을 분리해 주어야 하는 어려운 과제에 직면한다고 말할 수 있다.

저자는 '유일한 하나(the)' 세계화의 담론을 언급하였다. 그렇지만 실제로 여기서 논제가 되는 것은, 다양하게 실제적인 것 및 생각할 수 있는 다른 것들 가운데에서 한 가지 특정한 세계화의 담론인 것이다. 삶의 변화 불가능한 사실로서 구성된 것은, 세계화가 아니라, 무역 및 관세에 관한 세계협약Global Agreement on Trade and Tariffs·세계은행World Bank·국제 통화기금International Monetary Fund과 같이 제도 및 조직에 대한 최근 정책들의 토대 위에 신자유주의 방식으로 재현된 세계화의 과정인 것이다. 이것이 특정한 이미지로 된 세계화인 것이다.

§.10-4 담화 세계를 마감하기[1)]

21세기 전환 시점에서 사회생활에 대한 어떤 모순된 성격이 존재한다. 분명히 개인 및 집단 차이점들에 대하여 이전보다 더 많은 공간이 있지만, 동시에 사회생활의 측면들을 마감하여 끝내는 어떤 종류의 일이 있는 듯하다. 이는 일부 담론의 마감이 된다. 이 말로써 저자가 의미하는 것은, 언어를 사용하는 방식의 범위 및 세계를 표상하기 위한 담론의 범위를 좁게 한정하여 나간다는 것이다. 강력한 지배적 담론 및 언어를 사용하는 방법의 출현, 사회생활의 다른 영역들에 두루 걸친, 그리고 '담론의 세계화'를 통하여 서로 다른 나라들에도 두루 걸친 이런 담론들의 확산이다. 마감에 맞선 이런 흐름은 사회생활의 서로 다른 분야들에서, 즉 직장에서, 정치에서, 문화

1) (역주) closing(끝내는 일, 마감하는 일)은 뒤에 closure(마감, 끝)로도 쓰인다. 이는 opening up(개시, 열어 나가기) 또는 codification(새로운 부호를 부가하기, 새로운 담론을 부가하기)과 대립되는 용어이다. 각각 사회의 지배구조를 고착화시키는 어떤 담론(담화)이 죽거나 태어나는 일을 말한다. §.3-2-1의 표준어를 제정하는 논의에서는 codification이 '성문화 작업'(법 제정)으로 번역되었다.

생활에서 명백하다. 이것이 논란 없이 지나가지는 않는다. 저자가 막 언급한 모순을 살펴보는 한 가지 방식은, 1960년대와 1970년대를 성격 지워 놓은 사회생활 및 담화의 개막을 거꾸로 돌려놓는 시도이다. 이는 새로운 부호를 부여하는 움직임the move to codify이 싸울 준비가 갖춰지고 경쟁이 벌어진 운동임을 시사해 준다. 이제 몇 가지 사례들을 살펴보기로 한다.

§.10-5 '독려하기': 작업현장에서 새로운 부호를 심어가기

다음 인용은 호주에 있는 어느 큰 방직공장의 감독자 회의로부터 가져왔다. 이 담화의 연구자는 회의의 맥락을 다음처럼 서술해 준다.

> "이 회사는 특정한 국제적인 자동설비 고객들을 유치하는 데에 사활이 걸려 있다. 이들 고객은 설비 공급자가 어떤 특정한 '품질'의 구현내용을 수용해 주도록 요구한다. 작업 조직 및 작업 과정의 문서화 내용에 근거하여, 작업 모임을 중심으로 하여 돌아가는 실천이다. 그들은 그런 과정이 전개되는 절차를 안내하기 위하여 편람을 제공하며, 정규적인 시간 간격으로 해당 회사를 점검하고 평가한다."

아래 인용은 주로 최근에 고객이 요청한 '품질'의 구현내용에 따라 소집된 감독자 회의로부터 나온 것이다. 회의 참석자들은 샐리Sally, 벤Ben, 그레이스Grace, 피터Peter, 제임스James이다. 샐리는 독려자facilitator인데, 정부 기획 아래 이 회사에 의해 고용된 작업현장의 문학 교사이다. 벤은 방직기계에 날실을 거는 부서의 감독Warping Shed Supervisor이다. 그레이스는 직조 부서 감독Weaving Shed Supervisor이다. 피터는 생산 조정관Production Coordinator이다. 제임스는 방직기계에 날실을 거는 일꾼Warper이다.

BEN: we thought you know maybe maybe I should be the facilitator for Grace's group or something where I'm away from the people a bit and um

SALLY: yeah

BEN: just have a background in what's going on but just sort of keep them on the right track and let them they've got to really then rely on each other instead of *relying on the supervisor* to do the work

GRACE: well I think kind of in the groups that are gonna come along that's what's gonna have to happen. I mean I know the the first ones that start off I think we have to go down this path to try to *direct people onto the path* and therefore we kind of will be in charge of the meeting but then we have to get people to start their own teams and us sort of just being a facilitator rather than

JAMES: the team leader

[⋯] yeah

GRACE: I mean it's hard to get started I think that's where people are having trouble and that's why they're why they're kind of looking to you Ben and you know things like that

PETER: I'm not the only one I'm having trouble maintaining the thing

[unidentifiable speaker]: yeah

PETER: I just can't maintain it at the moment you know a couple of days you know a couple of days crook there and you know just the amount of work that builds up it just goes to the back of the queue sort of thing it's shocking

JAMES: so what you really want is the um you've got a a group you start a group and you want one of those people to sort of come out and [⋯] facilitate the group

PETER: just to maintain the group you know like just to keep it just keep the work flowing

BEN: what I'm trying to get across

PETER: cause

BEN: is I'm too close to those people because I already go outside of the group and then I'm their supervisor outside on the on the floor where maybe if I was facilitating another group where I'm not I'm not above them you know I'm not their supervisor or whatever

[unidentifiable speaker]:　　yeah

BEN: um I can go back to my job they can go back to theirs and they still um you know it's this their more their team than

SALLY: yours

벤: 잘 아시다시피, 우리가 아아 아마 내가 그뢰이스 모임이나 어떤 것에 독려자가 되어야 한다고 생각했거든요. 그런데 약간 그 사람들로부터 내가 멀리 떨어져 있는데 엄

샐리: 맞아요

벤: 뭐가 진행되고 있는지에 대해서 막 배경지식을 얻었는데, 바로 일종의 작업이 제 경로를 유지하는 내용이죠. 허고 그런 다음에 그 작업을 실행하기 위해서 *감독에게 의존하기* 보다는 오히려 실제로 서로에게 의존하게 되도록 한다는 거죠

그뢰이스: 그런데 저는 일종의 함께 작업하게 될 모임 속에서 있는 걸 생각하거든요. 무슨 일이 일어날 건지에 대해서죠. 제 말뜻은 제가 그 그 시작해야 할 첫 번째 것을 안다는 거죠. 제 생각에는 우리가 이 경로를 심화해 나가야 한다고 보는데, *사람들에게 제 경로 속에서 작업하도록 지시하는* 거죠. 따라서 우리가 일종의 그 모임을 관리하게 되겠죠. 그렇지만 우리는 사람들에게 그들 자신의 모임을 시작하도록 해 놓아야 하거든요. 우리들은 일종의 독려자가 되는데

제임스: 그 모임의 조장이 아니죠

[…]　　　　　　맞습니다

그뢰이스: 저 말뜻은 시작해 나가기가 어려운데, 저는 그게 사람들이 어려워하는 대목이라고 보거든요. 그리고 그게 그 사람들이 그 사람들이 일종의 벤 선생님을 바라보는 이유라고 생각해요. 잘 아시듯이 그런 일 말이에요

피터: 저만이 그 일이 잘 진행되도록 유지하는 데 문제를 안고 있는 유일한 사람은 아닙니다

[어느 화자]:　　옳아요

피터: 지금 현재 저는 그걸 잘 지속해 갈 수 없어요. 잘 아시듯이 며칠 전에는 잘 알다시피, 며칠 전에는 거기 갈고리가 있었거든요. 그리고 잘 아시듯이, 거기에 어지럽게 실들이 뭉쳐 버리면서 바로 긴 날줄 뒤로 들어갔었는데, 그 작업 분량이 일종의 충격적인 일이었거든요

제임스: 그러면 피터 씨가 사실상 원하는 건, 엄 어떤 어떤 모임을 만드는 거군요. 모임을 시작하고 그리고 그 사람들 중 한 사람을 나오게 하여, 그리고 일종의 […] 그 모임을 독려하는 거군요

피터: 잘 알다시피 그 모임을 잘 유지하는 거죠. 잘 아시듯이 바로 그걸 잘 유지하는 거, 바로 작업이 잘 돌아가게 하는 일이죠

벤: 제가 이해시키려고 노력하는 것은

피터: 왜냐면

벤: 그게 제가 그 사람들과 너무 가까운데, 왜냐하면 제가 이미 그 모임으로부터 빠져나온 뒤에 이제 저는 그 그 작업 작업장에서 그 사람들의 외부 감독이 되었거든요. 아마 그 작업장에선 제가 또 다른 모임도 독려하고 있었는데, 그 작업장에선 제가 아니, 제가, 알다시피 그 사람들의 상관이 아니거든요. 잘 아시듯이 제가 뭐가 되었든지 그 사람들의 감독은 아니죠

[어느 화자]:　　　　　　맞습니다

벤: 엄 저는 제 일로 되돌아 갈 수 있습니다. 그들도 그들의 일로 돌아갈 수 있죠. 그들은 여태 엄 잘 아시듯이, 그게 이런데 그게 좀 더 그들 모임의 소관 사항이란 거죠

샐리: 벤 감독의 일이라기보다는요

이 인용은 방직공장의 조별 모임을 다루는 법에 대한 논의이다. 이런 표현과 다른 표현들 사이에서 동등한 대등관계 및 차이가 나는 상하관계를 구축해 나가면서, 이 회의가 '독려하다/독려자'[2]의 의미를 협의하여 결정하는 일을 중심으로 하여 전개된다. 이들 동등한 대등관계/차이가 나는 상하관계는 대략 다음처럼 요약된다. 동등한 대등관계는 왼쪽 난에 있는 표현에 들어 있다. 차이가 나는 상하관계는 왼쪽 표현들과 오른쪽 난에 있는 표현들 사이에서 대비되어 나온다(앞의 인용문에서는 각각 실선과 점선으로 밑줄을 그어 구분해 놓았음).

동등한 대등관계의 표현	차이가 나는 상하관계의 표현
독려하다/독려자 작업이 제 경로를 유지하다 서로에게 의존하여 작업하게 하다 사람들에게 그들 자신의 모임을 시작하게 하다 그 모임을 잘 유지하다 작업이 잘 돌아가게 하다	모임 지도자 감독에게 의존하는 일 사람들에게 제 경로에서 작업하도록 지시하다 관리하다 감독

위 인용에서 상호작용을 하면서 수행되고 있는 합의과정 밑에 깔려 있는 두드러진 특징은 추궁 대비표현hedging이다.[3] just바로, sort of일종의,

2) (역주) facilitate(촉진하다, 독려하다)는 어떤 작업 부서에서 그 부서의 일이 잘 진행될 수 있도록 격려하는 일로 보인다. 방직공장에서 실들을 걸고 옷감 짜내는 과정이 순조롭게 진행되도록 동급의 직원이 동료 직원들을 격려하고 작업 진행을 살펴보는 임무이다.

3) (역주) 'hedge'(추궁대비 표현, 완화 표현, 울타리 표현)란 주로 상대방에게 말을 전할 때에 내가 짊어져야 할 말의 책임을 줄여놓는 표현들을 가리킨다(추궁대비 표현을 써서/울타리를 쳐 두고서 책임 질 일을 피하려는 의도가 깔림). 명확하고 강한 표현과 서로 대조된다. I guess(내 짐작으로는), maybe(아마도), if you want(당신이 바란다면). loosely speaking(느슨하게 말한다면), so called(이른바), in that(다음과 같은 점에서) 등이다. 클락(Clark, 1996; 김지홍 뒤침, 2009: 591쪽) 『언어사용 밑바닥에 깔린 원리』(도서출판 경진)에서는 '추궁대비 표현'으로 번역하고, 페어클럽(Fairclough, 1995; 이원표 뒤침, 2004: 5쪽, 121쪽) 『대중매체 담화 분석』(한국문화사)에서는 '완화 표현'으로 번역하였으며, 테일러(Taylor, 1995; 조명원·나익주 뒤침, 1997) 『인지언어학이란 무엇인가』(한국문화사) 제4장 4절에서는 '울타리 표현'이라고 번역하였다.

kind of일종의 등이다. 이것들은 대부분 동등한 대등관계를 구축하는 일과 관련되어 있다. 그러나 현재의 목적을 위하여 위 인용의 주된 논점은, '독려하다/독려자'라는 용어가 조별 작업과 더불어 이 회사에 부가되고 있는 새로운 '성격'의 담화에 속한다는 것이다. 위 인용에서는 사람들이 친근한 용어의 표현들과 더불어 새로운 용어들을 일련의 대등관계 및 상하관계로 들여와 논의하고 있다. 그런 의미에서 이런 작업장의 대화 속으로 동화시켜 나가는 쪽으로 한 단계 진전시키고 있다.

이런 종류의 사례는 두 가지 점을 시사한다. 첫째, 강대한 다국적 기업 및 다양한 방식으로 다국적 기업에 의존하거나 종속되어 세계 각국에 흩어져 있는 수십만 개의 회사들 사이에 있는 관계는, 상징적인 침탈symbolic violence의 관계이다. 후자의 회사들은 새로운 방식으로 언어를 쓰도록 다국적 기업에 의해 실제적으로 강요받는다. 이는 그들이 실행하는 바를 드러내는 방식의 일이며(앞의 사례에서는 모임별 작업에 대한 담화에 해당함), 또한 그들이 실행하는 바를 어떻게 실행할지에 대한 일(가령, 모임에서 담화가 조직되는 방식에 해당함)이다. 이 회사는 호주에 있는데, 비교적 부유하고 강한 나라이다. 아프리카·아시아·남미·동유럽에 있는 더 가난한 나라들에서는 상징적 침탈의 경험이 더욱 격렬하다.

둘째, 그렇지만, 앞의 사례는 저항을 위한 가능성도 실제로 시사해준다. 사람들이 '백지' 상태로 새로운 언어 또는 새로운 담화를 채택하는 것은 아니다. 즉, 단순히 옛것을 완전히 내쳐 버리고 새것을 온전히 들여오는 일은 거의 생기지 않는다. 여기서 우리가 살펴본 과정은 좀 더 전형적이다. 새로운 것을 옛것으로 동화시키는 것이며, 새것과 옛것이 뒤섞이는 일로 귀결된다. 핵심 논점은, 이런 일이 일어나는 경우, 강대한 다국적 기업에서 새로운 언어를 부가해 놓을 수 있겠지만, 이런 일이 일으키는 복잡하게 뒤섞이는 내용들을 쉽게 통제할 수 없다는 것이다. 달리 말하여, 저항하는 방식으로 새로운 언어 질서를 포함하거나 통제하거나 주변부로 내치거나 적합하게 만들어 주는 장기간에 걸친 혼성화의 가능성을 쉽게 통제할 수 없는 것이다.

§.10-6 '제3의 길'의 정치담론: 정치에서 새로운 부호를 열어가기

담화의 세계화에서 '새로운 부호 부가하기codification'를 향한 흐름의 두 번째 사례를 다루기로 한다. '제3의 길The Third Way'에 대한 정치담론은 1차적으로 영국에서 '신노동당New Labour'과 관련된다. 특히 1997년 5월에 집권한 토니 블레어Tony Blair4) 영국 수상이 이끄는 노동당 정부이다. 이는 좌파 및 우파 사이의 '옛' 구분을 초월하려는 주장으로 이뤄진다. 그 지지자들에 따르면, '제3의 길'은 '옛날 노동당'도 아니고, 또한 보수적인 '신우파'도 아니며, 그런 구분을 넘어서는 어떤 입장이다.

'제3의 길'은 흔히 '사회정의를 구현하는 기업enterprise with social justice'과 같은 구절로 요약된다. 신노동당이 부를 창출하고 사회정의를 구현하기 위하여, 동시에 기업들을 자유롭게 하는 정책을 지녔다는 주장이다. '옛' 가정은 정부에서 반드시 하나 또는 다른 것을 선택해야 한다는 것이었다. 신노동당에서는 부와 사회정의를 둘 모두 성취할 수 있다고 주장한다. '제3의 길'은 광범위하게 언급되어 온, 붕괴되어 갈 주요 정당들 사이에 있는 정치적 차이들에 대한 경향의 일부이며, 그리고 현대사회에서 주변의 것으로 무시된 서로 다른 이해관계를 드러내는 정당들에 의하여 실행된 사회적 자원의 분배를 놓고서 벌어지는 투쟁으로 이해된 정치에 대한 경향의 일부이다. 이는 저자가 더 앞에서 언급한 기업 및 국가 사이에서 변화하는 관계에 비춰서

4) (역주) 토니 블레어(Anthony Charles Lynton Blair, 1953~)는 노동당을 이끌고 43살의 나이로 1997년 5월 승리하여 2007년 6월까지 영국 수상을 역임하였는데(이 책의 재판 출간시 영국 수상임), 그는 '신노동당'이란 말을 채택하여 중도 노선을 추구하였다.

살필 수 있다. 국가가 국제적 기업의 지역적 힘local arm으로 작동하는 그런 형태의 정치를 위한 필요성이나 공간이 거의 없는 것이다. 언어로서만 살펴보면, '제3의 길'은 정치담론의 마감이다. 좌파와 우파라는 '옛' 정치담론의 혼성을 통하여 산출된 것은 새로운 정치담론이다. 따라서 이는 주류를 이룬 정치담론들의 범위를 좁혀 놓는다.

이런 담론에서는 '이것뿐만 아니라 저것도 또한not only but also'이라는 의미가 두루 퍼져 있다.

> "My vision for the 21st century is of a popular politics reconciling themes which in the past have wrongly been regarded as antagonistic — patriotism and internationalism; rights and responsibilities; the promotion of enterprise and the attack on poverty and discrimination."(Tony Blair)

> "21세기에 대한 저의 시각은 과거에 잘못 적대적으로 간주되어 온 주제들을 조화시켜 주는 대중 정치에 대한 것인데, 애국주의와 국제주의, 권리와 책임, 기업의 진흥과 가난 및 차별에 대한 공략입니다."(토니 블레어 전 영국 수상)

병치 나열되는(낱말이나 구절이나 문장들이 목록처럼 나열되거나, 앞의 인용에서처럼 접속사 and로 함께 연결됨) 언어의 한 가지 특징은, 연결된 대상들 사이의 관계를 외려 애매하게 놔 둔다는 것이다. 'x 및 yx and y'가 'x=y'를 뜻하는 느슨한 함의가 있지만, 이런 경우에 토니 블레어 수상이 가령 자신의 정부에서 권리보다 책임을 더 많이 강조하더라도(실제로 책임을 더 강조하였음) 블레어 수상이 스스로 자기모순을 범했다고 주장할 수 없을 것이다. 논점을 좀 더 예리하게 논쟁적으로 표현해 보면, 신노동당의 주장에 따라 조화될 수 있는 반대개념들을 놓고서 '이것뿐만 아니라 저것도 또한not only but also'의 병치 나열 형식은, 선택을 흐려놓고 속여 버리는 사뭇 효과적인 방식이다. '기업을 진흥하는 일' 또는 '가난과 차별을 공략하는 일' 중에 어느 것이 신노동당의 우선 선택사항인가? 신노동당 정부의 행동들은 기업 진흥에 문제를 일으키기 시작할 만한 시점에 이를 때까지만 가난과 차별 공략이 추구됨을 시사한다. 즉, 수사학적으로가 아니라 실천 상으로는 기업 진흥이 가난과 차별 공략에 대해 우선권을 지니는 것이다.

우선권 및 특권을 모두 포괄하는 일은 또한 신노동당의 핵심 낱말들에서도 분명하다. 가령 '제휴관계partnership'란 말이 어떻게 쓰이는지에서 드러난다. '제휴관계'의 주된 이음말collocation, 연어이 '공적-사적 제휴관계'와 같은 표현에 있다. 이는 정부와 기업 간의 '제휴관계'를 의미한다. 다시 정책결정의 견지에서 의문을 제기할 가능성이 있는 제휴 참여자들 사이에는 동등한 영향력equal weight에 대한 약한 함의가 들어 있다. 예를 들면, 『가디언Guardian』(영국 중산층 신문) 신문의 통신원 마틴 울러콧Martin Woollacott은 유럽연합European Union에 관하여 다음처럼 기고하였다.

> "대륙의 거대 회사들이 가외로 마찰을 빚으면서 정치가들에게 허용되는 바와 허용되지 않는 바를 규정해 놓기 시작하였다." 그리고 "정부에서는 큰 기업의 요구사항을 충족시켜 주기 위하여 더욱 부지런해지고 있다."
>
> ▶▶▷1999년 8월 6일자 『가디언(Guardian)』

좀 더 구체적으로, 신노동당 정부에서는 항공 교통 관제Air Traffic Control에 있는 49%의 주식을 사기업에 매각하는 일처럼 '제휴관계'를 장려한다. 만일 보수당에서 그런 일을 하였더라면 그 자체로 '민영화privatizations'라고 불렀을 법한 일이다. 민영화는 현재 격렬히 논쟁의 초점이 되는 용어이다.

이것이 세계화와 어떻게 관련되는 것인가? '제3의 길'은 단지 영국의 현상만이 아니다. 토니 블레어 수상은 이것이 국제적으로 새로운 정치라고 강조하였다. 또 여기에 동조하는 외국정부 수반들인 미국 클린턴 대통령, 독일 슈뢰더 수상, 브라질·스웨덴·스페인 정부의 지도자들과 함께 '제3의 길'에 대한 국제적 '학술회의'를 개최함으로써 그렇게 실천하기 위한 실천적 단계들을 강구해 왔다. 제3의 길에 대한 대부분의 정치는 미국에서 클린턴 대통령과 '신민주당'으로부터 배워왔다. 국제적으로 중도 및 중도좌파의 정부들에서 아주 유사한 범위의 정치가 추구되고 있다. 예를 들면 '복지국가'의 예산을 삭감하려는 국제적인 움직임이 있다. '제3의 길'은 새로운 신자유자의 세계 자본주의를 받아들이고 조정하는 일을 하기 위하여, 사회 민주주의를 포기해 버리는 중도좌파로 간주될 수 있다.

'제3의 길'의 정치담론을 놓고 한 가지 두드러진 특징은 앞에서 저자가 세계화의 담론으로 언급한 바와 병합하는 방식인데, 신자유주의 이미지로 된 세계화의 표상이다. 신노동당 연설과 문서들에는 '세계경제의 이야기'로 부를 수 있는 것으로 가득 채워져 있다. 현대세계, 그리고 특히 현대의 경제가 어떻게 변화했는지에 대한 이야기들이다. 가령, 미국에 있는 신민주당에서도 똑같은 일이 일어났다. 미국 빌 클린턴 대통령5)이 변화에 대하여 쓴 내용이 다음에 인용되어 있다.

"As we move from the Industrial Age into the Information Age, form the Cold War to the global village, the pace and scop of change is immense. <u>Information, money and services can and do move around the world in the blink of an eye</u>. There's more computing power in the Ford Taurus than there was in Apollo 11 when Neil Armstrong took it to the moon. By the time a child born today is old enough to read, over 100 million people will be on the Internet. Even our family cat, Socks has his own home page on the World Wide Web. The opportunities this age presents us are

5) (역주) 빌 클린턴(William Jefferson Bill Clinton, 1946~)은 신민주당을 이끌고 1993년 46세의 나이로 미국 대통령에 취임하여, 2001년 물러갈 때까지 중도좌파 노선의 정책을 폈다.

extraordinary … But the challenges of this age are also extraordinary and the costs of failing to meet them are high."

"우리가 산업시대로부터 정보화 시대로, 그리고 냉전시대로부터 지구촌 시대로 넘어감에 따라, 변화의 폭과 범위가 거대해졌습니다. 정보·재화·서비스가 눈 깜짝할 사이에 지구를 한 바퀴 돌 수 있고, 실제로 돌고 있습니다. '포드 토뤄스' 자동차 차종[6]에는 닐 암스트롱이 달에 착륙할 때 아폴로 11호에 가지고 갔던 것보다도 더 강력한 연산 능력이 갖춰져 있습니다. 오늘 태어난 아이들이 충분히 글을 읽을 나이가 될 즈음이 되면, 1억 명이 넘는 인구가 인터넷을 이용하고 있을 것입니다. 심지어 우리집 애완 고양이 속스 또한 월드-와이드-웹에 자신의 누리집을 갖고 있습니다. 이 시대가 우리한테 제공하는 기회들은 특별합니다. … 그러나 이 시대의 도전도 특별한데, 그 도전에 응전하다가 실패하는 비용 또한 아주 높습니다."

클린턴 대통령과 블레어 수상 사이에는 수사학적 유사성이 있다. 둘 모두 '변화의 여러 단계cascade[7] of change'으로 부를 법한 것에 대한 비유를 이용한다. 즉, 변화 사례들에 대한 목록이다. 계단 폭포가 차례로 떨어지는 폭포수의 굉음으로 사람을 압도할 수 있는 것처럼, 여러 사례들에 대한 무게와 더불어 이것들의 누적 효과도 독자를 압도한다. 다음에 블레어 수상의 변화에 대한 연설이 인용되어 있다.

"The critical challenge is to connect our goals to a world that has undergone a veritable revolution of change. Technology, trade, and travel are transforming our lives. Our young people will work in different industries, often of

6) (역주) 포드 자동차 회사에서 1986년부터 생산되어 지금까지 계속 팔리면서 제1의 판매량을 기록한 차종이다.

7) (역주) cascade(계단 폭포)는 계단별로 차례차례 떨어지는 폭포를 말한다. 여기서는 '여러 단계'로 번역하였다.

communication and design, not old mass production. Many will work in or own small business. Jobs for life are gone. Nine to five working is no longer universal. Women work, which brings new opportunities but new strains for family life. South East Asia can compete with us, in many parts on equal terms. Money is traded across international boundaries in vast amounts twenty-four hours a day. New, new, new: everything is new. There is an urgent task to renew the social democratic model to meet this change."(Speech to European Socialists' Congress, June 1997)

"중대한 도전은 우리의 목표를 참된 변화 혁명을 겪은 세계에 이어 주는 것입니다. 기술·무역·여행이 우리 생활을 변형시키고 있습니다. 우리 젊은이들은 이전과는 다른 산업체에서 일을 할 것인데, 종종 커뮤니케이션과 디자인 기업들입니다. 낡은 대량생산 기업이 아닙니다. 많은 사람들이 소자본 회사나 자신이 소유한 작은 회사에서 일을 할 것으로 봅니다. 평생직장은 사라져 버렸습니다. 9시에 출근하고 6시에 퇴근하는 일터도 더 이상 보편적이지 않습니다. 여성들도 일하며, 이는 새로운 기회를 가져다 주지만, 가정생활에는 새로운 긴장을 드리웁니다. 동남아시아 국가들이 대등한 관계로 여러 부분에서 우리와 경쟁을 벌이고 있습니다. 재화도 하루 24시간 내내 광대한 양으로 국경선을 넘나들면서 국제적으로 거래됩니다. 새롭고, 새롭고, 새롭습니다. 모든 것이 새롭습니다. 이런 변화를 충족시켜 주기 위하여 사회적 민주주의 모형을 새롭게 하는 긴급한 과업이 생겨났습니다."(1997년 6월, 영국 블레어 수상이 행한 '유럽 사회주의 의회'에서의 연설)

그러나 현재의 목적을 위하여 주된 초점은, 변화가 구조화되어 있지 않은 목록인 한 계열의 효과로서 나타나 있다는 점이다. 이들 효과를 산출하는 과정들과 이들 과정에 포함된 주체들은 드러나 있지 않다. 예를 들어, '평생 직장이 사라졌습니다Jobs for life are gone'라는 표현은, 고용의 불안전성을 일련의 특정한 환경들에서 회사 자체의 이익을 높이려고 회사에서 채택한 결정의 결과로 나타내려는 것이 아니라, 그보다는 간단한 사실의 일로 나타내는 것이다. 비록 'gone'이 동사이지만 속성 형용사처럼 기능하므로,[8] 아마 가장 불가항력적인 귀속 과정으로 보이도록 하는 바를 이용한다. 미래의 일은 가령 'We shall encourage the setting-up of small businesses우리는 작은 회사들의 창업을 장려하게 될 것입니다'처럼 계획 또는 전략들보다는, 양태 조동사 will을 써서 'Many will work in or own small businesses많은 사람들이 소자본 회사나 자신이 소유한 작은 회사에서 일하게 될 것으로 봅니다'와 같은 예측 문장을 통해 구성된다. 변화의 결과들이 그 자체로 과정인 경우, 가령

> '정보·재화·서비스가 눈 깜짝할 사이에 지구를 한 바퀴 돌 수 있고, 실제로 돌고 있습니다'(클린턴)
>
> '재화가 하루 24시간 내내 광대한 양으로 국경선을 넘나들면서 국제적으로 거래됩니다'(블레어)

이들 과정의 행위주가 명시되어 있지 않다. 세계경제에서 주된 운영 주체 및 '새롭고 새롭고 새로운' 세계—가령 거대한 기업법인과 정부—를 산출하는 데 도움을 준 국제협약에 대해 책임을 질 수 있는 주체들이 드러나 있지 않다. 이런 이야기들의 기본 설계는 아주 간단하다. 즉, 이것이 세상이 존재하는 방식이며, 따라서 이는 우리가 반드시 실행해야 하는 것이다.

중도좌파에 있는 사람들은 다음의 전제로 이뤄진 정치논리를 흔쾌히 받아들인다. 자본주의 경제는 정부에서 아무런 변화도 일으킬 수 없는 의심할 수 없는 삶의 사실이란 것이다. 정부에서 할 수 있는

---

8) (역주) 동사 go는 과거 went와 과거분사 gone으로 활용한다. 시제의 활용으로 잘못 언급되는 과거분사는, 어떤 행위가 이미 진행되어 결과 상태에 도달하였음을 의미한다. 따라서 결과 상태가 곧 형용사의 속성이나 상태와 같은 지위를 갖게 되는 것이다. 반면에 going이라는 현재분사는 진행 과정을 가리킨다.

모든 것은 '그들의' 회사와 국민들을 위하여 주어져 있는 대로 세계 경제에서 성공할 수 있도록 하는 조건들을 제공해 주는 것이다. 이것은 사회 민주주의social democracy의 포기이다. 사회 민주주의에 자본주의를 시장에 대한 통제력이 결여된 위험한 거대 파괴력juggernaut으로 여기고, 정부의 일이 그런 통제력을 부가해 놓는 것이라고 본다.

§.10-7 저항하기 위한 기반

만일 새로운 부호를 부가하는 일 및 마감하는 일 쪽으로 향한 경향들이 있다면, 그것들은 경쟁적인 흐름이다. 일부 경우에는 그런 경향들이 높은 기반을 성취할 수 있겠지만(가령 거대 기업들 속에서 거의 저항이 없이 부과됨), 흔히 그런 경향들은 더 작은 정당들·구호들·압력단체들·언론매체 난 등으로부터 반대에 부닥칠 수 있다.

예를 들어, 다음은 1999년 유럽연합 선거를 위하여 제작된 영국 녹색당British Green Party의 전단지로부터 가져온 것이다.

A Challenge to globalisation

Green politics offers a radical alternative to the blinkered acceptance of <u>globalisation</u> that is at the heart of the current European project.

Instead, the Green Party believes Europe's future lies in promoting stronger and more diverse <u>local economies</u> with high environmental, social and democratic standards. Our policies are explicitly designed to make countries less dependent on <u>the global economy</u>, and more responsive to <u>local needs</u>…

The Green Party's approach is in direct contrast to the usual <u>fatalistic</u> approach of all the other parties. <u>They assert that globalisation is inevitable and can be made more humane with only minor adjustments</u>. But this <u>ignores the increasing evidence from around the world which shows the</u>

devastating consequences of the uncontrolled Free Trade orthodoxy: the erosion of democracy; rising social inequality; the destruction of natural resources; and the devastation of communities.

Key decisions affecting our lives are increasingly taken by anonymous, unelected, and unaccountable multinational corporations. The largest of them reach into virtually every country in the world. The ten biggest companies together turn over more money than the 100 smallest countries.

Economic globalisation feeds growing inequalities. The world is increasingly divided into those who enjoy unparalleled affluence, and those who live in poverty and insecurity···

세계화에 대한 도전

녹색 정치는 세계화에 대한 눈을 가린 채 수용하는 일에 대하여 현재 유럽 프로젝트의 심장부에 있는 근원적인 대안을 제공해 줍니다.

대신에, 녹색당에서는 유럽의 미래가 높은 환경적·사회적·민주주의적 기준들과 더불어 지역경제들을 더욱 강력히 그리고 더욱 다양하게 증진시키는 데 있다고 믿습니다. 우리의 정책은 명백히 여러 나라들이 세계경제에 덜 의존하도록 만들고, 지역적 필요성에 더욱 책임을 떠맡도록 기획되어 있습니다.···

녹생당의 접근은 일반적인 다른 모든 정당의 숙명론적 접근과는 직접 대조가 됩니다. 다른 정당에서는 세계화가 불가피하고, 단지 약간의 조정만으로 더욱 인간미 있게 만들어질 수 있다고 주장합니다. 그렇지만 이 주장은 통제할 수 없는 자유시장 신념이 파괴적인 결과들을 보여 주는 점점 늘어가는 세계 도처로부터의 증거를 완전히 무시해 버립니다. 민주주의의 침식, 사회 불평등의 증대, 자연자원의 파괴, 공동체들의 파괴입니다.

우리 생활에 영향을 주는 핵심적 결정들은 이름도 알 수 없고 선거도 안 거치며 책무도 지지 않는 다국적 기업들에 의해서 점점 더 많이 내려지고 있습니다. 그 기업들 중에서 가장 큰 것들은 실질적으로 세계의 모든 나라

속으로 파고들었습니다. 10개의 초대형 기업들이 함께, 가장 작은 100개의 나라 예산들을 합친 것보다도 더 많은 돈을 굴리면서 쥐락펴락 합니다.

경제 세계화는 늘어나는 불평등만을 조장합니다. 세계는 점차 두 쪽이 나고 있습니다. 전대미문의 부유함을 만끽하는 사람들, 가난과 불안 속에 살아가는 사람들로 나눠고 있습니다 …

아래에서 다루겠는데, 반대론자들의 세계화 구성내용에 대한 비판과는 별도로, 이는 우선 세계화를 책임 있는 행위주체('다국적 기업들'이 실제로 언급되는데, 신노동당 정치가들에 의해서는 결코 이런 기업들이 언급되지 않음) 및 영향을 입는 참여자들('전대미문의 부유함을 만끽하는 사람들'과 '가난과 불안 속에 살아가는 사람들')이 들어 있는 과정으로 나타내는 데에서, 신노동당 텍스트들과는 판연히 차이가 난다. 세계화는 또한 특정한 이미지로 구성된 세계화에 대하여 '통제할 수 없는 자유시장 신념'으로 언급된다. 앞에서 저자가 '신자유주의'라고 부른 것에 대한 암시이다. 일련의 동등한 언급이 '세계화', '세계경제', '통제할 수 없는 자유시장 신념', '이름도 알 수 없고 선거도 안 거치며 책무도 지지 않는 다국적 기업들', '10개의 초대형 기업들' 사이에 수립되어 있다. 대립 관계도 '세계경제'와 '지역경제/지역적 필요성' 사이에 설정되어 있다. 신노동당의 주장에서는 전자가 우리가 피할 수 없는 어떤 것으로 나타내었지만, 녹생당의 전단지에서는 한 가지 선택 사항 정도로만 드러내었다. 이들 동등성과 대조점들은 함께 텍스트 상으로 신노동당 텍스트에서 찾아내는 바와는 사뭇 다른 분류의 틀을 구성해 준다. 따라서 여기서 또한 환경 보호론 및 좌파 담론의 연결이 있다. 예를 들어, "10개의 초대형 기업들이 함께, 가장 작은 100개의 나라 예산들을 합친 것보다도 더 많은 돈을 굴리면서 쥐락펴락 합니다"라는 주장은, 수량화된 진술을 통해서 총체적 사회 불평등이나 불공정성을 극적으로 만들러 주는 전형적인 좌파 방식이다.

여기서 신노동당 및 다른 정당에서 쓰는 종류의 언어에 대한 어떤 암시가 있다. “그들은 세계화가 불가피하다고 주장”하고, 세계화가 “숙명론적”이라는 대목은 어떻게 새로운 세계경제가 변경 불가능하고 의문시할 수 없는 하나의 사실로서 표상되는지에 대하여 암시하는 듯하다(앞에서 저자가 논평한 것들을 보기 바람). 그러나 사실상 언어에 대한 명백한 비판은 없다. 그런 비판이 녹색당의 ‘세계화에 대한 도전’에 무엇을 덧보태어 줄 수 있는가? 또는 다른 말로 이 논점을 표현한다면, 비판적 담화가 정치 또는 사회 활동가들에게 이미 그들이 지닌 자원들을 넘어서서 무엇을 제공해 주는가? 위 인용문의 표현을 빌리면, “다른 정당들에서는 세계화가 불가피하고, 단지 약간의 조정만으로 더욱 인간미 있게 만들어질 수 있다고 주장한다.” 그리고 이는 “파괴적인 결과들을 보여 주는 점점 늘어가는 증거를 완전히 무시해 버린다.” 그러나 신노동당의 언어를 자세히 주목해 보면, 앞에서 논평하면서 저자가 지적하기 시작한 훨씬 더 강력한 비판을 시사해 준다. 신노동당에서는 가끔씩 실제로 세계화가 불가피하다고 ‘주장하지만’ 그들이 항상 실행하고 있는 바는, 정부들 및 현재의 형태로 신자유주의 세계경제를 산출한 거대 기업법인들에 책임이 있는 정부 상호간의 협약과 공모 전략들을 ‘무시해’ 버리면, 오히려 세계화가 마치 실제 사실인 것마냥, 때로 비가 내리는 사실처럼 의문시할 수 없는 것으로 세계화를 전제한다. 이 점을 논쟁적으로 표현하면, 그들은 사람들을 오도하고 혼란스럽게 만드는 방식으로 세계화를 나타낸다. 현대 정치가들 사이에서는 언어의 중요성에 대한 일반적인 자각이 있다. 그러나 저자는 정치연설과 텍스트들에 대하여 좀 더 정밀한 조사가 이뤄진다면, 정치적 실천 및 정치적 투쟁에 대한 이해를 모두 강화시켜 줄 강력한 사례가 만들어질 수 있다고 믿는다.

§.10-8 결론: 비판적 언어연구·사회 조사연구·정치

비판적 언어연구CLT와 이 속에서의 비판적 담화분석CDA은, 사회조사에 대한 특정한 접근법을 언어연구 속에 응용하는 일이다. 사회조사의 서로 다른 양상들이 있는데, 하버마스Habermas가 서로 다른 '지식 관심거리knowledge interests'로 부른 바에 의해서 구분된다. 주요한 구분은 수행을 향상시키는 일을 향해 있는 사회적 조사('기차가 제 시간에 달리도록 만드는 일') 및 인간 해방 쪽을 향해 있는 사회적 조사이다. 비판적인 사회조사인 후자는, 사회적 존재론 및 인식론에 대하여, 즉, 사회생활이 무엇과 같은지, 그것을 조사하는 일을 어떻게 착수할지에 대하여 그 나름의 독특한 견해를 지닌다.

비판적인 사회조사는 또한 그 나름의 독특한 조사 질문의 목록도 지닌다. 비판적 사회조사 연구자들은 그들 자신의 목록을 변화시키는 세계가 사람들과 대면하는 문제점들에 의해서 결정되며, 그런 문제점들에 따라서 바뀌는 것으로 간주하는 경향이 있다. 임의의 특정한 시점에서, 우리는 부분적으로 우리가 어떤 사람들의 집단에 관심을 기울이는지, 그리고 어떤 사회생활 영역에 관심을 갖는지에 따라서 다양하게 많은 문제점들과 대면하게 된다. 어렵지만 본질적 요구는, 조사연구과 토론을 통하여 어디에 최우선 사항들이 있고, 이 시대의 큰 논제가 무엇인지를 놓고서 합의해 나가는 쪽으로 함께 작업하고 노력하는 일이다. 역설적으로, 비판적 조사연구에 초점을 맞추는 일도 필수적으로 충분한 합의에 이르러야 하고, 소멸해 가는 신념을 피하기 위하여 지속적인 의견 불일치가 있음을 보장해 주는 일도 또한 필수적으로 충분한 합의에 이르러야 한다.

이제 대부분의 비판적 조사연구는 신자유주의 비판을 중심으로 다뤄지고 있다. 저자의 생각으로는 새로운 신자유주의 세계질서를 중심으로 하여 동시대의 투쟁을 놓고서 이것이 응당 비판적 담화분석CDA이 또한 그 노력을 집중해야 할 영역이다. 신자본주의로부터 귀결되어 나온 인간 공동체 및 자연자원에 대한 대량파괴가 신자본주의가 창출할 수 있는 번영에 의해서 과연 정당화되는지 여부에 대한 질문보다 더 크고 심각한 질문은 없다. 다른 문제들은 서로 다른 우선권을 지닐 것이다. 최근 우리가 발칸 반도에서 보았던 종류의 몹시도 끔찍한 민족 광신주의로부터 인간 존재를 자유롭게 해방시키는 일(≒민족 광신주의 공포로부터의 자유), 또는 집안노동과 임금노동을 통해 여성들을 체계적으로 착취하는 것을 끝내는 일(현재 특히 멕시코와 인도네시아 같은 '제3 세계' 국가들에서 뻔뻔스럽게 행해지고 있음) 등이다. 저자는 이를 어떤 것이 다른 것들을 얼개 지워 주는 가장 근본적인 언어 및 권력의 문제가 되는지에 대해 결정하는 일이라고 여긴다.

편파성partiality, 불공평성 때문에 비판적 사회 조사연구를 비난하는 사람들이 있다. 물론 스스로 해방적 '지식 관심거리'에 몰두하는 일은 치우치게 한쪽만 선택하는 것을 의미한다! 그러나 학술적 조사연구의 중립성에 대한 환상이 분명히 이제는 허물어져야 마땅하다. 지난 20년에 걸쳐서 대학에서는 더욱 공개적으로 세계경제를 통제하는 사람들의 요구를 충족시키기 위하여, 유례없는 사회생활의 동원력mobilization의 일부로서 새로운 세계경제의 힘arm에 관심을 쏟아 왔다. 작업을 하기 위해 사람들을 준비시키는 과정으로서 대학에서의 교육 및 다른 차원들이 점차적으로 축소된 방식으로 간주된다. 가장 투자가 많이 된 조사연구는 기업이나 정부를 위하여 국가적 우선사항들로 지적된 영역들에 있다. 학술 기관은 기업 및 정부와의 긴밀히 그물처럼 얽힌 관계 속으로 계속 밀려들어 갔고, 대학의 자립성에 대한 이야기는 거의 다시 찾아볼 수 없는 향수nostalgia, 옛 고향에 대한 그리움에 불과하다. 이 문제는 단순히 대학들이 사회의 특정한 다른 분야들과 연결고리를 특권으로 가질 것인지 여부에 대한 것이 아니라, 어떤 연결고리를 특권으로 가져야 하는지에 대한 것이다. 그러나 특권을 갖는 연결 고리들이 '학문적 기준을 포기함'을 의미해서는 안 된다. 학문 작업은 사회적 실천의 독특한 형태로서, 학문 작업의 결과들은 내부로부터 동료 평가를 받을 뿐만 아니라, 외부로부터의 평가도 받게 마련이다. 이는 또한 비판적 조사연구에도 적용된다.

비판적 사회 조사연구는 압도적인 편견을 올바로 고쳐 놓기 위하여 싸울 준비를 갖춘 종종 어려운 시도이다. 이는 대학에서 자신들의 결정적 역할을 공적인 공간public spaces으로 재발견하는 방식이다. 즉, 강압과 사리사욕의 압력을 받지 않은 채, 사회생활의 여러 측면이 의문시되고 도전될 수 있는 공간들인 것이다.

이 책 초판이 나온 뒤 10년이 넘었지만, 저자는 비판적 담화분석CDA이 지배에 맞서서 투쟁하기 위한 자원이 되지 않는다면 아무것도 아니라는 점을 다시 반복하여 강조하고 싶다. 저자에게는 비판적 담화분석에 대한 전체적인 요체 및 목적이, '언어로의 전환turn to language'이 언어 비판을 그런 투쟁의 중요한 일부로 만들어 주는 환경에서, 사회적 투쟁을 하는 사람들에게 언어 비판을 위한 자원을 제공해 주는 것이다. 그리고 지금 제1의 투쟁은 신자유주의에 맞서는 것이어야 한다고 생각한다.

§.10-9 더 추가해 놓기

이 책의 마지막 절에서는 특히 비판적 언어분석CLS에 더욱 관심을 갖고자 하는 독자들에게 말해 두고자 한다. 여기서는 비판적 언어분석을 어디에서where 어떻게how 그리고 어떤 초점what focus을 갖고 수행할 수 있는지에 대해 간략한 실천 요점과 추가 읽을거리에 대한 안내를 담고 있다.

비판적 언어분석에서 관심거리를 발전시키는 가장 효과적인 방식은, 그것을 적용해 보고, 담화의 어떤 특정 유형이나 유형들에 대한 비판적 분석에 간여하는 것이다. 이는 순수히 개별적 실천으로 실행될 수도 있겠지만, 집단적으로 어떤 종류의 모둠을 이루어 이를 실행하는 것이 비판적 언어분석의 목적과 좀 더 부합된다. 많은 가능성들 중에서 일부만을 다음과 같이 제시해 놓는다.

비판적 언어분석의 실천 요점

어디서? Where?	중등학교, 대학, 대학교, 노동조합 지부, 여성 단체, 핵무기 금지운동 지부, 청소년 센터, 정당, 법률 센터
어떻게? How?	학급, 격식 없이 또는 교육과정과 별도로 진행하는 세미나, 텔레비전이나 라디오나 신문을 점검하는 집단, 비디오나 영화 상연, 시각적 전시회나 게시판을 이용, 역할 놀이(역량강화)
초점은? Focus?	인종 차별주의나 성 차별주의(가령, 일상 대화에서), 언론매체(가령, 노동조합이나 핵무기 금지 운동에 대한 취재 보도), 광고(가령, 어린이들의 장난감 광고), (청구자에 대하여) 행정 공문·법정 판결 등에 관련된 처리 내용, (인쇄되어 있든 텔레비전에서 나오든) 이미지들의 이념적 역할, 비-직접적으로 상담이 이뤄질 수 있는가?

비판적 언어분석CLS을 발의하여 시작하는 법을 결정하는 데에는, 몇 가지 점을 유념하는 것이 좋다. 첫째, 비판적 언어분석은 그들 자신의 생활과 경험에 실제 중요성을 지닌 것으로서 관련당사자들에 의해 지각된 담화유형에 가장 잘 적용된다. 둘째, 사회투쟁에 가장 많이 참여된 사람들이 비판적 언어분석과 같은 비판적 접근법에 가장 열려 있는 사람들이다. 셋째, 대부분의 사람들에게 언어에다 초점을 맞추는 일은 처음부터 거의 중요성을 지니지 못할 것이다. 따라서 언어의 중요성은 일반적으로 각별히 애를 써서 예증해 줄 필요가 있을 것이다. 이것이 저자가 바로 위에서 언어에 비춰서 명시적으로 제시한 세 가지 초점들 속에 들어 있지 않은 이유이다.[9)]

9) (역주) 언어는 대체로 무의식적으로 작동하기 때문에, 흔히 언어에 의해 행동이 지배된다는 자각을 제대로 하지 못하기 일쑤이다. 따라서 일반사람들에게 언어에 구속되어 행동하고 판단하는 사례들을 예증해 주는 일이 필요하다. 이는 손쉬운 일이 아니며, 전문 지식을 갖추고 접근해야 할 일이다. 따라서 도표로 제시된 초점들 속에 들어가 있지 않은 것이다.

【 비판적 언어분석CLS에 관하여 추가 읽을거리 안내 】

저자는 제5장과 제6장에서 담화분석을 위한 절차에 비춰서, 다양한 수준의 텍스트 분석을 포함하여 독자들에게 도움이 될 만한 참고문헌들을 제시해 놓았다. 제1장 및 각 장마다 또한 비판적 언어분석에 관심을 갖고 계속 추구해 나가려는 사람들이 읽어 도움이 될 만한 문헌들로 사회이론에 있는 주요한 저작물들을 언급해 놓았다.

다음에 있는 것들은 비판적 언어분석CLS과 긴밀히 관련된 저작물들을 대상으로 하여, 아주 엄격히 14권을 선별하고, 간략히 논평을 달아 놓은 목록이다. 난이도 순서에 따라 적합하게 책들을 배열해 놓았는데, 앞에 있는 것들이 더 쉽게 읽히는 책이다.

① 크뤼스(Kress, 1989), 『사회문화적 실천에서 언어학적 과정Linguistic Process in Sociocultural Practice』(옥스퍼드출판사)

비판적 언어분석에 대한 크뤼스의 견해를 자세히 설명해 주는 책이다. 어려운 이론적 문제들을 내려놓고, 좋은 예시 자료들을 제공한다. 창조성이 사회적 결정론과 어떻게 양립될 수 있는지를 탐구한다. 비판적 언어분석에 대한 개론서로서 가치가 있다.

② 파울러 외(Fowler et al., 1979), 『언어와 통제Language and Control』(롸웃리쥐출판사)

동 앵글리어 대학University of East Anglia에서 발전된 '비판적 언어학'으로 대표적인 중요한 저작물이다. 주로 글말을 대상으로 하여 문법 및 어휘 특징들에 대한 이념적 분석이다. 언어학을 전공하지 않은 사람들에게 유용한 분석 얼개를 제공해 주려고 기획되어 있다. 읽어보기를 강력히 추천한다.

③ 크뤼스·호쥐(Kress and Hodge, 1979), 『이념으로서의 언어Language as Ideology』(롸웃리쥐출판사)

앞의 책 ②와 상보적이다.

④ 톰슨(J. B. Thompson, 1984), 『이념의 이론에 대한 연구Studies in the Theory of Ideology』(폴러티출판사)

언어 및 이념 간의 관계를 놓고서 사회이론들에 대한 사회학자의 연구이다. 부르디외Bourdieu, 뻬슈Pecheux, 하버마스Habermas, 그 외 다른 사람들에 대하여 가치 있는 개관을 담고 있다.

⑤ 볼로지노프(Volosinov, 1973), 『맑시즘과 언어 철학Marxism and the Philosophy of Language』(세미나출판사)

이념 및 언어에 대하여 중요하고 영향력 있는 설명을 담고 있으며, 여전히 두드러지게 수용되는 주류 언어학에 대한 비판도 들어 있다.

⑥ 렘크(Lemke, 1995), 『텍스트로 본 정치학: 담화와 사회 역학Texual Politics: Discourse and Social Dynamics』(테일러출판사)

현대사회와 문화의 변화에서 언어에 대한 비판적 연구이다.

⑦ 워덕(Wodak, 1996), 『담화의 무질서Disorders of Discourse』(롱먼출판사)

워덕의 '담화-역사적 방법'을 일정범위에서 비판적 담화분석으로 적용해 본 일련의 글들을 담고 있다.

⑧ 슐리아롸끼·페어클럽(Chouliaraki and Fairclough, 1999), 『후기 현대사회에서의 담화: 비판적 담화분석을 재고하면서Discourse in Late Modernity: Rethinking Critical Discourse Analysis』(에딘버그대학출판부)

비판적 사회과학의 형태로, 그리고 '후기 현대사회'에서 비판적 조사연구를 위한 자원으로서 비판적 담화분석에 대한 이론적 논의를 담고 있다. 담화분석을 사회적 실천관행들에 대한 더 넓은 사회분석의 일부로 간주한다.

⑨ 페어클럽(Fairclough, 1992a), 『담화와 사회 변화Discourse and Socail Change』(폴러티출판사)

사회 변화의 일부로서 담화를 분석하기 위한 얼개를 담고 있다. 이 책의 제8장을 보기 바란다.

⑩ 페어클럽(Fairclough, 1995b), 『비판적 담화분석Critical Discourse Analysis』(롱먼출판사)

비판적 담화분석을 교육 및 대중매체에서의 변화들을 포함하여 사회 변화의 다양한 분야들에 적용한 논문들을 모아 놓았다.

⑪ 크뤼스·뵌리우원(Kress and van Leeuwen, 1996), 『이미지 읽기: 시각 디자인의 문법Reading Images: the Grammar of Visual Design』(롸웃리쥐출판사)

풍부히 시각 자료들의 분석에 적용된 '사회 기호학적' 얼개에 대한 혁신적 발전이다.

⑫ 스깔런(Scollon, 1998), 『사회적 상호작용으로서 매개된 담화Mediated Discourse as Social Interaction』(롱먼출판사)

뉴스 담화의 연구에 대한 최초의 접근이다.

⑬ 윌리엄즈(G. Williams, 1999), 『프랑스 담화분석: 후기 구조주의 방법French Discourse Analysis: the Method of Post-Structuralism』(롸웃리쥐출판사)

프랑스 담화분석에서의 발전 과정들에 대한 중요한 해설서이다.

⑭ 뵌데익(van Dijk, 1993), 『상류층 담화와 인종 차별주의Elite Discourse and Racism』(쎄이쥐출판사)

현대사회에서 인종 차별주의를 조사연구하는 일에 비판적 담화분석을 적용한다.

참고문헌

세계화에 대해서는 가령 하아뷔(Harvey, 1990)와 기든즈(Giddens, 1991)를 보기 바란다. 현대 사회생활에서 '언어로의 전환' 그리고 비판적 담화분석이 갖는 사회 조사연구와의 관계에 대해서는 슐리아라끼·페어클럽(Chouliaraki and Fairclough, 1999)과 페어클럽(2000a)을 보기 바란다. 신노동당의 정치담론에 대한 분석은 페어클럽(2000b)에 들어 있다. 신노동당의 담론에서 '변화의 여러 단계'에 대한 논의는 클락·뉴먼(Clarke and Newman, 1998)에서 가져왔다. 작업현장 모임에서 '독려하기'로부터 나온 인용을 이용하도록 허락해 준 데 대하여 레즐리 퐈를(Lesley Farrell)에게 감사드린다.

뒤친이 해제

1.

먼저 저자를 소개하기로 한다. 노먼 페어클럽(Norman Fairclough, 1941~) 교수는 영국의 서북부, 아일랜드 쪽을 바라보는 랭커스터 Langcaster(미국 발음은 '랭캐스터') 시의 남쪽에 위치한 랭커스터 대학교 언어학과에서 오랫동안 가르쳐 오다가, 2004년에 퇴직하여 지금은 명예교수로 있다. 그는 1980년 초반에서부터 이른바 '비판적 담화분석' 또는 '비판적 언어분석'의 분야를 개척한 창시자founders들 중에서 중요한 한 사람이다. 최근에 들어서는 '비판적 담화분석'Critical Discourse Analysis(흔히 줄여서 CDA로 부름)이라는 용어가 일반적으로 쓰이고 있다.

담화 또는 언어가 사회적 관계, 특히 권력관계나 이념관계와 맞물리는 방식은 간단치 않고 아주 복잡하겠지만, 저자는 몇 가지 전제와 명시적인 소수의 분석 얼개를 제시하여, 영국 사회에서 찾아지는 구체적인 담화들을 분석하고 비판해 나간다. 우리가 살고 있는 현대 사회에서 사회적 실천관행은 주로 담화로 모양새가 갖춰지고 작동된다. 그렇다면, 담화에 대한 내적인 속성들을 분석함으로써, 우리는 담화 속에 깔려 있는 실체들을 분명하게 드러내 수 있고, 그 실체들이 대중 또는 민중으로 불리는 일반사람들을 지배하는 모습을 깨우치도록 만들 수 있다. 다시 말하여, 기득권층의 지배적 권력관계가 어떻게 담화를 통하여 교묘하게 그런 이념을 숨겨 놓고 고착시키는지를 드러내어 줌으로써, 그 부당성을 지적하고 스스로 자각할 수 있게 만들어 줄 수 있는 이런 과정을 흔히 '비판적'이라는 말로 부른다.

페어클럽 교수는 비판적 담화분석과 관련하여 이미 단독 저서 8권을 출간한 바 있고, 수십 편의 논문을 발표하였으며, 최근에 세계 여러 나라로부터 초빙을 받아 비판적 담화분석에 대한 강연을 해 오고 있다. 그의 누리집[1)]을 중심으로 하여 관련된 업적들을 보이면 다음과 같다.

- 1989(개정 확대판 2001), 『언어와 권력』(이 개정 확대판을 대상으로 이 번역이 이뤄짐)
- 1992, 『담화와 사회변화(*Discourse and Social Change*)』, Cambridge: Polity Press
- 1992 엮음, 『비판적 언어자각(*Critical Language Awareness*)』, London: Longman
- 1995a, 『대중매체 담화분석(*Media Discourse*)』, London: Edward Arnold (이원표 뒤침, 2004, 한국문화사)
- 1995b, 『비판적 담화분석(*Critical Discourse Analysis*)』, London: Longman
- 1999, 슐리아롸끼(Lilie Chouliaraki)와 공저, 『후기 현대에서의 담화: 비판적 담화분석을 다시 생각하면서(*Discourse in Late Modernity: Rethinking Critical Discourse Analysis*)』, Edinburgh: Edinburgh University Press
- 2000, 『새로운 노동당, 새로운 언어인가?(*New Labour, New Language?*)』, London: Routledge
- 2003, 『담화분석 방법: 사회 조사연구를 위한 텍스트 분석(*Analysing Discourse: Textual Analysis for Social Research*)』, London: Routledge(현재 번역을 진행하고 있음)
- 2006a, 『언어와 세계화(*Language and Globalization*)』, London: Routledge

1) http://www.ling.lancs.ac.uk/profiles/Norman-Fairclough 또한 다음의 위키피디아의 정보도 참고하기 바란다. http://en.wikipedia.org/wiki/Norman_Fairclough

• 2007, 코테즈·아디존(G. Cortese and P. Ardizzone)과 공편, 『현대 사회 변화에서의 담화(*Discourse in Contemporary Social Change*)』, Bern: Peter Lang AG

위키피디아에서 페어클럽 교수에 대한 항목을 보면, 그의 이론에 언어학·정치학·사회학으로부터 나온 흐름들이 함께 녹아 있다고 기술해 놓았다.2) 첫째, 기능주의 언어학 또는 체계언어학으로 불리는 분야를 개척한 영국의 언어학자 마이클 핼러데이Michael Halliday와 옛 소련의 미하일 바흐친Mikhail Bakhtin의3) 이론이다. 둘째, 이념 또는 이데올로기를 다루는 데에 이탤리 맑스주의자 안토니오 그람씨Antonio Grmsci의 영향을 받고, 또한 프랑스의 루이스 알튀쎄르Louis Althusser와 미셸 푸코Michel Foucault의 영향을 입었다.4) 셋째, 사회학 쪽에서 프랑스의 피에르 부르디외Pierre Bourdieu의 영향을 입었다.5)

ㄹ.

『언어와 권력』에서는 우리가 살아나가면서 담화 또는 언어로 실행되는 사회적 권력관계를 어떻게 분석할 수 있을지를 놓고서 일반 독자들에게 개관해 나가는 형식으로 상세히 서술해 주고 있으며, 거

---

2) 물론 타당한 지적이지만, 충분한 것은 아니다. 이 책의 각 장마다 들어 있는 참고문헌들을 보기 바란다. 그 부분들로부터 이런 지적의 근거를 거듭 확인할 수 있다. 그렇지만 번역자는 적어도 네 가지 흐름이 저자의 담화분석 이론에 녹아 있다고 본다. 이를 다음 절에서 언급하기로 한다.

3) 1980년대 영미 학계에서는 바흐친(1895~1975)의 연구가 활발히 소개된 바 있는데, 당시에 주로 문예학·언어학·미학·문화연구에 치우쳐져 있었다고 한다.

4) 페어클럽 교수의 글에서는 자주 프랑스 학자들을 인용하며, 프랑스가 담화 분석과 연구가 앞선 곳이라는 인상을 심어 준다. 특히 이 번역본의 '개정판 서문'에 언급된 대목을 보기 바란다.

5) 뿐만 아니라, 중요한 이론적 원천으로 독일의 위르겐 하버마스(Jurgen Harbermas) 의사소통 행위론에도 크게 영향을 받고 있음을 알 수 있다.

꾸로 사회적 권력관계를 분석하기 위하여 담화가 어떻게 이용되는지를 탐구하려는 독자들에게 개론서의 역할을 하도록 의도되었다. 사회적 권력관계의 더 심층에는 언제나 이념ideology이 자리 잡고 있다. 비록 겉으로만 보면 동일한 직선 위에서

'언어(담화 구성 요소) ⇄ 담화(사회적 관계의 언어적 표현) ⇄ 권력관계 ⇄ 지배이념'

과 같이 순방향 및 역방향의 작용이 있는 듯이 기술되지만, 실제로는 이런 영역들이 수직적으로 놓여 있어서, 일련의 동심원으로 차례차례 좁혀지면서 포개어지는 하부구조와 상부구조를 이루고 있는 것으로 이해되어야 한다. 그럴 뿐만 아니라, 하부구조와 상부구조가 고정되고 정적인 모습이 아니라, 크든 작든 언제나 붕괴되고 변화하며 역동적으로 재생성되는 변증법적 관계로 보아야 한다.

그런데 담화를 통하여 지배이념을 퍼뜨리는 세력들은 기득권층(지배층)에서부터 시작하여, 동의(선거 등)를 통하여 강제력을 행사하는 국가를 비롯하여, 궁극적으로 온 세계를 대상으로 한 다국적 거대기업들로 이 책에서는 언급된다.

신자유주의·지식기반의 경제·자유시장·유연한 노동시장·자유무역

등의 이념들이, 다국적 거대기업에서 퍼뜨리고 있는 가려진 이념의 핵심 개념이다. 저자의 다른 책들에서는 이런 흐름에 반대하여. 그런 이념들이 빈부격차를 더욱 촉진시켜 결과적으로 왜 일반사람들에게 해악을 끼치는지를 밝히고 있다. 이 책에서 초점을 모아 예시해 주는 부분은, 오늘날 영국을 중심으로 하여 그 사회 속에서 전개되는 담화 및 권력관계에 놓여 있다. 이런 상황은 아마도 비슷한 처지에 있는 다른 나라 및 사회(자본주의 후기 산업사회)에도 거의 대동소

이하게 같은 모습의 담화분석을 진행해 나갈 수 있을 것으로 본다. 그뿐만 아니라, 이런 담화분석에 대한 논의를 더욱 아래쪽으로 심화시키고 확대해 나가기 위해서, 분명히 여러 학문들에 걸쳐서 공동작업을 해 나가야 할 것이다.

이 책은 독자층에 대해서 다음처럼 명백히 밝히고 있다. 개정판 서문 및 제1장 서론에서 언급된 사범대학 학생들과 이들을 가르치는 교사·교수·교관 등이고, 더 나아가, 사회운동에 참여하면서 담화분석의 필요성을 느끼고 있는 일반사람들이다. 언어가(담화가) 결코 중립적이지 않다. 따라서 그 이면에 감추고 있는 이념들을 분명하게 파악하고 드러냄으로써, 현실의 복잡한 모습을 보다 더 정확히 실체화할 수 있게 된다. 제9장에서는 특히 중고등학교의 교실수업에서 실행되는 언어교육도 또한 이런 자각을 심어주어야 옳다고 강력히 주장한다.

1989년 처음 이 책이 출간되고 나서, 확대 개정판이 나오기까지 10년이나 흘렀다. 그렇지만 21세기 벽두에도 여전히 담화와 사회적 권력관계에 대한 자각을 심어줄 필요가 더욱 더 증대되고 있다. 이 때문에 다시 한 장(제10장)을 새로 더 집필하여 확장 개정판을 출간하게 되었노라고 하였다. 저자는 이전의 순수 언어학이 진공 속에서 언어형식이나 이에 따른 사고형식만을 논의하며 공리공담의 범주를 벗어날 수 없었으나,[6] 비판적 담화분석이 우리 삶을 성찰하도록 해

---

6) 희랍문명에서는 우리 문화와는 달리 우리에게서 '공리공담'으로 치부되었던 것이 더욱 본질적이고 실체적이라고 믿어져 왔다. 서구 사상을 접할 때에 우리의 느낌과는 현격히 구분되는 이질적 체험이다. 플라톤은 우리말에서 이승과 저승이 껍데기나 그림자에 지나지 않는다고 보았고, 대신 이 두 세계를 만들어 주는 본질적인 제3의 실체 세계가 분명히 존재한다고 믿어 의심치 않았다. 이른바 이데아의 세계이다. 우리말로 낱말을 만들면 이승도 저승도 아닌 '그승'이라고 말할 수 있다. 이 '그승'이 더욱 중요하다고 본 것이다. 그승은 엄격히 수학적 또는 기하학적 질서를 지닌 완벽한 세계이며, 따라서 본질 또는 실체의 세계라고 보았던 것이다. '공리공담'이란 말이 희랍세계의 전통에서는 거꾸로 '실체, 본질'의 세계라고 주장되어 온 것이다. 그렇다면 왜 있지도 않은 '그승'을 실제 있다고(있어야 한다고) 보고 그런 세계를 추구해 나갔던 것일까? 번역자는 철저히 우리 인지의 속성에 말미암는다고 본다.

인간의 인식과정에서 중요한 속성들이 있다. 그 중에서 일부는 유형화(patterning) 및

줌으로써 순수 언어학의 흐름을 비로소 실학이나 실용학문으로 전환시켜 준다고 확신하고 있다. 특히 순수 언어학이 실용적인 학문이 될 수 있도록 해 주는 제5장의 10가지 물음들을 보기 바란다.

현재 우리나라에는 순수 언어학의 영향이 너무 강력히 남아 있다. 학계에서도 아직 '담화/담론discourse'란 말을 낯설게 느끼고, 담화/담론을 어떻게 분석해야 하는지에 대해서도 잘 알지 못한다. 이는 담화에 대한 논의가 비교적 1980년 이후에서부터 활발하게 전개되어 온 데에도 원인이 있고, 또한 여러 학문들 간에 공통된 관심사로 출발하면서 담화에 접근하는 방식이 여러 갈래로 나뉘어져 있기 때문이기도 하다.

언어학에서는 언어학의 창시자인 페르디낭 드 소쉬르(Ferdinand de Saussure, 1857~1913)가 공동체의 공통부분인 '랑그'와 개인별 변이체인 '파롤'을[7] 구분하면서, 파롤도 고유한 연구영역이 됨을 인정한 바 있다. 뒤에 다시 촘스끼 교수의 스승인 질리그 해뤼스(Zellig Harris, 1909~1992)가 미시언어학과 거시언어학을 나누고서 담화라는[8] 용어

계층화(encapsulation, embedding, nesting, hierarchy 등 여러 이름으로 불림)이다. 유형화는 소쉬르에서도 '대립 질서'로 파악되었는데, 임의의 대상을 파악하려면 대상의 세부사항들은 무시하고, 우리 장기기억에 일치하는 임의의 유형으로 동화시켜 놓아야만 비로소 대상이 우리에게 자각된다. 계층화는 상위 사고를 가능하게 해 주는 것으로, 기본적으로 일반의미 기억 속에 들어 있는 낱말들이 대여섯 층위로 짜여 있는 특성을 반영해 주고, 인문학의 전통에서는 구성주의 대 해체주의의 모습으로, 수학에서는 원소와 집합의 관계 또는 개별체(token)와 유형(type)의 관계로 설명한다. §.2-3의 역주 13)에서 도표로 제시한 내용을 보기 바란다.

플라톤이 목마르게 갈구하였던 '그승'(이데아 세계)의 추구는 결국 우리 인지 속성의 유형화 과정을 반영해 줄 뿐이다. 서구의 지성사에서는 계몽주의 시대에 본격적으로 경험론이 등장하였고, 오늘날 '가설 연역적' 접근이 확립되면서, 경험주의 접근과 합리주의(이성주의) 접근이 서로 정합적으로 결합되어 있고, 현대 학문의 기본적인 전제가 되고 있다. 그럼에도 불구하고, 여전히 플라톤의 그승 그림자의 영향이 깨끗이 사라지지는 않았는데, 특히 실체와 본질의 문제를 다룰 적에 그러하다.

7) 김현권·최용호 뒤침(2007) 『일반언어학 노트』(인간사랑)에서는 parole을 '발화'로 번역하였다.

8) 해뤼스(1952), "담화분석(Discourse Analysis)", 미국언어학회 『언어(*Language*)』 28호(Fodor and Katz 엮음, 1964, 『언어의 구조: 언어철학 독본(*The Structure of Language: Readings in the Philosophy of Language*)』(Prentice Hall)의 제11장으로 재수록되어 있음)에 보면, 담화분석을 위해 두 가지 방향을 설정하였다. 하나는 "단일한 문장의 제약을 뛰어넘어 기술언

를 쓴 적이 있었다. 그렇지만 그것이 본격적인 후속 연구들로 촉발되는 계기는 되지 못하였다. 다만, 1970년대에 들어와서 촴스끼가 이끈 순수 또는 형식 언어학에 반발하여 나온 '사회언어학'의 연구로부터 비로소 담화 연구에 대한 토대가 마련되기 시작하였다. 이 책에서 언급하는 핼러데이의 체계언어학 또는 기능주의 언어학도 같은 범주 속에 들어간다. 따라서 담화에 접근하는 방식은, 뒤늦게 언어학 내부에서 움튼 싹과 더불어 교차 학문적인 영향 아래 출발하였다고 해도 과언이 아니다.

다른 학문 분야에서 담화에 접근하는 방식은 크게 네 갈래로 정리된다. ① 사회학(이른바 '미시사회학'이라고 불림) 쪽에서 나온 흐름, ② 심리학이나 인지과학 쪽에서 나온 흐름, ③ 철학(소위 일상언어 철학이나 화용론으로 불림)에서 나온 흐름, ④ 정치학(특히 맑스주의 정치학)에서 나온 흐름들이다.

사회학 쪽의 연구에서는 다시 하위에 몇 갈래가 있는데, 미국 쪽의 흐름과 대륙 쪽의 흐름이다. 먼저 전자에는 다시 두 하위 흐름이 있다. 소위 '상징적 상호작용론'으로 불리는 사회학자들로서 특히 조어쥐 허어벗 미이드(George Herber Mead, 1863~1931)와 어빙 고프먼(Erving Goffman, 1922~1983)으로 대표된다. 그리고 이 책에서 언급되는 '소집단 또는 하위집단 관찰 해석지'(ethnography민속지)와 대화 분석의 흐름이 있는데, 이 책에서는 해뤌드 가펑클(Harold Garfinkle, 1917~)로 대표된다. 대륙 쪽에서는 프랑스 학자들의 두드러진 업적들이 있다. 피에르 부르디외 등이다. 그렇지만 프랑스 학문의 특징(대체로 구대륙 쪽의 일반적인 특징인 듯함)은 매우 바람직스럽게 여러 영역을 두루 넘나들면서 입체적으로 접근하는 시각(통합학문)을 지니므로, 꼭 사회학이라고만 말할 수 없다.[9)]

어학을 지속시키는 방향"으로, 자신이 성취하려고 했던 목표이다. 다른 하나는 문화와 언어를 관련 짓는 일로서, 비언어적 행위와 언어적 행위를 관련 짓는 것이다.

9) 번역자는 프랑스 쪽의 학문 흐름을 우리말로 나온 몇 권의 책들을 읽었던 것이 전부이

심리학이나 인지과학 쪽의 접근은 보다 실질적인 토대를 추구한다. 즉, 담화의 산출과정과 이해과정을 다루는데, 이때 우리 머릿속에 있는 장기기억의 인출 및 저장뿐만 아니라 작업기억도 긴밀히 관련된다. 이 분야는 이 책에서 다뤄지지 않고 있다. 담화의 산출과정과 이해과정은 한국연구재단의 동서양 명저번역으로 출간된 번역본들을 참고하기 바란다.[10]

일상언어 철학(ordinary language school)이란, 특히 영국에서 소위 논리실증주의로 불리던 분석철학의 한계를 극복하면서 나온 영미 철학 쪽의 흐름이다. 옥스퍼드 대학에 있던 존 랭쇼 오스뜬(John Langshaw Austin, 1911~1960)과 캐임브리지 대학에 있던 후기 뤼드뷕 뷧건슈타인(Ludwig Wittgenstein, 1889~1951)으로 대표된다. 특히 오스뜬은 이를 화행론Speech Act이라는 이름으로 불렀는데, 이는 그의 후배인 헨뤼 폴 그롸이스(Henry Paul Grice, 1913~1988)와 피터 스뜨로슨(Peter Strawson, 1919~2006)과 그의 제자인 미국학자 존 로줘즈 써얼(John Rogers Searl, 1932~)로 이어진다. 이 흐름은 공통된 지향 목표로 말미암아, 다시 미국 쪽에서 순수 논리학의 한계를 극복하여 나온 흐름인 화용론 Pragmatics과도[11] 합쳐진다. 이 책에서는 주로 써얼의 업적이 인용되고 있다. 이 분야는 크게 언어사용의 원리를 탐구하게 된다. 자세한 논의는 클락(Clark, 1996)을[12] 읽어 보기 바란다.

다. 따라서 이 부분을 본문에 언급된 것 이상, 번역자 나름대로 어떤 가닥을 잡고 제대로 개관해 줄 수 없음을 밝혀 둔다.

10) 정상과학의 지위에 있는 책자가 언어 산출과정의 연구에서는 뷜름 르뻴트(Willem Levelt, 1989; 김지홍 뒤침, 2008) 『말하기: 그 의도에서 조음까지』(1권~2권, 나남)이며, 언어 이해과정의 연구에서는 월터 킨취(Walter Kintsch, 1998; 김지홍·문선모 뒤침, 2010) 『이해: 인지 패러다임』(1권~2권, 나남)의 저서이다.

11) 마갈릿(Margalit, 1976) 엮음 『의미와 사용(*Meaning and Use*)』(Reidel)을 보기 바란다. 화용론에 대해서는 좋은 책들이 여러 권 번역되어 있고, 또한 우리 학자들이 쓴 전문 서적들도 많다. 아마, 레뷘슨(Levinson, 1983; 이익환·권경원 뒤침, 1992) 『화용론』(한신문화사)이 가장 널리 읽히는 개론서일 것이다.

12) 이 책은 김지홍 뒤침(2009) 『언어사용 밑바닥에 깔려 있는 원리』(도서출판 경진)로 나와 있다.

그런데 대륙 쪽의 흐름으로 프랑스와 독일과 러시아 학자들이 있지만, 번역자의 능력이 모자라서 제대로 이 흐름을 소개할 수 없음을 적어 둔다. 이 책에서는 주로 프랑스와 독일 학자가 인용되는데, 프랑스 학자들로서 알튀쎄르와 푸코와 부르디외의 업적들이, 독일 학자로서 하버마스가 언급된다.

마지막으로 정치학 쪽의 접근이다. 더 정확히 표현하면, 맑스주의 Marxism 노선에서 접근하는 정치·경제학 쪽의 흐름이다. 본문에서는 이탤리 맑스주의 학자 그람씨가 인용되고 소개된다. 이 역시 페어클럽 책들을 읽으면서 번역자가 처음으로 접한 것들이다. 따라서 적절히 개관할 능력이 번역자에게 전혀 없음을 적어 둔다. 다만, 번역자의 느낌에 '계급투쟁'이나 '좌익/우익' 따위의 용어는 다소 과격하게 느껴지므로, 대신 '계급갈등'이나 '좌파/우파' 정도로 써 두었다.

ㅋ.

이 책은 각 장마다 친절하게 간결한 요약이 들어 있다. 그뿐만 아니라 일부 장에서는 시작 부분에 두괄식 모습으로 명확히 해당 장의 요점을 써 둔 곳도 있다. 비록 중복되는 점이 없지 않겠지만, 해제의 성격상 큰 지도를 그려 볼 수 있도록, 각 장의 핵심점들을 중심으로 하여 해제를 적어 나가기로 한다.

개정판 서문에서는 초판이 출간된 뒤에 실질적으로 변화된 사회환경으로 세계화 및 인터넷을 지목하였고, 이에 대한 낙관주의와 비관주의를 간단하게 언급하였다. 비록 암울한 환경이더라도, 우리의 양심과 신념에 의해서 부정적 전망이 상쇄될 수 있음도 지적하였다. 또한 대중매체가 기득권층의 이념을 확산해 나가는 역할을 할 뿐만 아니라, 그 자체가 거대한 권력으로 자리를 잡고 있으므로, 대중매체에 대한 비판과 새로운 정치세력의 담론에도 예의 주시할 필요가 있다.

담화분석은 사회학·문화연구·신문방송학·여성학·정치학·역사학 등에서도 이용되어야 한다. 그쪽 연구자들이 언어 또는 담화를 분석하는 일을 통하여 자신들의 주장을 입증해 주는 실증적 토대를 갖출 수 있는 만큼, 담화라는 대상은 중요한 역할을 맡고 있는 것이다.

『언어와 권력』의 지향점은 결국 비판적 담화분석으로 모아져 있다. 따라서 이 책의 골자는 다음처럼 요약된다. 담화(언어)가 이념의 주요한 영역이 됨으로써 직접적으로 사회와 관련된다. 담화는 권력을 위한 투쟁의 현장일 뿐만 아니라, 또한 계층 간의 이해관계를 매개해 줌으로써 사회와도 관련되는 것이다. '언어·권력·이념'의 밀접한 관련성을 다루는 비판적 담화분석에서는, 이런 관계의 실체와 작동방식을 구체적으로 그리고 역동적으로 분석해 줌으로써, 일반사람들에게 부당한 권력과 이념의 지배에 대한 자각을 심어 주고, 그런 상태를 벗어나서 자유롭게 그리고 스스로의 결단에 맞추어 목표를 세우고 살아가도록 해 준다.

제1장의 서론은 총론의 성격을 지니고, 사회적 맥락 또는 사회적 권력관계 속에서 언어 또는 담화가 어떻게 작동하는지를 설명해 나간다. 이 측면은 지금까지 제대로 밝혀져 있지 않았다. 여기서 '담화'라는 용어는 사회적 분석에 관련된 낱말이며, '언어'라는 용어는 그런 분석의 결과로서 담화의 요소들을 하나씩 가리키기 위한 하의어에 해당한다.[13] 이 구분은 이 좀 더 뒤에 나온 『담화분석 방법』에서

---

13) 이 점은 더욱 분명히 『담화분석 방법: 사회 조사연구를 위한 텍스트 분석』(2003)에서 정의된다. 현재 이 책에서는 담화를 중의적으로 써서 불분명한 측면이 없지 않지만(언어 산출 측면뿐만 아니라 또한 사회 분석 측면으로도 씀), 2003년 책자에서는

[사회적 관계 [담화분석 [텍스트 [언어]]]

과 같은 동심원의 내포관계 또는 상층과 하층으로 이뤄진 관계(상부구조와 하부구조가 변형된 모습)로 재정의해 준다. 즉, 사회적 관계를 다루는 것은 담화분석을 통해서 이뤄진다. 담화분석은 언어들에 대한 해석을 통해 이뤄지는데, 이런 해석 대상을 텍스트라고 부른다. 마지막으로 담화분석이든 텍스트 해석이든, 각 결과들이 언급하는 최종적인 개별요소들은 언어라고 불린다.

거꾸로 말한다면, 언어라는 개별요소에 연결 원리를 추가하면 텍스트가 나오는 것이고, 텍스트에 사회적 관련성을 추가하면 담화가 나오는 것이다. 그렇다면, 텍스트에서는

확정된다. 따라서 다소 무리하더라도 저자가 의도하는 용어 사용법을 과감하게 공식으로 나타낸다면, 다음처럼 보일 수 있다.

① 덩어리로 짜일 수 있는 잠재적 개별 요소들의 집합 ⇒ 언어 또는 언어 재료
② 언어 또는 언어 재료 + 조직 원리(통사결속 및 의미연결) ⇒ 낱개의 텍스트
③ 낱개의 텍스트 + 사회적 관계 ⇒ 담화 또는 담론질서

담화를 구성하는 사회적 관계를 '사회질서'라고 부를 수 있다. 이는 정치·경제·문화 등을 포괄하는 상의어이며, 바로 이것이 개인의 머릿속에, 공동체의 집단기억 속에, 인류의 기억 속에 '기억자원'으로[14] 들어 있다. 이는 우리로 하여금 직접적으로 행동하거나 실천해 나가도록 안내해 준다. §.2-3의 〈그림 2-2〉에서는 개인의 머릿속에 있는 것을 실제 담화각편으로 부르고, 공동체의 머릿속에 공유된 문화 차원을 담화유형으로 부르며, 인류의 기억속에 있는 것을 담론질서로 불렀다. 이는 사회적 실천의 모습에서도 각각 실제 실천사례, 공동체 문화에서의 실천유형, 인류의 사회질서를 거울처럼 그대로 반영해 준다.

특히 제1장에서 담화를 권력관계에 초점을 모아 분석한다. 권력관계의 밑에는 다시 지배이념이 깔려 있다. 이런 관계를 다음처럼 표시해 줄 수 있다.

'담화(언어) ⇄ 권력 ⇄ 이념'

언어라는 재료 밑에 숨겨져 있는 모종의 작동원리(흔히 통사결속 및 의미연결로 불리는 원리)를 찾아내어야 하고, 담화에서는 텍스트 밑에 깔려 있는 사회적 이념들을 찾아내어야 하는 것이다.

14) §.1-1-4에서 이를 '구성원들의 자원(members' resources)'이라고 규정하였다. 번역에서는 이를 '구성원들의 기억자원' 또는 간단히 줄여 '기억자원'으로 적어 두었다.

담화는 그런 권력관계를 고착시켜 불평등과 차별을 합법화하고 고정시켜 놓기도 하지만, 역으로도 작용한다. 즉, 깨어 있는 사람들이 담화의 이면에 숨겨져 있는 지배이념들을 비판적으로 자각하고 분석함으로써, 표면적으로 요구되는 권력관계를 해체시키기도 한다. 또한 이전에 없던 관계를 담화 속에 담아내어, 새롭게 권력관계를 형성해 나가기도 한다. 이렇게 권력관계로부터 담화가 생겨나고, 다시 담화가 권력관계를 만들어 나가는 측면을 '이중의 관련성'이라고 불렀다. 담화는 계속 형성되어 나가고, 일정 부분 고정되어 있기도 하며, 계속 허물어지기도 한다. 이 번역에서는 일정 기간 동안에 어떤 질서가 유지될 경우, 담화를 '담론'으로 번역해 놓았다. 이는 페어클럽(1995)에서 어느 정도 고정되어 있는 담화의 경우를 특히 대문자를 써서 Discourse담론으로 불러 구분해 놓았는데, 이를 반영한 것이다.

주로 언어 재료로써 이뤄진 담화와 관련하여, 시지각 재료로 이뤄진 대상들과의 관계가 어떻게 되는지에 대하여 의문이 생길 수 있다. 계몽주의 시대(로크, 흄 등)에서부터 인간의 정신 속에 작동하는 생각의 재료는 언어적인 것과 비언어적인 것으로 대분되었는데, 두뇌 연구가 현저하게 이뤄진 오늘날에도 여전히 이런 구분이 유지되고 있다.[15] 비언어적인 것 중에서 인간 두뇌에서 비대칭적으로 시지각 창고의 양적 우세 때문에, 시각적인 것이 대표적인 것으로[16] 치부된다. 그렇다면, 거꾸로 권력관계를 유지하기 위하여 두 경로 중

15) 갤러버더·코쓸린·크뤼슨(Galaburda, Kosslyn, and Christen, 2002) 엮음 『두뇌 작동 언어(*The Language of the Brain*)』(Harvard University Press)에서는, 제1부에서 언어 표상을 다루고, 제2부에서 비언어 표상을 다루었다.

16) 더욱 원시적인 것으로 후각 자료가 있다. 우리 인간에게서도 후각 기관은 다른 감각기관의 신경계 교차배열과도 어긋나는 평행배열을 유지하고 있다. 왼쪽 코로 지각된 것은 왼쪽 뇌로 입력되고, 오른쪽 냄새 자극 또한 오른쪽 뇌로 입력된다. 따라서 등뼈가 생겨나기 이전에서부터 유지되어 온 신경계 배열방식을 그대로 물려받고 있는 것이다. 이는 더 원시적인 감각자극인 만큼 더욱 하층에 자리 잡고 있으며, 그만큼 더 근원적이라고 추정할 근거가 된다. 시지각 기관의 진화에 관련하여서는 다윈도 진화론을 출간할 당시에 설명하지 못하고 신비로만 취급됐었지만, 오늘날에는 많은 화석자료들을 근거로 하여 큰 그림이 완성되었다. 특히 파커(Parker, 2003; 오은숙 뒤침, 2007) 『눈의 탄생: 캄브리아기 폭발의 수수께끼를 풀다』(뿌리와이파리)를 읽어 보기 바란다.

에 결정적으로 하나만을 선택한다면, 과연 어떤 재료를 이용해야 할까? 언어일까, 비언어일까?

이런 물음은 흑백논리의 오류이다. 감각으로 이뤄진 재료는 즉각적이며, 우리 감정에 직접 호소하여 궁극적으로 특정한 행위나 반응을 일으킨다. 그렇지만 일련의 재료들이 복합적으로 주어질 경우에, 어떻게 재구성해야 하는지에 대한 단서가 깃들어 있지 않다. 따라서 그런 감각 자료를 받아들이는 이들마다 공통된 지침이 전혀 없을 개연성이 있다. 이와는 달리, (오직 상대적인 비교로써만 논의하여) 그러한 직접성이나 즉각성이 훨씬 뒤떨어지더라도, 언어 재료는(따라서 담화 구성물은) 일련의 언어 재료들이 복합적으로 복잡다단하게 주어지더라도, 그 대상들이 어떻게 재구성되어야 할지에 대한 언어 단서가 깃들어 있다. 언어를 공유하는 구성원들마다 한 점으로 수렴될 가능성이 상대적으로 높은 것이다. 이런 점에서 보면, 각각의 재료들은[17] 나름의 특장을 지니고 있다. 이것이 현대의 담화 구성물에 언어 및 비언어 재료들이 서로 뒤섞이고, 서로 뒤엉켜 있는 까닭이 된다. 만일 주어진 대상이 아주 복잡하고 현란하여 쉽게 재구성하기 어렵다면, 아마도 언어로 된 단서들이 가닥을 잡아나가는 데에 먼저 이용될 수 있을 것이다.

제1장의 마지막 부분에서는 비판적 담화분석이 언어를 다루어 왔던 다른 분야들과 차이점 및 공통점들이 논의되고 있다. 순수 언어학, 사회언어학, 화용론, 인지심리학, 인공지능, 대화분석, 최근의 사회학 들이다.

제2장 '사회적 실천관행으로서의 담화'에서는 먼저 범죄 사건을

---

17) 전문 용어로는 머릿속 표상 재료라고 부르며, 각각 verbal representation(언어적 표상)과 nonverbal representation(비언어적 표상)으로 부르는데, 전자는 철학과 심리학 등에서 proposition(명제)라고 말한다. 최근에 qualia(감각재료)라는 말을 많이 쓰지만(철학 쪽에서는 '감각질'로 번역함), sense data와 동일한 뜻이다. 김지홍(2011) "르펠트의 언어 산출 모형에서 몇 가지 문제", 『언어』(제36권 4호, pp. 887~901, 한국언어학회)를 읽어 보기 바란다.

목격한 어느 부인을 상대로 하여 조서를 꾸미고 있는 경찰관의 수사면담 사례를 제시해 놓고, 이를 자세히 분석해 준다. 비록 범죄를 목격하여 벌벌 떨고 있는 선량한 어느 부인에게 수사면담에 협조해 준다고 고마워하기는커녕, 고압적으로 면담에 협조하는 상대방을 대한다. 아마 어느 나라의 경찰이고 사정은 비슷하지 않을까 한다. 이를 토대로 하여 다음처럼 하부구조의 모습들을 안내해 나간다.

언어 측면: '낱개의 담화(담화 각편) → 담화유형 → 담론질서'

사회 측면: '실제 개별적 실천사례 → 공동체 문화의 실천유형 → 사회질서'

§.2-2-2에서는 담화를 형성하는 사회적 조건으로서 사회 조직화에 대한 세 가지 층위를 언급한다. 담화가 발생하는 즉각적인 사회환경 층위, 그 환경을 구성해 주는 더 광범위한 사회제도 층위, 이들 층위를 모두 포괄하는 전체적인 사회구조 층위이다. 이것들은 하나의 동심원(또는 삼각형 모습)으로 이뤄진 상부·하부 층위들이며, 이런 층위들은 사회 구성원들에게 사회적 경험들을 통하여 개인의 기억속에 부지불식간에 이용되도록 잠재되어 있다. 따라서 담화도 비판적으로 분석되려면, 이들 층위에 맞춰 세 가지 차원으로 다뤄져야 한다. 저자는 이를 각각 기술 차원·해석 차원·설명 차원으로 부른다. 이 세 차원이 모두 한 개인의 머릿속에 들어 있다는 점에서, 이는 분석자 개인의 입장(즉, 신념과 가치관)을 반영해 준다.

§.2-4에서는 오늘날 자본주의 사회에서 계층과 권력의 문제를 언급하는데, 경제·정치·사회·문화·이념 등 복합적인 차원의 권력관계가 계층 간의 갈등과 사회적 갈등을 일어나게 만듦을 지적하였다. 이러한 갈등들은 맑스주의에서처럼 단순하게 계급관계나 경제관계로만 환원할 수는 없으며, 유기적으로 여러 분야의 관계들이 다각도로 얽혀 있는 복합적 접근이 필요하다. 따라서 비판적 담화분석의 관점(시각)에서 보면, 언어 그 자체가 이런 갈등의 현장이자 말뚝(이

를 중심으로 여러 갈등이 매개됨)이 된다.

§.2-5 '구조와 실천관행의 변증법'에서는 담화가 사회구조에 영향을 미칠 뿐만 아니라 사회구조들에 의해서도 결정되므로, 동시에 사회를 유지하고 변화시키는 데 변증법적으로 기여하게 됨을 논의하였다. 이를 §.2-5의 〈그림 2-3〉으로 드러내었는데, '재생산'이라는 말로 표현하였다. 재생산이란 담론질서와 사회구조를 이용하는 일 뿐만 아니라, 또한 낱개의 담화와 낱개의 실천사례를 통해서도 항상 새롭게 만들어지는 측면을 가리킨다. 재생산 자체가 역동적이어서 지속성 및 변형성(또는 안정 및 변화)을 동시에 갖고 있는 것이다. 또한 여기서 사회적 실천사례와 실천관행에 간여하는 주체(관련당사자, 참여당사자)도 능동적이며 피동적인 두 측면을 지니게 된다. 그렇지만 이런 점을 능동적이고 적극적으로 파악하고 활용하기 위해서는, 사회제도와 담화질서 속에 숨겨지고 가려져 있는 불투명한 논제들을 제대로 드러내고 부각시켜야 한다. 이를 예시해 주기 위하여, 경찰의 수사면담에서 목격자가 부당하게 취급받는 사례를 다시 인용하여 어떤 것이 관습적 가면 속에 숨겨진 채 조작되고 있는지를 일깨워 준다.

제3장 '담화와 권력'에서는 담화(언어)와 권력의 관계를 다각도로 탐구하게 된다. 다시 말하여,

> 담화로 된 권력power in discourse
> 담화 이면에 있는 권력power behind discourse

을 탐구한다. 먼저 담화로 이뤄진 권력을 다루기 위하여, 구체적인 담화 사례들을 세 가지 제시하고, 그 속에 어떤 권력관계가 드러나는지를 분석해 준다. 의대 실습생과 담당의사가 주고 받은 담화 내용, 타 문화의 소수민족 사람이 도서관 사서직 면접시험에서 주고받은 담화, 어느 지방신문에서 공사판의 문제를 호도하는 기사, 어느

유력 일간지의 포클랜드 전쟁에 파견하는 전투단 장교를 미화하는 기사들이다.

담화(또는 담론) 이면에 숨겨져 있는 권력을 다루기 위하여, 표준어 문제, 산부인과에서 검진 받는 환자와 의사가 주고받은 담화, 내부자와 외부자를 구분하여 특정한 담화에 접속을 차단하는 제도를 다룬다. 그러고 나서, 담화의 격식성을 통하여 일반 사람들의 진입을 가로막는 사례를 드러내기 위하여, 워터게이트 사건의 청문회 자료를 분석한다. 그렇지만 언제나 철옹성처럼 불변인 것이 아니라, 그런 권력관계가 흔들릴 수 있다는 사실을, 어느 교장선생과 문제 학생 사이에서 주고받은 담화를 분석하면서 보여 준다.

제3장의 결론을 맺으면서, 담화로 실현된 사회적 관계와 사회적 정체성에 제약들이 체계적으로 존재하며, 이것이 효력을 발휘한다는 점을 밝혀 주기 위하여, §.3-4의 〈그림 3-1〉 '담화에 대한 제약과 구조적 효과'로 요약해 놓았다. 기득권 세력은 자신들의 권력을 담화를 통하여 지반을 다져놓고, 이를 부지불식 간에 자연스럽게 수용되도록 '자연화'를 의도하지만, 여전히 그런 의도를 자각하고 권력관계에 대한 갈등이 생겨나고, 급기야 원래 의도된 권력을 상실할 수도 있다. 따라서 갈등이 생겨날 경우에 담화에 참여하는 구성원들은 서로 의사소통을 통하여 권력관계를 조율하게 되는 것이다.

제4장 '담화·이념·상식'에서는 일상생활에서 상식처럼 간주되거나 강요되어 온 지배이념들을 구체적 사례를 통하여 해체하는 일을 진행한다. 담화에 깔려 있는 상식이 무엇이고, 어떻게 변동하며, 사회적 갈등과 어떻게 관련되는지 등을 다룬다. 두 연인 사이의 사랑 갈등을 다룬 잡지 기사, 사춘기 소녀의 고민을 다룬 상담 담화, 히틀러의 책에서 가져온 담화, 대처 정부의 정책을 비판하는 담화들을 놓고서 이것들을 어떻게 분석할지 구체적으로 보여 준다. 이어서 지배적인 담화유형이 자연화되어 이념으로 굳어지는 과정을 지적하고, 서로 다른 입장에서 이념들에 대한 정의와 규정들이 판연히 달라질

수 있음을 언급한다. 이를 실제 사례로 입증하기 위하여, 영국과 아르헨티나에서 벌였던 영토분쟁인 포클랜드 전쟁을 다룬 영국 신문의 기사를 분석한다. 또한 제2장에서 다뤘던 경찰 수사면담의 사례와 새로 상담 치료로부터 나온 담화를 이념적인 견지에서 권력관계 및 권력갈등으로 분석한다. 또한 그런 담화 속에서 전제되는 관련당사자(참여당사자)인 주체가 어떻게 규정되고 있는지 자각할 수 있도록, 어느 광고 담화에서 상정된 이상적 독자층의 모습을 분석한다. 마지막으로, 일부러 상식과 어긋나게 말하고 행동하는 '위반실험'을 통하여 상식으로 전제되는 것이 무엇인지를 찾아내는 방법을 소개하였다.

제5장과 제6장에서는 비판적 담화분석을 위한 절차를 체계화하여 다음 세 단계로 제시한다.

'기술 단계 → 해석 단계 → 설명 단계'

제5장 '실천중인 비판적 담화분석: 기술'에서는 텍스트를 분석할 때 던져야 하는 물음 10가지를 제시하고, 그 내용을 구체적 담화들로써 차례대로 실증해 나간다. 이것이 '기술'로 이름이 붙여진 담화분석의 첫 단계로서, 어휘에 관련된 네 가지 물음과 문법에 관련된 네 가지 물음과 텍스트 구조에 관련된 두 가지 물음으로 구성되어 있다. 이런 물음들은 모두 공통적으로 다음처럼 〈그림 5-1〉에 제시된 세 가지 축으로 분석된다.

체험적 가치·관계적 가치·표현적 가치

이들은 의미의 차원에서 각각 '내용·관계·주어'와 연관되고, 구조적 효과에서 각각 '지식(신념)·사회적 관계·사회적 정치성'에 관련된다.

특히, 제5장은 순수 언어학이 어떻게 실용적인 담화분석에 기여할 수 있는지를 깨달을 수 있는 소중한 내용들을 담고 있다. 비록 지금까지 순수 언어학은 언어를 위한 언어학만을 해 왔지만, 여기서 제시된 물음들을 통하여, 어떻게 사회적 관계로 확장될 수 있는지를 배울 수 있으며, 비로소 실용적인 학문 또는 실학으로서 다시 태어날 수 있는 것이다.

제6장 '실천중인 비판적 담화분석: 해석·설명·분석자 입장'에서는 앞 장의 기술 단계에 이어진 후속 단계로서, 텍스트를 산출하고 해석하는 과정에 초점을 모으며, 텍스트들의 사회적 결정요소 및 효과에 대한 분석에 초점을 모은다. §.6-1과 §.6-2에서는 해석 단계를 다룬다. 해석과 관련된 변수들은 §.6-1의 〈그림 6-1〉에 제시되어 있다. 처음에서부터 해석에 관계되는 상황 맥락과 담화유형이 또한 §.6-1-1의 〈그림6-2〉로 제시되어 있고, 상호텍스트 맥락과 전제를 두 가지 예시를 통해 보여 준다. 이런 해석을 진행시켜 주는 기억자원은 개인별 개념틀과 틀-요소와 관계 각본인데, 이를 §.6-1-4의 〈그림 6-3〉으로 제시하여 자세히 해설해 주고 있다.

§.6-3에서는 설명 단계를 다룬다. 설명단계의 목표는 담화를 사회적 과정의 일부로서, 사회적 실천의 일부로서 묘사하려는 것이다. 다시 말하여, 사회구조에 의해서 담화가 어떻게 결정되는지, 담화가 그런 구조들에 대하여 계속 유지하거나 변화시키면서 누적적으로 어떤 재생산 효과를 지닐 수 있는지를 보여 주게 되는데, 이들 사회적 차원 및 효과는 구성원들의 기억자원MR에 의해서 매개된다. 사회적 구조가 기억자원을 형성하고, 차례로 이것이 담화를 형성하게 되며, 담화들이 기억자원을 계속 유지하거나 변화시키고, 차례로 이것이 구조들을 계속 유지하거나 변화시키는 것이다. 이런 모습을 §.6-3의 〈그림 6-4〉로 제시하였다.

제6장의 결론에서는 담화를 기술하고 해석하며 설명하는 최종주체인 분석자의 입장, 즉 분석주체의 위상을 다루었다. 이런 분석을 효율적으로 실행하려면, 인문학적 지혜를 빌려야 한다. 즉, 자기자신

을 내성하는 일이며, 자신에게서 찾아질 수 있는 구성원들의 기억자원MR을 자각하고 인출하며 활용해야 하는 것이다.

제7장 '담화에서 창의성과 갈등: 대처주의 담화'에서는 전 영국수상 대처가 방송진행자 촐튼과 가졌던 어느 라디오 대담을 놓고서, 제5장과 제6장에서 제시하였던 기술 단계·해석 단계·설명 단계들을 이 대담의 분석에 직접 적용한다. 이른바 대처주의Thatcherism로 불리는 정치담론 내지 정치이념을 모두 7개의 질문으로 나누어 차례대로 해체해 나가는 것이다. 각각의 질문에 대하여 저자 자신의 대답을 하나씩 자세한 언어분석을 통하여 제시해 주고 있다.

제8장 '사회변화에서의 담화'에서는 위르겐 하버마스 및 미셸 푸코의 사회이론에 의지하면서, 담화분석의 적용범위를 사회전반으로 확장시켜 나간다. 크게 광고와 소비주의, 관료주의 내지 행정편의주의, 상담치료 담화들이다. §.8-2에서는 현대사회의 소비주의를 분석하고 이것이 광고라는 매체를 통하여 어떻게 이념화되고 있는지를 보여 준다. §.8-3에서는 현대국가가 통제를 이뤄나가는 관료주의를 해부하는데, 어떤 담화 기법을 통하여 대중 또는 민중들에게 거부감을 줄여 나가는지를 보여 준다. §.8-4에서는 사회에서 흔히 찾아지는 상담치료와 업무상담에 관련된 담화들을 놓고 앞의 담화분석 단계들을 적용한다. §.8-5에서는 일방적인 권력관계에 저항하는 반대흐름의 담화로서, 여성 해방주의 담론을 담고 있는 논설을 놓고서 담화분석을 시행해 나간다.

제9장 '비판적 언어연구 및 사회해방: 학교에서의 언어교육'에서는 비판적 담화분석이 사회해방을 위한 투쟁에 어떻게 기여할 수 있을지를 논의한다. 특히 학교에서 언어교육을 어떻게 해야 할지에 초점을 모으고 있다. 특히 영국의 중고등학교 모국어 교육에서 비판적 담화분석을 어떻게 실천해 나갈지에 대하여 매우 중요한 제안들을 하고 있다. 이는 곧 우리나라의 국어교육에서도 큰 난관 없이 적용할 수 있는 중요한 내용들이다. 다시 말하여, 중고등학교 학생들에

게 사회적 관계 속에서 일어나는 언어의 사용방식을 어떻게 자각시켜 주는지에 대한 것이다.

제10장은 새로 추가된 것으로서, 2000년에서 '언어와 권력'의 문제를 다시 조망하고 있다. 저자는 2000년대에 들어서서 비판적 담화분석의 필요성이 더욱 더 증가하고 있다고 본다. 왜냐하면 훨씬 다국적 거대기업들의 세계경제에 대한 지배가 더욱 교묘하게 각국 정부들을 조정하여 이뤄지고 있고, 일부 정치 지도자들도 소외되고 가지지 못한 민중들의 편에 서기보다는, 오히려 세계화나 신자유주의가 거부할 수 없는 흐름인 양 민중들을 호도하며 기득권층들의 지배권력을 보호하는 선봉에 편승하여 있기 때문이다. 뿐만 아니라, 내부 공동체 안에서도 배척과 차별을 통하여 여전히 기존의 권력관계를 유지해 가고 있다. 2011년 현재 한국에서도 커져 가는 빈부격차와 다문화의 물음 또한 이에 해당될 것이다. 따라서 어떤 담론을 통하여 기득권 세력들이 그런 질서를 부과하고 있는지, 그런 흐름에 저항하고 반대하는 흐름들에서는 어떤 담론으로 대항하는지를 보여 주는 일이 핵심 내용을 이룬다.

§.10-5의 작업 현장(방직공장)에서 가져온 담화 및 §.10-6의 새로운 정치담론이 전자에 대한 담화분석이다. 반대로 §.10-7이 후자에 대한 담화분석이다. §.10-8에서는 "비판적 담화분석이 지배에 맞서서 투쟁하기 위한 자원이 되지 않는다면 아무것도 아니라는 점을 다시 강조"하면서, "비판적 담화분석에 대한 전체 요체 및 목적이 '언어에로 초점 맞춘 전환'이 언어비판을 그런 투쟁의 중요한 일부로 만들어 주는 자원을 제공해" 줄 것임을 언급하였다. 그리고 제1 순위로서 우리는 신자유주의에 맞서 투쟁해야 한다고 적어 놓았다. §.10-9에서는 다시 한번 간명하게 비판적 담화분석이 어디에서 어떻게 실천되어야 할지, 그리고 어떻게 초점을 모아야 할지를 제시해 놓았다.

4.

이제 마지막 절에서는 1989년 초간본을 대상으로 하여 번역자가 모을 수 있었던 네 편의 서평을 요약해 놓기로 한다. 서평 내지 논평은 관련 학계나 유관 분야들에서 해당 책자를 어떻게 평가하는지에 대한 실질적 정보를 담고 있기 때문에, 일반 독자뿐만 아니라 전문 분야의 독자들에게 해당 책자의 가치를 눈대중해 볼 수 있게 해 준다. 이 책에 대한 서평 집필자들은 각각 의사소통 학과·인류학과·응용언어학과·담화분석 모임 등으로 다양하다. 이는 이 책이 여러 분야에 걸쳐 기여를 하고 있음을 암시해 준다. 번역자가 미처 찾아내지 못한 서평들이 더 많이 있겠지만, 우선 이런 정도의 서평만으로도 독자들로서는 이 책의 가치를 짐작해 보기에 넉넉할 듯하다. 발간 연대순으로 서평의 목록을 제시하면 다음과 같다.

① 마이클 에이거·마알리즈 피어슨·폴 포퍼낵(Michael Agar, Marlys Pearson, and Paul Popernack, 1990) "페어클럽의 '언어와 권력'에 대한 논평(Review of Norman Fairclough 'Language and Power')", 『화용론 학술지(*Journal of Pragmatics*)』 14권 6호, pp. 988~991(교신 저자인 에이거는 미국 매릴랜드 대학교 인류학과 소속임).

② 마이클 허스펙(Michael Huspek, 1991) "서평 (Review)", 『사회 속에서의 언어(*Language in Society*)』 20권 1호, pp. 131~137(미국 뉴욕 주립대학 앨버니 분교의 의사소통 학과 소속임).

③ 야엘-자넷 주프닉(Yael-Janette Zupnik, 1991) "서평(Review)", 『사회 속에서의 언어(*Language in Society*)』 20권 2호, pp. 265~269(미국 보스턴 대학 응용언어학과 소속임).

④ 딜런·도일·이스뜨먼·씰버스따인·툴런(George Dillon, Anne Doyle, Carol Eastman, Sandra Silberstein, Machael Toolan, 1993) "비판적 언어학에서의 언어와 권력(Language and power in critical linguistics)", 『언어에 대

한 사회학 국제학술지(*International Journal of the Sociology of Language*)』 103호, pp. 185~196(미국 워싱턴 대학교 담화분석 모임[WAUDAG]의 구성원들임).

이하에서는 이 순서대로 그 내용들을 간추리기로 하겠는데, ①과 ③은 긍정적인 평가를 내리고, 나머지 두 편은 선뜻 그런 평가를 내리기보다 이 책에 있는 약점을 지적하고 보충하려고 하였다.

(1) 에이거 외(1990)의 서평

제1 집필자인 에이거는 자신의 인류학 강의에서 제1 교재로 이 책을 썼고, 다른 집필자들은 이 강의를 들었던 학생들이다. 따라서 이 서평에서는 학생들의 반응을 담고 있고, 이 책의 내용을 응용하여 학생들이 미국 정부기관의 발간물을 놓고 비판적 담화분석을 시행한 뒤에, 그 대안을 해당 기관에 보내어 그곳으로부터 답변을 받은 내용도 언급하고 있다.

먼저 이 책을 장별로 간단히 요약해 놓았다. 그런데 제6장은 초보자들에게 어렵게 느껴진다고 지적하였고, 중요한 개념으로 제시된 '구성원들의 기억자원members' resources'이 네 가지 측면에서 문제가 된다고 하였다. 그 내용을 탐구해 내고 문서화하기가 어렵고, 서구권이 아닌 다른 사회의 사례들도 찾아내어야 하며, 영국 사람들의 특정한 사건들에 대한 '기억자원'이 당연한 듯이 가정되고 있고, 현재의 책자에서 이용될 수 있는 것보다 더 많은 담화 정보가 필요한 것이다. 그뿐만 아니라, 저자의 정치적 입장이 곧장 젊은 세대들이 취하는 정치적 입장을 반영해 줄 수도 없다. 가령, 적극적인 여성해방주의를 추구하는 이 서평의 제2 집필자는 제5장의 〈텍스트 5-7〉에 대한 해석이 저자의 낡은 여성주의를 반영한다고 비판하였다.

이 이 강의의 수강자들은 미국 부시 행정부에서 발간한 '미국 마약정책' 안내책자를 놓고서 비판적 담화분석을 시행하였는데, 의도적으로 주체들이 삭제되어 있음을 찾아내었다. 따라서 대안이 되는 내용을 마련하여 '마약전쟁'을 벌이는 관계기관에 보내었는데, 관계기관에서는 그런 특성들을 이미 깨닫고 있었지만, 로비를 벌이는 사람들과 언론매체의 수완에 대하여 맞서는 일이 문제라고 답변을 받았다고 한다. 밑바닥에 깔려 있는 이념들을 명백하게 들추어 내어 논의하는 데에는, 이 책에서 언급한 내용 말고도 관련된 전문지식이 더 많이 요구됨도 덧붙여 놓았다.

위와 같은 문제에도 불구하고, 담화 및 사회, 그리고 언어적 세부사항 및 정치·경제적 맥락들 사이에 있는 관련성에 관심을 갖는 이들에게, 이 책을 강의 교재로서 강력히 추천하면서 서평의 끝을 맺었다.

(2) 허스펙(1991)의 서평

허스펙은 이 책에서 언급된 불분명한 개념으로 여섯 가지 정도를 거론하면서 예리하게 비판해 나간다. 이 서평은 언어학자 겸 언어교육자인 페어클럽 교수에게 마치 전문 사회학자나 정치학자가 되도록 요구하는 듯한 인상을 준다. 페어클럽 교수는 사회언어학·화용론·대화분석들의 주요 명제들을 통합하여 확대된 경험 영역을 탐구하면서, 이들 사이의 연관에 대한 본질·범위·효과를 변증법적 갈등관계로 분명히 하려고 시도했다. 이러한 여러 영역의 통합은 장점임과 동시에 단점일 수 있다. 또한 언어를 사회적 실천으로 규정함과 동시에, 변증법적으로 언어가 사회구조에 의해서 결정되는 것으로 보았다. 서평자는 이 변증법적 갈등관계가 저자를 스스로 난관에 빠뜨리는 원인이라고 진단한다. 담론을 통하여 기계적인 지배이념의 재생산을 넘어서는 방식으로, 화자들에게 담화가 어떻게 이용될 수 있는지를 구체적으로 보여 주지 못하기 때문이다.

또한 갈등(또는 투쟁)이 모든 담화에서 분명히 드러나는지, 아니면 일부에서만 그러한지에 대해서도 명시적으로 언급되어 있지 않고, 무엇이 갈등을 일으키는지도 제대로 다뤄지지 않았다고 지적하였다. 해체 및 재구성의 움직임을 보여 주기 위한 전 대처 수상의 방송대담은 적절한 사례가 아니라고 보았다. 그 사례가 갈등을 전면으로 부각시키지도 않았고, 변증법의 역동적 작용도 강조해 주지 않았기 때문이다. 저자는 비록 의미와 의미체계가 권력갈등의 장소이고 말뚝이라고 선언하였지만, 의미를 놓고서 벌이는 갈등에 대해서는 아무런 것도 제시되어 있지 않으며, 진리 또는 의미에 대하여 명백한 관념을 끌어내지 못하므로, 독자들이 혼란스럽게 됨을 지적하였다. 중의적으로 쓰고 있는 주체 또는 관련 당사자의 개념도 비판의 표적이 되었다.

서평자는 담화분석을 위해 세 단계(기술·해석·설명)를 권력관계의 얼개 속에 있는 사회갈등(사회투쟁)의 과정으로 보고자 하는 대목을 가장 신랄하게 비판한다. 즉, 저자가 의존하고 있는 사회이론이란 고작 갈등을 통해서 얻어지거나 상실함을 선호하는 것에 지나지 않는다고 공격한다. 그리고 담화분석에서 얻어지는 자각이 어떻게 사회해방을 위한 집단행동으로 옮겨지는지에 대해서도 분명한 언급이 이뤄지지 않았다고 지적하였다.

마지막으로 이 책에서 다루는 내용이 비판적 담화분석에 중요한 기여를 하지만, 기득권층의 권력과 이념과 행동이 담화에 통합되어 작동하는 방식은, 이 주제에 관심을 갖고 있는 연구자들이 앞으로 더욱 실증적으로 심도 있게 논증되어야 할 것이라고 결론을 맺고 있다.

(3) 주프닉(1991)의 서평

주프닉은 먼저 요령 있게 이 책의 골자들을 요약해 나간다. 특히 기술·해석·설명의 세 단계로 이뤄지는 비판적 담화분석을 집중해서 거론한다. 기술 단계는 '어휘·문법·텍스트 구조'로 이뤄진다. 이것들은 지배층에 의해 견지된 '담화로 된 권력'에 대한 세 가지 차원을 강조해 준다. ① 담화에서 무엇이 말해지고 행해지는지 그 '내용'에 대한 권력 내지 통제, ② 개인들 또는 집단들 사이에서 '관계'에 대한 통제, ③ 대화 참여자들에 의해 구현된 사회적 역할인 '주체' 또는 '관련당사자'에 대한 통제이다.

이들의 사례는 각각 다음과 같다. 대명사들이 의미의 관계차원을 위해 분석되는데, 대명사 용법들이 화자와 청자 사이에 있는 권력관계를 마련하는 데 어떻게 도움을 주는지를 분석한다. 행위주 및 명사화도 내용차원을 강조하기 위해 분석되는데, 권력에 관련된 화자의 지식과 신념이 어떻게 그것들의 사용에 의해 창조되는지에 초점을 모은다. 양태(양상)도 주체차원을 다루기 위해 분석된다. 권력을 지닌 그리고/또는 권력 없는 주체의 지위가 양태동사의 용법들을 통하여 어떤 방식으로 만들어지는지에 주의하는 것이다. 이런 대목들을 전 영국 수상 대처의 방송대담 담화를 이런 분석의 실제 사례들로 인용해 주었다.

그렇지만 서평자는 이런 접근에서 주의해야 할 점들을 환기시킨다. 즉, 이념적으로 동기가 마련된 용법과 그렇지 않은 용법을 구분할 필요가 있다. 그리고 임의의 언어용법을 오직 한 쪽의 의미범주로만 치우치게 분석될 수 없고, 복합적인 여러 가지 의미차원으로 분석되어야 할 필요성을 제기하였다. 그리고 해석 단계는 기술 단계에 의해 함의된다고 보고 이들이 통합될 수 있음을 제안하였다.

설명 단계는 담화의 더 광범위한 사회구조적 또는 제도적 차원과 관련된다. 서평자는 이 책의 저자가 독일 사상가 하버마스의 업적에 기대어서, 광고·소비주의·관료제도·치료상담 담화이라는 제도를 통해 민중들의 생활에 대한 '식민지화'에 주목한다고 서술하였다. 이런 제도는 조작 및 기만 기제들을 이용하여 민중들을 통제하는 쪽으로 지향된 '전략적 행위'의 사례들이다. 가령, 세탁기 광고의 분석에서는 '모조 인간화'를 내세워, 독자를 2인칭으로 부르고 명령문을 통하여 가상의 친밀감을 조성하는 점과 시각적 장치를 통해 의도하는 효과를 예시해 준다. 행정서식에 대한 분석에서는 민중들을 열등한 지위로 자리 매김해 주는데, 이는 상품 광고의 모습처럼 '쉬운 서식 만들기'로 구현된다.

서평자는 제9장의 해방을 위한 비판적 담화분석에도 주목하는데, 저자가 새로운 언어교육의 방향을 제시하였다고 지적하였다. 즉, 학생들로 하여금 담화가 사회적으로 구성되고 사회적 관계를 구성해 나가는 본질을 깨닫도록 하는 데 초점을 모은다. 교사들은 그런 상위 언어들을 발달시키도록 도움을 줌으로써 궁극적으로 지배적인 담론질서를 바꾸어 나갈 수 있도록 해야 하는 것이다.

마지막 부분에서는 총평의 형식으로 몇 가지 문제점을 적어 놓았다. 가령, 푸코의 사회질서와 담론질서, 그리고 그것들의 실천사례를 개념화해 놓은 대목들이 분명하지 않음을 지적하였다. 또한 초보자들을 위하여 주제들이 반복되면서 다뤄지는 일도 혼란을 일으킬 수 있으며, 일부 인용 사례들은 분명하고 효과적으로 응용될 수 있겠지만, 다른 언어 분석 사례들은 그렇지 못하다고 보았다. 그럼에도 불구하고, 단편적으로 몇몇 논문으로만 다뤄 오던 담화와 사회관계를 이 책에서 본격적으로 광범위하게 다룬 점을 크게 평가하였다.

(4) 딜런 외 4인(1993)의 서평

이 서평에서는 지난 20년 동안에 의사와 환자, 법정 담화, 광고, 뉴스 보도, 텔레비전 대담, 정부의 청문 위원회, 사회복지사와 고객의 담화, 성차별주의 등을 놓고서 언어와 권력에 대한 상당량의 작업들이 쌓여 왔음을 지적하면서, 처음부터 언어 또는 언어에 대한 연구가 불편부당하고 객관적인 순수과학인지, 아니면 결코 중립적일 수 없는 해석학적 지위를 지니며 행동에 대한 연구내용인지(a program of action)에 대한 궁극적인 물음을 다룬다. 즉, '객관적이고 불편부당한 과학성' 대 '편파성의 요괴'를 가르는 기준점이다. 이 물음에 대해 서평자들은 저자가 언어의 사회적 관련성을 탐구함으로써 계층 간의 갈등에 의해서 억눌린 민중들이 해방될 수 있도록 깨우치는 데에 골몰하고자 하는 솔직한 의도를 소개하고, 불편부당성을 희생하는 것으로 서술해 놓았다.

이어서 제5장의 질문 목록을 다루는데, 텍스트가 이념적으로 자리잡고 있음을 확인하는 비판적 담화분석의 기술 단계에 해당한다. 서평자들은 이 질문 목록이 편파적이며, 저자가 스스로 자기 비판적 입장을 유지하지 못한 것으로 본다. 편파성의 요괴를 벗어나려면 끊임없는 자기반성만이 과학적 객관성을 포기한 자리에 대치해 들어갈 수 있다고 하였다.[18)]

또한 전 영국 수상 대처의 대담을 분석하는 대목은 이념적 확신이 결여되어 있음을 지적하였다. 비록 저자는 대처 여사가 여성 주체지위·권위주의 양태·인기영합주의 가정·전략적 거절 등을 혼성하여 기존의 담화 관례를 창조적으로 재정렬함으로써 강력한 여성으로서 새로운 주체 지위를 투영해 준다고 분석하였지만, 서평자들은 대처 여사가 실행하는 바에 대한 평가를 유보하는 입장을 취하였다.[19)] 즉, 서평자들로서는 저자가 대처 여사의 담화를 인정하는지 여부를

---

18) 그렇지만 저자는 여러 차례 중립적이고 객관적인 이념이란 본디 존재할 수 없는 것임을 언급하였고, 이 목록이 사회주의 노선에서 마련한 것임을 분명히 밝힌 바 있다. 일정 단계에서는 자기반성이 상위에 있는 더 높은 어떤 가치에로 수렴되어 들어갈 수 있겠지만, 그런 가치도 또한 그 자체로 자기반성의 표적이 되며, 따라서 자기반성은 수렴점이 없이 무한대로 열려 있는 것이다. 그뿐만 아니라, 번역자의 생각으로는 임의의 담화를 분석할 경우에, 긴박하게 내부자의 처지에서 분석하느냐, 아니면 담담하게 외부자의 처지에서 분석하느냐의 차이도 분석의 방향과 내용에 많은 변화를 초래할 것으로 믿는다.

19) 어떤 담화에 대한 재구성 작업은 상대방의 확인을 거치지 않는 한 어느 정도 불분명하게 남아 있을 수밖에 없다. 해당 담화를 전개해 나가거나 어떤 담화에 참여하는 상대방의 의도(intention)는 많든 적든 추정에 의해 확립될 수밖에 없다. 일상언어 철학자 그롸이스(Grice, 1971) "의도와 불확실성(Intention and Uncertainty)", 『영국 학술원 논문집(*Proceedings of the British Academy*)』 57호(pp. 263~279)에서는 이를 불확실성을 줄여나가는 일이라고 불렀다.

잘 알 수 없으며, 저자의 분석이 복잡다단한 관례와 가정들의 계곡을 벗어나서 독자들로 하여금 높은 언덕에 올라가 담화로 된 큰 그림을 보도록 해 주지 못했다고 비판하였다.

다음 절에서는 포스트 모더니즘·여성 해방주의·맑스주의·독자 반응이론 등 최근의 텍스트 접근법은 텍스트의 의미가 맥락 속에서 오직 독자와 상호작용을 통하여 새롭게 만들어진다는 주장을 소개한다. 이 주장은 결국 텍스트를 통하여 받아들이는 의미가 맥락과 독자들에 따라 무한히 변동됨을 함의하며, 텍스트에 대한 오독 내지 잘못된 해석이란 본디 존재할 수가 없음을 뜻한다. 그렇다면 이는 특정한 이념을 담화에 외현시키거나 밑바닥에 숨겨둔다고 주장하는 비판적 담화분석의 전제와 모순될 수 있다. 그러한 이념이 드러나 있든 숨겨져 있든 간에 변동되지 않은 채 하나로 일관되게 고정되어 있어야 하기 때문이다. 그렇지만 페어클럽 교수도 그런 재해석의 가능성을 굳게 닫아 버린 것은 아니었다. 이런 점에서, 어느 여성 서평자는 저자의 서문에 있는 특정한 고마움의 글이[20] 매우 가부장적이며, 여성 해방주의에 반대 노선에서 집필되었다고 일갈하였다. 그리고 계몽적인 관점에 서서 억눌린 사람들에게 자각을 일깨우고 해방을 향해 나가도록 하려는 집필 의도를 문제 삼으면서, 계층 갈등을 겪는 민중들이 과연 억압을 느끼지 못하는지를 반문하였다.

더 뒷부분에서는 사실을 드러내어 주는 텍스트의 진정성에 대한 문제를 다룬다. 비판적 담화분석이 언제나 경험주의 노선에서 진행되어야 하기 때문이다. 그런데 제5장에서 에들먼(1974)로부터 신경정신과 텍스트를 인용하면서 대조할 목적으로 제시한 담화들은 부적절하다고 비판하였다. 에들먼에 의해 일부 인위적으로 가공된 측면이 있을 뿐만 아니라, 또한 1970년대 당시의 신경정신과 치료에 대

20) 원래 초판에서는 '감사의 글'에서 윗부분에 두 단락으로 고마움을 적은 내용들이 있었고, 이어 판권 이용 허락에 대한 고마움 표시가 있었다. 그렇지만 재판에서는 오직 판권에 대한 것만 남기고 모두 삭제되었다.

한 전체적 시각이 20년 지난 뒤에 이미 많이 변화되었기 때문이다. 서평자들은 그 대신에 돈 스태나아드-푸뤼얼(Don Stannar-Friel, 1981)에 실린 담화를 이용하는 것이 바람직할 것으로 보았다.

교정지를 보내면서

밤 늦도록 적막히 연구실에 앉아 정신을 집중해 보지만, 소리 없이 세월만 흐를 뿐 아무 소득도 없다. 할 일이 산더미 같다고 스스로 채근해 보나, 이제 게으름만 늘어 가고(옛날 의아하게 여겼던 나옹[懶翁] 화상이란 호의 뜻을 조금 알 듯하다), 내게 남은 세월도 점차 가파른 내리막길이다.

이 책은 경상대학교 국어교육과 학생들과 담화분석(더 나아가 국어교육)을 어떻게 해야 할지 고민해 보기 위해서, 자신의 능력을 되돌아보지도 않은 채 번역을 해 본 것이다. 딴에는 예문 하나에도 철저함을 기하려고 하였는데, 오직 임용시험의 준비에 바쁜 학생들에게 영어사전을 찾아야 할 품을 덜어 주기 위한 방편일 뿐이다.

힘들게 번역 작업을 해 나가는 동안에 배운 것이 많다. 교정지에 '찾아보기' 표시를 끝내면서, 지금 번역 중인 페어클럽(2003) 『담화분석 방법』을 들척여 본다. 다른 일도 매양 그러하겠지만, 번역 또한 자기와의 싸움이고, 특히 자기 '정직성'과의 싸움이다. 사회학과 정치학을 비롯한 프랑스 대가들과 독일 사상가에 관련된 대목들을 이해하려고 관련된 배경지식을 조금이나마 얻으려는 동안에 더디게도 많은 시간이 흘러가 버렸다.

이러구러 약속 기한을 훌쩍 넘겨 버렸음에도 불구하고 재촉하지 않고, 또한 이 번역본을 원서보다 더 멋지게 꾸며 준 양정섭 사장님께 감사드린다.

신묘년 끝 무렵, 이농(怡農) 후인 적다

참고문헌

Akinasso, F. N. and Ajirotutu, C. S. (1982) Performance and ethnic style in job interviews. In Gumperz 1982.

Allan, K. (1986) *Linguistic meaning*. Routledge.

Althusser, L. (1971) Ideology and ideological state apparatuses. In *Lenin and philosophy*. New Left Books.

Argyle, M. (1978) *The psychology of interpersonal behaviour* (3rd edn). Penguin.

Atkinson, J. M. and Heritage, J. (1984) *Structures of social action: studies in conversation analysis*. Cambridge University Press.

Baynham, M. (1986) Action and reflection: the Freirean argument in ESL. Paper given at the Linguistics and Politics conference, University of Lancaster, April 1986.

Bernstein, B (1990) *The structuring of pedagogical discourse*. Routledge.

Bex, T. and Watts, R. (eds) (1999) *Standard English: the widening debate*. Routledge.

Bolinger, D. (1980) *Language-the loaded weapon: the use and abuse of language today*. Longman.

Bourdieu, P. (1977) *Outline of a theory of practice* (trans. R. Nice). Cambridge University Press.

Bourdieu, P. (1982) *Ce que parler veut dire: l'économie des échanges linguistiques*. Fayard, Paris.

Bourdieu, P. (1984) *Distinction: a social critique of the judgement of taste* (trans. R. Nice). Routledge & Kegan Paul.

Bourdieu, P. (1992) *Language and symbolic power*. Polity Press.

Brown, G. and Yule, G. (1983) *Discourse analysis*. Cambridge University Press.

Brown, P. and Levinson, S. (1978) Universals in language usage: politeness phenomena. In E. Goody (ed.) *Questions and politeness: strategies in social interaction*. Cambridge University Press.

Brown, R. and Gilman, A. (1972) The pronouns of power and solidarity. In P. Giglioli (ed.) *Language and social context*. Penguin.

Candlin, C. N. (1986) Beyond description to explanation in cross-cultural discourse. In L. Smith (ed.) *Discourse across cultures*. Pergamon.

Candlin, C. N. and Lucas, J. L. (1986) Interpretations and explanations in discourse: modes of 'advising' in family planning. In T. Ensink et al., *Discourse analysis and public life*. Foris, Dordrecht.

Cherny, L. (1999) *Conversation and community: chat in a virtual world*. Centre for the Study of Language and Information.

Chilton, P. (ed.) (1985) *Language and the nuclear arms debate: nukespeak today*. Frances Printer.

Chouliaraki, L. (1995) *Regulation and heteroglossia in one institutional context: the case of a 'progressivist' English classroom*. Unpublished Ph.D. thesis, Lancaster University.

Chouliaraki, L. and Fairclough, N. (1999) *Discourse in late modernity: rethinking critical discourse analysis*. Edinburgh University Press.

Cicourel, A. (1973) *Cognitive sociology*. Penguin.

Clark, R. and Ivanic, R. (1999) *The politics of writing*. Routledge.

Clark, R., Fairclough, N., Ivanic, R. and Martin-Jones, M. (1990) Critical language awareness. Part 1: A critical review of three current approaches. *Language and Education* 4/4: 249-60.

Clark, R., Fairclough, N., Ivanic, R. and Martin-Jones, M. (1991) Critical language awareness. Part 2: Towards critical alternatives. *Language and Education*

5/1: 41–54.

Clarke, J. and Newman, J. (1998) A modern British people? New Labour and the reconstruction of social welfare. Occasional Paper, Department of Intercultural Communication and Management, Copenhagen Business School.

Coulthard, M. (1977) *An introduction to discourse analysis*. Longman.

Coupland, N. and Jaworski, A. (1997) *Sociolinguistics: a reader and coursebook*. Macmillan.

Department of Education and Science (1984) *English from 5 to 16*. HMSO.

Department of Linguistics and Modern English Language, University of Lancaster (1987) *Submission to the Kingman committee of inquiry into the teaching of English*.

Downes, W. (1984) *Language and society*. Fontana Paperbacks.

Dreyfus, H. L. and Rabinow, P. (1982) *Michel Foucault: beyond structuralism and hermenetics*. The Harvester Press.

Eagleton, T. (1991) *Ideology: an introduction*. Verso.

Eagleton, T. (1996) *The illusions of postmodernism*. Blackwell.

Edelman, M. (1974) The political language of the helping professions. *Politics and Society* 4: 295–310.

Eggins, S. (1994) *An introduction to systemic functional linguistics*. Pinter Publishers.

Emerson, J. (1970) Behaviour in private places: sustaining definitions of reality in gynaecological examinations. In H. P. Dreizel (ed.) *Recent Sociology* No 2. Collier-Macmillan, New York.

Fairclough, N. L. (1985) Critical and descriptive goals in discourse analysis. *Journal of Pragmatics* 9: 739–63.

Fairclough, N. L. (1988) Register, power, and sociosemantic change. In D. Birch and M. O'Toole (eds) *Functions of style*. Frances Pinter.

Fairclough, N. L. (1992a) *Discourse and social change*. Polity Press.

Fairclough, N. L. (1992b) (ed.) *Critical language awareness*. Longman.

Fairclough, N. L. (1995a) *Media discourse*. Edward Arnold.

Fairclough, N. L. (1995b) *Critical discourse analysis*. Longman.

Fairclough, N. L. (2000a) *New Labour, new language*. Routledge.

Fairclough, N. L. (2000b) Discourse, social theory and social research: the discourse of welfare reform. *Journal of Sociolinguistics* 4.

Fairclough, N. and Wodak, R. (1997) Critical discourse analysis. In T. van Dijk (ed.) *Discourse as social interaction*. Sage.

Featherstone, M. (1991) *Consumer culture and postmodernism*. Sage.

Foucault, M. (1971) *L'ordre du discours*. Gallimard, Paris.

Foucault, M. (1972) *The archaeology of knowledge* (trans. A. Sheridan Smith). Tavistock Publications.

Foucault, M. (1982) The subject and power. Afterword to Dreyfus and Rabinow 1982.

Fowler, R. (1991) *Language in the news*. Routledge.

Fowler, R., Hodge, B., Kress, G. and Trew, T. (1979) *Language and control*. Routledge & Kegan Paul.

Freire, P. (1972) *Pedagogy of the oppressed*. Penguin Books.

Freire, P. (1985) *The politics of education*. Macmillan.

Garfinkel, H. (1967) *Studies in ethnomethodology*. Prentice Hall, Englewood Cliffs, New Jersey.

Garrod, S. (1986) Language comprehension in context: a psychological perspective. *Applied Linguistics* 7: 226-38.

Gee, J., Hull, G. and Lankshear, C. (1996) *The new work order: behind the language of the new capitalism*. Westview.

Giddens, A. (1976) *New rules of the sociological method: a positive critique of interpretative sociologies*. Hutchinson.

Giddens, A. (1991) *Modernity and self-identity*. Polity Press.

Giroux, H. (1997) *Pedagogy and the politics of hope*. Westview Press, Boulder, Colorado.

Goatly, A. (1997) *The language of metaphors*. Routledge.

Goodwin, C. and Heritage, J. (1990) Conversation analysis. *Annual review of anthropology* 19.

Gramsci, A. (1971) *Selections from the prison notebooks* (ed. and trans. by Q. Hoare and G. Nowell-Smith). Lawrence & Wishart.

Gumperz, J. (ed.) (1982) *Language and social identity*. Cambridge University Press.

Gurevitch, M., Bennett, T., Curran, J. and Woollacott, J. (eds) (1982) *Culture, society and the media*. Methuen.

Habermas, J. (1984) *Theory of communicative action vol 1: Reason and the rationalization of society* (trans. T. McCarthy). Heinemann.

Hall, S. (1982) The rediscovery of 'ideology': return of the repressed in media studies. In Gurevitch *et al*. 1982.

Hall, S. (1984) The state – socialism's old caretaker. *Marxism Today* 28. 11: 24–9.

Hall, S. and Jacques, M. (eds) (1983) *The politics of Thatcherism*. Lawrence & Wishart.

Halliday, M. A. K. (1978) *Language as social semiotic*. Edward Arnold.

Halliday, M. A. K. (1994) *An introduction to functional grammar* (2nd edn). Edward Arnold.

Halliday, M. A. K. and Hasan, R. (1976) *Cohesion in English*. Longman.

Halliday, M. A. K. and Hasan, R. (1985) *Language, context, and text: aspects of language in a social-semiotic perspective*. Deakin University Press, Victoria, Australia.

Harvey, D. (1990) *The condition of postmodernity*. Blackwell.

Hawkins, E. (1984) *Awareness of language: an introduction*. Cambridge University

Press.

Heritage, J. C. and Watson, D. R. (1979) Formulations as conversational objects. In G. Psathas (ed.) *Everyday language: studies in ethnomethodology*. Irvington, New York.

Hymes, D. (1962) The ethnography of speaking. In T. Gladwin and W. C. Sturtevant (eds) *Anthropology and human behaviour*. Anthropological Society of Washington, Washington, DC. Also in J. Fishman (ed.) *Readings in the sociology of language*. Mouton, The Hague.

Irvine, J. (1979) Formality and informality in communicative events. *American Anthropologist* 81: 773-90.

Jameson, F. (1981) *The political unconscious*. Methuen.

Jameson, F. (1984) Postmodernism, or the cultural logic of late capitalism. *New Left Review* 146.

Jenkins, R. (1996) *Social identity*. Routledge.

Jessop, B. (1990) *State theory*. Polity Press.

Jessop, B., Bonnett, K., Bromley, s. and Ling, T. (1988) *Thatcherism: a tale of two nations*. Polity Press.

Kramarae, C., Schulz, M. and O'Barr, W. (1984) *Language and power*. Sage.

Kress, G. (1989) *Linguistic processes in sociocultural practice*. Oxford University Press.

Kress, G. and Hodge, B. (1979) *Language as ideology*. Routledge & Kegan Paul.

Kress, G. and van Leeuwen, T. (1996) *Reading images: the grammar of visual design*. Routledge.

Laclau, E. and Mouffe, C. (1985) *Hegemony and socialist strategy*. Verso.

Lakoff, G. and Johnson, M. (1980) *Metaphors we live by*. University of Chicago Press.

Lecercle, J.-J. (1999) *Interpretation as pragmatics*. Macmillan.

Leech, G. N. (1974) *Semantics*. Penguin Books.

Leiss, W., Kline, S. and Jhally, S. (1986) *Social communication in advertising*. Methuen.

Leith, D. (1983) *A social history of English*. Routledge & Kegan Paul.

Lemke, J. (1995) *Textual politics: discourse and social dynamics*. Taylor & Francis.

Levinson, S. (1983) *Pragmatics*. Cambridge University Press.

Lury, C. (1996) *Consumer culture*. Polity Press.

Lyons, J. (1977) *Semantics*. Cambridge University Press.

McLellan, D. (1986) *Ideology*. Open University Press.

Marx, K. and Engels, F. (1968) *Selected writings*. Lawrence & Wishart.

Mey, J. (1985) *Whose Language? a study in linguistic pragmatics*. John Benjamins Publishing Company, Amsterdam/Philadelphia.

Mills, S. (1997) *Discourse*. Routledge.

National Congress on Languages in Education (NCLE) (1985) *Language awareness*. Centre for Information on Language Teaching and Research.

New York Times, The (eds) (1973) *The Watergate hearings*. Bantam Books, New York.

Pateman, T. (1980) *Language, truth and politics* (2nd edn). Jean Stroud.

Pecheux. M. (1982) *Language, semantics and ideology: stating the obvious* (trans. H. Nagpal). Macmillan.

Pujolar, J. (1997) *De que vas tio? Genere I llengua en la cultura juvenil Barcelona*. Editorial Empuries.

Quirk, R., Greenbaum, S., Leech, G. N. and Svartvik, J. (1985) *A comprehensive grammar of the English language*. Longman.

Radford, A., Atkinson, M., Britain, D., Clahsen, H. and Spencer, A. (1999) *Linguistics: an introduction*. Cambridge University Press.

Rogers, C. (1967) Some of the directions evident in therapy. In *On becoming a person*. Constable.

Sacks, H., Schegloff, E. A. and Jefferson, G. (1974) A simplest systematics for the organization of turn-taking for conversation. *Language* 50: 696-735.

Saussure, F. de (1966) *Course in general linguistics* (trans. W. Baskin). McGraw-Hill, New York.

Schank, R. and Abelson, R. (1977) *Scripts, plans, goals and understanding*. Lawrence Erlbaum, Hillsdale, New Jersey.

Scollon, R. (1998) *Mediated discourse as social interaction*. Longman.

Searle, J. R. (1969) *Speech acts: an essay in the philosophy of language*. Cambridge University Press.

Shapiro, M. (ed.) (1984) *Language and politics*. Basil Blackwell.

Shiffren, D. (1994) *Approaches to discourse*. Blackwell.

Sinclair, J. and Coulthard, M. (1975) *Towards an analysis of discourse: the English used by teachers and pupils*. Oxford University Press.

Stubbs, M. (1983) *Discourse analysis: the sociolinguistic analysis of natural language*. Basil Blackwell.

Talbot, M. (1998) *Language and gender: an introduction*. Polity Press.

Tannen, D. (1979) What's in a frame? Surface evidence for underlying expectations. In R. O. Freedle (ed.) *New directions in discourse processing*. Ablex, Norwood, New Jersey.

Therborn, G. (1980) *The ideology of power and the power of ideology*. Verso.

Thibault, P. (1991) *Social semiotics as praxis*. Minnesota.

Thibault, P. (1997) *Re-reading Saussure*. Routledge.

Thomas, J. (1995) *Meaning in interaction*. Longman.

Thompson, G. (1996) *Introducing functional grammar*. Arnold.

Thompson, J. B. (1984) *Studies in the theory of ideology*. Polity Press.

van Dijk, T. (ed.) (1985) *Handbook of discourse analysis*, 4 vols. Academic Press.

van Dijk, T. (1991) *News as discourse*. Erlbaum.

van Dijk, T. (1993) *Elite discourse and racism*. Sage.

van Dijk, T. (1997a) *Discourse as structure and process*. Sage.

van Dijk, T. (1997b) *Discourse as social interaction*. Sage

van Dijk, T. (1998) *Ideology*. Sage.

van Dijk, T. and Kintsch, W. (1983) *Strategies of discourse comprehension*. Academic Press.

Vaughan, T. D. (1976) *Concepts of counselling*. Bedford Square Press.

Verschueren, J. (1999) *Understanding pragmatics*. Arnold.

Volosinov, V. I. (1973) *Marxism and the philosophy of language*. Seminar Press, New York.

Widdowson, H. G. (1979) *Explorations in applied linguistics*. Oxford University Press.

Williams, G. (1999) *French discourse analysis: the method of post-structuralism*. Routledge.

Williams, R. (1976) *Keywords*. Fontana/Croom Helm.

Williamson, J. (1978) *Decoding advertisements*. Marion Boyars.

Wodak, R. (1996) *Disorders of discourse*. Longman.

Wodak, R. Nowak, P., Pelikan, J., Gruber, H., de Cillia, R. and Mitten, R. (1990) *Wir sind alle unschuldige Tater: diskurshistorische studien zum nackkriegsant-isemitismus*. Suhrkamp.

Zizek, S. (ed.) (1994) *Mapping ideology*. Verso.

찾아보기

지은이와 뒤친이 소개

지은이 **노먼 페어클럽**(Norman Fairclough, 1941~)은 런던 대학을 졸업하고 랭커스터(Lancaster) 대학에서 박사학위를 받았다. 랭커스터 대학교 언어학과에서 봉직하였으며, 2004년 퇴직 후, 현재 그 대학 명예교수로 있다. 1980년대부터 언어로 매개되는 사회적 지배관계를 비판적으로 분석하여 밝히는 '비판적 담화분석(critical Discourse Analysis)'을 선도해 왔다. 많은 저서와 논문들이 있는데, 자세한 것은 뒤친이 해제를 보기 바란다.

- 1992, 『담화와 사회 변화』(Polity Press)
- 1995a, 『대중매체 담화분석』(Edward Arnold)
- 1995b, 『비판적 담화분석』(Addison Wesley)
- 2000, 『새 노동당, 새 언어?』(Routledge)
- 2003, 『담화분석 방법』(Routledge)
- 2006, 『언어와 세계화』(Routledge)

http://www.ling.lancs.ac.uk/profiles/Norman-Fairclough
n.fairclough@lancaster.ac.uk

뒤친이 **김지홍**(Kim, Jee-Hong)은 제주대학교 국어교육과를 졸업하고, 1988년 이래 경상대학교 국어교육과 교수로 있다.

저서로서 도서출판 경진에서 『언어의 심층과 언어교육』(2010, 문화체육관광부 우수학술도서), 『국어 통사·의미론의 몇 측면』(2010, 대한민국학술원 우수학술도서)이 있다.

영어 번역서로서 한국연구재단의 명저번역으로 르펠트(Levelt, 1989; 김지홍, 2008)의 『말하기: 그 의도에서 조음까지』(1~2권, 나남)와 킨취(Kintsch, 1998; 김지홍·문선모, 2011)의 『이해: 인지 패러다임』(1~2권, 나남)이 있다.

또한 도서출판 경진에서 허어벗 클락(Clark, 1996; 김지홍, 2009)의 『언어사용 밑바닥에 깔린 원리』(대한민국학술원 우수학술도서)와 마이클 머카씨(MaCarthy, 1988; 김지홍, 2010) 『입말, 그리고 담화 중심의 언어교육』(문화체육관광부 우수학술도서), (주)나라말에서 마이클 J. 월리스(Wallace, 1998; 김지홍, 2009)의 『언어교육 현장 조사연구』를 출간하였다.

한문 번역서로서, 지만지(지식을 만드는 지식)에서 유희의 『언문지』(2008), 장한철의 『표해록』(2009), 『최부 표해록』(2009) 등을 펴냈다.

http://www.gnu.ac.kr/hb/jhongkim
jhongkim@gsnu.ac.kr

언어와 권력

Language and Power

1판 1쇄 발행 ‖ 2011년 12월 30일
1판 3쇄 발행 ‖ 2015년 09월 20일

지은이 ‖ 노먼 페어클럽(Norman Fairclough)
뒤친이 ‖ 김 지 홍
펴낸이 ‖ 양 정 섭

펴낸곳 ‖ 도서출판 경진
등　록 ‖ 제2010-000004호
주　소 ‖ 경기도 광명시 소하동 1272번지 우림필유 101-212
블로그 ‖ http://kyungjinmunhwa.tistory.com
이메일 ‖ wekorea@paran.com

공급처 ‖ (주)글로벌콘텐츠출판그룹
대　표 ‖ 홍정표
기획·마케팅 ‖ 노경민·배정일
디자인 ‖ 김미미
경영지원 ‖ 안선영
주　소 ‖ 서울특별시 강동구 길동 349-6 정일빌딩 401호
전　화 ‖ 02-488-3280
팩　스 ‖ 02-488-3281

값 27,000원
ISBN 978-89-5996-143-6 93370